New Power Up!
CATIA V5

박혁렬 감수
손혁준 저

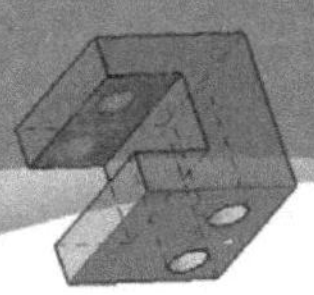

웅보출판사
www.woongbo.co.kr

머리말

CATIA V5는 3차원 CAD 분야에서 세계에서 가장 많은 설계자들이 사용하고 있는 프로그램이다. 국내에도 자동차, 선박 및 항공 분야 등 많은 분야에서 사용하고 있다. 하지만 강의를 통해 CATIA V5 사용자들과의 만남에서 강의기간 동안에는 강사의 도움을 받을 수 있지만 강의가 끝나고 혼자서 프로그램을 사용하고자 할 때 도움이 되는 참고 자료가 마땅하지 않아 사용하기 힘들다는 얘기를 많이 들었다. 그래서 강사가 옆에 있는 것처럼 도움을 줄만한 참고서적이 없을까 고민 끝에 부족하지만 책을 집필하게 되었다.

본 교재는 다년간 CATIA V5 강의를 통한 저자의 경험을 바탕으로 많은 기초 사용자들이 궁금해 하는 부분을 상세한 설명과 그림으로 교재를 보며 쉽게 따라할 수 있도록 구성하였다.

본 교재는 총 6개의 PART로 구성되었다.

PART Ⅰ~PART Ⅳ까지는 초급자들을 위한 기초적인 개념을 중심으로 내용이 구성되었다.

PART Ⅴ와 PART Ⅵ은 중급자들을 위한 좀 더 심화된 내용과 도면 생성으로 내용이 구성되었다.

PART Ⅰ에서는 CATIA V5의 전반적인 특징 및 개요를 위주로 설명하였다.

PART Ⅱ~PART Ⅴ까지는 3차원 모델링의 기본인 Sketch(스케치) Modeling, Solid(솔리드) Modeling, Assembly(조립) Modeling, Surface(곡면) Modeling에 대한 상세한 설명을 예제를 중심으로 기술하였다.

PART Ⅵ에서는 Drafting(도면) 생성방법에 대해 설명하였다.

이러한 내용을 통해 3차원 CAD에 대한 이해와 CATIA V5를 사용하는데 어려움이 없도록 최선을 다하였다. 하지만 CATIA V5의 기술용어가 영어로 된 부분에 대해 최대한 쉽게 전달하려고 노력하였으나 원문에 대해 해석의 차이가 발생할 수 있는 부분에 대해서는 원문을 그대로 인용하였다. 부족하지만 이 책을 바탕으로 CATIA V5를 배우는 여러분의 실력이 향상되길 바란다.

이 책이 나오기까지 많은 정성을 기울여주신 웅보출판사의 사장님과 관계된 모든 분들께 감사의 마음을 드린다. 그리고 본 교재 집필에 기술적, 정신적으로 도움을 아끼지 않으신 박혁렬 교수님께도 감사드린다. 마지막으로 이 책이 나오기까지 옆에서 응원을 아끼지 않은 가족들에게 감사의 마음을 전한다.

교재 및 문의사항이 있으시면 saranggom@gmail.com으로 문의해 주세요.

손혁준 씀

contents

Solid를 활용한 모델링 기초

PART I CATIA 시작하기 ……………… 9

01 CATIA 소개 ……………… 10
02 CATIA 기본 ……………… 13
03 CATIA 기본 Setting ……………… 33

PART II Sketcher ……………… 45

01 Sketcher Workbench 소개 ……………… 46
02 스케치 모델링 예제 ……………… 113
03 Sketcher Workbench 관련 Option 설정하기 ……………… 127

PART III 솔리드 모델링(Part Design) ……………… 131

01 Part Design Workbench 소개 ……………… 132
02 솔리드 모델링 예제 ……………… 202
03 Part Design Workbench 관련 Option 설정하기 ……………… 237

PART IV 조립(Assembly Design) ……………… 241

01 Assembly Design Workbench에서 작업하기 ……………… 242
02 조립품 모델링 예제 ……………… 295
03 Assembly Design Workbench 관련 Option 설정하기 ……………… 309

contents

Surface를 활용한 모델링 향상

PART V 곡면 모델링과 도면 ······ 315

01 CATIA Surface 기본 ······ 316
02 Generative Shape Design Workbench 명령어 익히기 ······ 321
03 곡면 모델링 예제 ······ 420
04 Generative Shape Design 관련 Option 설정하기 ······ 452

PART VI 도면 생성하기(Drafting) ······ 455

01 Drafting Workbench에서 시작하기 ······ 456
02 View Mode에서 도면 생성하기 ······ 460
03 Background Mode에서 도면 생성하기 ······ 508
04 도면 생성 따라하기 ······ 512
05 2D 도면 활용하여 3D 모델 만들기 ······ 523
06 Drafting Workbench 관련 Option 설정하기 ······ 528

▸ 찾아보기 ······ 535

New Power Up!

CATIA V5

Solid를 활용한 모델링 기초

박혁렬 감수

손혁준 저

웅보출판사

www.woongbo.co.kr

PART I

CATIA 시작하기

CHAPTER 01 CATIA 소개

CHAPTER 02 CATIA 기본

CHAPTER 03 CATIA 기본 Setting

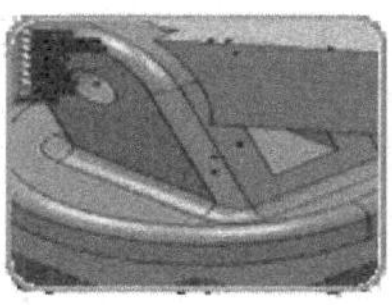

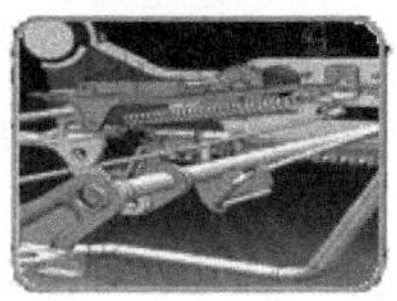

CHAPTER 01

CATIA 소개

CATIA란?

CATIA란 Computer Aided Three Dimensional Interactive Application의 약어로 컴퓨터를 이용하여 사용자와 컴퓨터 간 커뮤니케이션이 가능하여 사용자가 컴퓨터에게 내린 명령을 화면에 나타내주는 대화식 프로그램을 의미한다.

현재 CATIA는 전 세계적으로 자동차, 항공, 조선뿐만 아니라 산업기계, 전기·전자, 일반 소비재에 이르기까지 다양한 산업에서 CAD/CAM/CAE 등 폭넓게 활용되고 있다.

CATIA 제품 소개

가. Mechanical Design Products

Part Design(3차원 부품 모델링), Assembly Design(조립 부품 간의 정보, 위치 정의 및 관리), Wireframe and Surface(기본 모델링 시 필요한 Geometry 생성), Sheetmetal Design(박판 설계), Generative Drafting(도면 자동 생성) 등이 있다.

나. Shape Design & Styling Solutions Products

FreeStyle Shaper & Optimizer(자유 형상 곡면 생성), Generative Shape Design(3차원 하이브리드 모델링 시 필요 Advanced Surface 생성) 등이 있다.

다. Product Synthesis Solutions Products

Knowledge Advisor(설계 시 중요 특성(SPEC, 제품 단가)을 정의, 축적 및 공유), DMU Space Analysis(부품 간 간섭 검사, 거리 측정, 실시간 단면 검토), DMU Fitting Simulator(부품의 조립 및 교환 시 탈 · 장착 시뮬레이션), DMU Kinematics Simulator(부품의 동작을 생성, 수정 및 시뮬레이션), DMU Navigator(Walk이나 Fly 기능을 통한 검사) 등이 있다.

라. 기타

Generative Part Structural Analysis(단품 응력 및 진동 해석), NC Manufacturing Solutions Production(Mold & Die) 등이 있다.

✳ CATIA Workbench 소개

가. Sketcher

Profile(밑그림, 윤곽선, 외형선이라 표현함)을 작업하기 위한 Workbench이며, 스케치의 절대적 축을 사용자가 정의할 수 있으며, Over-constraint/Inconsistent 요소들을 필터링할 수 있는 기능 및 Intersect, 프로젝트의 Reference Geometry를 확인할 수 있는 Visualization 기능이 가능하다.

나. Part & Assembly Design

Part & Assembly Design(부품 디자인)은 단품 설계에서 복잡한 구조의 어셈블리 형상까지 모든 설계 과정을 효율적으로 수행하도록 지원한다. Part Design은 CATIA의 강력한 Feature 기반의 Hybrid 모델링 엔진을 사용하여 Solid 및 Surface 형상이 통합된 최적의 방법으로 설계할 수 있으며, 유연한 포스트 디자인 Parametric 기법을 이용하여 원하는 형상에만 필요한 구속 조건을 부여할 수 있으므로 설계의 변경이 용이하다. 추가적으로 생성 단계에서 보다 생산성이 향상되었으며 Surface 기반으로 Pad 생성이 가능하며 프로파일을 사용하여 Pad를 생성할 때와 마찬가지로 Dimension, Up to Plane, Up to Surface 등의 한계 조건을 사용할 수 있는 특징이 있다. Assembly Design은 제품의 조립 구조에서 Part 설계를 수행하는 하향식(Top-Down)방법과 반대로 Part를 조립하여 제품을 완성하는 상향식(Bottom-Up)방법이 모두 가능하다.

다. Wireframe and Surface Design

Point, Line, Curve와 같은 Wireframe 형상 구현과 이를 바탕으로 곡면을 생성할 때 사용하는 Workbench이다.

라. Generative Shape Design

Generative Shape Design은 Wireframe and Surface Design 기능을 모두 가지고 있으면서 자유 곡면에 필요한 가변적인 요소 정의가 가능하여 외관 형상이 복잡한 제품에 유용하게 쓰이는 Workbench라고 할 수 있다. 또한 곡면 Analysis를 이용해 고품질 곡면 생성이 쉽다.

일반 모델링 시 Wireframe and Surface Design과 가장 큰 차이점은 곡면만을 이용한 필렛 작업을 할 수 있다는 것이다.

마. Generative Drafting

Generative Drafting(도면 생성)은 3차원으로 설계된 단품 및 조립 설계된 제품에서 2차원 도면을 자동으로 생성한다. 이 모듈은 View Creation Wizard, 미리 보기 기능 등을 제공하여 도면 생성 작업의 생산성을 향상했다. 또한 1각법, 3각법 및 ISO, ANSI, JIS와 같은 여러 표준들을 지원해 사용자가 원하는 형식의 도면을 쉽게 만들 수 있으며 하나의 파일에 여러 개의 도면을 모아서 저장할 수 있다. 이러한 도면 정보는 파일(*.CATDrawing)로 저장되며 A0에서 B5 용지까지 출력 용지를 지원한다. 그리고 Drafting에서 Fillet을 표현할 때 2개의 Representation이 추가 지원되었다. 따라서 Boundary, Symbolic, Original Edges 등으로 표현을 지원한다. 또한 Drafting에서 Section View/Cut을 생성 시 3D 상의 스케처를 활용 가능함으로 보다 편리한 작업 환경을 제공하고, Associativity가 유지되므로 3D 스케처의 프로파일을 수정하여 Section View/Cut도 수정, 갱신할 수 있다.

CHAPTER 02 CATIA 기본

시작하기

① 바탕 화면에서 CATIA 아이콘을 더블클릭하거나 마우스 오른쪽 버튼의 "열기"를 선택한다.

② 구동 후 기본 화면이다.

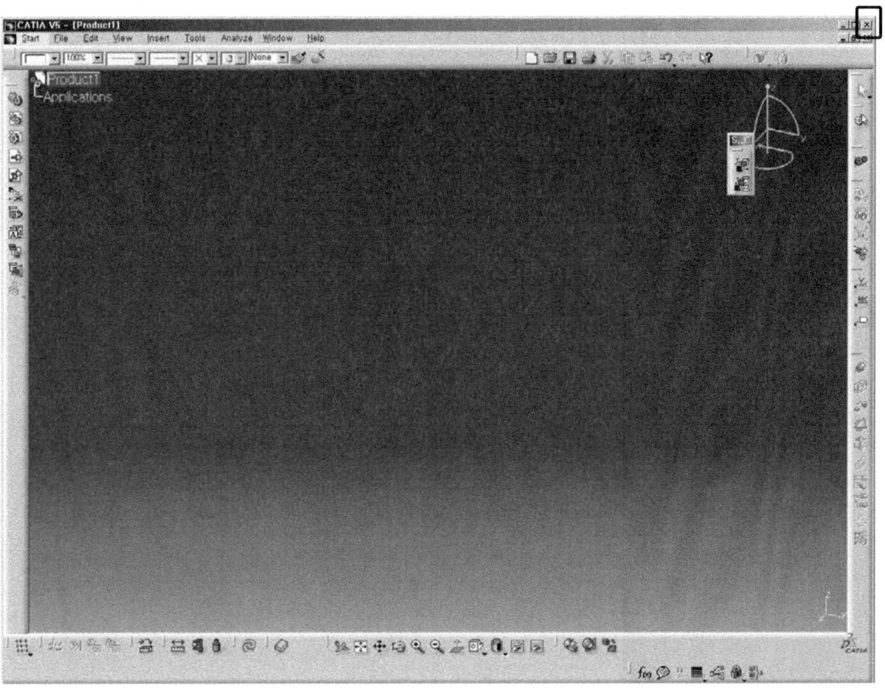

③ ②번 그림에서 우측 상단에 작은 세션의 [닫기(×)]를 눌러 다음과 같이 워크벤치 진입 전 그림을 기본 화면으로 둔다.

☀ 기본 화면에서 작업그룹 들어가기(Workbench 진입 3가지 방법)

① Pull Down 메뉴로(예 Start - Mechanical Design - Part Design) Workbench를 시작한다.

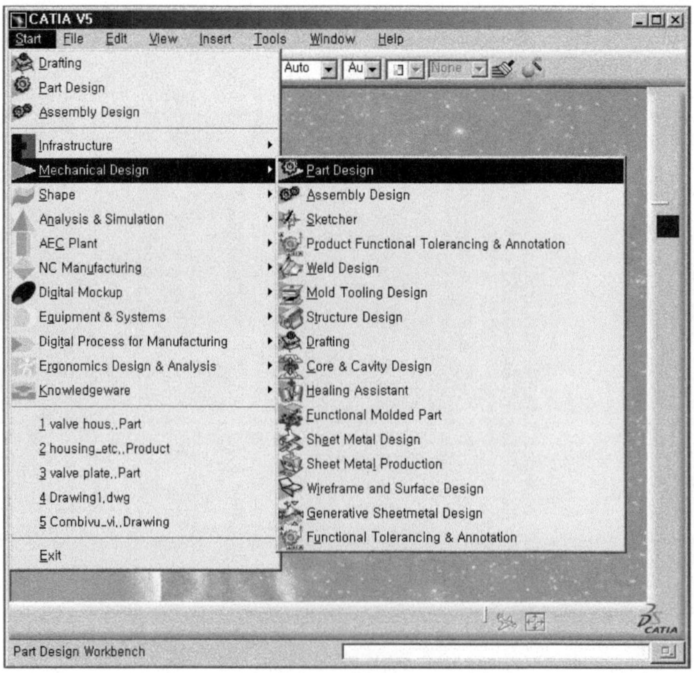

② File 메뉴로 시작(File - New 선택)한다.

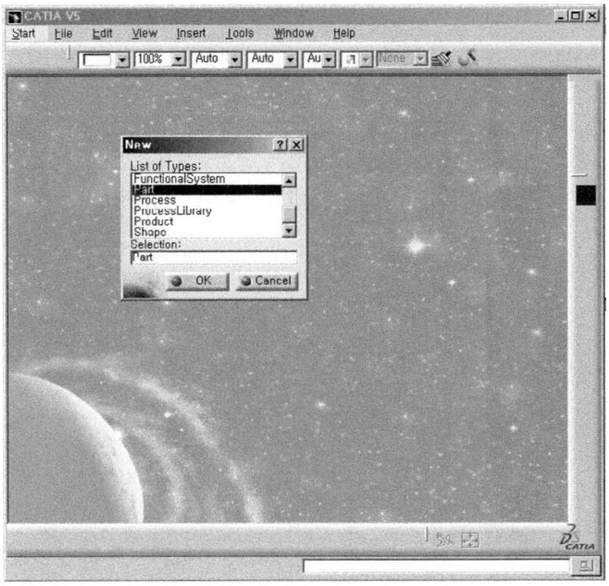

③ Dialog Box로 시작 : All general option Icon 클릭(Customize 설정 후 사용 가능, Tools Customize 선택)한다.

Tip

Do not show this dialog at startup의 옵션을 클릭하여 매번 창이 활성화되지 않도록 한다.

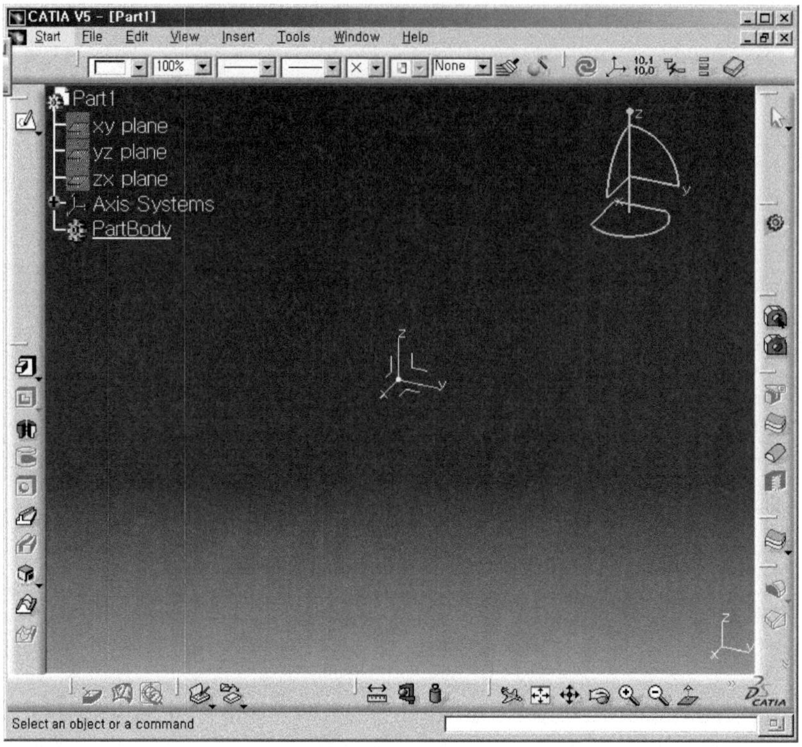

▲ Part Design Workbench 세션

종료하기

CATIA 세션을 닫을시 화면 우측의 ☒ Icon을 누르거나 Start - Exit를 이용하여 종료한다.

용어설명

▸ Workbench : 워크벤치는 사용자가 필요한 작업을 할 수 있도록 각종 Tool들을 그 기능에 맞게 모아둔 공간이다. 따라서 원하는 작업은 그 용도에 따라 원하는 워크벤치로 이동한 후 작업을 해야 되는 개념으로 보자.

▸ Workbench Icons 종류

아이콘	이 름
	Sketcher
	Assembly Design
	Generative Shape Design
	Knowledge Advisor

▶ **Tree(Specifications)** : Tree 구조는 제품 모델링의 History를 한 눈에 파악할 수 있는 CATIA V5에서 제공되는 강력한 기능이다. Tree를 명확히 이해하고 활용한다면 보다 더 단순하고 명확한 설계가 가능하다.

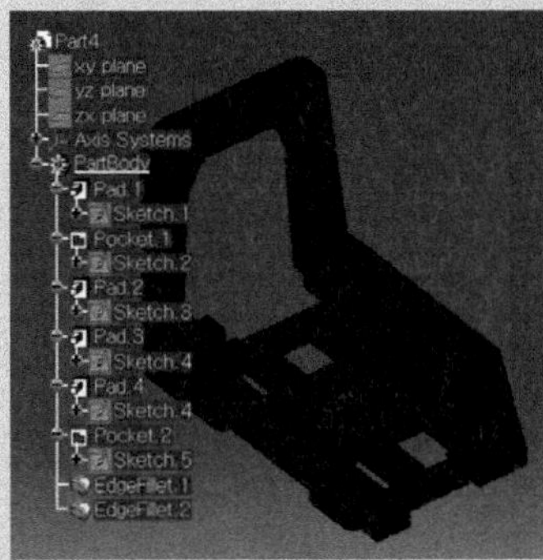

▶ **Compass**

- Compass는 작업 공간 우측 상단에 있으며, 좌표계에서 중요한 역할을 함과 동시에 모델링 시 X축, Y축, Z축의 방향을 알 수 있다.
- Compass는 단품 조립 시 다이내믹하게 유용할 수 있다.
- Compass의 축, 커브를 클릭하여 부품의 회전, 이동 모두 가능하다.
- Compass 녹색 면을 클릭하여 부품 이동을 제어할 수도 있다.
- Compass 복귀는 가운데 붉은 점을 가지고 우측 하단으로 옮겨 둔다.

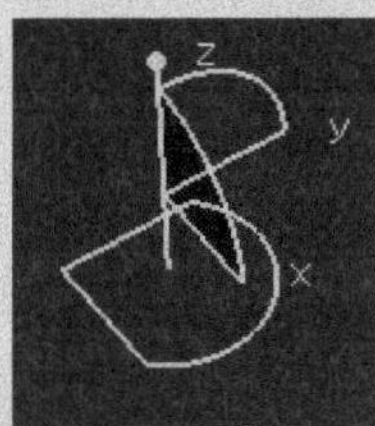

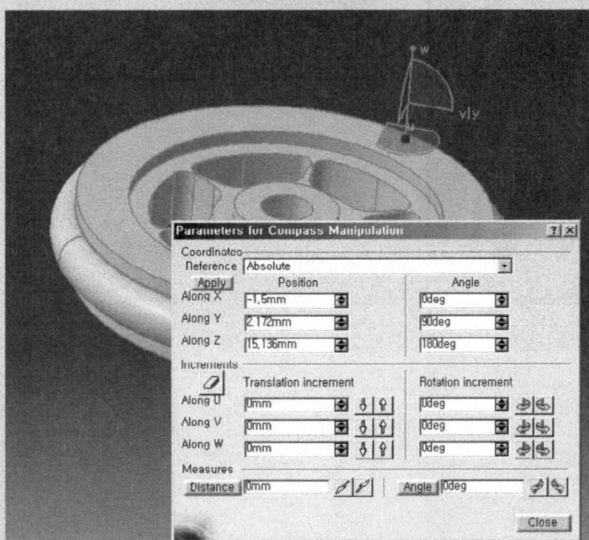

▸ **Toolbar** : 유사 기능을 하는 Icon의 묶음이다.

▸ **Prompt Zone** : CATIA의 주요 특징 중 하나로(요즘은 모든 3차원 CAD에서 적용되고 있지만) 컴퓨터와의 상호 대화를 통하여 사용자는 그 다음 진행 선택에 활용할 수 있다.

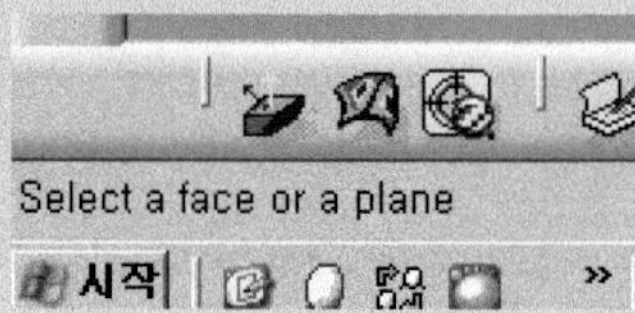

▸ **Power Input Zone**

① 명령어(c:) 또는 선택(Type(t:), Color(col:), Favorites(f:)) 등을 Power Input Zone에서 할 수 있다.

② Command 예시

• Power Input Zone에 기본 명령어 Pocket을 다음과 같이 입력한다.

• 다음과 같이 창이 활성화되면 Dim1란에 수치를 입력한다. 계속적으로 Power Input Zone에서도 모델링이 진행될 수 있다.

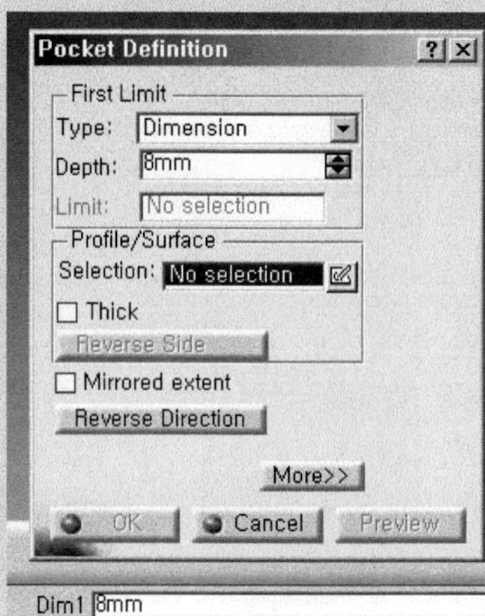

참고 **Power Input Zone 간편하게 쓰기**

일반적인 Power Input Zone의 사용방법은 앞에서 배웠다. 하지만 사용방법이 까다로워 대부분의 사용자는 Power Input Zone을 거의 사용하지 않지만 꼭 타이핑을 이용하여 CATIA를 사용하고 싶다면 옵션을 설정하여 조금은 간편하게 쓸 수 있는 방법이니 활용하기 바란다.

Option - General - Search - Default Prefix for Power Input에서 c: as command:를 선택하면 원래 "C: 명령어"를 입력했었던 방법이 "명령어"만 입력하고도 사용 가능하게 된다.

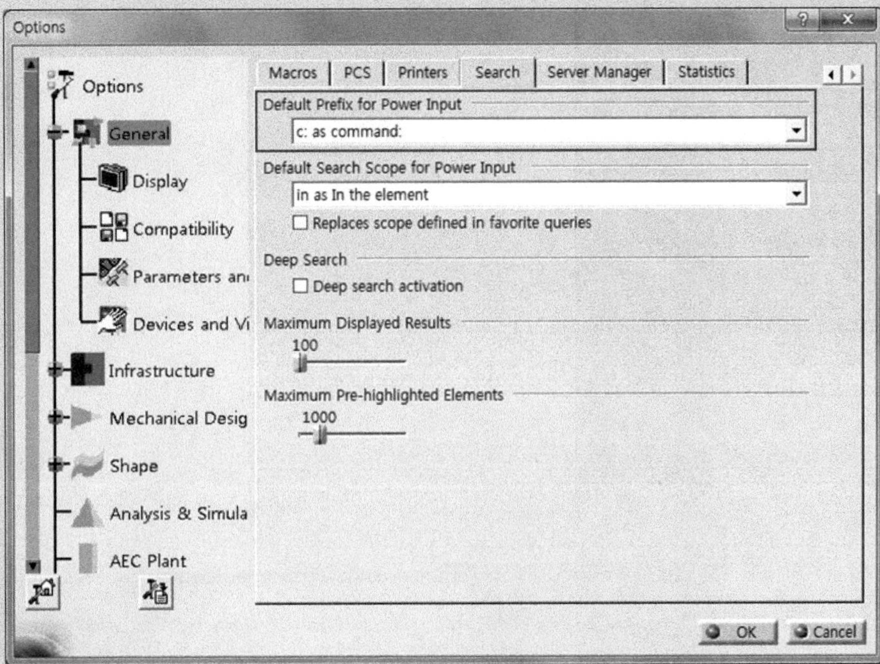

✳ 대부분 Workbench의 공통 기능편

✣ File Open하기

파일 형식을 이용하여 *igs, *.model, *session, *.dwg, *.CATPart 등 다양한 종류의 파일을 불러올 수 있다.

✣ Save하기

파일 형식을 이용하여 *igs, *.model, *stl, *.cgr, *.CATPart 등 여러 종류의 파일로 저장할 수 있다.

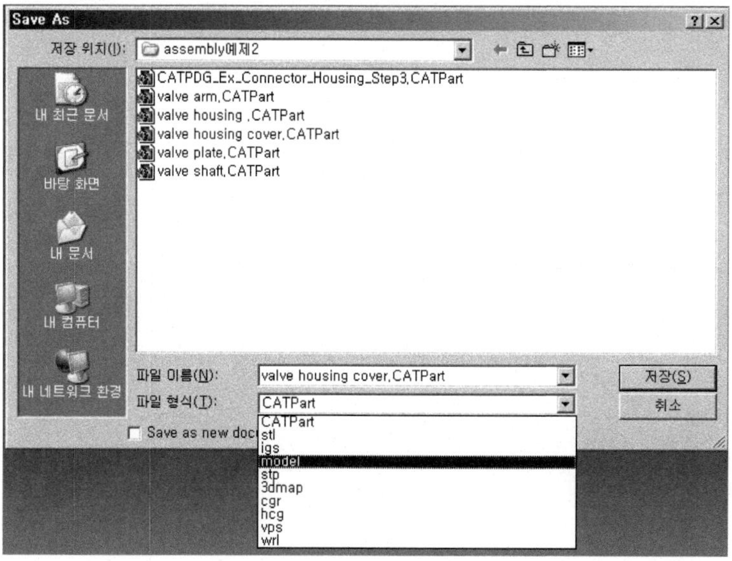

✳ 마우스 작동법

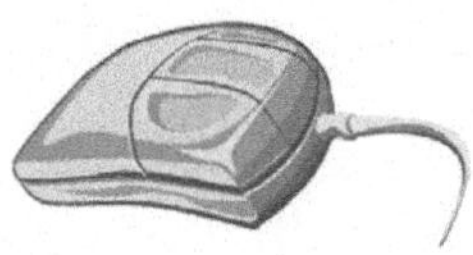

① MB1(클릭) : Geometry 선택 및 Icon 선택 기능

② MB2(클릭) 후 Drag : Pan 기능, 회전의 중심 지정

③ MB2(클릭) + MB1 또는 MB3(클릭) 후 Drag : Rotate 기능 → 또는

참고 ▶ 확대 · 축소 기능

- 사용 순서에 주의하여야 한다.
- MB2(클릭)를 누른 상태에서 MB1 또는 MB3을 눌렀다 해제한 후 상 · 하로 Drag하면 화면이 확대 · 축소된다.(이때 MB2는 계속 누른 상태여야 한다.)

④ MB3은 Sub 메뉴 사용 시 사용된다.(예 MB3을 이용하여 사용할 Toolbar 요소 선택하기, 이때 마우스의 위치는 Toolbar가 있는 곳일 것.)

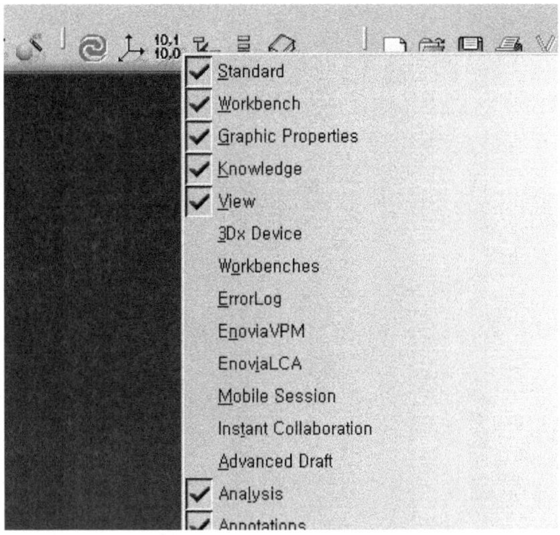

✣ View

Full Down 메뉴에서의 View 기능은 Toolbar, Tree, Geometry 요소들을 관리하며 작업의 편리를 위하여 임의로 정의한다.

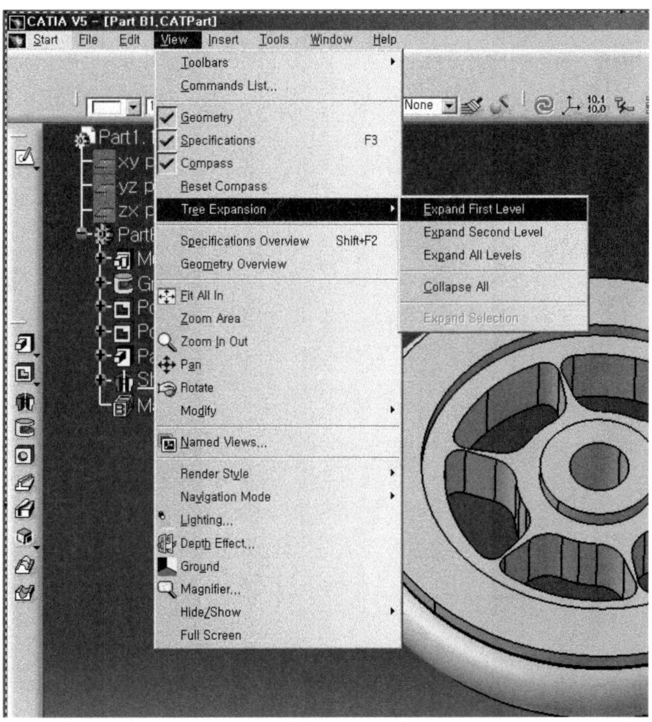

View Toolbar는 여러 가지 기능 중 주요 기능을 Icon화하였다.

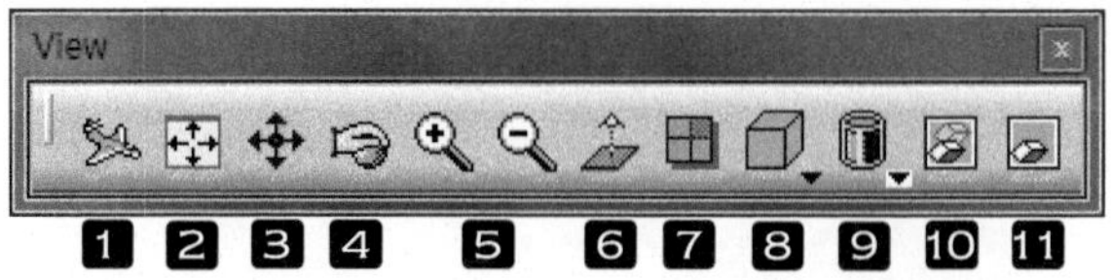

1 Fly Mode

모델의 형태를 검사할 때 사용한다. MB2 버튼을 누르고, MB1 버튼 눌렀다 떼면 작동한다.

:: 주의 ::

빠져나올 때는 반드시, Full Down 메뉴 > View > Render Style > Parallel을 선택하고 모델링한다.

2 Fit All In

요소를 화면에 적당하게 나타낸다. 요소의 이동 시 화면에 나타나지 않을 시 사용하면 유용하다.

3 Pan

p.20의 마우스 작동법 중 MB2 누른 후 Drag 기능 즉, 이동 기능과 동일하다.

4 Rotate

p.20의 마우스 작동법 중 MB2 + MB1 또는 MB2 + MB3 기능 즉, 회전 기능과 동일하다.

5 Zoom In/Out

p.20의 마우스 작동법 중 MB2를 누르고 MB1 또는 MB3을 눌러서 뗀 상태의 기능 즉, 확대, 축소 기능과 동일하다.

6 Normal View

Geometry 요소의 한 부분을 정면 View(통상적으로 선택된 면에 Normal 방향)로 나타낸다. 방법은 Icon을 선택한 후 Plane을 선택한다.

7 Create Multi - View

작업 중인 화면을 4등분하여 각각의 화면에 사용자가 원하는 View로 표현해 주는 기능이다.

8 Quick View

기본적으로 7개의 View가 제공된다.

① Isometric View/Front View/Back View/Left View/Right View/Top View/Bottom View로 구성된다.

② 직감적으로 사용할 수 있어 모델링 시 빠른 형상 검증이 가능하다.

③ Named Views는 유저가 반복적으로 원하는 위치의 형상 저장이 꼭 필요하다. 활성창에서 Add, Favorite 기능을 이용하여 다음과 같이 저장하고 사용하면 유익하다.

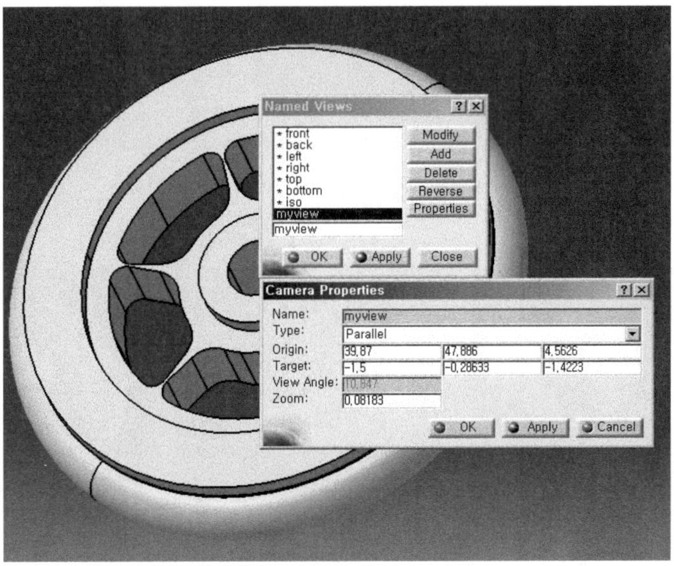

9 View Mode

7가지의 View 기능이 있다.

① Shading(SHD) : 요소를 채워 표현한다.

② Shading with Edges : Edge를 표현한다.

③ Shading with Edges without Smooth Edges : 부드럽게 연결된(Tangency, Curvature) Edge를 제외한 Edge만 표현한다.

④ Shading with Edges and Hidden Edges : Hidden Line을 표현한다.

⑤ Shading with Material : Apply Material 기능을 이용하여 재질을 정의한 후 재료 재질감을 표현한다.

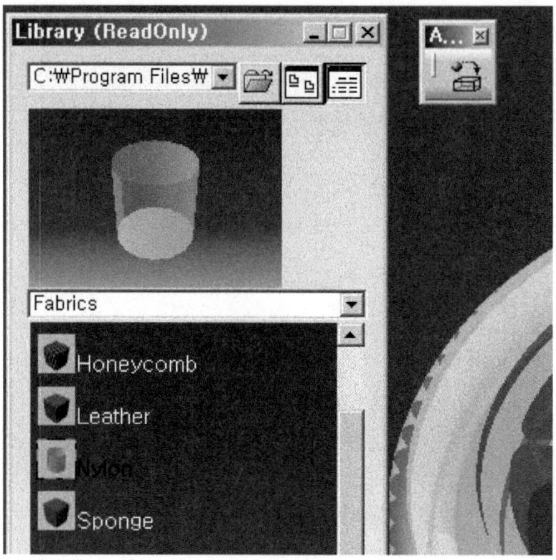

⑥ Wireframe(NHR) : Wireframe으로 표현한다.

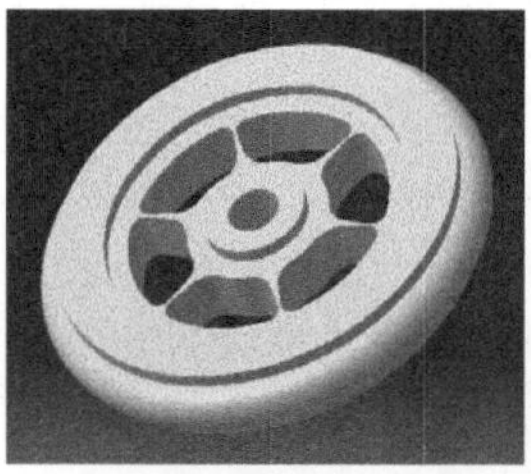
▲ Shading(SHD)

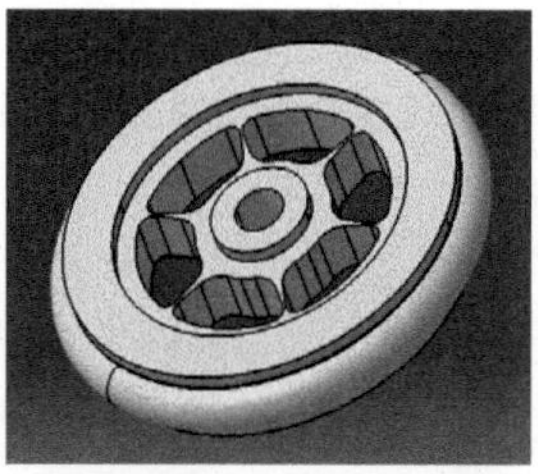
▲ Shading with Edges

▲ Shading with Edges without Smooth Edges

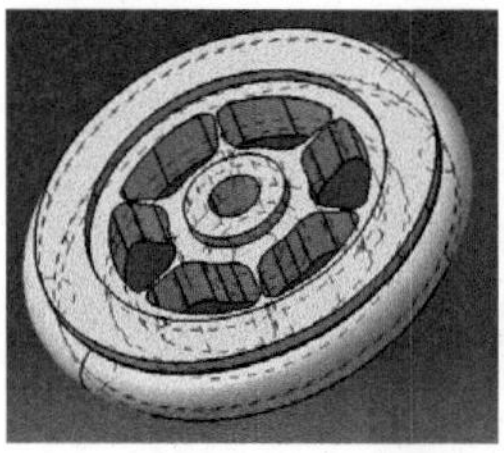
▲ Shading with Edges and Hidden Edges

▲ Shading with Material

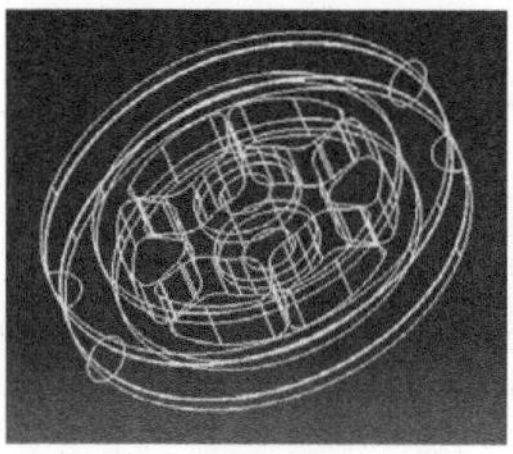
▲ Wireframe(NHR)

⑦ Customize View Parameters : 사용자가 임의로 정의하여 원하는 표현으로 정의하여 사용한다.

All Edges/Transparent

※ Rendering style per object option은 Graphic properties 중 p27의 Rendering Style에서 설명하겠다.

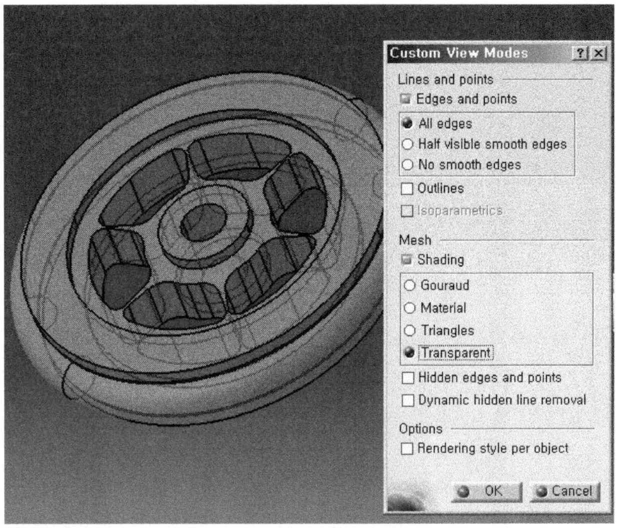

⑩ Hide/Show

특정 요소를 Hide(숨김)시키거나 Show(나타냄)시킨다.

⑪ Swap Visible Space

작업 공간을 Icon을 이용해 Show 공간과 No Show 공간으로 전환한 후 최종적으로 완성물의 참조 요소를 No Show로 보낸다.

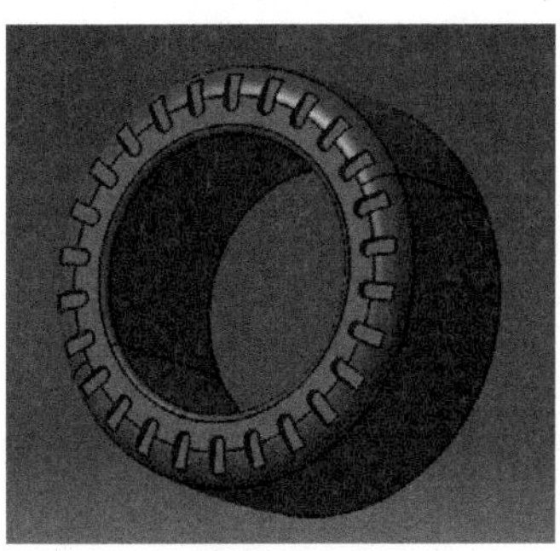

▲ Show

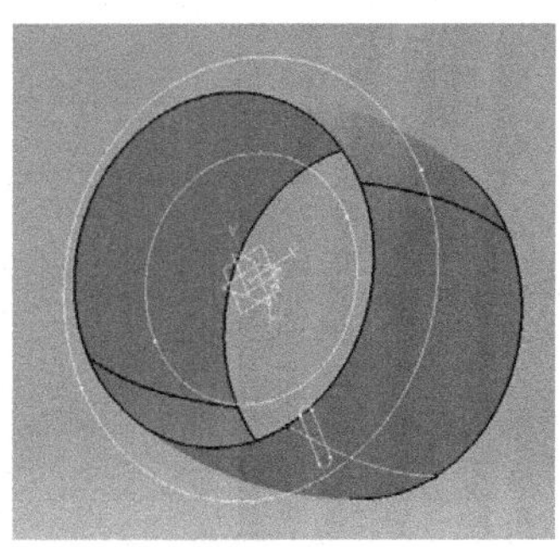

▲ No Show

❖ Graphic Properties

통상적으로 다음의 기능을 숙지함으로써 그래픽 물성치를 좀 더 다이내믹하게 적용할 수 있다.

1 Fill Color

원하는 요소를 선택해서 색상을 직접 변경할 수 있다.

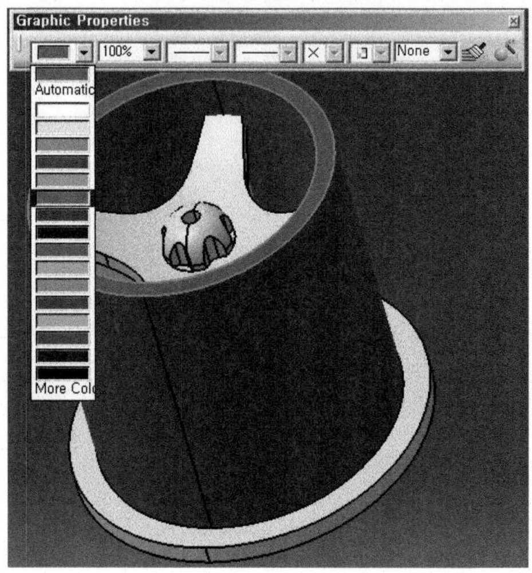

2 Transparency

개체 요소의 투명도를 조정할 수 있다. 수치는 불투명 수치이다.

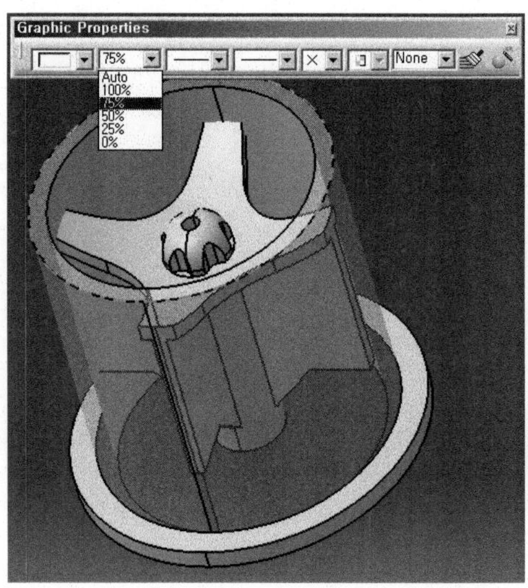

3 Line Width

요소 라인의 두께를 변경할 수 있다.

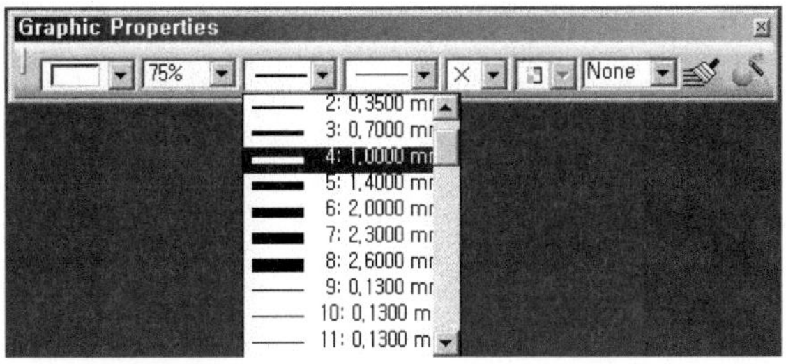

4 Line Type

요소 라인의 유형을 변경할 수 있다.

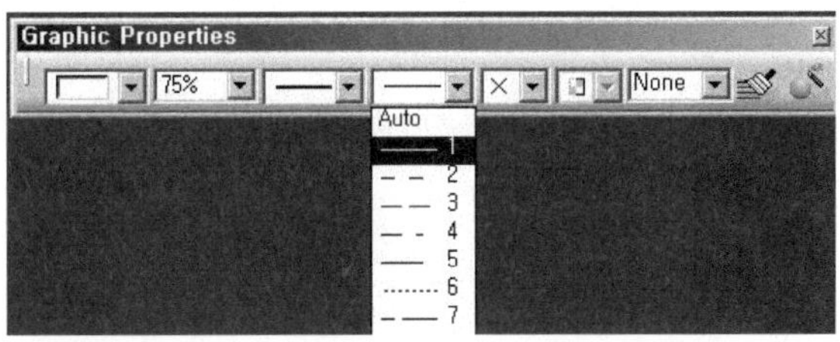

5 Point Symbol

Point 요소 Type을 변경할 수 있다.

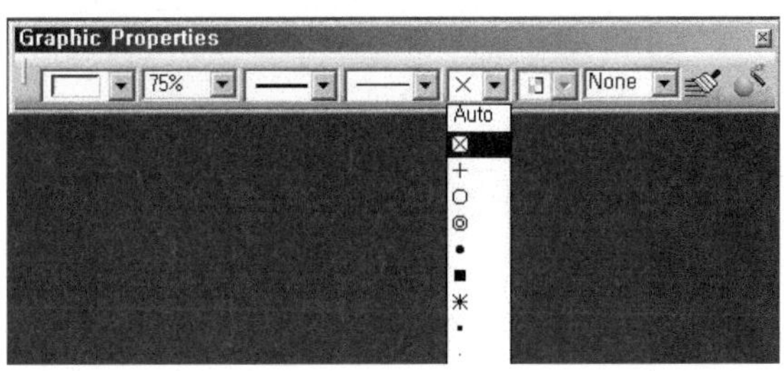

6 Rendering Style

default는 No Specific rendering style이다.

① View 〉Render style 〉 customize view에서 Option(Rendering style per object)을 체크하고 OK를 클릭한다.

② Dynamic Shading mode를 customize view Parameters로 바꾼다.

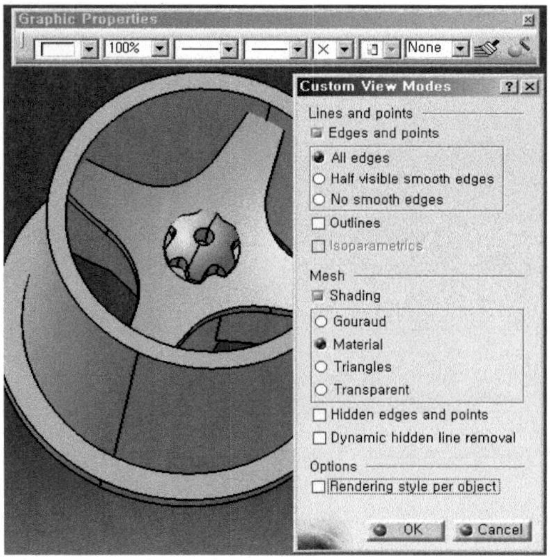

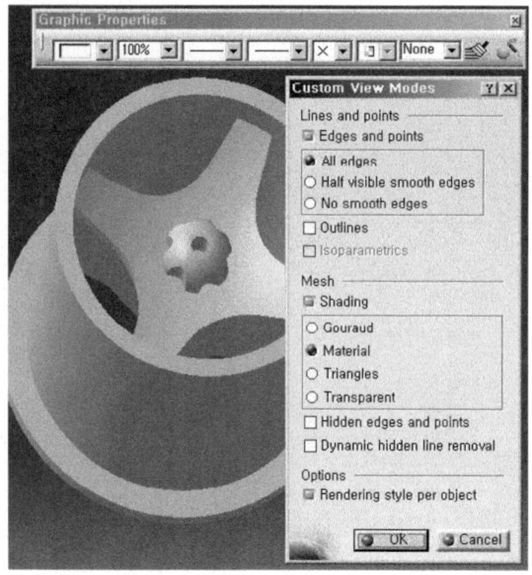

③ 원하는 요소를 spec tree에서 선택한다.

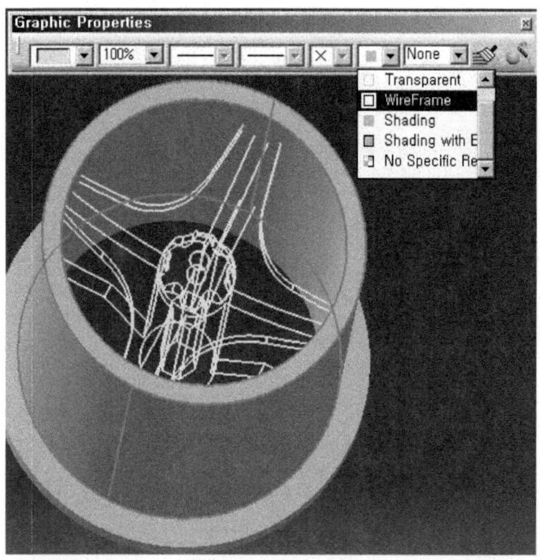

7 Layer

레이어를 만들고 정의할 수 있다.

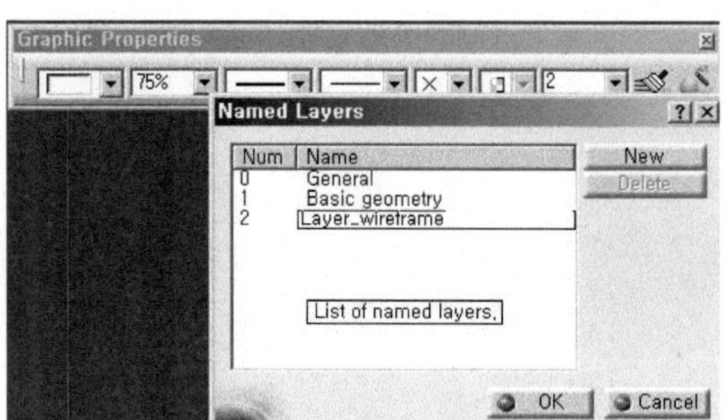

8 Paint

요소의 Properties를 copy할 수 있다. 색상을 바꾸고자 하는 요소를 먼저 선택하고 변경하고자 하는 요소를 선택하면 그 속성을 copy해 온다.

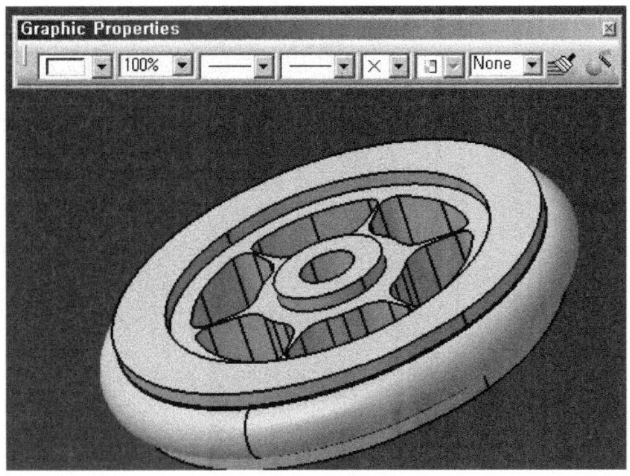

9 Launch graphic properties wizard

이 기능은 선택된 객체와 그의 상관 파트의 그래픽 속성을 알기 쉽게 나타내는 기능으로 각 객체 요소가 어디로부터 그래픽 속성을 받았는지를 쉽게 알 수 있다. 이 기능은 도면 요소에는 적용되지 않음에 유의하자.

① Wizard 구성

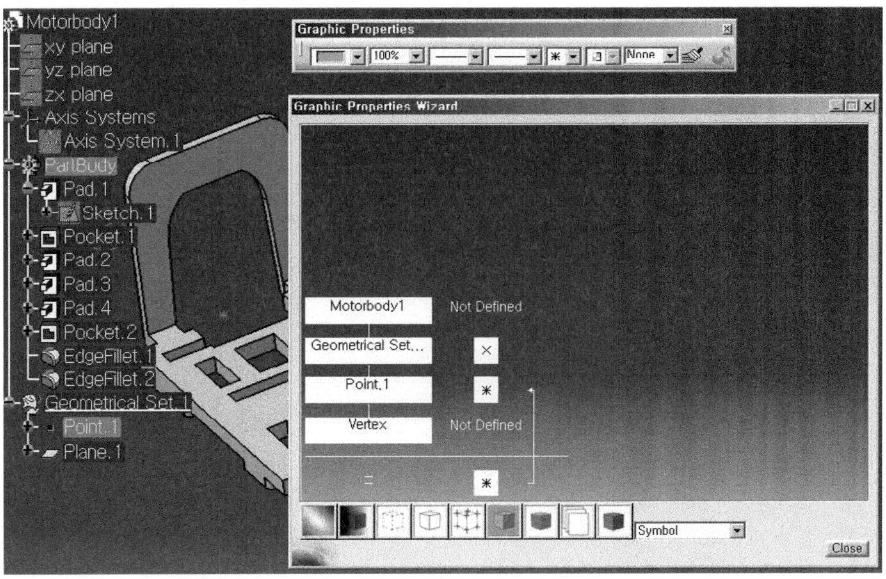

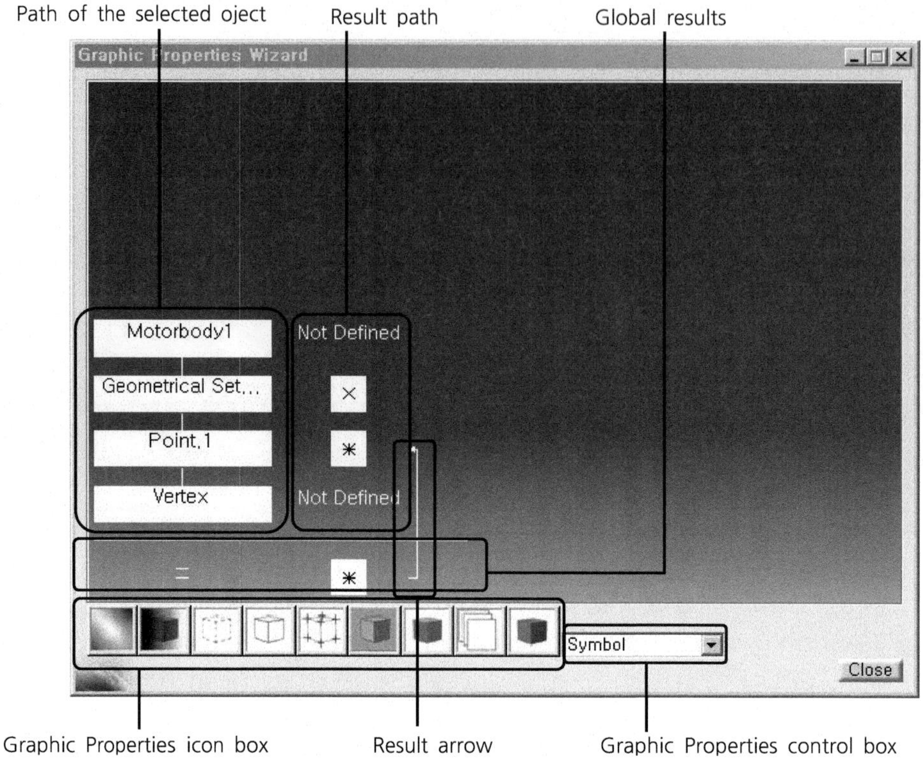

이 름	설 명
Path of the selected object	선택된 개체 요소의 연관관계를 표시한다. 하나의 개체 요소만 선택 가능하다.
Result path	콤보 박스에서 선택된 그래픽 속성의 결과를 표시한다. 정의되지 않은 요소는 Not defined로 표시한다.
Global result	Path에 의해 스크린 상에서 나타난 결과를 표시한다.
Result arrow	Global result가 어디서 오는지 표시한다.
Graphic properties icon box	그래픽 콤보 박스와 같은 역할을 한다. 각각의 아이콘으로 그래픽 물성치의 정보를 나타나게 한다.
Graphic properties control box	아이콘 박스와 같은 역할을 한다. 풀다운 리스트로 물성치의 정보를 나타낸다.

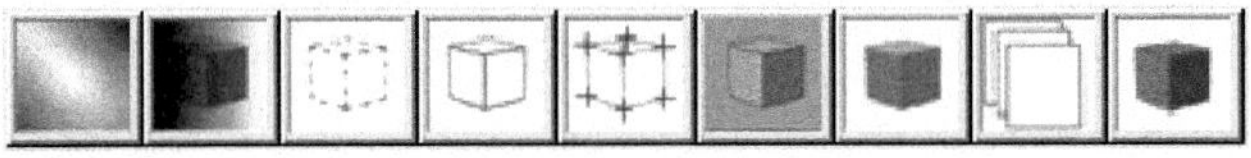

아이콘	설 명
Color	선택된 개체 요소의 색상 글로벌의 연계 정보를 표현한다.
Opacity	선택된 개체 요소의 불투명 글로벌의 연계 정보를 표현한다.
Line Type	선택된 개체 요소의 Edge에 적용된 선분 유형의 글로벌 연계 정보를 표현한다.
Thickness	선택된 개체 요소의 Edge에 적용된 선분 두께의 글로벌 연계 정보를 표현한다.
Symbol	선택된 심볼의 글로벌 연계 정보를 표현한다.
Show	Show 또는 No Show의 개체 요소인지를 표현한다.
Pick	선택된 개체 요소가 선택할(Pick) 수 있는 요소인지 아닌지(No Pick)의 글로벌 연계 정보를 표현한다.
Layer	개체 요소가 보여질 지 여부의 연계 정보를 표현하며 Layer 정의 시 정보 또한 나타난다.
Low Intensity	선택된 개체 요소의 Low Intensity의 적용 여부를 표현한다.

② Graphic properties control Box

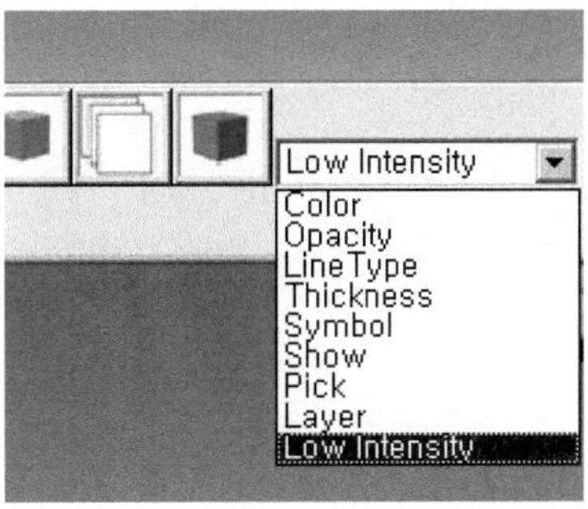

참고

▶ Low Intensity

① MB3을 이용하여 Properties에서 Low Int를 적용할 수 있다.

② Low Int의 요소는 parts, products, drawings 등이다.

③ 이 요소들은 색상이 제거되지도, 그래픽 화면에 filtering 되지도 않는다.(즉, 기본 물성치가 변경된 것이 아니고 잠시 defaults 속성으로 변경 > 기본 설정으로 변경하거나, Low Int Option을 제거하면 다시 기본 물성치로 돌아온다.)

④ 기본 환경 설정은 Dark green으로 설정되어 있으며 Tools > Option > General > Display > Visualization에서 수정이 가능하다.

참고 ▶ Reselection Navigator

여러 요소가 겹쳐져 있을 때 마우스를 요소 위에 두고 키보드 화살표(⇧, ⇩)를 눌러(상하) 원하는 요소를 선택한다.

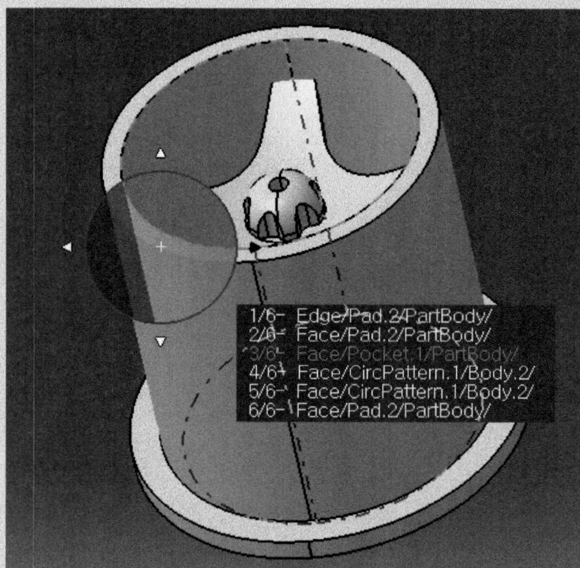

CHAPTER 03

CATIA 기본 Setting

Customize

Workbench 및 Toolbar를 유저의 기호에 맞게 편리하게 정의 가능하며, 또한 언어 영역을 한글, 영문 등으로 변경할 수 있다.

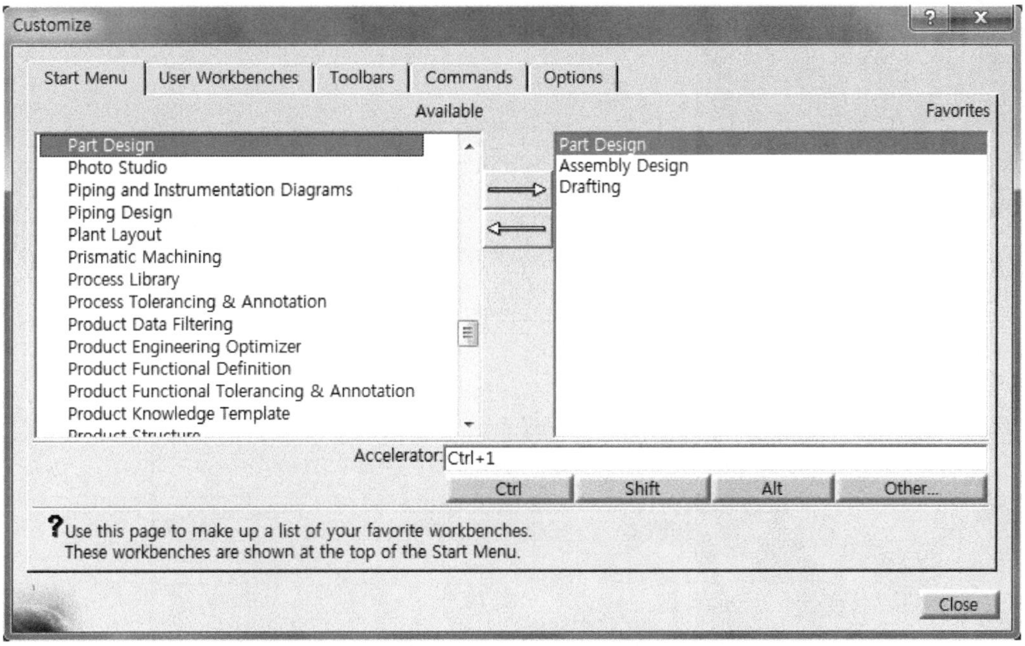

Start Menu 좌측 공간(Available)에서 원하는 Workbench를 선택하여 우측 공간(Favorites)으로 화살표를 이용하여 Workbench를 모아두면 Workbench 진입 시 all general option Icon을 click 시 나타나는 dialog 창에 Workbench가 등록되며, Pull down 메뉴 Start에서도 상단에 등록된다. 그리고 아래쪽의 Accelerator 창에 단축키도 설정 가능하다.

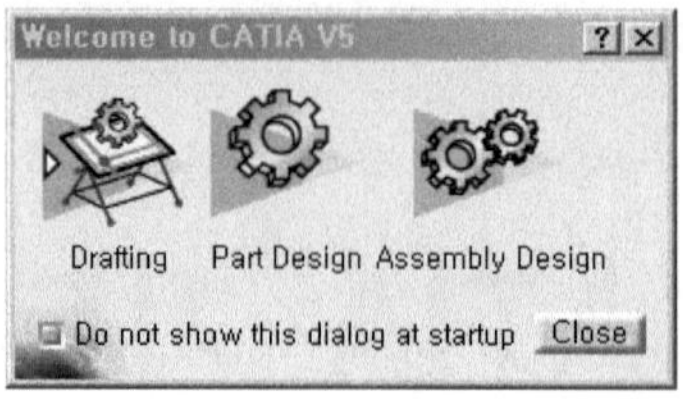

User Workbench 사용자가 마음대로 Workbench를 구성할 수 있다.

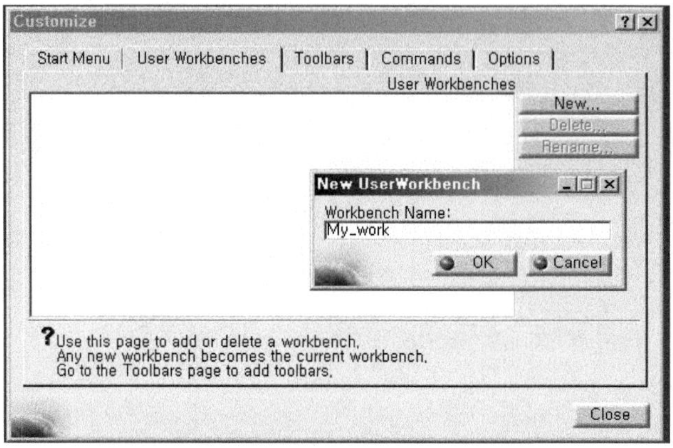

Toolbars 사용자가 마음대로 Toolbar를 구성할 수 있고, 원하는 Workbench에 Toolbar를 정의할 수 있다.

위의 My_work라는 Workbench에 임의의 Toolbar를 삽입해 보자.

① Customize 〉Toolbar 〉New를 선택한다.

② Part Design Workbench의 Toolbar인 Sketch-Based Features를 선택한다.

③ OK를 클릭한다.

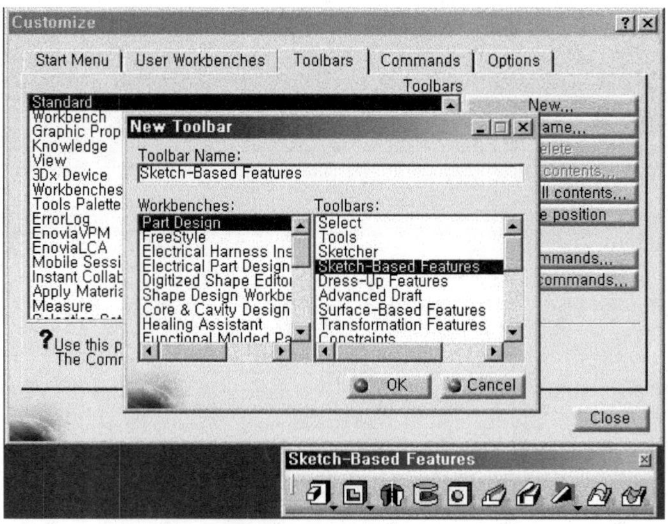

④ 원하는 Toolbar가 삽입된다. 여기서 Add Commands … 을 선택하고 Command list에서 Split Mesh를 선택하면 Toolbar에 새로운 Split Mesh Icon이 추가됨을 알 수 있다.

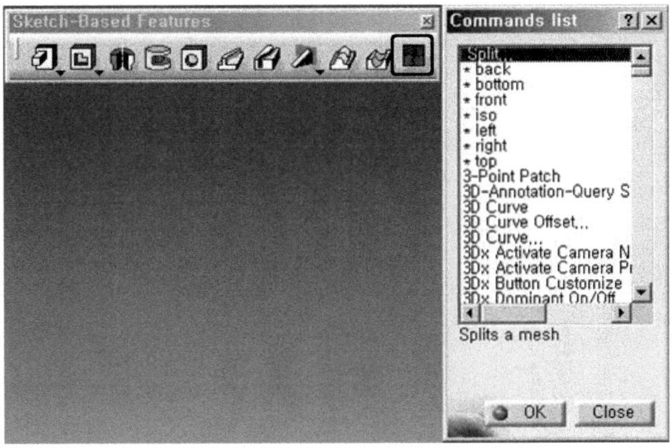

Commands 명령어의 이름 변경 또는 단축키 정의 등 명령어를 관리할 수 있다.

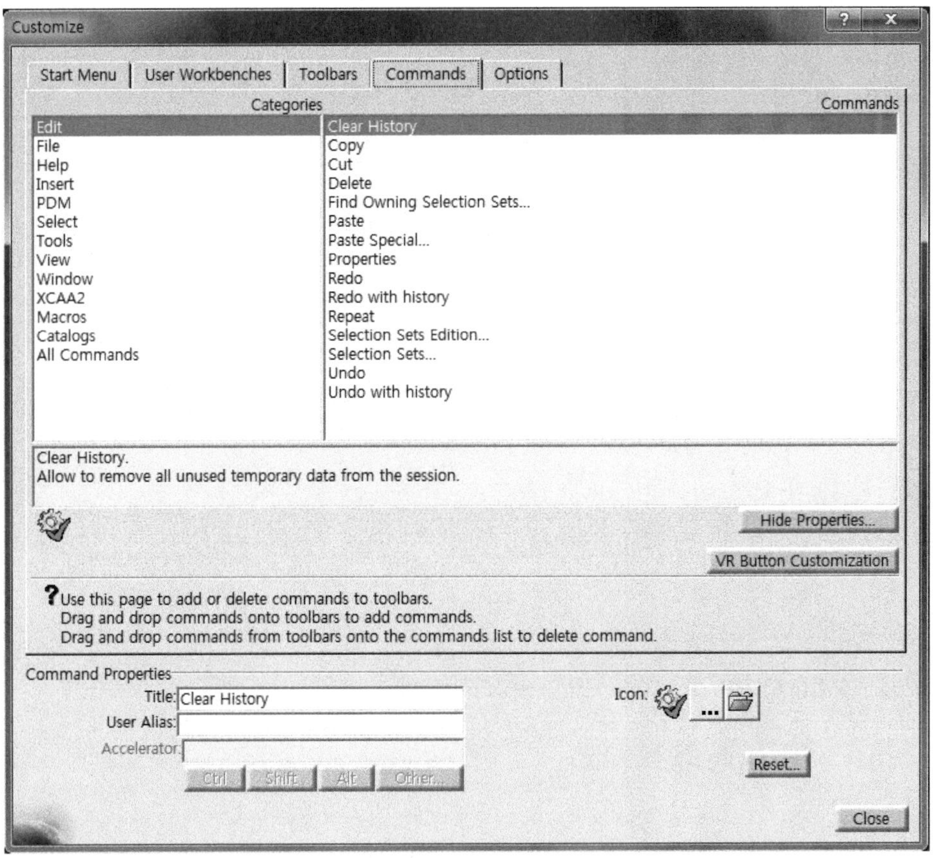

Options Function Icon의 크기 및 대표적으로 사용자 환경 언어를 정의할 수 있다.

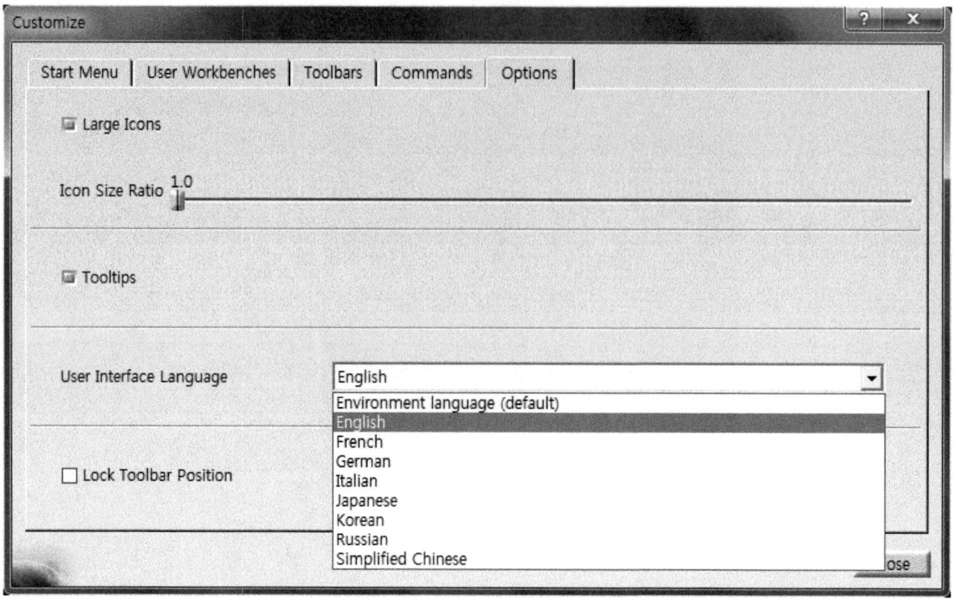

> 참고 Lock Position of Toolbar 옵션은 사용자가 Toolbar 위치를 잘 정한 후 선택하는 것이 좋다.

✳ 기본 Option

사용자의 기본적인 CATIA 환경의 이해를 돕기 위해 Setting file과 General Tab, 축 설정을 검토해 보자.

① Setting file은 Temporay setting(CATTemp 변수에 의한 file screen capture, roll file 정보)과 Permanent setting file(*.CATSettings)로 나뉜다.

② *.CATSettings는 CATUserSettingPath 변수에 의해 *가 결정된다.

③ *.CATSettings를 지우면 User가 설정한 환경(예 Catia background color setting, part & prints setting 등) file을 지우는 결과와 같다.

④ **Setting방법** Tools 〉 option을 이용한다.

✣ General

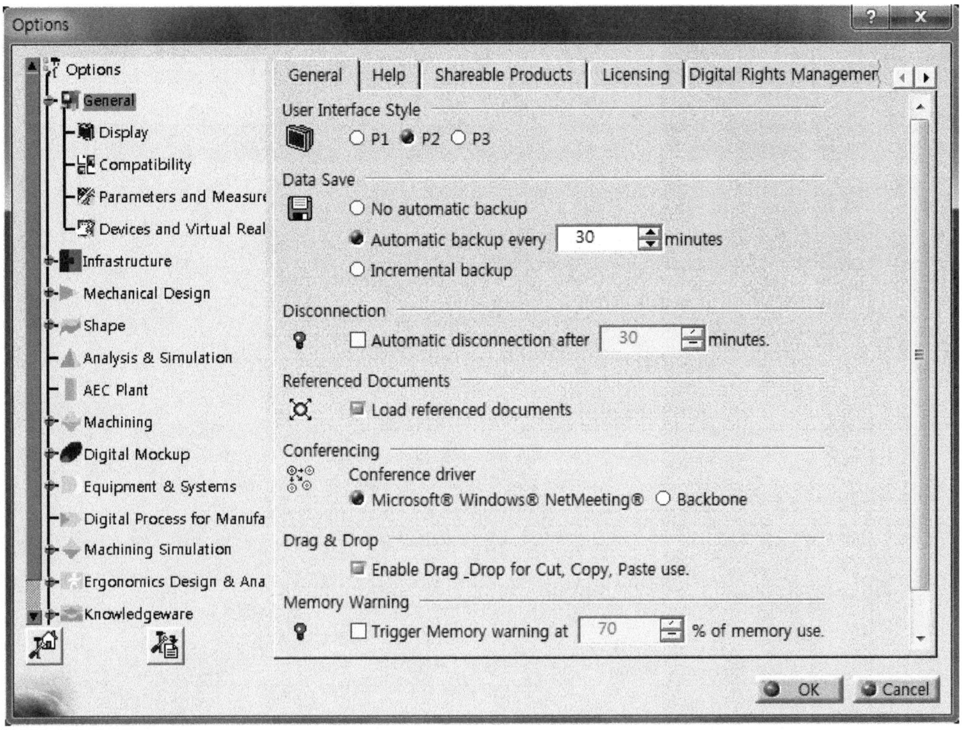

① **User Interface Style** : P1, P2, P3을 지정할 수 있으며 라이센스 규모별 묶음이다.

② **Data Save** : Automatic back every에 정의한 분(단위)마다 저장한다.

③ **Disconnection** : 연결 끊음을 정의한다.

④ **Referenced Documents** : System의 Performance와 관련 있으며 기본적으로 체크되어 있고, Parent & Child와의 연결 관계이다. 체크 해제 시 Parent만 로드한 후 다시 child를 로드해도 불러지지 않는다. 즉, Specification Tree에 정보만 나타난다. 전형적인 *.CATProduct 또는 *.CATDrawing의 유형이다.

⑤ **Conferencing** : DMU navigator에서 System 간의 Netmeeting 기능이다.

⑥ **Drag & Dorp** : Copy와 Paste 기능이다.

✣ 축 설정

세션을 열 때 미리 축, Set, Working Support를 미리 정의하는 기능이다.

다음 그림과 같이 정의하면 세션 시작 시 축이 생성되며 추후 요소 이동, 회전 시 유용하다.

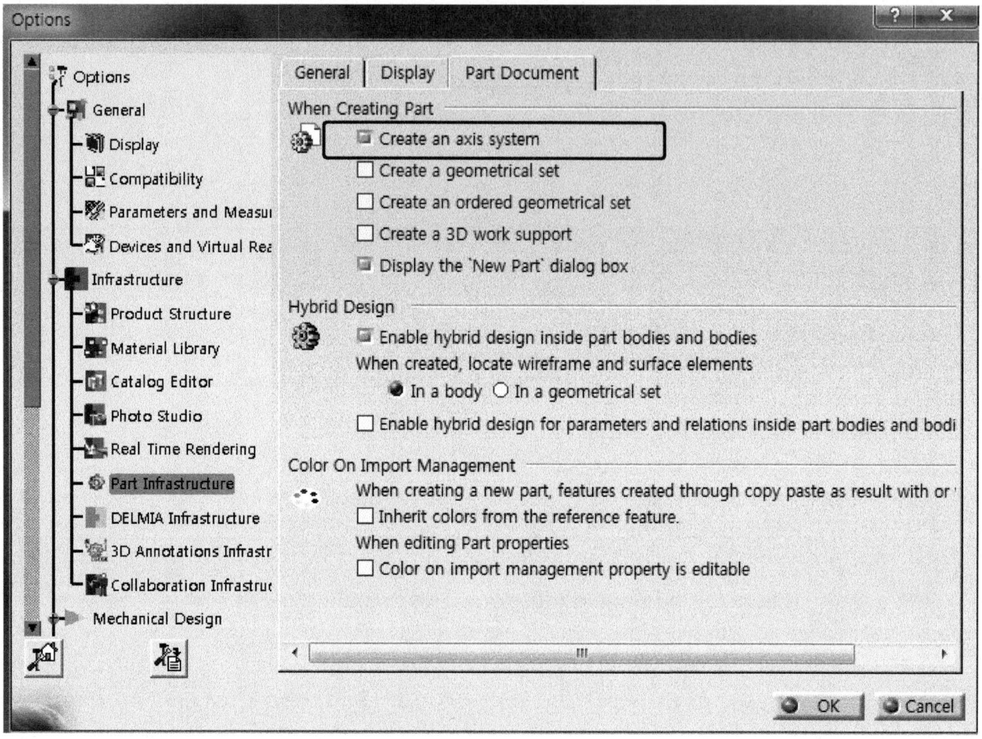

✳ CATIA V4 Data 불러오기

CATIA V4 데이터(*.model, *.session 등)를 V5로 읽을 때, File Open을 하고, Copy 기능을 이용하여 V4 데이터를 Copy해서 V5의 다른 세션에 Paste시킨 후 Update한다.

이때, V4와 V5 간의 데이터 링크 관계는 없다.

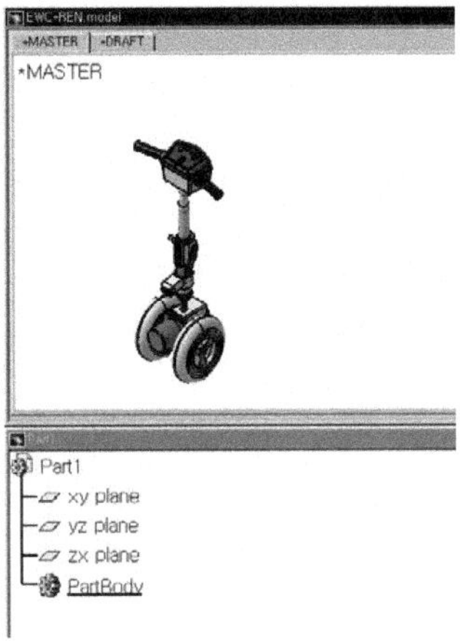

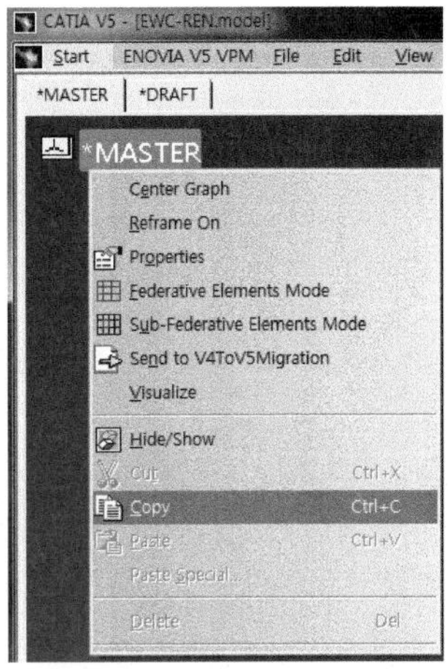

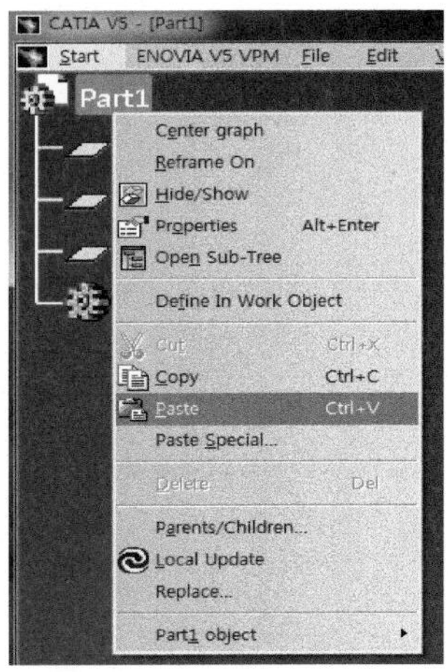

참고

- CATIA V5에서는 이종 간의 data를 다이렉트 인터페이스하는 기능이 있다.
  위의 그림은 그 중 CATIA V4, 즉 model을 불러들이는 방법이다.(물론 모든 data는 아니고 특정 tools를 읽을 수 있는 모듈이 있는 경우에 해당)
- 모듈이 없다면 중간 파일 형태인 IGES 또는 STEP으로 변경 후 이종 간 data를 읽을 수 있다. 그러나 100% 호환되지 않을 수도 있다.

✳ ADMIN 권한 설정 및 CATIA 실행법

CATIA는 크게 Administrator와 General User로 나뉜다.

① 시작 〉프로그램 〉 CATIA 〉 Tools 〉 Environment Editor V5 Rxx를 실행한다.

② 새로운 User 생성하기 : Environment 〉 New를 선택한다.

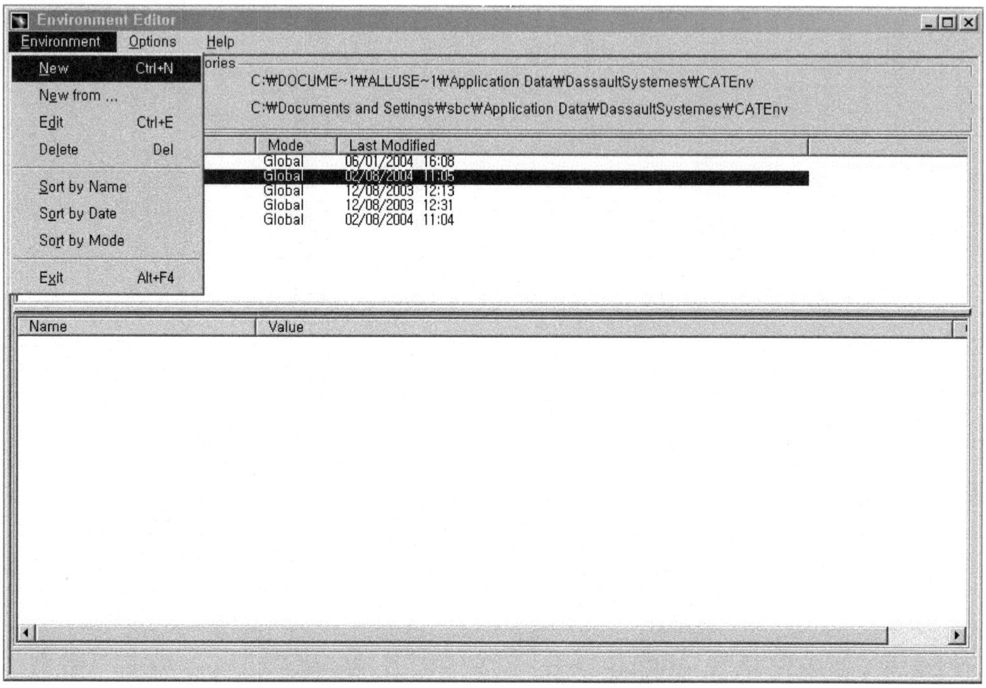

③ Name/Mode/Desktop Icon을 생성하기 위해 Global/Add Desktop Icon이 체크되었는지 확인한 후 OK 버튼을 클릭한다.

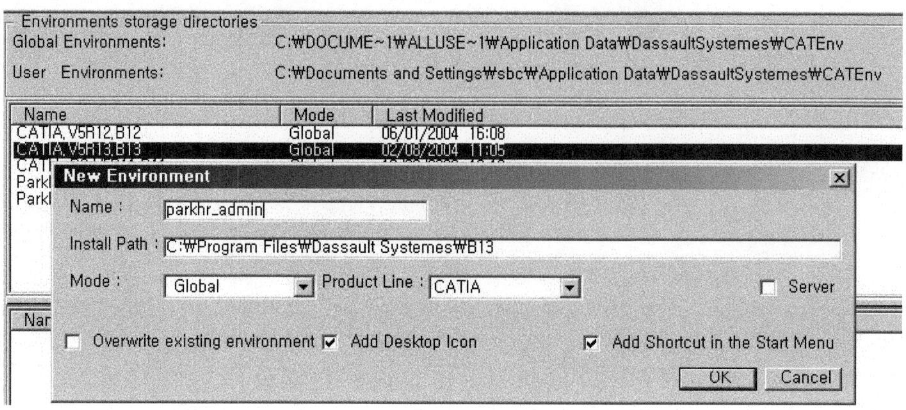

④ CATReferenceSettingPath 변수를 설정하기 위해 Admin의 변숫값 CATReference SettingPath를 마우스 오른쪽 버튼을 이용하여 다음과 같이 설정한다.

CSIDL_APPDATA₩DassaultSystemes₩CATSettings

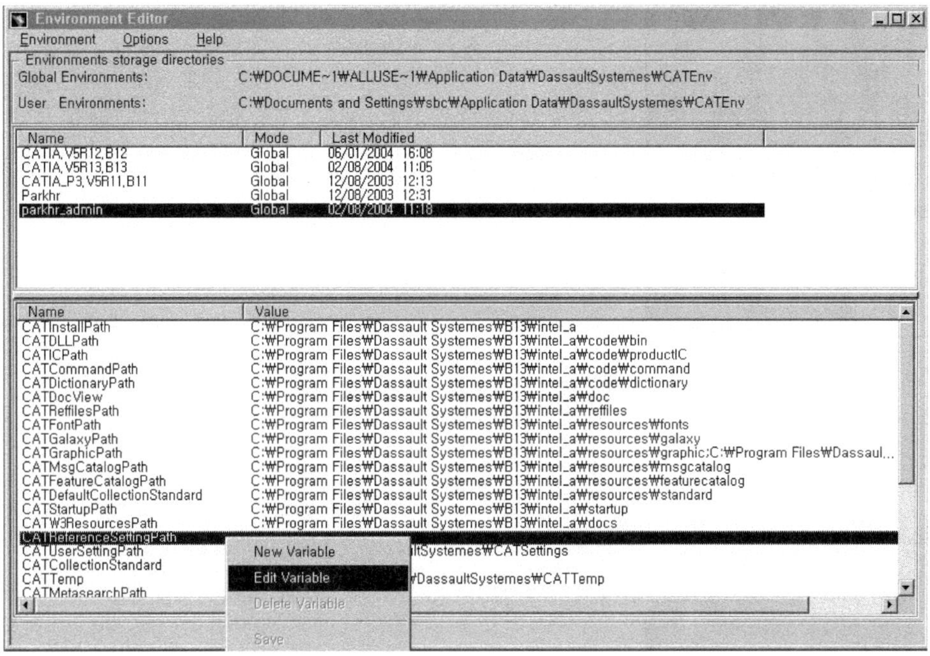

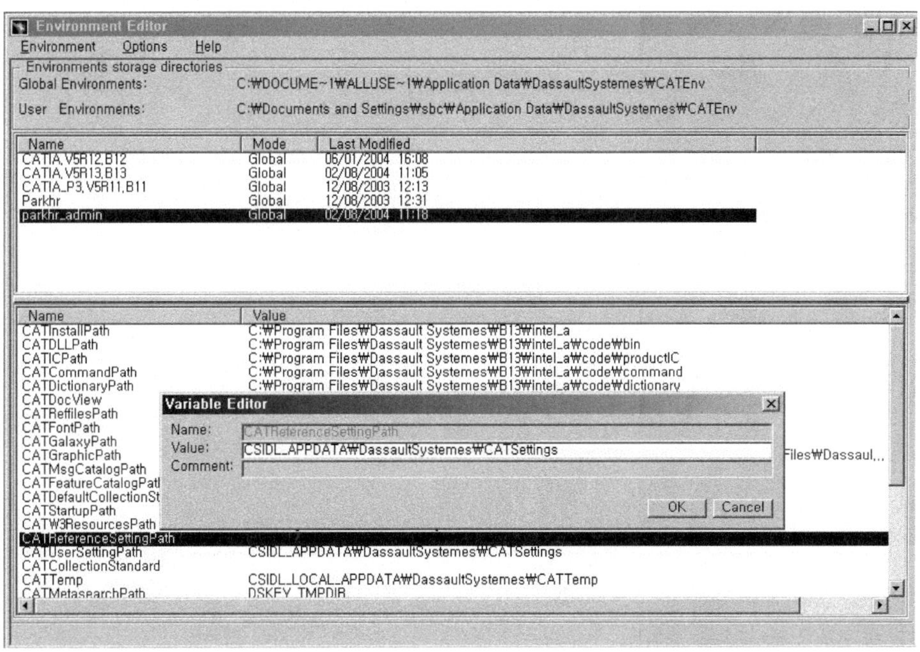

⑤ CATCollectionStandard 변수를 설정하기 위해 설정 Admin의 변숫값 CATCollection Standard를 마우스 오른쪽 버튼을 이용하여 다음과 같이 설정한다.

CSIDL_APPDATA₩DassaultSystemes₩CATSettings

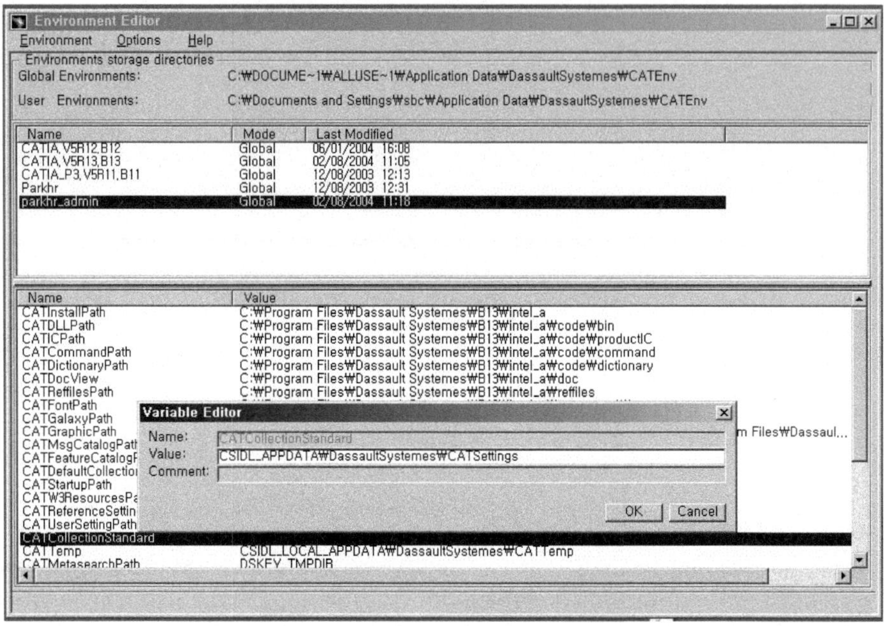

⑥ Icon 등록 정보를 변경하기 위해 대상에서 실행 명령어 뒤의 옵션 -admin을 삽입한다.

"CNEXT.exe -admin"

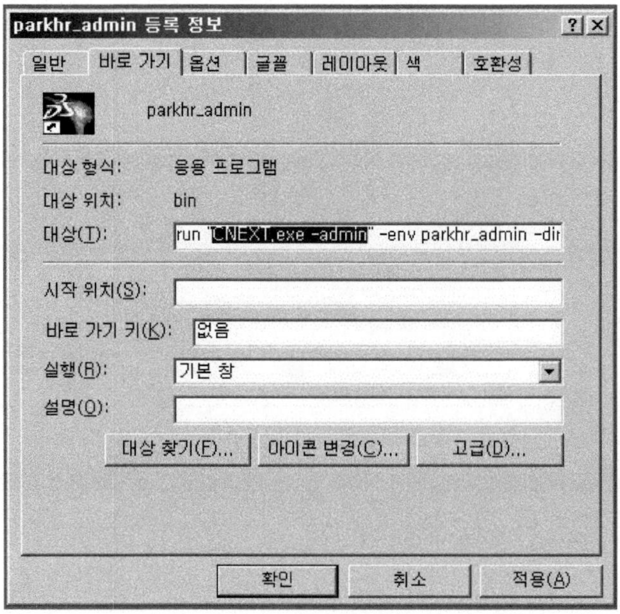

⑦ CATIA Icon을 더블클릭하여 실행하면 다음과 같이 Administration Mode 창이 나타난다.

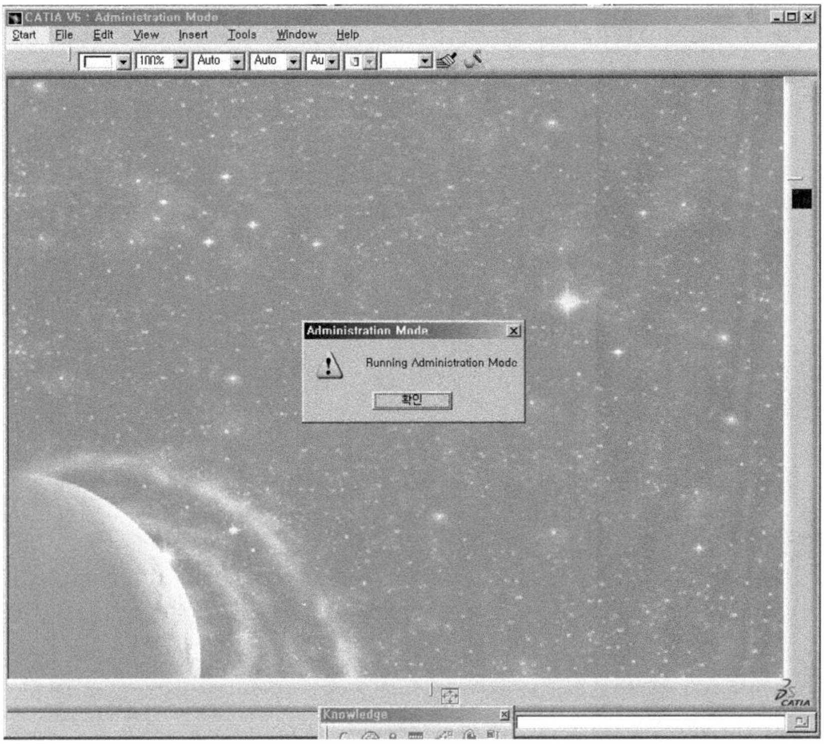

참고 ▶ **일반 유저와 Admin의 대표적인 차이점**

- 환경 변수인 Standard 기능의 수정이 가능하다.
- 임의 수정은 곧 data 호환의 문제점으로 발생할 수 있으므로 각 사용자별로 Admin들의 협의 하에 수정하는 것이 좋다.
- Save As New가 활성화됨을 볼 수 있다.

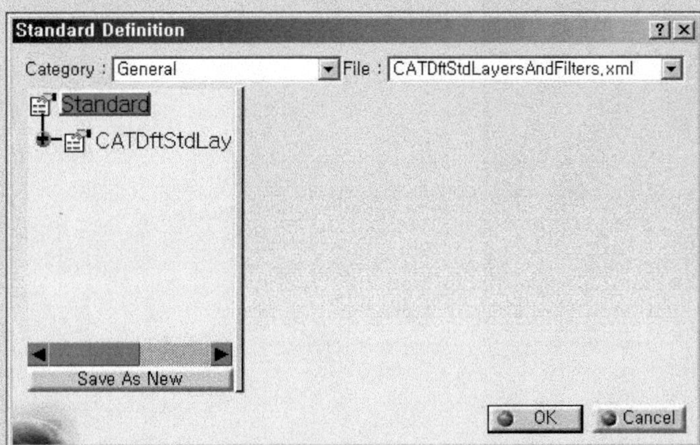

참고 ▶ Presentation 자료를 만들 때 알아두면 편리한 명령 1 - 모델링 데이터의 자동 회전

모델링 파일이 열려있는 상태에서 Power Input 입력 창에 다음과 같은 명령어를 입력해 보자.

c:TestVisuPerfoDraw

다음 그림(아래)의 창이 뜨면, Angle:2, Repeat:400 값을 입력하고 Apply 버튼을 클릭하면 열려있는 모델링 데이터가 회전하게 된다.

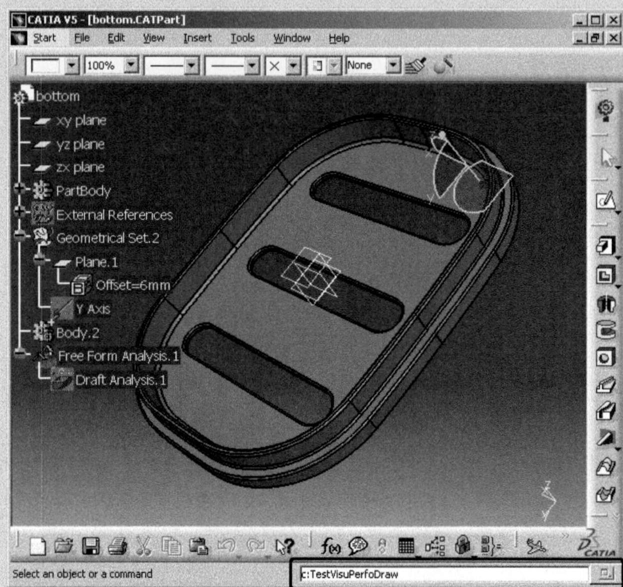

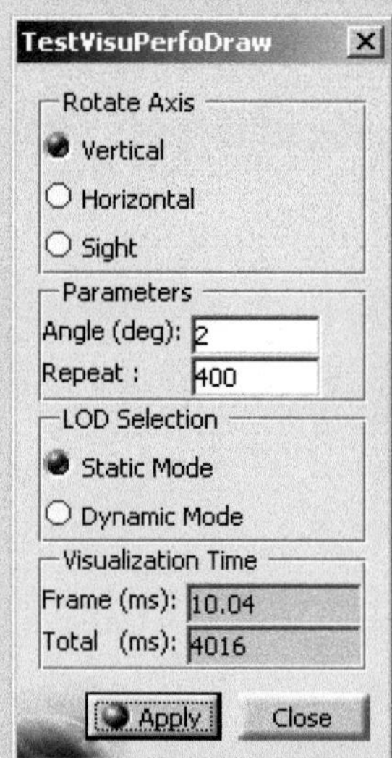

PART II

Sketcher

CHAPTER 01 Sketcher Workbench 소개
CHAPTER 02 스케치 모델링 예제
CHAPTER 03 Sketcher Workbench 관련 Option 설정하기

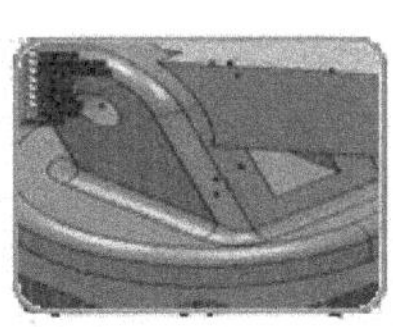
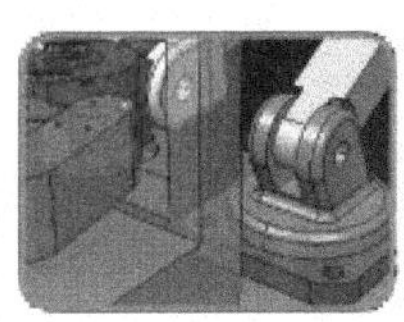

CHAPTER

01 Sketcher Workbench 소개

시작하기

Start 〉 Mechanical Design 〉 Sketcher

Pull Down방법을 이용하여 Start 〉 Mechanical Design 〉 Sketcher를 찾아서 클릭을 하면 Sketcher Workbench가 실행된다.

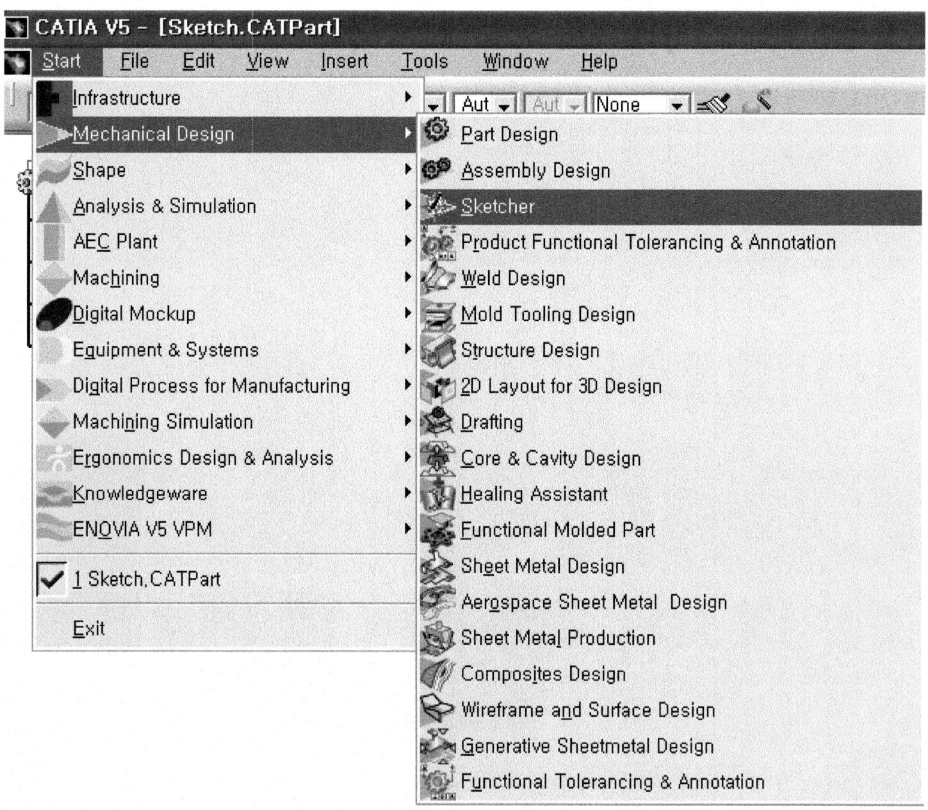

일반적으로 Sketcher Workbench는 별도로 다음과 같이 선택해서 들어갈 필요 없이 Part Design 같은 모델링이 가능한 Workbench로 들어가서 필요 시 Sketch 아이콘을 이용하여 원하는 평면으로 스케치를 진입할 수 있다.

용어 설명

- ▶ **Profile** : 솔리드 형상이나 곡면 형상의 기본 요소, 스케치의 가장 중요한 목적이지만, 반드시 스케처에서만 모델링한 요소가 아니라 3차원 공간상에서 모델링한 요소도 곡면 또는 솔리드 형상의 기본이 된다면 Profile에 포함된다.
- ▶ **Constraint** : 구속 조건으로 스케처, 조립, DMU 시에 많이 적용되는 말로 스케처에서는 모델링을 구속 조건으로 완성한다.
- ▶ **Sketch Tools** : 스케치 모델링을 편리하게 사용하기 위한 보조 툴(Tool)이다.

:: 주의 ::

기초 사용자들이 자주 실수하는 점은 중요도를 인식하지 못하고 툴 바 닫기(X) 버튼(절대 누르지 말 것)을 누르고 찾지 못하는 문제가 종종 발생한다.

- ▶ **3D Geometry** : 같은 방향의 View에서 3차원 요소를 이용하여 스케치로 불러와서 유용하게 사용한다.

Sketcher Workbench의 작업 Process 및 상세 명령어

Sketcher Workbench 진입하기

1 Sketch

Sketch 작업을 시작하기 위해서는 다음 그림과 같이 Part Design Workbench가 시작할 때부터 기본으로 제공 되어지는 공간상의 plane을 선택하거나 Specification tree에서 원하는 Plane을 선택하여 진입한다.

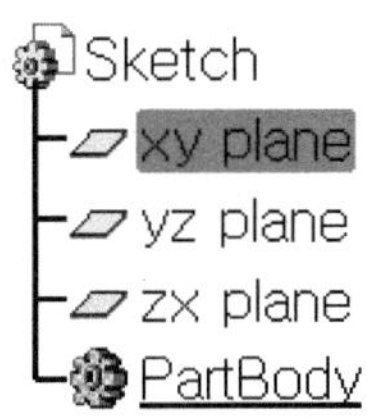

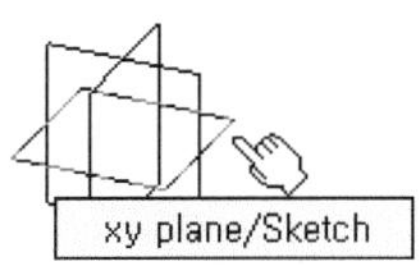

✣ Sketcher Workbench 구성 화면

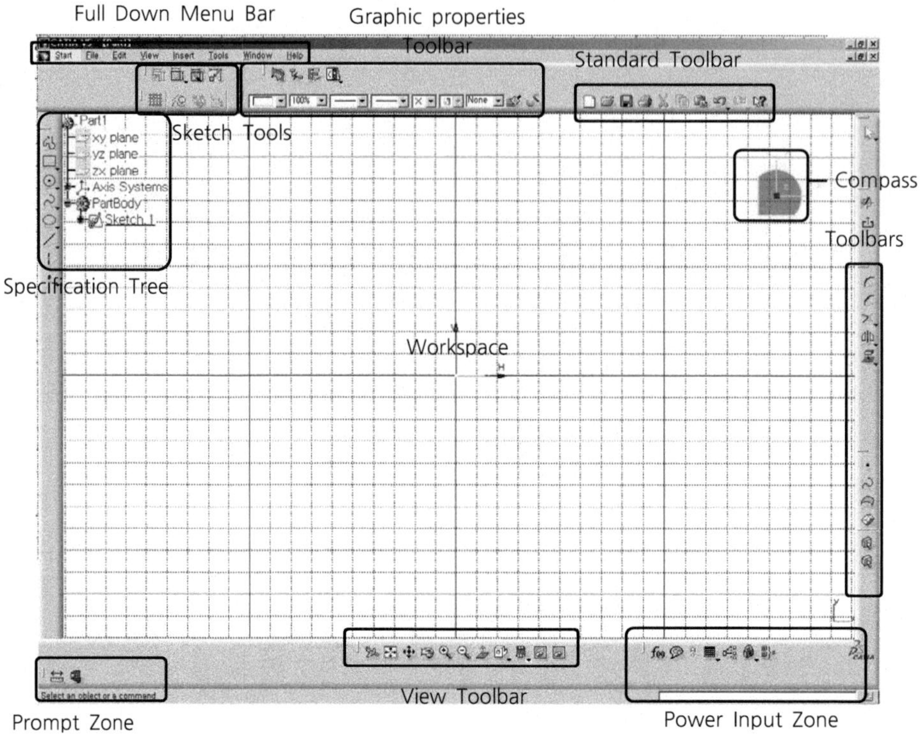

1 Positioned Sketch

스케치 상의 기준 평면과 좌표축의 원점, 수평, 수직좌표 방향을 사용자가 임의로 설정이 가능하다.

① 임의 평면 상에 스케치의 원점을 지정하는 방법

㉠ Sketch Positioning Type은 Positioned/Reference는 임의 평면을 선택한다.

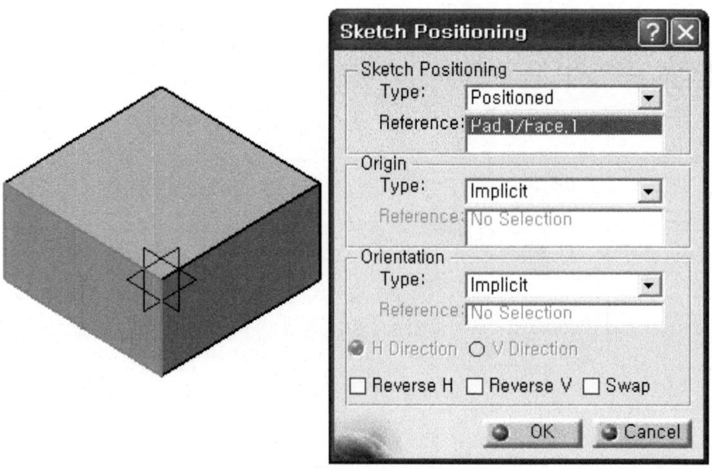

ⓛ Origin Type은 Intersection 2 Lines/Reference는 두 개의 교차되는 Line을 선택한다.

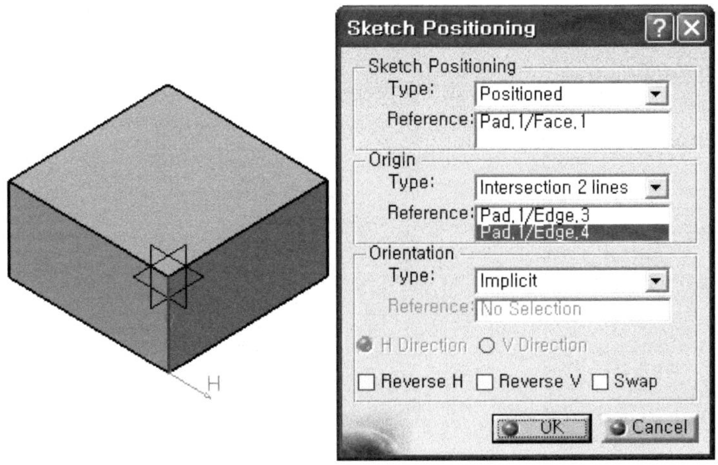

ⓒ Orientation Type은 Implicit/option은 Swap(H, V 방향 상호 교체)을 선택한다.

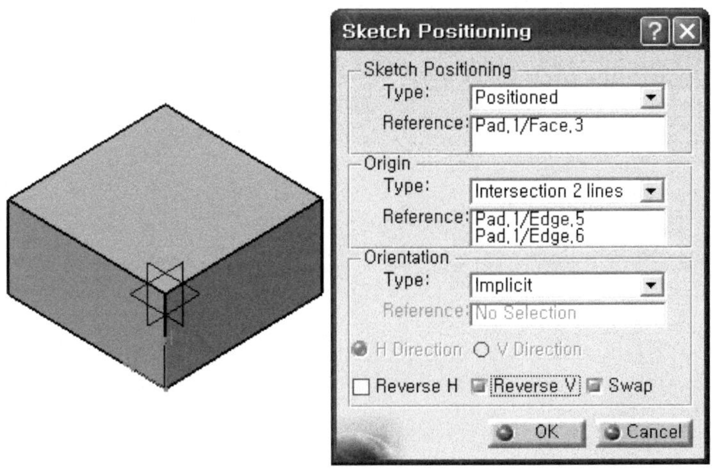

Tip

H, V축은 진입 후에 항상 화면 상에 **H축은 우측 방향**을, **V축은 위쪽 방향**으로 향한 상태로 진입을 한다는 것을 기억해 두면 방향 지정이 조금 쉬워진다.

㉣ Sketch로 진입한 결과는 다음과 같이 원하는 평면에 원점을 기준으로 축 방향에 맞춰 Sketcher Workbench로 진입하게 된다.

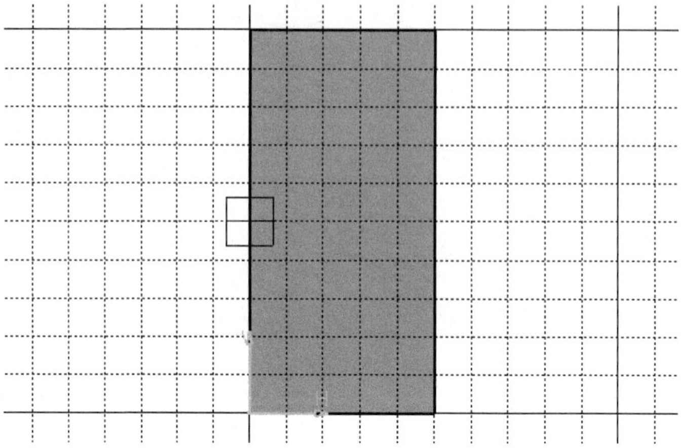

참고

1. 일반적으로 Sketcher Workbench 진입 시 Sketch 아이콘을 이용하지만 사용자가 원하는 평면, 원점, 수직, 수평에 맞춰서 Sketch로 진입할 때는 꼭 Positioned Sketch를 이용하여 진입하여야 한다.
2. 스케치 작업 후 스케치 기본 설정을 바꿀 때 Sketch 아이콘으로 진입한 경우에는 평면만 수정 가능하나 Positioned Sketch 아이콘으로 진입한 경우에는 평면뿐만 아니라 원점, 수평, 수직좌표 방향까지 수정 가능하다.

Sketcher Workbench 나가기

Sketch 작업이 끝나고 Sketcher Workbench를 나가려면 Workbench Toolbar 

의 Exit Workbench  아이콘을 눌러서 모델링 Workbench로 이동한다.

참고 ▶ **Workbench 내의 Toolbar 정의 및 위치를 편리하게 또는 다음과 같이 정의한다.**

- 사용자가 Toolbar를 원하는 위치로 옮겨서 배치를 하면 항시 Workbench를 열 때 아이콘 위치를 찾기 쉽고 익숙해지면 모델링 시 빠르게 접근할 수 있다.
- 저자는 통상적으로 생성과 관련된 아이콘 Toolbar는 왼쪽에, 편집 기능의 아이콘 Toolbar는 오른쪽에, 많이 사용하는 Toolbar는 상단, View 기능은 하단 등으로 배열한다. 다음 그림을 참조해서 여러분들도 여러분만의 위치를 정하기 바란다.
- 정해진 위치를 고정시킬 수 있지만 권장하지 않는다.
(Tools > Customize > Option > Lock Toolbar Position)

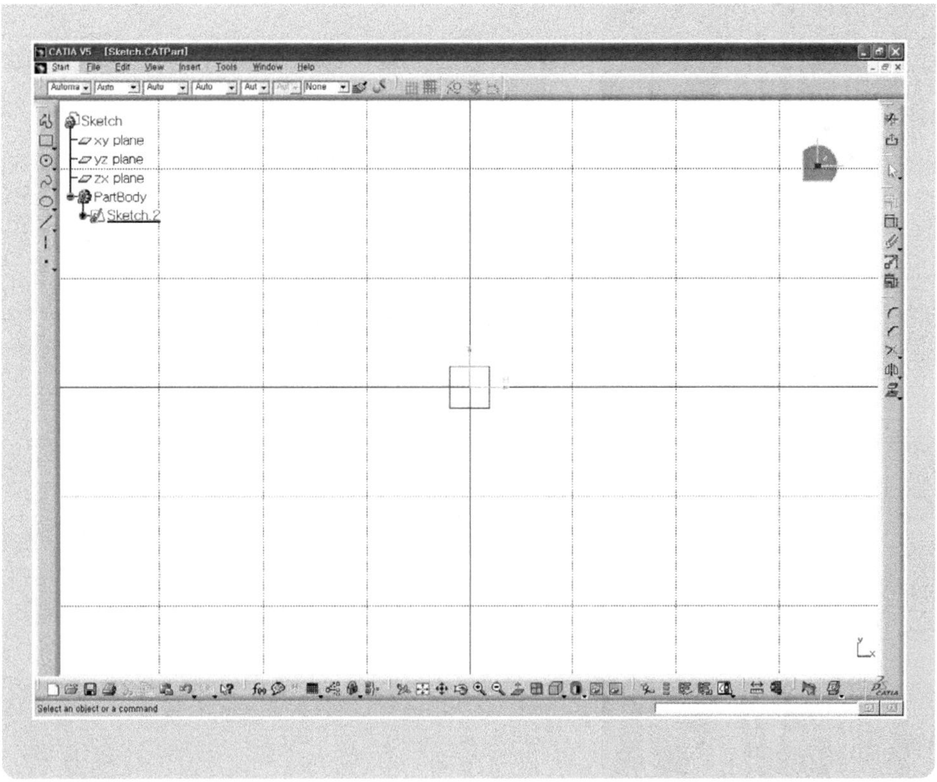

Sketch 생성 및 수정하기

Sketcher Workbench를 확실하게 사용하기 위해서는 다음에 설명될 4가지 Toolbar를 꼭 알아 두어야 한다.

① Sketch Tools : 스케치 환경에 대한 기본 설정과 Profile, Operation Toolbar 등의 아이콘에서 부가적인 설정이 이루어질 때 기능을 표시해 주는 보조 Toolbar이다.

② Profile : 스케치에서 형상의 기본 형상을 생성할 때 쓰이는 것으로 점, 선, 다각형 등 여러 가지 형상의 아이콘까지 포함하고 있는 Toolbar이다.

③ Operation : Profile Toolbar에서 기본 형상을 생성한 것을 세부적으로 사용자가 원하는 형상으로 수정할 때 쓰이는 것으로 트림, 미러, 옵셋 등 여러 가지 수정에 대한 아이콘을 포함하고 있는 Toolbar이다.

④ Constraint : 구속 조건에 대한 아이콘으로 Profile와 Operation Toolbar을 이용하여 생성한 형상을 원하는 구속 조건을 지정할 수 있는 아이콘을 포함하고 있는 Toolbar 이다.

✣ Sketch Tools

스케치 모델링 시 편리한 기능을 제공하며 반드시 숙지하여야 한다. 통상적으로 본인이 초보라고 생각하면 **두 번째, 세 번째 아이콘은 비활성화**한 후, **첫 번째와 네 번째, 다섯 번째의 3개의 아이콘은 활성화**해 두고 스케치 모델링을 한다.

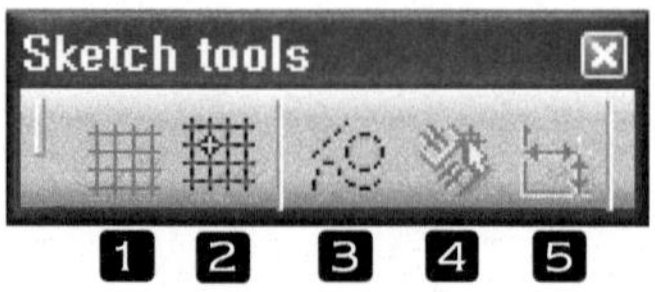

1 Grid

Grid를 체크하면 Sketcher Workbench에 들어왔을 때 화면에 모눈종이 모양의 격자무늬가 표시된다. 2차원의 Sketch 작업에는 Grid가 유용하게 쓰인다. 혹시 불편하면 체크를 하지 않아도 문제는 없다.

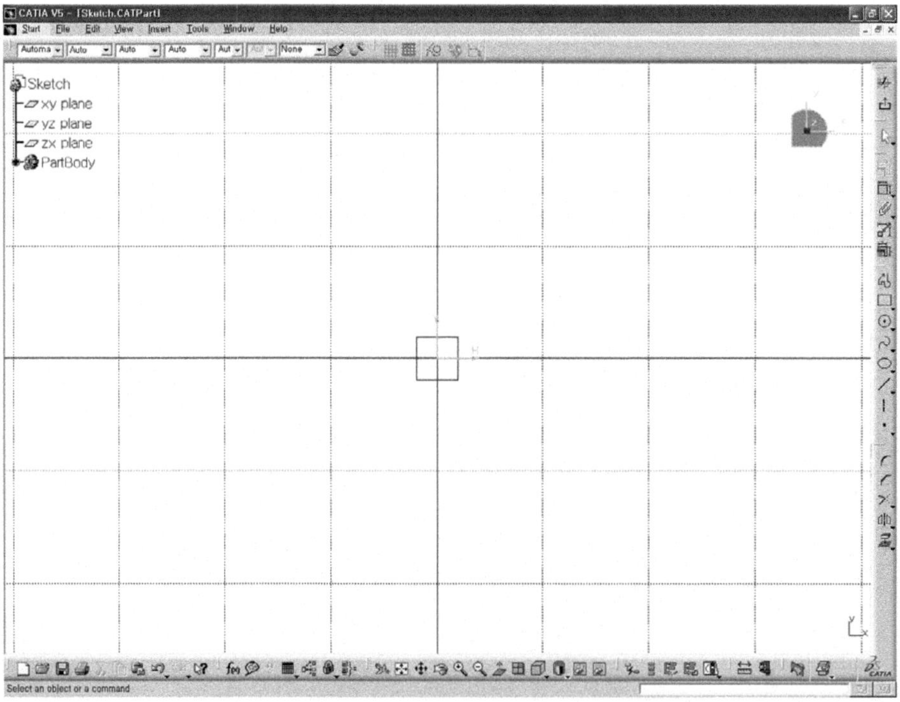

▲ Grid 체크 On

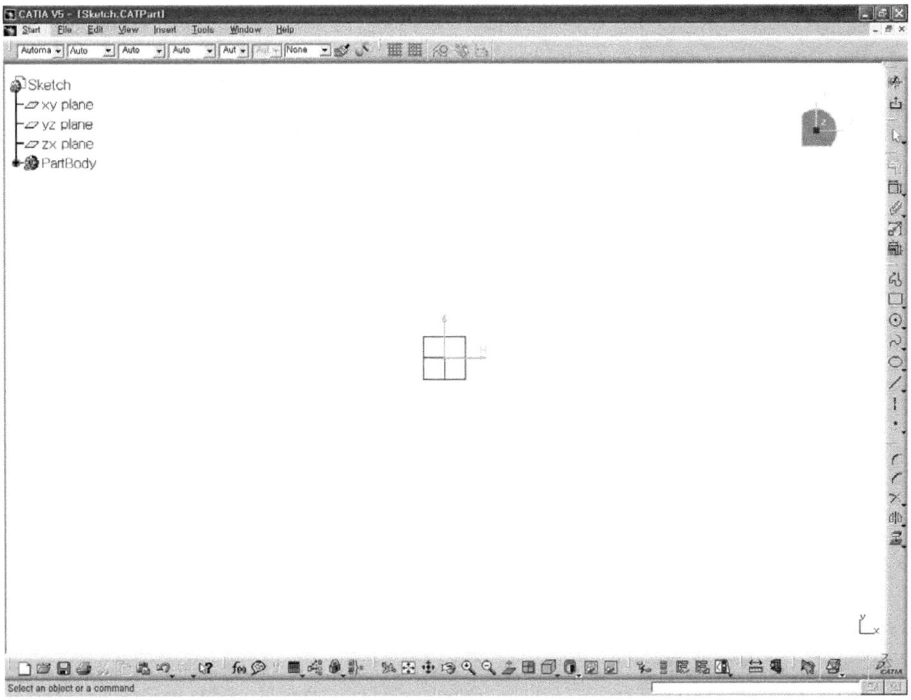

▲ Grid 체크 Off

2 Snap to Point 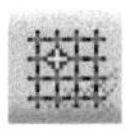

Snap to Point를 체크하면 Grid의 교차점이나 앞에서 생성한 형상의 극점과 같은 특수지점에만 마우스를 움직일 수 있는 기능이다.

① **Snap to Point 체크** : 항상 교차점만 선택이 되어 형상이 생성되어지는 것을 볼 수 있다.

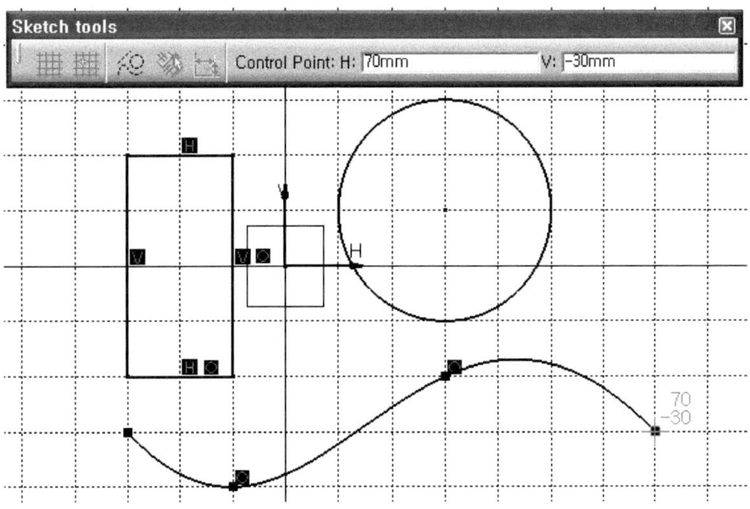

② Snap to Point 해제 : 교차점과는 상관없이 마음대로 선택하여 형상을 생성할 수 있다.

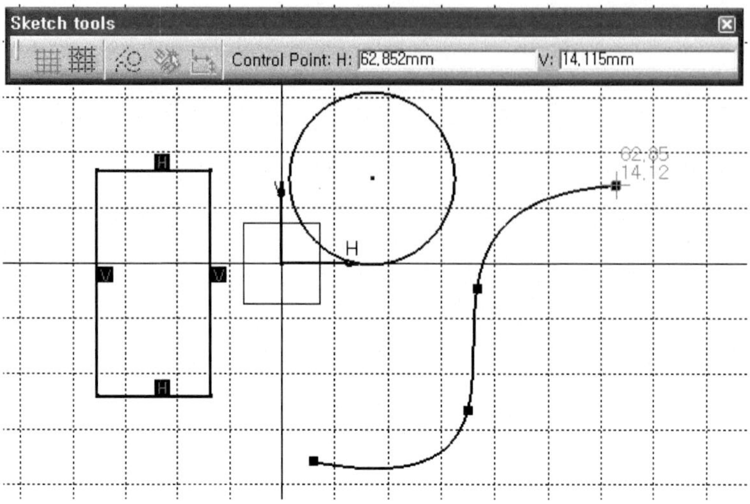

❸ Construction/Standard Element

스케치에서 Profile을 생성할 때 실제 실선으로 요소를 나타낼 것인지 아니면 보조선이나 참조선으로 스케치에서만 사용할 것인지를 선택하여 생성할 수 있는 기능으로 아래에 두 기능에 대해서 자세히 설명하겠다.

① Standard Element : 스케치에서 실제 형상을 Profile을 이용하여 형상을 생성할 때 쓰이는 기능으로 Sketcher Workbench에서 빠져나가도 3D에서 실선으로 보이는 기능이다. 일반적으로 Standard Element 기능을 사용할 때는 아이콘을 체크하지 않으면 기능이 실행되고 있는 것이다.

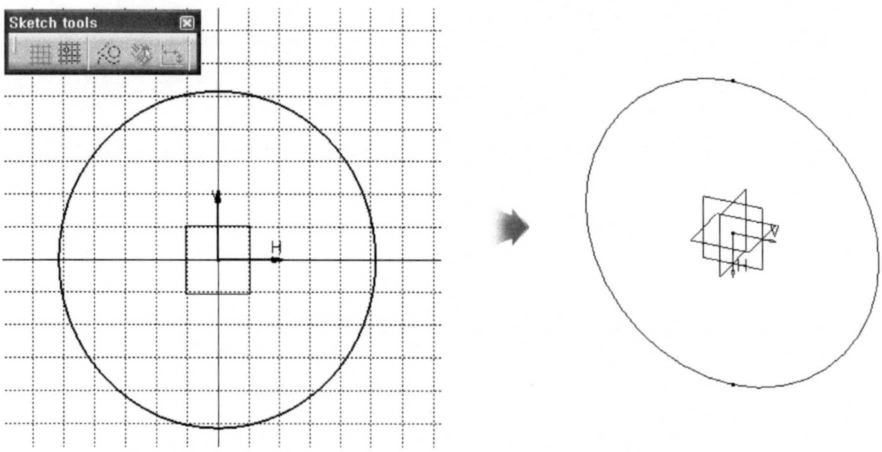

② Construction Element : 스케치에서 치수 보조선이나 참조선을 생성할 때 사용하는 기능으로 Sketcher Workbench에서 빠져나가면 3D에서는 보이지 않는 기능이다. Construction Element 기능을 사용할 때는 아이콘을 체크하면 점선으로 Profile을 생성할 수 있다. 그리고 아이콘을 클릭하면 자동으로 해제가 되지 않으므로 Construction Element의 생성이 끝났으면 다시 아이콘을 선택하여 선택 제거를 하여야 한다.

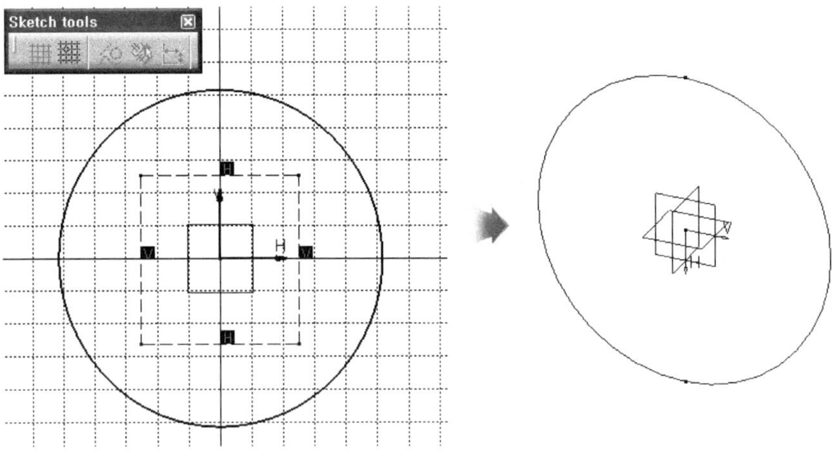

아이콘 선택 후 제거를 하지 않고 실선을 생성하려고 했을 경우 점선을 삭제할 필요 없이 생성된 Profile을 선택하여 Construction Element 아이콘 선택을 해제하면 실선으로 바꿀 수 있다. 물론 그 반대의 경우인 실선(Standard)을 점선(Construction)으로 변경도 가능하다.

4 Geometrical Constraint

일반적으로 활성화시켜 두고 사용하며, Profile을 생성할 때 형상에 대한 구속이 Option 정의에 의해 자동으로 생성되게 하는 기능으로 복잡한 요소 모델링 시 활성화, 비활성화 하여 편리하게 적용시켜 사용한다. 그 기능은 다음과 같다.

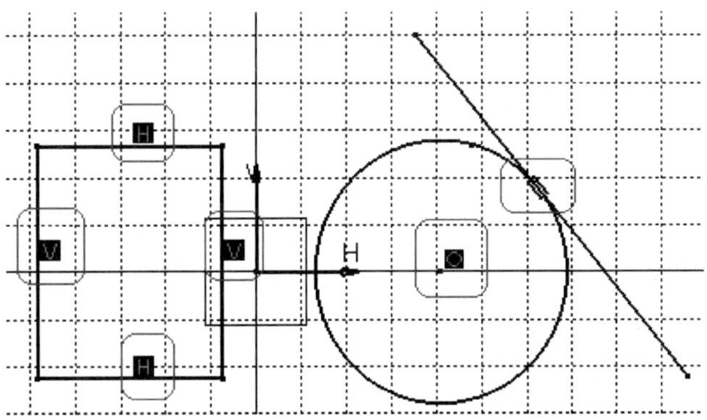

그림을 보면 활성화 후 모델링 시 수직(Vertical), 수평(Horizontal), 접선(Tangency), 접점(Coincidence) 구속이 자동으로 지정되어 있는 것을 볼 수 있다.

5 Dimensional Constraint 

이 기능도 Geometrical Constraint와 같이 일반적으로 활성화시켜 두고 사용하며, Profile을 생성할 때 치수에 대한 구속이 Option 정의에 의해 자동으로 생성되게 하는 기능이다.

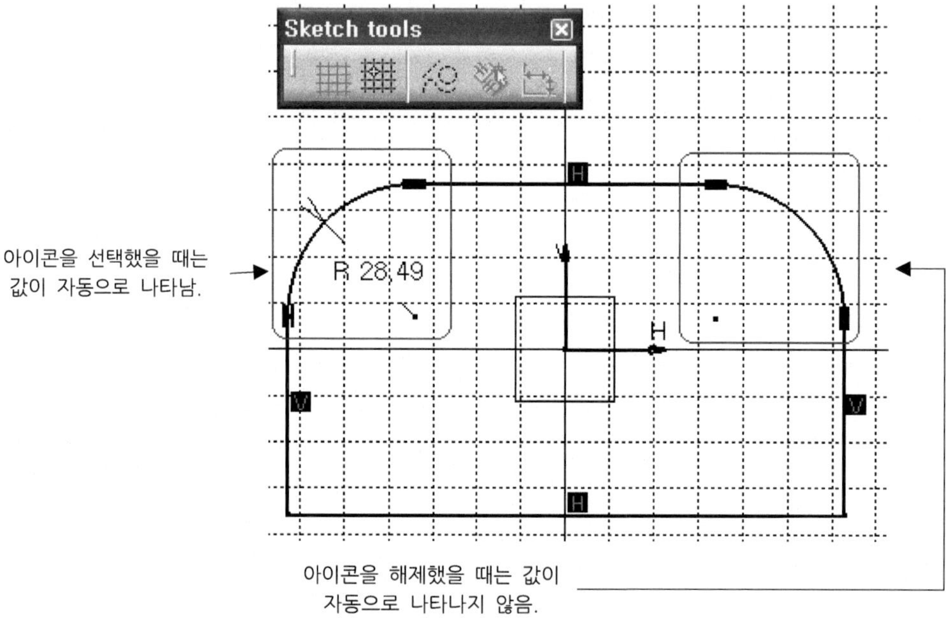

Profile

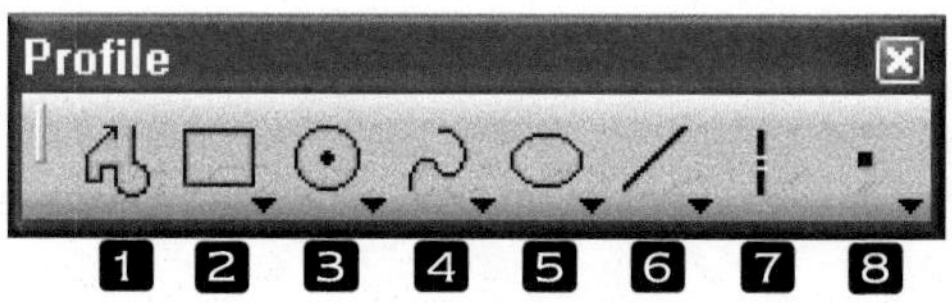

✦ 알아두기 CATIA에 있는 모든 Toolbar에 있는 아이콘의 우측 하단에 검은색 화살표(▼)가 있으면 마우스로 화살표를 클릭하면 내부에 또 다른 하위의 Toolbar가 존재하는 것을 알 수 있다.

1 Profile 

스케치 형상을 그리는데 가장 많이 사용하는 아이콘으로 직선과 곡선 형상의 프로파일을 만들 때 사용하며, 다른 아이콘들은 각각의 형태를 아이콘 한 번에 하나의 작업이 이루어지는

데 반해 Profile은 아이콘 한 번의 선택으로 Line과 Arc를 연결하여 그릴 수 있다. 아이콘을 선택하면 Sketch tools에 3개의 Option 아이콘이 추가로 나타난다.

① ② ③

Profile 작업을 종료할 때에는 Esc 키를 더블클릭하거나 Profile 아이콘을 한 번 더 클릭하거나 시작점과 끝점을 만나게 하면 된다.

Sketch tools에서 정확한 수치를 Tab을 이용하여 입력하여도 되지만, 여기서는 주로 V5의 특징을 활용하기 위해 유사한 작도 이후 구속으로 형상과 위치를 잡아가는 방법으로 서술하겠다.

① Line  : **두 개의 Point를 선택하여 Line을 생성**한다. 그 후부터는 하나의 Point만 선택하여 앞에 생성된 Line에서부터 연결된 Line을 생성할 수 있다. 다각형의 형상을 생성할 때 유용하게 쓰인다.

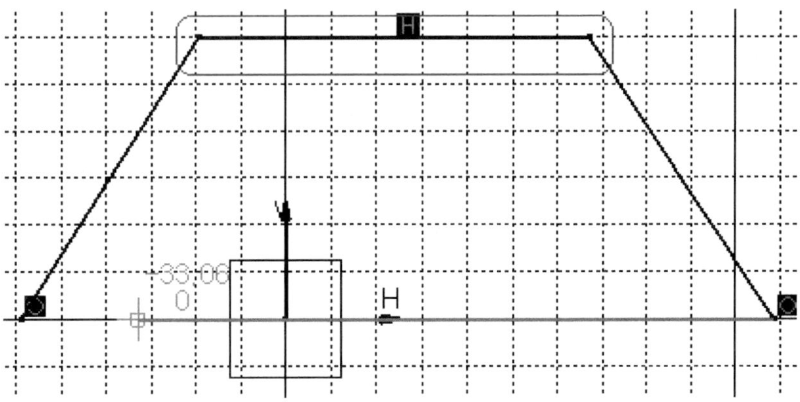

② Tangent Arc  : **선택된 끝점에서 Tangent한 원호를 생성**할 때 쓰인다. 단 앞에 어떤 형상도 없을 때는 Tangent 옵션을 줄 수 없으므로 처음부터 Tangent Arc를 그릴 수 없다.(아이콘 클릭 이외에도 스케치 작업 중에 공간에서 **마우스를 드래그(Drag)**하면 같은 효과가 나타난다.)

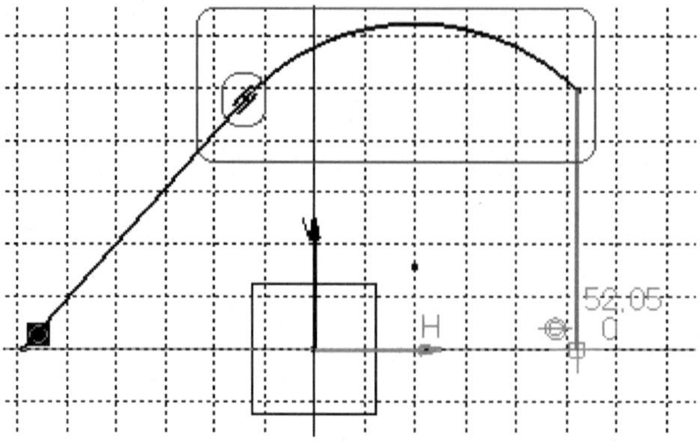

③ Three Point Arc  : **세 개의 Point를 지나는 Arc를 생성**할 때 쓰인다. Profile을 이용해서 작업 중이었으면 앞의 작업의 마지막 Point가 Three Point Arc의 첫 번째 Point가 된다.

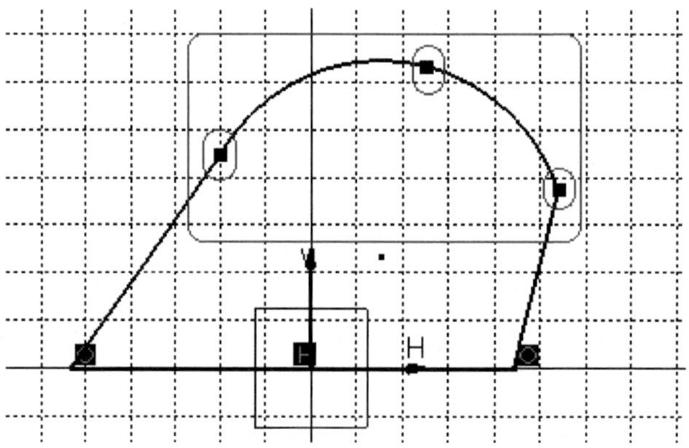

2 Predefined Profile

자주 사용되는 형상 중 사각형과 육면체 등의 형상들을 쉽게 만들 수 있게 아이콘화 한 것을 모아놓은 Toolbar이다.

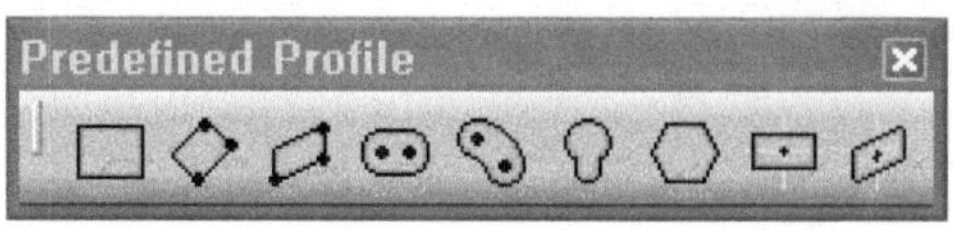

2-1 Rectangle 

두 개의 대각선 Point를 선택하여 축과 나란한 직사각형(세로선은 수직(Vertical), 가로선은 수평(Horizontal)인 사각형)을 생성한다.

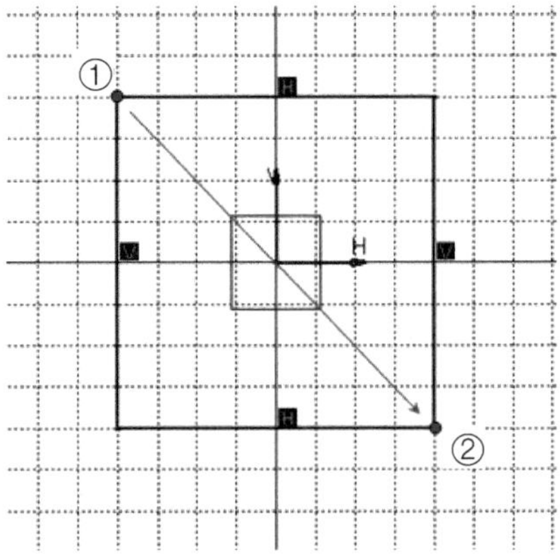

2 – 2 Oriented Rectangles 

세 개의 Point를 선택하여 사각형을 생성한다. 이때 생성된 사각형은 처음 두 개의 Point를 연결한 라인을 기준으로 수직인 직사각형이 생성된다.

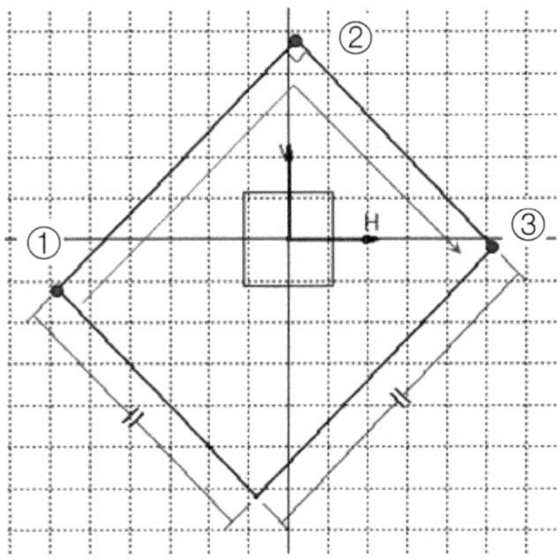

2 – 3 Parallelogram 

사각형 생성방법은 Oriented Rectangles와 동일하나 직사각형이 아니라 평행사변형을 생성할 때 사용된다.

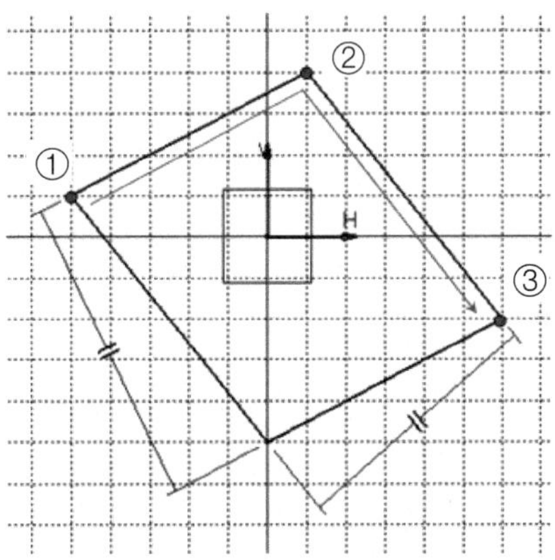

2 – 4 Elongated Hole

두 개의 원의 중심과 호를 가진 직선 형태의 타원형 유형의 형상을 만든다.

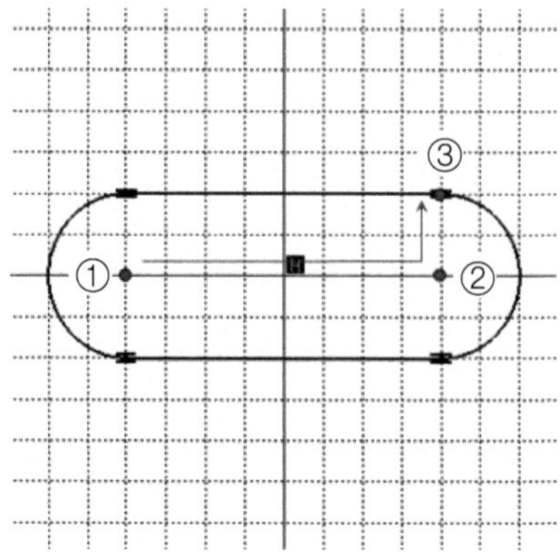

2 – 5 Cylindrical Elongated Hole

두 개의 원의 중심과 호를 가진 곡선 형태의 타원형 유형의 형상을 만든다.

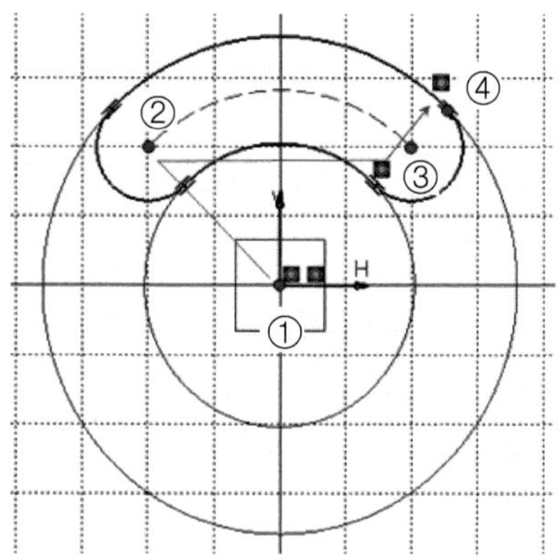

2 – 6 Keyhole Profile

열쇠 구멍 모양의 형상을 생성한다.

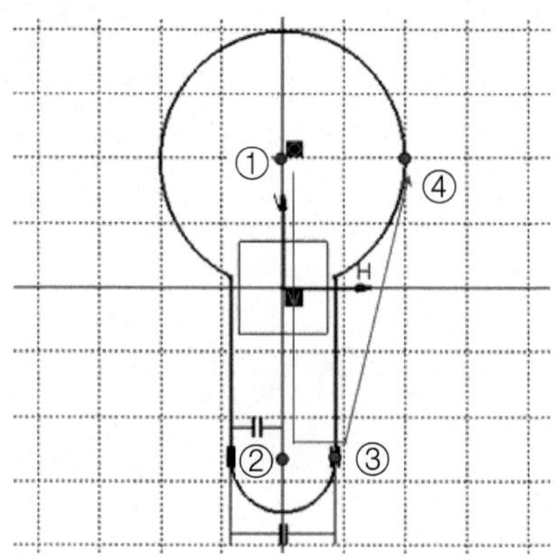

2 – 7 Hexagon

정육각형의 형상을 생성한다.

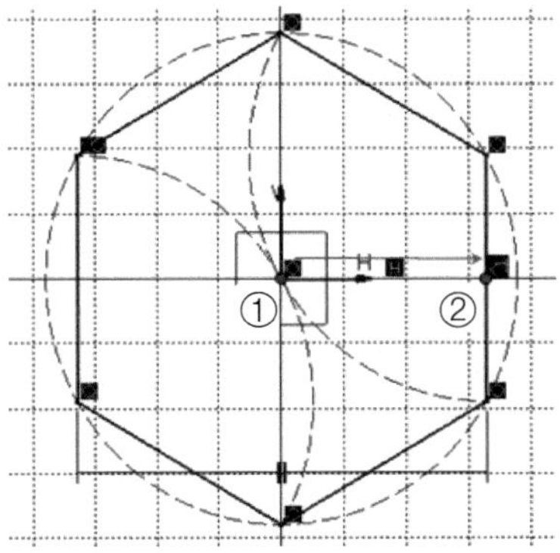

2 – 8 Centered Rectangle

중심점을 중심으로 상하, 좌우로 대칭의 형상 구속 조건이 자동으로 부여되어 사각형을 생성한다. 이후 형상의 수정 시에도 항상 대칭의 형상으로 변형이 일어난다.

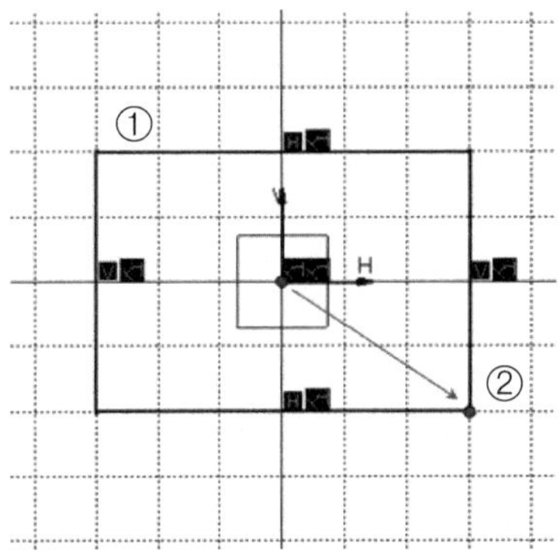

2 – 9 Centered Parallelogram

선분을 중심으로 대칭 형상의 평형사변형을 생성한다.(중심점은 임의의 교차되는 선분을 선택하여 그 교차점을 중심으로 인식한다.)

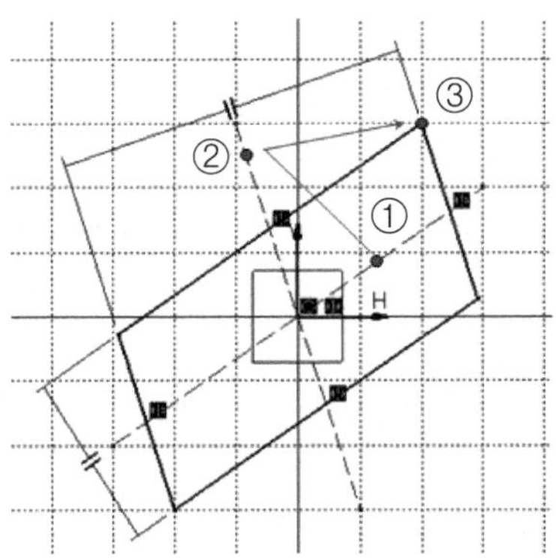

3 Circle

자주 사용되는 형상 중 원(Circle, Arc)과 연관된 형상들을 쉽게 만들 수 있게 아이콘화 한 것을 모아놓은 Toolbar이다.

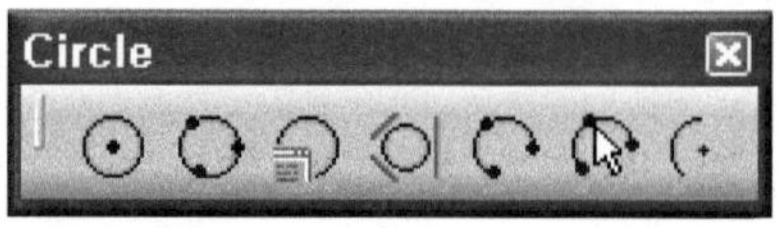

3-1 Circle 

중심점과 반지름을 이용하여 원을 생성한다.

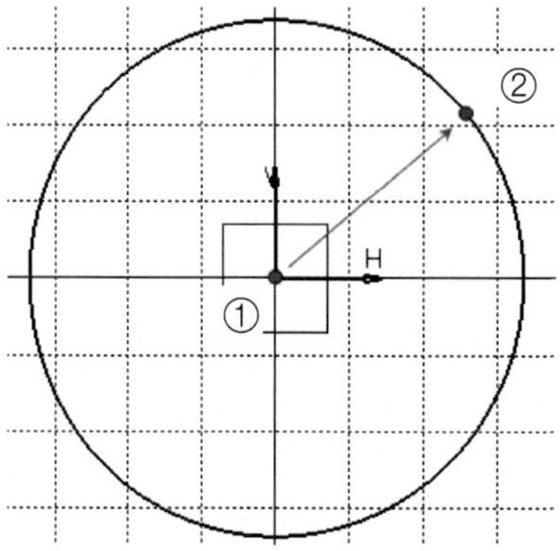

3-2 Three Point Circle 

지정하는 세 개의 점을 지나는 원을 생성한다.

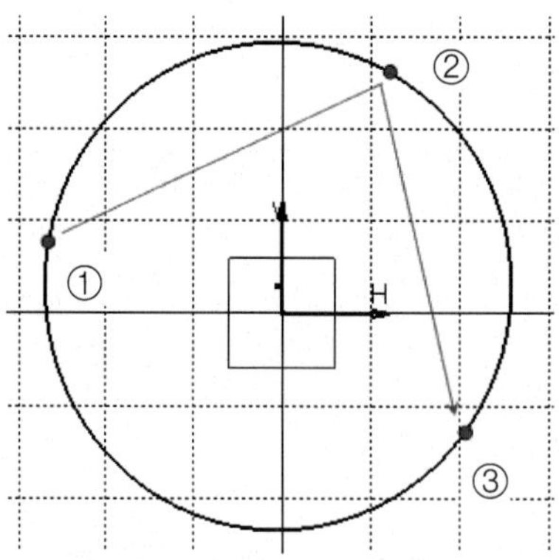

3 - 3 Circle Using Coordinates

Circle Definition 창에 중심점과 반지름 값을 입력하여 원을 생성한다.

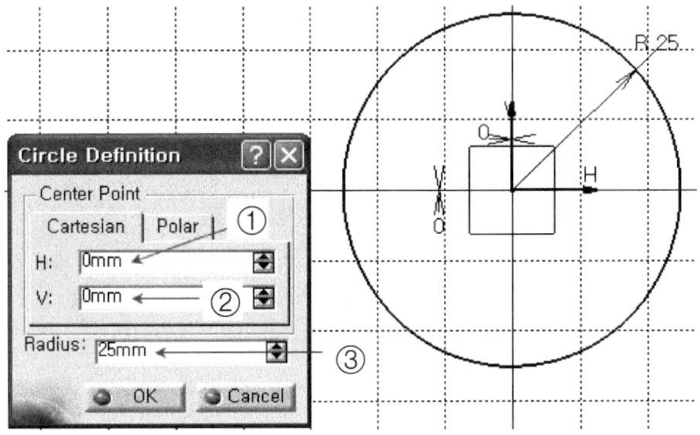

3 - 4 Tri-Tangent Circle

세 개의 선분(Line, Circle 등)에 접하는 원을 생성한다.

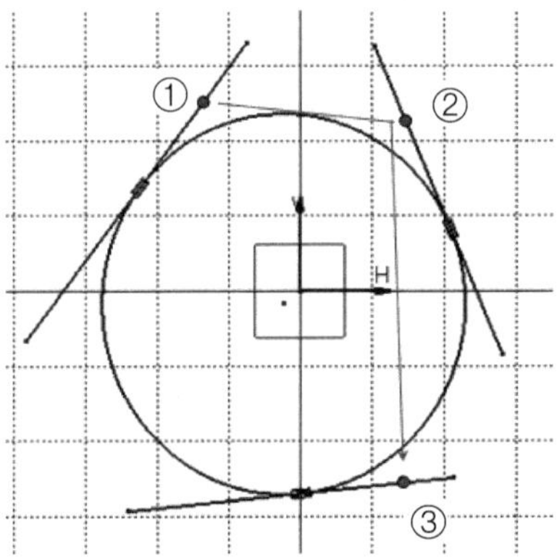

3 - 5 Three Point Arc

지정하는 세 개의 점을 선택한 차례대로 지나는 원호(Arc)를 생성한다.

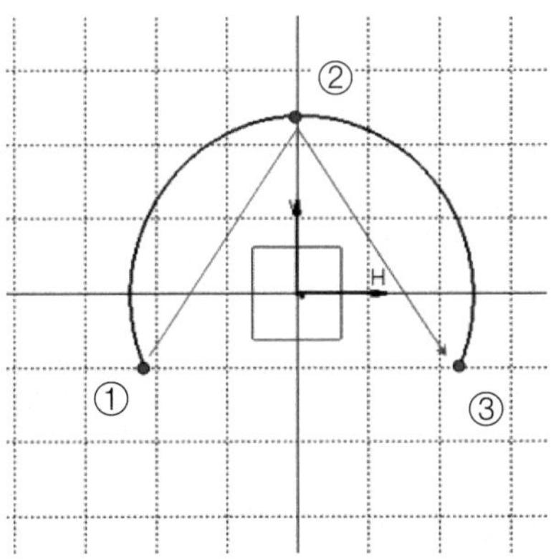

3 – 6 Three Point Arc Starting With Limits 

지정하는 세 개의 점 중에 원호(Arc)의 끝점 두 개를 먼저 선택하고 마지막으로 원호(Arc)가 지나는 점을 지정하여 세 개의 점을 지나는 원호를 생성한다.

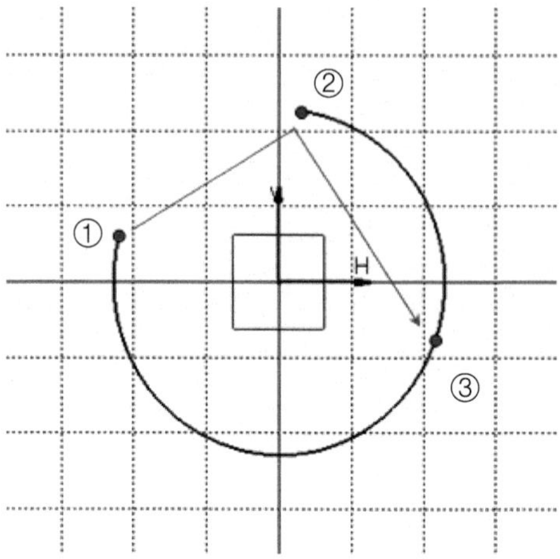

3 – 7 Arc 

원호(Arc)의 중심과 두 끝점을 지정하여 생성한다.

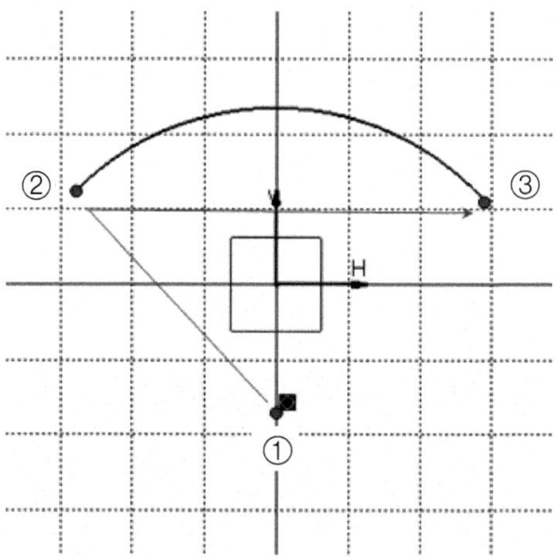

4 Spline

자주 사용되는 형상 중 부드러운 자유 곡선과 두 곡선의 연결선을 쉽게 만들 수 있게 아이콘화한 것을 모아놓은 Toolbar이다.

4 – 1 Spline 

선분이 지나는 Control Point를 이용하여 부드러운 곡선을 생성한다. Spline는 주로 곡면의 Guide Curve나 Spine으로 사용되며 Profile로도 그 역할을 할 수 있다.

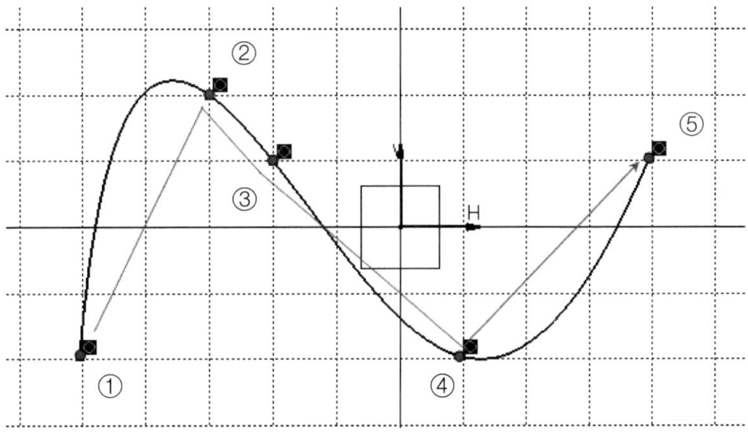

완성된 Spline의 수정방법은 Spline을 더블클릭하여 Spline Definition 창에서 수정한다.

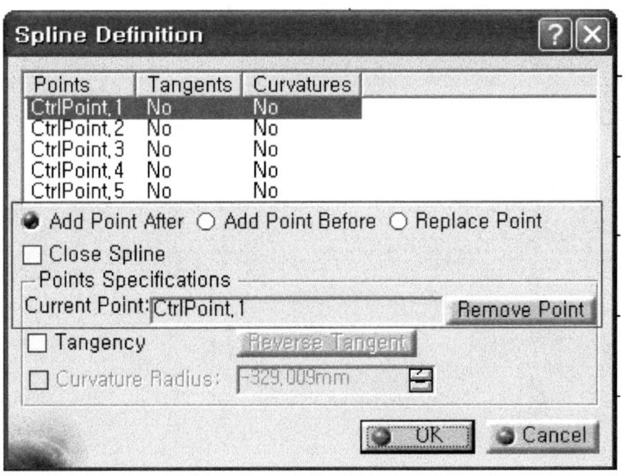

- **Add Point After** : 선택한 Point의 뒤쪽에 새로운 Point를 추가할 때 사용한다.
- **Add Point Before** : 선택한 Point의 앞쪽에 새로운 Point를 추가할 때 사용한다.
- **Replace Point** : 선택한 Point의 위치를 변경할 때 사용한다.
- **Remove Point** : 선택한 Point를 제거할 때 사용한다.
- **Close Spline** : Spline을 폐곡선으로 만들 때 사용한다.

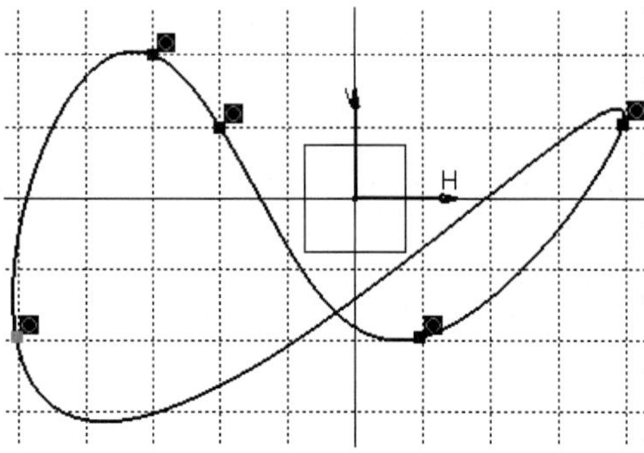

▲ Close Spline을 이용한 방법

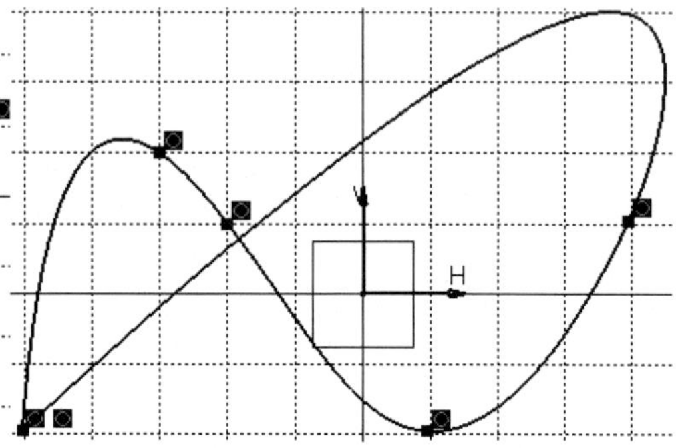

▲ 최종 Point를 시작 Point로 선택한 방법

Spline을 폐곡선으로 만들 때 두 가지 방법이 있는데 첫 번째는 Close Spline을 이용하는 방법과 두 번째는 최종 Point를 시작 Point로 선택하는 방법이 있는데, 첫 번째 방법인 Close Spline을 이용한 방법은 부드럽게 모든 점들이 연결된 곡선이 되지만 두 번째 방법은 마지막 Point 부분이 부드러운 곡선이 되지 않는다.

- **Tangency** : Spline의 점들을 연결할 때 앞에서 연결되는 곡선과 뒤에서 연결되는 곡선을 Tangent하게 연결할 때 사용한다.
- **Reverse Tangent** : Tangent의 방향이 틀려 선의 꼬임이 발생할 때 사용한다.
- **Curvature Radius** : 각 Point 사이의 곡선의 곡률을 바꾸고 싶을 때 사용한다.

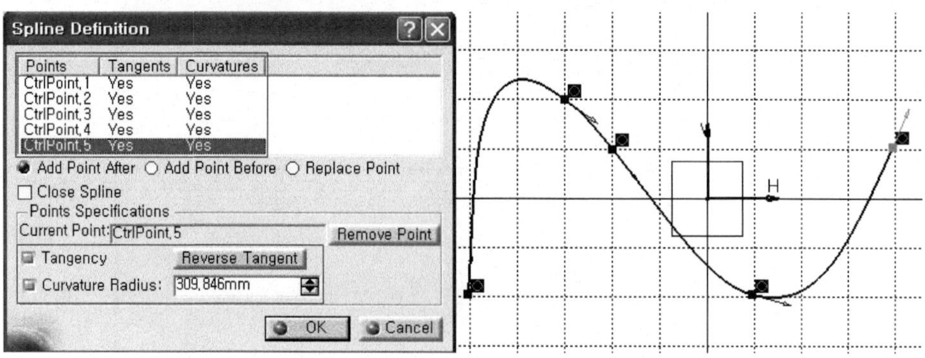

❹ – 2 Connect

떨어져 있는 두 선분을 이어주는 선을 생성한다. 아이콘을 클릭하면 아래 그림과 같이 Sketch tools 내부에 세부 옵션이 추가로 나타난다.

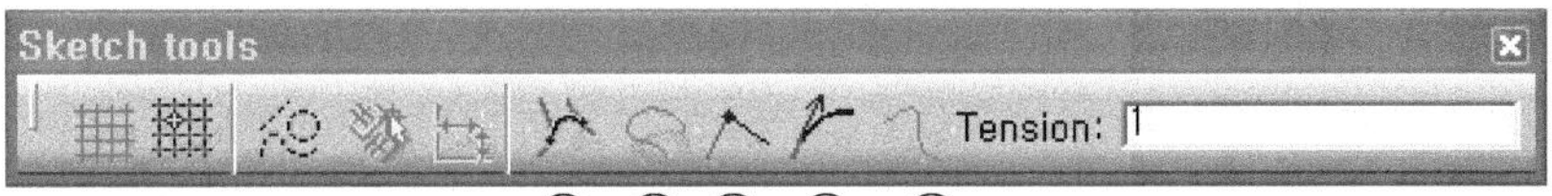

① ② ③ ④ ⑤

① Connect With an Arc : 두 선분 사이에 알맞은 임의의 R값으로 호를 생성한다.

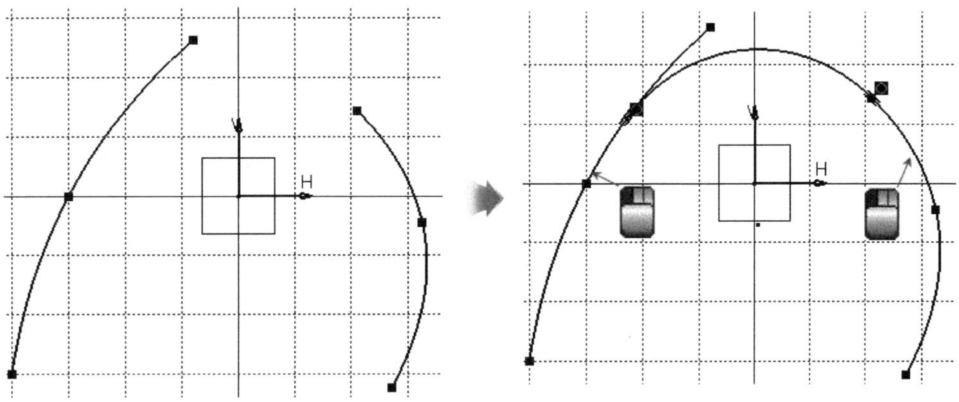

② Connect With a Spline : 두 선분에 연결되는 임의 곡선(spline)을 세부 옵션을 이용하여 생성한다.

③ Continuity in point : 두 끝점을 직선으로 잇는다.

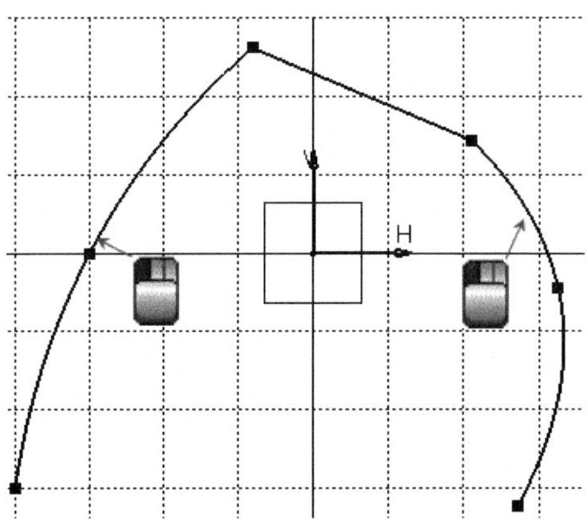

④ Continuity in Tangency : 두 끝점을 선분에 Tangent한 속성을 유지하며 잇는다.

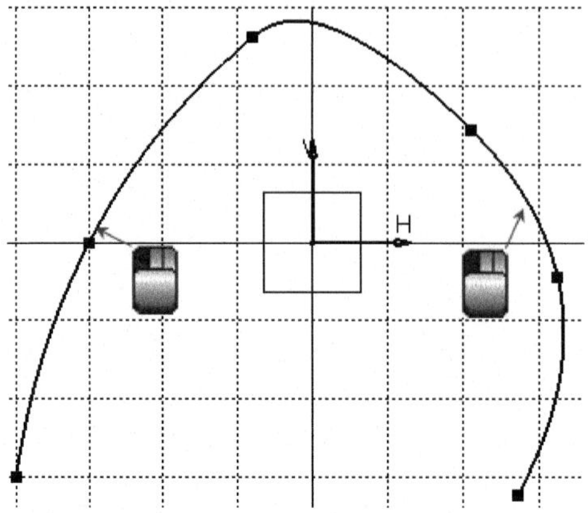

⑤ Continuity in Curvature : 두 끝점을 선분의 곡률(Curvature)을 유지하며 잇는다.

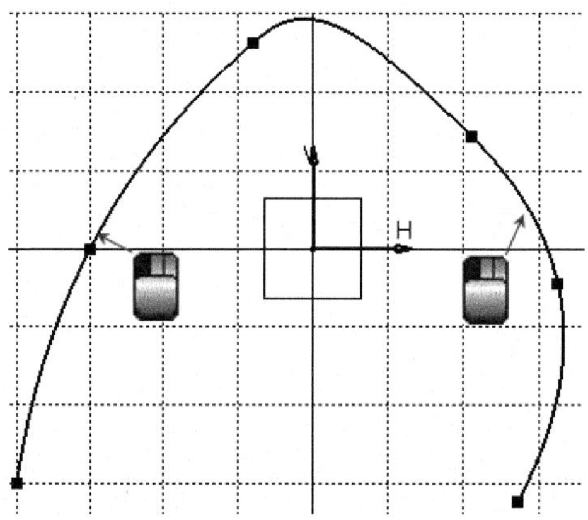

Connect 작업 시 세부 옵션 지정이 잘못되거나 수정해야 할 부분이 있으면 생성된 선을 더블클릭하여 Connect Curve Definition에서 전체 옵션 변경이나 각각의 선분에 맞춰 옵션 변경, 곡률 값 등과 같은 변경도 가능하다.

5 Conic

자주 사용되는 형상 중 타원, 포물선 등의 형상들을 쉽게 만들 수 있게 아이콘화한 것을 모아놓은 Toolbar이다.

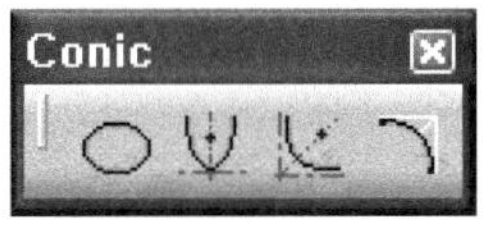

5-1 Ellipse 

타원을 생성한다. 중심점과 장축, 단축을 지정하여 생성한다. 생성된 Ellipse를 더블클릭하면 장, 단축의 반지름 값을 입력할 수도 있다.

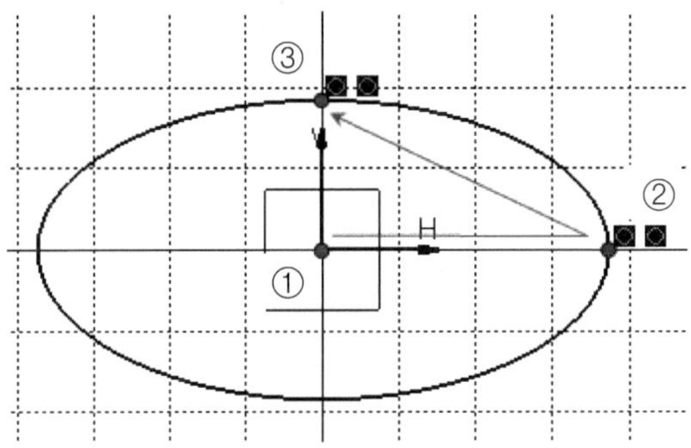

5-2 Parabola by Focus 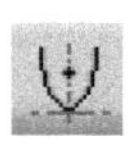

초점(Focus)과 정점(Apex)을 사용하여 포물선을 생성한다. 초점과 정점을 선택한 후 양쪽의 끝점을 정의하여 생성한다.

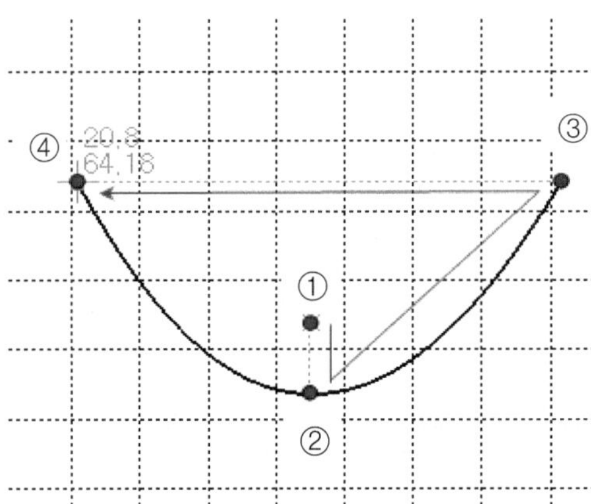

5-3 Hyperbola by Focus

두 개의 초점(Focus)과 정점(Apex)을 사용하여 쌍곡선을 생성한다. 두 개의 초점과 정점을 차례로 선택한 후 양쪽의 끝점을 정의하여 생성한다.

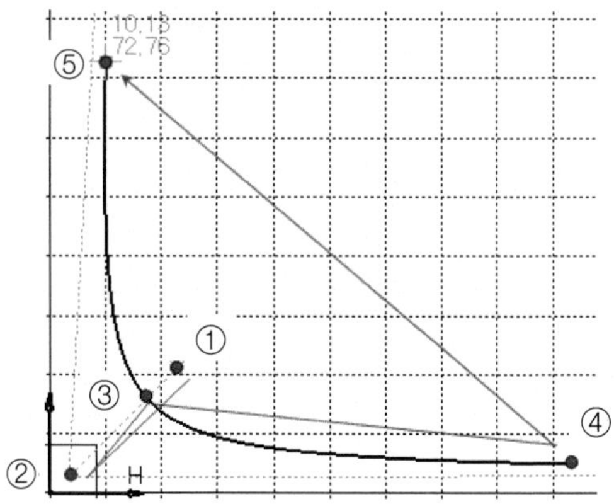

5-4 Conic

Point를 이용하여 여러 종류의 Conic Curve를 세부 옵션을 이용하여 생성한다.

① ②③④ ⑤ ⑥

① Nearest End Point : 가장 가까운 위치의 극점을 찾아주는 옵션으로 이미 기준으로 사용 가능한 선분이 있을 때 사용한다.(Default 선택)

② Two Points : 두 개의 점(시작점, 끝점)을 기준으로 Passing Point를 정의하여 Conic을 생성한다.

③ Four Points : 두 개의 점(시작점, 끝점)을 기준으로 Passing Point 2개를 지나는 Conic을 생성한다.

④ Five Points : 두 개의 점(시작점, 끝점)을 기준으로 Passing Point 3개를 지나는 Conic을 생성한다.

⑤ Start and End Tangent : 시작점과 연결된 선분과 끝점에 연결된 선분에 접하는 Conic을 생성할 때 사용한다.

⑥ Tangent Intersection Point : 시작점과 끝점이 교차하는 점을 사용하여 Conic을 생성할 때 사용한다.

세부 옵션을 이용하여 다음과 같이 여러 가지 Conic을 생성해 보자.

㉠ Two Points & Nearest End Point(,) : Conic의 시작점과 끝점으로 지정 가능한 두 개의 선분이 있을 때 원하는 극점에 가까운 곳을 시작점과 끝점으로 선택한 후에 Passing Point를 지정하여 Conic을 생성한다.

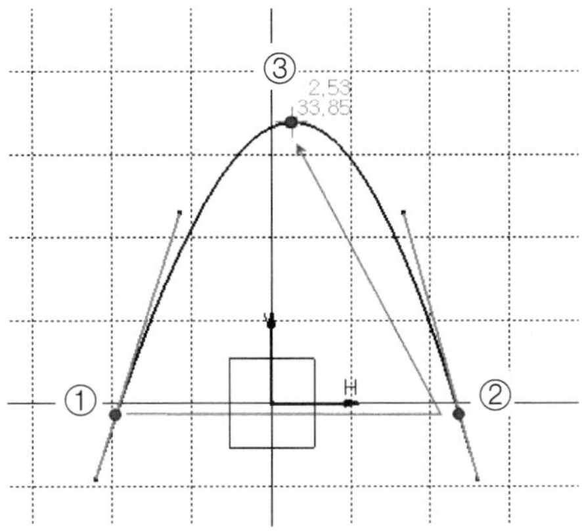

㉡ Two Points & Start and End Tangent(,) : 두 개의 점(시작점)과 두 개의 점(끝점)을 사용하여 가상의 선에 접하는 Conic을 Passing Point를 이용하여 생성한다.

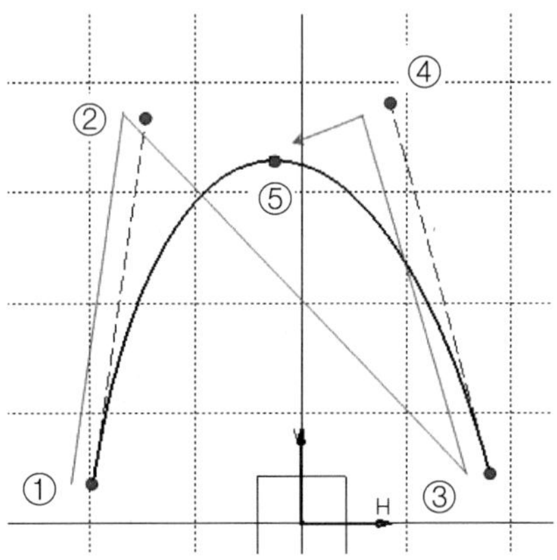

㉢ Two Points & Tangent Intersection Point(,) : 두 개의 점과 교차하는 지점에 대하여 Passing Point를 이용하여 생성한다.

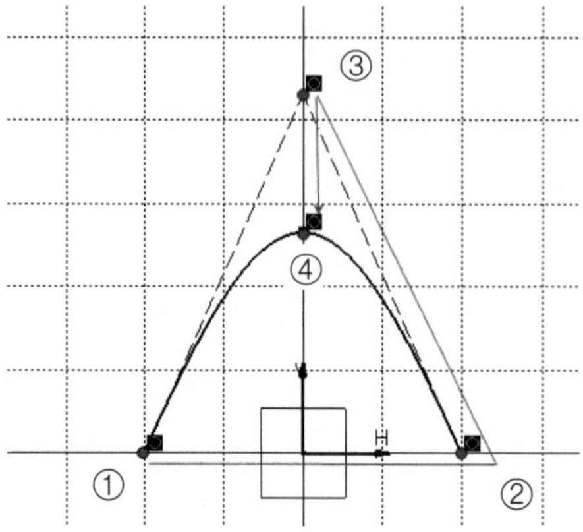

㉣ **Four Points & Start and End Tangent(,)** : 네 개의 점을 사용하여 가상의 선에 접하는 Conic을 생성한다.(실제 선이 있을 때에는 ②번은 넘어가고 작업한다.)

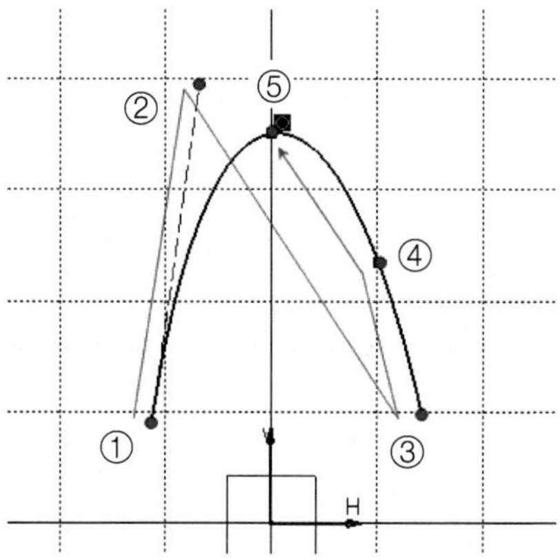

㉤ **Five Points()** : 다섯 개의 점을 이용하여 Conic을 생성한다.

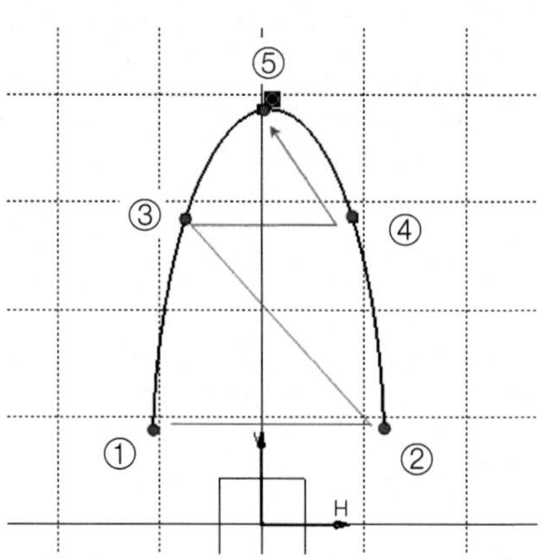

> **참고** ▶ Conic Curve의 속성
>
> Sketch Tools의 옵션에서 Parameter 값을 입력하면 된다.

	Parameter 값	형상
길이(1-3)/ 길이(1-2)	= 0.5	포물선
	〈 0.5	타원
	〉 0.5	쌍곡선

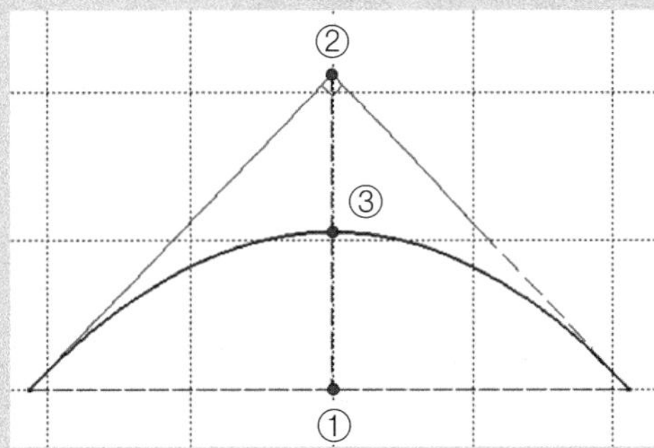

6 Line

자주 사용되는 형상 중 직선(Line) 형상들을 쉽게 만들 수 있게 아이콘화한 것을 모아놓은 Toolbar이다.

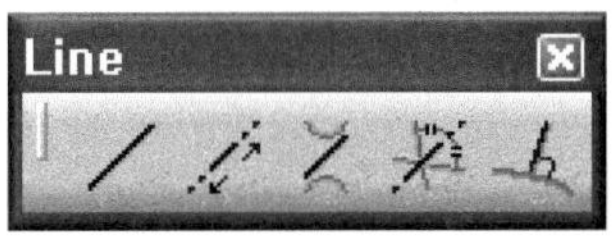

6-1 Line 

두 점을 이용하여 Line을 생성한다.

㉠ Symmetrical Extension  : Line 생성 시 시작점에서부터 대칭이 되게 생성하는 옵션이다.

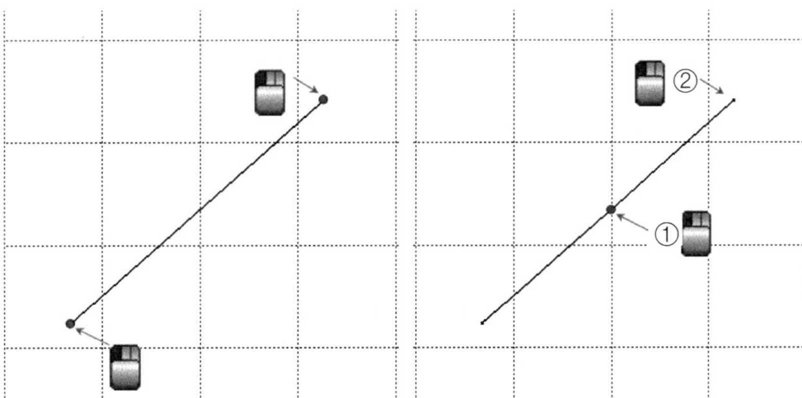

❻ – 2 Infinite Line 

무한 Line을 생성할 수 있다

㉠ **Horizontal Line** 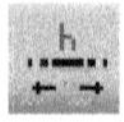 : 기준축에 수평인 무한대의 Line을 생성하는 옵션이다.

㉡ **Vertical Line**  : 기준축에 수직인 무한대의 Line을 생성하는 옵션이다.

㉢ **Line Through Two Points**  : 두 점을 지나는 무한대의 Line을 생성하는 옵션이다.

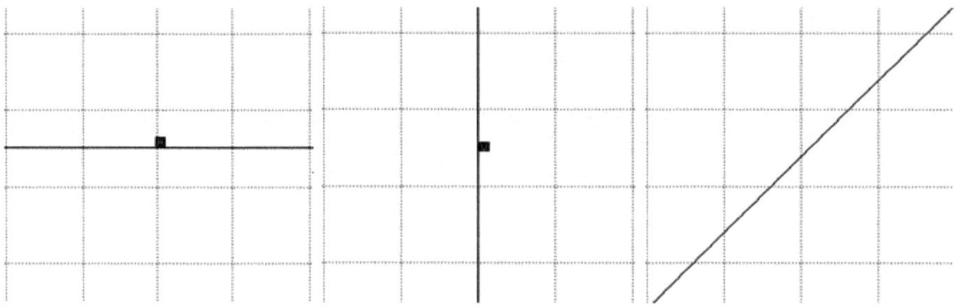

▲ Horizontal Line ▲ Vertical Line ▲ Line Through Two Points

❻ – 3 Bi-Tangent Line 

두 곡선 사이에 접하는(Tangent) Line을 생성한다.

마우스 클릭의 위치에 따라 접선의 위치도 달라지므로 원하는 위치에 맞춰서 마우스를 클릭해야 한다.(그림은 같은 숫자끼리 선택하면 된다.)

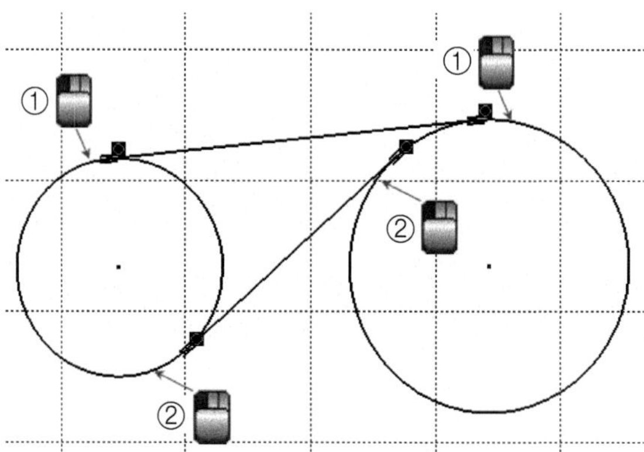

❻ – 4 Bisecting Line 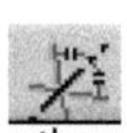

교차된 두 선분의 이등분선을 생성한다.

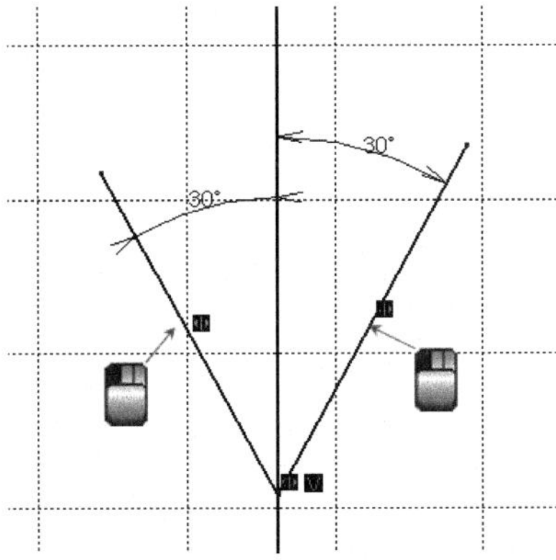

6 – 5 Line Normal To Curve 

임의의 지점에서 곡선까지 수직인 라인을 생성한다.

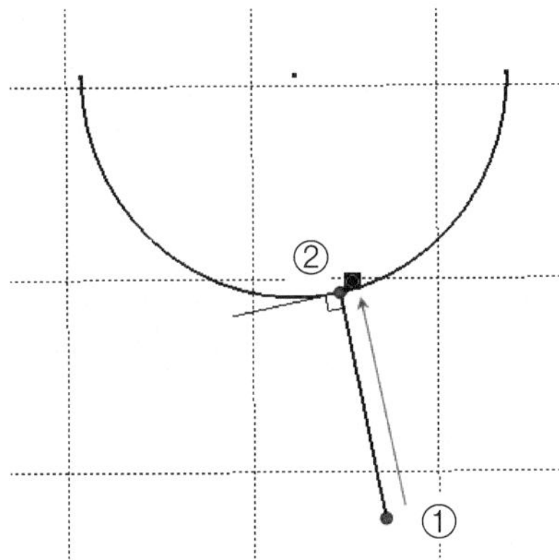

7 Axis 

회전체의 중심축을 Sketch에서 미리 설정할 때 쓰이는 아이콘으로 3차원 형상의 회전축으로 정의 가능하며, Sketch 상에서 정의하지 않으면 3차원 공간에서 Line을 이용하여 정의 가능하다.

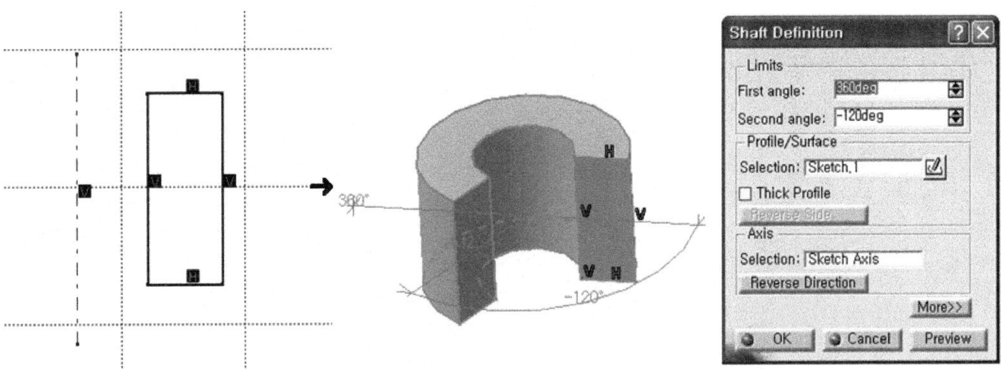

8 Point

자주 사용되는 형상 중 점(Point) 형상들을 쉽게 만들 수 있게 아이콘화한 것을 모아놓은 Toolbar이다.

8 – 1 Point by Clicking 

임의의 위치에 마우스 클릭을 이용하여 Point를 생성한다.

8 – 2 Point by Using Coordinates 

Point Definition 창에서 위치 값(H, V값)을 입력하여 Point를 생성한다.

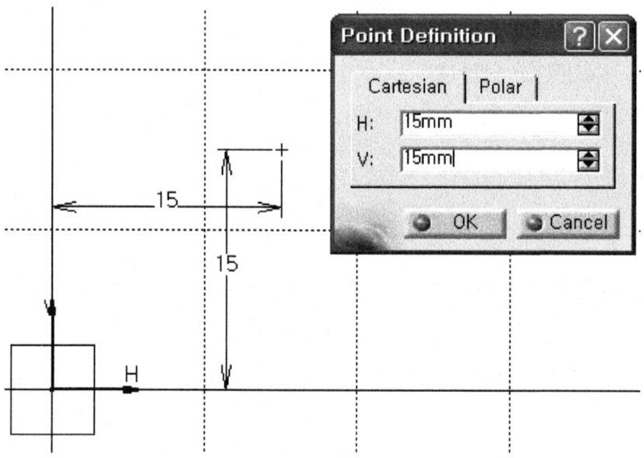

8 – 3 Equidistant Points 

임의의 선분에 등 간격으로 Point를 생성한다.

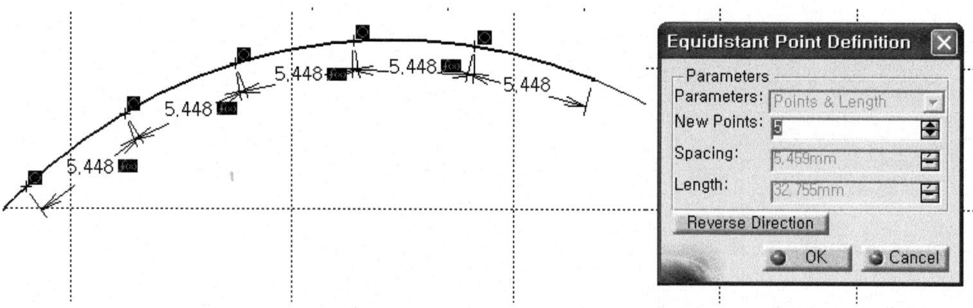

8 – 4 Intersection Point 

서로 교차되는 선분의 교차 지점에 Point를 생성한다.

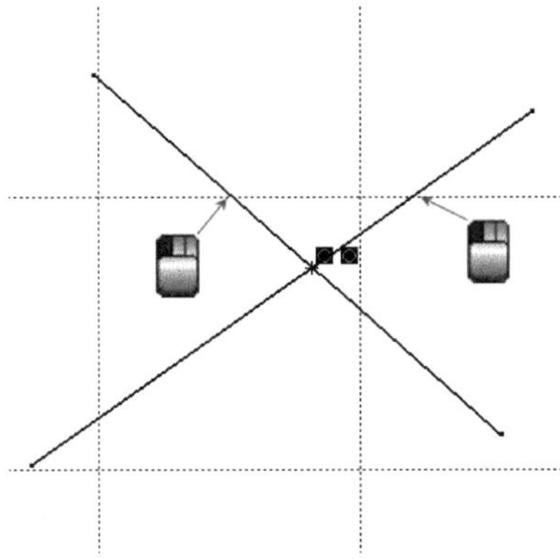

8 – 5 Projection Point

이미 생성되어 있는 임의의 Point를 사용자가 원하는 선분에 수직으로 투영(Projection)하여 Point를 생성한다.

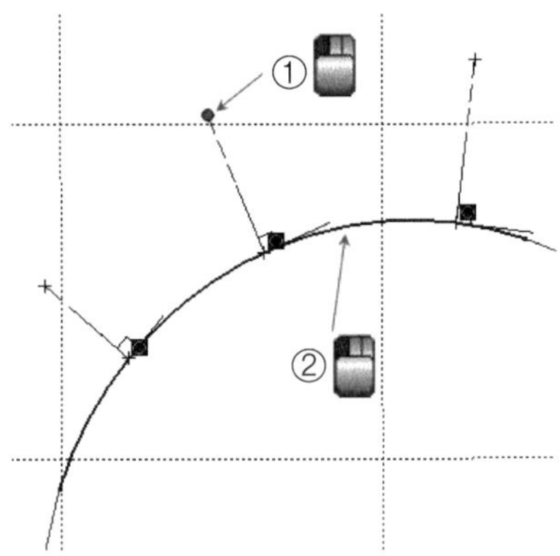

Operation

Profile Toolbar에서 기본적인 형상을 생성한 상태에서 형상의 수정이나 추가사항에 대해서 모델링할 때 사용하는 Toolbar이다.

1 Corner

두 선분의 모서리를 라운드(Arc) 형상으로 생성한다. 이때 Sketch Tools 옵션에서 Geometrical Constraint와 Dimensional Constraint 아이콘이 활성화되어 있으면 Tangent 조건과 R 값이 자동으로 부여된다.

① Trim All Elements : Corner 생성 후 Corner의 바깥쪽 부분의 Line을 모두 삭제하는 옵션이다.

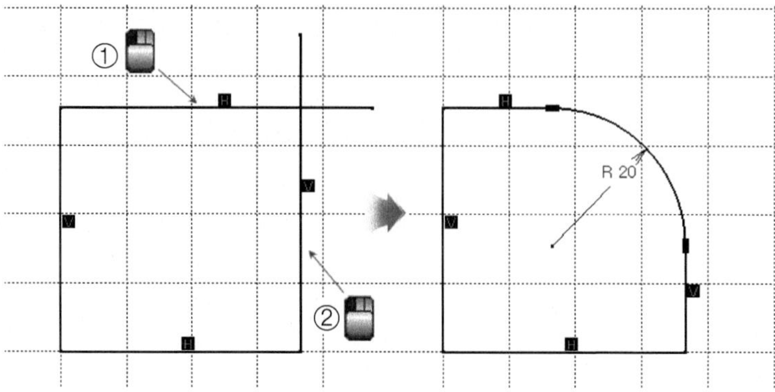

② Trim First Elements : Corner 생성 후 Corner의 바깥쪽 부분의 Line 중 첫 번째 선택한 Line만 삭제하는 옵션이다.

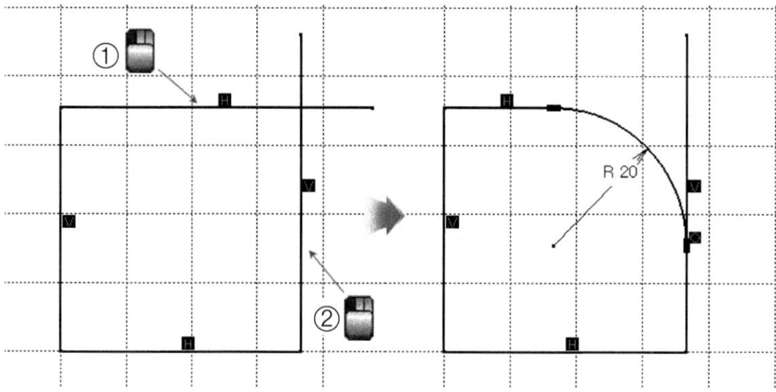

③ No Trim : Corner 생성 후 Corner의 바깥쪽 부분의 Line을 삭제하지 않는 옵션이다.

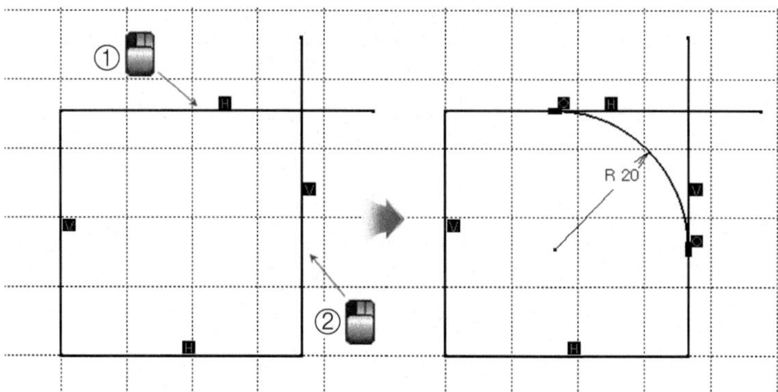

④ Standard Lines Trim : Corner 생성 후 모서리 바깥쪽 부분의 Line을 모두 삭제하는 옵션이다.

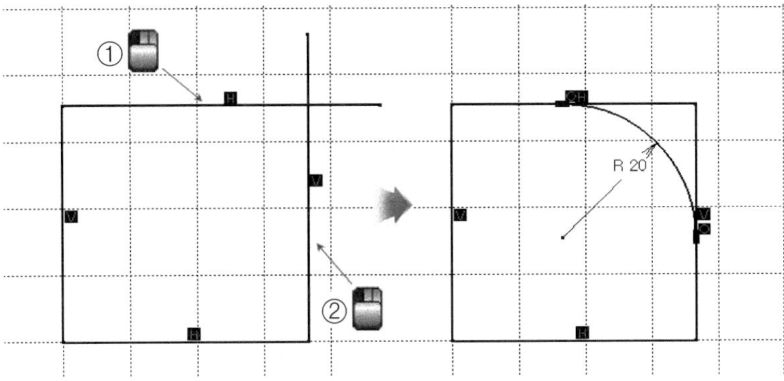

⑤ Construction Lines Trim : Standard Lines Trim과 결과 값은 같으나 Corner 바깥쪽의 라인이 Construction(점선)으로 바뀌는 옵션이다.

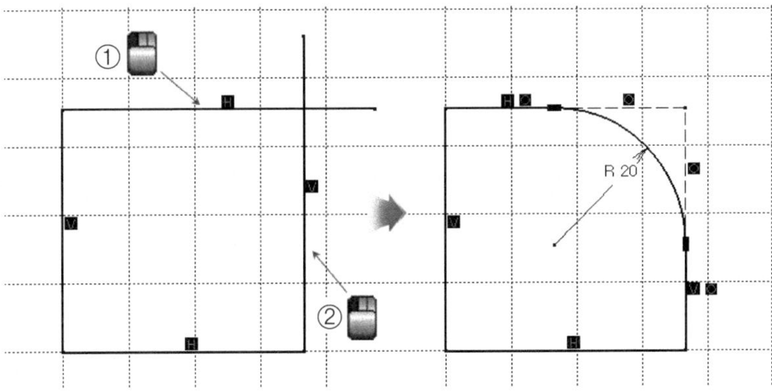

⑥ Construction Lines No Trim : No Trim과 결과 값은 같으나 Corner 바깥쪽의 라인이 Construction(점선)으로 바뀌는 옵션이다.

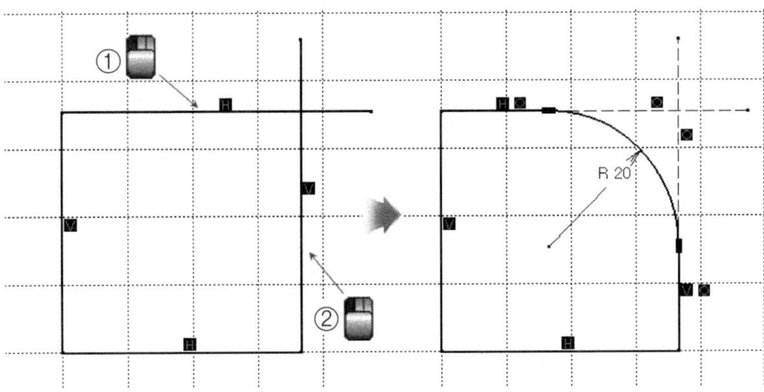

Tip

▶ 동시에 같은 값의 Corner 생성하기

동시에 Corner 값을 주고 싶은 모서리를 Drag로 모두 선택하고 난 후 Corner 아이콘을 눌러 옵션 내에 있는 Radius 값에 직접 입력을 해주면 선택된 모든 모서리가 같은 값의 Corner로 변경된다.

이때 하나의 값을 제외하고 나머지 값의 옆에는 f(x)라는 글씨가 붙게 되는데 고급 사용법 중 Formula가 적용된 것으로 f(x)가 붙어있지 않은 값을 수정하면 f(x)가 붙은 나머지 모든 값이 같이 수정되게 된다.

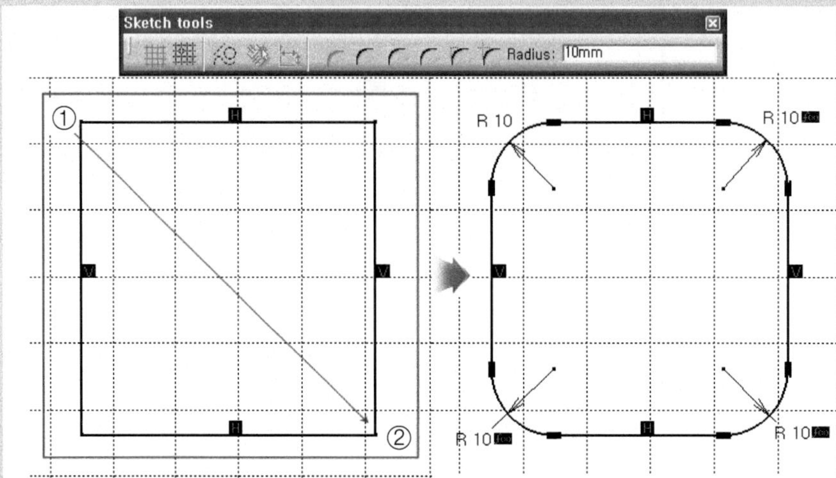

2 Chamfer

두 선분의 모서리를 각도가 진 형상(모따기)으로 생성한다. 기본적인 부가 옵션(, , , , ,)은 형상은 틀리지만 Corner의 옵션과 동일한 역할을 한다.

① Angle And Hypotenuse : 첫 번째 선택한 선분과 Chamfer와의 각도와 대각선 길이로 Chamfer를 생성하는 옵션이다.

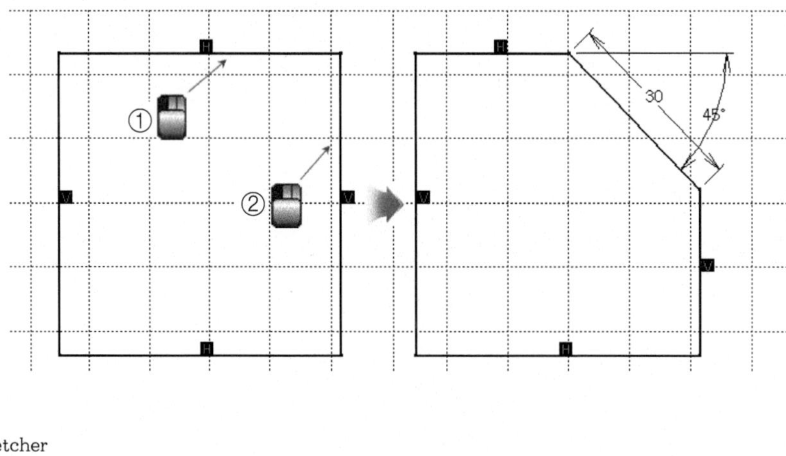

② First and Second Length  : 첫 번째와 두 번째 선분의 모서리에서 Chamfer까지의 길이로 Chamfer를 생성하는 옵션이다.

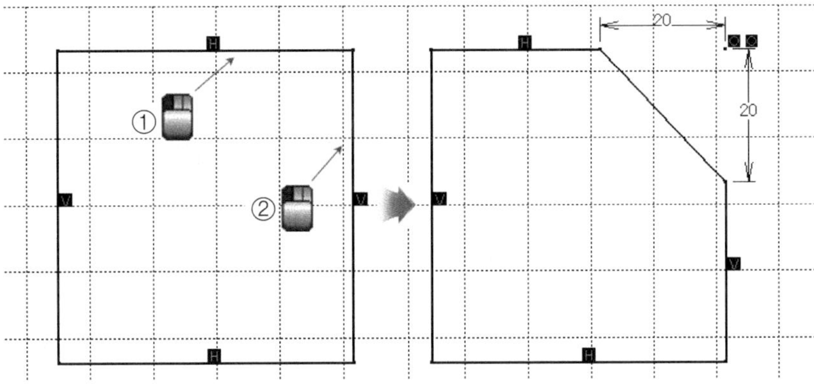

③ Angle and First Length  : 첫 번째 선택한 선분과 Chamfer와의 각도와 첫 번째 선분의 모서리에서 Chamfer까지의 길이로 Chamfer를 생성하는 옵션이다.

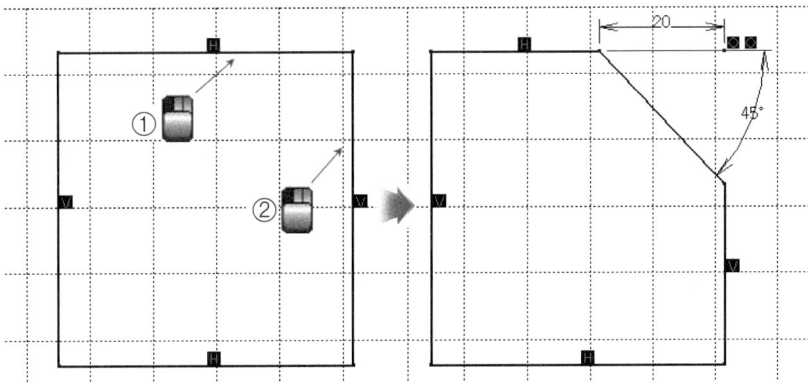

3 Relimitations

형상을 자르거나 연장할 때 주로 사용되는 아이콘들을 모아놓은 Toolbar이다.

3-1 Trim 

두 선분의 교차 지점을 기준으로 불필요한 요소를 자르거나 연장하는 역할을 한다.

① Trim All Elements  : 선택되어진 두 요소의 교차되는 반대 부분을 모두 제거하는 옵션이다.

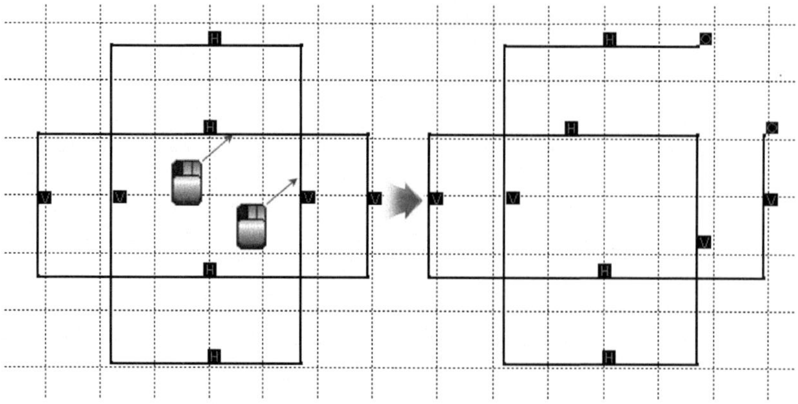

② Trim First Elements  : 첫 번째 선택된 요소를 두 번째 선택된 요소를 기준으로 제거할 때 사용하는 옵션이다.

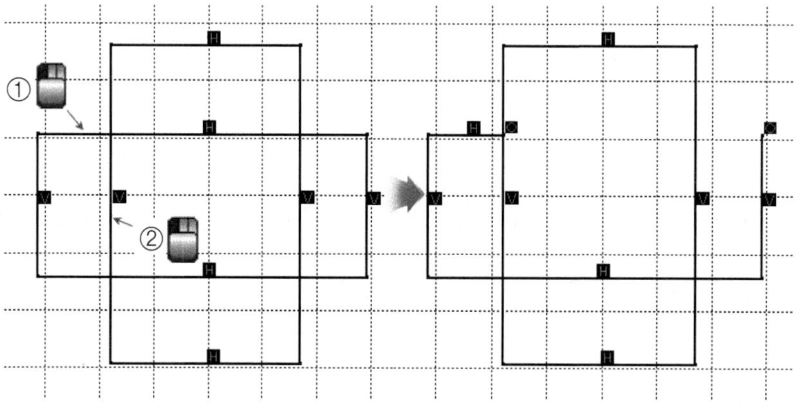

위의 옵션 이외에도 형상을 연장할 때에도 쓰이는데, 사용방법은 Trim First Element처럼 연장을 원하는 선분을 먼저 선택을 하고 연장이 되는 위치에 있는 기준 요소를 선택하면 된다.

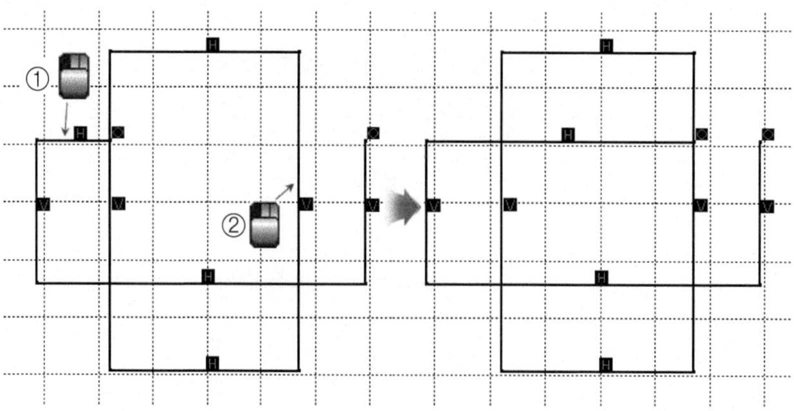

3 – 2 Break

임의의 선분을 다른 선분을 이용하여 분리하는 역할을 한다. Trim과 사용방법은 비슷하나 선분이 끊긴 후 삭제가 되지 않는 점이 다르다.

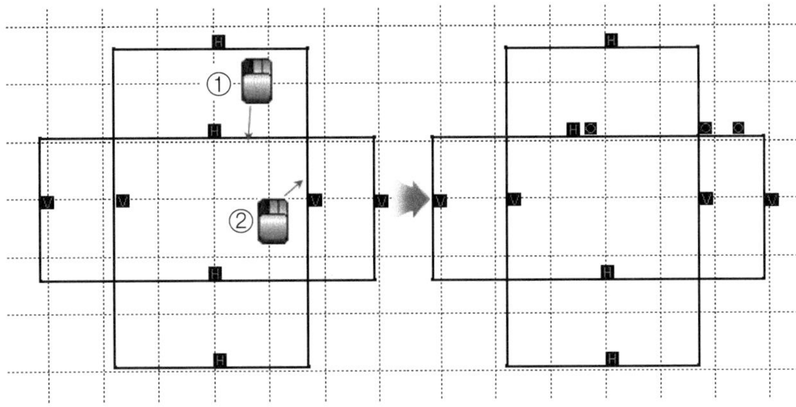

3 – 3 Quick Trim

Trim과 같은 역할을 하는 아이콘으로 쉽고 간단하게 원하는 요소를 제거할 때 많이 쓰이는 아이콘이다.

① Break And Rubber In : 마우스로 클릭이 되는 위치의 요소를 선분이 교차되는 부위까지 요소를 제거하는 옵션이다.(지우고자 하는 부위를 직접 선택하여 제거하는 기능이다.)

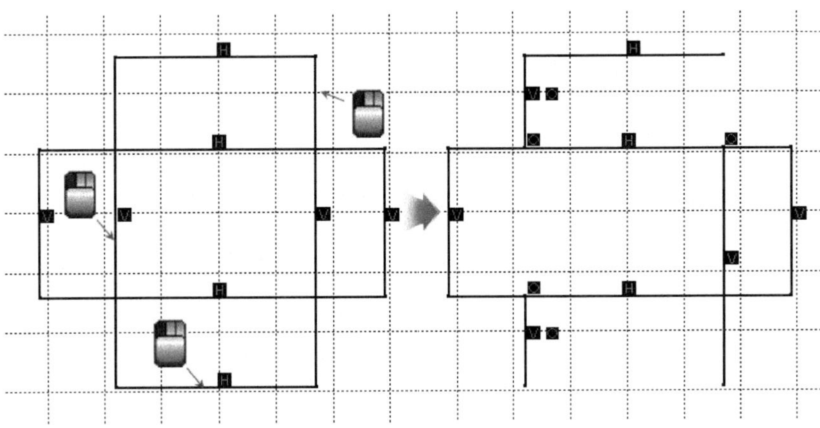

② Break And Rubber Out : Break And Rubber In과는 반대의 개념으로 마우스로 클릭이 되는 위치에서 선분이 교차되는 부위의 바깥쪽 요소를 제거하는 옵션이다. (남기고자 하는 부위를 선택하여 그 외부를 제거하는 기능이다.)

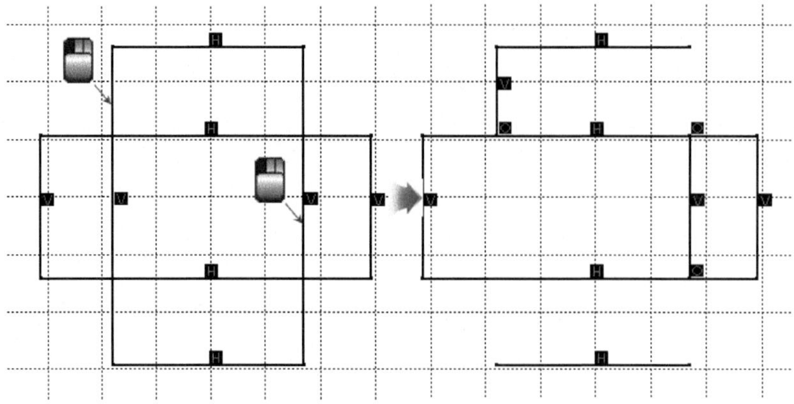

③ Break And Keep : Break와 같은 역할을 하는 옵션으로 원하는 요소를 선택하면 교차되는 형상에 맞춰 선분을 Break하는 옵션이다. 자동으로 Coincidence 옵션이 지정된다.

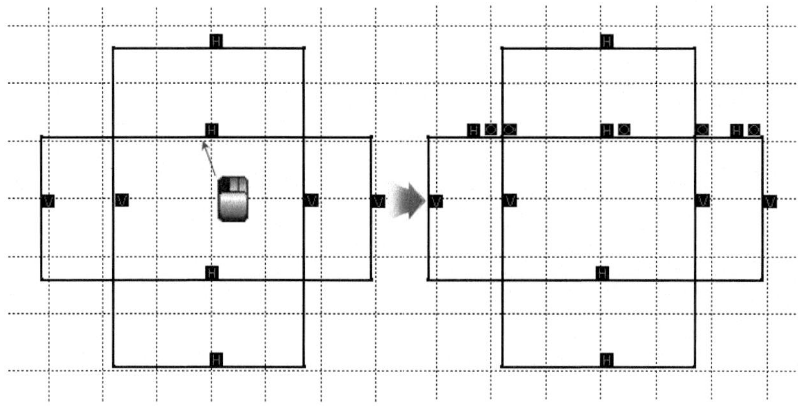

3 - 4 Close

원호(Arc)를 원(Circle)으로 수정할 때 사용한다.

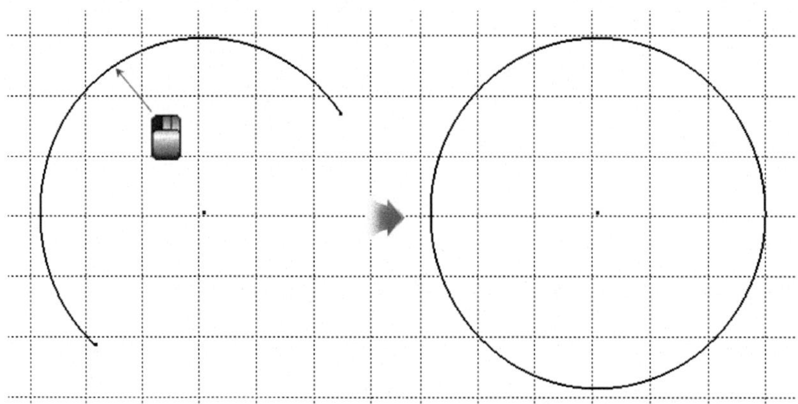

3 – 5 Complement 

원(Circle) 중에서 원호(Arc)의 현재 형상을 반대 형상의 원호(Arc)로 바꿔서 나타낼 때 사용한다.

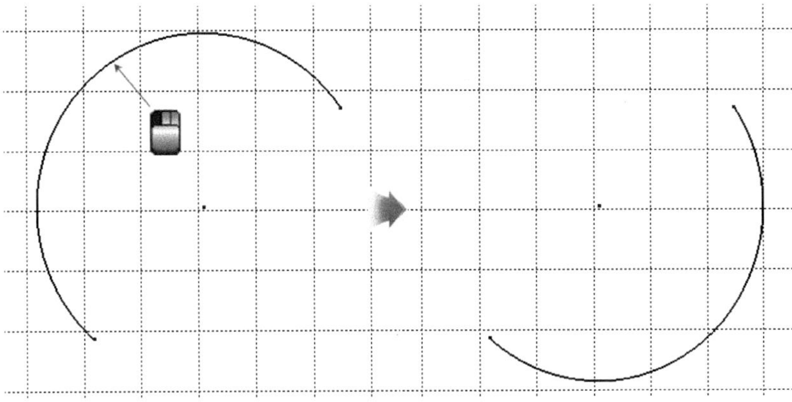

4 Transformation

형상을 이동 또는 회전하거나 복사할 때 주로 사용되는 아이콘들을 모아놓은 Toolbar이다.

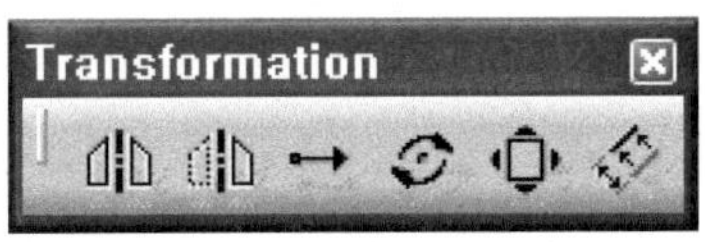

4 – 1 Mirror 

임의의 요소를 선택하여 임의의 기준축으로 대칭 복사를 할 때 사용한다.

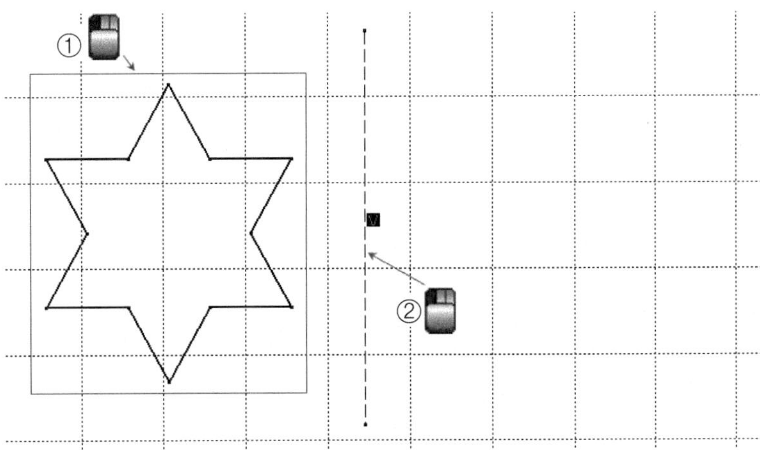

대칭 복사를 하려는 요소를 먼저 선택한 후에 기준축을 선택하면 대칭 복사가 이루어진다. 이때 나타나는 표시는 대칭 구속 조건이 적용되었다는 표시이다.

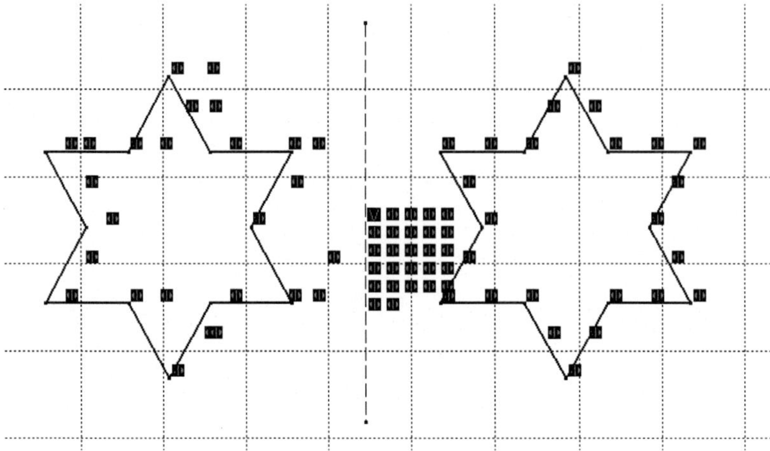

4-2 Symmetry

사용방법은 Mirror와 동일하나 Symmetry는 축 대칭 이동할 때 사용한다.

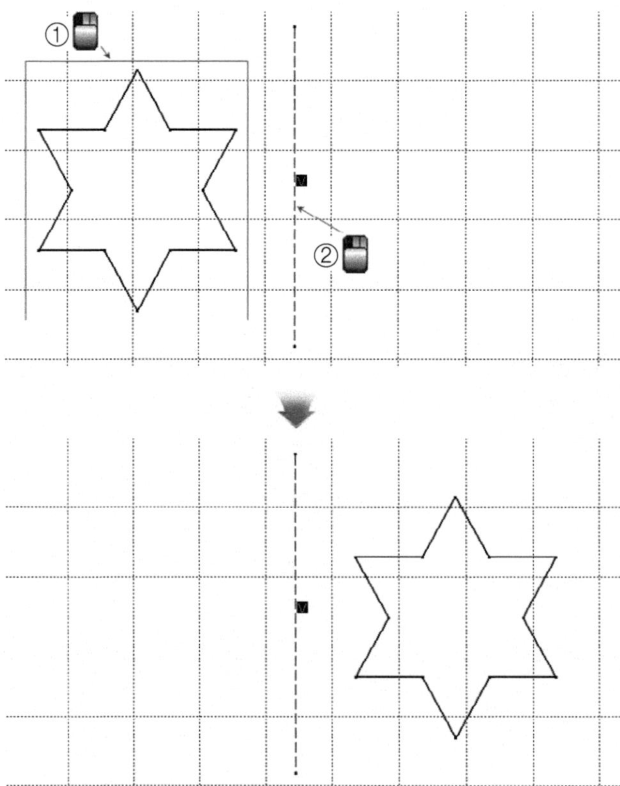

4 - 3 Translate

임의의 요소를 선택하여 임의의 축을 기준으로 복사 혹은 이동할 때 사용한다.

① Duplicate Mode : 원본의 요소를 복사나 이동할 때 쓰이는 옵션이다.

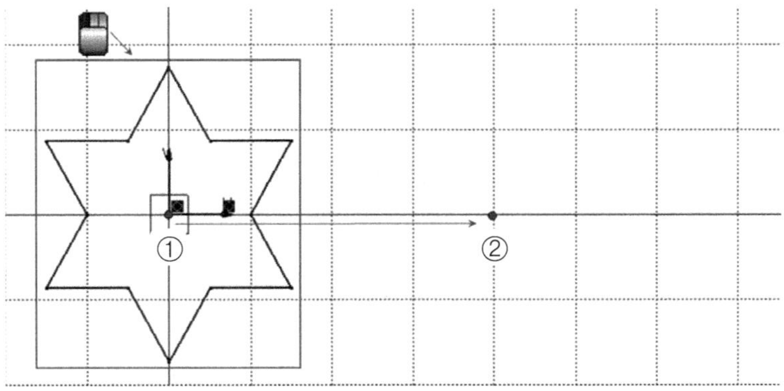

Duplicate Mode를 해제하면 임의의 요소를 이동할 때 사용하고, Duplicate Mode를 선택하면 임의의 요소를 복사할 때 사용한다.

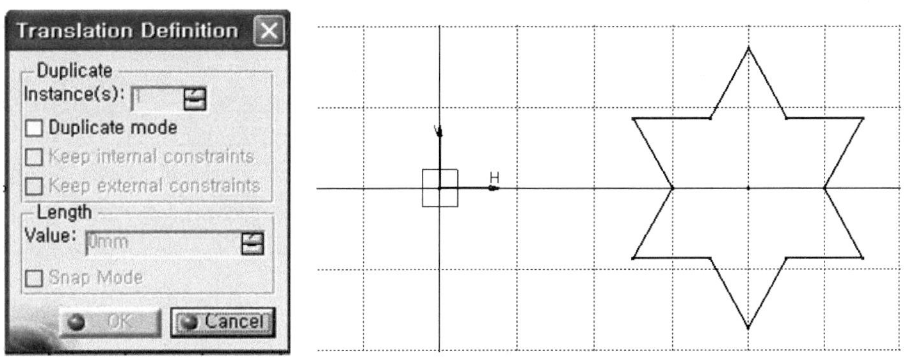

▲ Duplicate Mode 비활성화

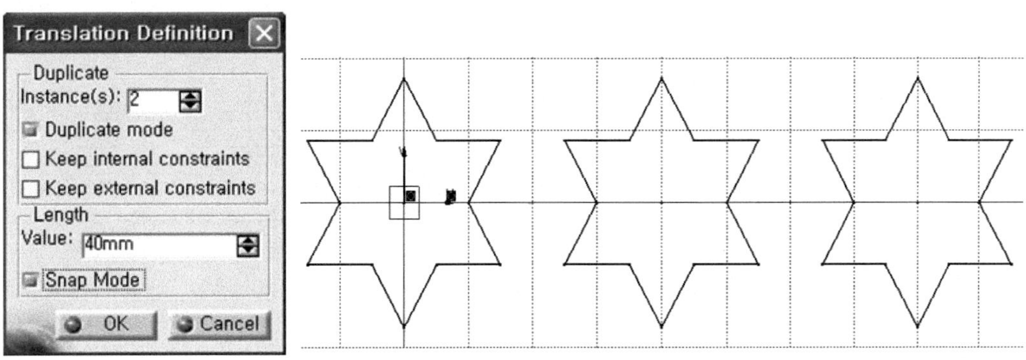

▲ Duplicate Mode 활성화

② Keep internal constraints : 임의의 요소에 구속이 있는 경우에 그 구속 조건을 그대로 적용한 결과 값을 얻을 때 선택하는 옵션으로 Sketch 내부에 연관되어 있는 구속 조건을 그대로 사용할 경우에 선택하여 사용한다.(그림은 Sketch 내부에서 선분에 대해 치수 조건을 준 경우에 해당함.)

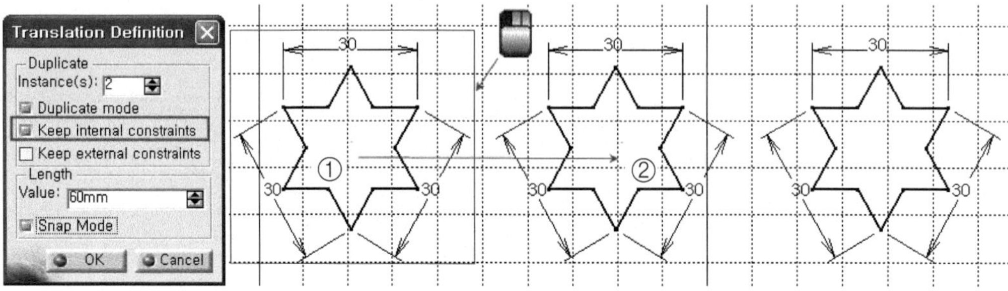

③ Keep external constraints : 임의의 요소에 구속이 있는 경우에 그 구속 조건을 그대로 적용한 결과 값을 얻을 때 선택하는 옵션으로 Sketch 외부에 연관되어 있는 구속 조건을 그대로 사용할 경우에 선택하여 사용한다.(그림은 Sketch 외부의 수평선에 대해서 구속 조건을 준 경우에 해당함.)

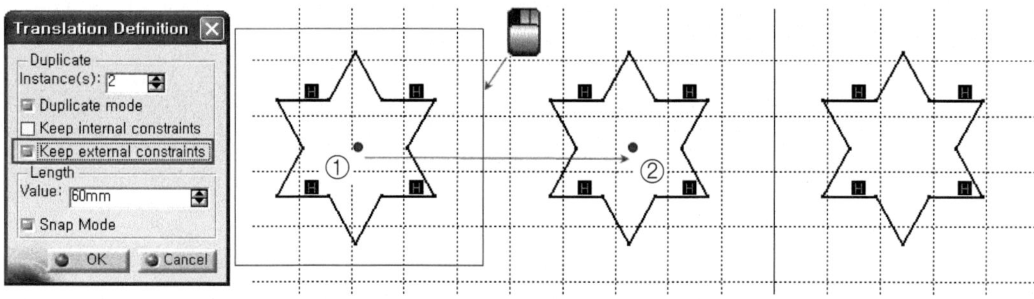

4 - 4 Rotate 

임의의 요소를 선택하여 임의의 축을 기준으로 회전 복사 혹은 이동할 때 사용한다. Rotate에서도 Duplicate Mode는 복사 또는 이동할 때 똑같이 쓰이는 옵션이다.

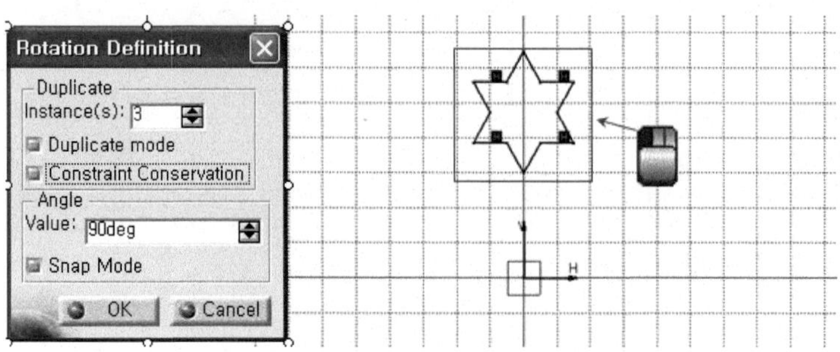

① Constraint Conservation : 임의의 요소를 회전 복사나 회전 이동시킬 때 치수 조건을 그대로 복사하여 가져가는 옵션으로 모든 조건을 가지고 가는 것이 아니라 기본적인 길이, 각도 같은 것만 가져가는 옵션이다.

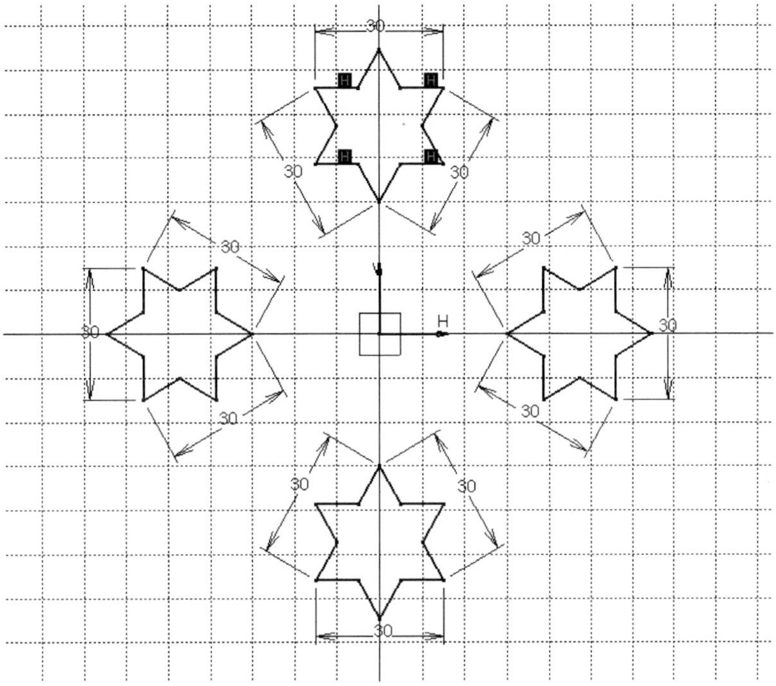

4-5 Scale

임의의 요소를 확대 혹은 축소할 때 사용한다.

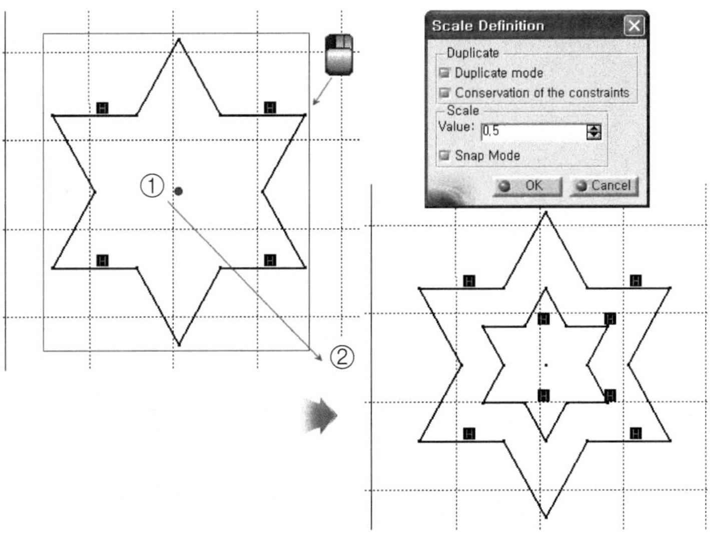

① Value : Translate, Rotate, Scale의 정확한 결과 값을 원할 때 사용하는 옵션이다.

② Snap Mode : 마우스로 결과 값을 얻을 때 마우스의 선택 값을 정확한 위치를 선택하고 싶을 때 사용하는 옵션이다.(Sketch Tool의 Snap to Point 설명 참조)

> **참고**
> Sketch 상에서 Translate나 Rotate는 원점에서부터의 치수 조건이나 구속 조건을 지정해 주지 않으므로 작업 후에 위치가 변형될 수 있으므로 스케치 작업의 마지막에 하거나 이후에 배울 Part Design Workbench에서 Pattern 기능을 이용하기를 권장한다.

4-6 Offset

임의의 요소를 원하는 방향으로 기준에 평행하게 이동시킨 위치에 대상을 생성할 때 사용한다.

① No Propagation : 마우스로 클릭이 되는 요소만 Offset을 생성하는 옵션이다.

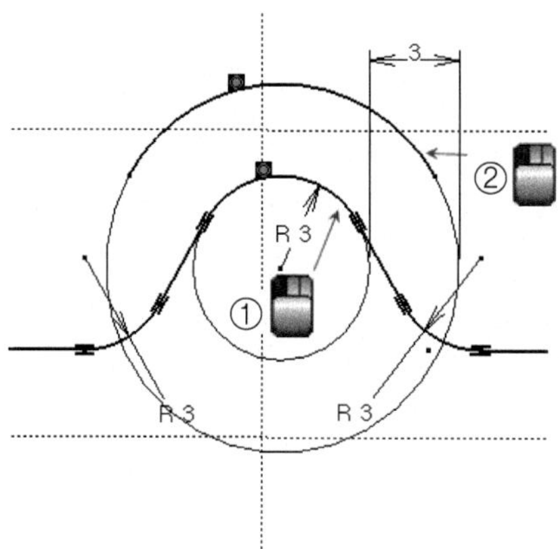

② Tangent Propagation : 마우스로 클릭이 되는 요소에 대해서 접선(Tangent)으로 연결되어 있는 선분 모두가 Offset을 생성하는 옵션이다.

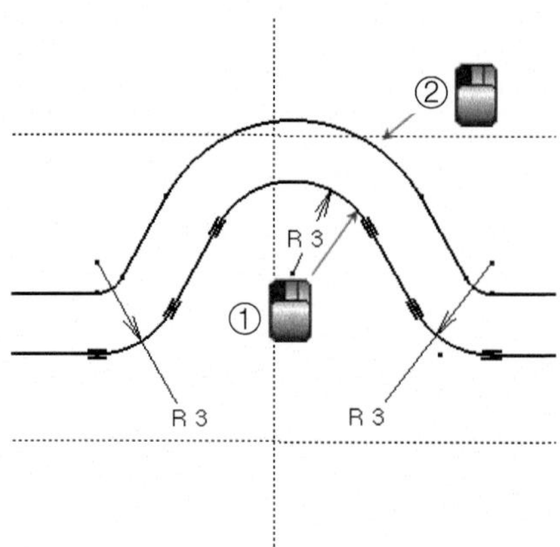

③ Point Propagation : 마우스로 클릭이 되는 요소에 대해서 점(Point)으로 연결되어 있는 선분 모두가 Offset을 생성하는 옵션이다.

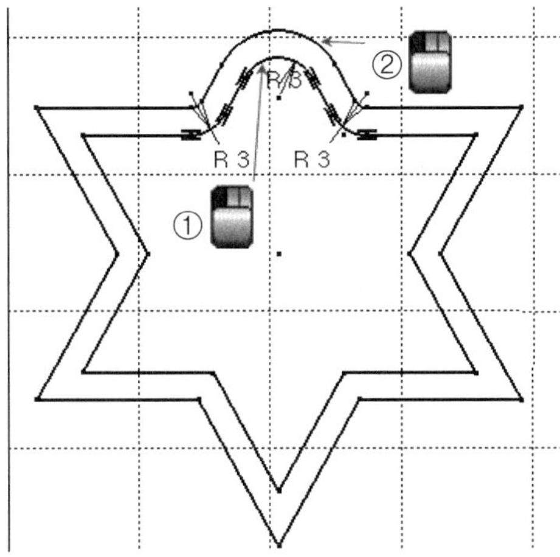

④ Both Side Offset : Offset을 할 때 원본을 기준으로 안쪽과 바깥쪽을 동시에 생성하는 옵션이다.

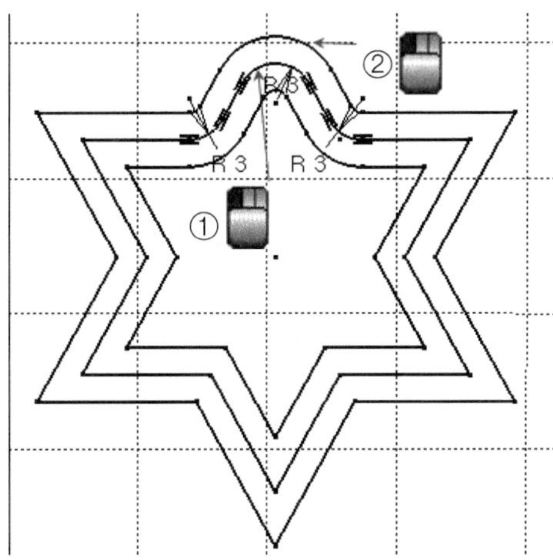

⑤ Instance(s) : Offset의 복사 개수와 정확한 Offset 값을 Sketch Tools에서 지정하는 옵션이다.

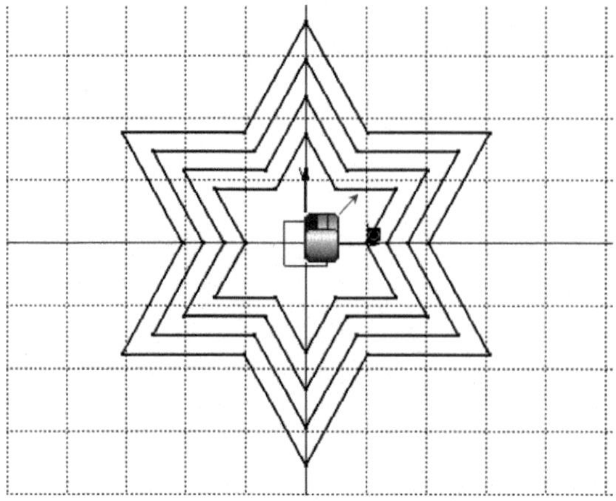

Tip

▶ **동시에 여러 요소를 선택할 때**

Sketch 작업에서 Mirror나 Translate 등과 같은 작업은 동시에 여러 개의 요소를 선택해야 하는 경우에 다른 일반적인 작업에서처럼 Ctrl 키를 이용하여 여러 요소를 선택할 수 없다. 이럴 때 두 가지 방법이 있는데 **첫 번째 방법**은 드래그(Drag)를 이용하여 요소를 한꺼번에 선택하고, **두 번째 방법**은 마우스 3번 버튼( )의 Contextual Menu의 Auto Search 기능을 이용하여 여러 요소를 선택할 수도 있다. 그림은 두 번째 방법이다.

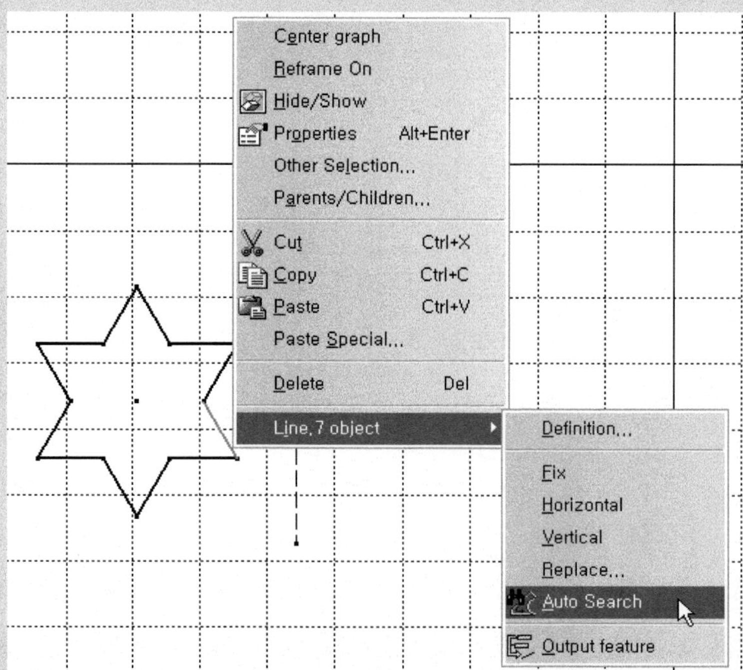

5 3D Geometry

현재의 Sketch가 아닌 3차원 상에 있는 다른 스케치, WireFrame, Solid의 요소들 중 모서리의 선분이나 점 등을 현재의 Sketch 상에 투영(Project)시킬 때 사용되는 아이콘들을 모아놓은 Toolbar이다.

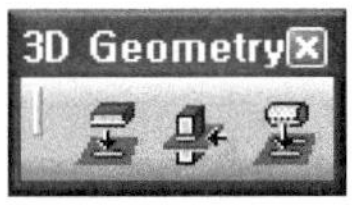

5-1 Project 3D Elements 

3차원 상에 있는 형상을 수직으로 투영시킬 때 사용하는 역할을 한다. 설계 시 매우 자주 사용하는 기능으로 반드시 숙지하기 바란다. 원하는 요소만 선택할 때는 정확하게 선택을 하여야 하고 선택되는 Solid의 모든 모서리 요소를 투영하기를 원할 때는 Solid를 선택하면 된다.

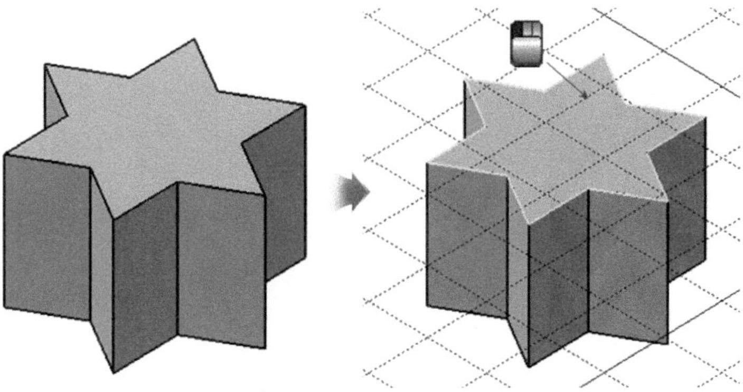

5-2 Intersect 3D Elements 

현재의 스케치 평면과 교차하는 3차원의 형상의 모서리를 추출할 때 사용한다. 형상을 선택할 때에는 Tree 구조에서 Part Body를 선택하면 쉽게 작업이 이루어진다.

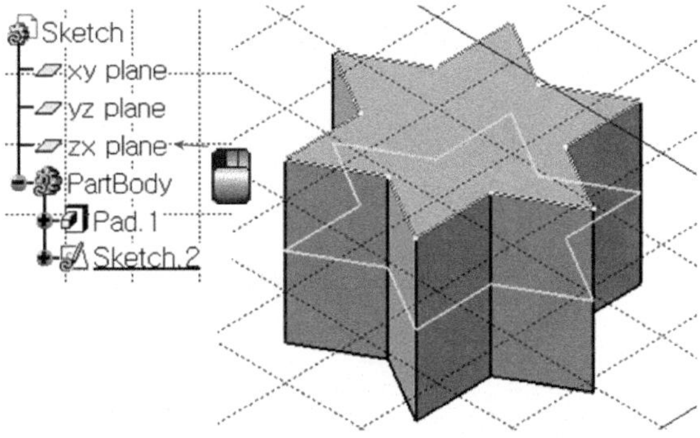

5-3 Project 3D Silhouette Edges

3차원 상에 있는 형상 중 회전체의 옆면의 테두리 형상을 현재의 스케치 평면에 투영시킬 때 사용하는 역할을 한다.

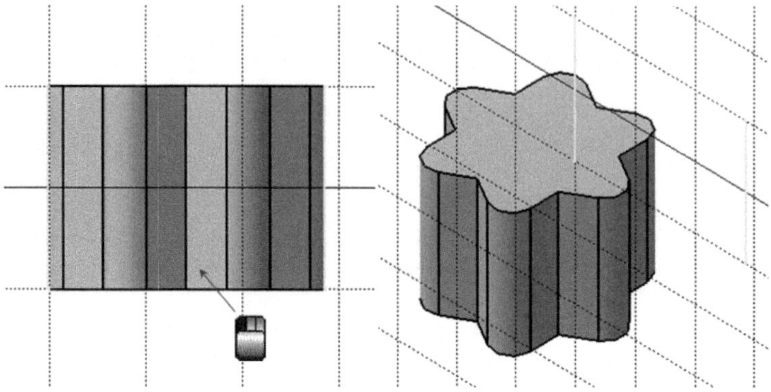

Constraint

Sketch Tools Toolbar에서 잠깐 나왔던 Geometrical Constraint와 Dimensional Constraint를 Sketch 상에서 수동으로 형상에 대한 모든 구속 조건을 줄 때 사용되는 아이콘들을 모아놓은 Toolbar이다.

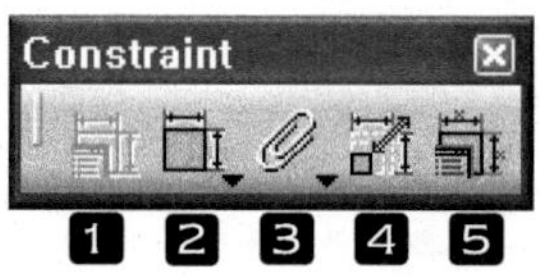

1 Constraints Defined in Dialog Box

Sketch에서 형상에 대한 구속을 원할 때 Dialog Box에서 원하는 구속 조건의 항목을 선택하면 된다. 아이콘이 평상시에는 활성화가 되어 있지 않은데 구속을 주고자 하는 형상을 선택하게 되면 아이콘이 활성화되어 아이콘을 선택할 수 있게 된다.

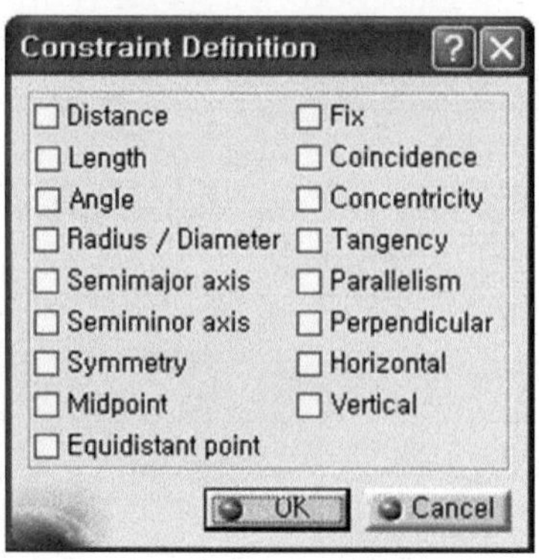

구속 조건은 요소 선택의 개수와 요소의 형상에 맞춰 선택 가능한 구속 조건이 바뀌게 되고 **여러 개의 요소를 선택할 때는** Ctrl **키를 이용**하여 선택한다. 그리고 구속 조건을 줄 때 두 개의 요소를 선택할 때에는 다른 구속이 없다고 가정하면 **첫 번째 선택한 요소로 두 번째 선택한 요소**가 움직이게 된다는 것을 기억해 두기 바란다.

- **Distance** : 두 요소 간의 **거리**를 나타낼 때 사용한다.
- **Length** : 하나의 요소의 **길이**를 나타낼 때 사용한다.
- **Angle** : 두 요소 간의 **각도**를 나타낼 때 사용한다.
- **Radius/Diameter** : 원의 **반경** 또는 **지름**을 나타낼 때 사용한다.
- **Semimajor axis/Semiminor axis** : 타원의 **장축과 단축**을 나타낼 때 사용한다.
- **Symmetry( )** : 임의의 중심축을 기준으로 두 요소를 좌우 대칭이 되게 할 때 사용한다. Symmetry는 요소 선택 시 **순서가 중요**한데 먼저 두 요소를 선택한 후에 중심축을 선택하고 아이콘을 선택하면 된다.
- **Midpoint** : 임의의 Point를 **선분의 중심**에 위치하게 할 때 사용한다.
- **Equidistant point** : Point를 **등간격의 조건**으로 줄 때 사용한다.
- **Fix( )** : 임의의 요소를 현재의 좌표에 **고정**시킬 때 사용한다.
- **Coincidence( )** : 임의의 두 요소를 **만나게 할 때** 사용한다.
- **Concentricity( )** : 임의의 두 원의 **중심점을 일치**하게 할 때 사용한다.
- **Tangency( )** : 곡선(원, 원호, 커브 등 포함)과 임의의 선분 사이를 접선(Tangent) 연결할 때 사용한다.
- **Parallelism( )** : 두 직선을 **평행**하게 할 때 사용한다.
- **Perpendicular( )** : 두 직선을 **수직**하게 할 때 사용한다.
- **Horizontal( )** : 하나의 직선을 기본 좌표 **H축**에 평행하게 할 때 사용한다.
- **Vertical( )** : 하나의 직선을 기본 좌표 **V축**에 평행하게 할 때 사용한다.

선택된 요소의 개수	활성화되는 구속 조건
한 개의 요소만 선택	Length, Radius/Diameter Fix, Horizontal Vertical
두 개의 요소를 선택	Distance, Angle Coincidence, Concentricity Tangency, Parallelism Midpoint, Perpendicularity
세 개의 요소를 선택	Symmetry, Equidistant point

2 - 1 Constraint

형상에 대해서 수치에 대한 구속 조건을 주는 역할을 하고, 하나의 요소에 대한 길이 값이나 두 개의 요소에 대한 거리 값, 각도 값 등을 얻을 때 주로 사용된다. 값을 얻은 후 더블클릭하여 원하는 값으로 수정하여 형상에 대한 구속 조건을 완료하게 된다.

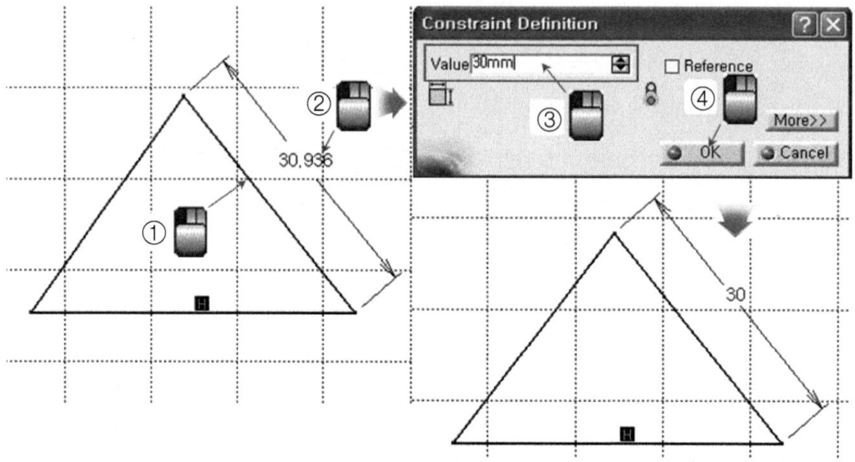

먼저 치수 조건을 넣으려는 선분을 클릭하여 값을 얻고 그 값을 더블클릭하여 Constraint Definition에서 입력을 하고 OK를 누르면 원하는 값으로 수정하여 형상에 대한 구속 조건을 완료하게 된다.

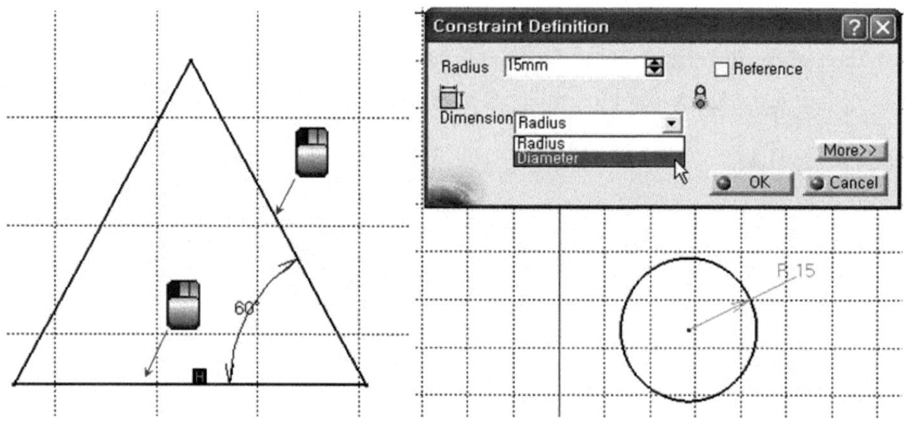

두 선분을 선택하여 각도를 지정할 수도 있고, 원에서 사용자가 입력하는 반지름(지름) 값에 대한 값도 지정할 수가 있다.

일반적으로 원하는 요소를 선택하면 원하는 구속 조건에 대한 값을 얻을 수가 있지만

Point와 Point 사이의 값을 얻을 때에는 주의하여 값을 지정하여야 한다. 그 이유는 CATIA에서는 점과 점 사이에는 얻을 수 있는 값이 기본적으로 3종류가 있기 때문이다.

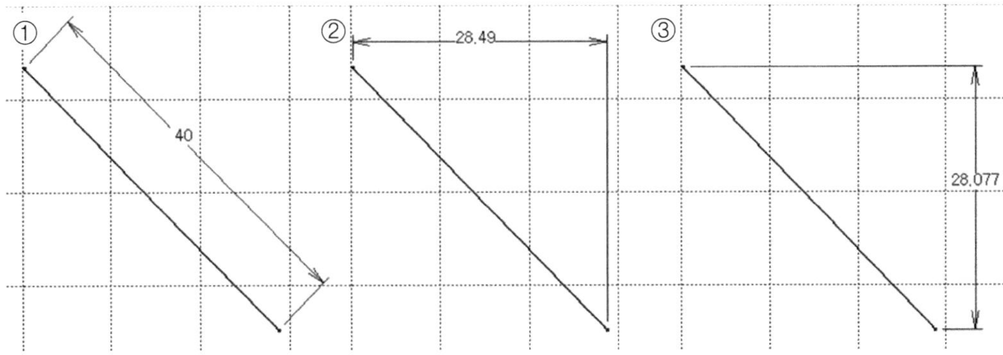

①번과 같이 Point와 Point 사이의 직선 거리는 쉽게 얻을 수 있으나 ②번과 ③번처럼 점과 점 사이의 가로 길이와 세로 길이를 구하려할 때는 마우스 3번 버튼( )의 Contextual Menu에서 Horizontal Measure Direction과 Vertical Measure Direction을 선택하여 값을 얻을 수 있다. 이때 값을 얻은 후 마우스 3번 버튼을 누르는 것이 아니라 값을 얻기 전에 마우스 3번 버튼을 눌러야 Contextual Menu로 진입할 수 있다는 것을 기억해 두어야 한다.

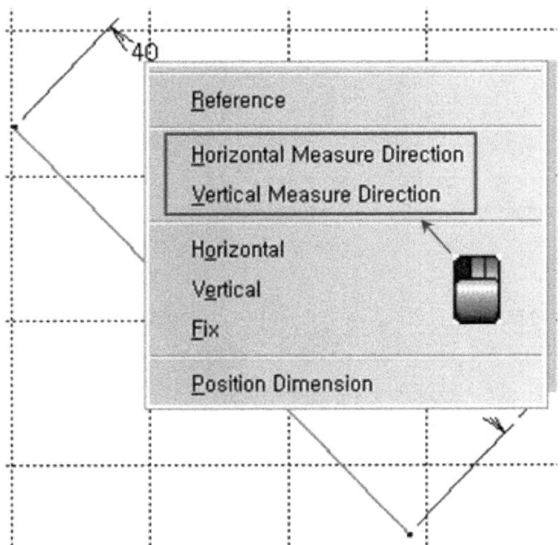

Tip

▶ 구속·치수 조건 작업시간 단축방법

앞에서 배운 방법으로 각자의 작업에 대해 구속 조건 아이콘과 치수 조건 아이콘을 번갈아가며 사용하여도 아무 문제가 없으나 번갈아 가면서 작업을 하거나 Ctrl 키를 이용하여 작업할 때 작업시간이 길어지거나 번거로운 부분이 조금 있는데, 이런 경우에 Constraint 작업 중에 마우스 3번 버튼( )의 Contextual Menu를 이용하면 바로 Constraints Defined in Dialog Box의 구속 조건도 한 번에 지정할 수가 있다. 이 Contextual Menu는 선택한 요소 사이에 지정 가능한 구속 조건을 CATIA가 자동으로 활성화시켜 준다.

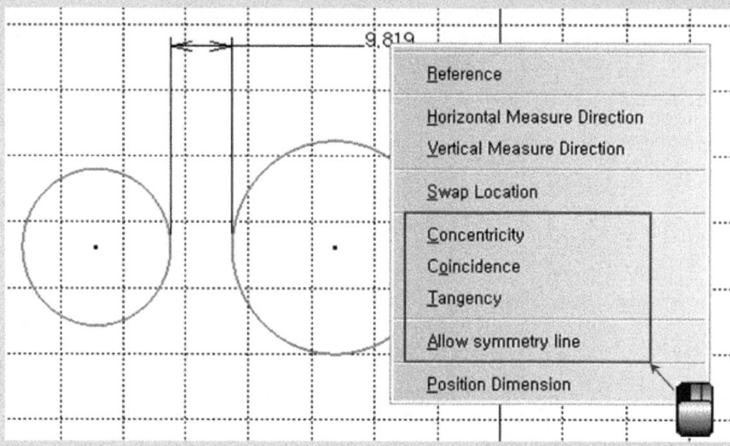

두 개의 원 사이에 가능한 구속 조건을 Contextual Menu에서 나타내주고 있다.

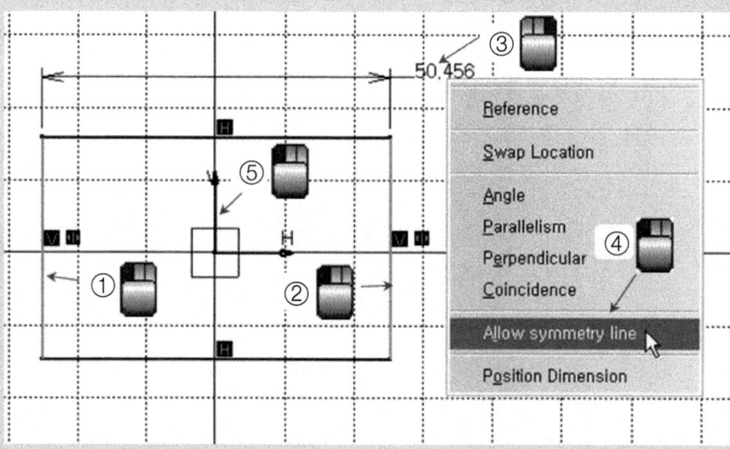

Symmetry 구속 조건은 3개의 요소를 선택해야 되는데 Contextual Menu방법과 기본방법과의 마우스 선택 순서의 차이가 있다.

2 - 2 Contact Constraint

두 요소에 대해서 Concentricity, Coincidence, Tangency 구속 조건을 정의할 때 사용한다.

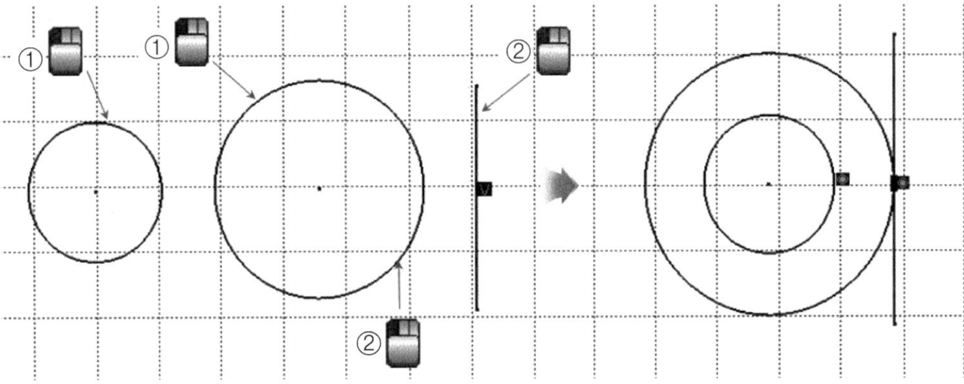

원과 원을 선택했을 때는 Concentricity 구속 조건이 원과 직선을 선택했을 때는 Tangency 구속 조건이 자동으로 정의가 되었다.

3 - 1 Fix Together

스케치에서 임의의 요소들을 선택하여 현재 위치에 한꺼번에 Fix시키는 역할을 할 때 사용한다. Fix Together 기능은 CAD 파일을 불러들일 때나 Section 파일을 불러서 사용할 때 형상의 변화가 없게 고정시킬 때 가끔씩 쓰이게 된다.

Fix시킬 요소가 맞는지 Definition 창에서 확인 후에 OK 버튼을 누르면 고정이 이루어진다. 하지만 Fix가 되어진 요소들에 대해 구속 조건이 들어가면 구속 조건이 중복으로 되었다고 표시되게 되니 조심해야 한다.

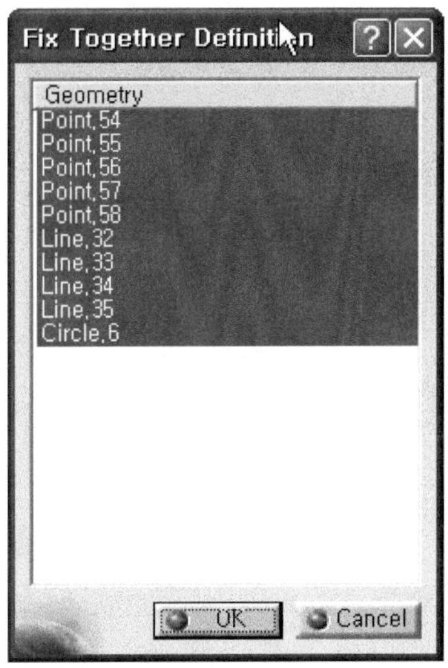

3 - 2 Auto Constraint

스케치 형상에 대해서 자동으로 구속을 정의할 때 사용한다. 구속을 정의할 요소를 먼저 선택하고 기준 요소를 선택하면 자동으로 구속이 이루어진다. 하지만 사용자가 생각하는 대로 구속 조건이 정의되지 않는 경우도 많이 있으니 너무 기대하지는 말고 사용하여야 한다.

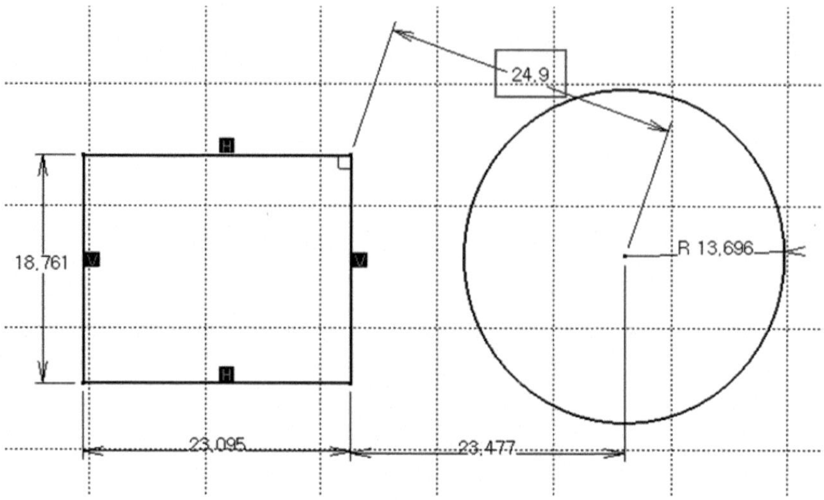

사각형의 꼭짓점과 원의 원점 사이의 값을 V축에 수평이 되는 값을 얻으려 했는데 자동으로 값을 지정하게 되면 이런 결과 값을 얻게 되는 수도 있다.

4 Animate Constraint 

스케치 형상의 수치 제어 조건을 입력하여 해당 요소가 정해진 범위에 맞게 변화가 일어나는 것을 보면서 상대 요소와의 관계(간섭, 충돌 등)를 확인하고자 하는 기능으로 Profile의 변화를 예측할 수 있다.

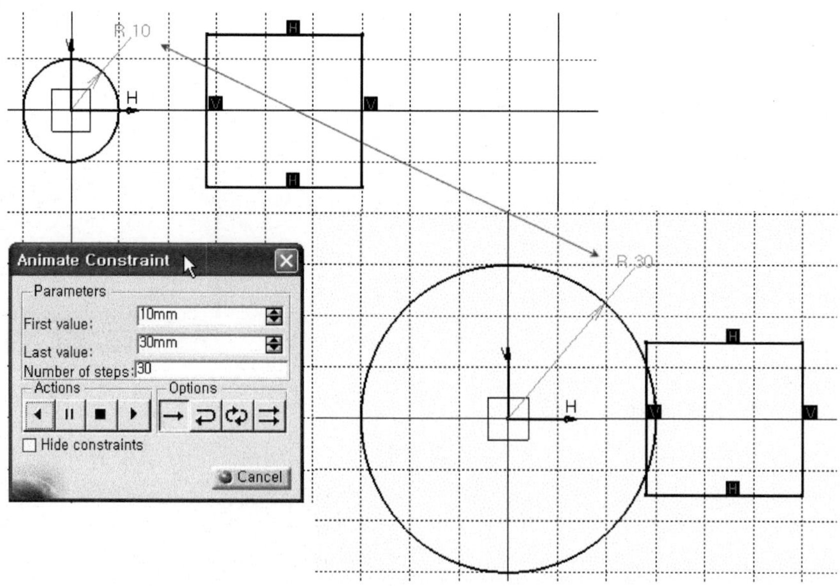

5 Edit Multi-Constraint

스케치 화면 상에 있는 모든 치수 값을 한꺼번에 수정할 때 유용하다. Constraint를 이용하여 치수 값을 입력하고 수정하려면 일일이 그 값을 더블클릭하여 수정을 해야 하는데 Edit Multi-Constraint를 이용하면 간단하게 수정할 수 있다.

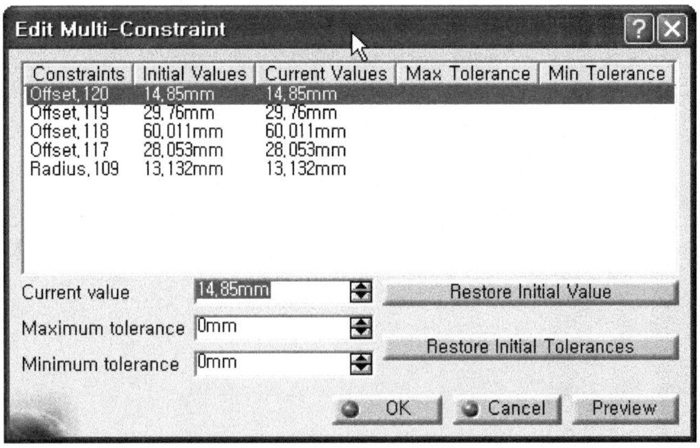

수정하기 원하는 Constrains를 선택하면 화면 상의 형상에 대한 치수 값이 선택이 되어지고 Current value 값을 수정하면 쉽게 수정할 수 있다. 만약에 수정했던 것을 취소를 하려면 Restore 버튼을 누르면 바꾸기 이전으로 돌아가게 된다. 그리고 Tolerance 값은 치수 값 옆에 공차로 표시할 때 쓰인다.

참고

다음 사항은 Sketch 구속 조건 작업 시 반드시 숙지를 하여야 한다.

초보자는 구속별 색상을 반드시 확인하고, 붉은색이나 보라색이 나오면 즉시 Undo 명령을 사용하시오.	
녹색(초록색)	완전 구속(정상)
흰색	불완전 구속(정상), 완전한 고정이 아님으로 스케치 모델링 시 쉽게 형상의 변화가 생길 가능성이 있으므로 유의하자.
붉은색	구속 정의 불가(비정상), 이론상 주어질 수 없는 조건을 임의로 지정하면 나타난다. 반드시 Undo하자.
보라색	중복 구속(비정상), 이중으로 구속이 부여됨으로써 후속 작업에 영향을 줌으로, 반드시 Undo하자

✣ Tools

스케치 상에서 모델링 시 간접적으로 유용하게 사용하도록 제공된 아이콘들을 모아놓은 Toolbar이다.

❶ Create Datum 

생성 요소의 Parents 등의 상관관계를 끊는 기능으로 잘 고려하여 사용하여야 하며, 활성화 후에 사용하면 연관 정보를 갖지 않는 요소가 생성된다.

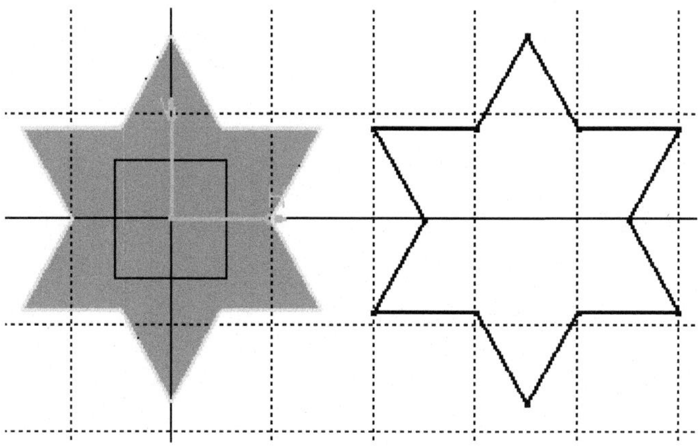

Create Datum 아이콘을 활성화하고 앞에서 배운 Project 3D Element 아이콘을 이용하여 스케치 상으로 3차원 요소를 생성하면 서로 상관관계(Link)가 없어 마음대로 이동이 가능한 요소가 생성되고, Create Datum을 활성화시키지 않았다면 추출 요소의 색상이 노란색이 될 것이며 그 상태에서는 이동될 수 없다.

❷ Only Current Body 

Tree 상에서 현재 작업 중인 Body만 화면 상에 보여줄 것인지 전체 Tree의 Body를 다 보여줄 것인지를 선택할 수 있는 기능으로 항상 선택이 되어 있는지 주의하여 사용하여야 한다.

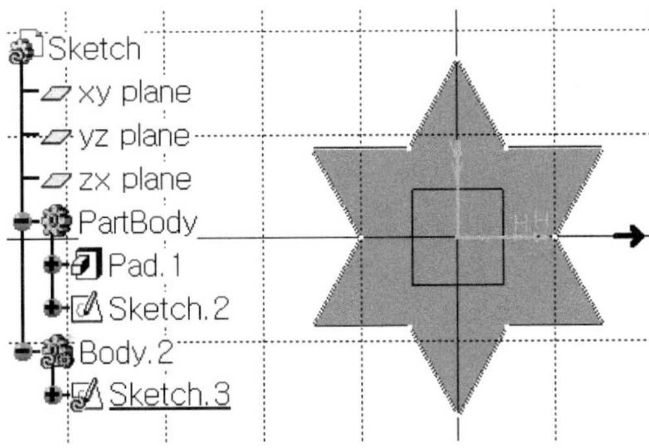

▲ 아이콘 활성화 전

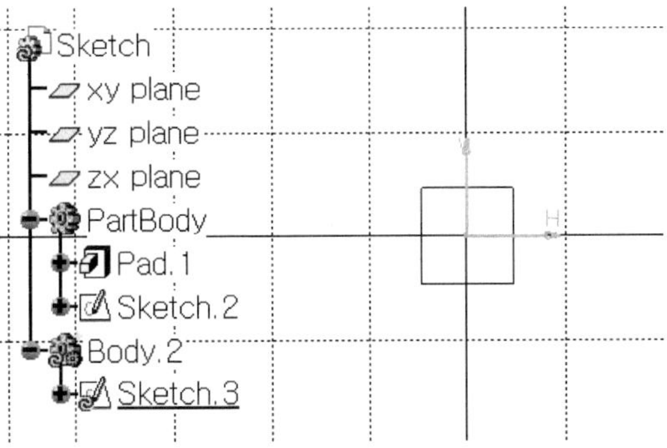

▲ 아이콘 활성화 후

Body 추가와 Body를 나눠서 작업하는 것은 Part Design Workbench에서 자세한 내용을 배울 것이다.

참고

Isolate는 추출한 요소에 대해서 상관관계(Link)를 끊어 줄 때 사용한다.

3D Geometry를 이용하여 3차원 요소를 추출한 후에 요소의 위치나 형상의 변경을 할 때 사용되는 기능으로 노란색의 상관관계(Link)가 있는 요소를 상관관계가 없는 하얀색의 요소로 변화할 때 사용한다. 앞에서 배운 Create Datum과 동일한 역할을 한다.

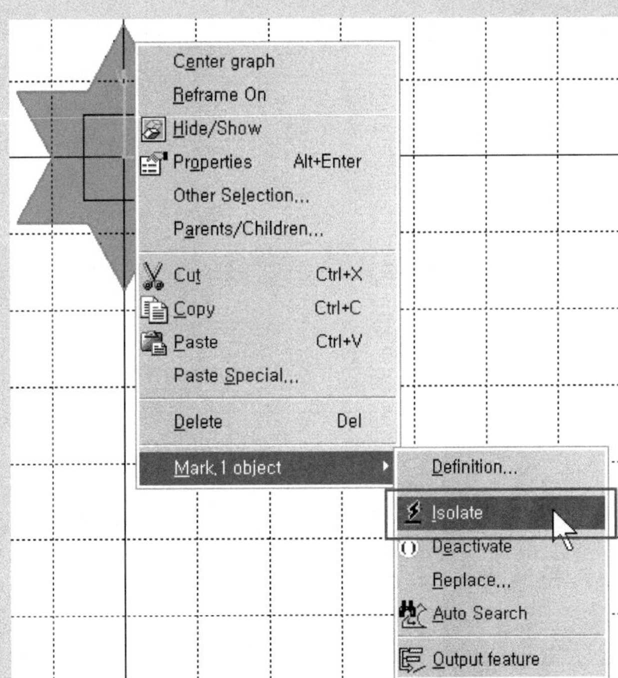

3 Output Feature

Project 3D Element의 기능과 반대로 스케치 상에서 스케치 요소를 3차원 요소로 내보내는 역할을 한다. 유사 기능으로 3차원에서 스케치 요소를 불러내는 기능은 Extract이다. 여러 요소 중 선택된 요소는 3차원 공간의 하나의 요소로 기능을 할 수 있으며, 스케치 상에서 다음(왼쪽 원)과 같이 굵게 나타나며 Tree의 Sketch에 Outputs이라고 생성되는 것을 볼 수 있다.

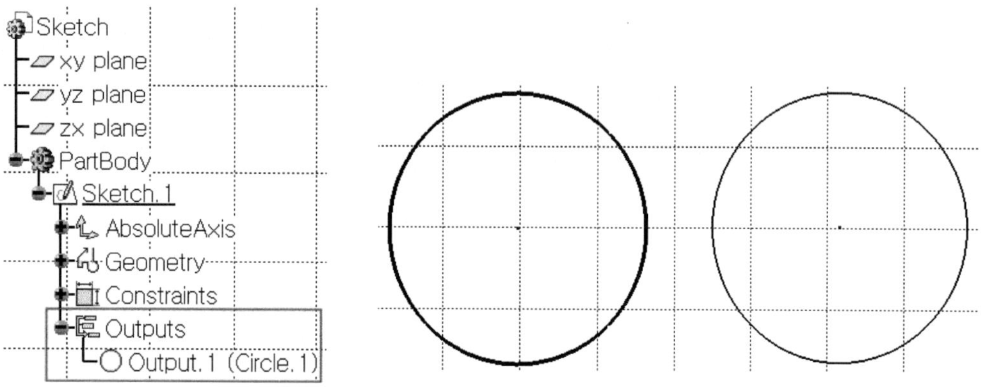

4 profile feature

Output Feature의 기능과 동일한 역할을 하는데, Output Feature는 선택된 요소를 결과로 나타내는데 Profile Feature는 선택된 요소에 대해서 Mode를 이용하여 Point만 지정하여 선택할 것인지, 요소를 직접 지정할 것인지, 선택한 요소와 연결되어 있는 Profile을 선택할 수 있는 것이 다른 점이다.

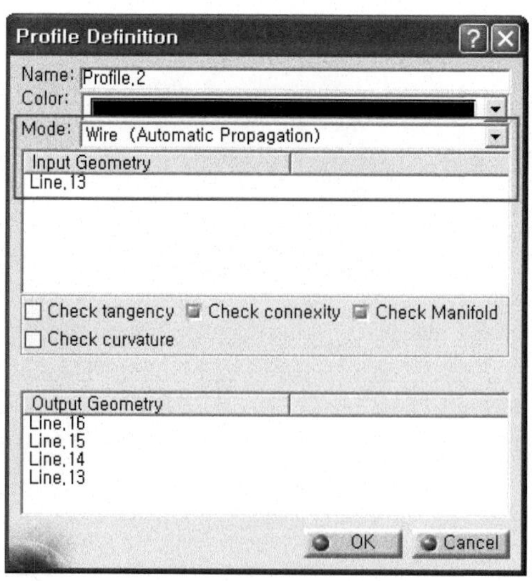

5 2D Analysis

현재 Sketch의 Profile의 상태에 대해서 진단 및 제거를 할 때 사용되는 아이콘들을 모아놓은 Toolbar이다.

5 - 1 Sketch Solving Status 

현재 스케치 구속 상태가 어떤지 Iso - Constrained(구속 조건 정확), Under - Constrained (구속 조건 부족), Over - Constrained(구속 조건 중복)로 표현한다.

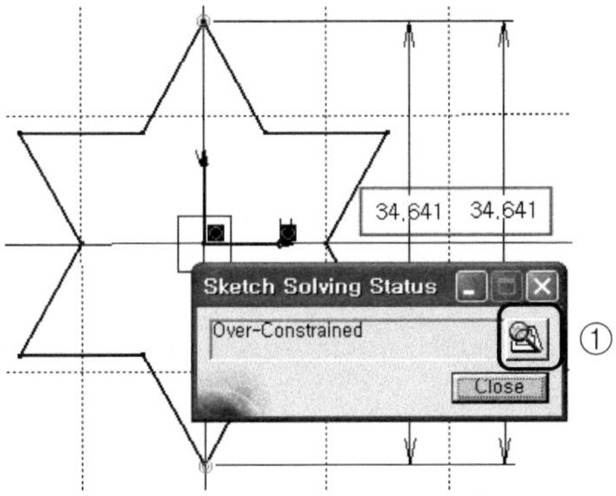

그림은 같은 값이 두 번 들어갔으므로 Over-Constrained로 중복 구속 조건이 들어갔다고 표시되어진다.

5 - 2 Sketch Analysis 

위 그림의 ① 아이콘과 같은 기능으로 각 요소의 구속 여부의 판단과 Profile의 열림과 닫힘 그리고 제거 등을 할 수 있다.

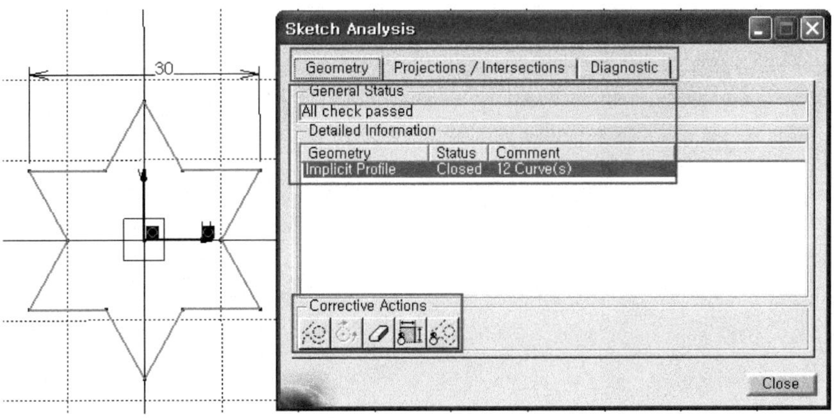

① Geometry : 형상 요소의 구성을 확인하고 요소의 제거, 숨김 등의 작업을 할 수 있다.

② Projections/Intersections : 형상 요소가 외부형상으로부터 추출 같은 작업을 했는지를 확인 가능하다.

③ Diagnostic : 형상 요소의 구속 상태를 나타내주는 것을 확인할 수가 있다.

✣ Visualization

스케치 상에서 모델링을 화면 상에 나타내는 방법에 따른 여러 가지 아이콘들을 모아놓은 Toolbar이다.

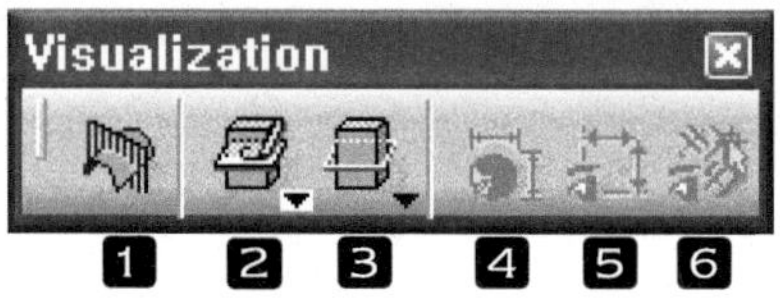

1 Cut Part by Sketch Plane 

현재 작업 중인 Sketch 평면 기능을 이용하여 앞에서 작업되어진 Part 모델 부품의 단면을 볼 때 사용한다.

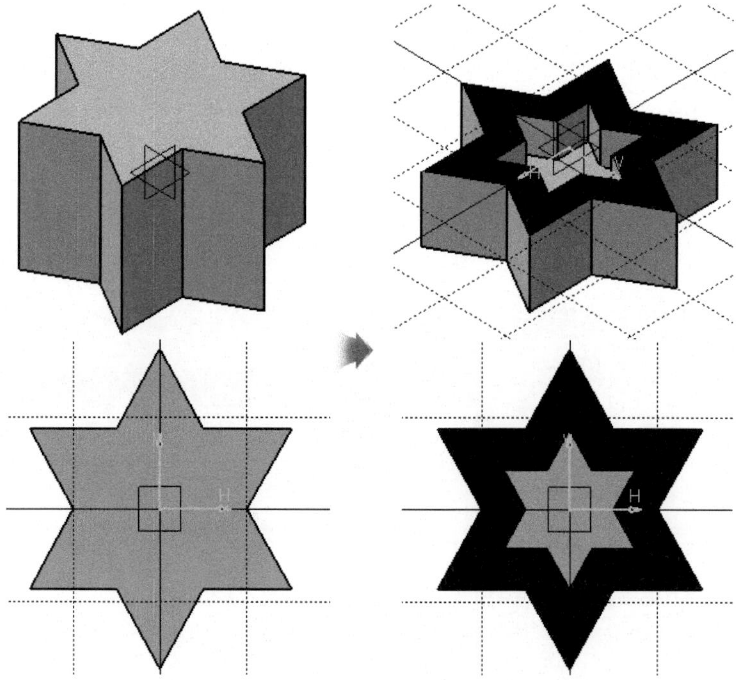

▲ 작업 전　　▲ 작업 후

2 Visu3D

3차원의 형상을 Sketch 상에서 모델링을 화면 상에 여러 방법으로 나타내는 아이콘들을 모아놓은 Toolbar이다.

2-1 Usual 

스케치에서 3차원 상에 있는 형상 요소들을 눈으로 볼 수도 있고 마우스로 선택이 가능한 기능을 원할 때 사용한다. CATIA에서는 Default로 Usual로 선택이 되어 있다.

2-2 Low Light 

3차원 상에 있는 형상 요소들을 눈으로는 볼 수 있으나 색상이 바뀌면서 마우스로는 선택이 불가능한 기능을 원할 때 사용한다.

2-3 No 3D Background 

3차원 상에 형상 요소들이 있으나 처음 스케치를 하는 것처럼 3차원 요소가 보이지도 않고 마우스로 선택도 불가능한 기능을 원할 때 사용한다.

3 2D Visualization Mode

Sketch를 화면에 어떤 방법으로 나타낼지를 선택하는 아이콘들을 모아놓은 Toolbar이다.

3-1 Pickable visible background 

앞에서 배운 Usual과 같은 기능이다.

3-2 No 3D Background 

앞에서 배운 No 3D Background와 같은 기능이다.

3-3 Unpickable background 

앞에서 배운 Low Light와 기능은 같으나 색상은 변하지 않는다.

❸ – 4 Low intensity background

앞에서 배운 Usual과 기능은 같으나 색상이 변한다.

❸ – 5 Unpickable low intensity background

앞에서 배운 Low Light와 같은 기능이다.

❸ – 6 Lock current view point

현재 화면 상에 눈으로 보고 있는 상태를 2차원으로 고정할 때 사용하는 기능이다. 활성화되면 2차원의 회전과 이동은 가능하지만 3차원 형상의 회전을 할 수가 없다.

아래의 ❹, ❺, ❻번의 아이콘은 구속 조건이 화면에 표현되는 방법에 대한 옵션이다.(절대로 건들지 말 것)

❹ Diagnostics

스케치에 구속 조건과 치수 조건이 들어갈 때 화면 상에 색상으로 완벽 구속(녹색)인지 중복 구속(보라색)인지 등을 색상으로 화면 상에 보여주는 기능을 하는 아이콘으로 비활성화되어 있으면 구속 여부를 색으로 확인할 수 없어 정확한 구속을 할 수가 없다.

❺ Dimensional Constraints

스케치에서 치수 조건이 들어갈 때 화면 상에 값으로 나타내는 기능을 하는 아이콘으로 비활성화되어 있으면 치수를 눈으로 확인할 수가 없다.

❻ Geometrical Constraints

스케치에서 구속 조건이 들어갈 때 화면 상에 구속 조건이 들어갔다는 형상으로 나타내는 기능을 하는 아이콘으로 비활성화되어 있으면 구속 조건을 눈으로 확인할 수가 없다.

참고

Formula 함수 기능으로 기본 과정 이후 많은 응용 분야(최적 설계, 효율적인 변수 설계 등)에 적용된다.

- 변수 설계의 기본적인 과정을 스케치에서 간단하게 적용되는 과정을 살펴보자.
- 우선 Spec Tree에 나타내기 위한 Option을 이 장 마지막 부분에서 확인하고 Setting한다.

① Option 설정을 참고하여 다음 그림의 예제를 만들기 위해 R24와 R12를 Parameter로 제어한다.

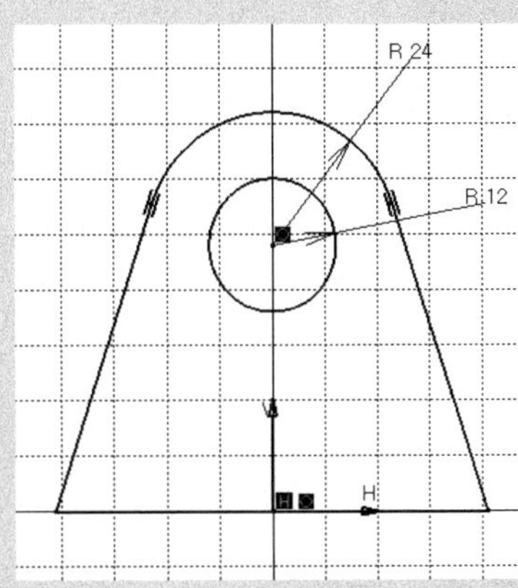

② Parameter를 생성하기 위해 $f(x)$ 아이콘을 선택한다.

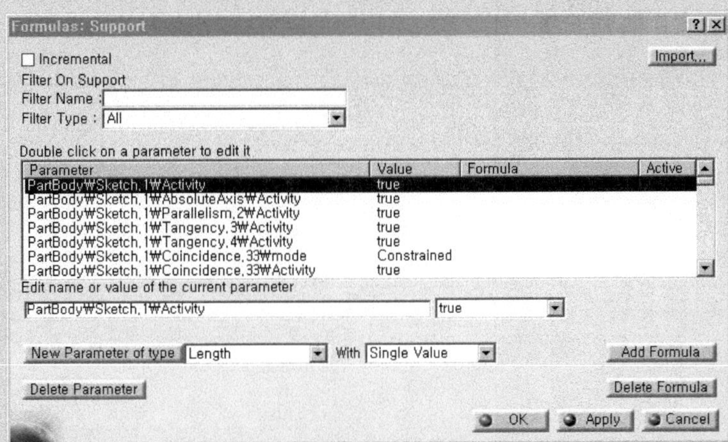

③ New Parameter of type을 정의(예 10mm)한 후 Apply를 선택한다.

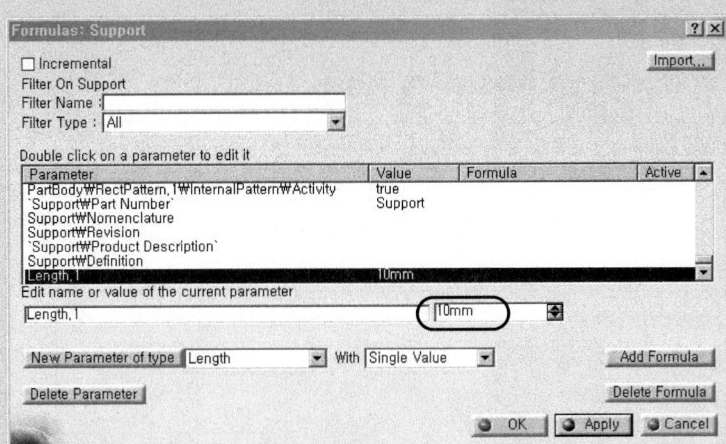

④ Spec Tree를 확인하면 다음과 같이 나타난다.

⑤ OK를 클릭한 후 $f(x)$ 아이콘을 선택한다.

⑥ 스케치 상에서 제어할 수치를 선택(요소 치수 선택 시 박스 내에서 표현됨)한다.

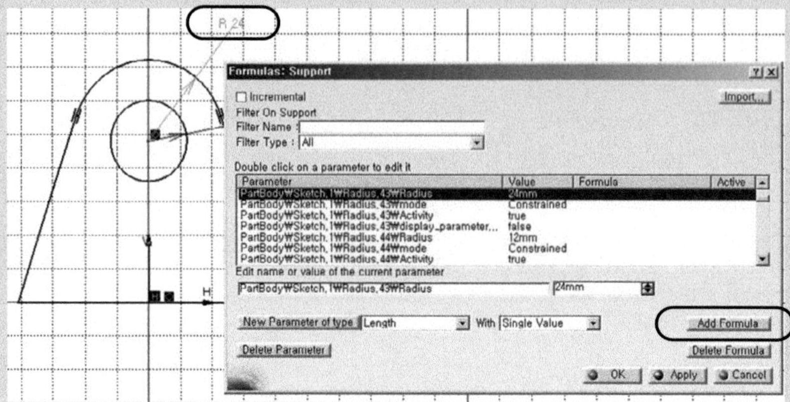

⑦ Add Formula 선택 > Spec Tree 상의 Parameter 값과 연계(수식화)를 하면(예 Spec Tree에서 Parameter 선택 *, 2)하면 R24에 $f(x)$가 붙여진다.

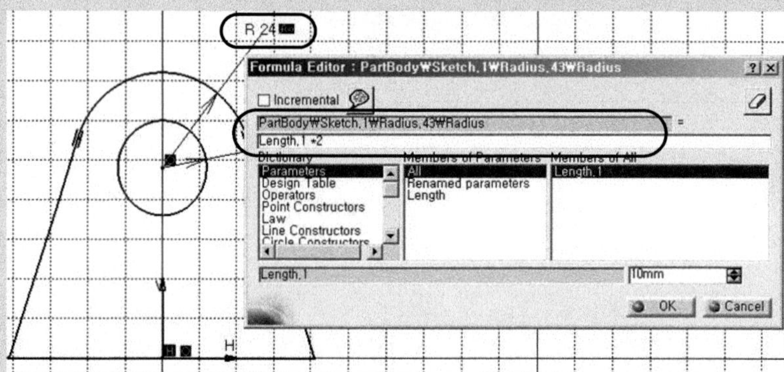

⑧ OK를 클릭한 후 요소 치수 선택을 반복한다.

⑨ Add Formula를 선택하면 > Spec Tree 상의 Parameter와의 수식화가 된다. OK를 클릭하여 확인한다.

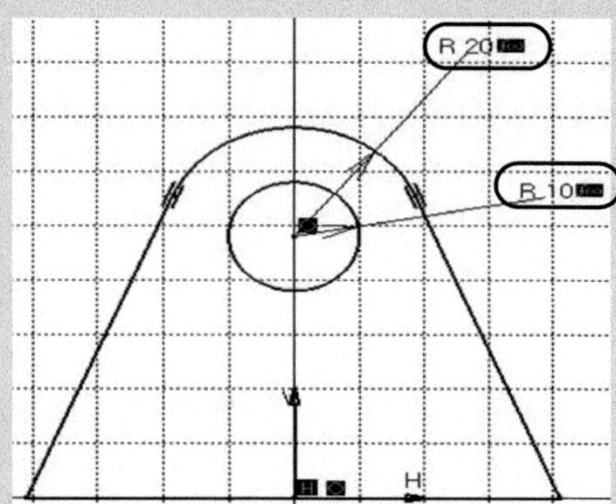

⑩ Parameter를 수정(Spec Tree의 Parameter값 정의) 후 적용한다.

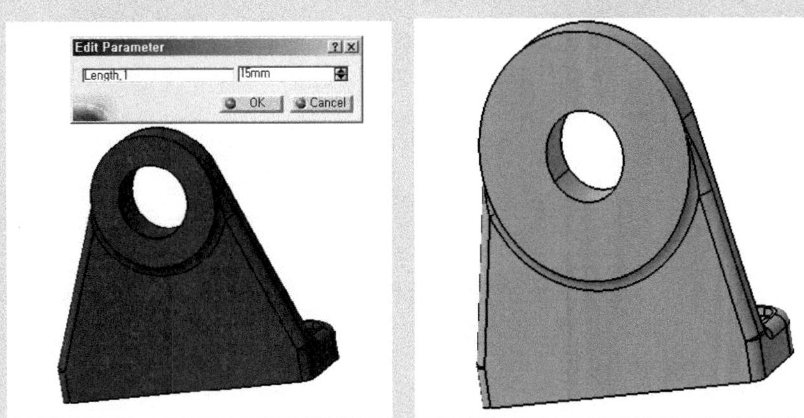

Tip

▶ Sketch 기준면 변경하기

스케치 작업 후 스케치의 형상은 동일하나 기준 평면이 바뀌었거나, 처음 스케치 작업 시 기준 평면을 잘못 지정한 경우 이미 작업한 부분을 삭제하지 않고 Sketch 기준 평면 방법이다.

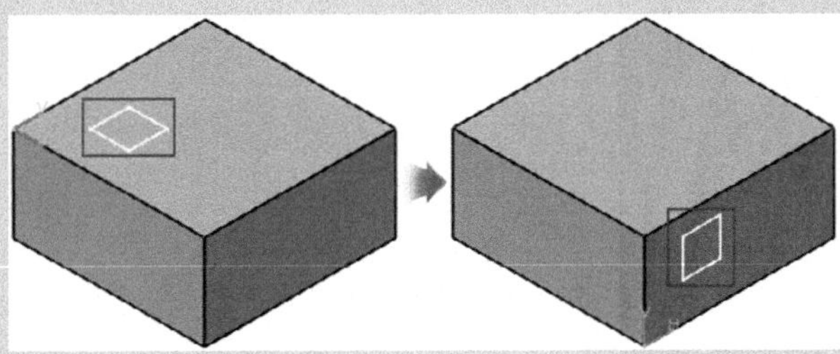

위의 그림처럼 윗면의 스케치 평면을 옆면으로 변경하고자 할 때 변경하고자 하는 Sketch를 Tree 상에서 MB3( )을 클릭한 후 오른쪽 그림과 같이 Change Sketch Support를 선택해 준다.

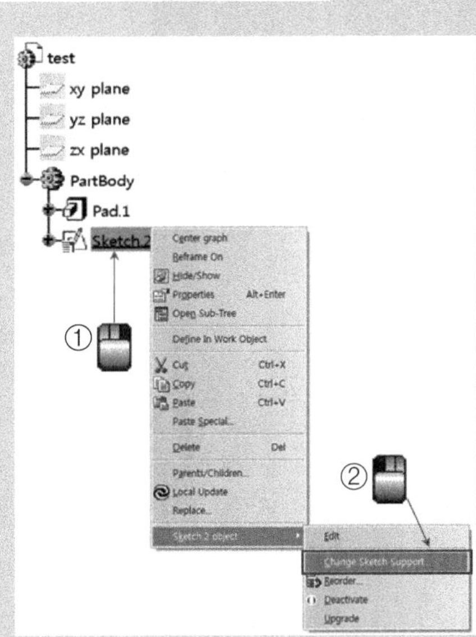

Tip

Change Sketch Support를 누르면 아래와 같은 Sketch Positioning 창이 뜨게 되고 이때 원하는 위치의 기준 평면을 선택해 주면 스케치 기준면이 변경이 되는 것을 확인할 수 있다.

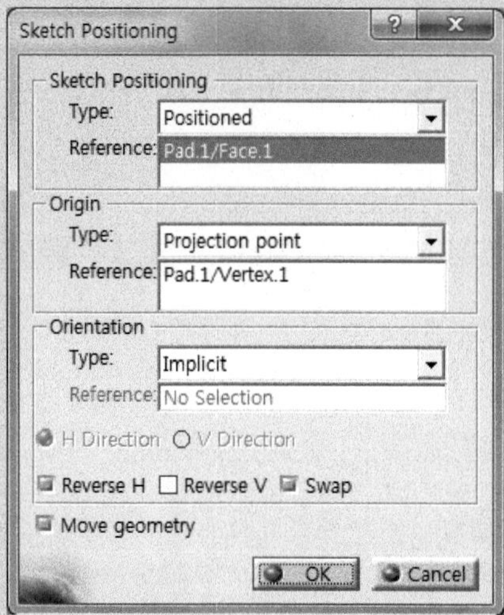

▲ Positioned Sketch( )

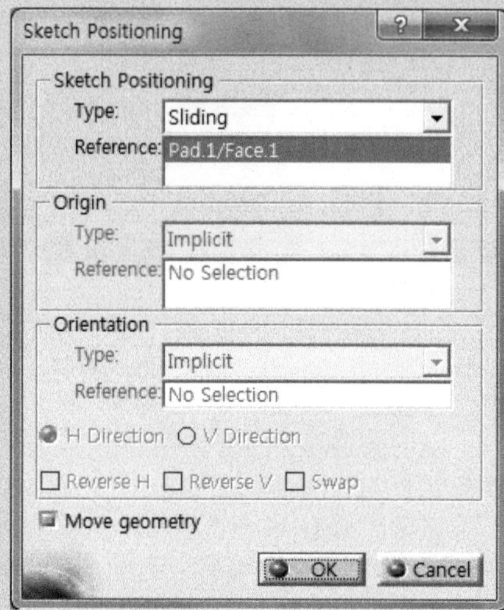

▲ Sketch( )

Sketch Positioning의 옵션이 틀린 이유는 처음 스케치 시 Sketch 아이콘을 사용했는지, Positioned Sketch 아이콘을 사용했는지에 따라 내부 선택 옵션의 활성화되는 것도 달라지는 것을 볼 수 있다.

CHAPTER 02

스케치 모델링 예제

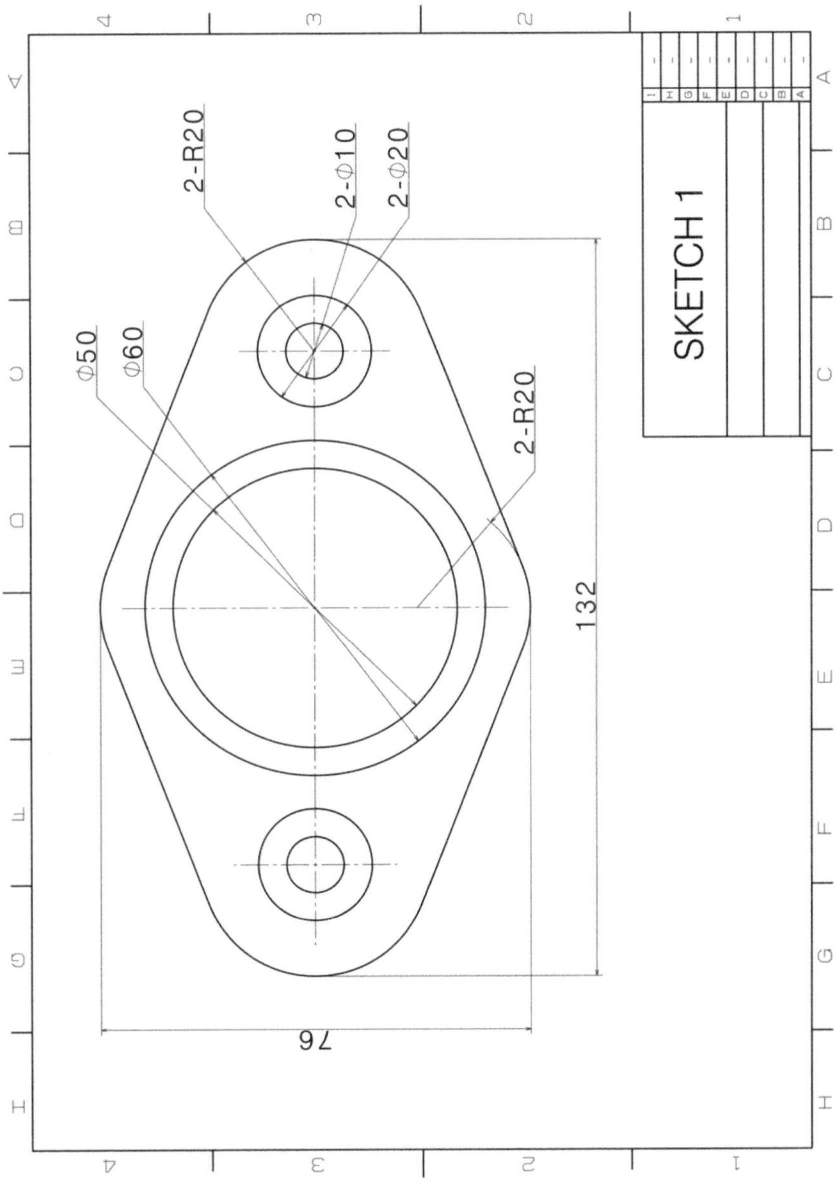

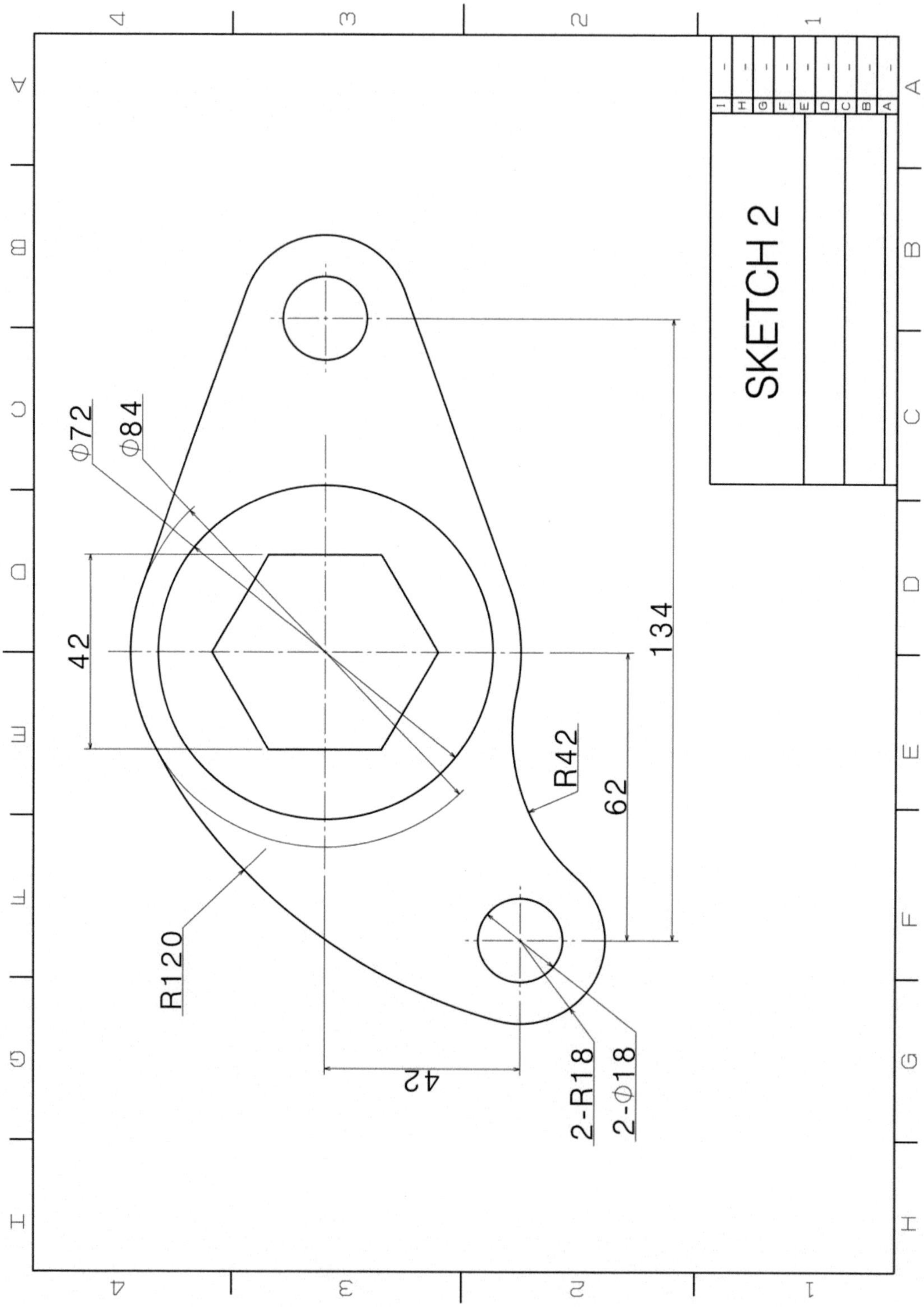
SKETCH 2
Φ72
Φ84
42
134
R42
62
R120
42
2-R18
2-Φ18

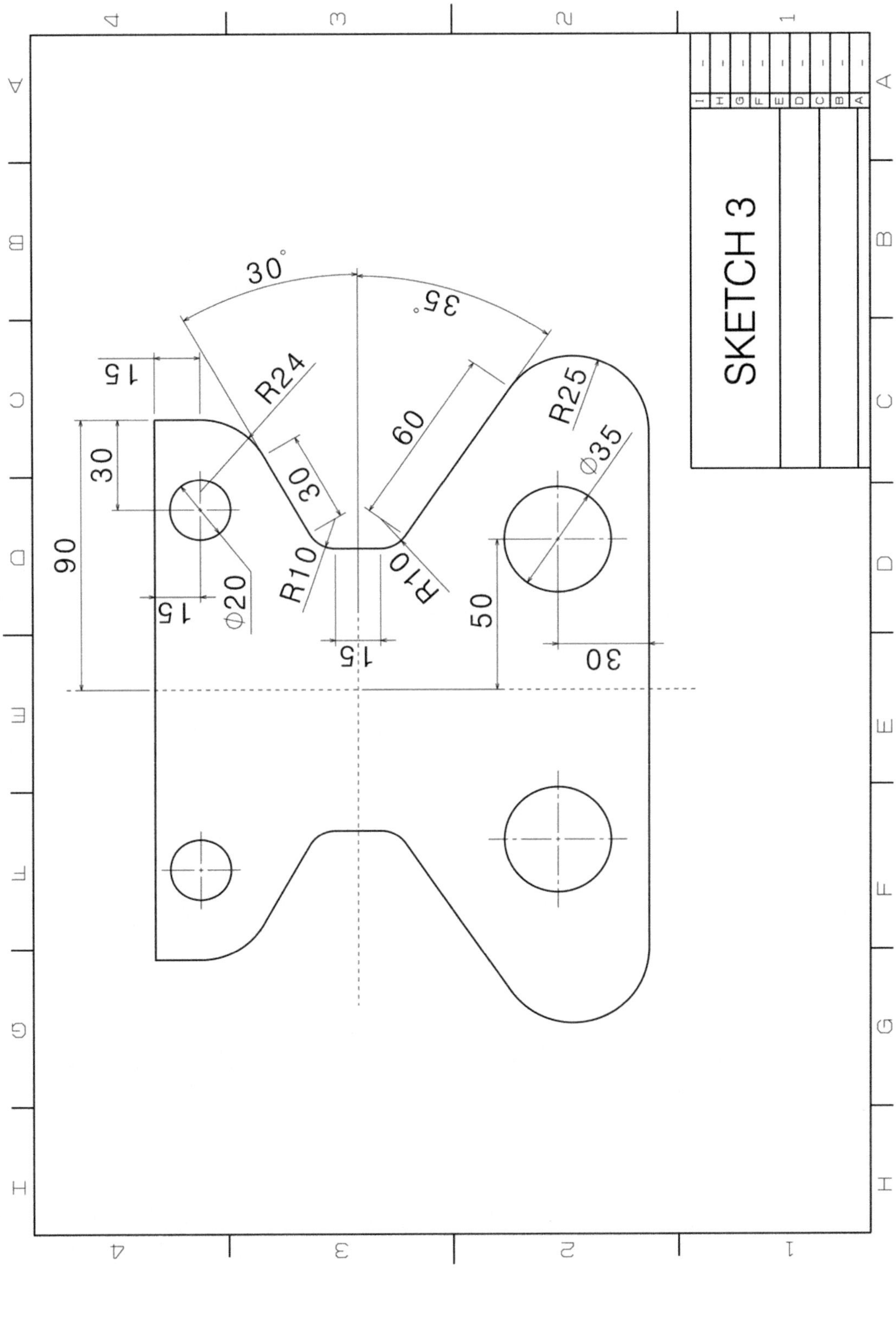
SKETCH 3
30°
35°
R24
R25
60
30
90
15
Φ20
Φ35
R10
50

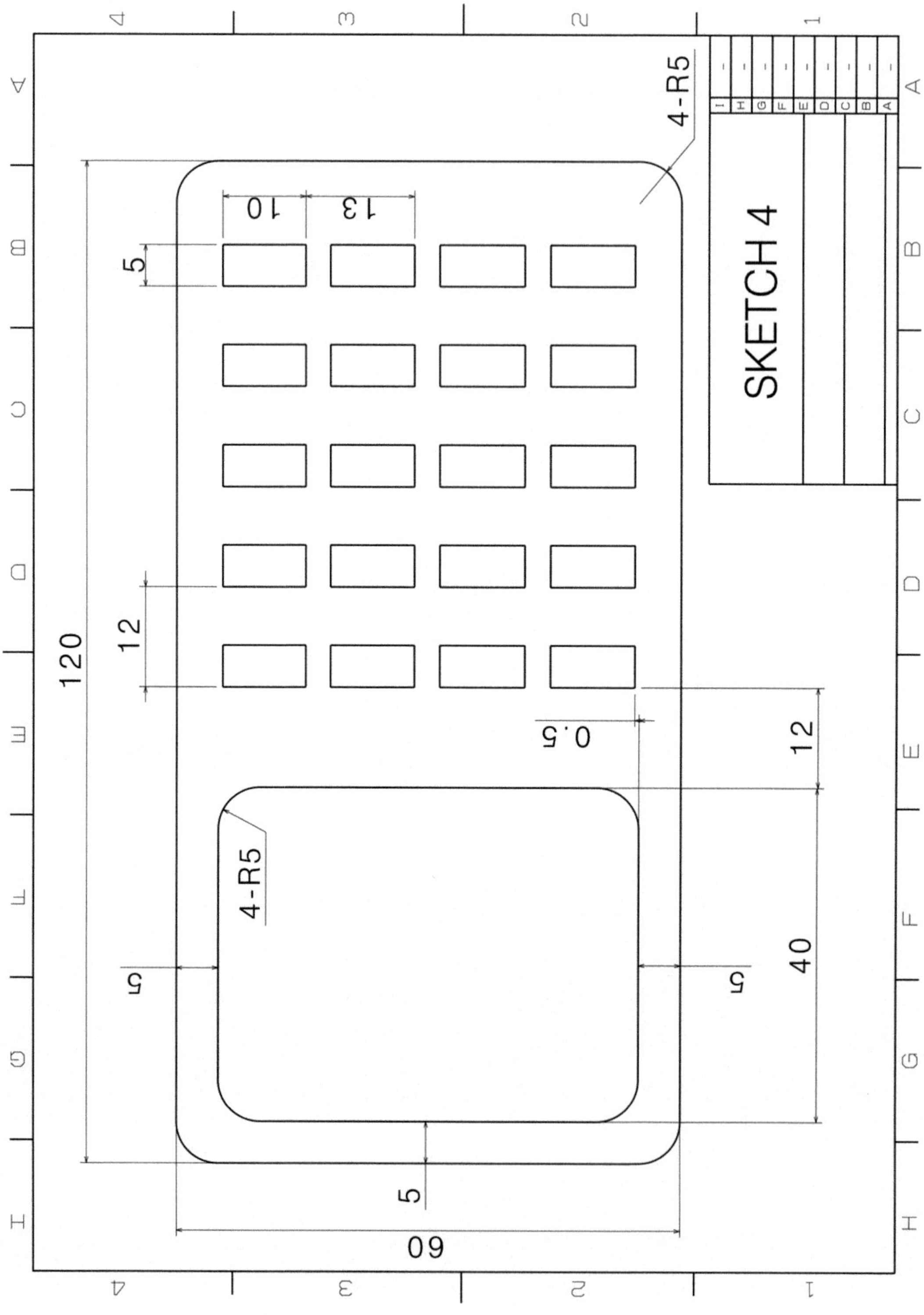
SKETCH 4
4-R5
120
60
40
12
10
13
5
0.5
4-R5

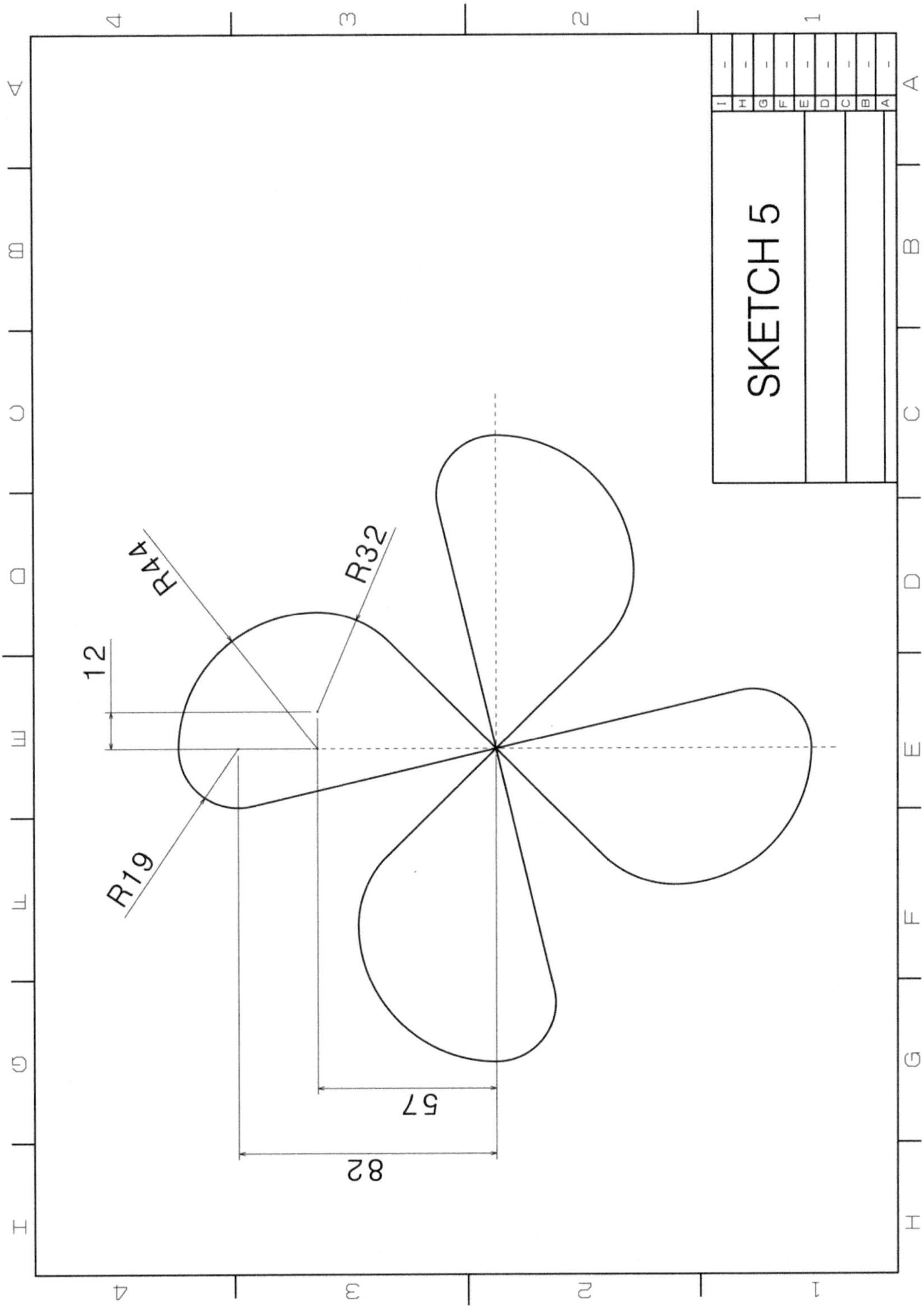
SKETCH 5
R44
R32
12
R19
57
82

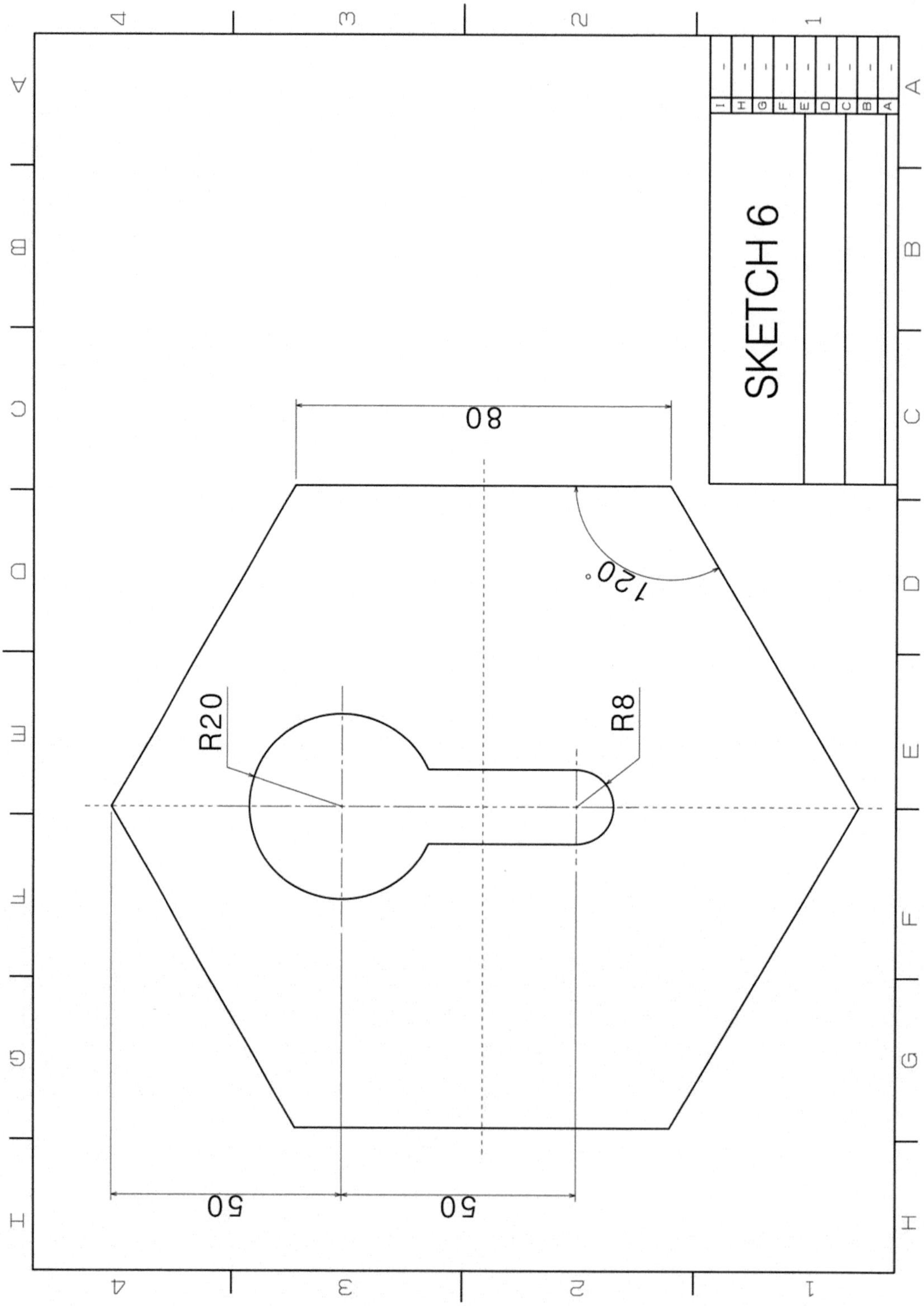
SKETCH 6
80
120°
R20
R8
50
50

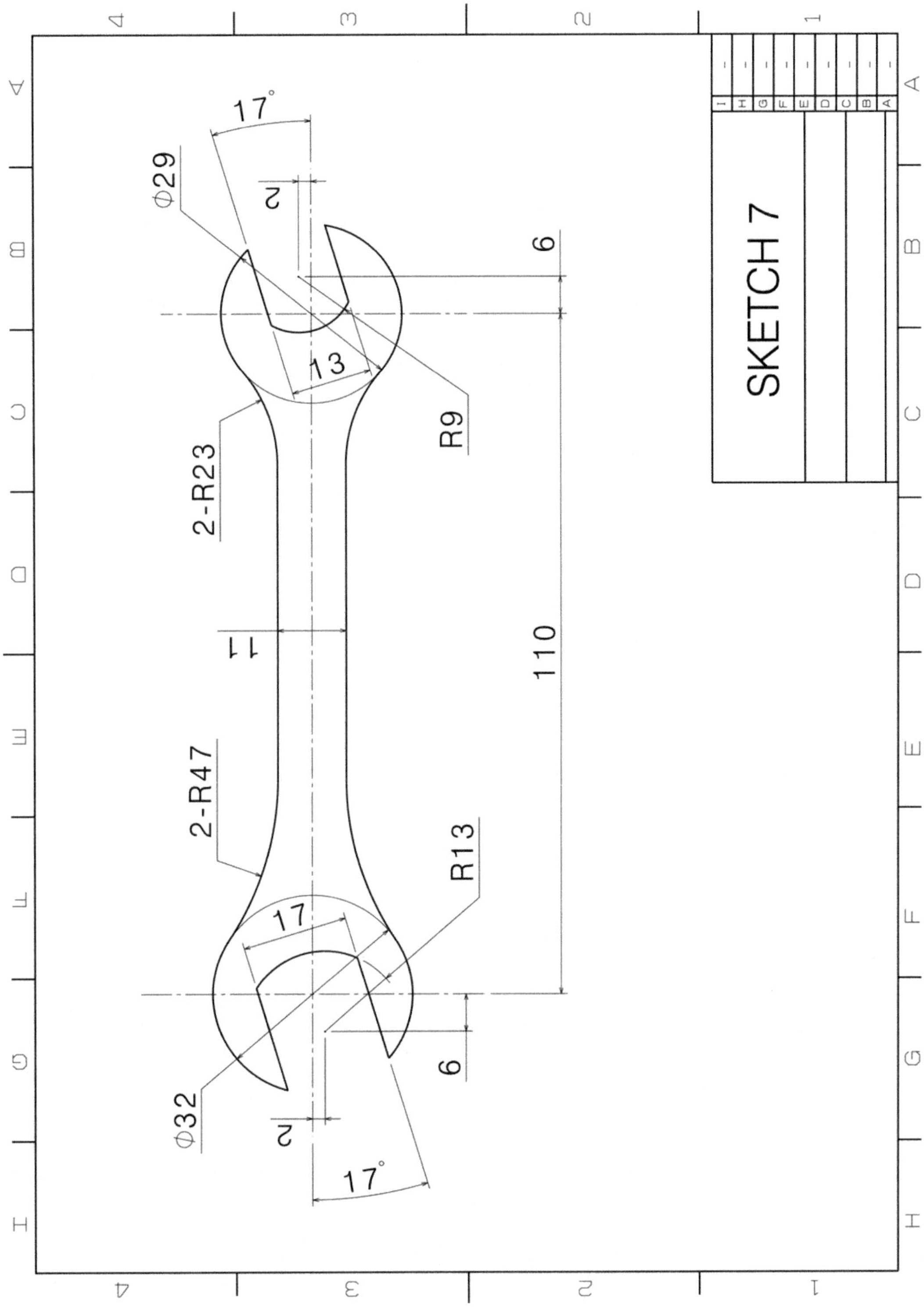
SKETCH 7
17°
Φ29
2
6
13
R9
2-R23
11
110
2-R47
R13
17
6
Φ32
2
17°

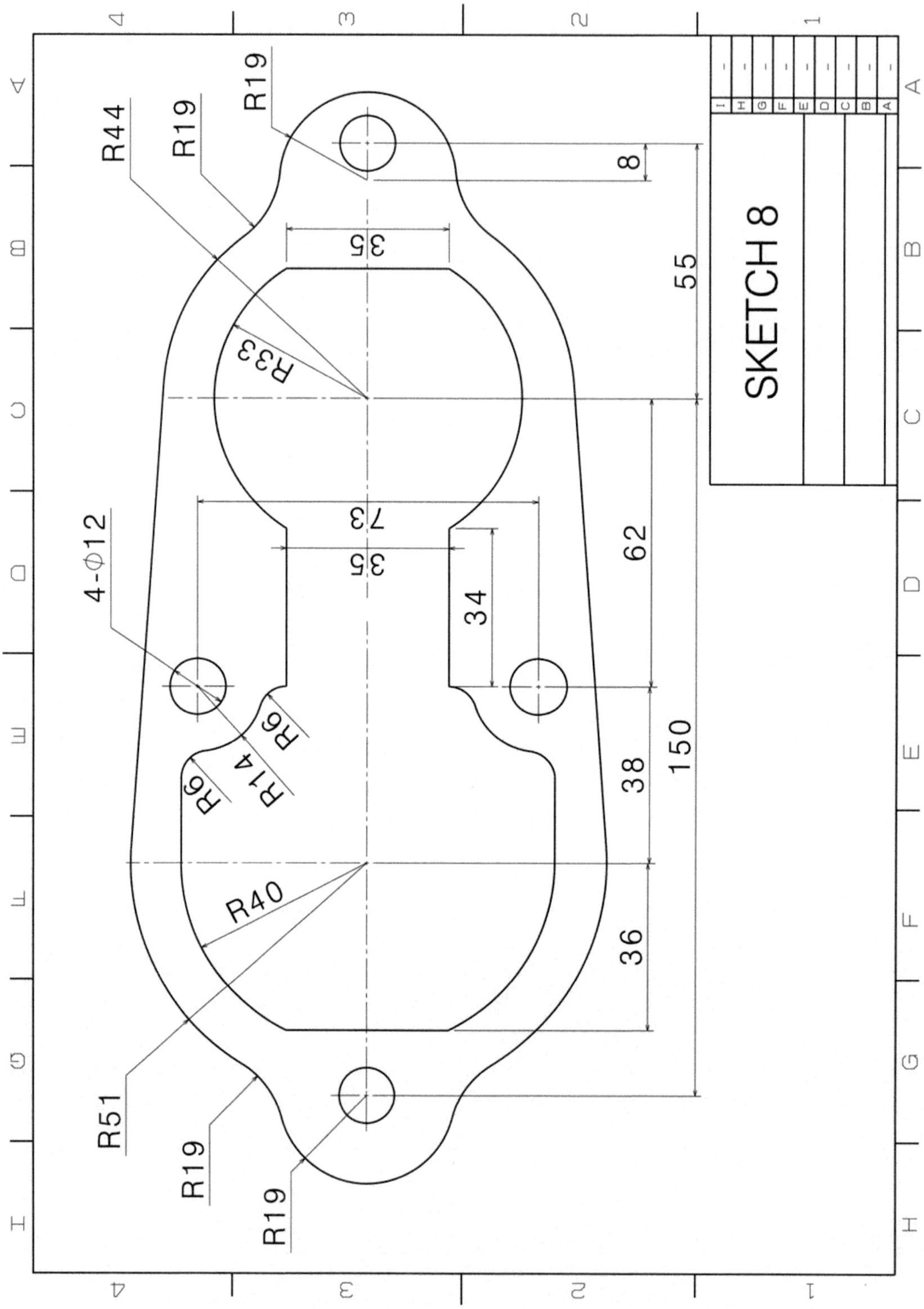
SKETCH 8
R44
R19
R19
8
35
55
R33
4-Φ12
73
35
62
34
R6
R14
R6
38
150
R40
36
R51
R19
R19

예제 따라하기

❖ 소요예상시간 : 20분

❖ 작업 아이콘 : profile, Centered Rectangle, Cylindrical Elongated Hole, Elongated Hole, line, Construction/Standard Element, Rotate, (Quick)Trim, Constrain 등

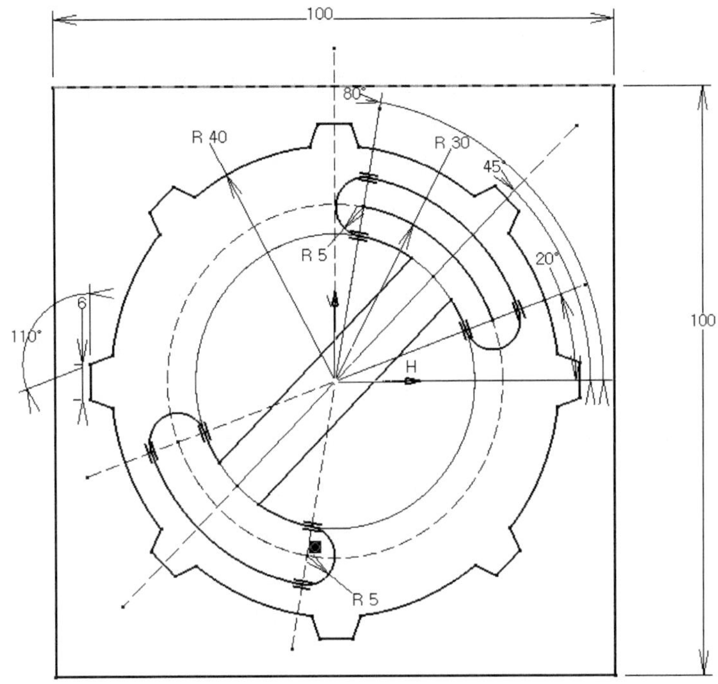

힌트 및 기본 풀이

① x, y 평면을 이용하여 스케치 워크벤치로 진입한다.

② 원점을 중심으로 다음과 같이 완전대칭 사각형을 모델링(100 × 100)한다.

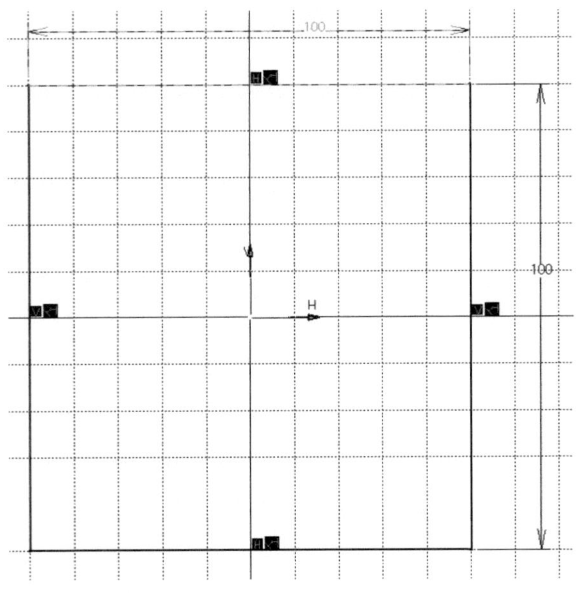

③ 원1(R = 40, 실선 처리)과 원2(R = 30, 보조선 처리)를 작도한다.

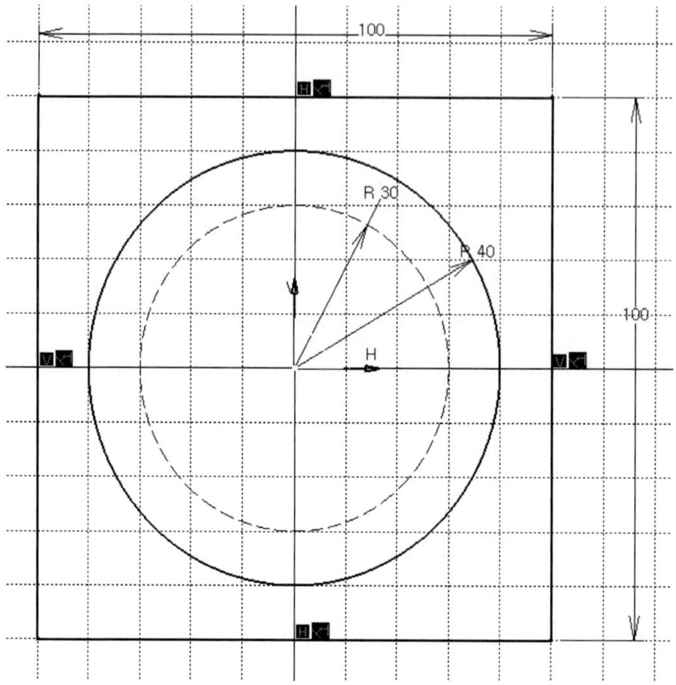

④ 사선1(각도 20°, 보조선 처리), 사선2(각도 45°, 보조선 처리), 사선3(각도 80°, 보조선 처리)을 작도한다.

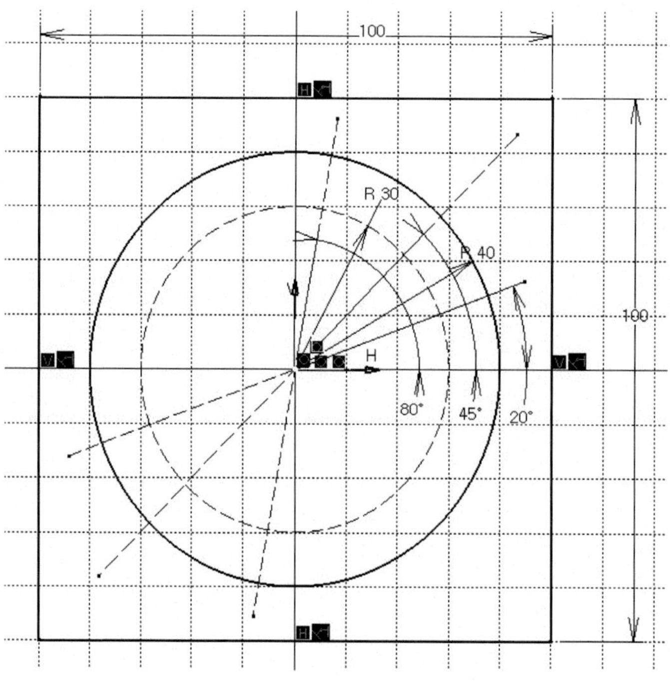

⑤ Cylindrical Elongated Hole1을 다음과 같이 작도한다.

- 큰 중심호 R = 30, Start Angle = 20°, End Angle = 80° 끝단 작은 호 R = 5

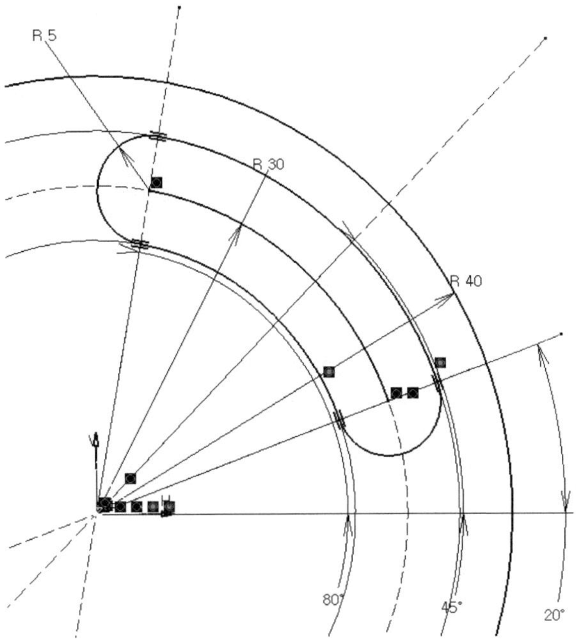

⑥ Cylindrical Elongated Hole2를 마찬가지로 3사분면에 다음과 같이 작도한다.

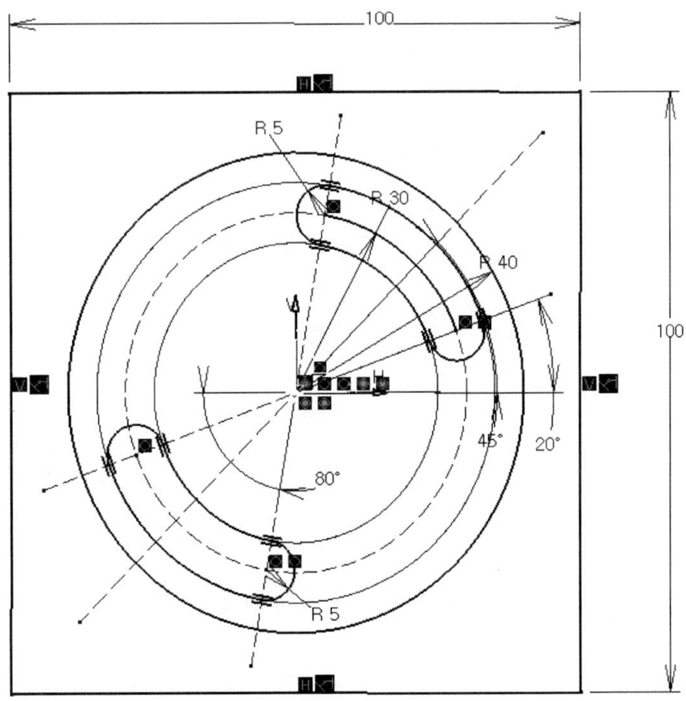

⑦ Elongated Hole로 다음과 같이 연습하여 보자.

• Center line = 50mm, 양끝단 R = 5, 보조선 45° 이용

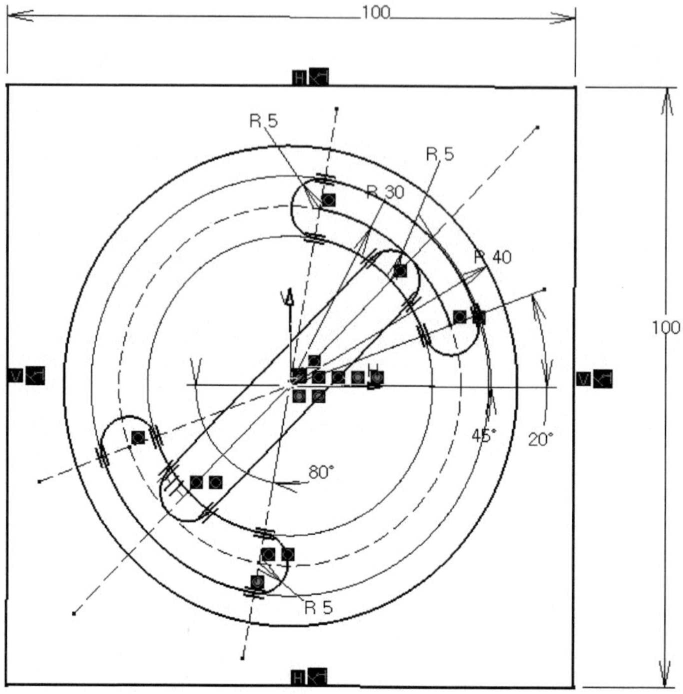

⑧ Trim이나 Quick Trim을 이용하여 정리한다.

⑨ Y축에 보조선을 하나 작도하여도 좋다.

⑩ Profile로 다음과 같이 구속 부여 및 작도한다.

• Y축 대칭, L = 6mm, Angle = 110°

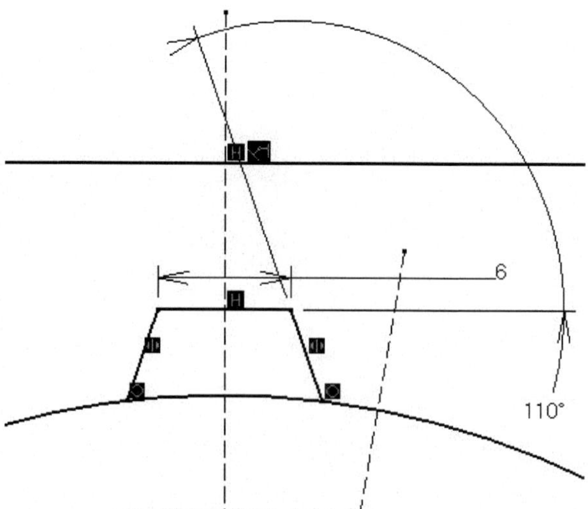

⑪ Trim이나 Quick Trim을 이용하여 정리한다.

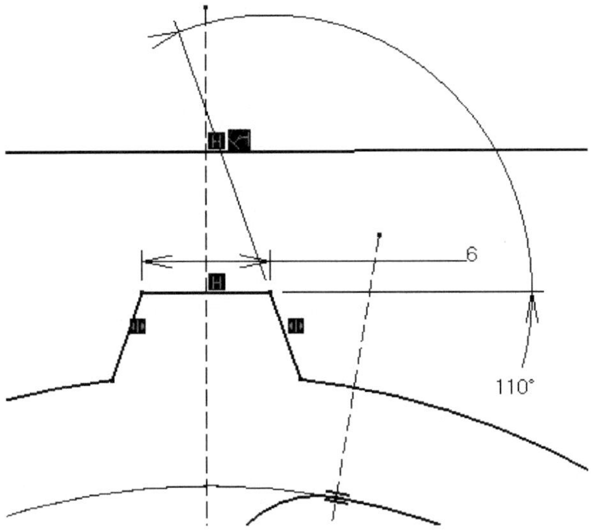

⑫ Rotate를 이용하여 다음과 같이 작도한다.(회전시킬 요소를 먼저 선택 > 옵션 정의(Instances 7, Duplicate mode, Constraint Conservation, Angle Value = 45° > 기준축 선택)

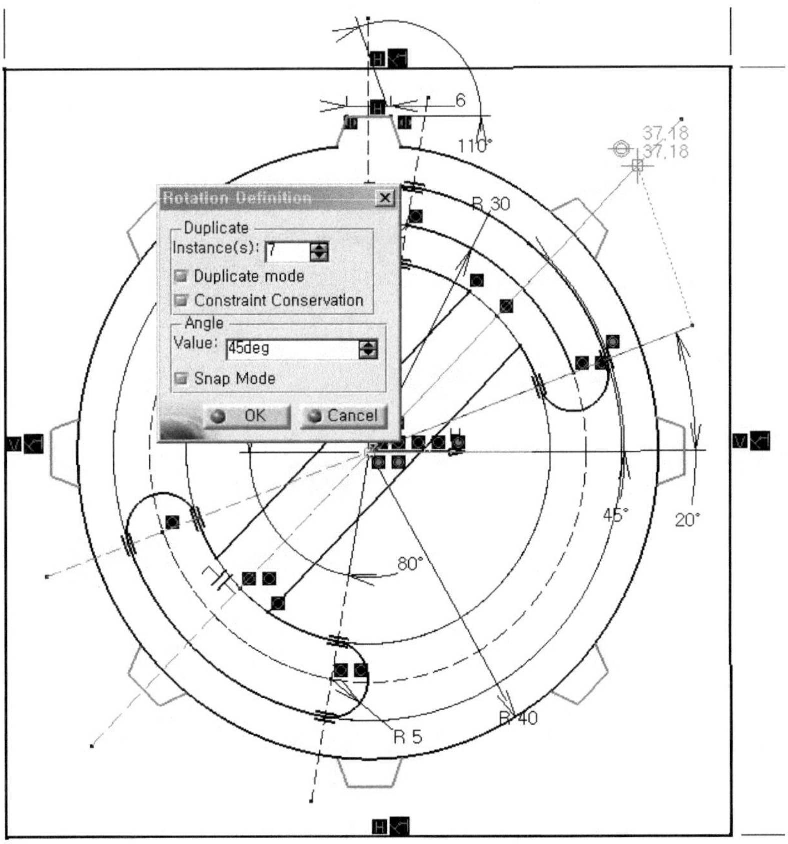

⑬ OK를 클릭한다.

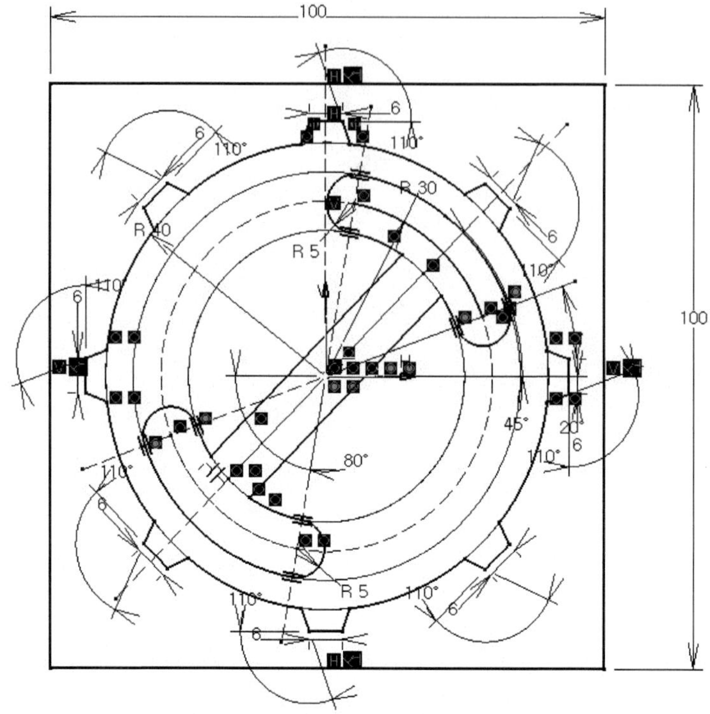

⑭ Trim이나 Quick Trim을 이용하여 결과를 정리한다.

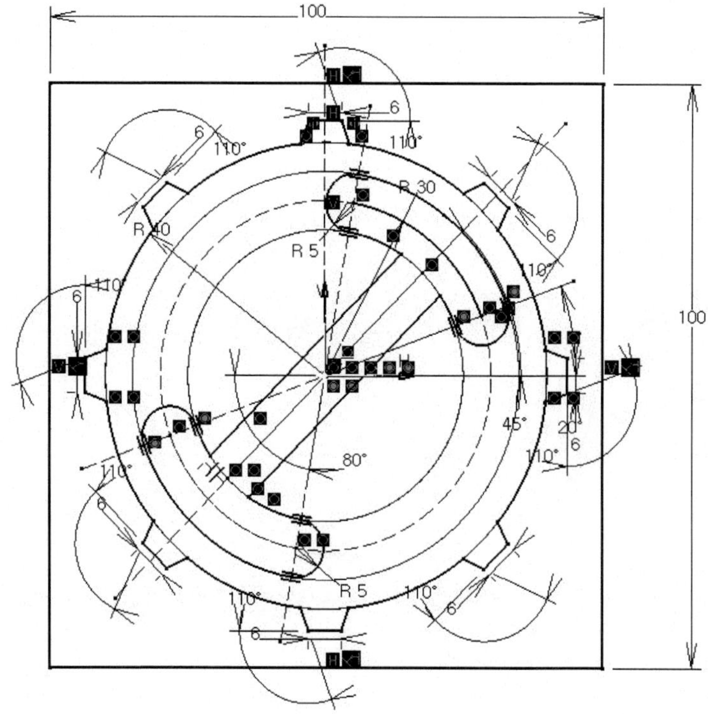

CHAPTER 03

Sketcher Workbench 관련 Option 설정하기

✳ 스케처 Grid 간격 조정

Tools 〉 Options 〉 Mechanical Design 〉 Sketcher

100mm 내에 10mm 간격으로 기본 설정한다.

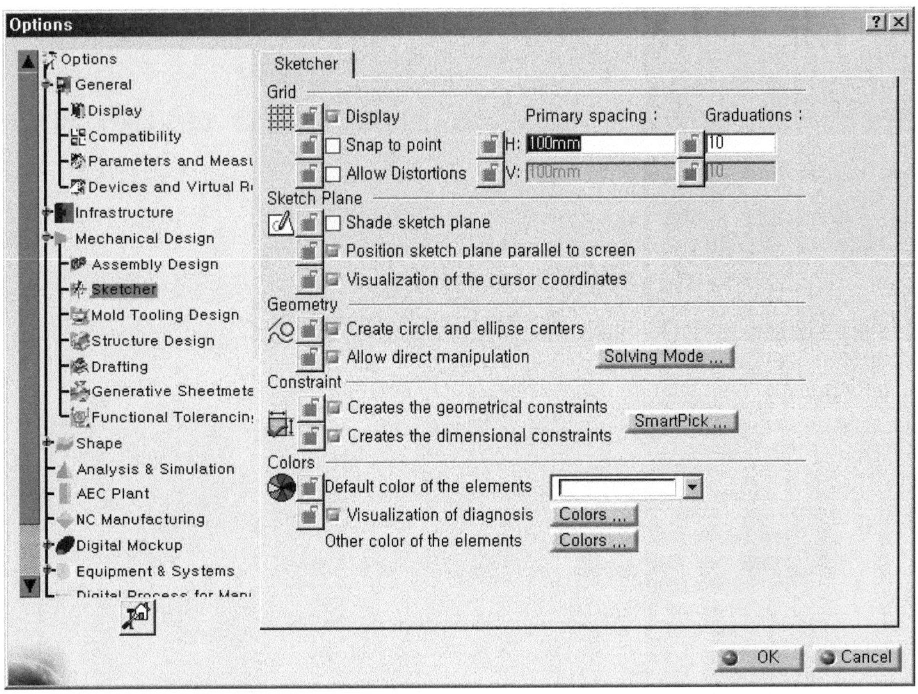

✣ Smart Pick 설정하기

Tools 〉 Options 〉 Mechanical Design 〉 Sketcher 〉 Smart Pick

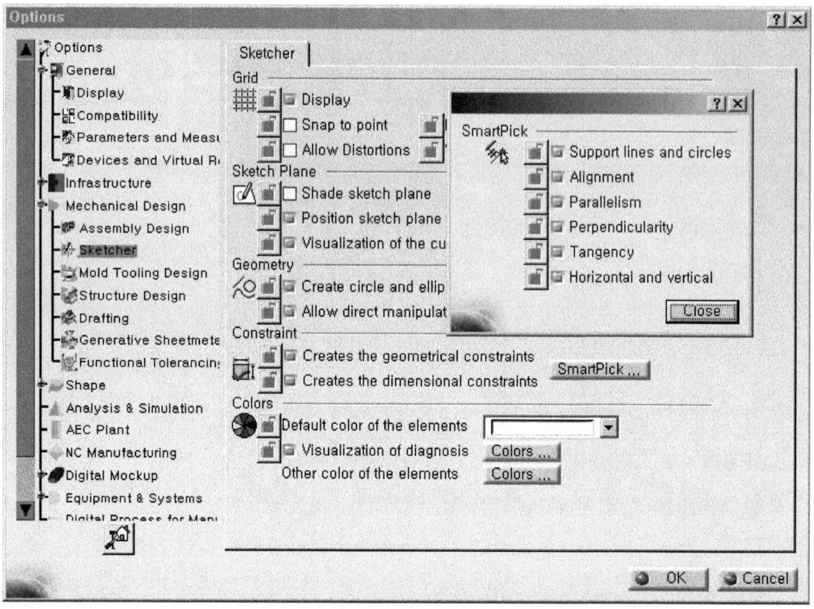

✣ Specification Tree에 Parameter와 Relation을 나타내기 위한 설정

Tools 〉 Options 〉 Infrastructure 〉 Part Infrastructure 〉 Display Tab 〉 Parameters와 Relations를 다음과 같이 선택한다.

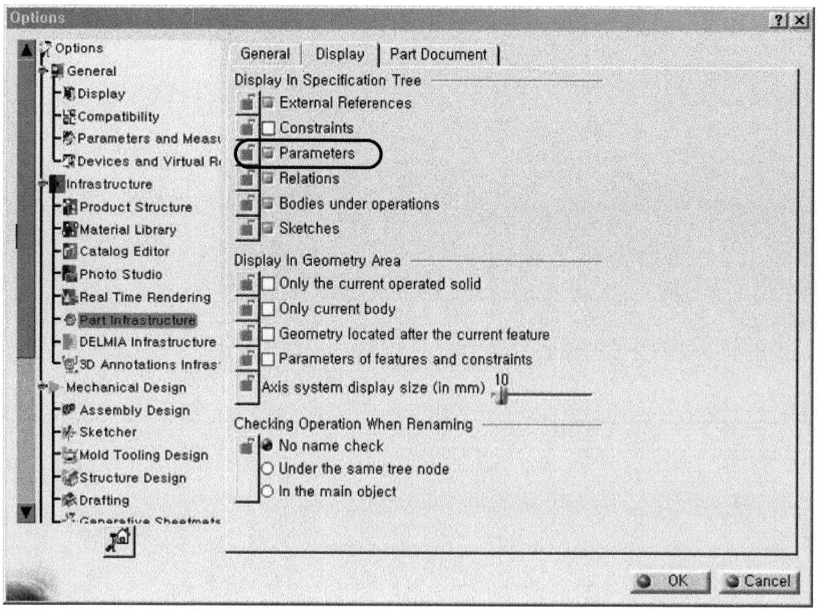

▶ Presentation 자료를 만들 때 알아두면 요긴한 명령 2 – CATIA 이미지 캡처 도구

CATIA가 설치되지 않는 환경에서 모델을 보여주거나, 보고서나 Presentation 자료를 만들고자 할 때, 이미지 캡처 도구를 사용할 수 있다.

Tools > Image > Capture

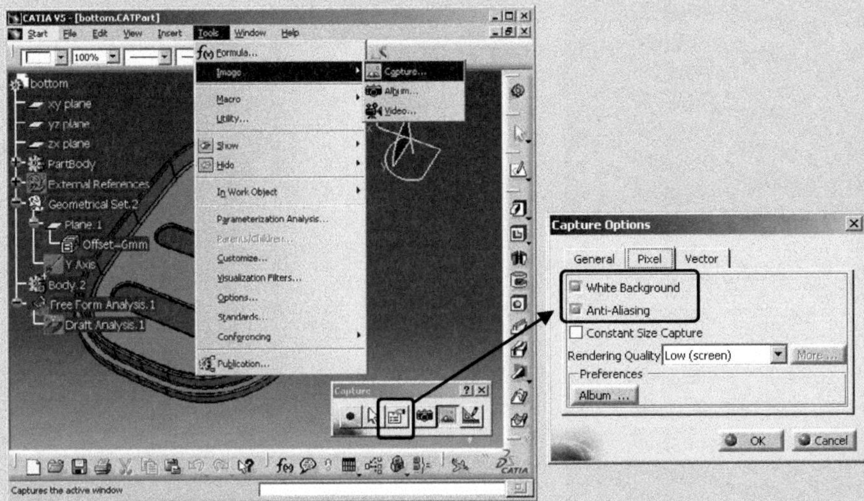

 캡처하고 싶은 부분을 마우스로 Drag한다.

 화살표로 선택된 영역을 캡처한다.

 캡처된 이미지를 파일로 저장한다.

이렇게 저장된 이미지를 사용하여, Presentation 자료를 만든다.

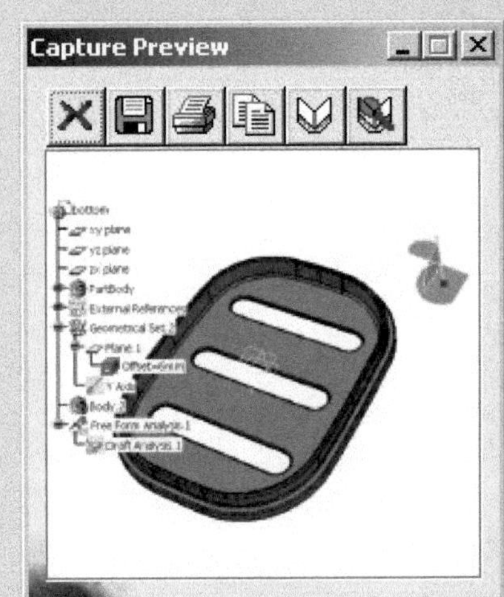

PART III

솔리드 모델링(Part Design)

CHAPTER 01 Part Design Workbench 소개
CHAPTER 02 솔리드 모델링 예제
CHAPTER 03 Part Design Workbench 관련 Option 설정하기

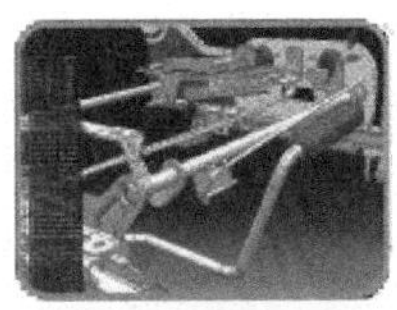
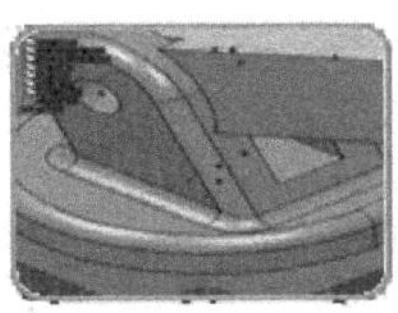
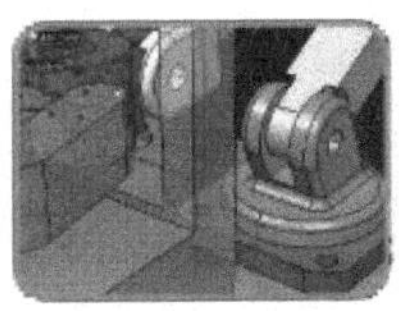

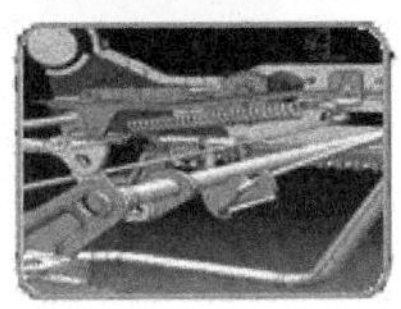

CHAPTER 01 Part Design Workbench 소개

☀ 시작하기

앞에서 배운 Workbench 진입방법 중 Pull Down방법을 이용하여 Start 〉 Mechanical Design 〉 Part Design을 찾아서 클릭하면 Part Design Workbench가 실행된다.

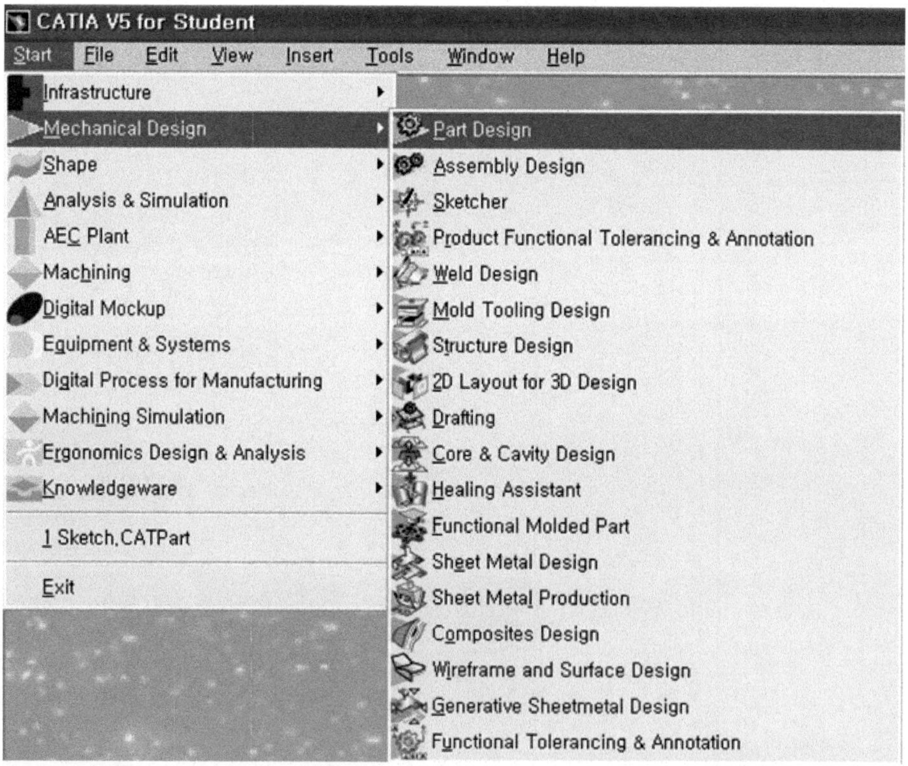

용어설명

- Feature : 하나의 명령어에 의해 생성된 단위로(Hole, Pad 등) 즉, Tree 상의 하나의 요소이다.
- Sketch Based Feature : 스케치 모델링을 기본으로 Feature를 생성하는 것을 말한다.
- Dress up Feature : 생성된 솔리드의 후처리로 완성된 형상을 만드는 기능이다.
- Transformation Features : 생성된 Solid를 이동, 회전, 복사 등의 작업을 하는 기능이다.
- Surface Based Feature : 스케치가 아닌 곡면 요소를 기본으로 Feature를 생성하는 방법을 말한다.

Part Design Workbench의 작업 Process 및 상세 명령어

Part Design Workbench 구성 화면

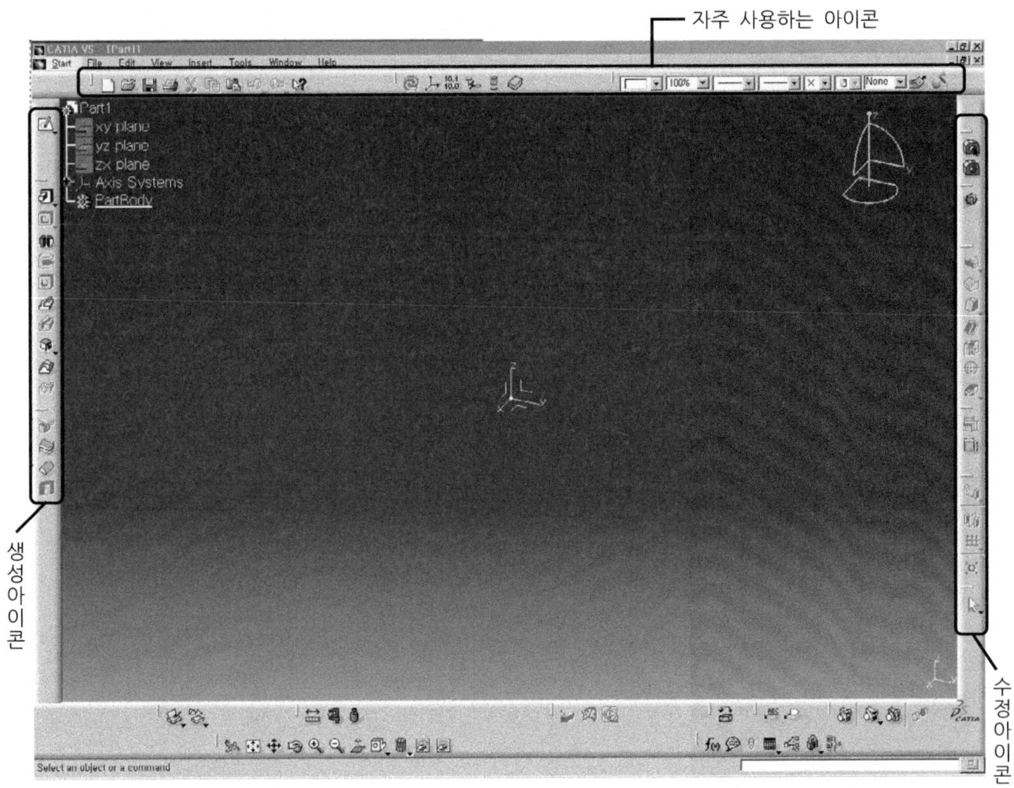

참고 ▶ 통상적으로 다음과 같이 구성하고 모델링한다.

생성 아이콘(왼쪽), 수정 아이콘(오른쪽), 자주 사용하는 아이콘(위쪽)

☀ Solid 생성, 수정하기

✣ Sketch Based Features

1 Pads

자주 사용되는 형상 중 완성된 스케치를 이용하여 Solid를 돌출하여 형상들을 만들 수 있게 아이콘화한 것을 모아놓은 Toolbar이다.

1 - 1 Pad 

스케치 Profile에 세부 옵션(길이, 방향 등)을 지정하여 돌출 Solid 형상을 만드는 기능으로 가장 기초적이지만 가장 많이 쓰이고 세부 옵션은 다른 아이콘에서도 활용할 수 있으므로 꼭 기억해 두기 바란다.

① Profile/Surface : 스케치에서 작업한 Profile이나 Surface를 선택하는 공간으로 Pad 작업을 원하는 Profile이나 Surface를 선택하면 된다. 이때 Profile은 Close Profile(닫힌 형상)이어야 된다. Open Profile(열린 형상)이거나 겹친 형상이면 경고 창이 뜰 수 있으니 주의해야 한다.

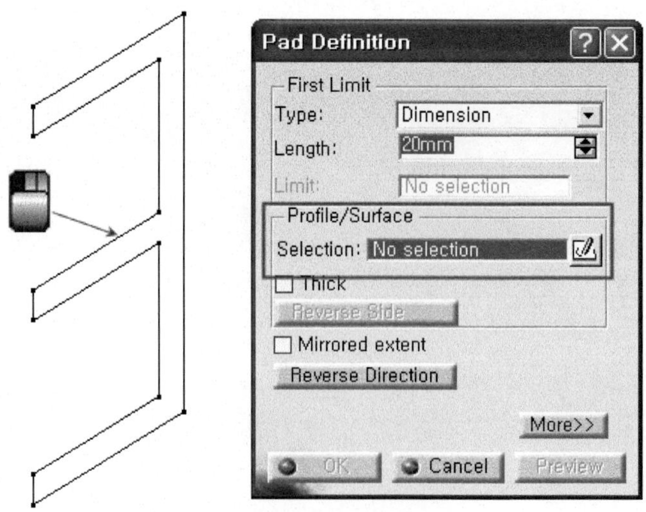

Pad 아이콘을 누른 후 스케치를 선택하면 Pad Definition의 Profile/Surface에 선택이 되면서 스케치가 3차원의 Solid 형상으로 바뀌는 것을 화면 상에서 볼 수가 있을 것이다.

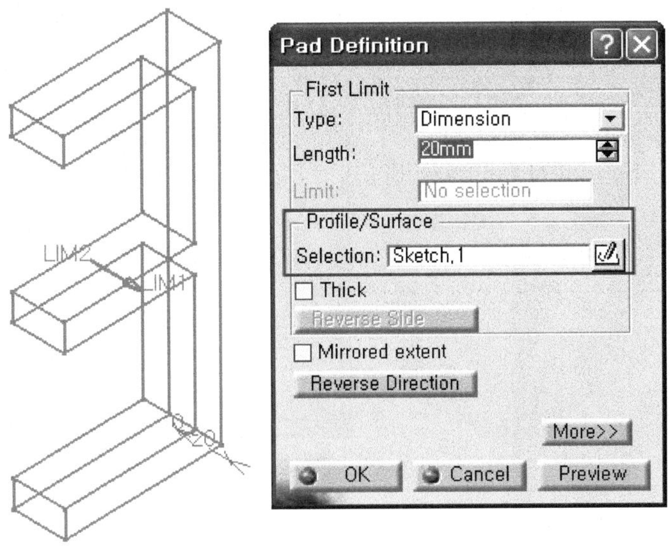

㉠ **Type – Dimension** : 선택한 요소의 Pad 작업을 할 때 길이(Dimension)를 지정하여 Solid 형상을 생성한다.

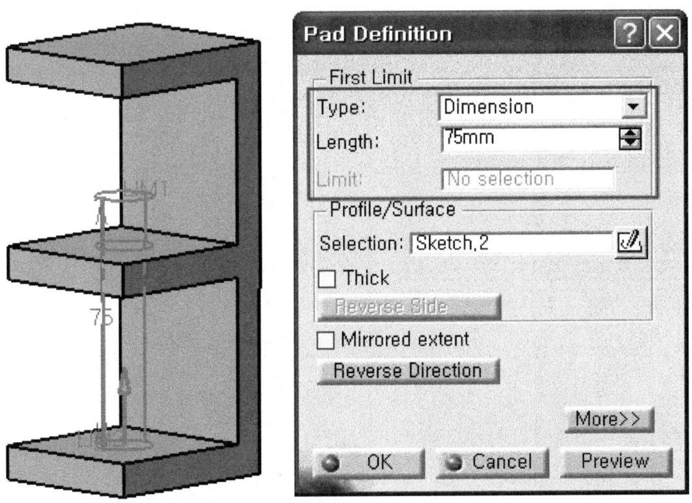

ⓛ **Type – Up to next** : 선택한 요소의 Pad 작업을 할 때 스케치한 면에서 돌출될 때 다음의 Solid 면까지 형상을 생성한다.

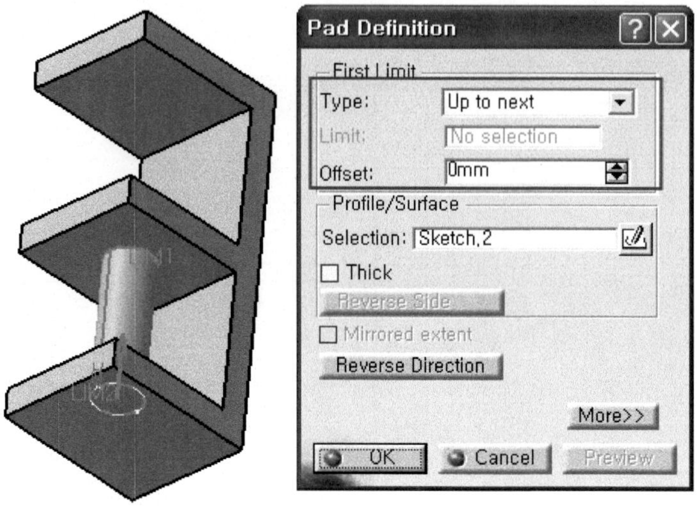

② **Offset** : 다음 면까지 Pad가 이루어진 곳에서부터 길이(Offset)를 지정하여 형상을 추가로 길이를 늘이거나 줄일 때 사용한다.

㉠ **Type – Up to last** : 선택한 요소의 Pad 작업을 할 때 스케치한 면에서 돌출될 때 마지막 Solid 면까지 형상을 생성한다.

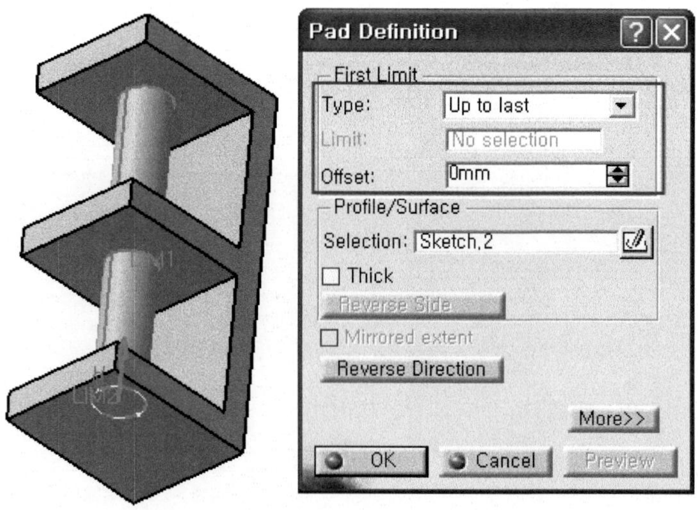

㉡ **Type – Up to plane** : 선택한 요소의 Pad 작업을 할 때 스케치한 면에서 돌출될 때 선택하는 Plane까지 형상을 생성한다.

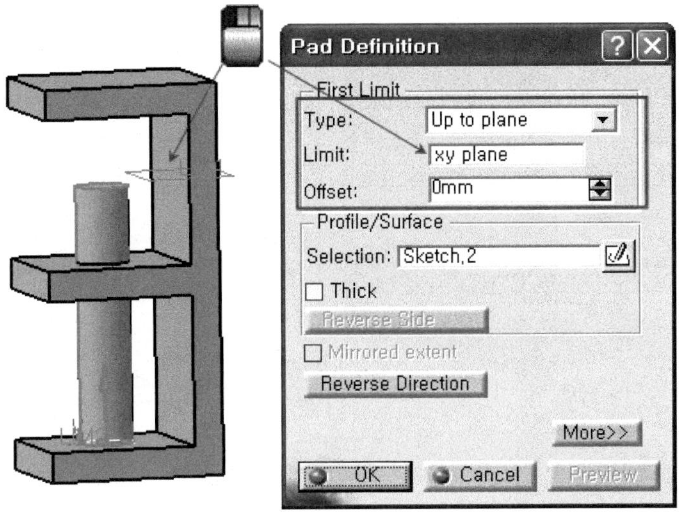

㉢ **Type – Up to surface** : 선택한 요소의 Pad 작업을 할 때 스케치한 면에서 돌출될 때 선택하는 Surface까지 형상을 생성한다.

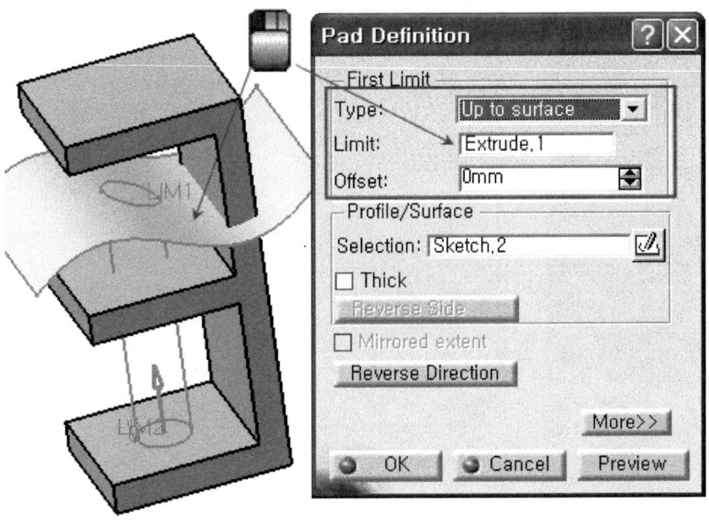

참고

미리 Sketch에서 작업을 완료한 후에 Pad를 실행하여도 되지만 Pad를 먼저 실행한 후에 Pad Definition의 Profile / Surface에 있는 스케치 아이콘을 이용하여 스케치를 해도 되고 스케치의 수정도 이 아이콘을 이용하여 Sketcher Workbench로 진입할 수 있다.

③ Mirrored extent : 스케치를 기준으로 대칭으로 Pad가 생성되게 할 때 사용한다.

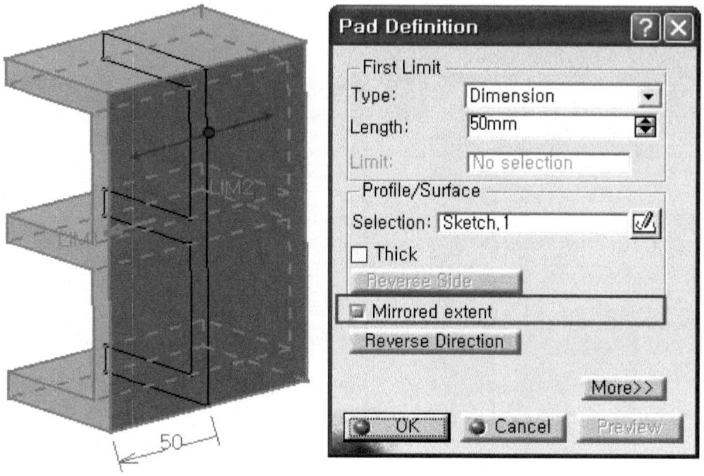

④ First Limit/Second Limit : 스케치를 기준으로 한 방향으로만 Pad가 생성되는 것이 아니라 양방향으로 사용자가 지정하는 크기만큼 Pad를 생성하고 싶을 때 Pad Definition 창에서 More 버튼을 눌러 다음 그림처럼 창을 키우면 Second Limit과 First Limit의 반대되는 방향에 대해서 값을 지정할 수 있는 창이 보이게 된다.

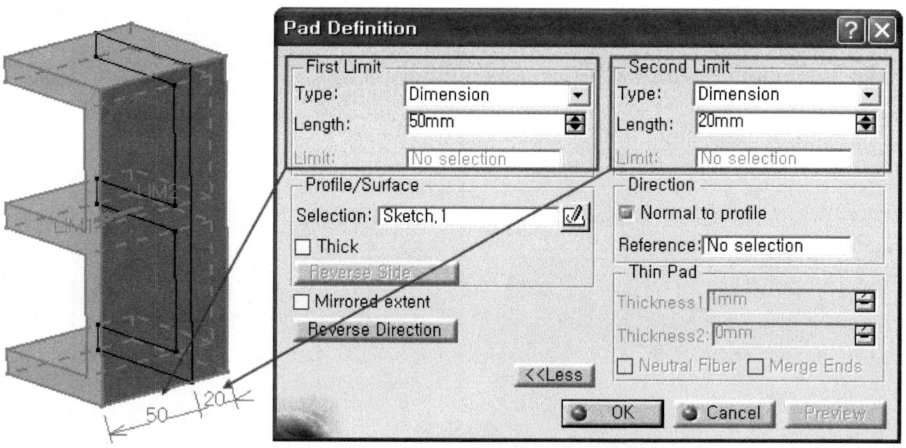

참고

- Pad 아이콘을 클릭하면 Lim1, Lim2라는 녹색의 글씨가 화면에 보이게 되는데 이 Lim1이 Definition에서 First Limit에 대한 것이고, Lim2가 Second Limit에 대한 것이라고 생각하자.
- Lim2는 Lim1의 반대 방향이라고 기억하고, Lim1과 같은 방향으로 돌출되려면 (-)값을 지정하면 된다.

⑤ Thick : 스케치를 채워서 돌출하는 것이 아니고 두께를 줄 때 사용한다. Thick을 체크하면 More 〉 Thin Pad가 활성화되는데 스케치를 Thickness1, 2를 이용하여 양방향으로 두께를 줄 수 있다.

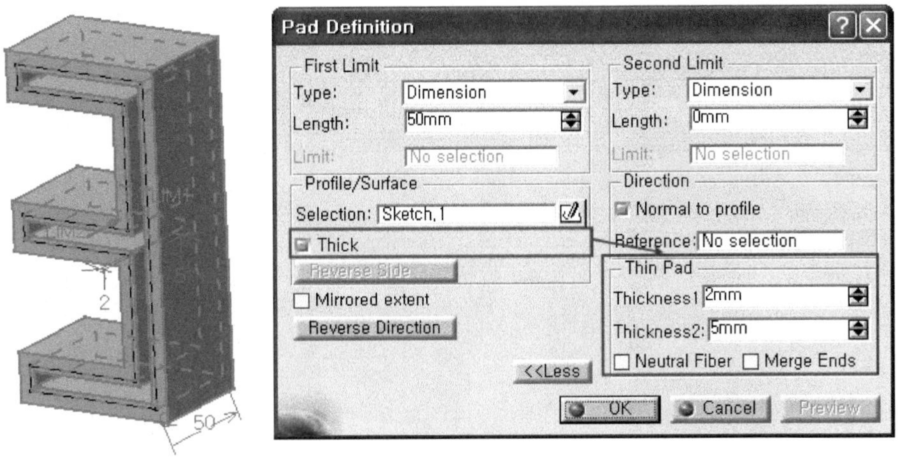

:: 주의 ::

- Thick에서 Mirrored extent처럼 대칭인 두께를 주고 싶을 때는 Neutral Fiber를 이용하면 Thickness1의 값만 입력하면 대칭 형상을 얻을 수 있다.
- 이때 주의해야 할 점은 Neutral Fiber는 Mirrored extent(지정 길이*2)와는 다르게 Thickness1을 지정하면 Thickness1이 전체 길이(대칭으로 생성된 길이)가 된다.

⑥ Merge Ends : 스케치가 짧을 때 스케치의 끝부분을 먼저 작업되어진 같은 Body의 막힌 부분까지 연장한 후에 Pad 작업을 하고 싶을 때 사용한다.

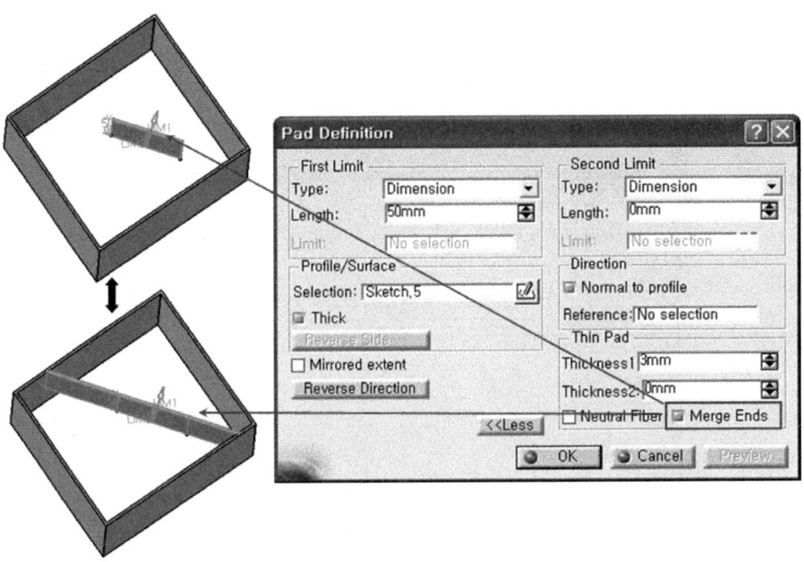

⑦ Reverse Side : 열린 스케치의 Pad를 생성할 때 활성화되는 것으로 돌출 방향을 Reverse Direction과 Reverse Side 2개를 선택해야 한다. 화면 상에도 화살표가 2개 있으니 사용하기에 어렵지는 않다. 그림을 보면 버튼을 누르면 하나의 화살표의 방향이 바뀌면서 그 방향으로 Solid가 생성되는 것을 볼 수 있다.

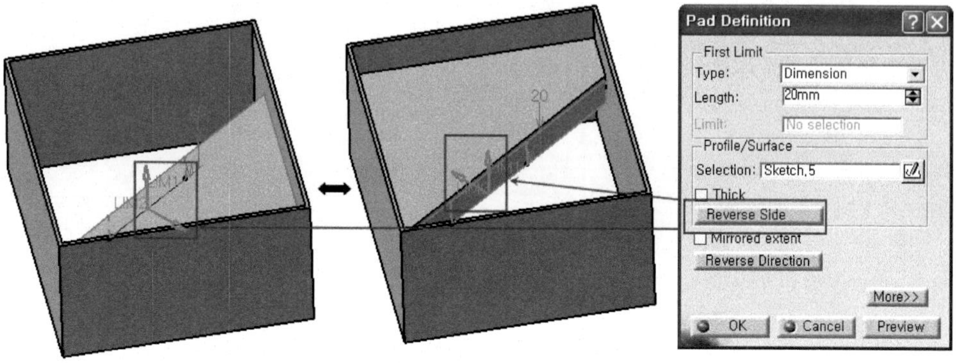

⑧ Direction : Pad는 선택하는 Profile 평면에 Normal한 방향(수직)으로 기본적으로 형상이 생성되는데, 이 방향을 수직이 아니라 원하는 방향으로 지정할 때 사용한다.

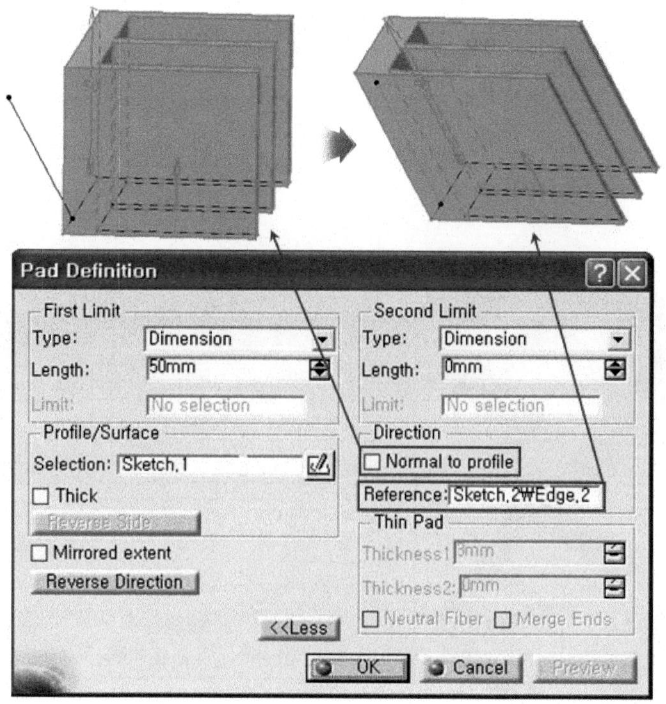

1 - 2 Drafted Filleted Pad

Pad 기능을 하면서 Draft, Edge Fillet 기능을 동시에 적용하고 싶을 때 사용한다. 하지만 이후에 형상의 수정은 각각 작업한 것처럼 Tree가 생성되므로 굳이 이 기능을 사용할 필요가 없어 권장하지는 않는다.

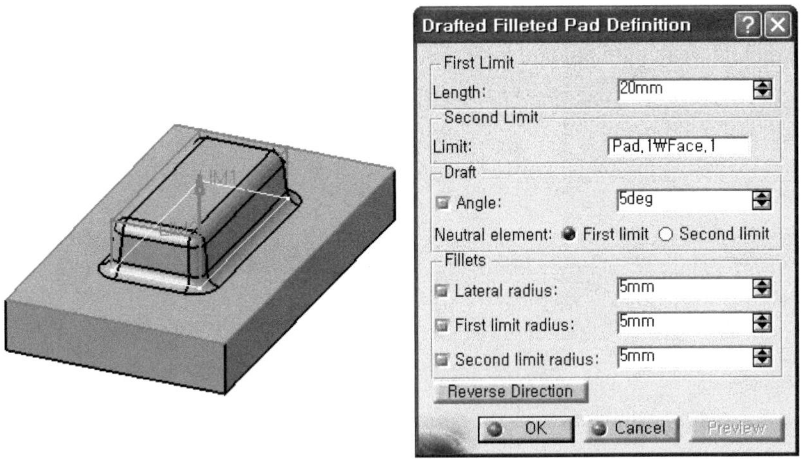

① First Limit : 스케치에서부터 Pad가 생성되는 길이를 지정한다.

② Second Limit : 스케치가 있는 기준면을 선택한다.(반드시 선택해야 한다.)

③ Draft : Pad의 기울기 값을 지정하고, Neutral element에서 경사각의 중심(중립 지점)이 되는 부분을 지정한다.

④ Fillets : 각각의 모서리 부분에 대해서 값을 지정하여 라운드를 줄 때 사용한다.

1 - 3 Multi-Pad

한꺼번에 여러 개의 Pad를 생성할 때 사용한다. 이때 하나의 스케치는 서로 겹치지 않는 여러 개의 Profile이어야 하고, 각각의 값을 Definition에서 지정하여 Pad를 생성한다.

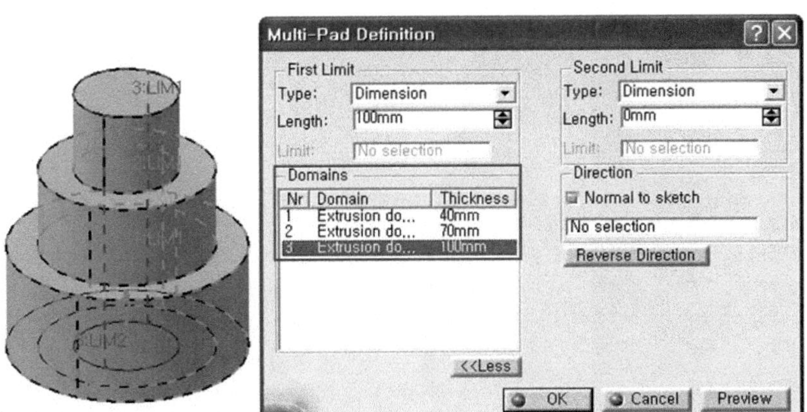

❷ Pockets

자주 사용되는 형상 중 완성된 스케치를 이용하여 Solid를 제거하여 형상들을 만들 수 있게 아이콘화한 것을 모아놓은 Toolbar이다.

❷-1 Pocket 

Pad의 반대되는 기능으로 어떤 기준 Solid 형상에서 스케치에 대한 Solid 형상을 제거할 때 사용하고 사용방법은 동일하다.

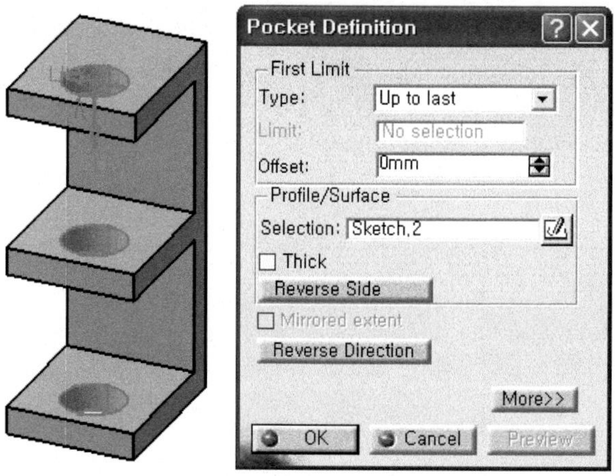

❷-2 Drafted Filleted Pocket 

Drafted Filleted pad의 반대되는 기능으로 Solid 형상을 제거하면서 Draft와 Fillet 기능을 동시에 적용하고 싶을 때 사용한다.

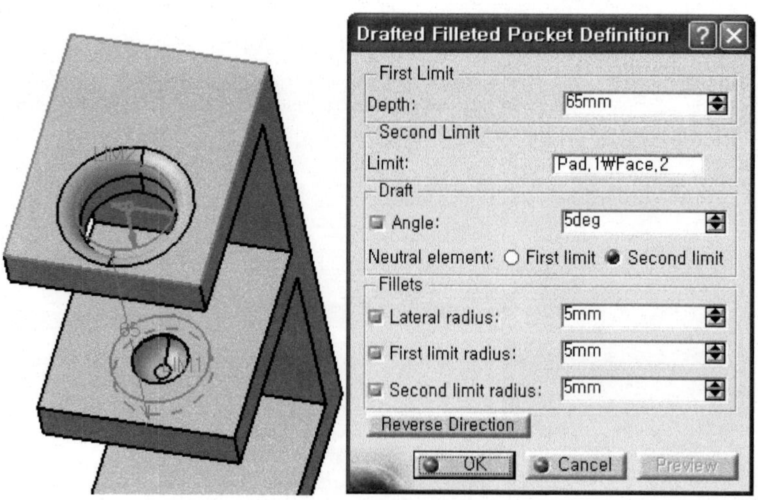

2 – 3 Multi-Pocket

Multi-Pad의 반대되는 기능으로 Solid 형상을 한꺼번에 여러 개의 pocket을 할 때 사용한다.

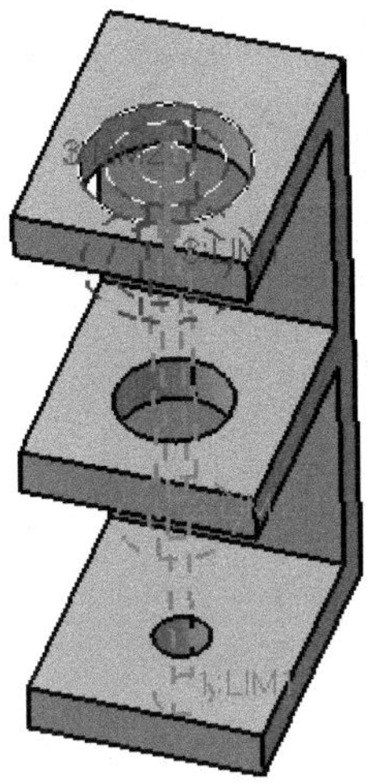

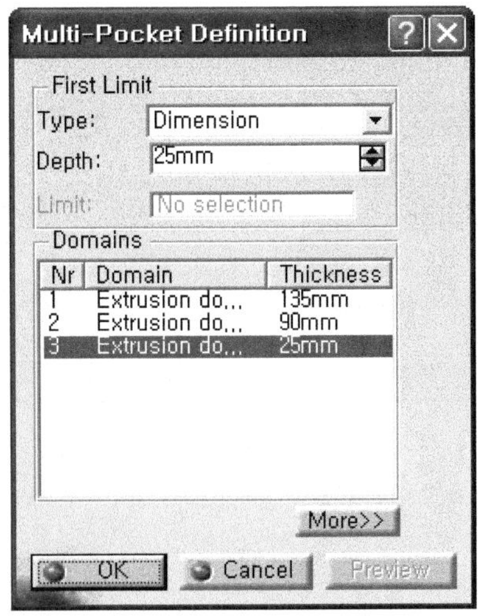

Tip

▶ 외부 파일(dxf, dwg 등)을 이용한 간단한 형상 생성방법

여러 개의 Profile이 하나의 스케치에 있을 때 Pad, Pocket 같은 여러 가지 작업을 스케치 하나로 하거나 외부 파일(dxf, dwg)을 이용하여 형상을 생성할 때 여러 개의 점이나 선 등으로 인해 작업에 불편을 느낄 수 있는데 이때 이 기능을 이용하면 쉽게 원하는 형상을 생성할 수도 있을 것이다.

① dxf나 dwg 파일을 CATIA에서 불러들인 경우 원하는 형상을 복사하여 Body에 붙이거나 Tree에서 View 전체를 복사하여 Body에 붙인다.

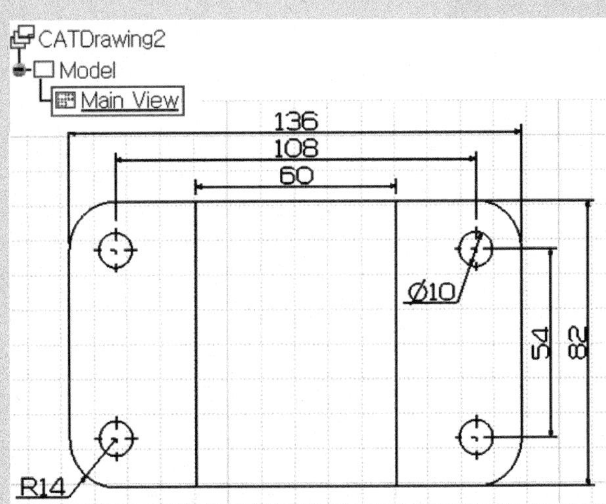

② Pad를 실행하여 앞에서 붙인 스케치를 선택한다. 그러면 그림과 같은 Error가 나타나게 되는데 무시하고 예(Y) 버튼을 누르면 된다.

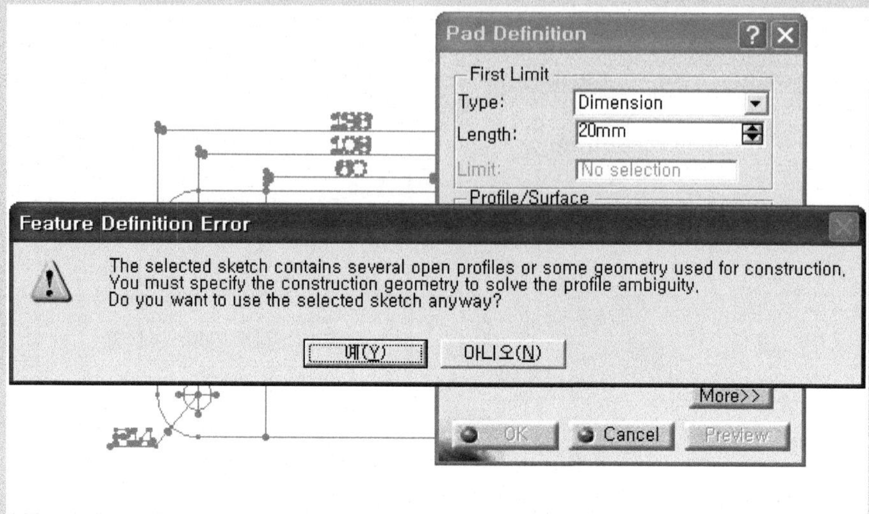

③ Profile을 선택한 것을 마우스 3번 버튼( )의 Contextual Menu를 이용하여 Go to profile definition을 선택한다.

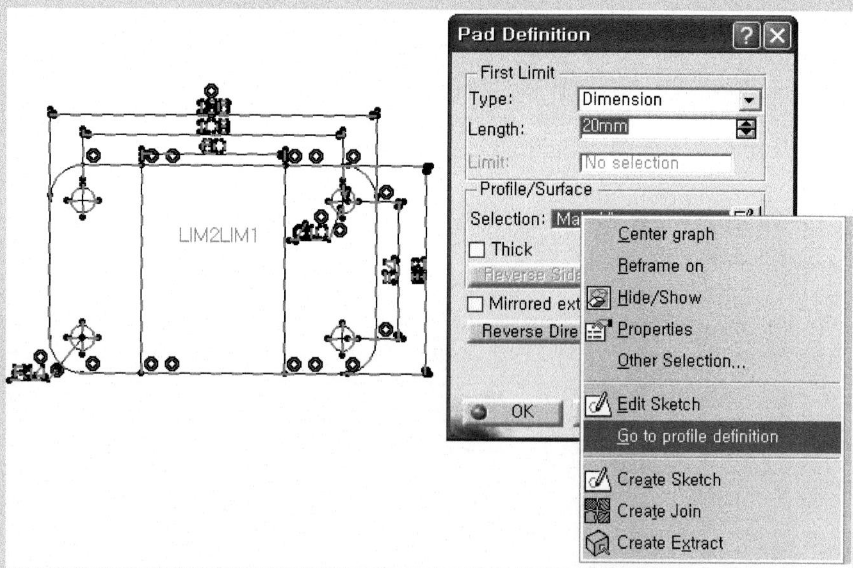

④ Profile Definition 창이 나타나는데 먼저 선택이 되어 있는 것은 Remove 버튼을 이용하여 제거를 하고 Sub-elements를 선택한 후 한 번에 이루어지길 원하는 작업을 원하는 Elements를 선택한 후 OK 버튼을 선택한다.

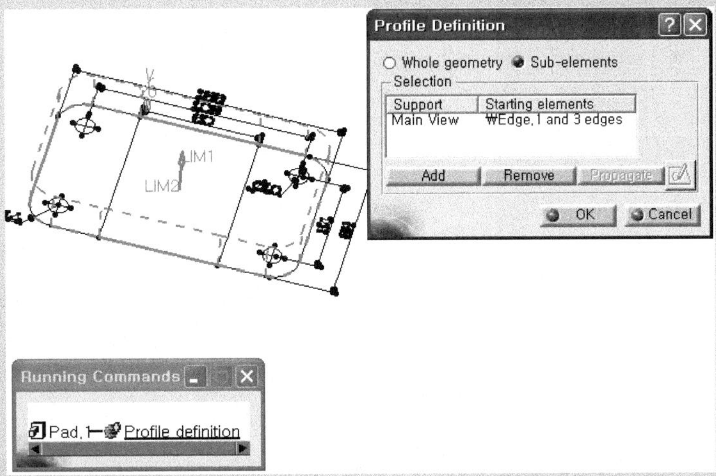

⑤ Pad Definition의 Selection이 Complex로 바뀐 것을 볼 수 있다. 이제는 Complex로 선택되어진 형상을 원하는 값을 지정하여 형상을 생성하면 된다.

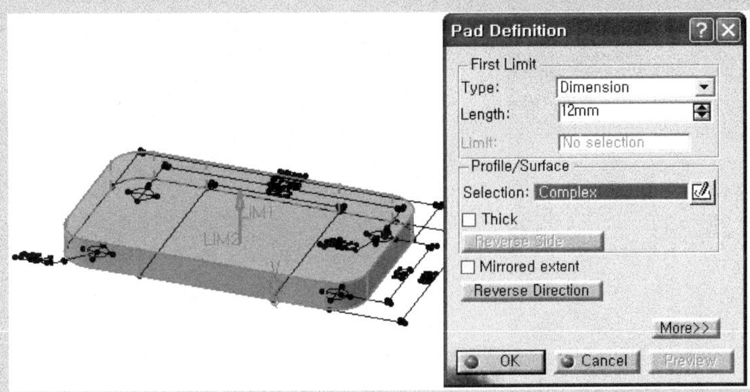

⑥ 이후 Pad와 Pocket 작업을 추가하여 완성된 형상을 얻을 수가 있다.

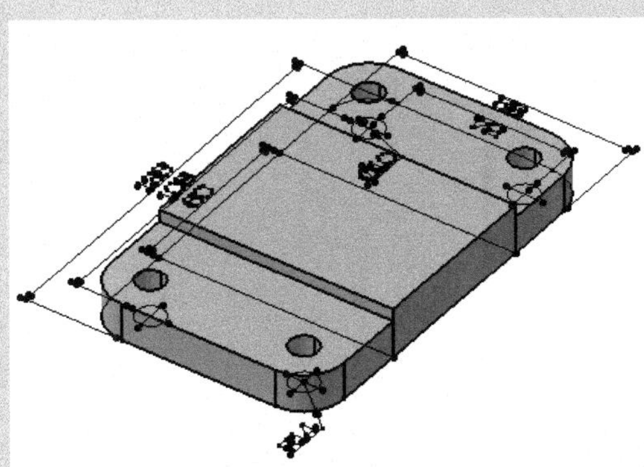

* 위와 같이 dxf, dwg와 같은 파일 이외에도 하나의 스케치에 여러 요소를 가지는 Profile를 한꺼번에 그린 다음 Go to profile definition을 이용하여 형상을 생성할 수도 있다.

3 Shaft

회전체의 형상을 생성하는 기능이다. 다음 프로파일을 그림과 같이 회전시켜 보자.

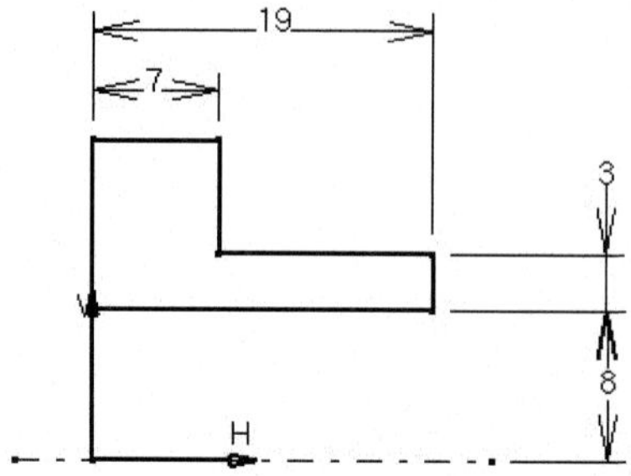

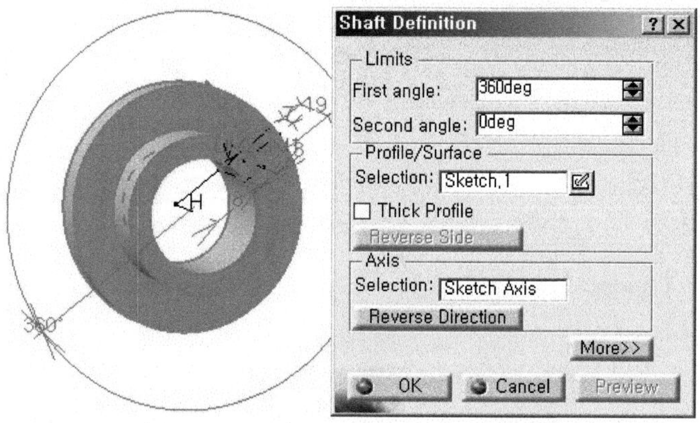

통상적으로 회전 시 다음 프로파일은 에러가 나는 유형이다.

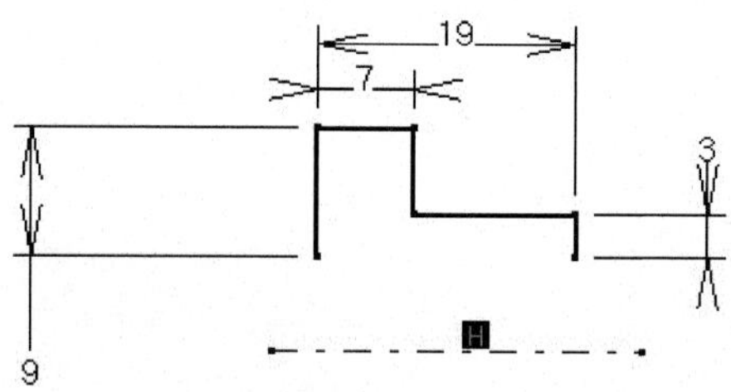

▲ 열린 프로파일 예외 Thickness 옵션

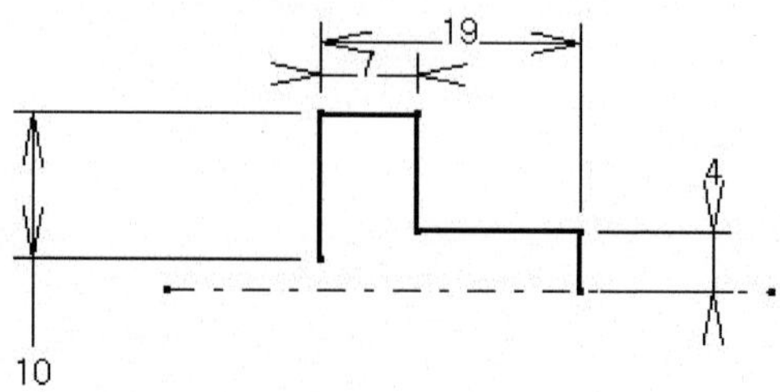

▲ 열린 프로파일이면서 회전축에서의 높이가 다르다.

4 Groove

Shaft의 역기능으로 프로파일의 회전체 형상을 제거하는 기능이다.

다음 프로파일을 그림과 같이 회전시켜 보자.

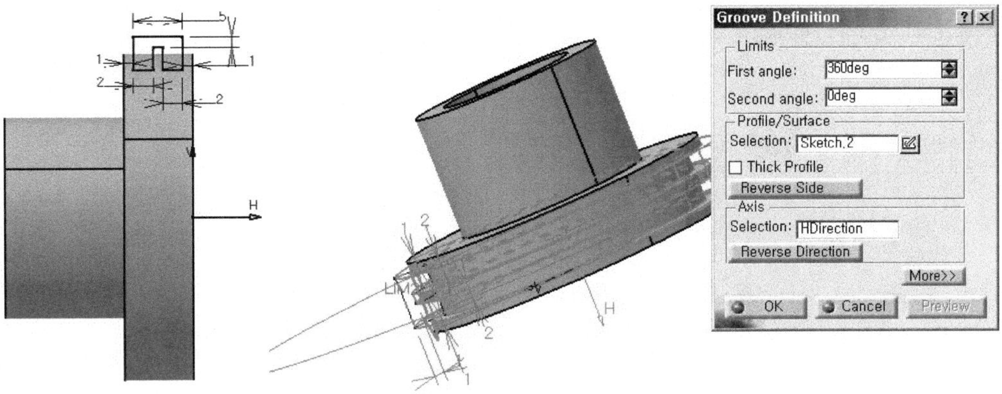

5 Hole

Hole은 전문적으로 구멍을 뚫는 아이콘이라고 생각하면 된다. Pocket은 Profile을 이용하여 원하는 형상을 뚫을 때 쓰는데 Hole은 원으로 된 구멍을 뚫을 때 주로 쓰인다.

Hole은 스케치를 먼저 사용하여 Profile을 생성하지 않고 바로 Hole을 생성하는 기능으로 원하는 크기와 깊이, 형상 등은 Hole Definition에서 지정을 하고 세부 위치 지정이 필요할 때 내부의 Positioning Sketch를 이용한다.

① Extension

㉠ **일반적인 Hole 중심 위치 제어방법** : 아이콘을 선택한 후에 Hole이 생성되는 면을 지정을 해주면 Hole Definition 창이 나타나며 Positioning Sketch 아이콘을 눌러 Sketcher Workbench로 진입하면 있는 점(Hole의 중심점)의 위치를 지정해 주면 된다.

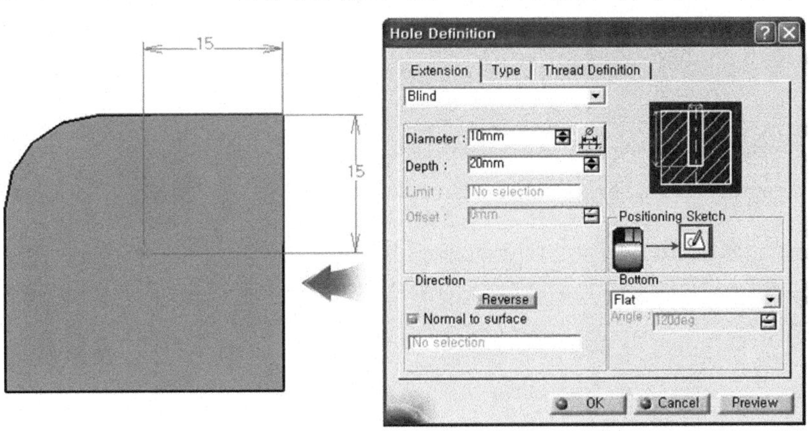

ⓒ **Edge를 이용한 Hole의 중심 위치 제어방법** : 아이콘을 선택한 후에 중심점에서 거리 값을 지정하고 싶은 Edge를 선택한 후에 Hole이 생성되는 면을 지정하면 화면 상에 Edge에서부터 중심점까지의 값이 나타나게 된다. 이때 더블클릭을 하여 값을 수정하면 된다.

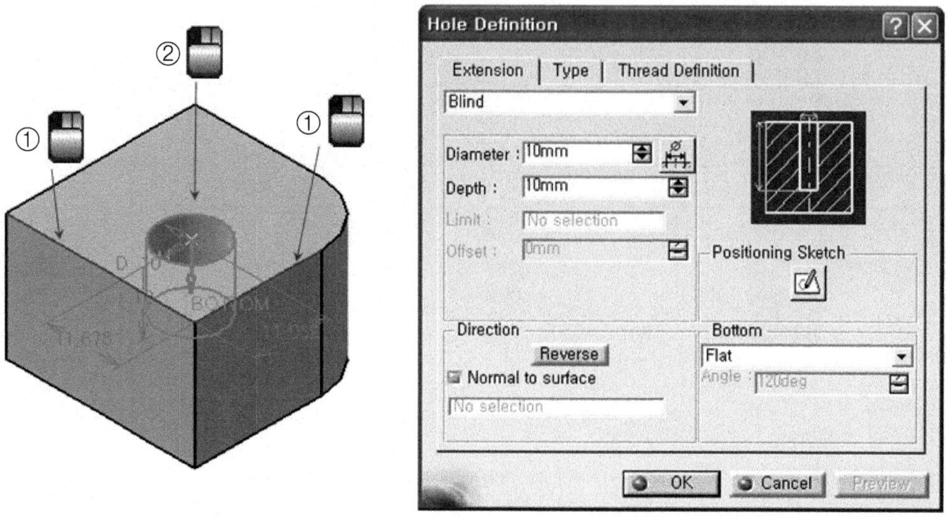

화면 상에 나타난 Edge에서 중심점까지의 값을 더블클릭하여 값을 수정한다.

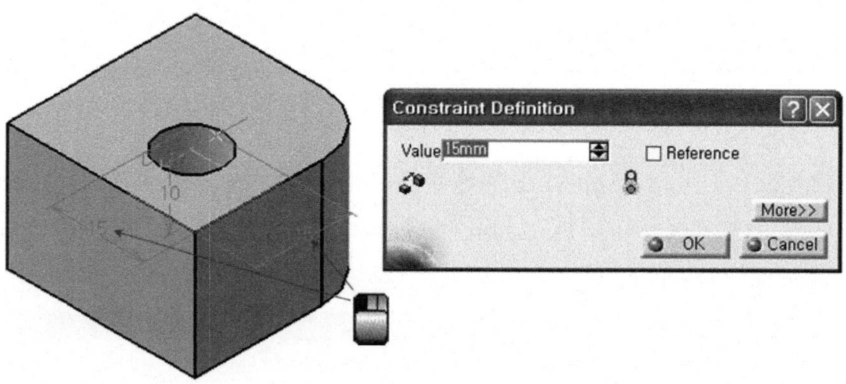

ⓒ **Corner의 중심점을 이용한 Hole의 중심 위치 제어방법** : 아이콘을 선택한 후에 Corner의 중심점에 Hole의 중심점을 일치시키기 위해 Corner의 Edge를 선택하고 Hole이 생성되는 면을 지정하면 화면 상에 두 개의 중심점이 일치하게 된다. 이때 중심점은 Sketch에서 배운 Concentricity 구속이 들어가는 것을 볼 수 있다.

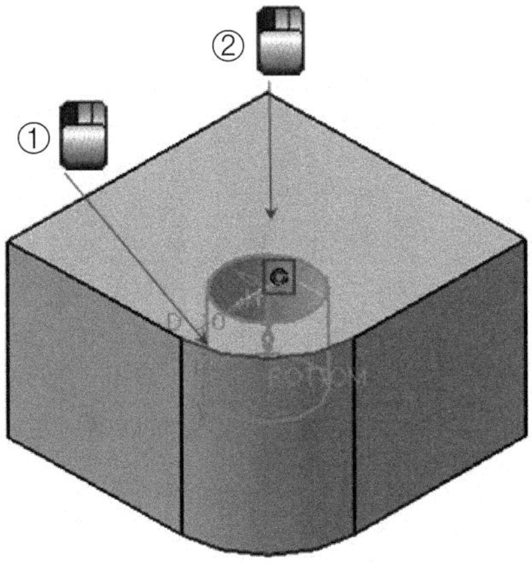

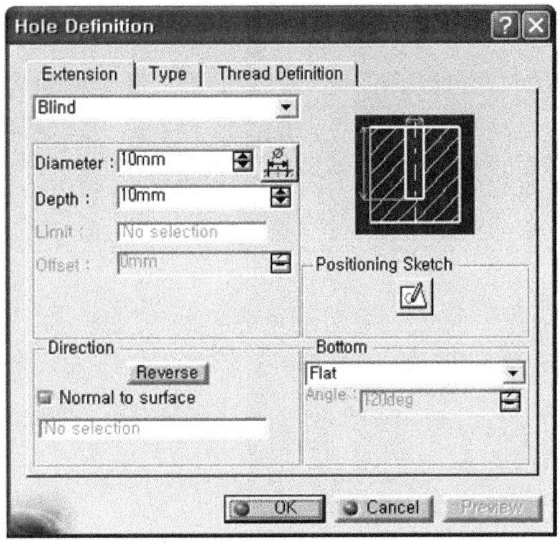

Hole의 깊이에 대한 Type는 Blind, Up To Next …의 5가지가 있는데 Pad에서 봤었던 것과 Blind를 빼면 같은데 Blind를 Dimension이라고 생각하면 된다. 그리고 Direction은 Pad에서와 사용방법은 같다.

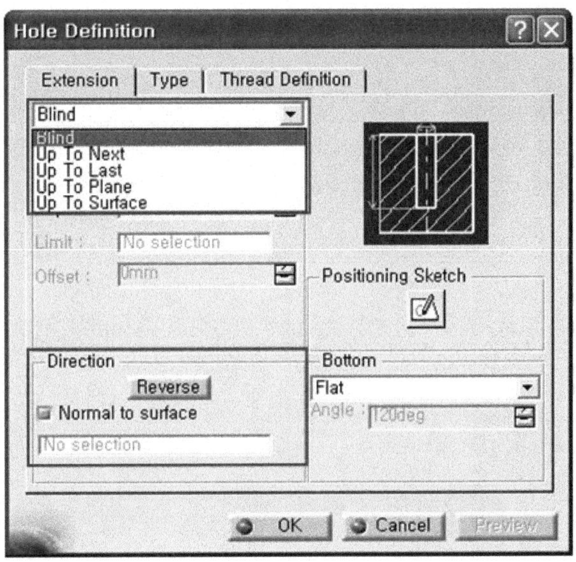

Bottom은 Hole이 생성될 때 끝부분의 형상을 평평하게 하거나 V자 모양의 형상으로 지정하는데 쓰인다.

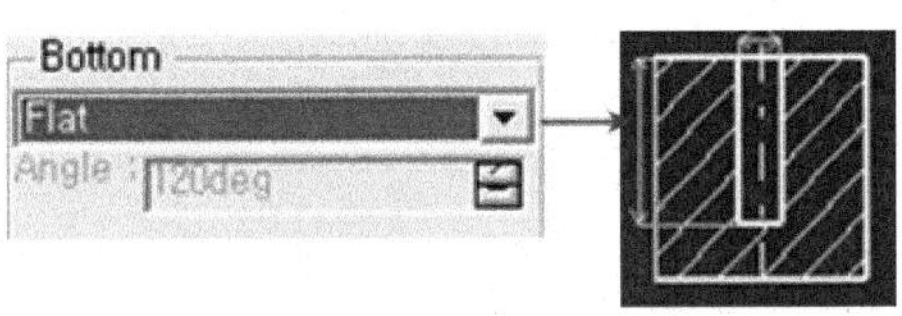

▲ 평평한 형상

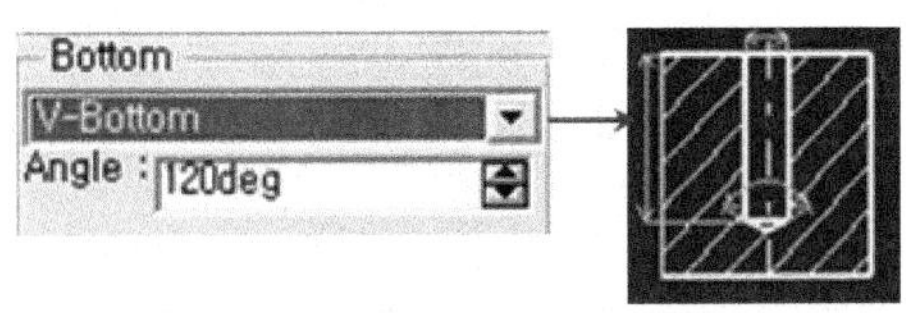

▲ V자 형상

② Type

Simple　　Tapered　　Counterbored　　Countersunk　　Counterdrilled

㉠ **Simple** : Hole의 기본 형상으로 중심점, 지름, 깊이를 지정하여 구멍을 뚫는다.

㉡ **Tapered** : Hole이 생성되는 면에 각도를 지정하여 기울어진 구멍을 뚫는다.

㉢ **Counterbored** : Hole을 나사머리 형상으로 뚫는 것으로 머리 부분의 지름과 깊이를 입력하여 구멍을 뚫는다.

㉣ **Countersunk** : 나사머리가 기울어져 있는 형상으로 나사머리에 깊이와 각도를 지정하여 구멍을 뚫는다.

㉤ **Counterdrilled** : Counterbored에 나사머리가 기울어져 있는 형상으로 나사머리 깊이와 각도를 지정하여 구멍을 뚫는다.

참고

- CATIA에서는 Definition에서 생성하려는 그림을 나타내 주는 창이 있을 때 초보자는 그 그림을 잘 이용하면 Definition에서 어떤 값을 원하는지 알기가 쉽다.
- Definition 창에 나타난 그림에서 노란색선은 원하는 입력 값을 나타내고 있으니 참고하여 입력하면 된다.

③ Thread Definition : Hole을 나사산이 있는 형상으로 지정할 때 사용하며 Thread Definition에서 Threaded를 체크하면 된다. 하지만 실제 형상으로 나타내지 않고 간단한 기호로 나타내기만 한다.

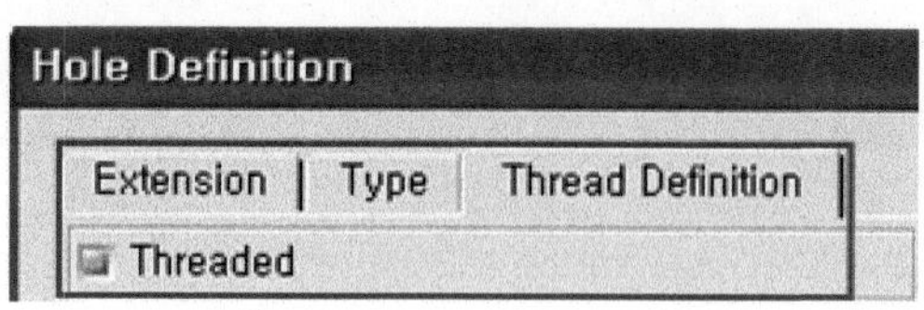

㉠ **Bottom Type** : Thread Depth를 지정하는 것으로 길이나 기준 깊이, Plane을 지정할 수 있다. 이때 Thread Depth는 항상 Hole Depth보다는 길이가 짧아야 한다.

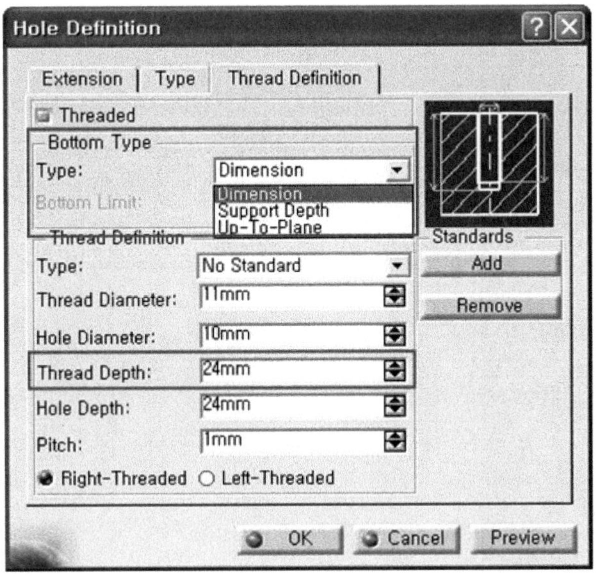

ⓛ **Thread Definition** : Type 지정과 Thread의 지름, Hole의 지름, 깊이 등의 값을 지정하여 생성한다.

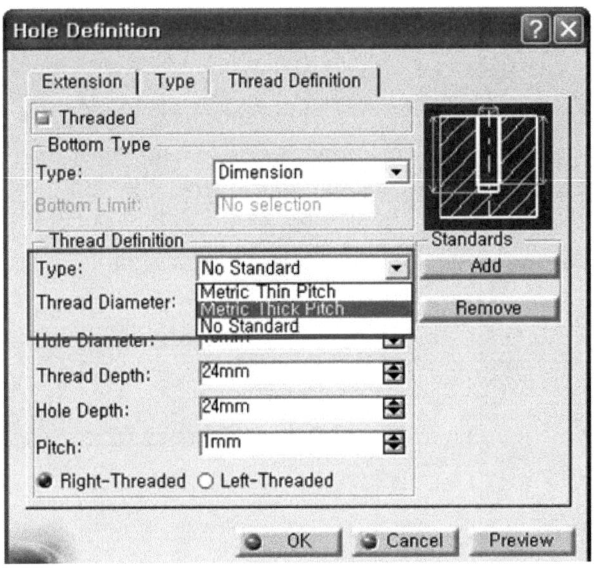

일반적으로 CATIA에서 제공하는 Standard라면 Type에서 선택하여 값을 지정하면 되지만 개인적인 Standard를 만들어서 쓸 때는 오른쪽에 있는 Add 버튼을 이용하여 Standard를 추가하면 된다.

Standard는 엑셀(Excel)이나 메모장을 이용하여 파일을 생성하면 된다. 이때 Nominal

Diameter, Pitch, Minor Diameter, Key 값을 지정하면 된다.

	A	B	C	D
1	Nominal Diameter	Pitch	Minor Diameter	Key
2	7.723	0.907	6.561	G1/16
3	9.728	0.907	8.566	G1/8
4				

6 Rib

Profile 형상을 커브를 따라가며 형상을 생성할 때 사용한다. 이제까지는 Direction을 이용하여 형상을 생성할 때는 직선 형상만 생성 가능하였으나 곡선 형상으로 Solid를 생성할 때 유용하다.

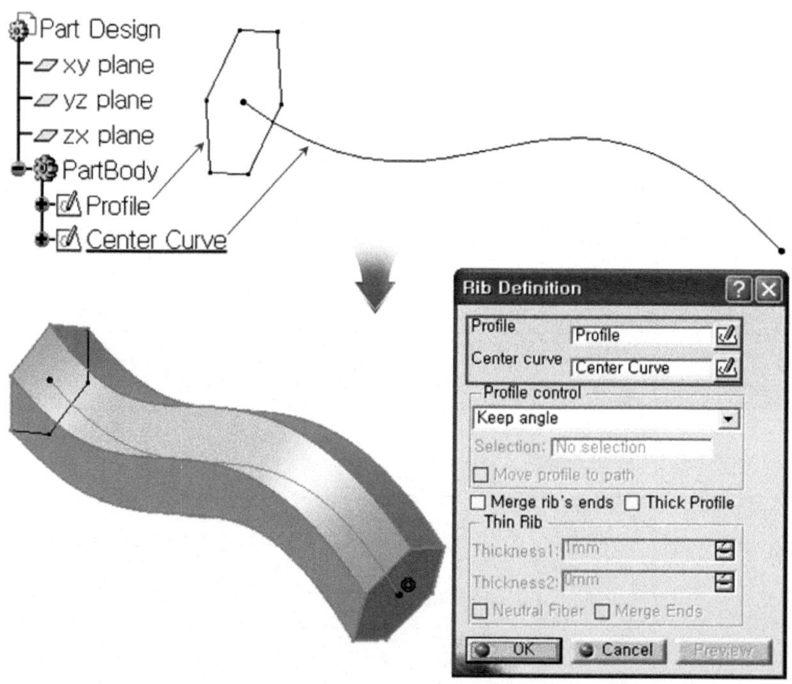

① Profile control

㉠ **Keep angle** : Profile이 Center Curve 형상에 맞춰 생성한다.

㉡ **Pulling direction** : Profile이 Center Curve를 따라가면서 선택된 Pulling 방향을 유지하는데 Keep Angle처럼 Center Curve와 일정한 각도를 유지하지는 않는다. Pulling 방향이 Z축으로 선정되면, XY 평면과 Normal하게 프로파일의 단면이 진행된다.

㉢ **Reference surface** : Profile이 기준 Surface와 H축 방향이 같은 각도로 유지한 채 생성한다.

그 외 Merge ends, Thick Profile에 대한 내용은 앞의 Pad 아이콘 설명을 참고하기 바란다.

7 Slot

Rib의 반대되는 기능으로 Profile을 Center Curve를 따라 제거할 때 사용하고 사용방법은 동일하다.

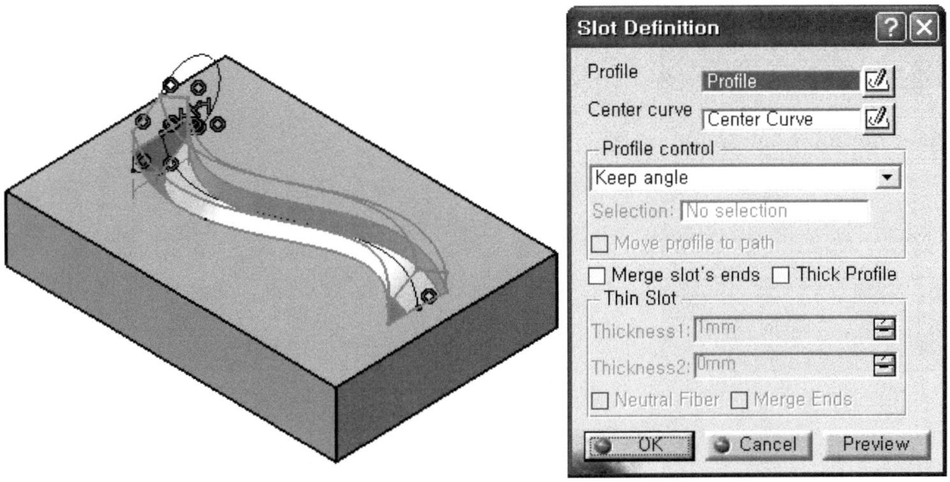

8 – 1 Stiffener

보강재를 설치할 때 사용하는 기능이다.

① **From Side** : 선택한 선을 옆면까지 연장하여 두께를 두어 보강재를 생성할 때 사용한다. 이때 선의 길이가 짧아도 자동으로 벽면까지 연장된다.

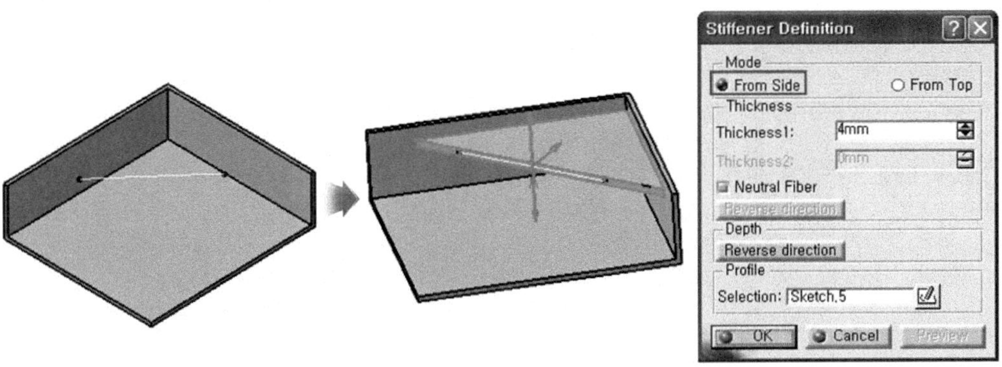

② From Top : 선택한 선을 바닥까지 연장하여 두께를 두어 보강재를 생성할 때 사용한다.

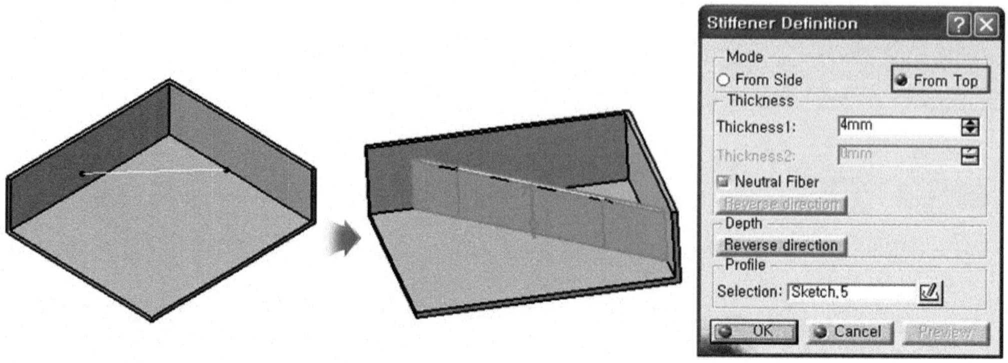

8 – 2 Solid Combine

교차되는 두 개의 Profile에 대해 이 Profile을 돌출시켜 서로 교차되는 부분을 Solid로 생성하는 기능이다.

①번과 ②번 형상의 Profile을 ③번 형상처럼 서로 교차되게 Sketch의 평면을 지정하여 생성한다.

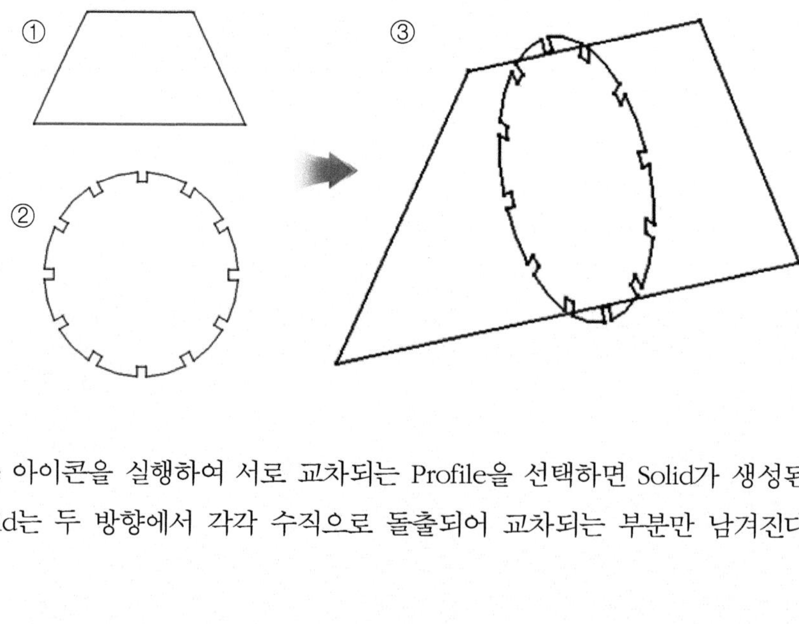

Combine 아이콘을 실행하여 서로 교차되는 Profile을 선택하면 Solid가 생성된다. 이때 생성된 Solid는 두 방향에서 각각 수직으로 돌출되어 교차되는 부분만 남겨진다.

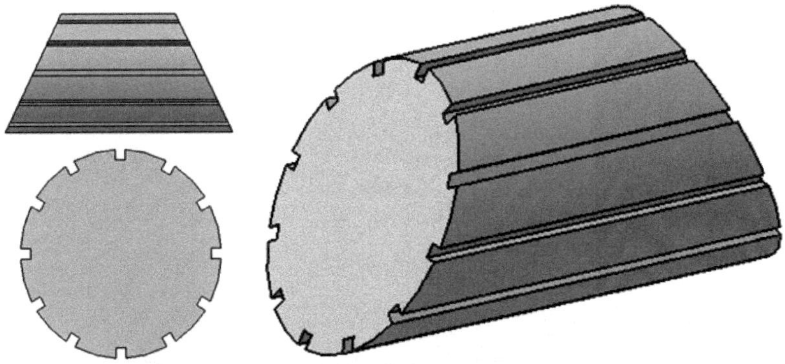

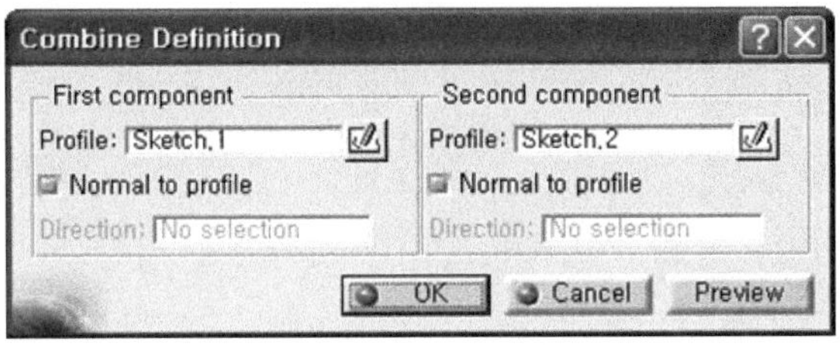

9 Multi-sections Solid

두 개 이상의 Section Profile을 이용하여 그 Section을 따라 변화하는 형상의 Solid를 만드는 기능으로 세부적으로 많은 옵션 사항이 있어 Solid Workbench에서 가장 복잡한 명령어 중의 하나이다.

① Section

㉠ **Section Profile 생성** : Plane 아이콘을 이용해 원하는 위치에 Plane을 생성한 후 그 위치에 Profile을 정의한다.(Plane 아이콘의 자세한 사용법은 Surface에서 배우도록 한다.)

- **Plane 생성** : Plane( )의 Offset From Plane 옵션을 이용하여 원하는 위치에 Plane 3개를 생성한다. 이때 Plane 아이콘은 Reference Elements( ) Toolbar에 있다.

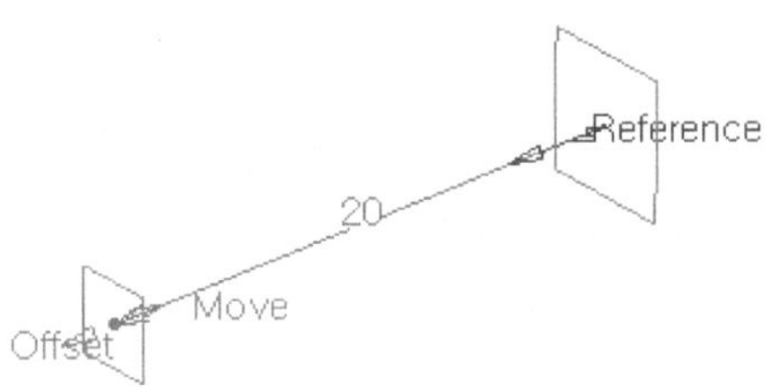

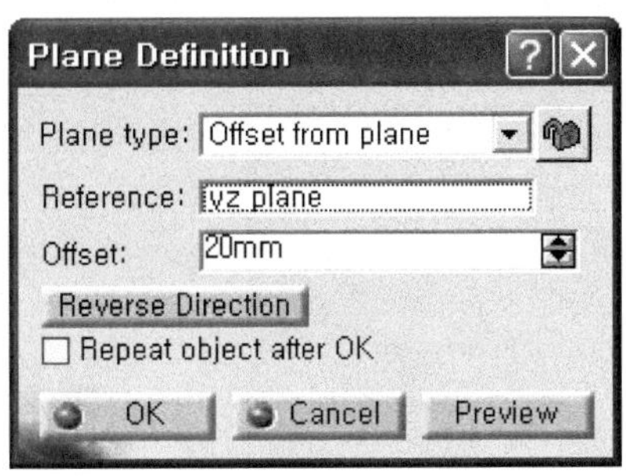

• **Profile 생성** : 앞에서 생성한 Plane에 Profile를 생성한다.

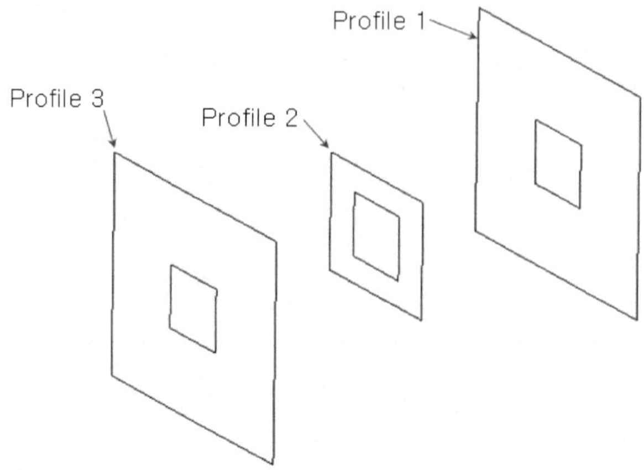

㉡ **Section Profile 선택** : 앞에서 생성한 Profile을 형상이 생성될 순서대로(1-2-3 또는 3-2-1) 선택한다. 이때 각 Profile에 나타나는 화살표의 방향을 Section을 기준으로 같은 방향이 되게 지정해 주어야 한다.

• **Section 생성** : 순서대로 Section을 선택한다.

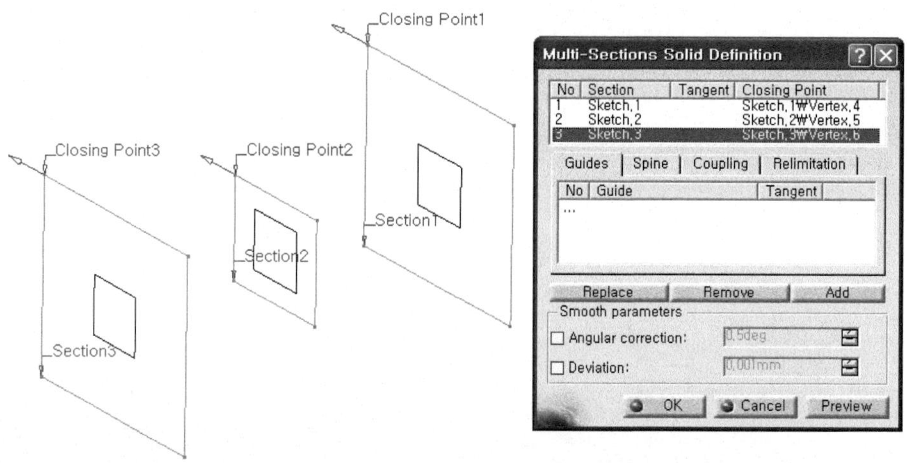

• **화살표 방향 지정** : 화살표의 방향을 Section을 기준으로 동일 방향으로 지정한다.

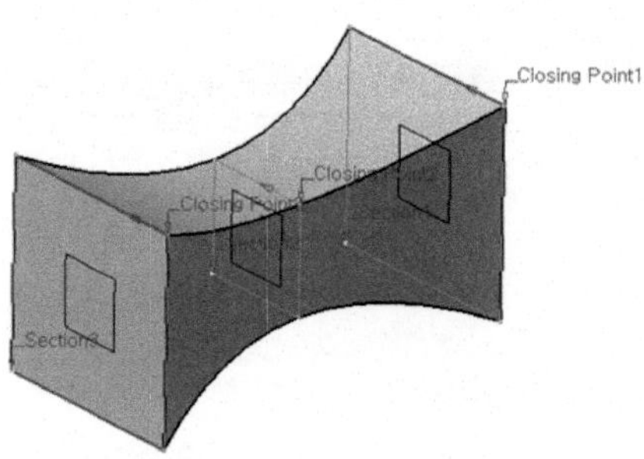

▲ 모든 Section이 동일 방향일 때

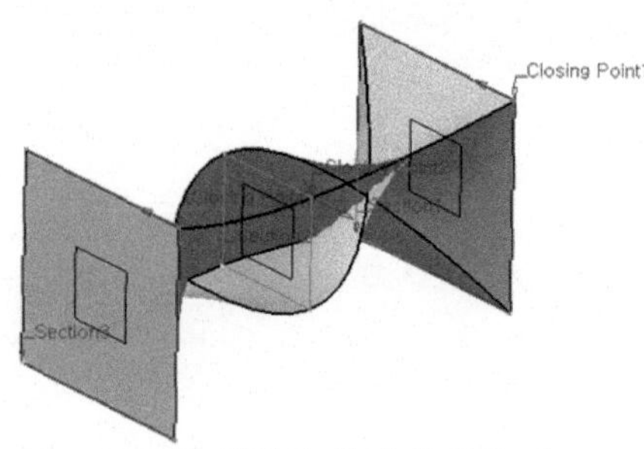

▲ Section2의 방향이 반대 방향일 때

② **Closing Point** : Profile에서 형상의 생성이 시작 또는 끝나는 위치로 각 Section의 Closing Point를 지정하여 형상을 지정할 수가 있다.

㉠ **Closing Point 위치 변경** : 위치를 변경하려는 Closing Point를 마우스 3번 버튼 ()의 Contextual Menu를 이용하여 Replace를 선택한 후, 원하는 위치를 지정해 주면 된다.

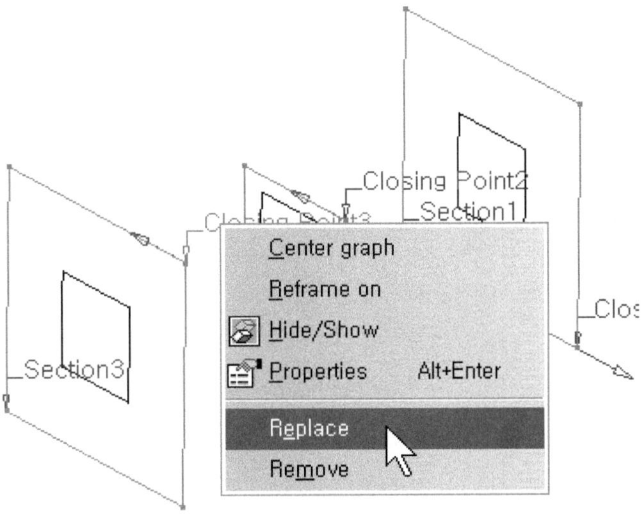

㉡ **Closing Point 위치에 따른 결과** : Closing Point를 따라 형상이 생성되므로 Closing Point의 위치에 따라 결과 값의 차이가 나타나게 된다.

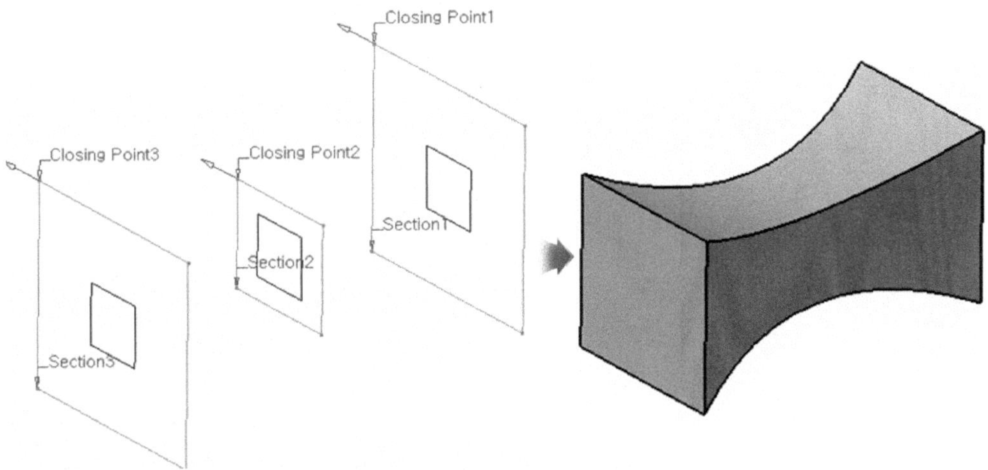

▲ Closing Point가 동일선 상에 있을 때

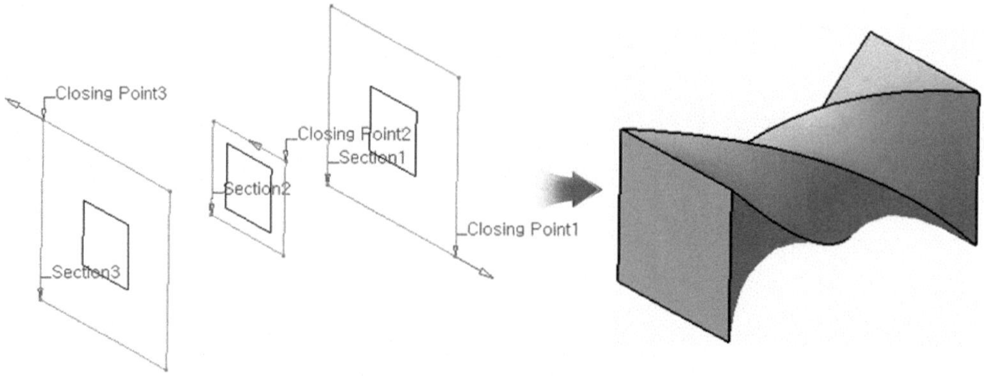

▲ Closing Point가 동일선 상에 있지 않을 때

③ **Guides** : 각 Section을 잇는 선으로 형상이 생성될 때 외곽선을 지정하여 형상을 생성할 때 사용한다. 주로 3차원 상의 Curve를 사용하는데 이때는 Surface에서 배우는 Spline 아이콘을 사용한다.(뒷부분의 Surface W/B에서 설명하기로 한다.)

④ **Spine** : Multi-Section Solid로 생성되는 전체 형상에 중심축을 지정해 주는 것과 같다. Guide처럼 외곽선을 지정해 주어 외형을 지정해 주는 것이 아니라 사람의 척추(Spine)처럼 기준축을 지정해 준다고 생각하면 된다.(뒷부분의 Surface W/B에서 설명하기로 한다.)

⑤ **Coupling** : 서로 다른 형상의 단면 Profile을 이용한 형상을 생성할 때 단면 Profile의 Point(또는 Vertex)를 각각의 위치에 맞게 이어줄 때 사용한다. 여러 옵션이 있지만 Ratio를 이용한 옵션을 추천한다.(뒷부분의 Surface W/B에서 자세하게 설명하기로 한다.)

㉠ **Ratio** : Coupling 생성 시 비율로 계산한다.(Point의 개수가 다르거나 모양이 복잡한 경우에 사용한다.)

㉡ **Tangency** : Coupling 생성 시 단면과 단면을 Tangency하게 연결해 준다.(정확한 계산을 하기 때문에 복잡한 형상이나 Coupling이 꼬이면 생성되지 않는다.)

㉢ **Tangency then Curvature** : Tangency 옵션에 Curvature 옵션까지 추가하여 더욱 정확한 계산을 한다.

㉣ **Vertices** : Point의 방향과 개수를 계산한다.

⑥ **Relimitation** : 생성되는 형상을 연장할 때 사용하는 기능으로 Guide Curve나 Spine의 길이가 길어 끝까지 연장을 하고 싶을 때 사용한다. 기본으로 선택되어 있어 연장을 하고 싶은 곳(Start Section : 첫 Section 방향 연장, End Section : 마지막 Section 방향 연장)을 선택하여 제거하면 된다.(Surface W/B에서 다시 한번 설명하기로 한다.)

10 Removed Multi-Sections Solid 

Multi-Section Solid의 반대 기능으로 여러 개의 Section의 Profile을 이용하여 변화하는 형상을 제거할 때 사용하고 사용방법은 동일하다.

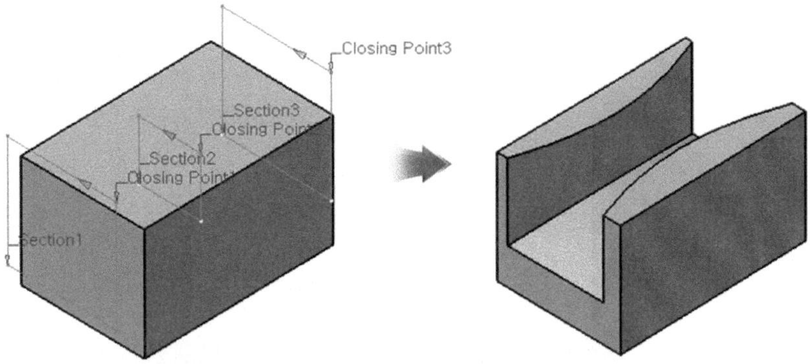

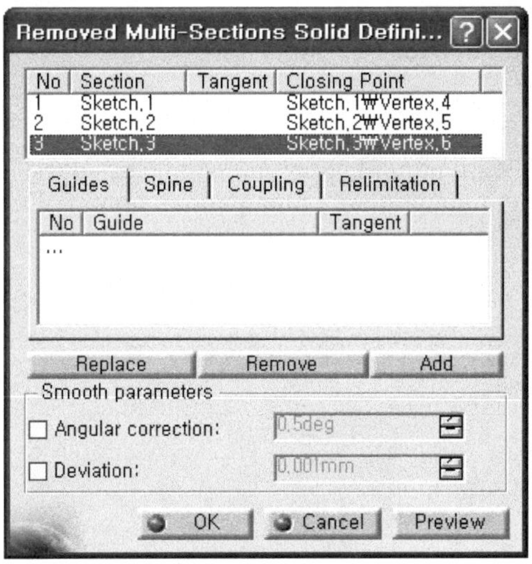

Dress Up Features

1 Fillets

모서리 부분을 라운드(Fillet) 형상으로 만드는 아이콘들을 포함하고 있는 Toolbar이다.

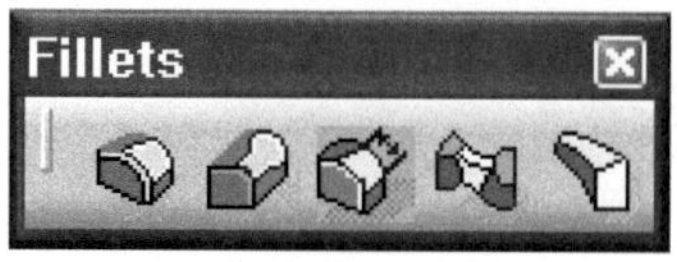

1 – 1 Edge Fillet 

모서리(Edge) 부분을 라운드 처리하는 기능으로 Radius 값과 Fillet 작업이 이루어질 Object를 선택한다. 스케치 상에서 Corner 아이콘을 사용하는 것보다 간단하게 작업이 가능하고 원하는 형상으로 변형도 가능하다. 일반적으로 모서리를 선택하여 Fillet을 지정하지만, 모서리를 선택하지 않고 면을 선택하면 그 면에 포함된 모든 모서리에 Fillet이 생성되게 된다.

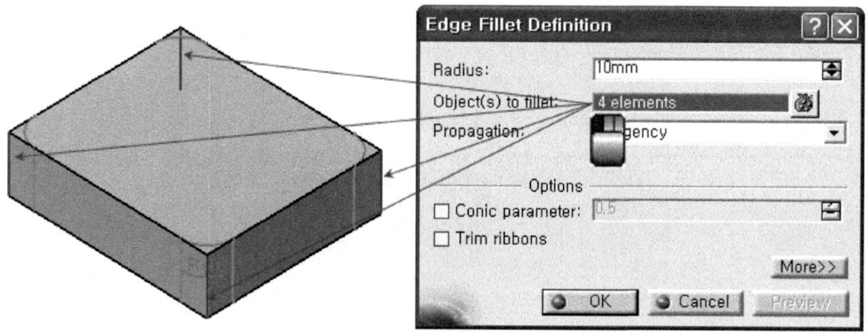

같은 곡률(R값)을 가지는 모서리는 한번에 Edge Fillet을 지정하는 것이 Tree 관리와 수정 등에 더 편리하다. CATIA에서 아이콘이 있는 곳은 복수 선택이 가능하다고 기억해 두기 바란다. 그리고 아이콘을 선택하면 현재 선택된 요소들을 확인 관리도 가능하다.

① **Propagation** : Fillet 생성 시 선택 요소와 주변과의 연결 관계를 설정해 주는 것이다.

㉠ **Tangency** : 선택된 요소에 대해 Tangent하게 연결되어 있는 부분을 자동으로 선택한다.

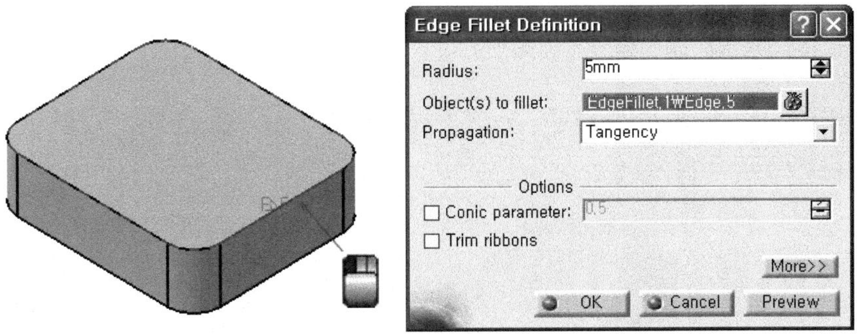

㉡ Minimal : 선택된 요소만 선택한다.

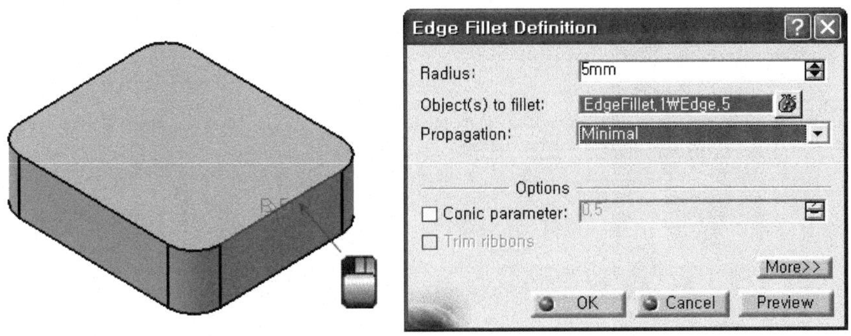

② Options

㉠ **Conic parameter** : Fillet의 형상을 지정할 수 있는데 그 값은 Sketch Workbench의 Conic Curve에서 언급했던 것과 같은데 포물선 = 0.5, 타원 〈 0.5, 쌍곡선 〉 0.5이다.

㉡ **Trim ribbons** : 두 Fillet 값의 교차 충돌에 의한 불만족스러운 형상을 자동으로 수정하는 기능이다. Fillet가 충돌이 일어날 때 체크만 해주면 된다.

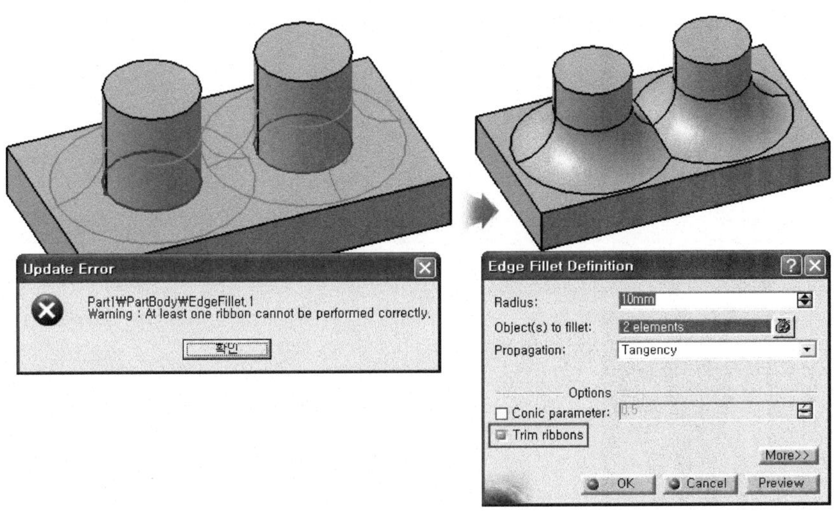

③ Edge to keep : 원하는 Fillet 값을 주려고 할 때 주변의 공간 제약에 의해 Fillet이 에러가 나는 경우에 사용하는 기능이다. Fillet 값에 자리가 좁을 때 선택하는 위치까지만 작업을 하도록 지정할 수 있다. Fillet 공간이 모자랄 때는 아래와 같은 Error가 나타나면서 수정 여부를 묻게 된다.

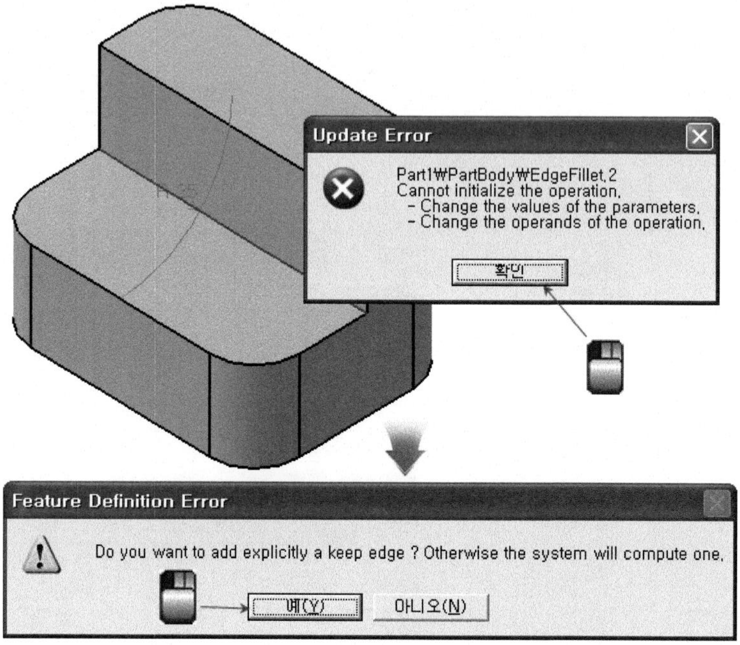

Edge to keep 창에 공간이 모자라는 위치의 모서리를 선택하면 그 부분까지 Fillet이 진행되다 멈추게 되면서 Error는 나타나지 않게 된다.

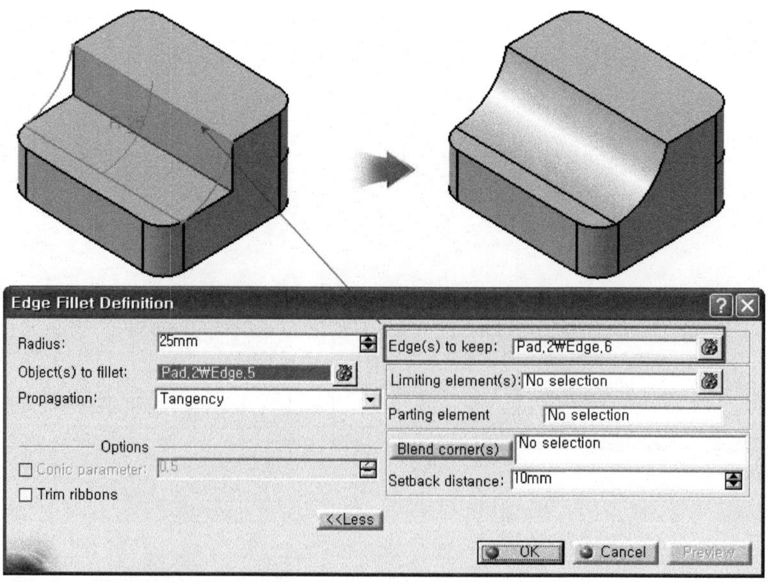

④ Limiting elements : 선택한 모서리 전체를 Fillet하는 것이 아니라 임의의 기준까지 생성할 때 사용하는 기능이다.

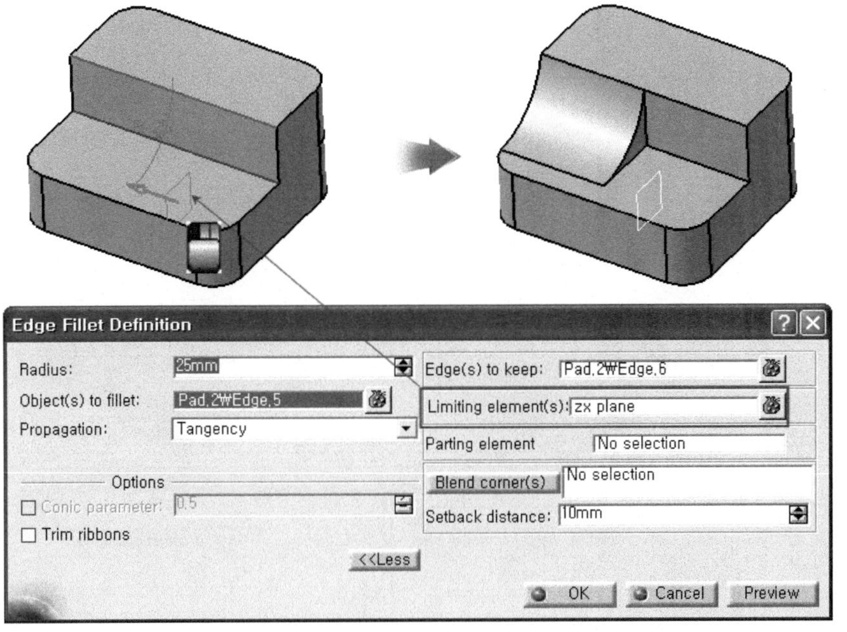

⑤ Blend corner : 여러 개의 모서리가 접하는 경우 Fillet 작업 시 형상이 깔끔하게 생성이 되지 않을 때 모서리의 형상을 Setback 기능을 이용하여 부드러운 형상으로 모서리의 형상을 변경하는 기능이다.

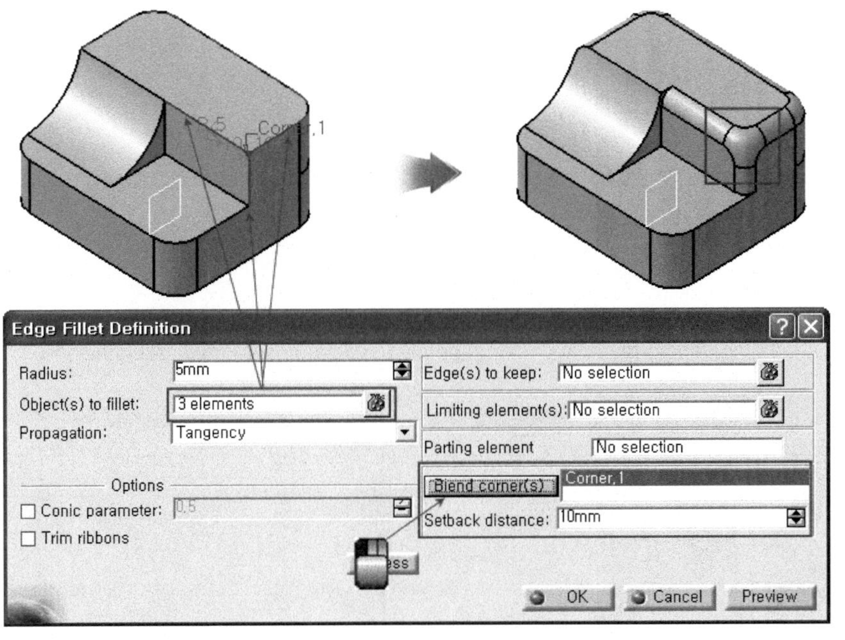

1 – 2 Variable Radius Fillet

모서리의 Radius 값이 변하는 Fillet을 생성하는 기능이다. 모서리를 선택하면 모서리의 끝점이 자동으로 지정이 되면서 각각의 R 값이 지정되어 있는데 각각의 값을 마우스로 선택한 후에 변경을 하면 된다. 이때 Point의 위치가 원하는 위치가 아니면 를 이용하여 선택을 제거한 후에 다시 선택이 가능하다.(Point 위치를 지정하여 선택하는 방법은 뒤편의 Surface W/B 부분 중 Point 부분에서 설명하기로 한다.)

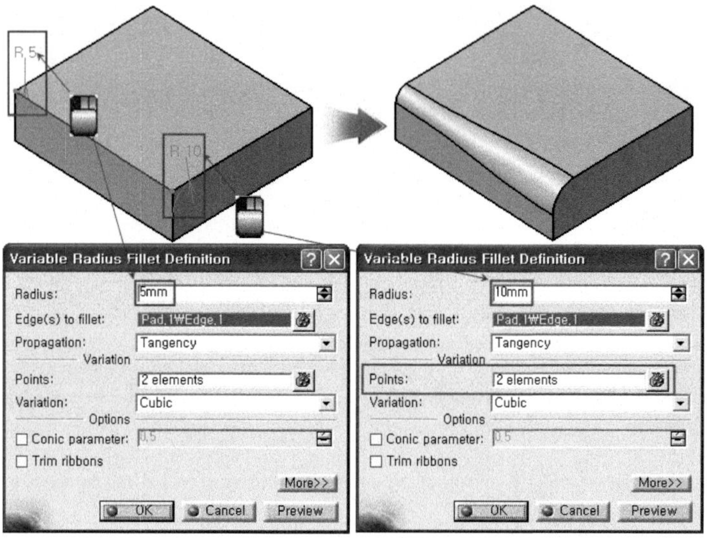

① Variation

㉠ **Cubic** : 선택된 R 값 사이의 형상을 3차원 곡선(Cubic) 형태로 생성할 때 사용한다.

㉡ **Linear** : 선택된 R 값 사이의 형상을 직선(Linear) 형태로 생성할 때 사용한다.

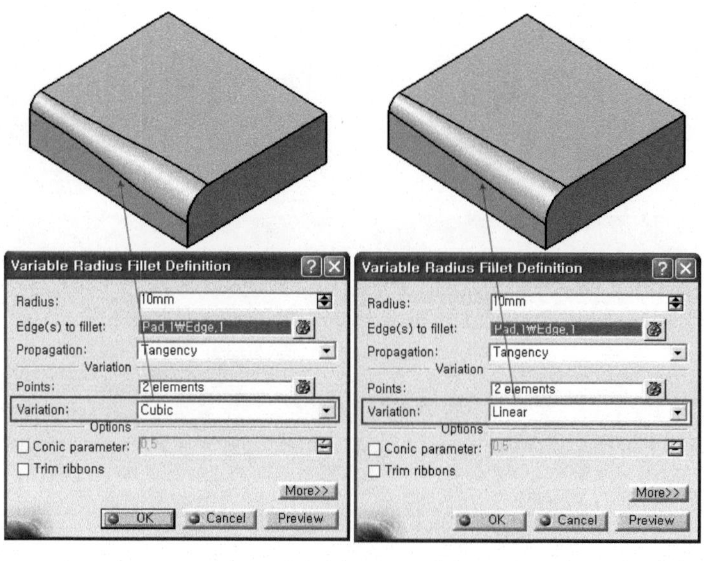

1 - 3 Chordal Fillet

이 Fillet는 R값을 입력하는 것이 아니라 Chordal 길이(Fillet 생성되는 라운드의 끝점에서 끝점까지의 직선거리)를 입력하여 Fillet를 생성하는 기능이다.

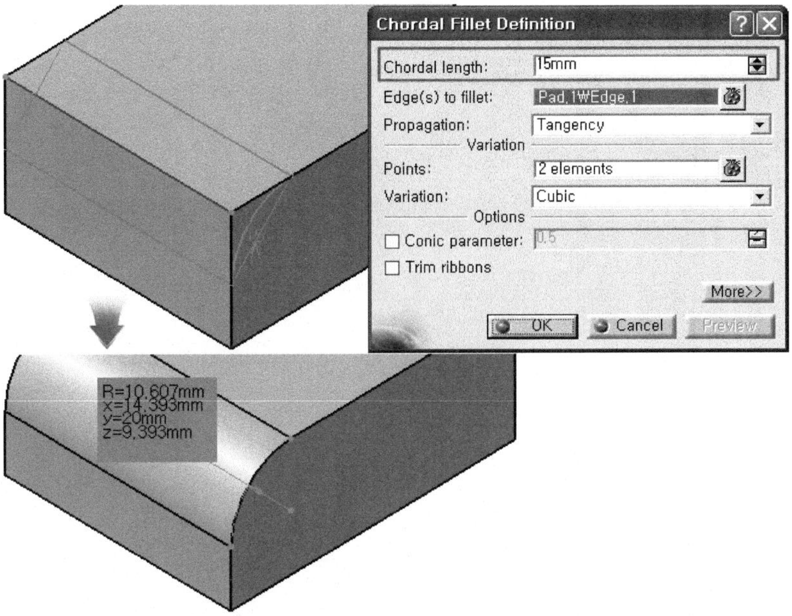

1 - 4 Face-Face Fillet

두 개의 면 사이에 Fillet을 생성하는 기능으로 기본적인 사용방법은 두 면을 선택하고 R값을 지정하면 된다.

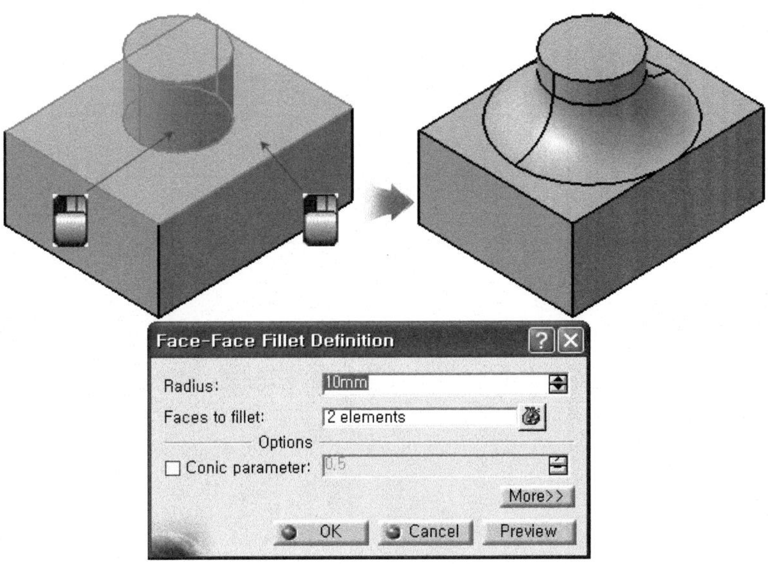

① Hold Curve와 Spine : R값을 지정하는 것이 아니라 두 면과 Fillet의 외각 라인(Hold Curve)과 중심축(Spine)을 지정하여 생성하는 방법이다.

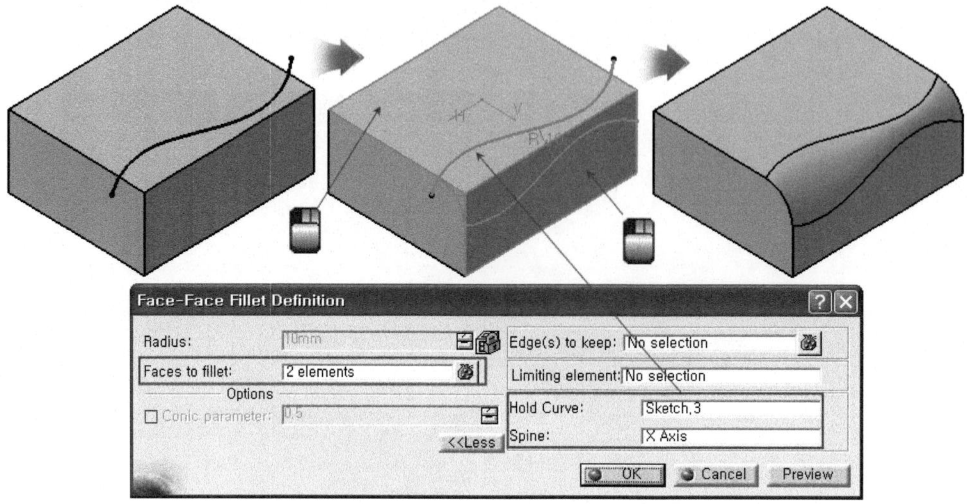

1 – 5 Tritangent Fillet

세 개의 면 사이에 Fillet을 생성하는 기능으로 이 Fillet은 Rodius값이 필요가 없다.

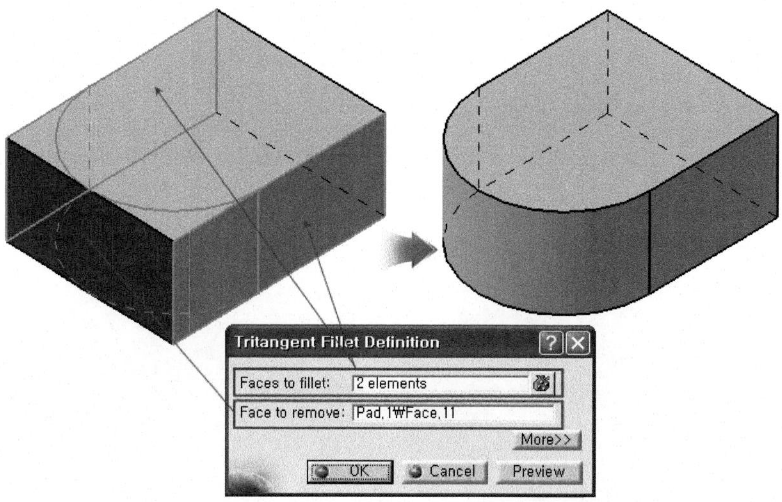

2 Chamfer

모서리(Edge) 부분을 모따기 처리하는 기능으로 Fillet과 사용방법이 유사하다.

① Mode 선택방법

- Length 1/Angle : 한 변의 길이 값과 각도를 정의하여 Chamfer를 생성한다.
- Length 1/Length 2 : 두 변의 길이 값을 정의하여 Chamfer를 생성한다.

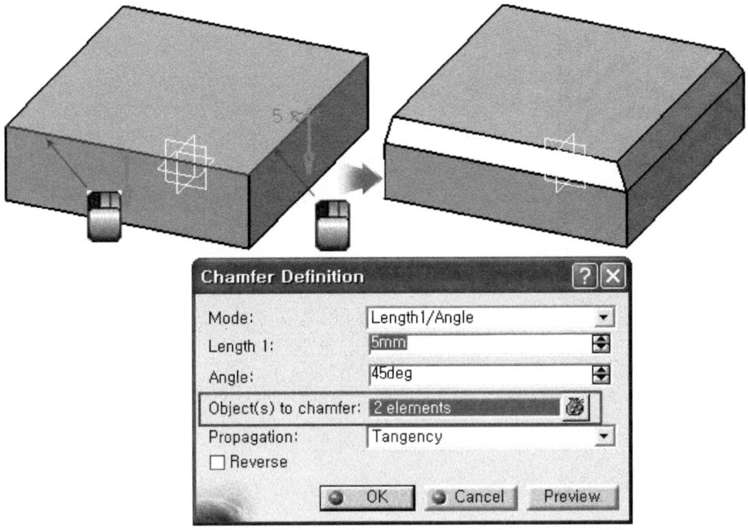

3 Drafts

Mold에서 형상을 빼기 쉽게 면에 각도를 주는 역할을 하는 아이콘들을 모아놓은 Toolbar 이다.

3-1 Draft Angle 

선택한 Solid의 면에 각도를 주는 기능이다. 기본적인 사용법은 각도 지정과 기울일 면 선택 마지막으로 기준면을 선택하면 된다.

사용방법은 다음과 같다.

① Angle : 기울이고 싶은 각도를 선택한다. 각도를 (+), (-)로 지정하여도 되고 화살표를 선택하여 방향을 지정하기도 한다.

② Face(s) to draft : 기울일 면을 선택한다.

③ Neutral Element : 기준이 되는 면을 선택한다. 기준면은 크기가 변하지 않는다. 그리고 기울일 면에 대해 회전축이 된다고 생각을 하면 된다.

④ Pulling Direction : 방향을 지정해 주면 된다.(일반적으로 자동으로 방향이 설정이 되므로 기울어지는 각도가 맞는지 확인 후 (+), (-) 방향만 다음 그림의 ④번과 같이 화살표를 선택하여 지정해 주면 된다.)

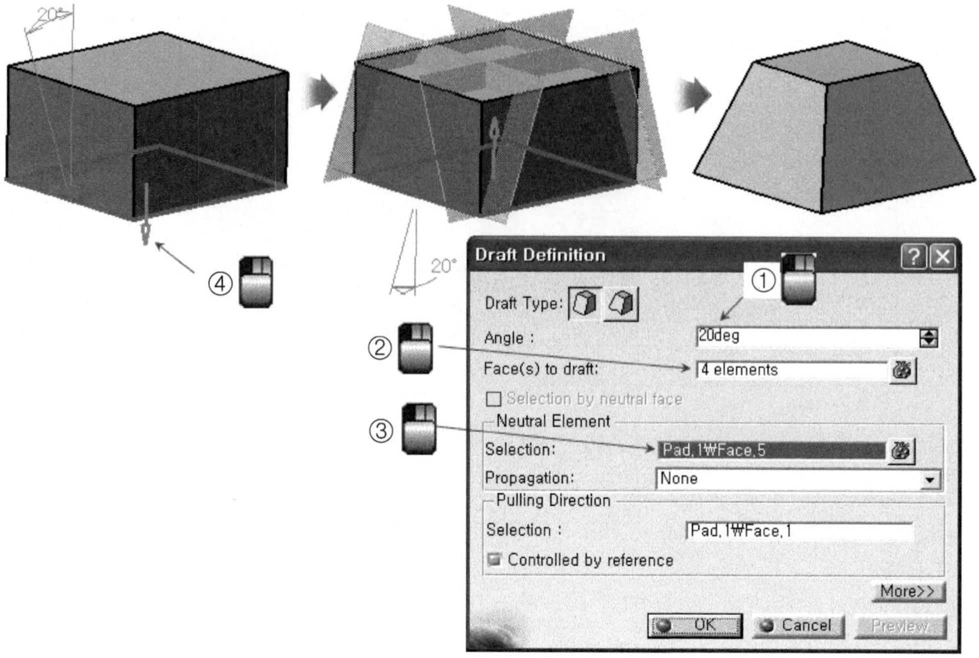

⑤ Parting Element

㉠ **Parting = Neutral** : Neutral Element를 기준으로 Draft를 한 방향으로만 하게 된다.(체크하지 않으면 전체가 Draft가 되지만 체크를 하면 Draft가 기준면에서 멈추게 된다.)

㉡ **Draft both sides** : Parting 면을 중심으로 양쪽으로 Draft가 적용된다.

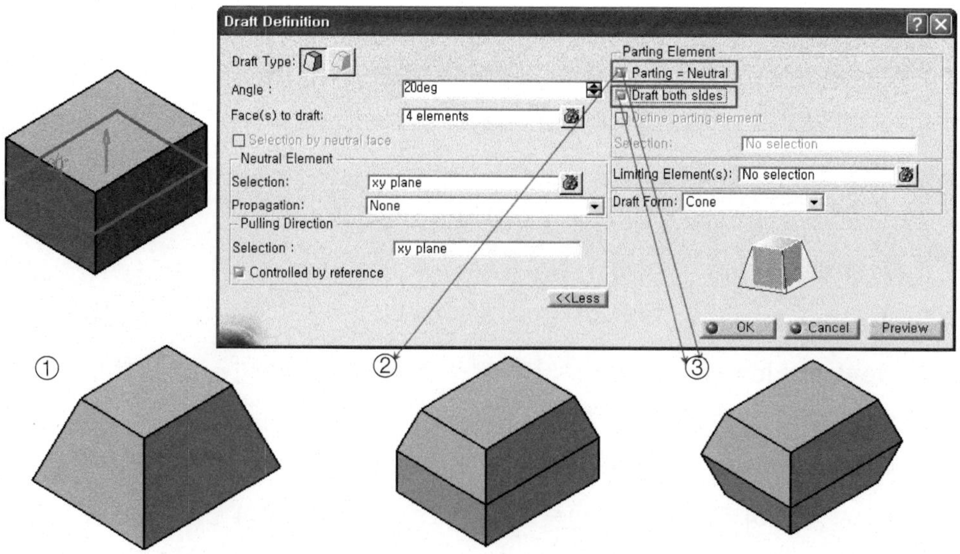

▲ 기본 Draft　　▲ Parting = Neutral 설정　　▲ Parting = Neutral + Draft both sides 설정

3 – 2 Draft Reflect Line

Reflect Line을 이용하여 기울기를 주는 기능이다. 동그란 면(원기둥, Fillet)에 주로 사용한다.

사용방법은 동그란 면을 선택하면 Reflect Line이 생성되면서 Line에서부터 Draft면이 생성된다.(각도를 변경하면 변경된 각도에 맞춰 Reflect Line의 위치도 변경된다.)

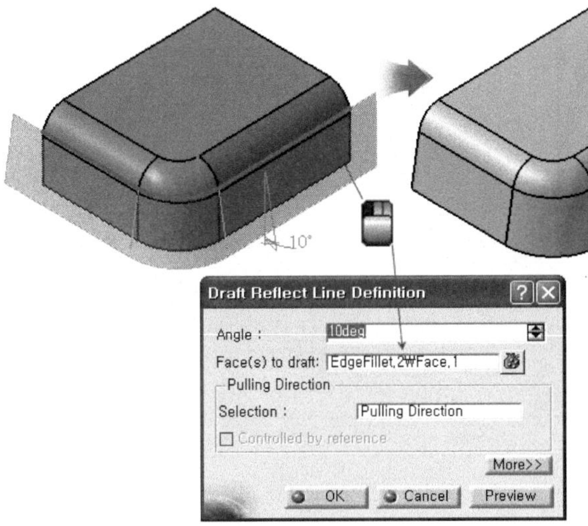

3 – 3 Variable Angle Draft

Variable Fillet처럼 원하는 임의의 지점에 대한 각도를 각각 지정할 수 있는 기능이다.

사용방법은 Draft와 동일하고 마지막에 추가할 지점이 있다면 Points에서 추가로 선택하면 된다.

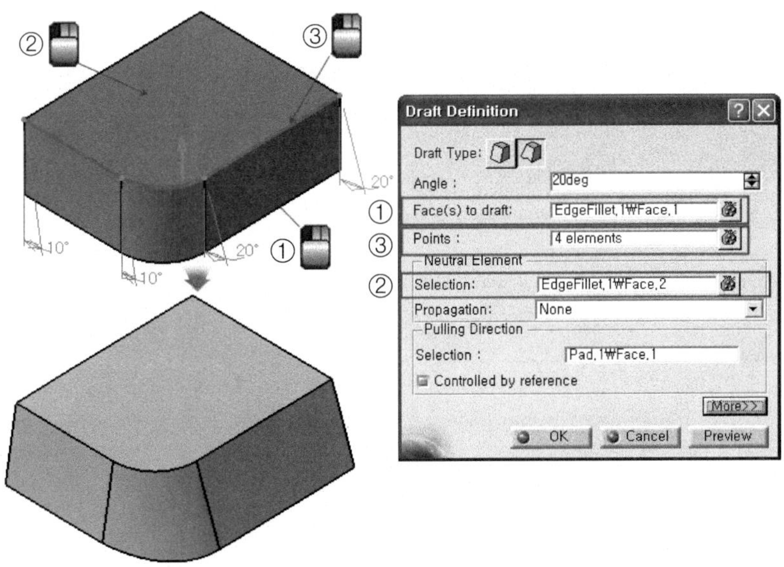

4 Shell

선택한 Solid의 면은 제거하고 선택되지 않은 면은 지정한 두께로 만드는 기능이다. 제거하고 싶은 면은 다중 선택( )이 된다.

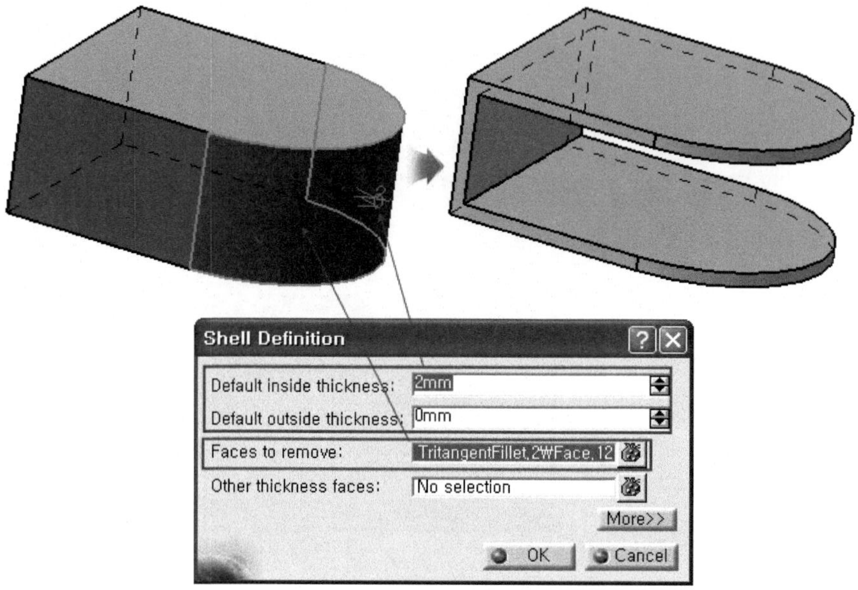

① Default inside thickness/Default outside thickness : Shell에 두께를 지정할 때는 기준이 되는 면(현재 형상의 외곽 테두리)에서부터 안쪽인지 바깥쪽인지를 지정하여 두께를 입력하면 된다. 만약 양쪽으로 두께가 있다면 양쪽으로 지정하면 된다.

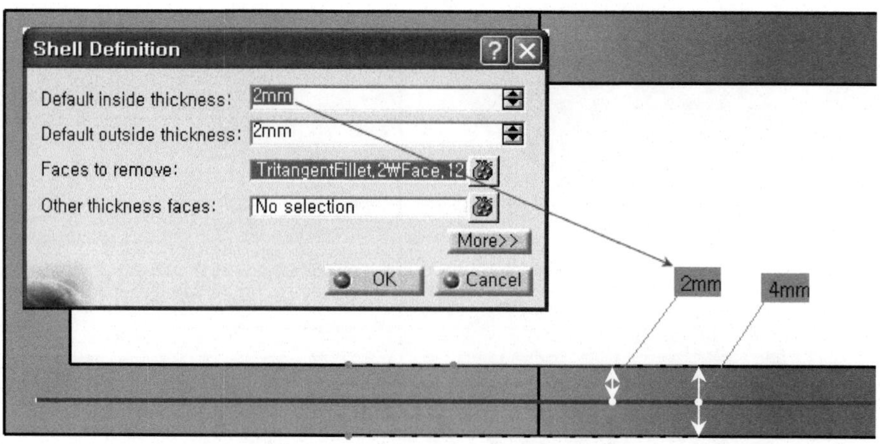

② Other thickness faces : 두께를 지정할 때 전체가 동일한 두께가 아니고 다른 두께를 가지는 면이 있을 때 사용하는 기능이다. 다른 두께를 가지는 면을 선택하여 두께를 다시 지정하면 된다. 이때 선택 면은 색상이 틀려 구분이 쉽다.

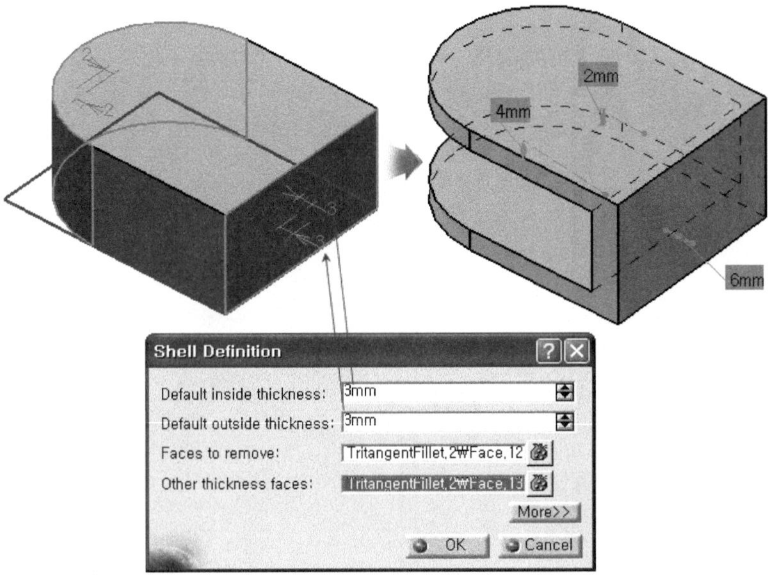

5 Thickness

Shell의 두께를 지정하는 것과 사용방법이 똑같은 기능이다. 선택한 면의 두께를 더하거나 빼고 싶을 때 사용한다. Shell에서 면 제거 기능이 없는 아이콘이라고 생각하면 된다.

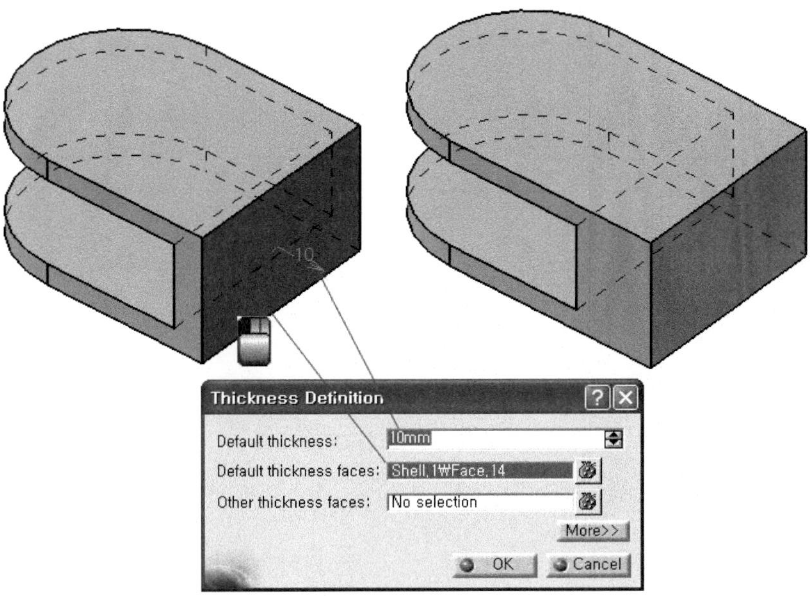

6 Thread/Tap

원형의 형상에 Thread와 Tap 형상을 부여하는 기능이다. 앞에서 Hole에 나사산(Thread) 치수 입력과 비슷하다고 생각하면 된다.(Thread는 수나사의 형태에 사용하고, Tap은 암나사의 형태에 사용한다.)

사용방법은 Lateral Face에 나사산을 넣을 면을 선택하고 Limit Face면에 기준면(시작 지점)을 선택한다. 나머지 기능은 Hole에서 설명하였으니 생략한다.

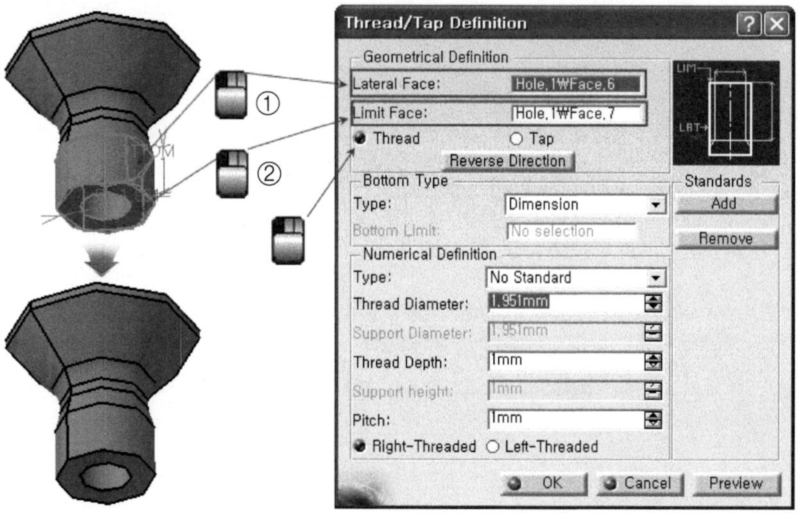

암 나사산을 입력할 때 Thread가 선택되어 있으면 다음과 같은 Error 창이 나타난다. 이때 확인 버튼을 눌러주면 자동으로 Tap 선택이 된다.

Thread/Tap도 3차원에서는 결과가 나타나지 않고 도면(Drafting)으로 전환 시 아래와 같이 표현된다.

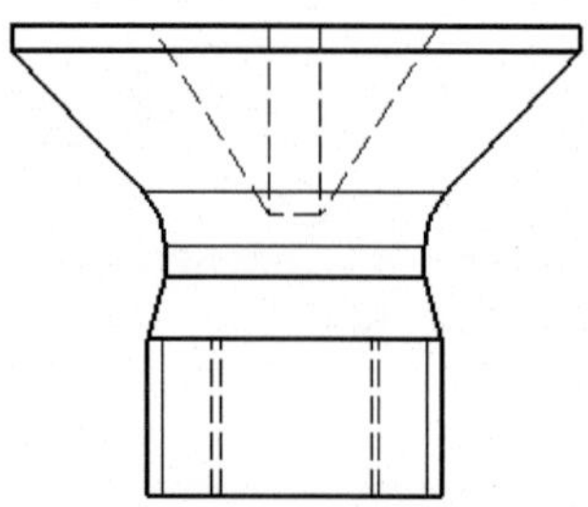

6 – 1 Remove Face

형상에서 필요 없는 면을 선택하여 제거하는 기능이다. 선택 부분을 채우는 역할을 하는 기능이라고 생각하면 쉽다.

사용방법은 Faces to remove 창에 채우고 싶은 면을 선택한다. 이때 이 면은 주변에 있는 면들로 둘러 쌓여있는 경우에만 가능하다.

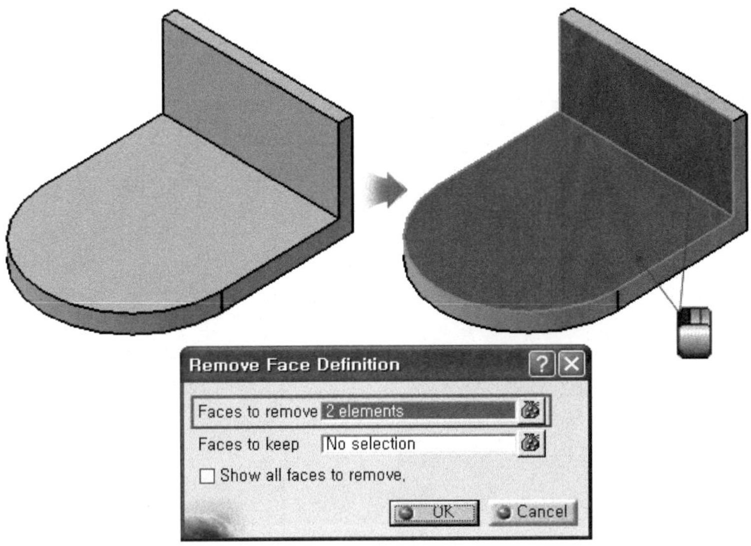

Faces to keep 창에 채우고 싶은 외부 테두리를 선택하면 앞에서 선택한 면을 제거하고 외부 테두리에 맞춰 새로운 면이 생성된다.

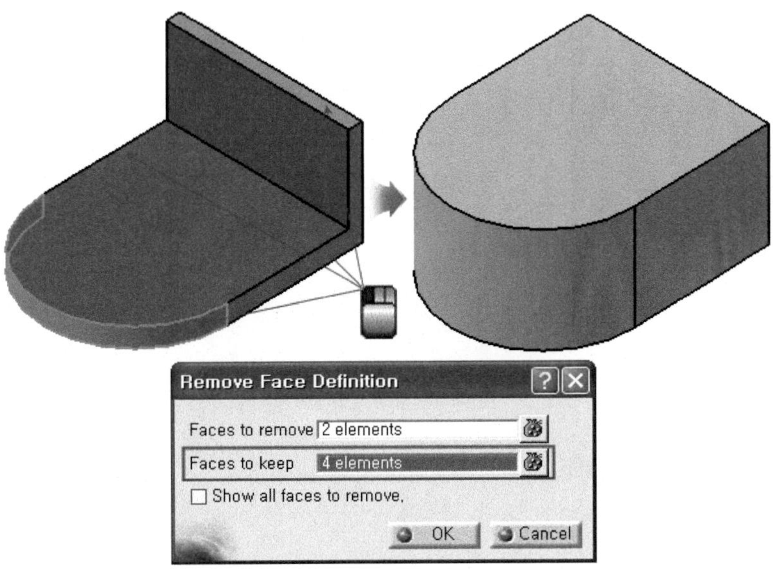

6 – 2 Replace Face

현재의 면을 다른 면으로 교체하는 기능이다. Pad의 Up to Surface 기능과 동일하나 형상을 생성할 때 지정하는 것이 아니라 후처리 과정에서 형상의 변형이 가능하다는 점이 다르다.

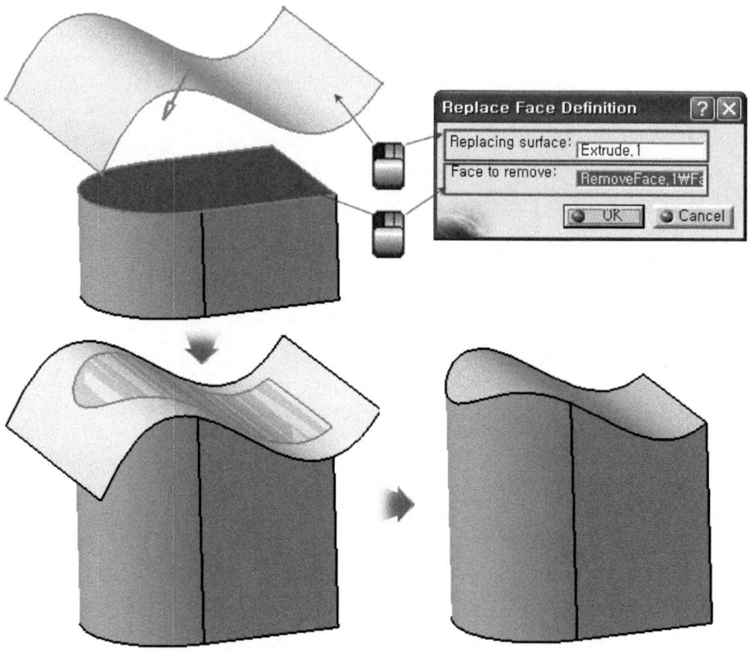

✣ Transformation Features

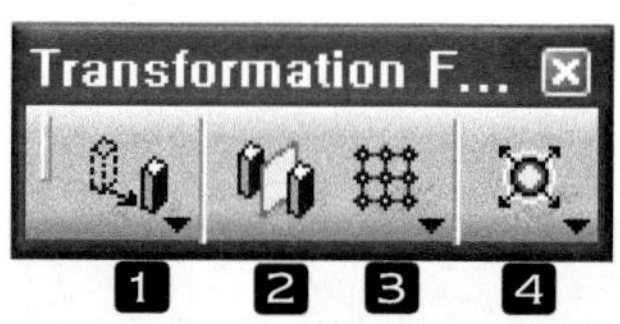

1 Transformations

생성된 Solid를 이동, 회전, 복사 등의 작업을 하는 아이콘을 포함하고 있는 Toolbar이다.

1 – 1 Translation

현재 작업 중인 Current Body를 평행이동시킬 때 사용하는 기능으로 Sketch의 Translation처럼 특정 부분만 선택하여 이동할 수 없고 Body 전체를 이동할 때 사용한다.

Transformation 작업 시 다음 창이 뜨면 예(Y) 버튼을 누르면 Definition이 실행된다.

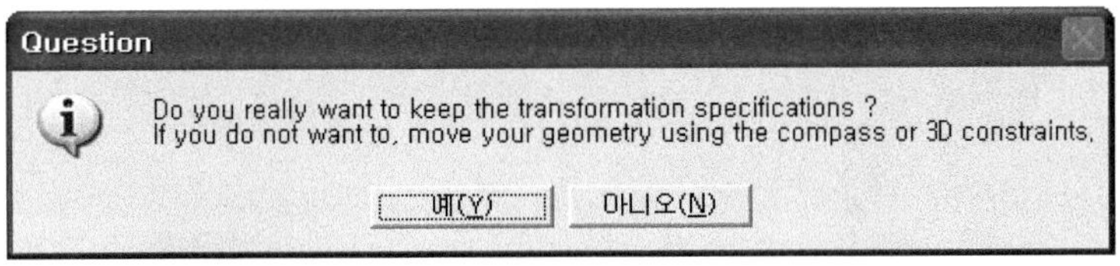

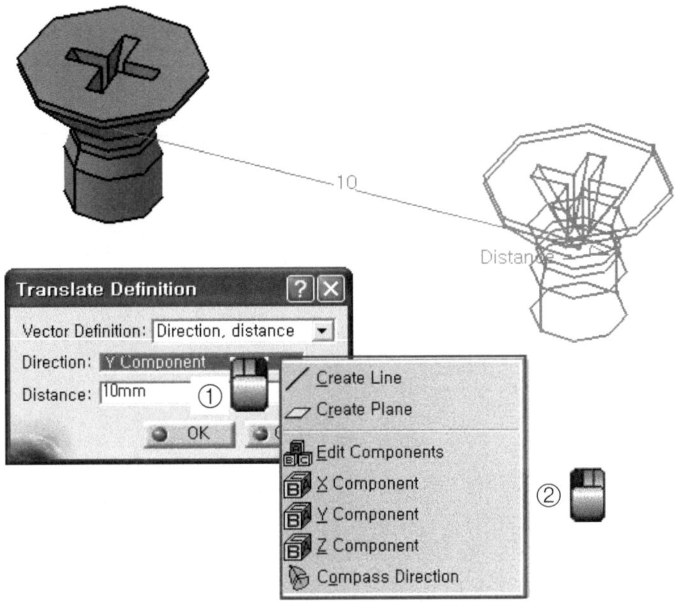

① Direction, Distance : 방향과 거리 값을 지정하여 이동한다.

② Point to Point : 기준 지점에서 선택 지점으로 이동한다.

③ Coordinates : 좌표 값을 지정하여 이동한다.

1 – 2 Rotation 

현재 작업 중인 Current Body를 회전이동시킬 때 사용하는 기능이다.

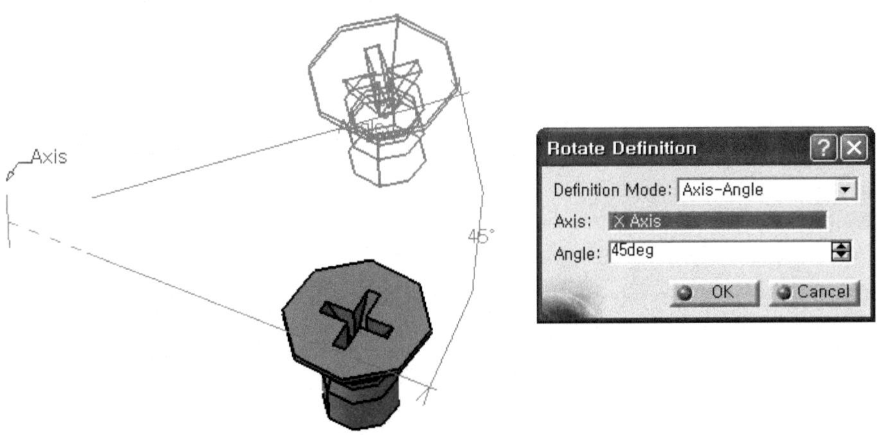

① Axis-Angle : 회전축과 각도를 지정하여 회전하여 이동한다.

② Axis-Two Elements : 회전축과 두 개의 지점을 지정하여 회전하여 이동한다.

③ Three Points : 세 개의 지점을 지정하여 회전하여 이동한다.

1 - 3 Symmetry

현재 작업 중인 Current Body를 면을 기준으로 대칭이동시킬 때 사용하는 기능이다.

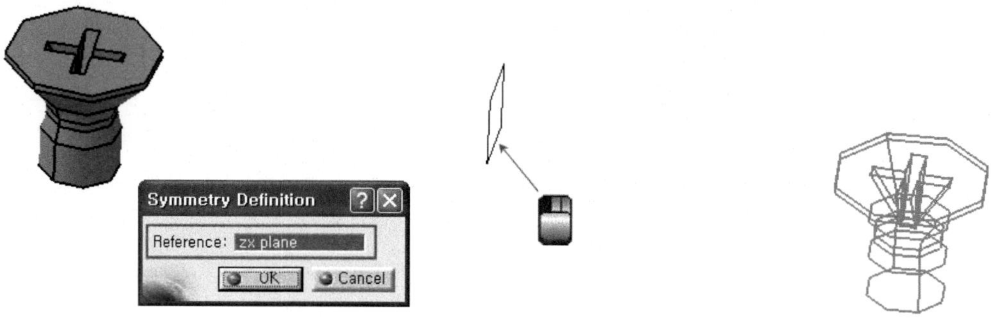

1 - 4 Axis To Axis

현재 작업 중인 Current Body를 기준 좌표축에서 타깃 좌표축의 거리만큼 이동시킬 때 사용하는 기능이다.

사용방법은 Create Axis System을 이용하여 기준 좌표축과 타깃 좌표축을 생성하기만 하면 된다.

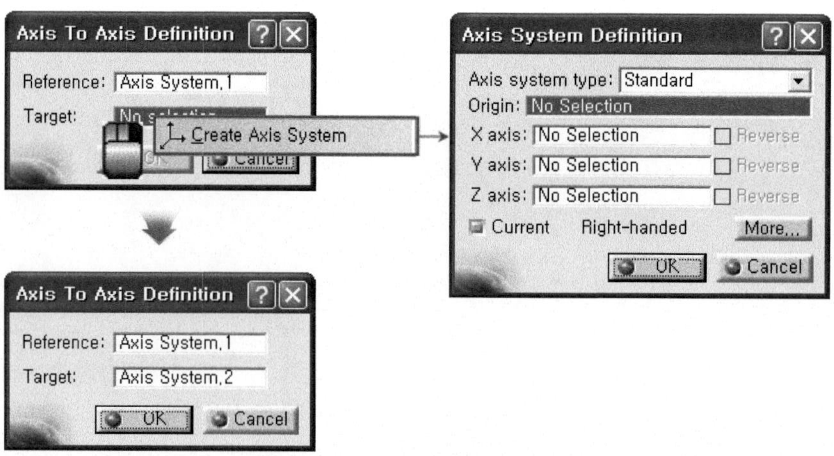

2 Mirror

형상을 기준면에 대해서 대칭 복사할 때 사용하는 기능이다. 대칭면을 선택하면 면을 기준으로 대칭 위치에 형상이 복사가 된다. Symmetry와 사용법은 비슷하나 대칭되는 부분이 새로 생성된다는 것이 다르고, 일부 형상에서는 Body 전체가 아닌 일부분을 선택하여 대칭 복사를 할 수도 있다.

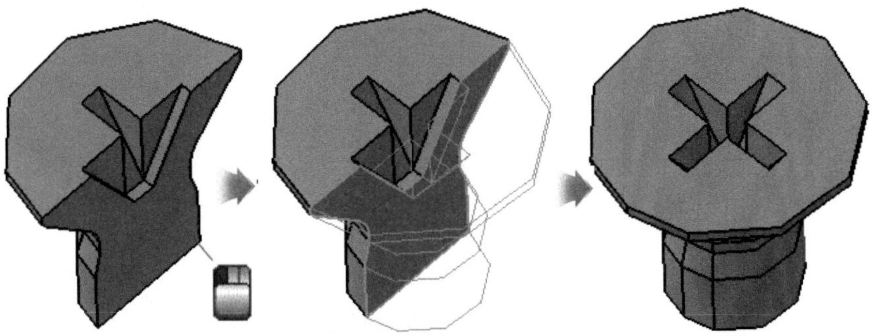

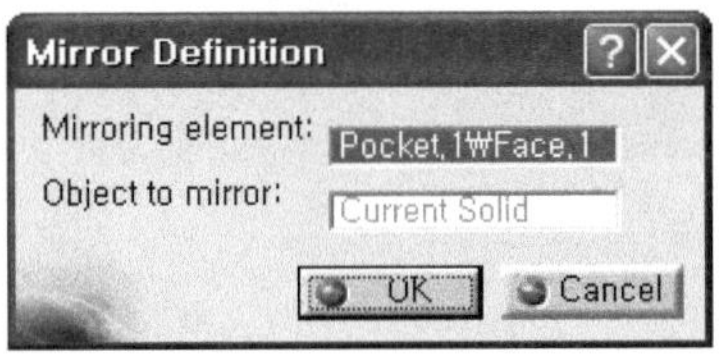

3 Patterns

선택한 형상을 직선, 원 등에 맞춰 반복적으로 생성 작업을 하는 아이콘을 포함하고 있는 Toolbar이다.

3-1 Rectangular Pattern

사각형의 형상(가로와 세로 두 개의 방향)에 특정 형상을 선택하여 반복 생성하는 기능이다. Sketch의 Translation의 복사 기능과 같다고 생각하면 된다. 주의해야 할 점은 Sketch의 Translation은 복사 개수가 원본을 제외한 수였지만 Pattern은 원본을 포함한 수를 입력한다.

사용방법은 위에서부터 차례대로 선택을 하여도 되고 화면에 나타나는 형상을 보면서 작업을 하려면 아래에서부터 작업을 해도 된다.(Object to Pattern을 먼저 선택하고, 방향을 설정)

First Direction을 설정(Parameter, 기준 방향, Object to Pattern)한다.

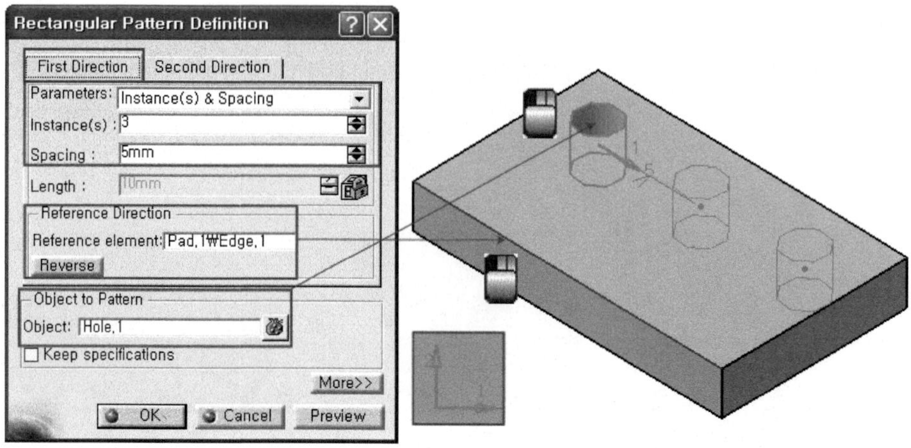

Second Direction을 설정(Parameter, 기준 방향)한다.

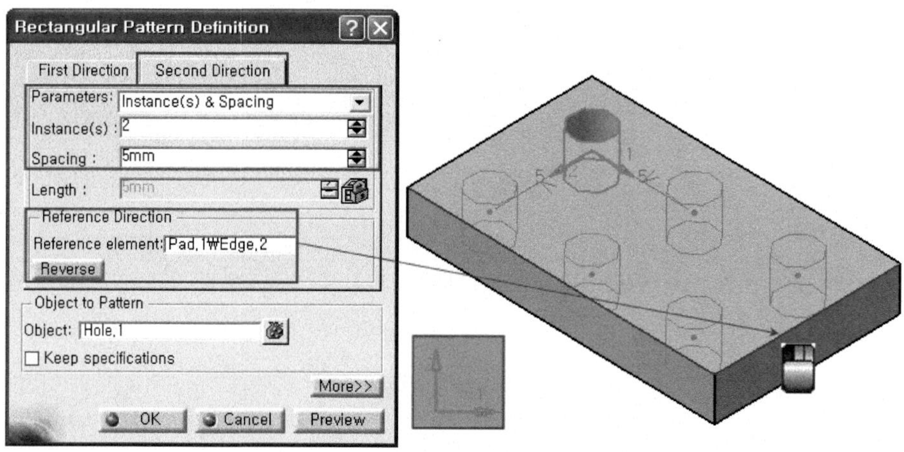

① **Direction** : First Direction과 Second Direction을 선택하여 한 번에 두 방향으로 복사할 수 있다. 방향은 화면 상에서 화살표와 숫자로 알려준다.(Sketch의 Translation에서는 두 방향으로 복사를 하려할 때 두 번 작업을 하여야 한다.)

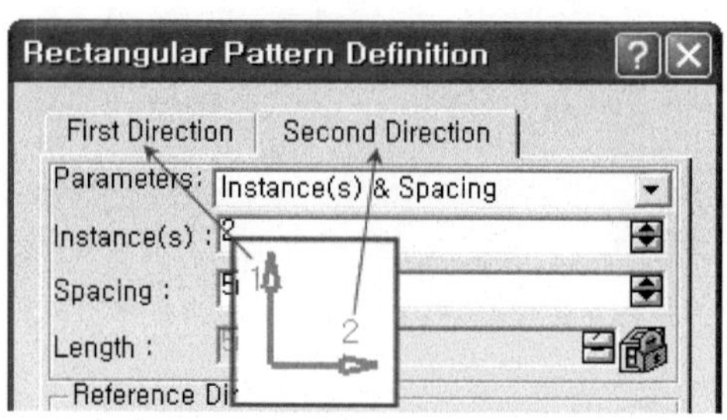

② **Parameters** : 형상의 위치 배치방법 4가지는 다음과 같다.

㉠ **Instance(s) & Length** : 복사 개수와 형상의 등간격 거리 값

㉡ **Instance(s) & Spacing** : 복사 개수와 형상 사이의 거리 값

㉢ **Spacing & Length** : 형상 사이의 거리 값과 형상의 등간격 거리 값

㉣ **Instance(s) & Unequal Spacing** : 복사 개수와 등간격이 아닌 형상 사이의 거리 값(사용자가 직접 각각의 값을 선택하여 지정)

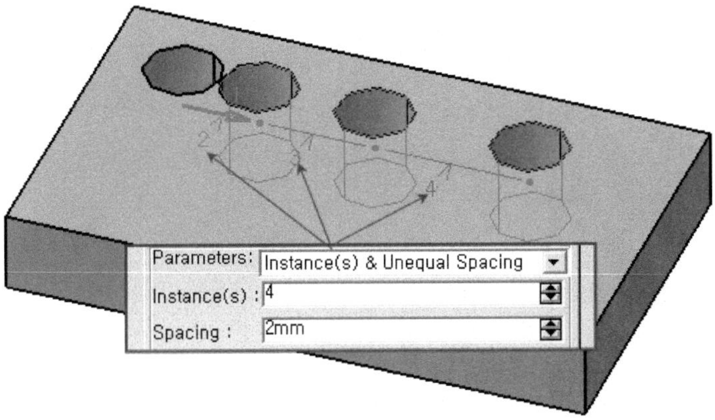

③ **Reference Direction** : Pattern이 이루어질 방향을 지정하는 것으로 각각의 방향(First Direction, Second Direction)에 맞춰 마우스 3번 버튼()의 Contextual Menu를 이용하여 축을 지정하거나 형상에서 방향에 맞는 외부 테두리를 이용하거나 면을 이용하여 지정할 수도 있다.

④ **Object to Pattern** : Pattern을 하고자 하는 대상을 선택하는 것으로 Default로 Current Solid(현재 작업 중인 Body 전체)가 선택이 되어 있으므로 특정 부분만 Pattern할 때는 다시 선택을 해줘야 한다.

㉠ **Pattern의 대상이 여러 개일 때** : Pattern 대상이 여러 개라면 Pattern 아이콘 선택 전에 Ctrl키를 누른 상태에서 여러 개의 대상을 선택한 후에 Pattern을 실행하면 된다.(Pattern은 다중 선택() 아이콘이 있으나 Definition 창에서는 다중 선택이 되지 않는다.)

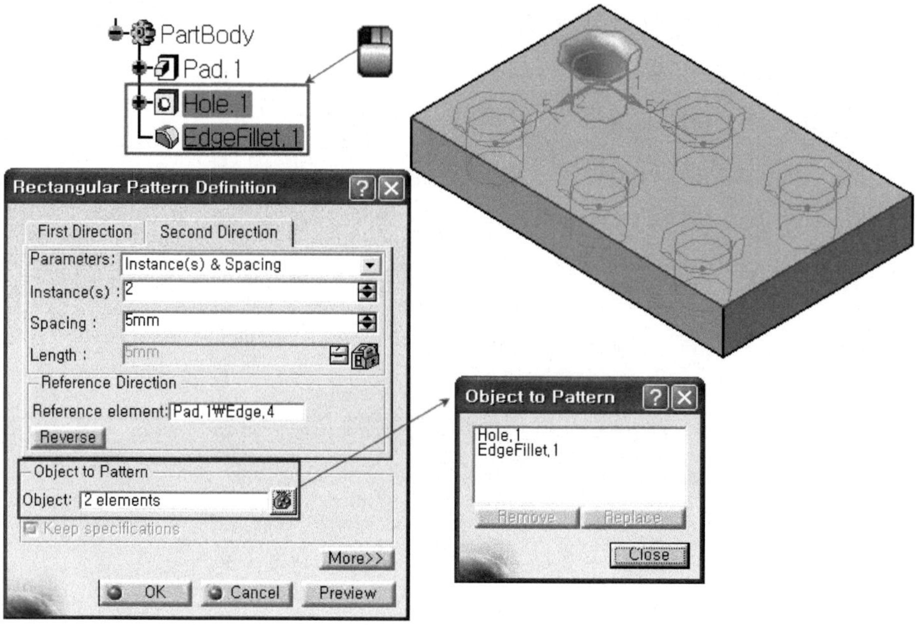

㉡ **Keep specifications** : Pattern 대상의 특성을 유지한 채 복사를 하고 싶을 때 사용하는 기능이다.

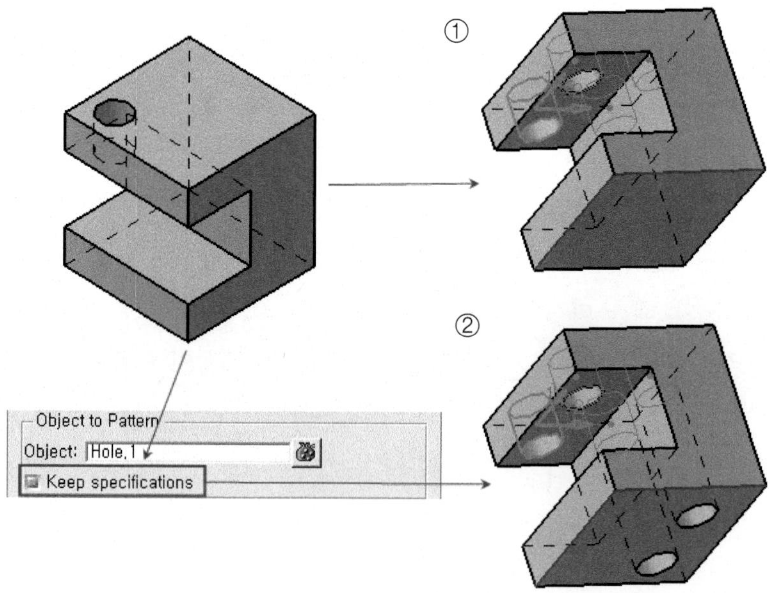

위의 형상에서 Hole이 Up to Next로 작업되었을 때 Keep specifications를 선택하지 않고 작업을 하면 ①과 같이 현재의 형상에 대해서 Pattern이 생성된다. 하지

만 Keep specifications를 선택하면 ②와 같이 Pattern 생성 시 Up to Next에 대한 특성을 살려서 Hole의 길이가 변하게 된다.

ⓒ **Pattern에서 불필요 요소 제거하기** : Pattern에서 필요하지 않은 부분을 선택 제거할 때 사용하는 기능이다. Pattern은 항상 일정 간격으로 복사가 되는데 중간에 필요 없는 부분이 있을 때 그 부분을 복사하지 않게 할 때 쓰인다.

사용방법은 Pattern 설정 후에 Preview를 눌러 위치 확인하면서 필요 없는 부분은 새로 생성되는 형상의 중심에 나타난 주황색의 Point를 클릭하여 선택을 제거하면 된다.

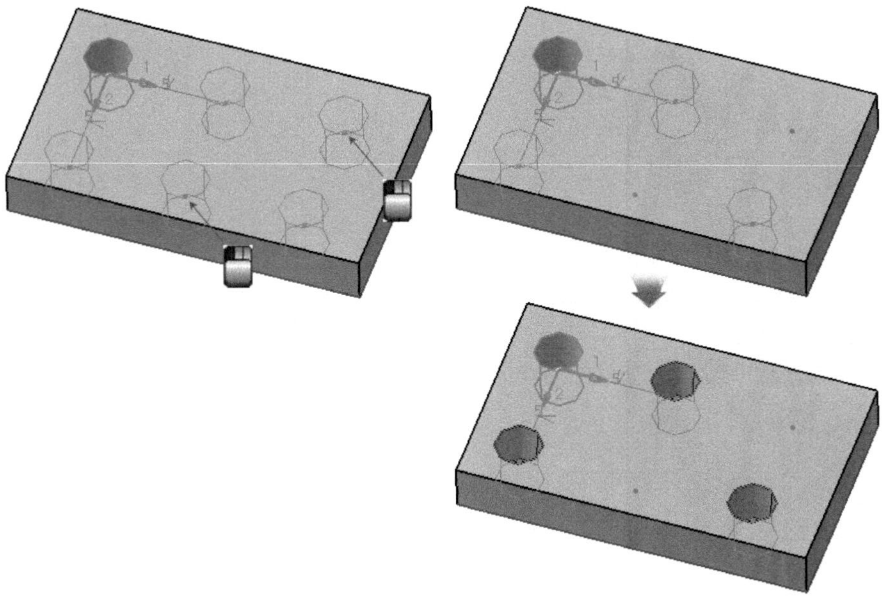

ⓓ **Position of Object in Pattern** : 일반적으로 Object to Pattern을 기준으로 한 방향으로만 복사가 될 것이다. 하지만 기준이 되는 Object to Pattern이 항상 시작점일 수가 없으니 반대 방향으로도 복사를 하고 싶을 때 사용하는 기능이다.

사용방법은 Pattern에서 More 버튼을 눌러 Position of Object in Pattern에서 설정을 해주면 된다. 이때 Row in Direction 1, 2가 있는데 1은 First Direction의 설정이고 2는 Second Direction의 설정이다. Default 값은 1로 되어 있는데 Object의 위치가 첫 번째에 있다고 나타내준다. 다음 그림과 같이 Object의 위치가 전체 생성되는 위치 중 2번째에 위치한다면 값을 2라고 입력하면 원하는 바와 같이 양쪽으로 Pattern 생성하는 것과 같은 결과를 얻을 수 있다.

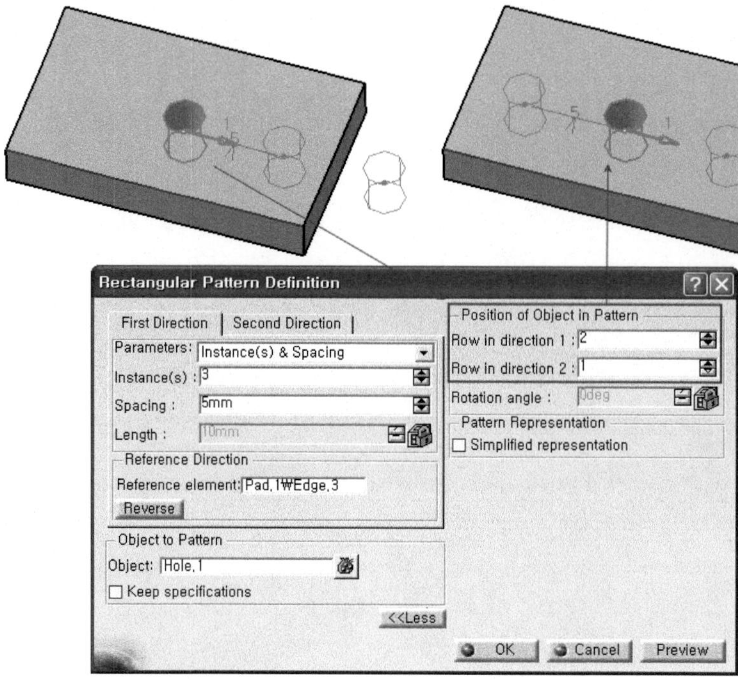

3-2 Circular Pattern 

원형의 형상에 특정 형상을 선택하여 반복 생성하는 기능이다. Sketch의 Rotate의 복사 기능과 같다고 생각하면 된다.

사용방법은 Rectangular Pattern과 비슷하지만 Reference Direction 설정에 있어 조금 다른데 Circular Pattern은 방향 설정이 아니라 회전의 중심축을 설정한다.

회전의 중심축이 원기둥의 중심일 때는 원기둥의 평면을 선택하면 자동으로 원기둥의 중심축을 선택하게 된다.

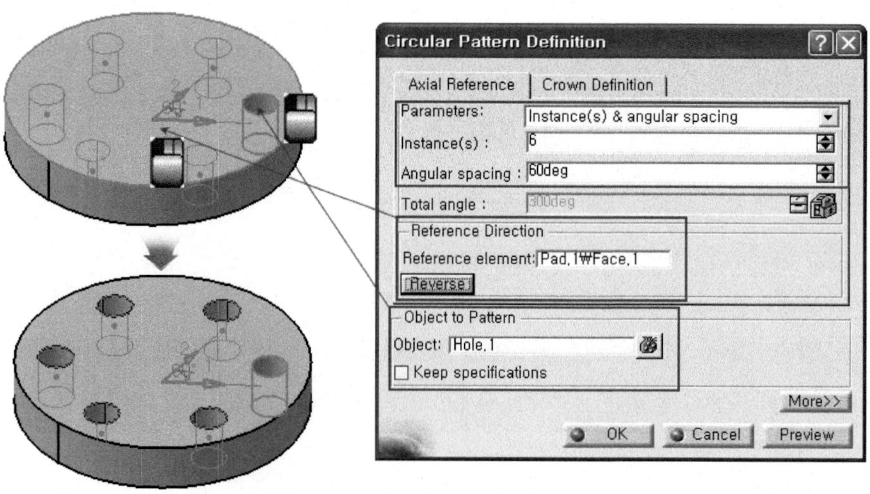

회전의 중심축이 절대 좌표축일 때는 마우스 3번 버튼(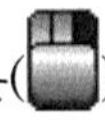)의 Contextual Menu를 이용하여 축을 선택하면 된다.(Surface에서 Line 생성을 배우게 되면 절대축이 아닌 위치에도 회전축을 생성하여 설정할 수가 있다.)

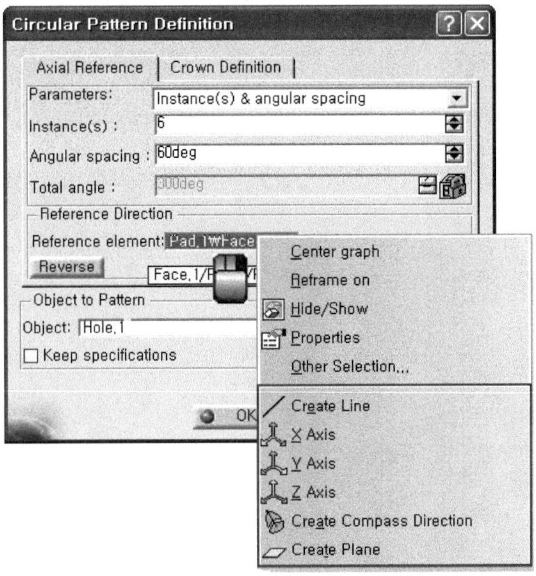

① Axial Reference-Parameters : 형상의 위치 배치방법 5가지는 다음과 같다.

㉠ **Instance(s) & total angle** : 복사 개수와 전체 각도 값

㉡ **Instance(s) & angular spacing** : 복사 개수와 형상 사이의 각도 값

㉢ **Angular Spacing & total angle** : 형상 사이의 각도 값과 전체 각도 값

㉣ **Complete crown** : 복사 개수만 입력하면 항상 자동으로 360도에 등간격으로 분배

㉤ **Instance(s) & Unequal angular Spacing** : 복사 개수와 등간격이 아닌 형상 사이의 각도 값(사용자가 직접 각각의 값을 선택하여 지정)

② Crown Definition : 형상의 내·외부 위치 배치방법 3가지는 다음과 같다.

㉠ **Circles(s) & crown thickness** : Circle의 수(복사 개수)와 시작 위치에서 끝나는 위치까지의 거리를 입력하여 복사 개수에 맞춰 등간격으로 분배

㉡ **Circles(s) & circle spacing** : Circle의 수(복사 개수)와 형상 사이의 거리 값

㉢ **Circle spacing & crown thickness** : 형상 사이의 거리 값과 Circle의 전체 크기 값

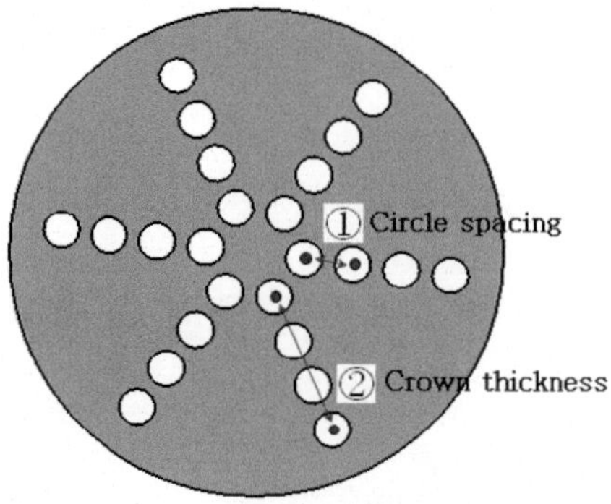

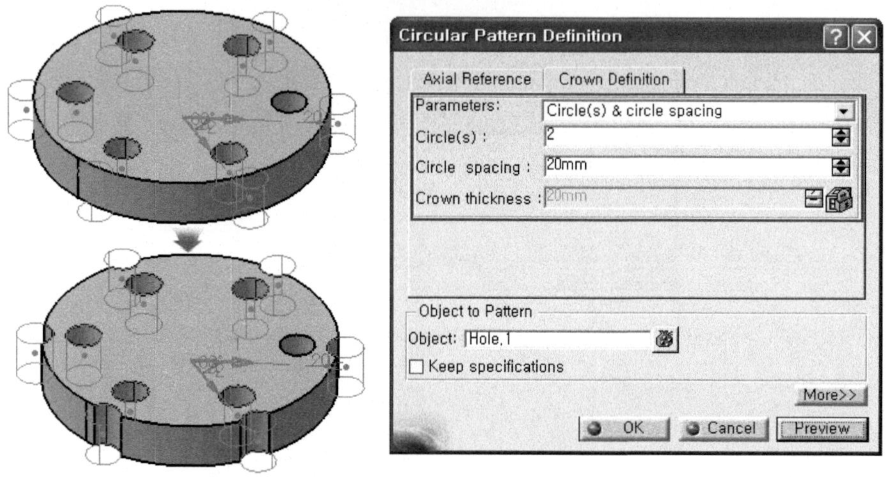

③ Radial allignment of instance(s) : More 버튼을 누르면 있는 기능으로 형상의 회전 시 복사 형상도 축에 따라 회전이 일어나는지 아닌지에 대한 기능으로 Default로 선택되어 있다.

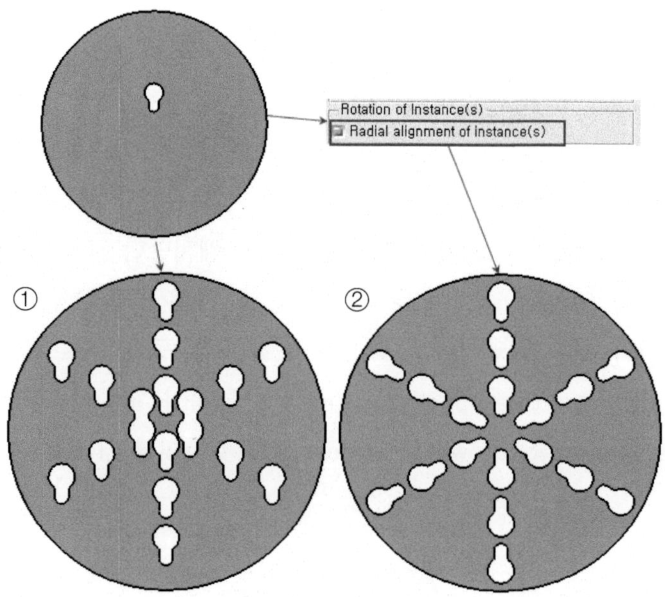

3-3 User Pattern

형상을 사용자가 임의로 지정하는 위치에 생성하는 기능이다.

사용방법은 미리 Sketch로 원하는 위치에 Point를 이용하여 생성 지점을 지정한 후 User Pattern Definition 창에서 Position에 Sketch를 지정해 주고 복사를 원하는 형상을 지정해 주면 Sketch에서 지정한 임의의 Point 위치에 형상이 생성된다.

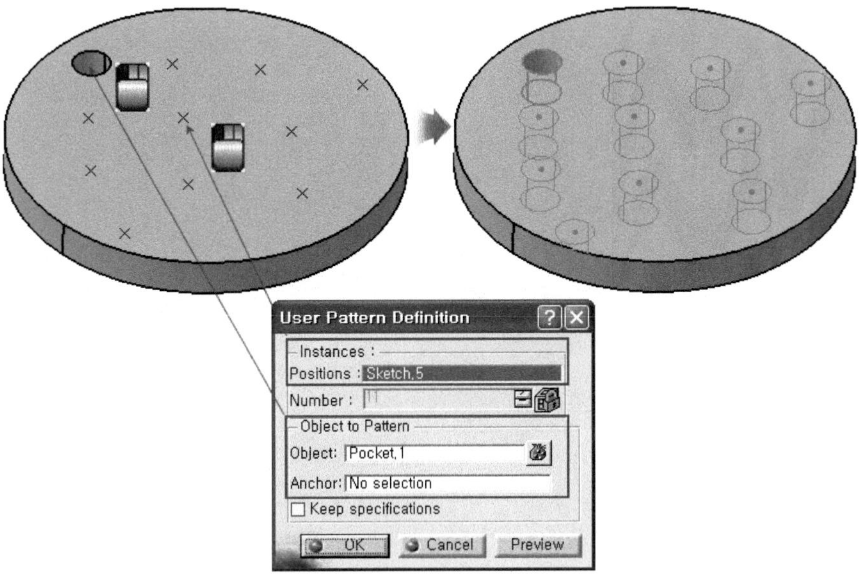

참고

Pattern 작업한 내용은 Tree 상에서 Pattern으로 표시되는데 각각의 작업으로 Tree 상에서 나타내고 싶으면 마우스 3번 버튼( )의 Contextual Menu를 이용하여 Pattern Object의 Explode를 사용하면 Tree 상에 각각 Feature 작업한 것과 같이 나타난다.

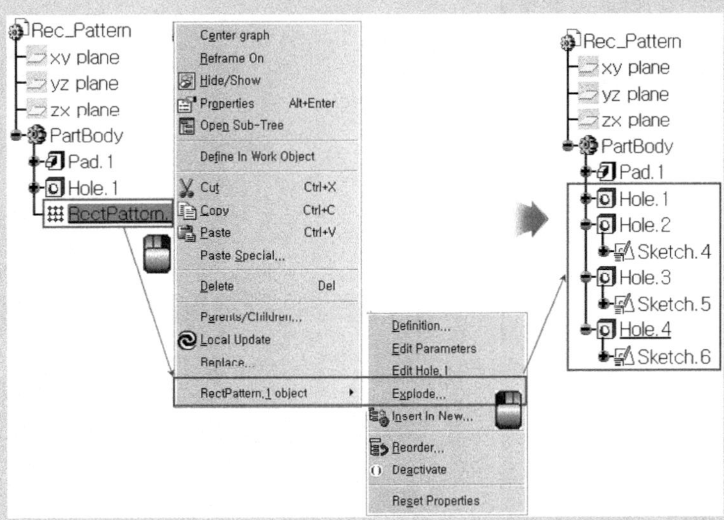

4 Scale

선택한 형상을 확대, 축소 작업을 하는 아이콘을 포함하고 있는 Toolbar이다.

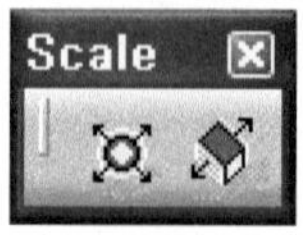

4-1 Scaling 

형상을 임의의 기준점이나 평면을 선택하여 크기를 확대하거나 축소하는 기능이다.(기준점을 이용하여 확대, 축소를 하면 3차원 형상의 확대, 축소가 한 번에 이루어지고, 평면을 이용하여 확대, 축소를 하면 평면을 기준으로 확대가 되어서 3번의 작업이 이루어져야 된다.)

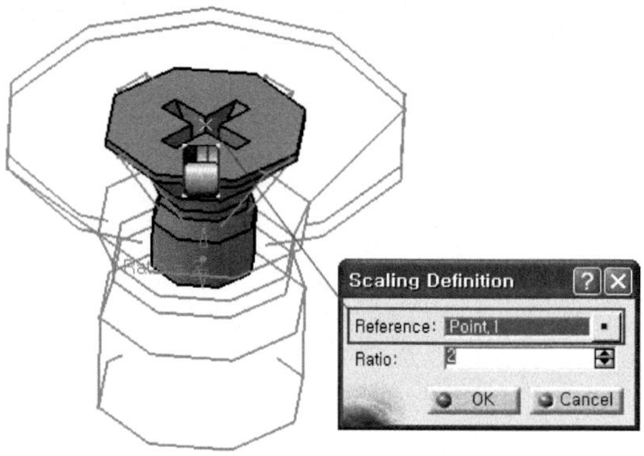

4-2 Affinity 

형상을 원점, 축방향, 좌표계 등을 이용하여 크기를 확대하거나 축소하는 기능이다.

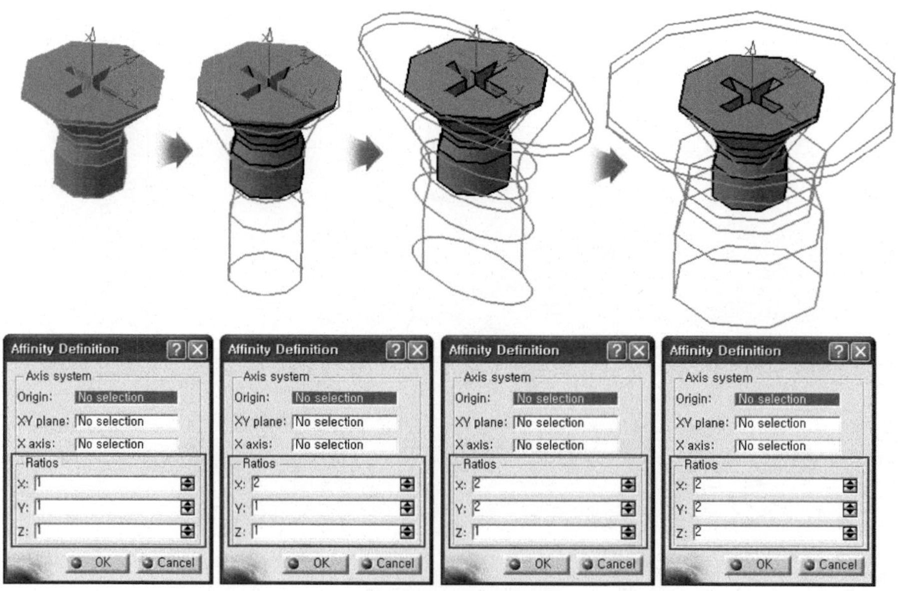

❖ Insert

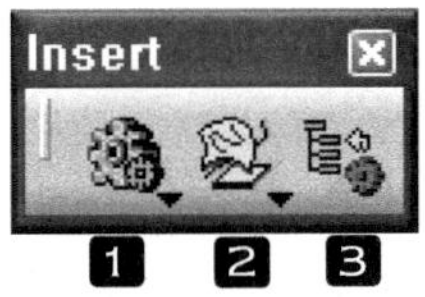

CATIA V5에서 앞으로 배울 Boolean Operation을 하기 위해서는 Body를 추가하거나 WireFrame와 Surface 관리를 위해서 Geometrical Set을 추가를 해야 하는데 이때 사용하는 아이콘을 포함하고 있는 Toolbar이다.

1 Body

Boolean Operation을 하기 위해 새로운 Body를 추가할 때 사용하는 아이콘이다.(아이콘을 선택해도 되고 Pull Down 메뉴에서 Insert 〉 Body를 찾아서 선택해도 된다.)

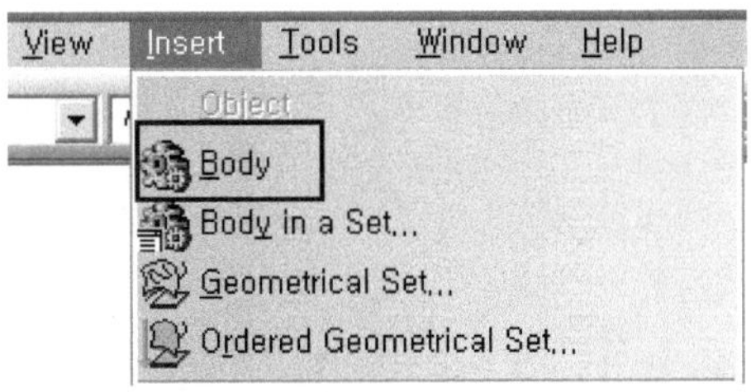

2 Geometrical Set

WireFrame와 Surface를 관리하기 위해서 Geometrical Set을 추가할 때 사용하는 아이콘이다.

3 Insert in new body

Specifications(Tree)의 Feature를 선택하여 아이콘을 누르면 선택한 Feature가 새로운 Body로 들어가고 새롭게 생성된 Body는 조립(Assemble)까지 하는 아이콘이다.

Tip

아이콘을 이용하여 Insert In New를 하여도 되고, 다음과 같은 방법으로 하여도 된다.

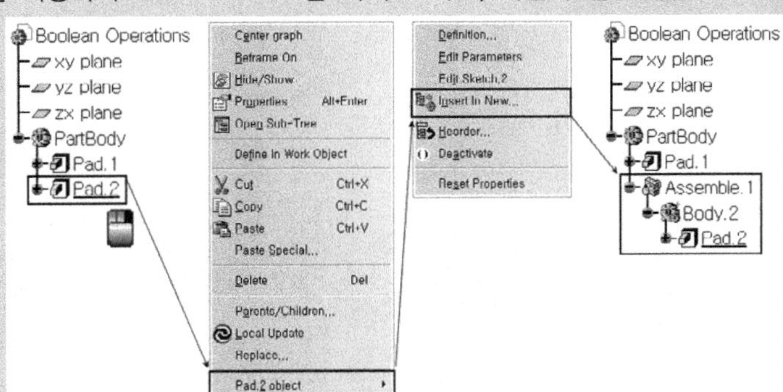

✣ Boolean Operations

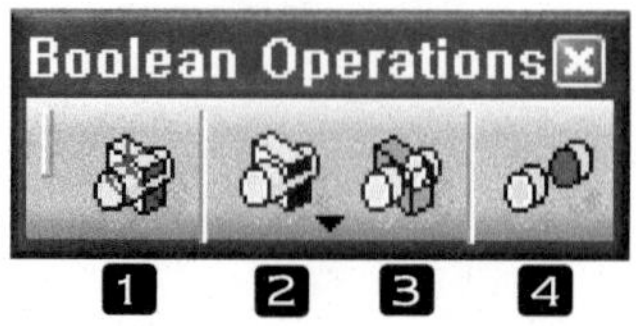

1 Assemble

Body 내부의 Feature의 속성((+), (-))을 조합하여 형상을 생성하는 기능이다.

① **(+) 속성의 Body** : Body 내부의 속성이 Pad, Shaft 등과 같은 (+) 속성을 가지고 있으면 기준이 되는 Body에 선택한 Body의 형상이 추가가 된다.

㉠ 첫 번째로 PartBody에 기본 형상의 Feature를 생성하고, 두 번째로 Insert 〉 Body를 이용하여 Body.2를 생성하여 Body.2에 Pad((+) 속성)를 이용하여 Feature를 생성한다.

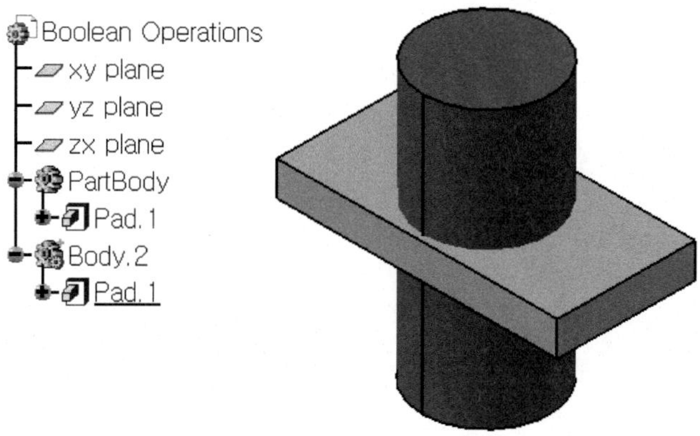

㉡ Assemble 아이콘을 선택하여 Boolean 연산을 하려는 Body를 선택해 주면 PartBody로 연산이 이루어진다.

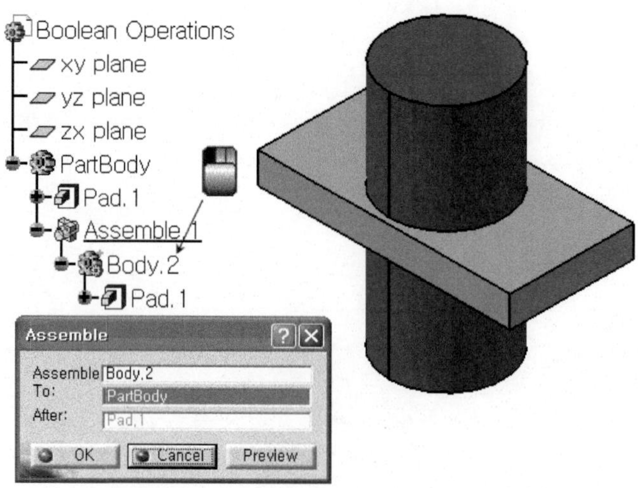

㉢ Assemble 전과 Assemble 후의 비교(PartBody의 투명도를 설정하여 차이점을 나타냄.)

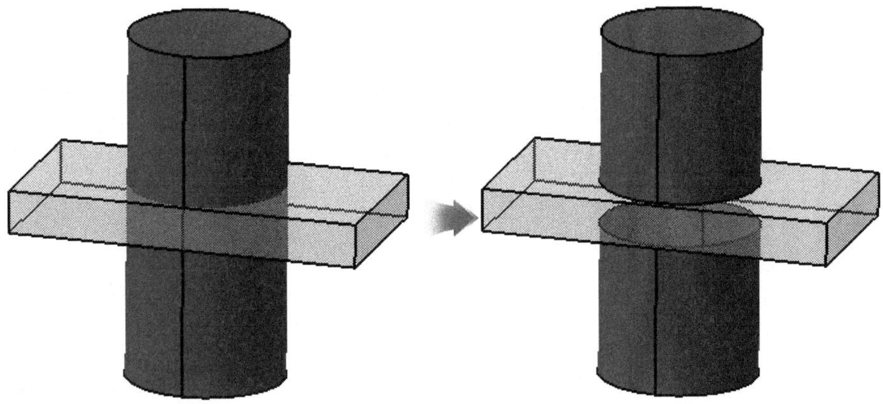

② (−) 속성의 Body : Body 내부의 속성이 Pocket, Groove 등과 같은 (-) 속성을 가지고 있으면 기준이 되는 Body에서 선택한 Body의 형상이 제거가 된다.

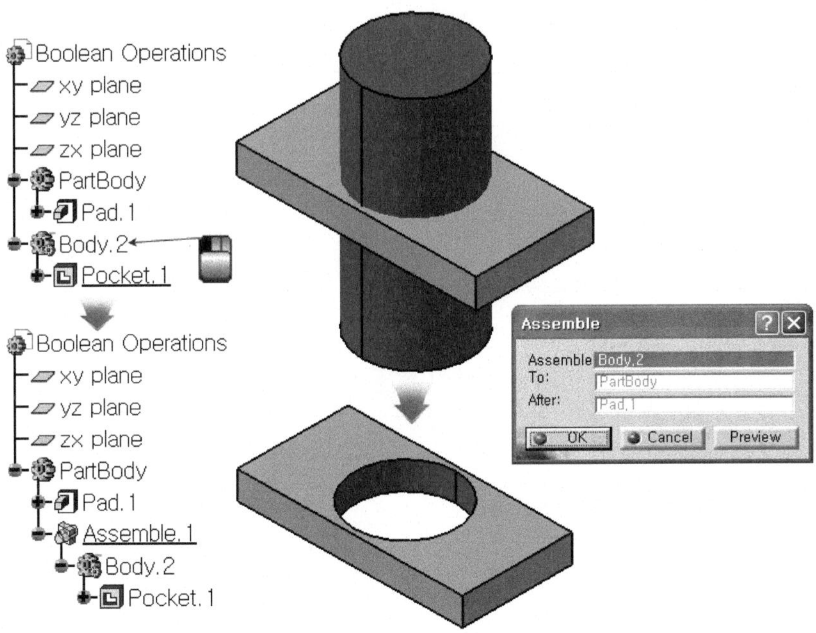

Body가 2개일 때는 그냥 작업을 하면 되는데 Body가 3개 이상일 때는 기준(Boolean연산의 기본 Feature)을 설정해 주고 난 뒤에 Assemble을 실행하여야 원하는 Body로 연산이 된다. 만약 Body를 설정하지 않으면 PartBody로 작업이 되니 꼭 기준 위치를 지정해 주고 난 뒤 작업하기를 추천한다.

기준 설정방법은 아래에 있는 참고의 현재 작업 위치 설정방법과 같다. 옮기고자 하는 Body를 선택하여 작업 위치를 설정해 주면 된다.

참고

CATIA의 현재 작업 위치는 Tree에서 보면 검은색 밑줄이 있는 부분이 현재 작업하고 있는 위치를 나타낸다.

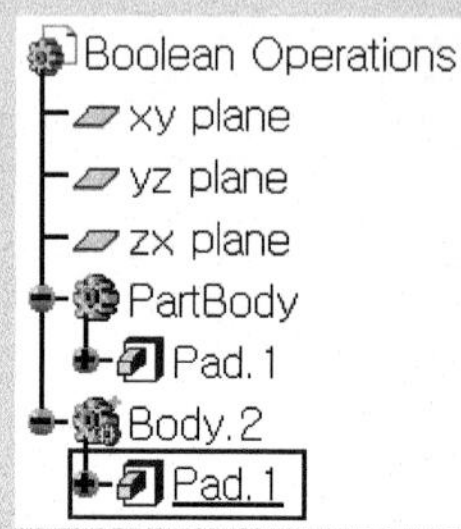

1. 첫 번째 방법은 Body.2의 Pad.1에 연결해서 작업을 하려면 그대로 사용해도 되지만 PartBody에서 작업을 하려면 검은색 밑줄의 위치를 변경해야 하는데, 이때는 이동하고자 하는 위치에서 마우스 3번 버튼( )의 Contextual Menu를 이용하여 Define In Work Object를 선택하면 밑줄을 이동할 수 있다.

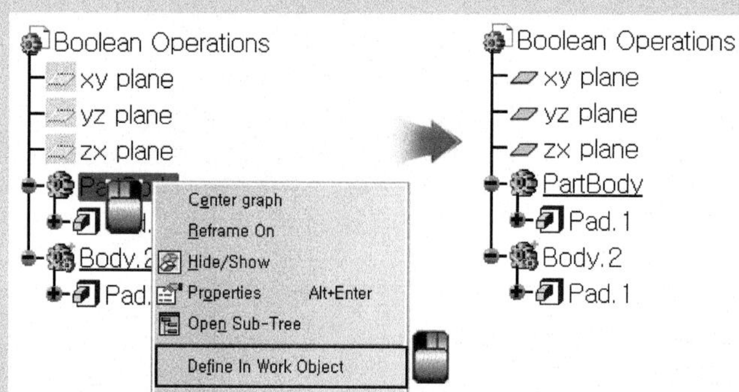

2. 두 번째 방법은 Tools Toolbar에서 직접 Body를 선택하는 방법이다. 작업하고자 하는 Body를 선택만 해주면 밑줄이 자동으로 이동이 된다.

2 Boolean Operations

수학의 집합을 배울 때 합집합, 차집합, 교집합에 대해서 배운 적이 있는데 이번에 배울 Toolbar가 집합의 개념을 가진 아이콘들을 포함하고 있다.

2-1 Add 

Body 내부의 Feature 속성에 관계없이 형상을 생성하여 합치는 기능이다. 집합의 개념 중 합집합에 속하는 기능으로 기준이 되는 Body에 선택하는 Body를 무조건 합친다.(앞에서 배운 Assemble의 (+) 속성의 결과와 똑같다.)

① Body를 2개 추가하여 하나의 Body에는 (+) 속성의 Pad 작업을 다른 하나의 Body에는 (-) 속성의 Pocket 작업을 하였다.

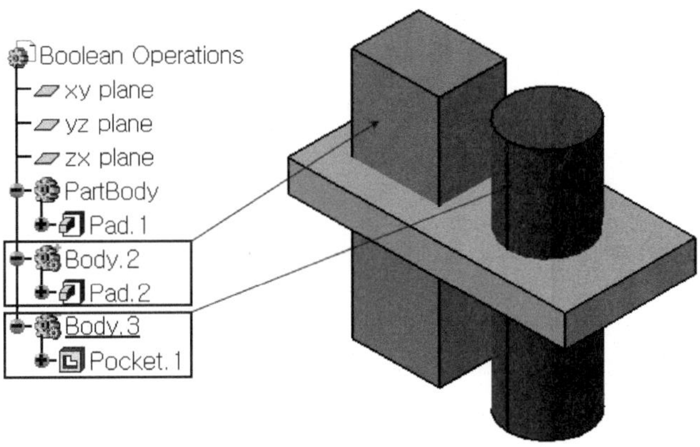

② Add 아이콘을 선택하여 Boolean 연산을 하려는 Body를 선택해 주면 PartBody로 연산이 이루어진다.

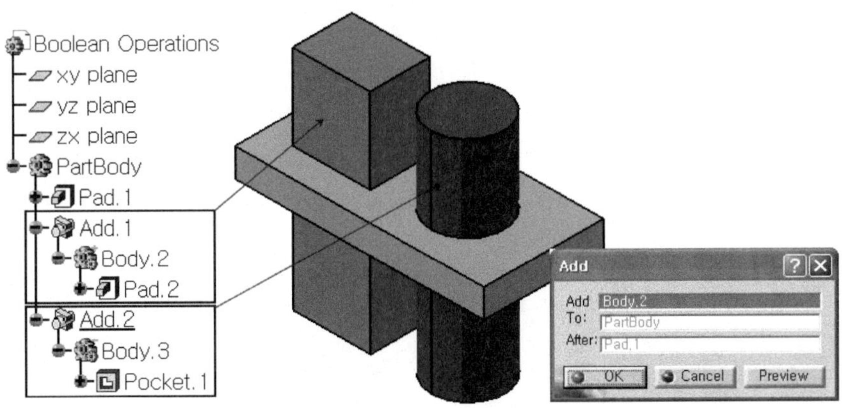

2-2 Remove 

Body 내부의 Feature 속성에 관계없이 형상을 생성하고 제거하는 기능이다. 집합의 개념 중 차집합에 속하는 기능으로 기준이 되는 Body에 선택하는 Body를 무조건 제거한다.(앞에서 배운 Assemble의 (-) 속성의 결과와 똑같다.)

Remove 아이콘을 선택하여 Boolean 연산을 하려는 Body를 선택해 주면 PartBody로 연산이 이루어진다.

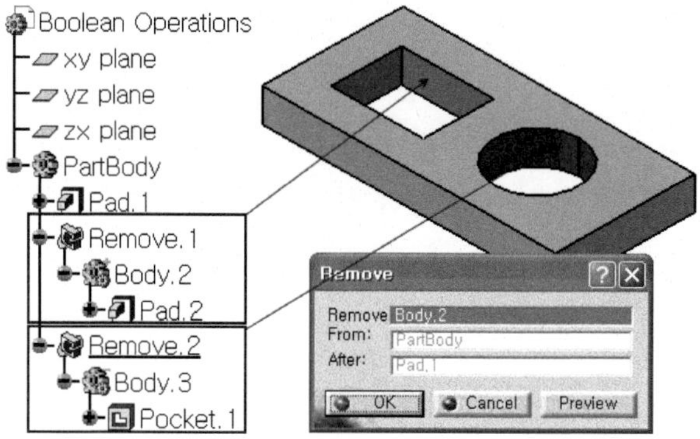

2-3 Intersect 

Body 내부의 Feature 속성에 관계없이 Body가 교차되는 부분만 남기는 기능이다. 집합의 개념 중 교집합에 속하는 기능으로 기준이 되는 Body와 선택하는 Body가 교차되는 부분만 남긴다.

Intersect 아이콘을 선택하여 Boolean 연산을 하려는 Body를 선택해 주면 PartBody로 연산이 이루어진다.

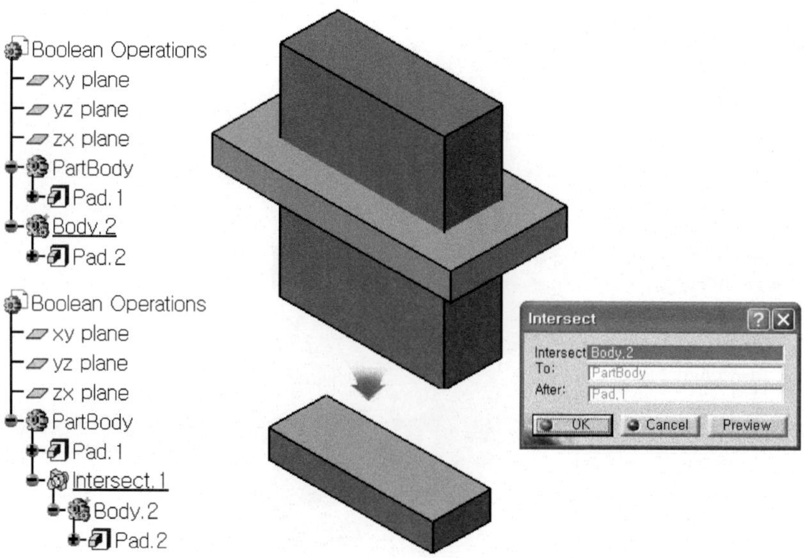

❸ Union Trim

Union은 결합의 의미와 Trim은 깎아낸다는 사전적 의미를 가지고 있는데 이름 그대로 두 가지의 기능을 내포하고 있는 아이콘이다.

두 Body를 하나로 합치면서(Add) 두 Body에서 필요 없는 부분을 선택하여 제거할 수 있다. 그리고 Trim은 기준 Body는 안되고 선택하는 Body만 Trim이 가능하다.

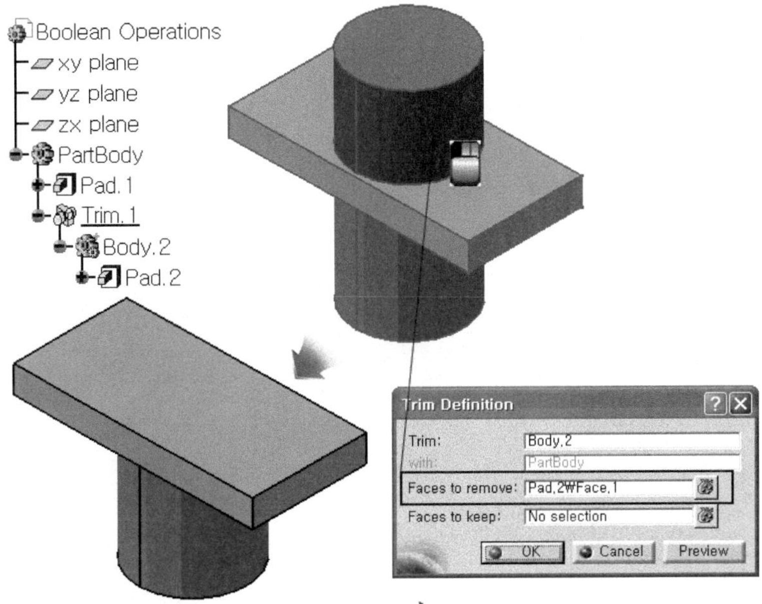

❹ Remove Lump

Feature의 불필요한 부분이 남아있거나 기준 Feature에 불필요하게 떨어져 있는 형상을 제거할 때 사용하는 기능이다.

다음 그림과 같이 원기둥에서 떨어진 불필요한 형상을 제거할 때 Remove Lump를 이용하여 Faces to remove를 선택하면 간단하게 제거할 수 있다.

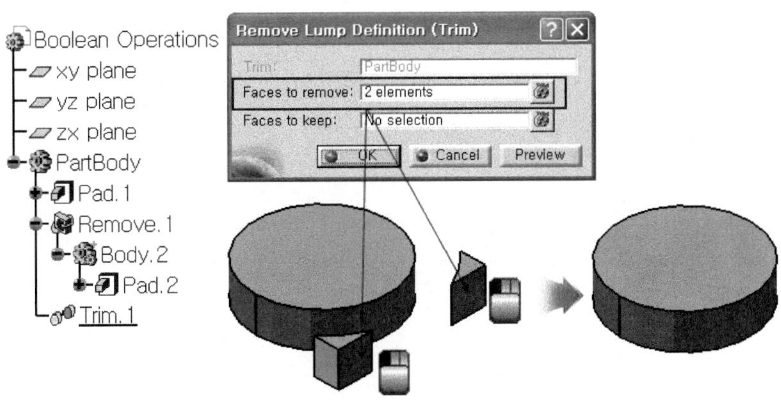

✣ Surface-Based Features

스케치가 아닌 곡면 요소를 기본으로 Solid 형상을 생성, 수정하는 아이콘을 포함하고 있는 Toolbar이다.

1 Split 

Solid 형상을 Surface(곡면 요소)를 이용하여 잘라내는 기능이다.

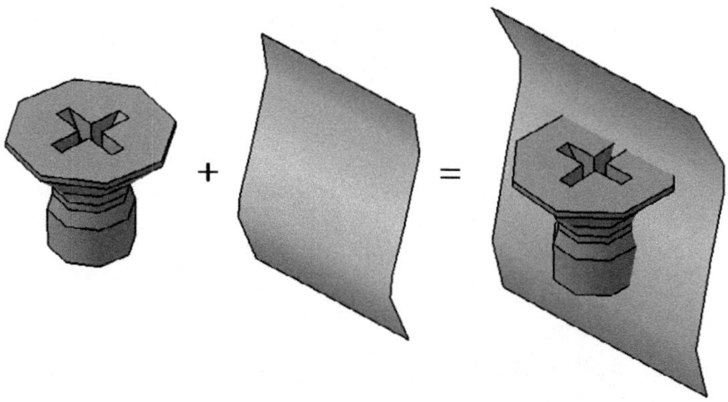

사용방법은 아이콘을 선택한 후 Surface를 선택하면 된다. 그 다음에 Solid 형상을 남겨둘 방향을 선택한 후 OK를 누르면 원하는 형상이 생성된다.

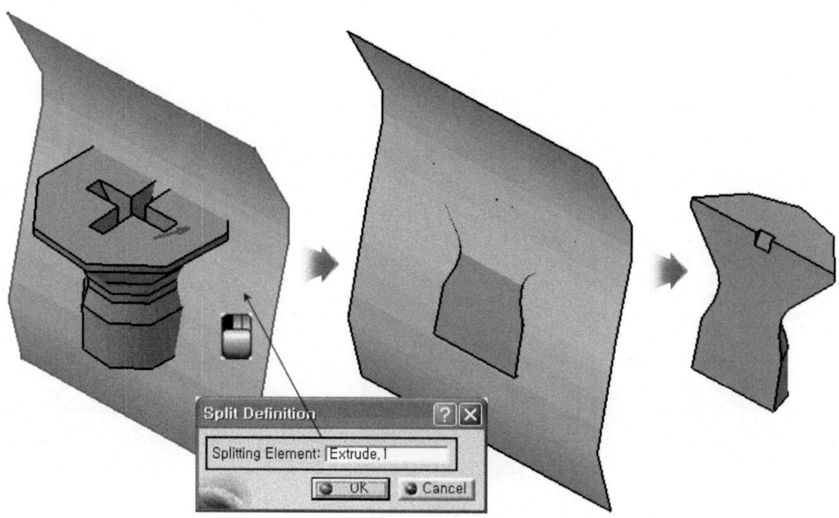

2 Thick Surface

Surface에 두께를 주어 Solid 형상을 생성하는 기능이다. Surface는 두께가 없는 형상이기 때문에 Thick Surface와 같은 방법으로 두께를 주어 형상을 완성한다. 두께를 줄 때 화살표의 방향은 First Offset이고 반대 방향이 Second Offset이다.

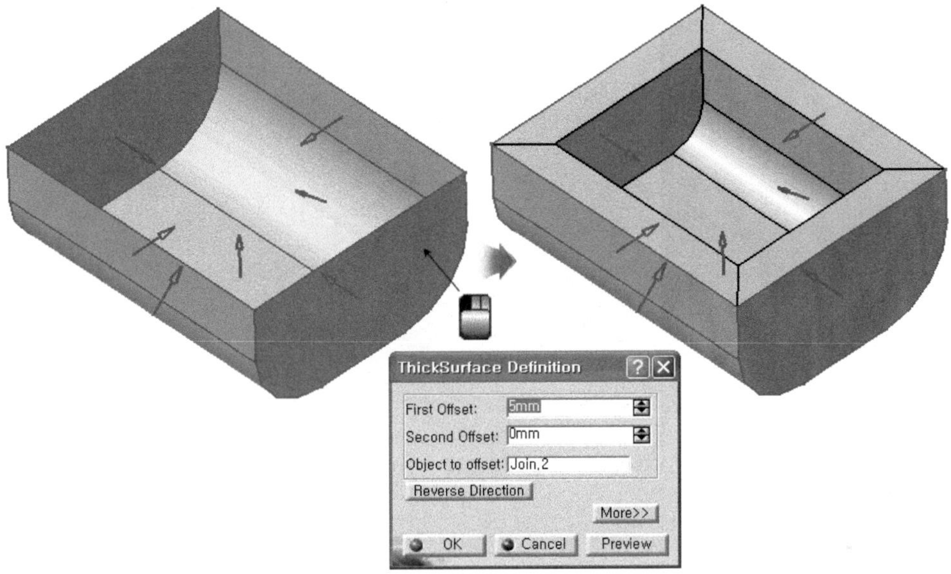

3 Close Surface

Surface에 내부를 Solid로 가득 채우는 형상을 생성하는 기능이다. Close Surface를 사용하기 위해서는 Surface가 닫혀있거나 다음 그림과 같이 Solid를 채워 넣을 수 있는 형상이 되어야지만 사용할 수 있다.

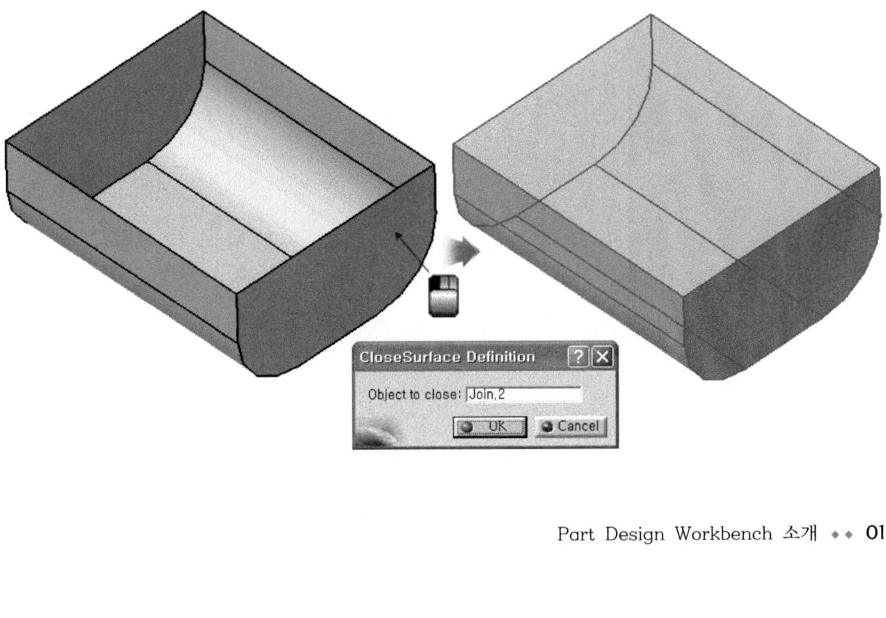

4 Sew Surface

Solid와 Surface의 빈공간이나 튀어나온 부분을 한꺼번에 채우거나 잘라내는 기능이다.

사용방법은 Object to sew에 Surface를 선택하고 화살표의 방향은 Solid가 채워지는 방향으로 설정한다. 그리고 Faces to remove에는 잘라내고 싶은 면을 선택하면 채워지는 부분이나 잘라내는 부분을 Surface에 맞춰서 형상이 생성된다.

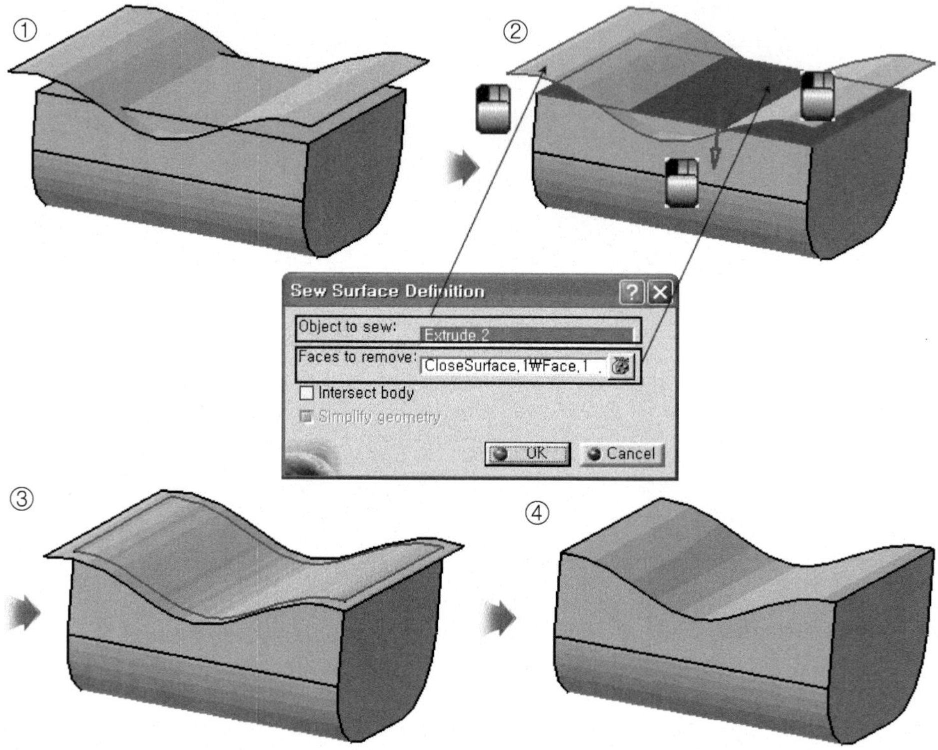

✳ Solid 요소 측정 및 검증

✣ Measure

Measure Between Geometry간 최솟값을 표현(길이, 각 등)한다.

① 아이콘을 눌러 다음과 같이 정의한다.

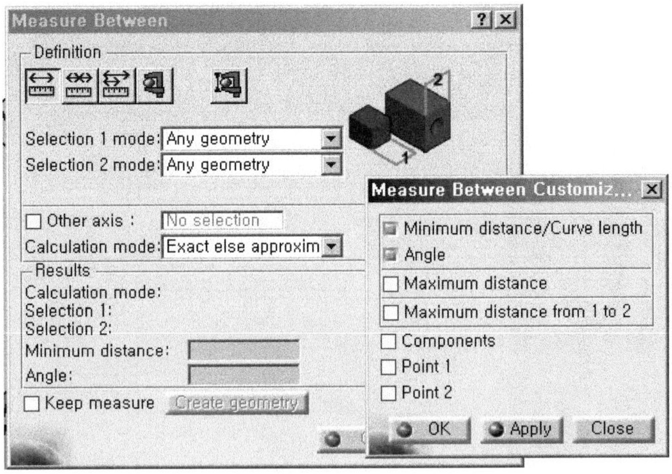

Between	Chain	Fan
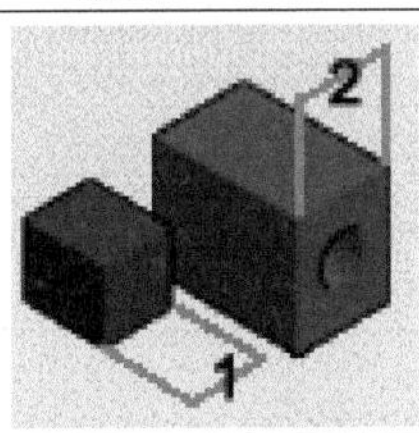	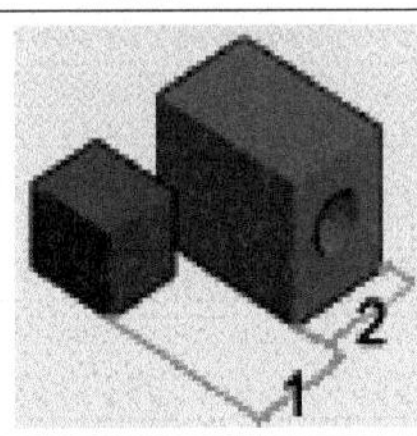	

② 원하는 요소를 선택하면 치수가 표현된다.

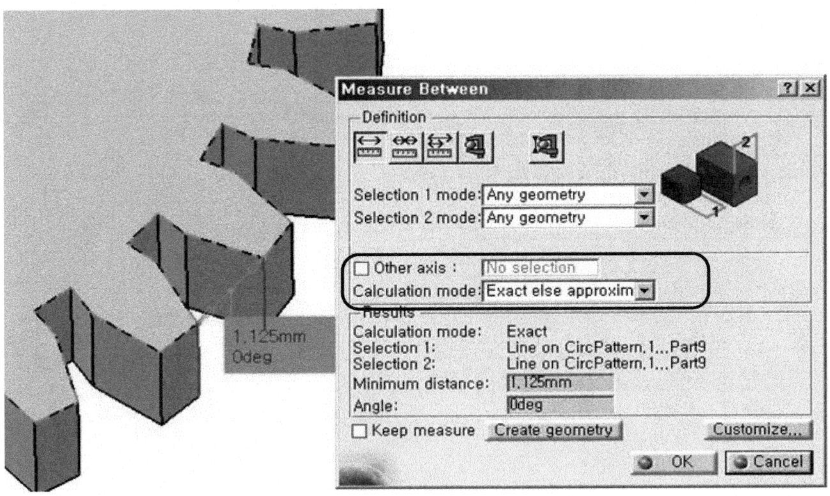

③ 기본축이 아닌 임의축을 중심으로 치수 정보를 알고 싶으면 Other Axis 옵션을 클릭하여 원하는 local 축을 선택하면 된다.

④ Create geometry를 선택하여 측정 Reference 요소를 생성하고, 또한 Spec Tree를 다음과 같이 확인하면 된다.

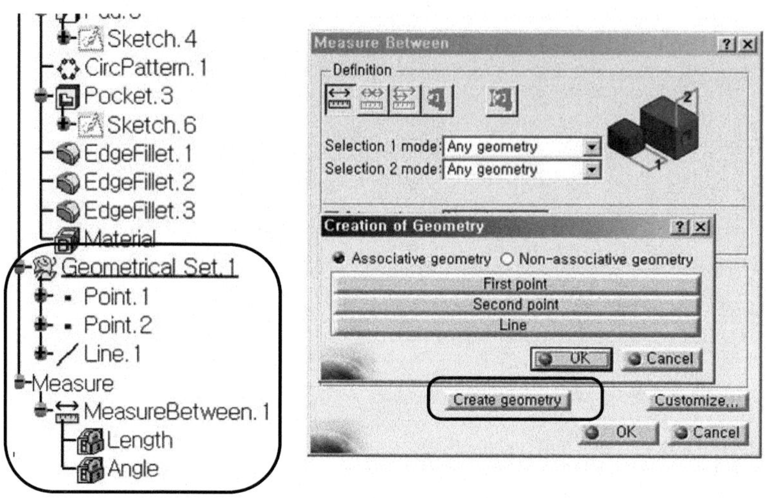

❷ Measure Item

선택 요소의 정의된 Properties의 정보를 다음과 같이 표현한다.

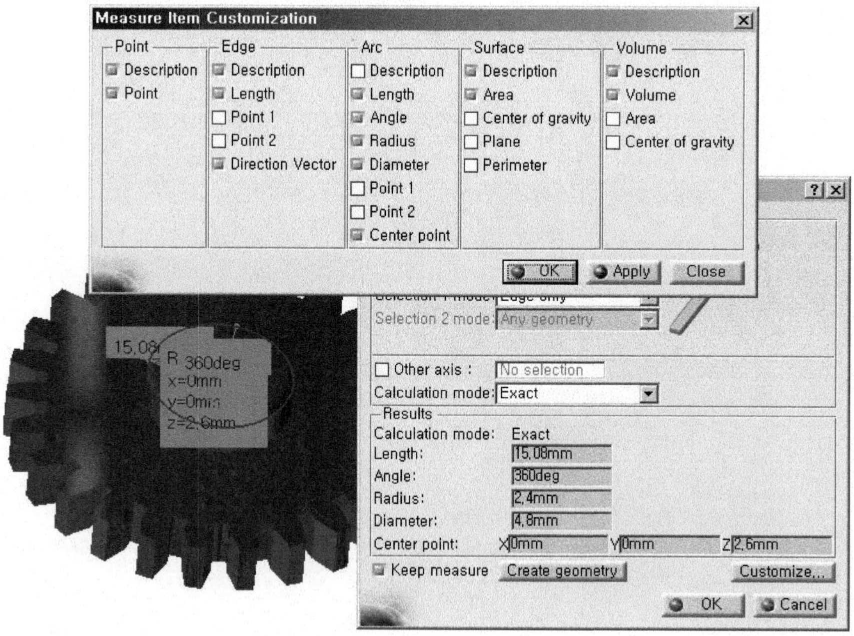

3 Measure Inertia 

3차원 모델의 볼륨과 곡면 물성치(Area, Volume, mass, Density, Surface density 등)와 2차원 모델의 평면의 관성 물성치 정보를 제공한다.

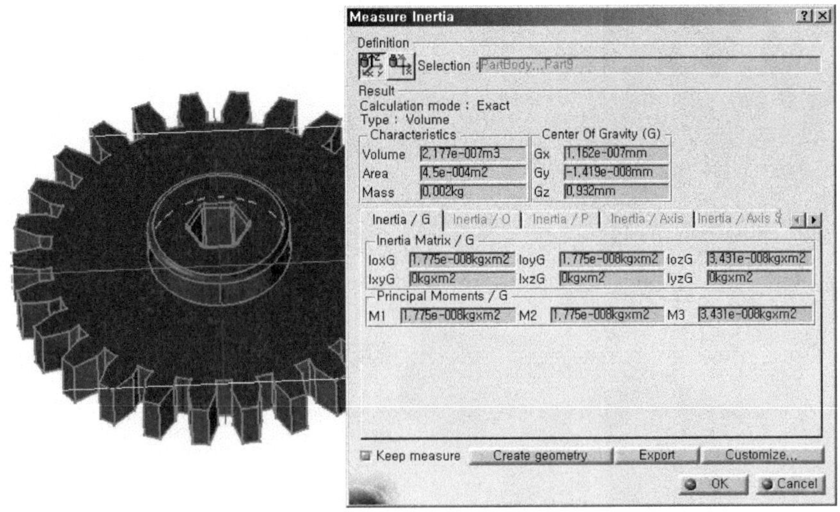

▲ Measure Inertia 3D

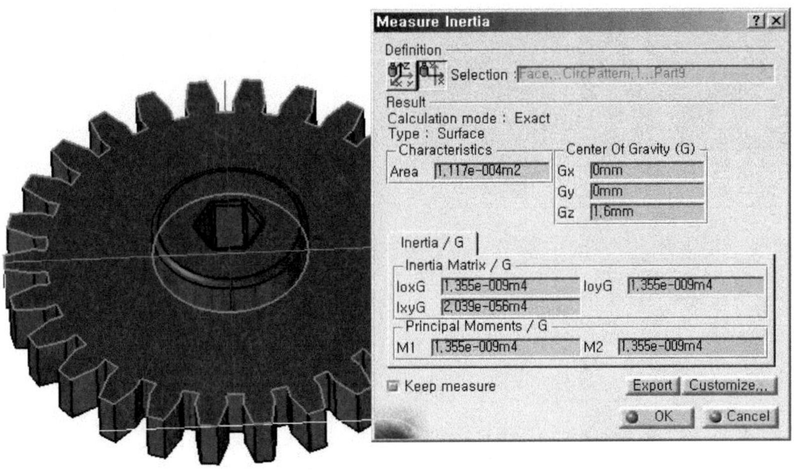

▲ Measure Inertia 2D

그 밖의 주요 기능(Feature 수정하기)

Part Desing Feature

1 Manual Feature Recognition 

Result로만 읽힌 솔리드 형상에 Feature 속성을 수동으로 부여하는 기능이다.

다음과 같이 Spec Tree가 유용하지 않아 솔리드를 수정하기가 곤란한 경우이다.

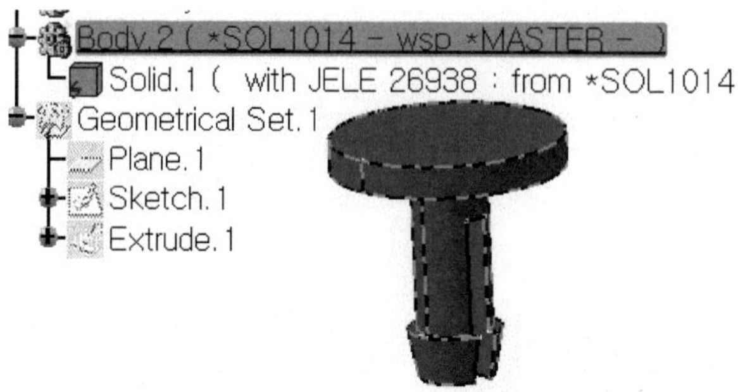

① 아이콘을 눌러 다음과 같이 정의하자.

Pad/Up to Surface : 윗면, 아랫면 선택

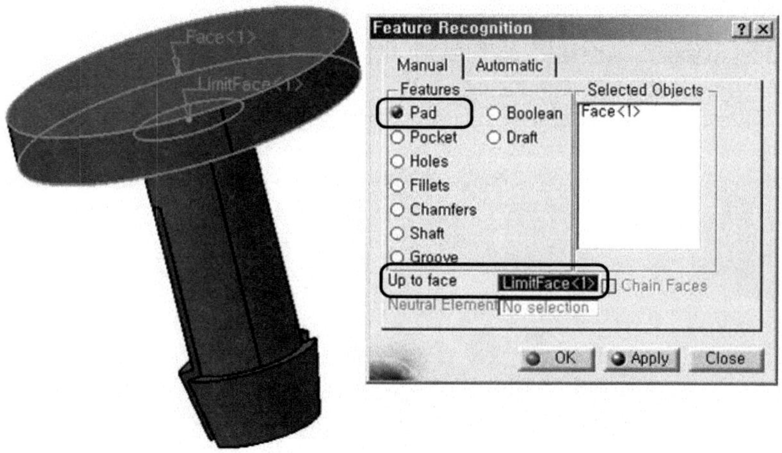

② 결과를 다음과 같이 수정할 수 있다.

Spec Tree에 수정 Feature를 확인한다.

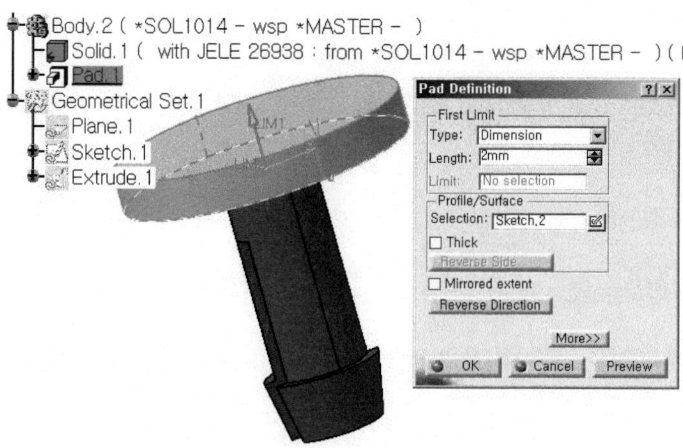

이러한 방법으로 원하는 feature를 수동으로 형성할 수 있다.

2 Automatic Feature Recognition

Result로만 읽힌 솔리드 형상에 Feature 속성을 일부분 자동으로 부여하는 기능으로 다음과 같은 경우 하나씩 시행하는 Manual 방식이 아닌 일괄적으로 자동 처리가 가능하다.(Holes, Chamfers, fillets에 적용)

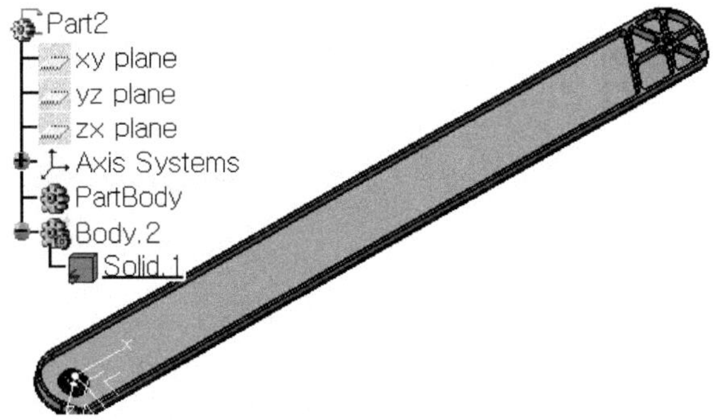

① 아이콘을 선택하여 다음과 같이 처리한다.

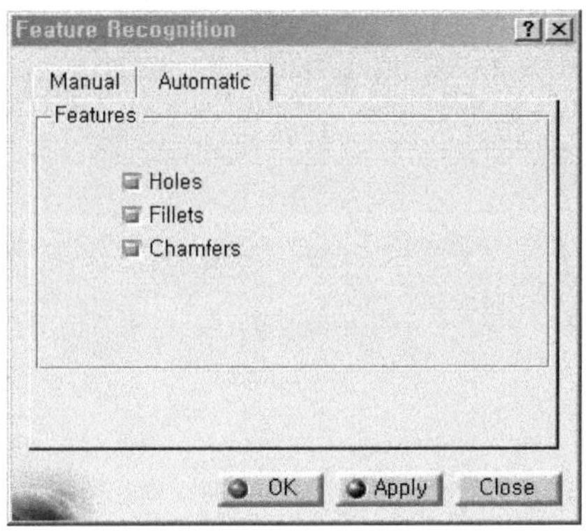

② 시스템이 일부분 자동으로 수정이 가능한 Feature를 생성한다.

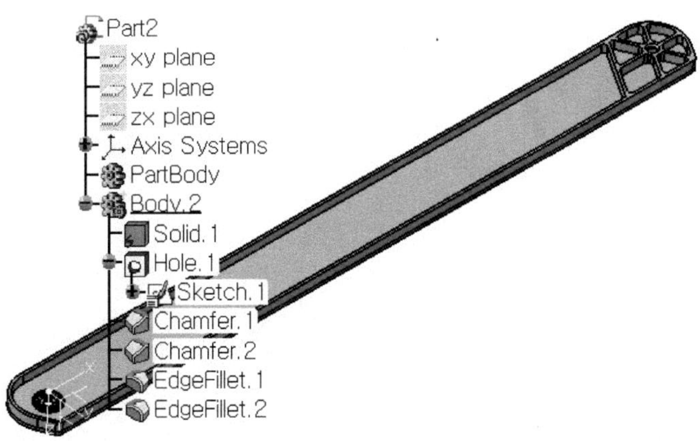

CHAPTER 02

솔리드 모델링 예제

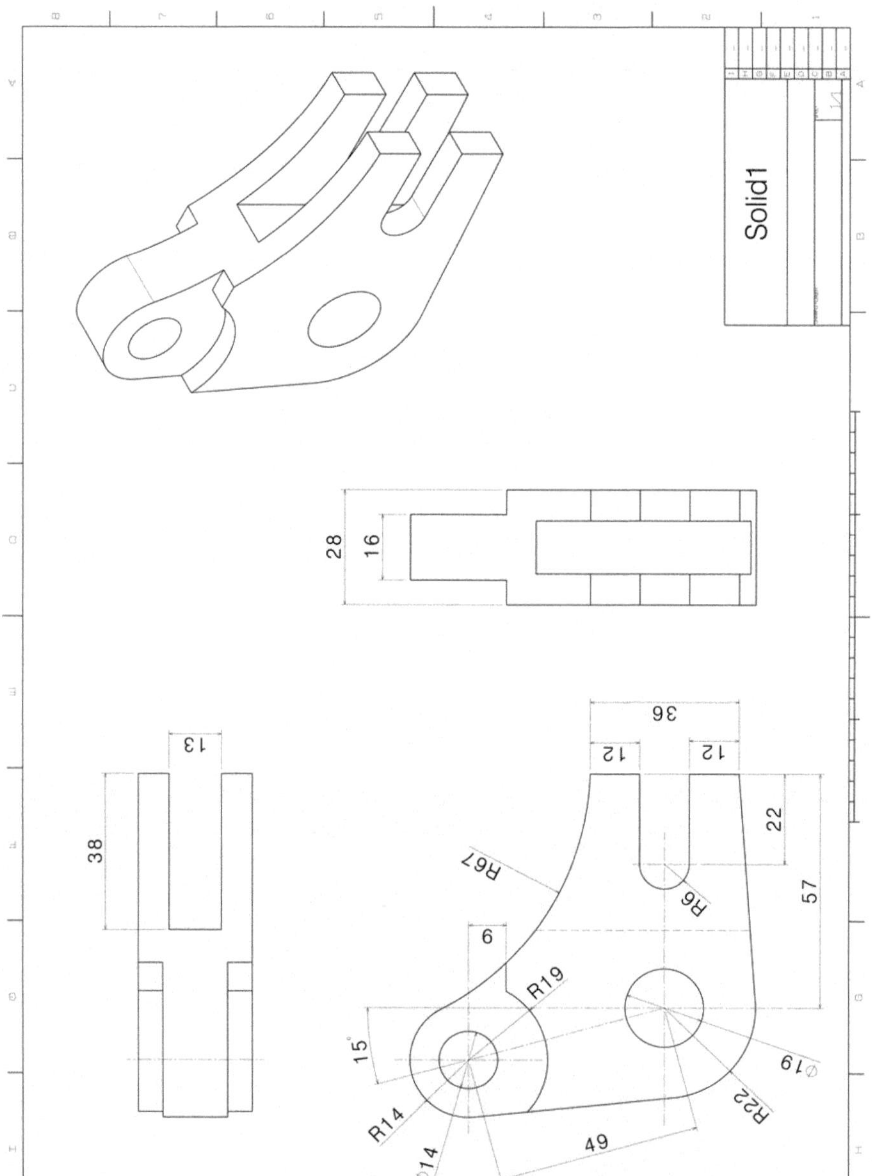

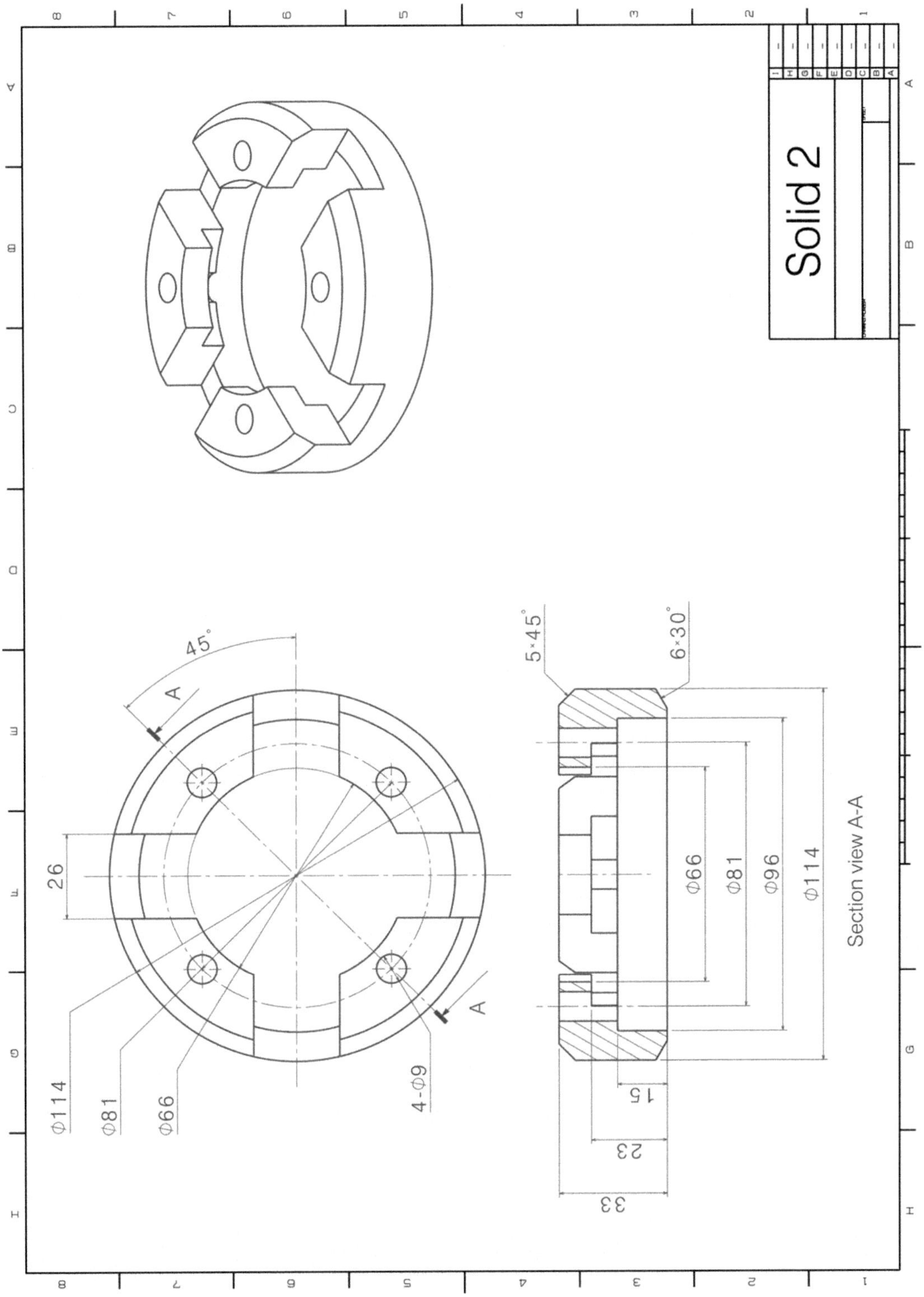
Solid 2
Section view A-A
45°
A
26
Φ114
Φ81
Φ66
4-Φ9
5×45°
6×30°
Φ66
Φ81
Φ96
Φ114
15
23
33

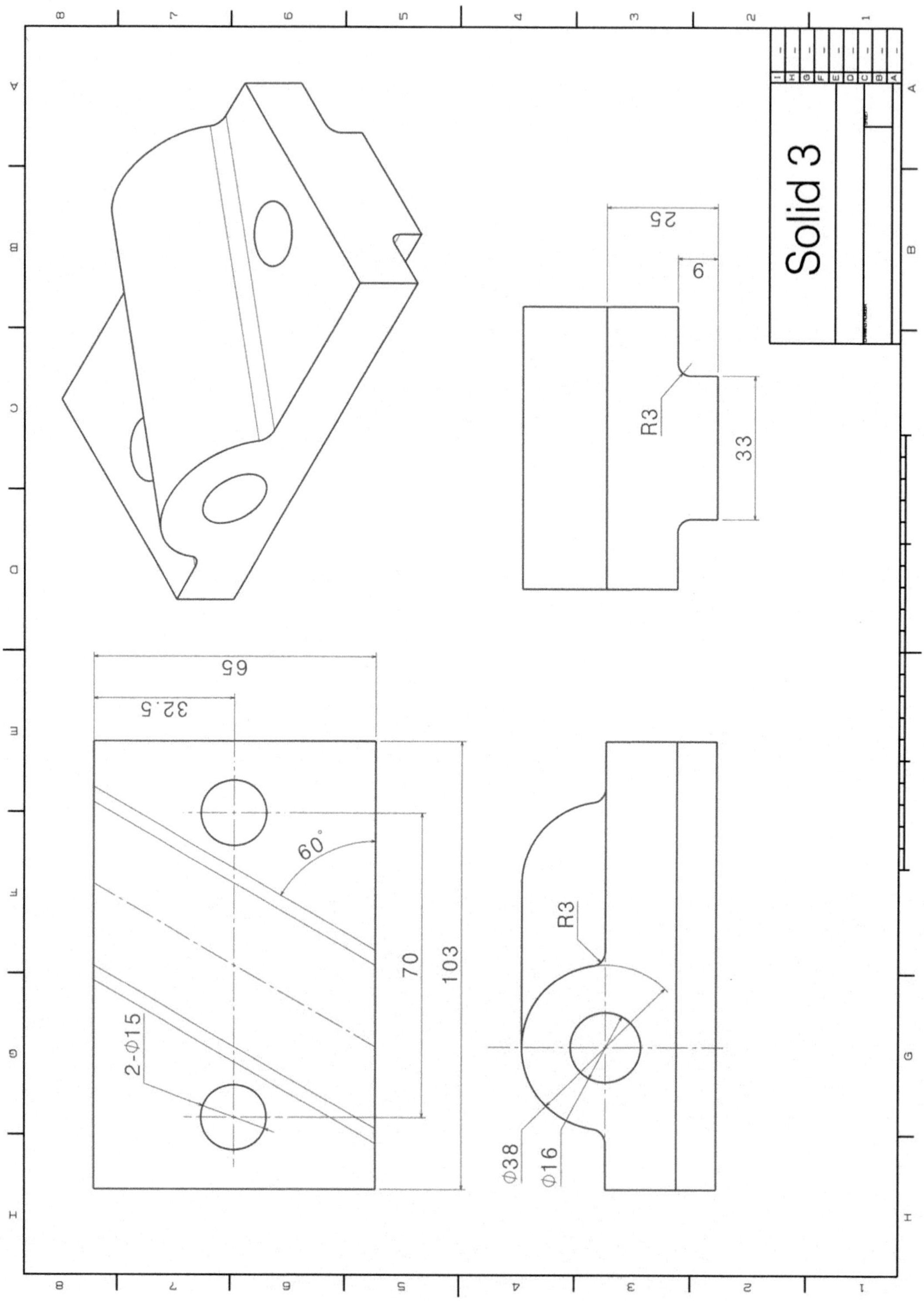
Solid 3
65
32.5
60°
70
103
2-Φ15
R3
Φ38
Φ16
25
9
R3
33

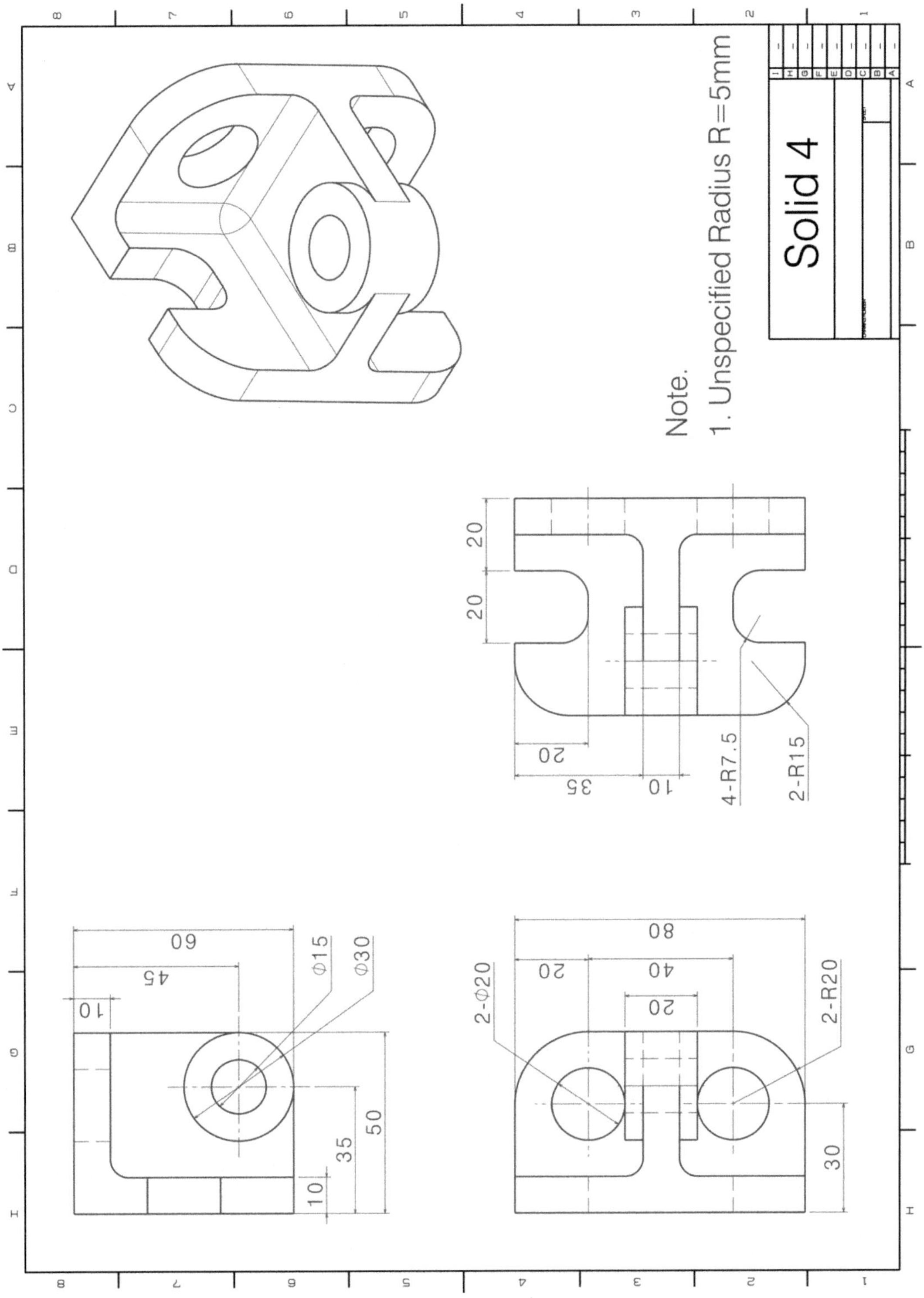
Solid 4
Note.
1. Unspecified Radius R=5mm
60
45
10
Φ15
Φ30
35
50
10
2-Φ20
2-R20
80
20
40
20
30
20
20
20
35
10
4-R7.5
2-R15

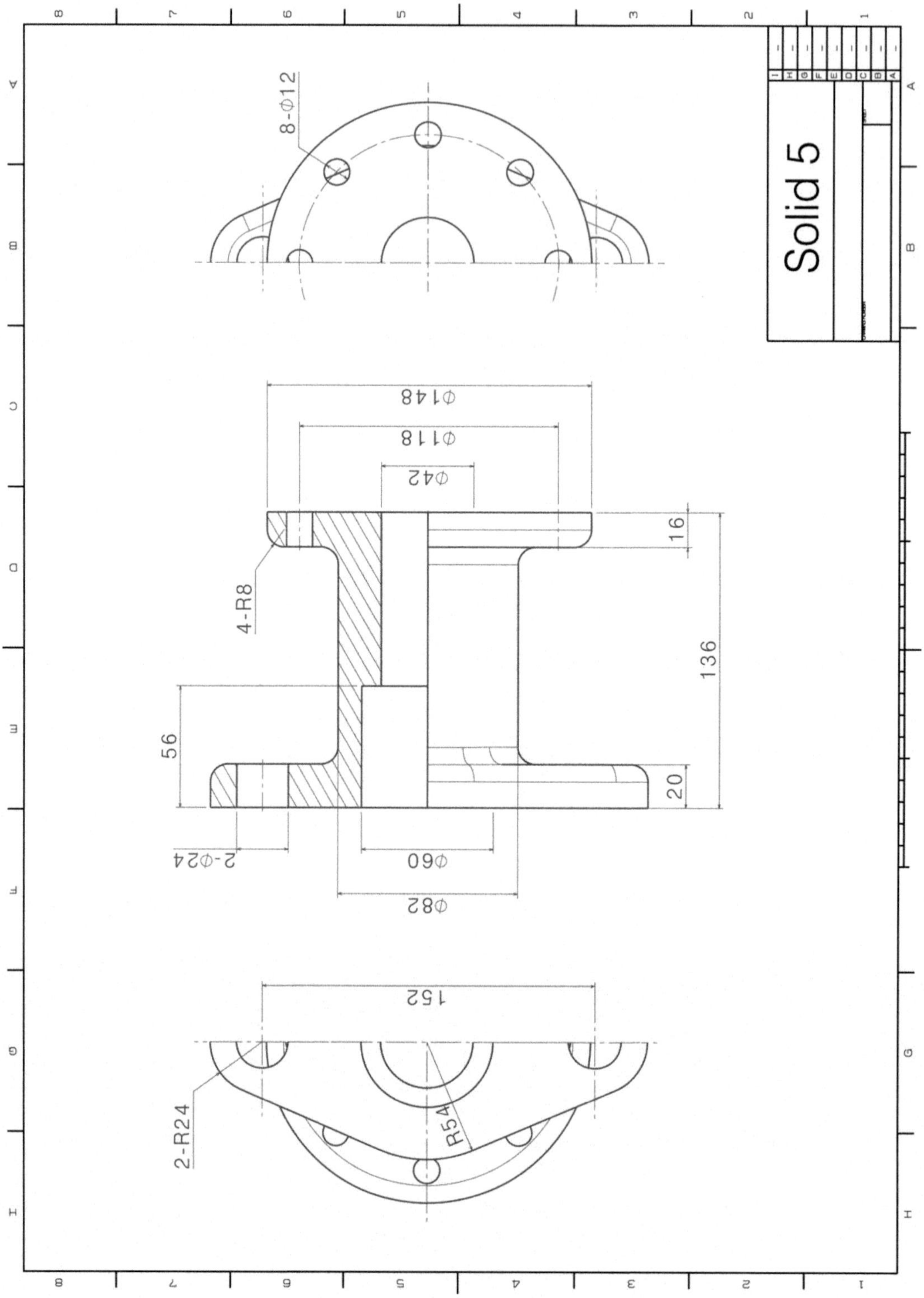

Solid 5
8-Φ12
Φ148
Φ118
Φ42
16
136
4-R8
56
20
2-Φ24
Φ60
Φ82
152
2-R24
R54

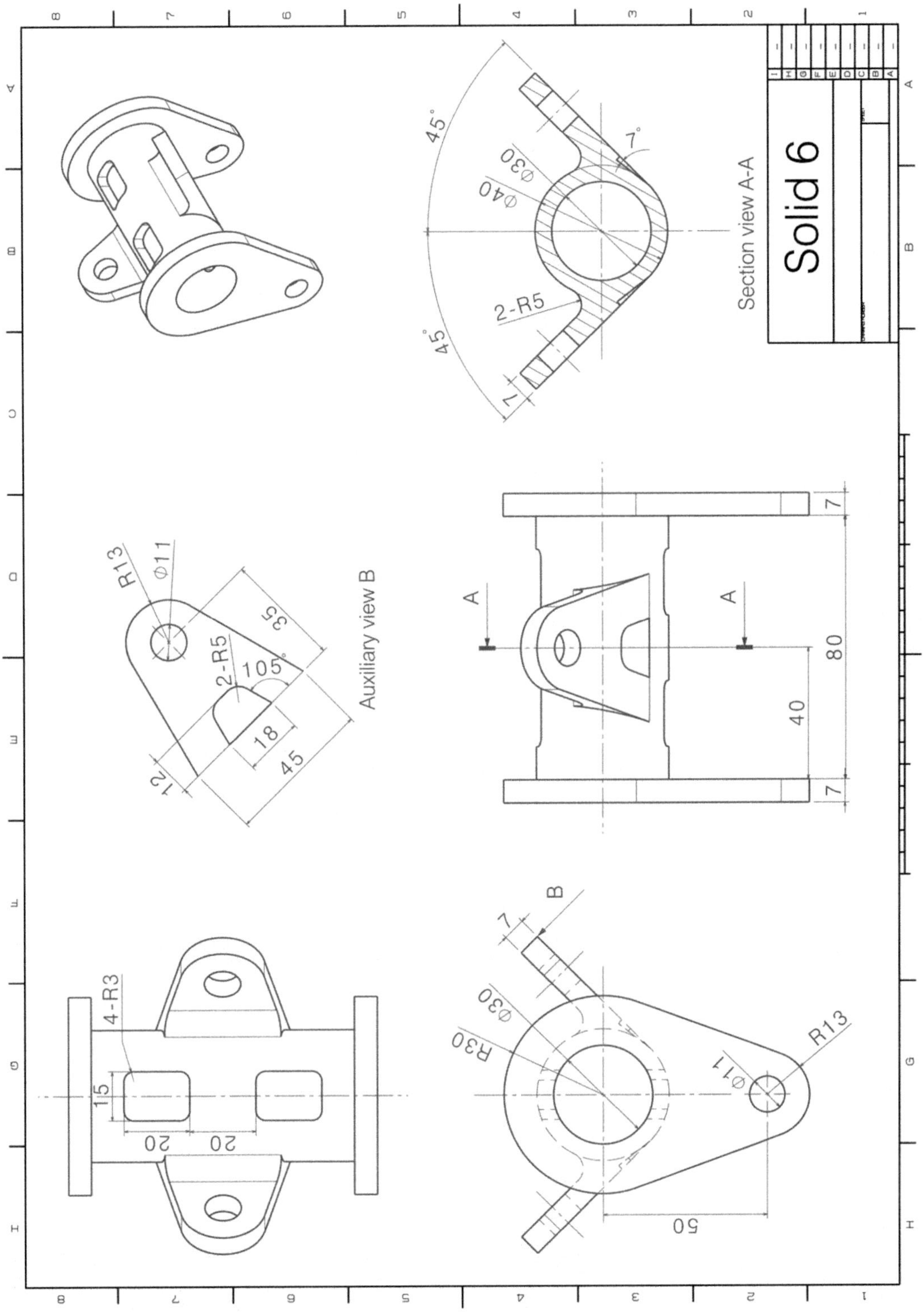
Solid 6
Section view A-A
Auxiliary view B
45°
45°
7°
Ø30
Ø40
2-R5
7
R13
Ø11
35
2-R5
105°
18
45
12
A
A
80
40
7
7
B
7
Ø30
R30
R13
Ø11
50
4-R3
15
20
20

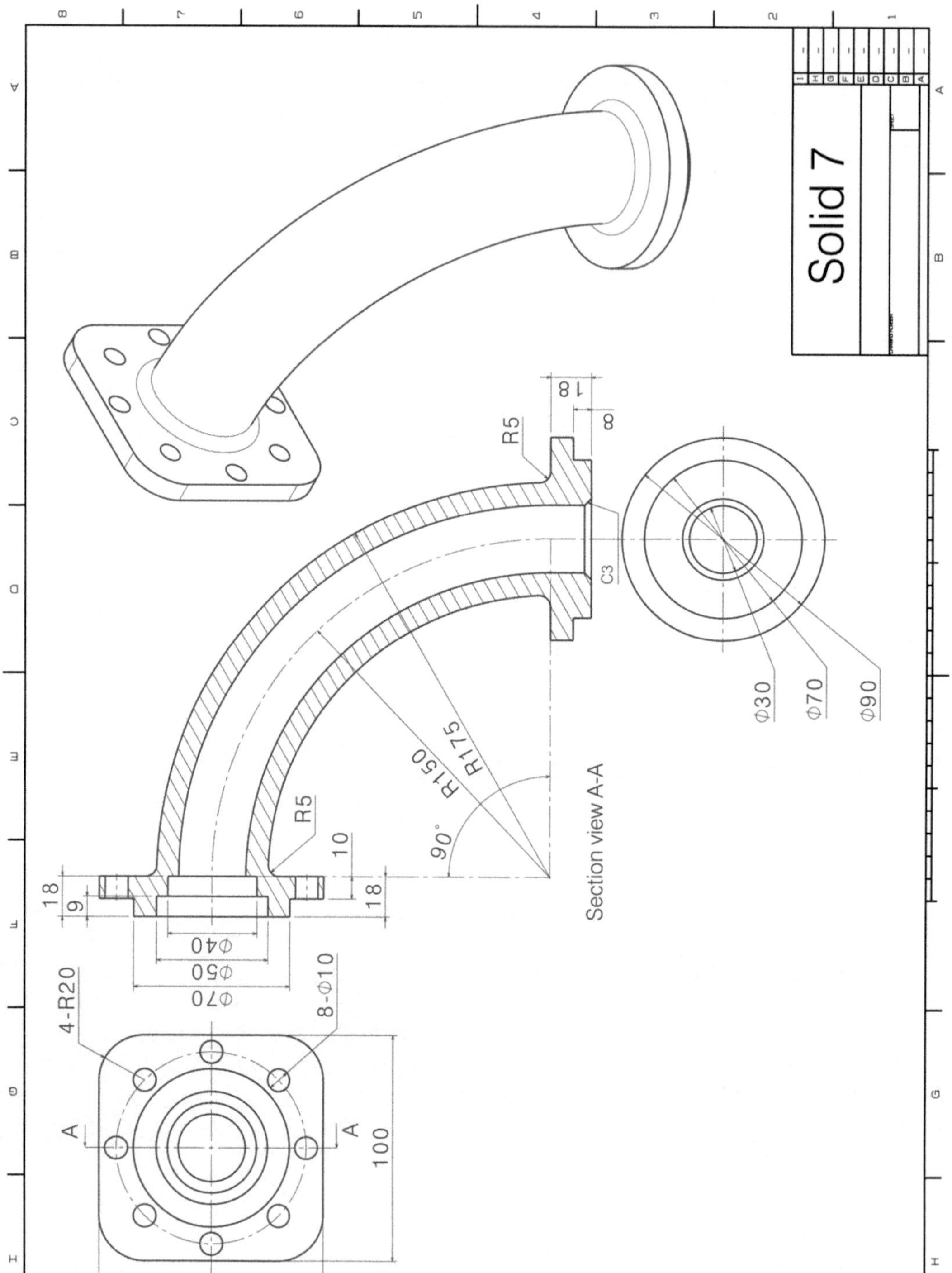
Solid 7
Section view A-A
4-R20
8-Φ10
100
100
Φ70
Φ50
Φ40
18
9
18
10
R5
90°
R150
R175
R5
18
8
C3
Φ30
Φ70
Φ90
A
A

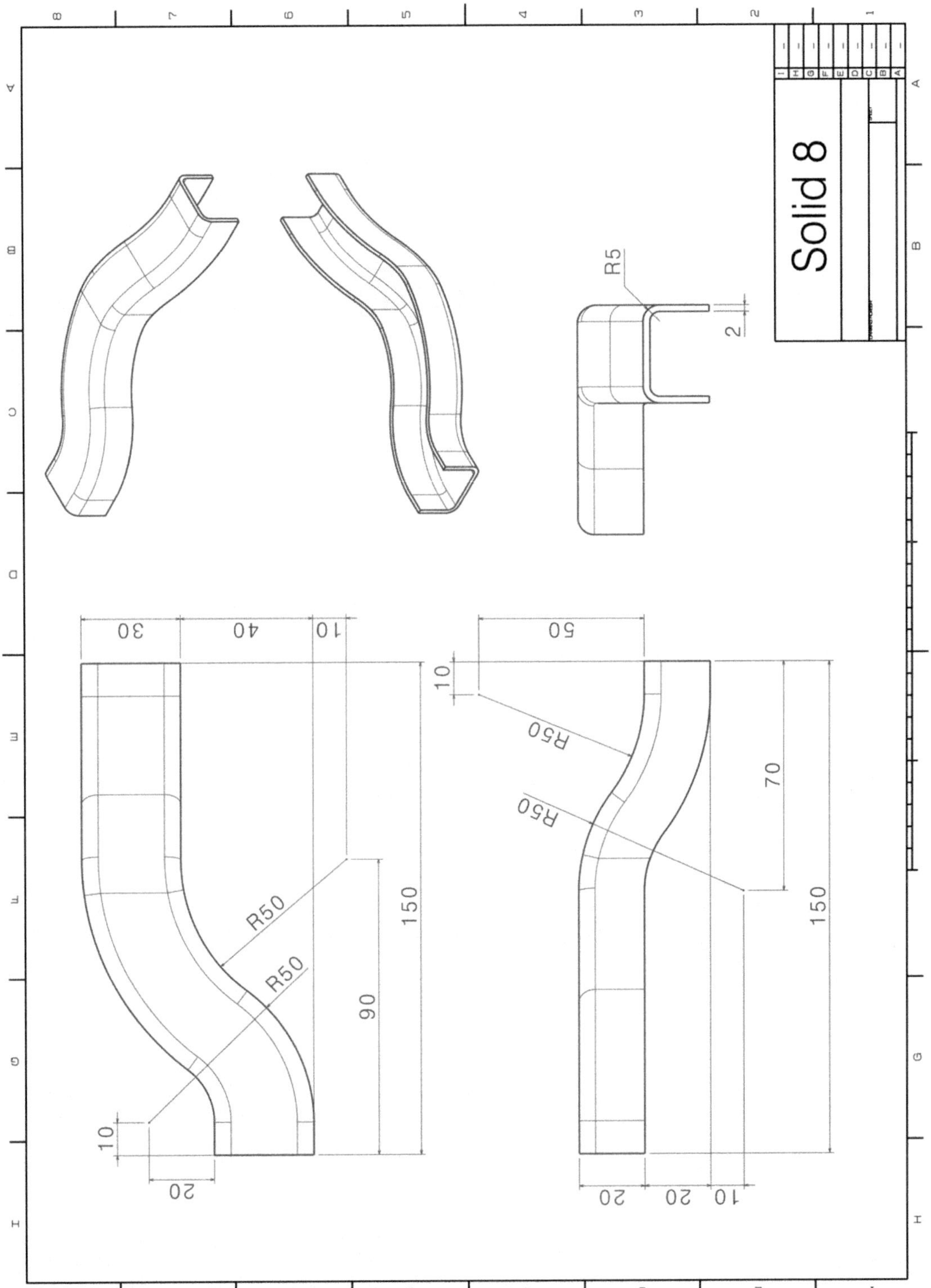
Solid 8
R5
2
30
40
10
50
R50
R50
150
90
10
20
R50
R50
70
150
10
20
20
10

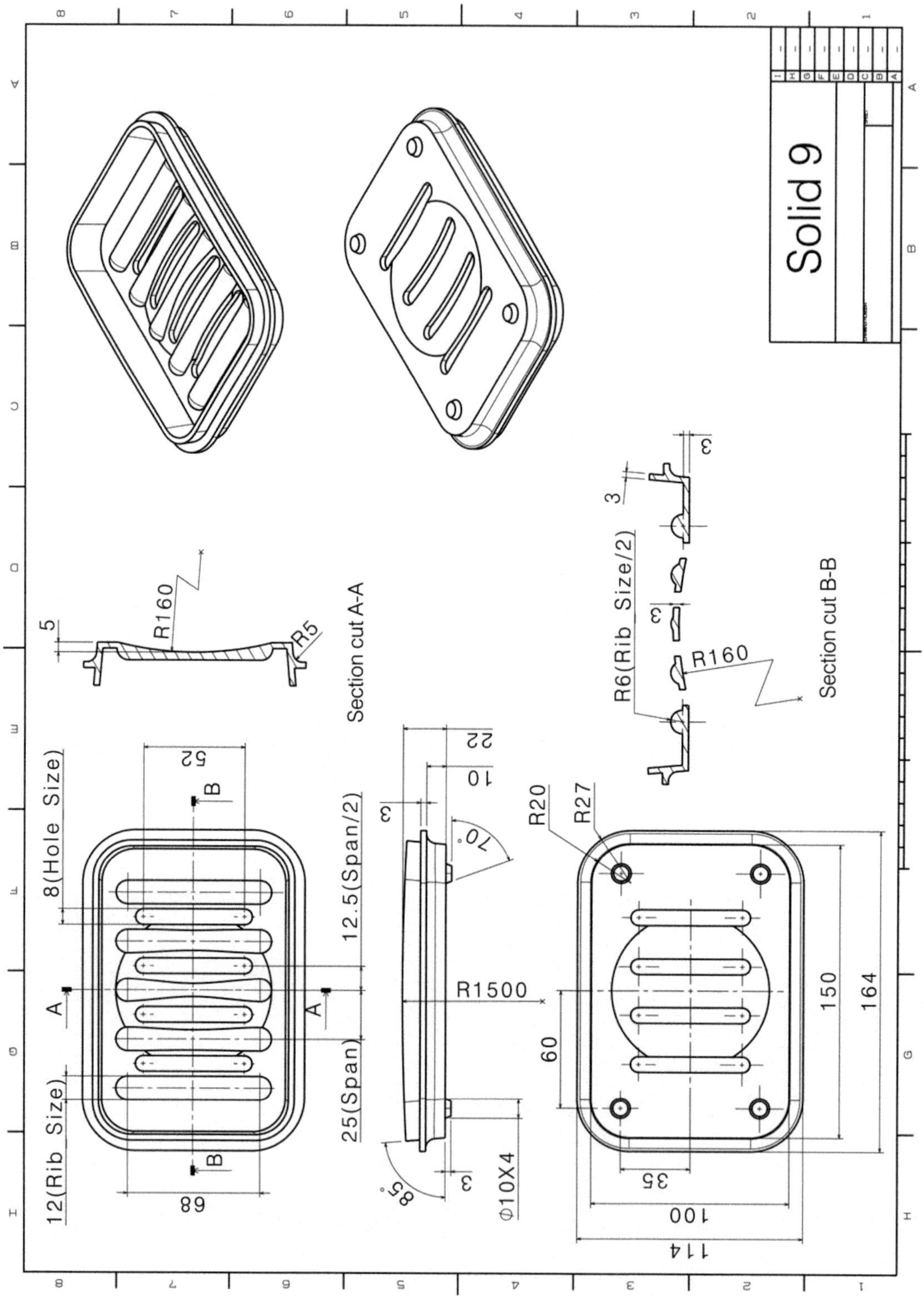
Solid 9
Section cut A-A
Section cut B-B
12(Rib Size)
8(Hole Size)
12.5(Span/2)
25(Span)
R6(Rib Size/2)
R160
R5
R1500
R20
R27
Φ10X4
68
52
22
10
3
5
70°
85°
60
35
100
114
150
164

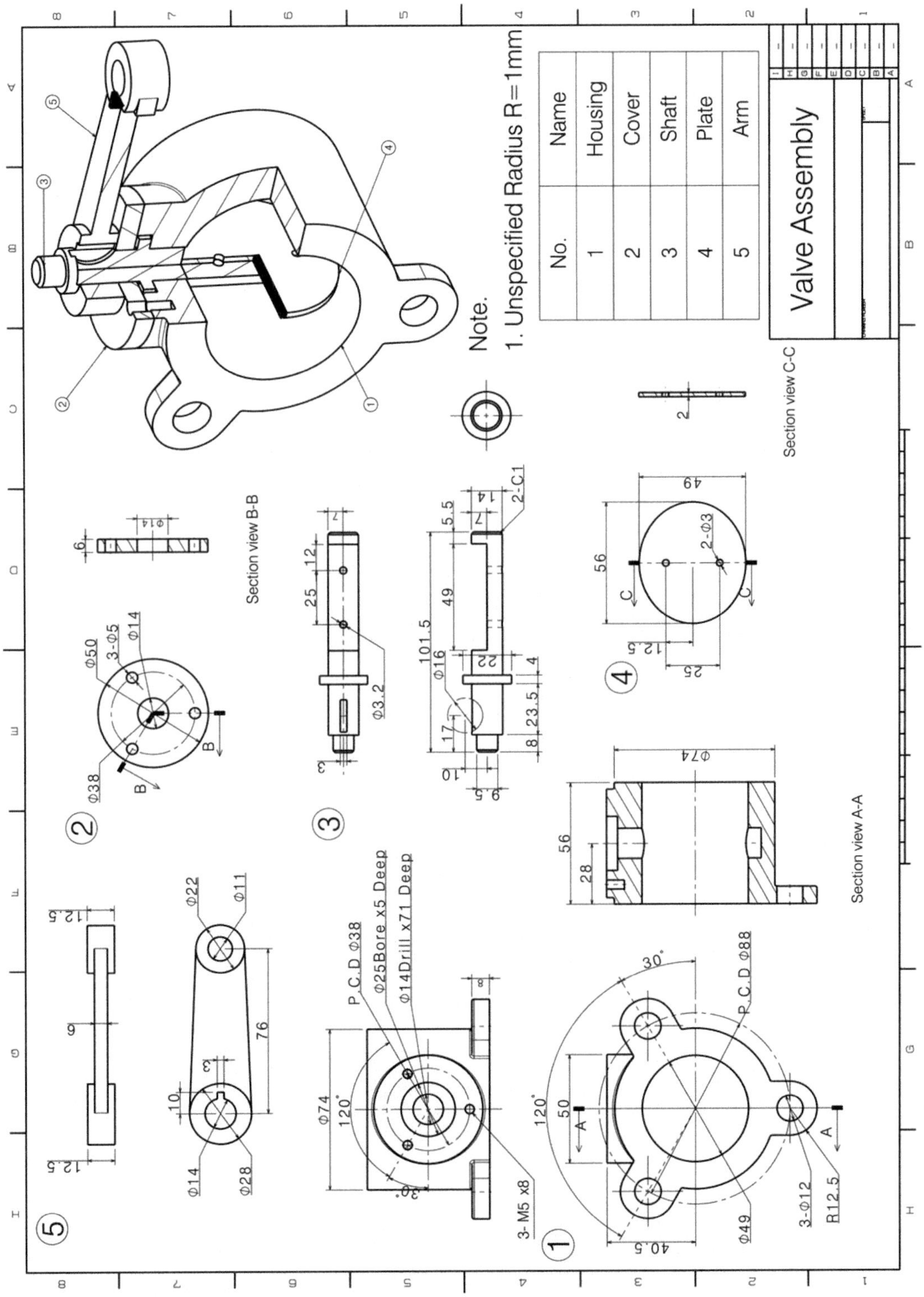
Note.
1. Unspecified Radius R=1mm
No. Name
1 Housing
2 Cover
3 Shaft
4 Plate
5 Arm
Valve Assembly
Section view A-A
Section view B-B
Section view C-C
P.C.D Φ38
Φ25Bore x5 Deep
Φ14Drill x71 Deep
P.C.D Φ88
3-M5 x8
3-Φ12
R12.5
Φ49
Φ74
2-C1
2-Φ3
3-Φ5
Φ50
Φ38
Φ14
Φ16
Φ3.2
Φ22
Φ11
Φ28

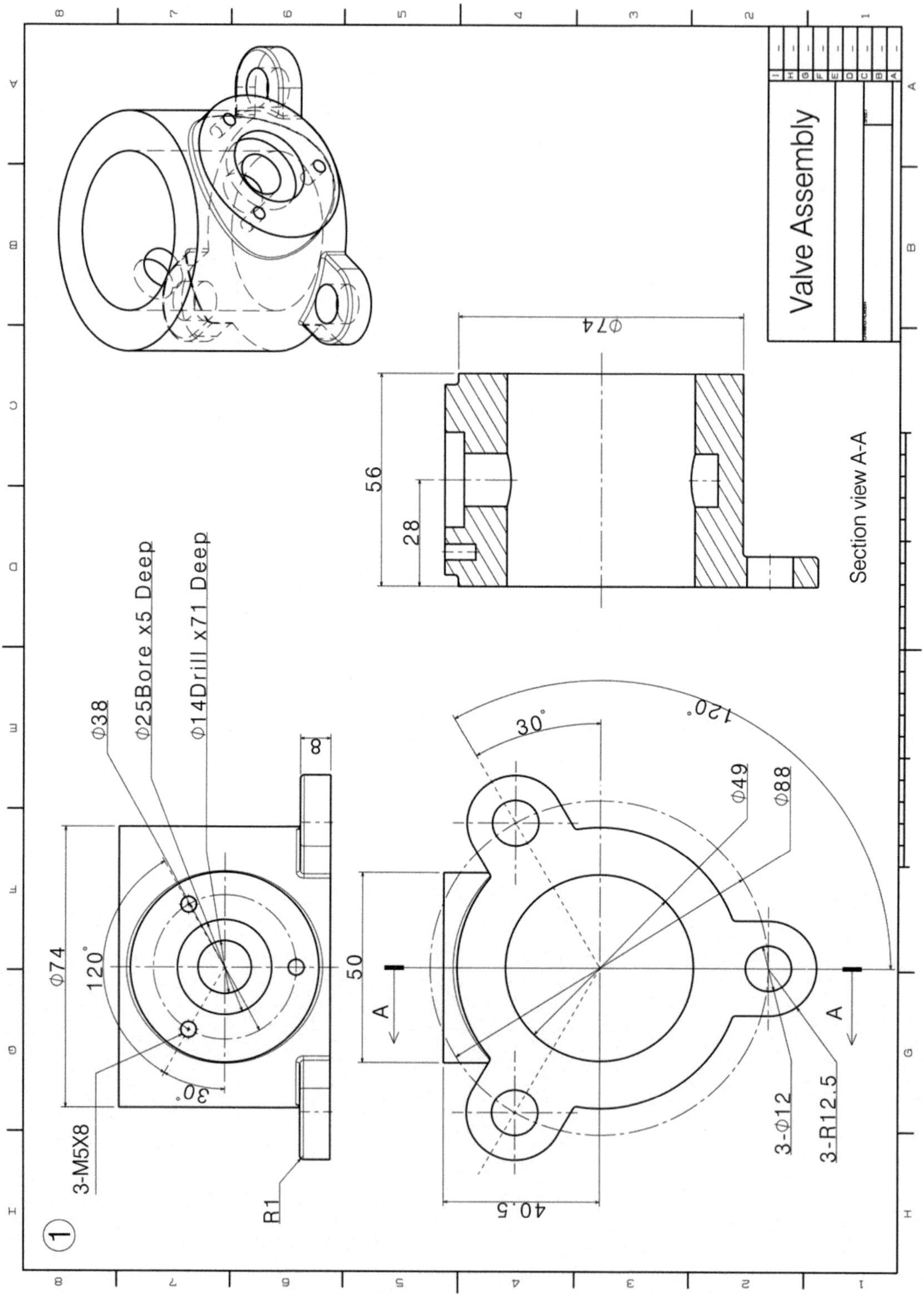

Valve Assembly
Section view A-A
①
Φ74
120°
30°
3-M5X8
R1
Φ38
Φ25Bore x5 Deep
Φ14Drill x71 Deep
8
50
A
40.5
30°
120°
Φ49
Φ88
3-Φ12
3-R12.5
56
28
Φ74

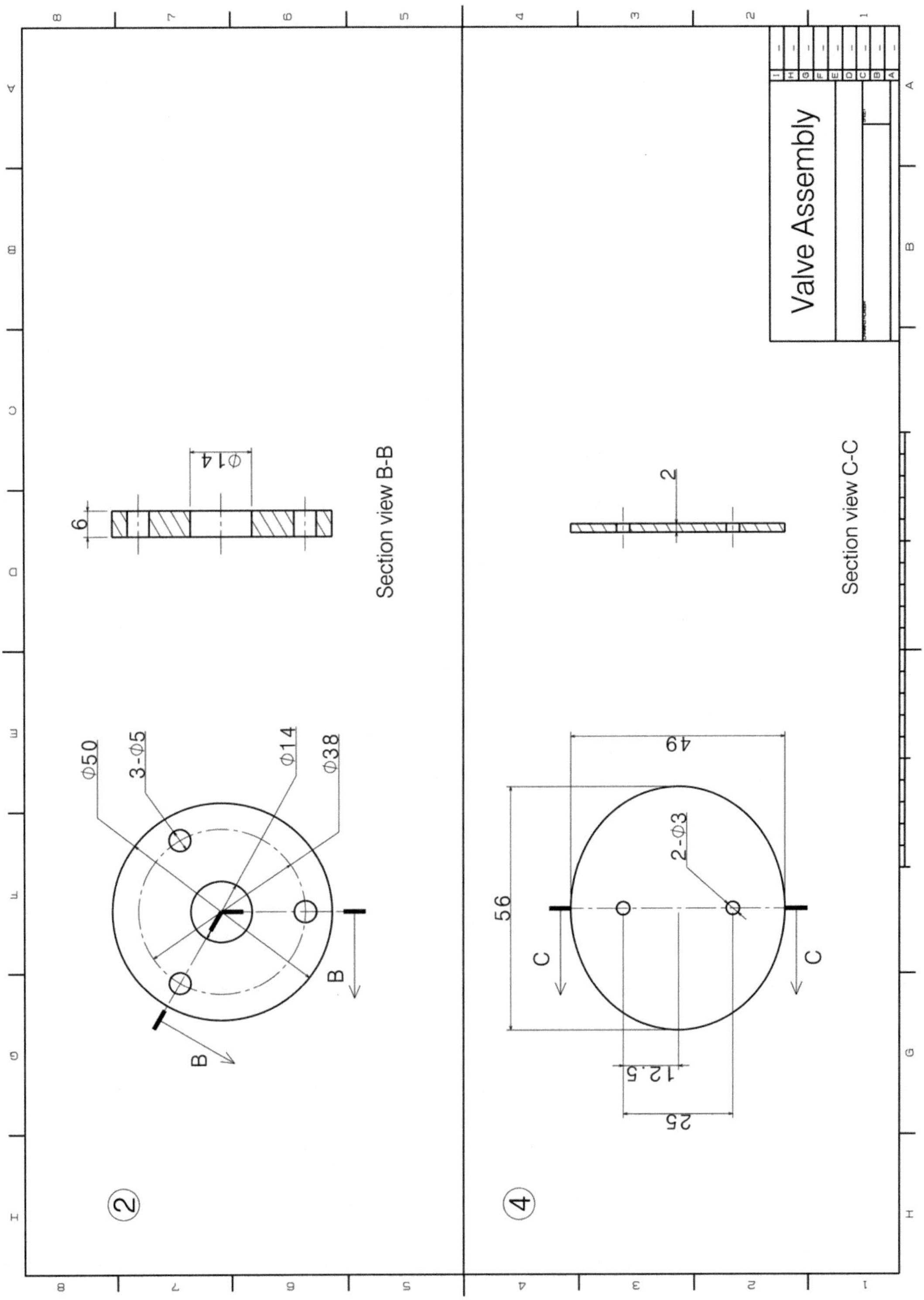

Valve Assembly
Section view B-B
Section view C-C
②
④
Φ50
3-Φ5
Φ14
Φ38
6
Φ14
B
B
56
49
2-Φ3
2
25
12.5
C
C

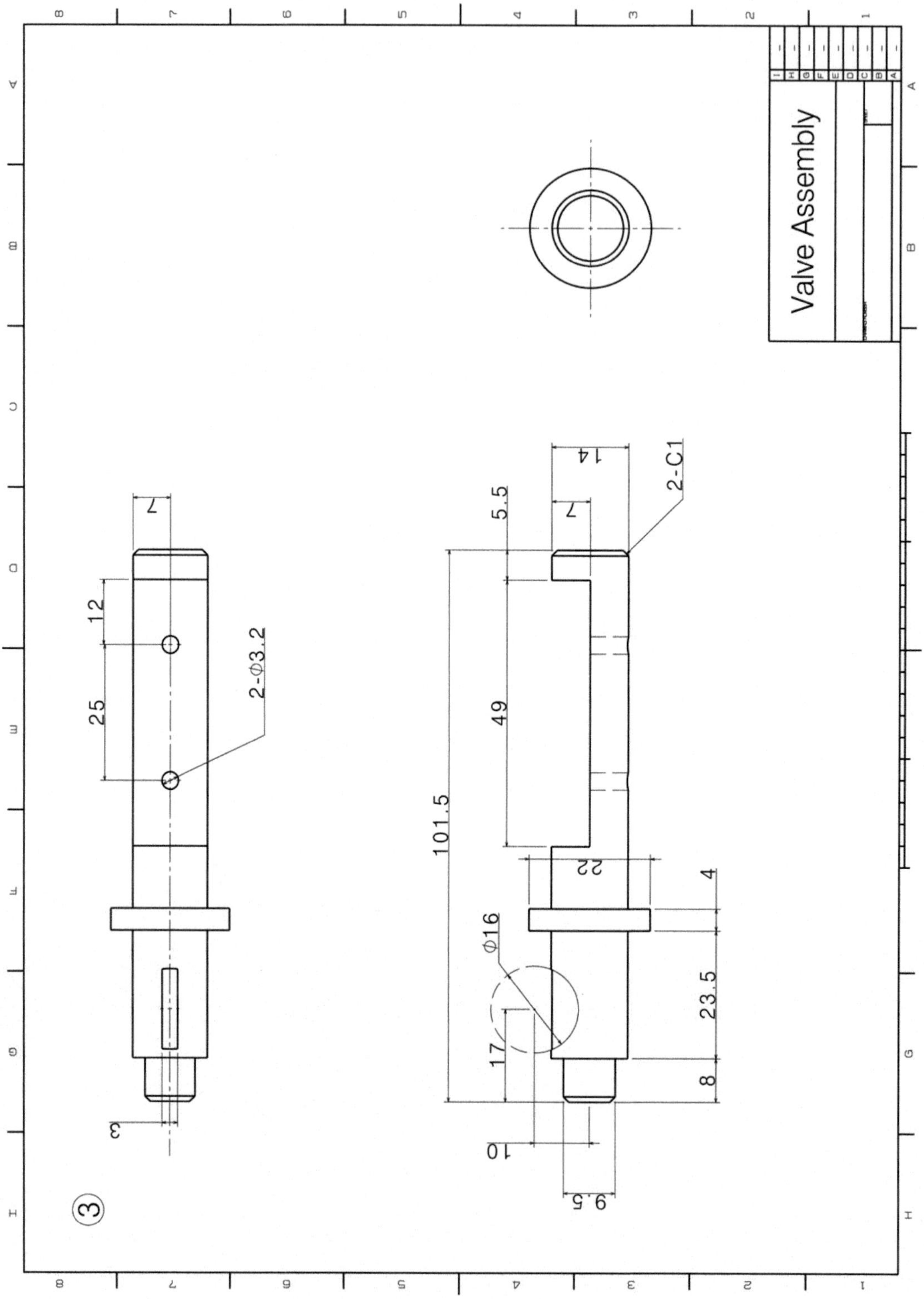
Valve Assembly
2-C1
14
7
5.5
49
101.5
22
4
Φ16
23.5
17
8
10
9.5
7
12
2-Φ3.2
25
3
③

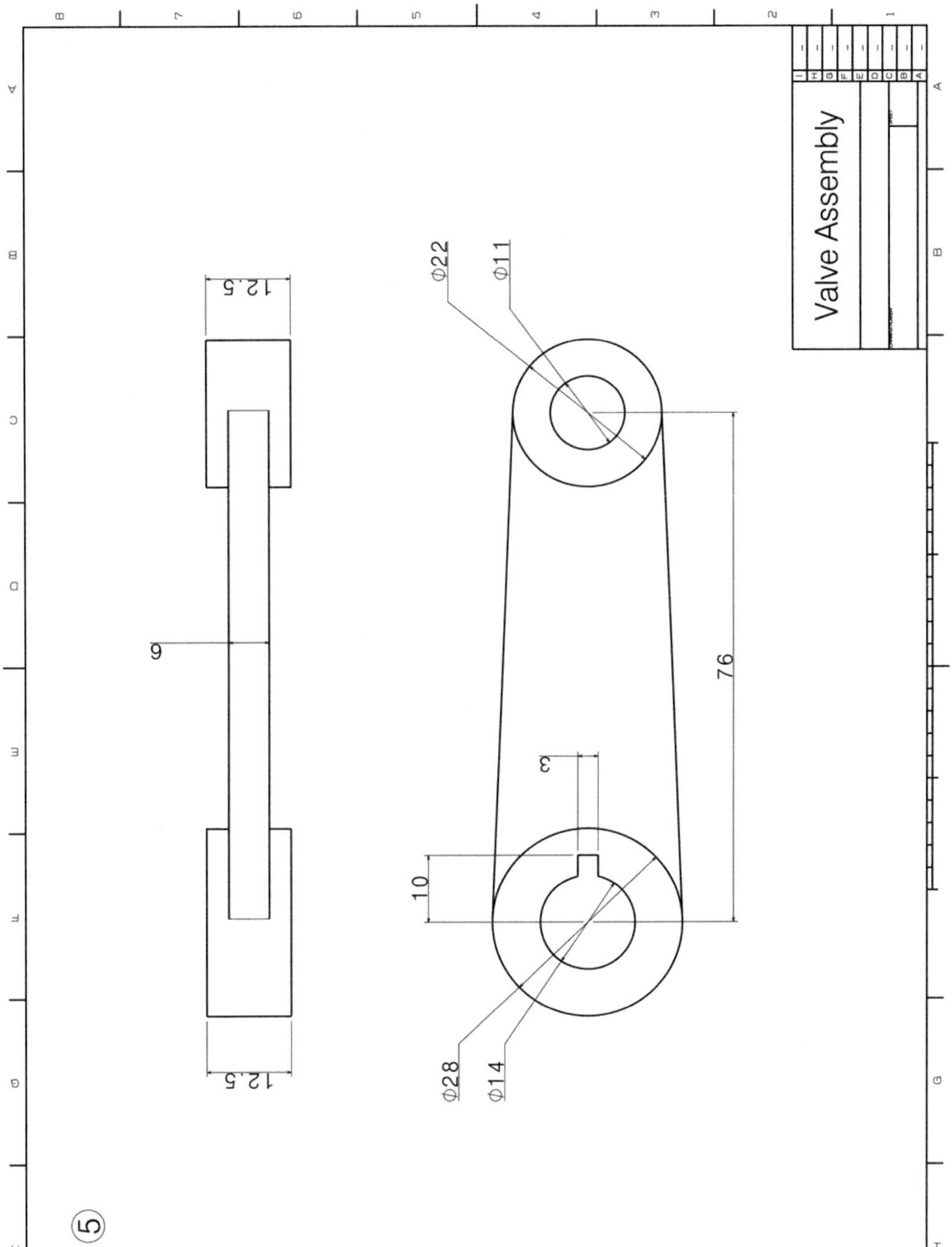
Valve Assembly
⌀22
⌀11
12.5
9
76
3
10
⌀28
⌀14
12.5
⑤

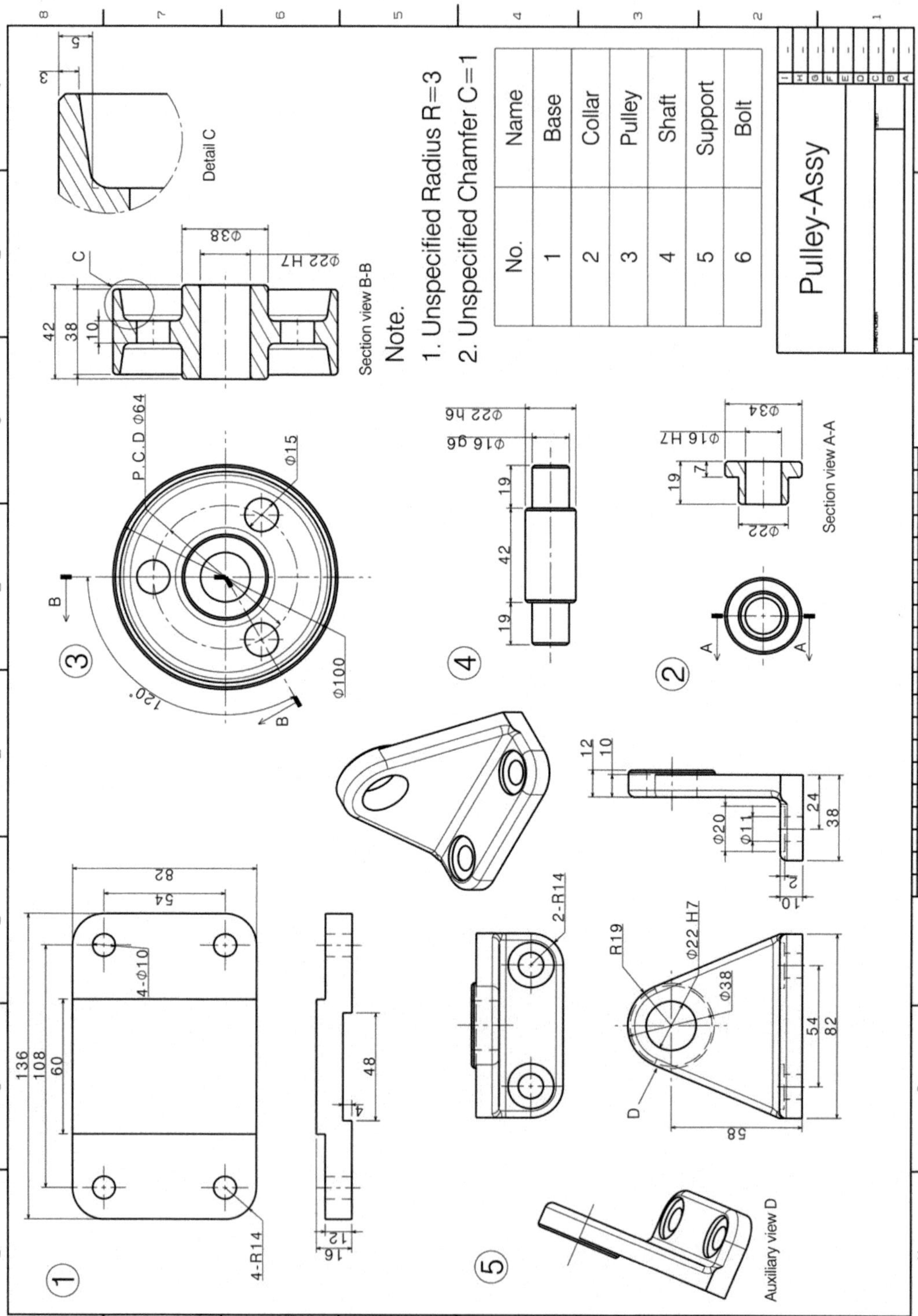

Note.
1. Unspecified Radius R=3
2. Unspecified Chamfer C=1
No. Name
1 Base
2 Collar
3 Pulley
4 Shaft
5 Support
6 Bolt
Pulley-Assy
Detail C
Section view B-B
Section view A-A
Auxiliary view D
P.C.D Φ64
Φ15
Φ100
120°
Φ22 H7
Φ38
Φ22 h6
Φ16 g6
Φ16 H7
Φ34
Φ22
4-Φ10
4-R14
2-R14
R19
Φ20
Φ11

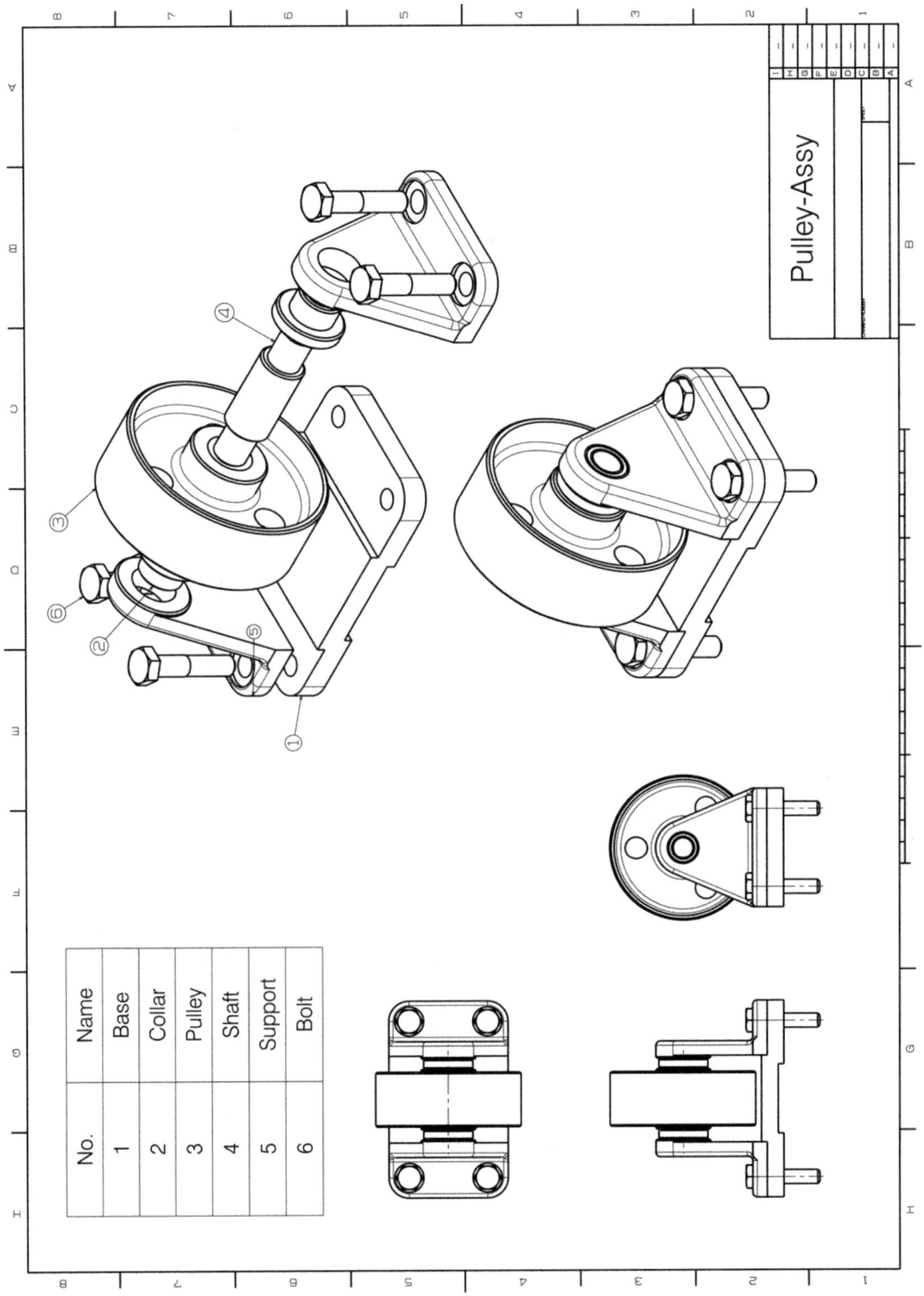
Pulley-Assy
No. Name
1 Base
2 Collar
3 Pulley
4 Shaft
5 Support
6 Bolt

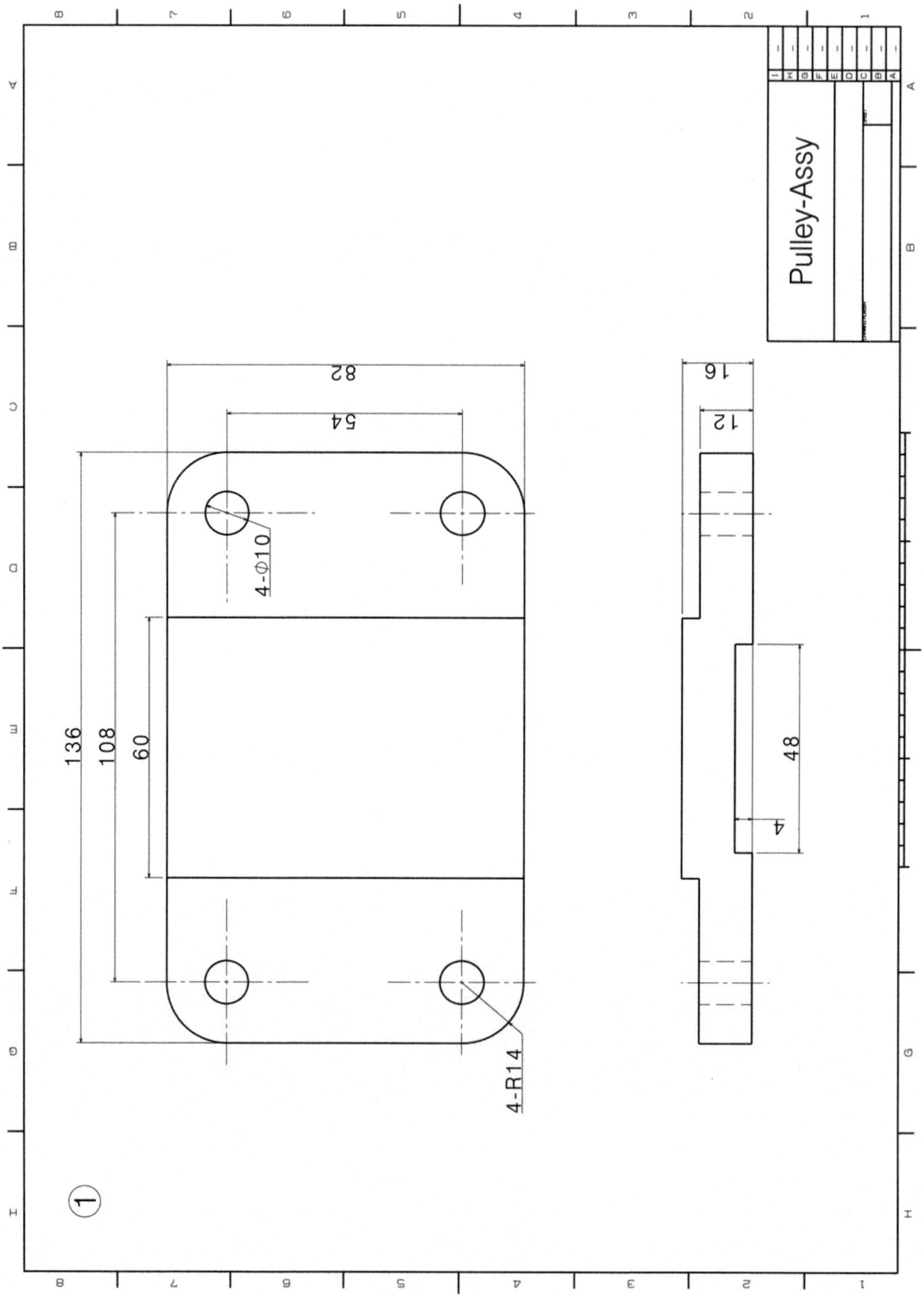
Pulley-Assy
82
54
136
108
60
4-Φ10
4-R14
16
12
48
4
①

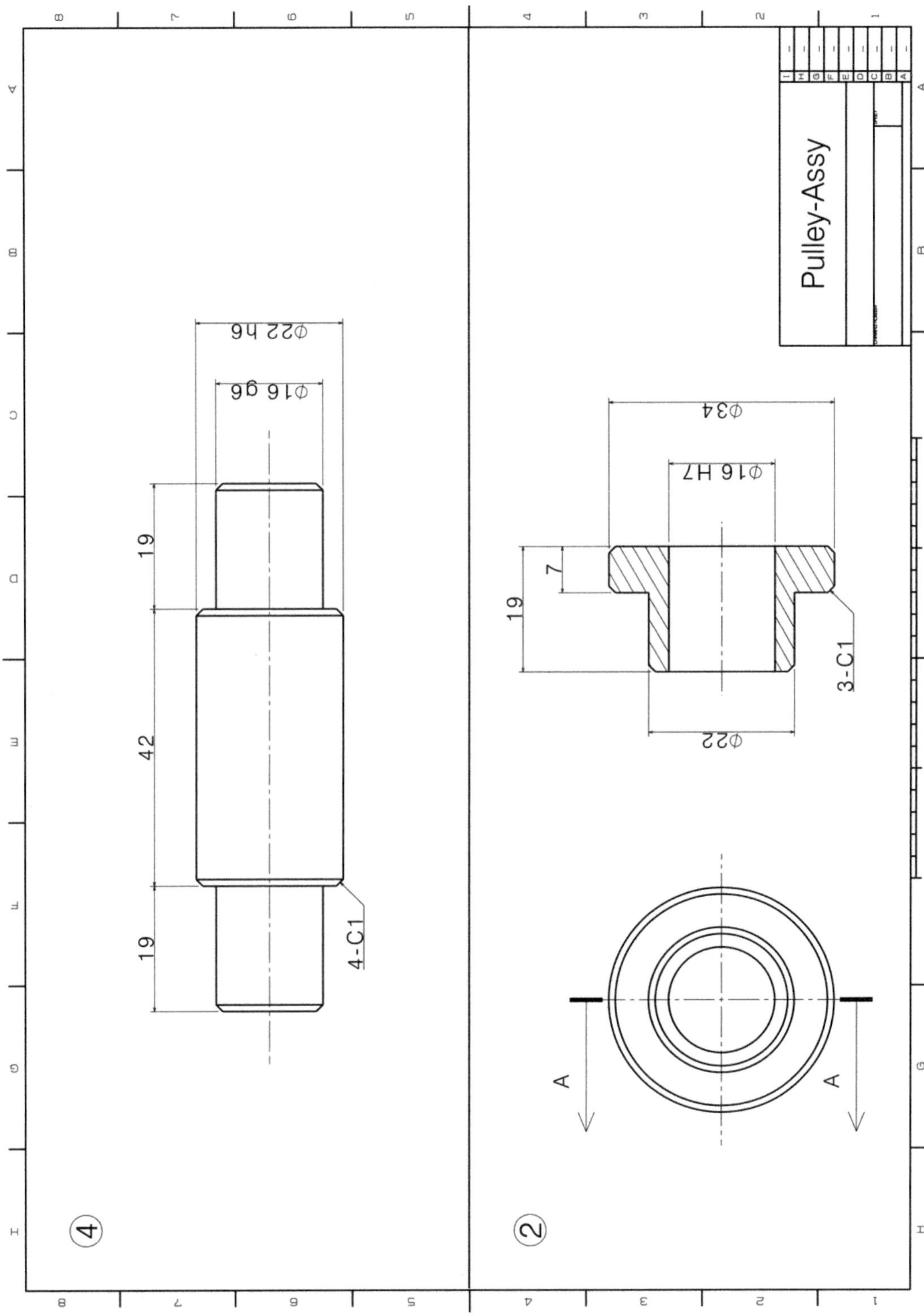

Pulley-Assy
④
②
19
42
19
4-C1
Φ16 g6
Φ22 h6
Φ34
Φ16 H7
7
19
3-C1
Φ22
A
A

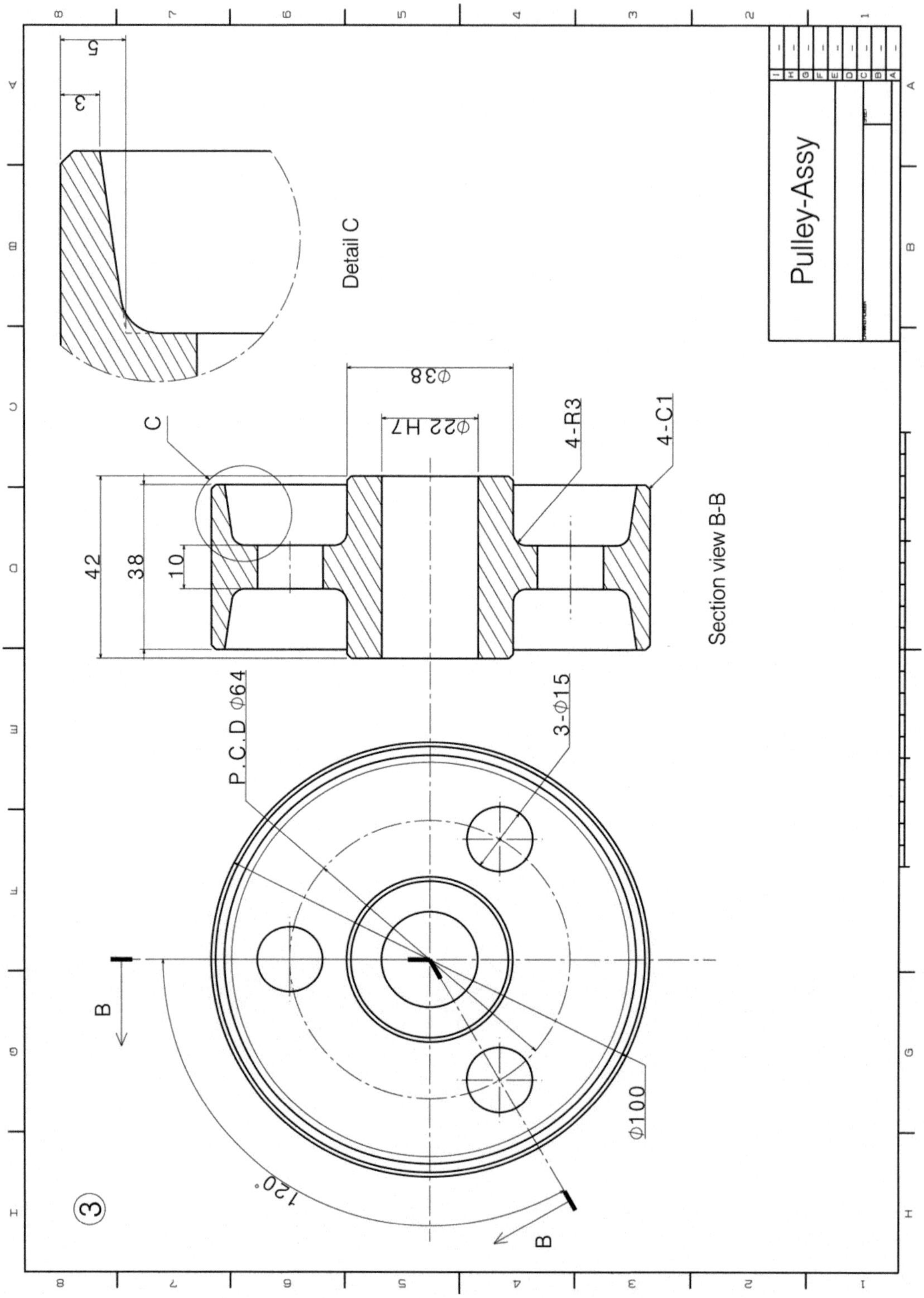

③
Pulley-Assy
Detail C
Section view B-B
P.C.D Φ64
3-Φ15
Φ100
120°
4-R3
4-C1
Φ38
Φ22 H7
42
38
10
C
B
3
5

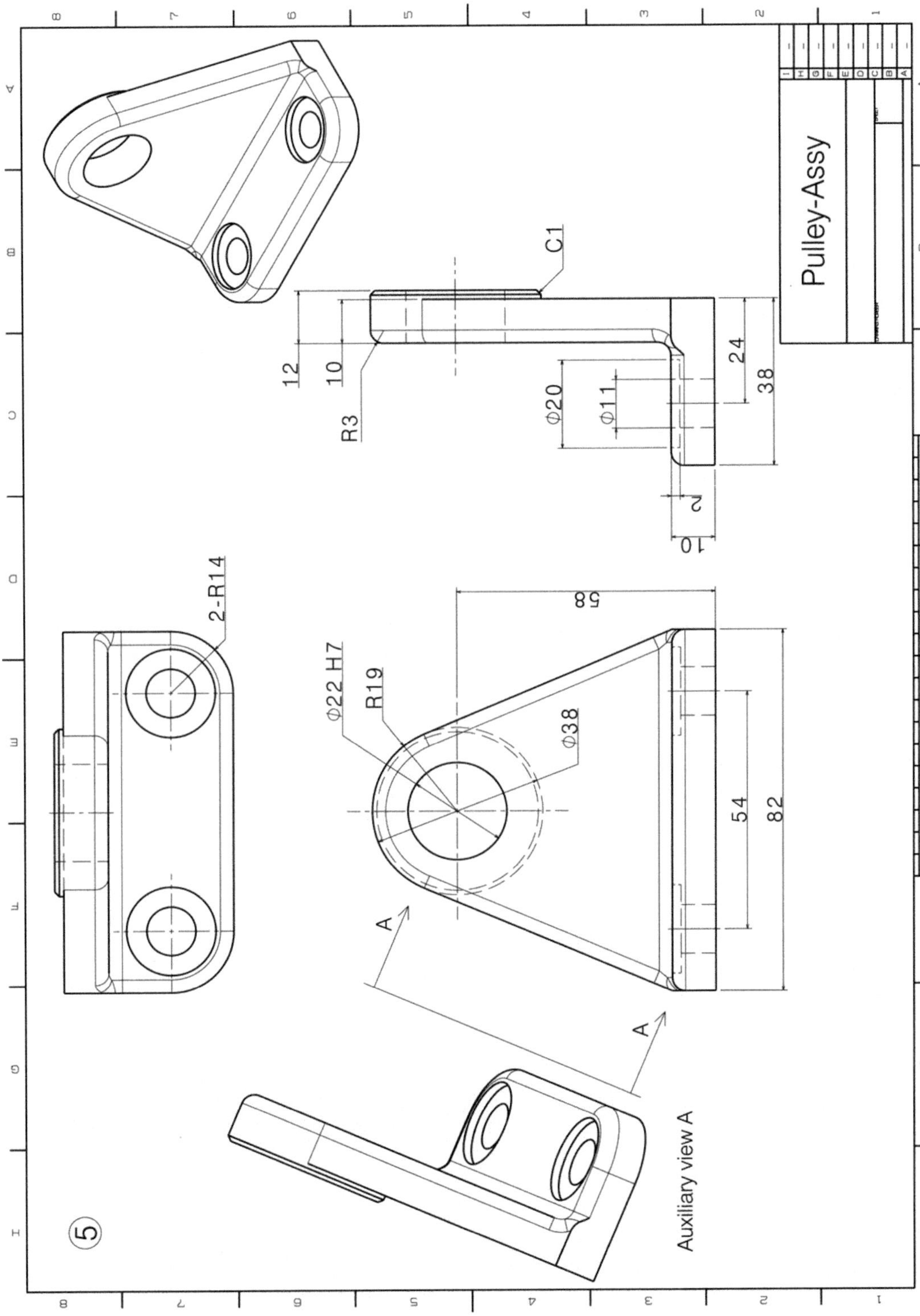
⑤
Pulley-Assy
Auxiliary view A
2-R14
Φ22 H7
R19
Φ38
58
54
82
A
C1
12
10
R3
Φ20
Φ11
24
38
2
10

✣ Base 모델링하기

① 도면 상의 Bottom View의 형상을 Sketch한다.

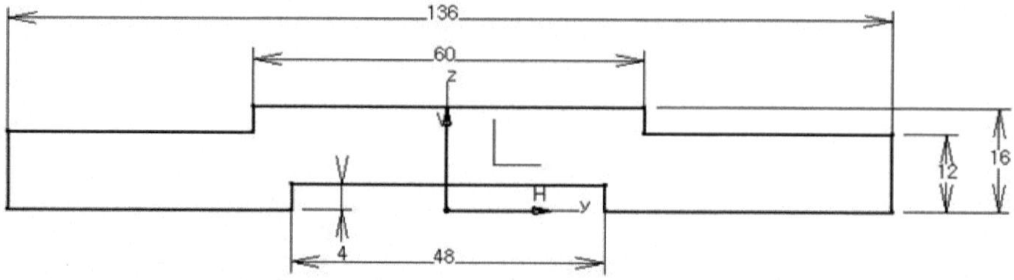

> **참고** Front View의 형상을 Sketch로 이용하려면 먼저 전체 형상을 Sketch한 후 Pad 작업을 한 후 필요 없는 부분은 Sketch하여 Pocket 작업을 하면 된다.

② Pad를 사용하여 원하는 길이(82mm)만큼 형상을 만든다.

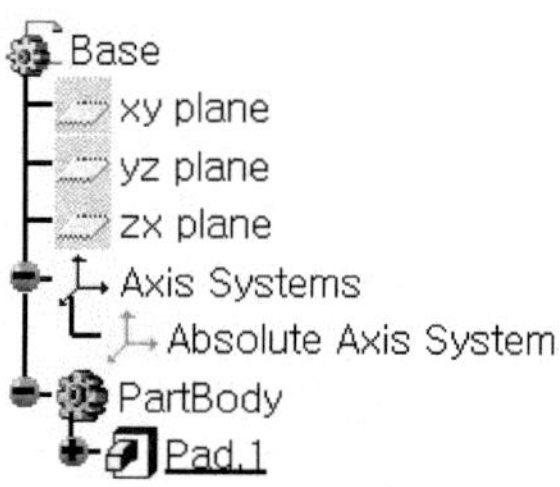

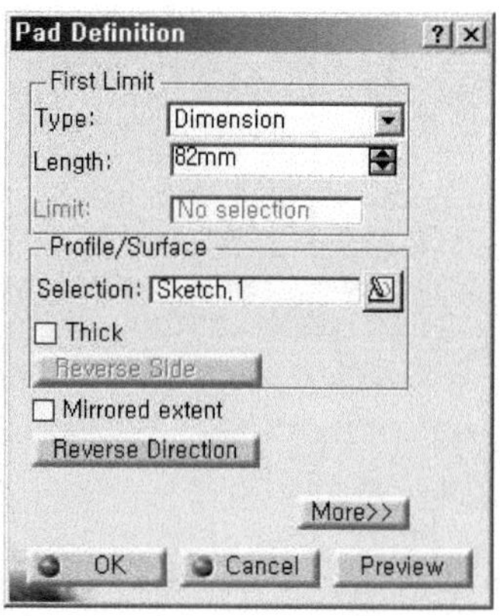

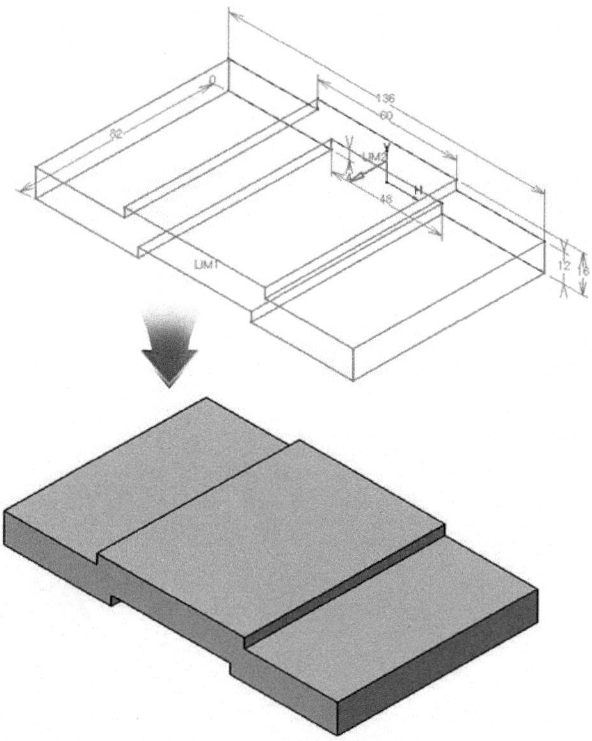

③ Edge Fillet을 사용하여 R14mm를 준다. 여기에서 네 군데의 모서리가 모두 같은 크기의 R 값을 가지므로 Object to fillet에 4개의 모서리를 모두 선택한다.

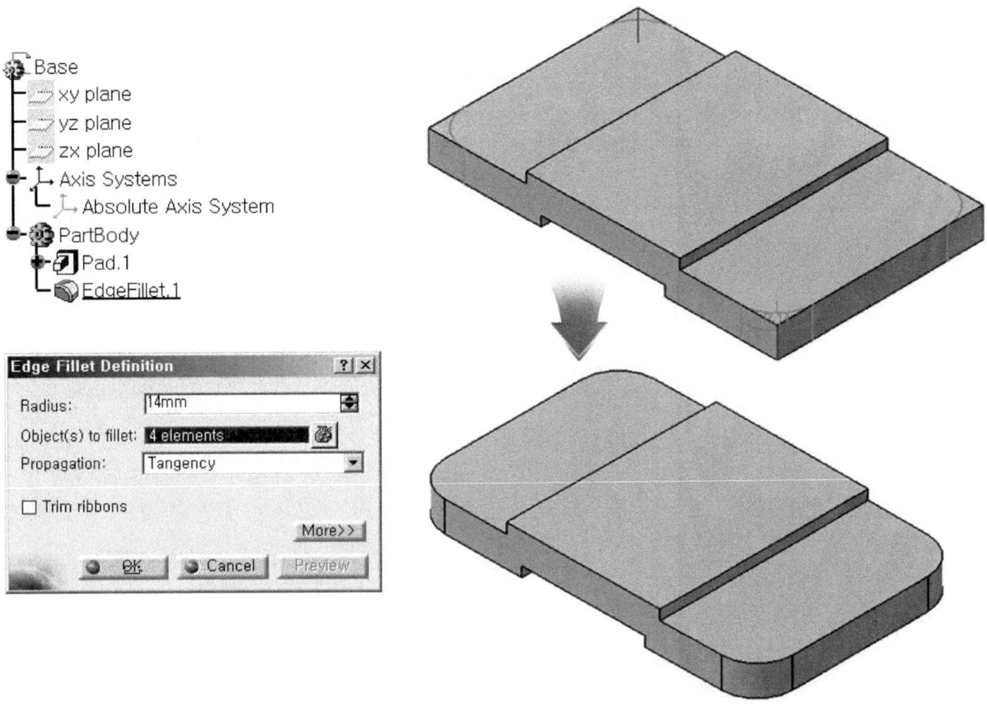

④ Hole을 사용하여 원하는 부분에 구멍을 뚫는다.

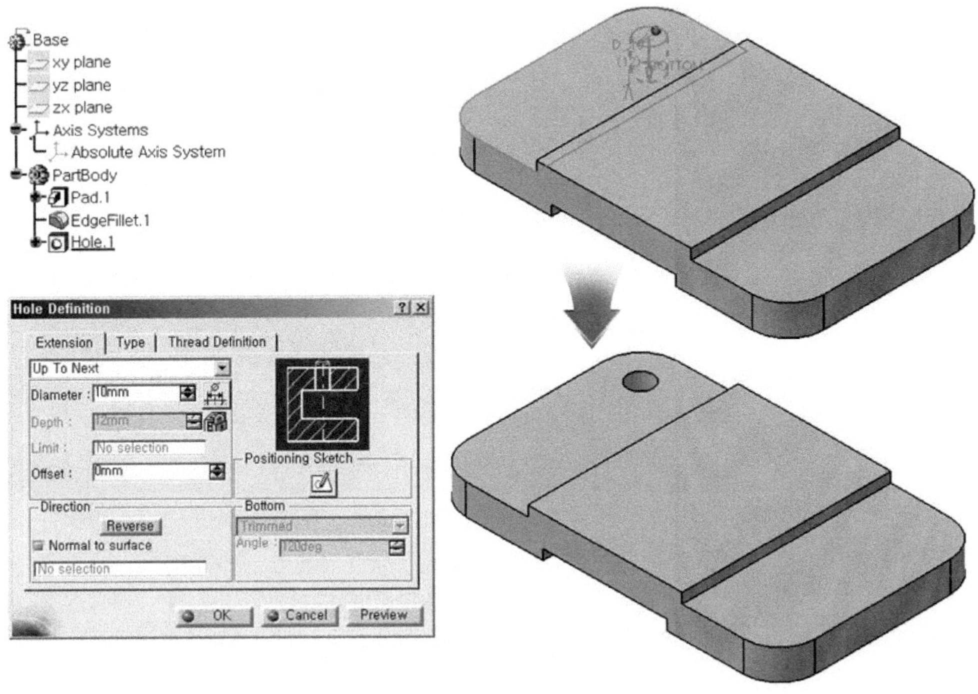

⑤ Rectangular Pattern을 이용하여 원하는 위치에 Hole을 복사한다.

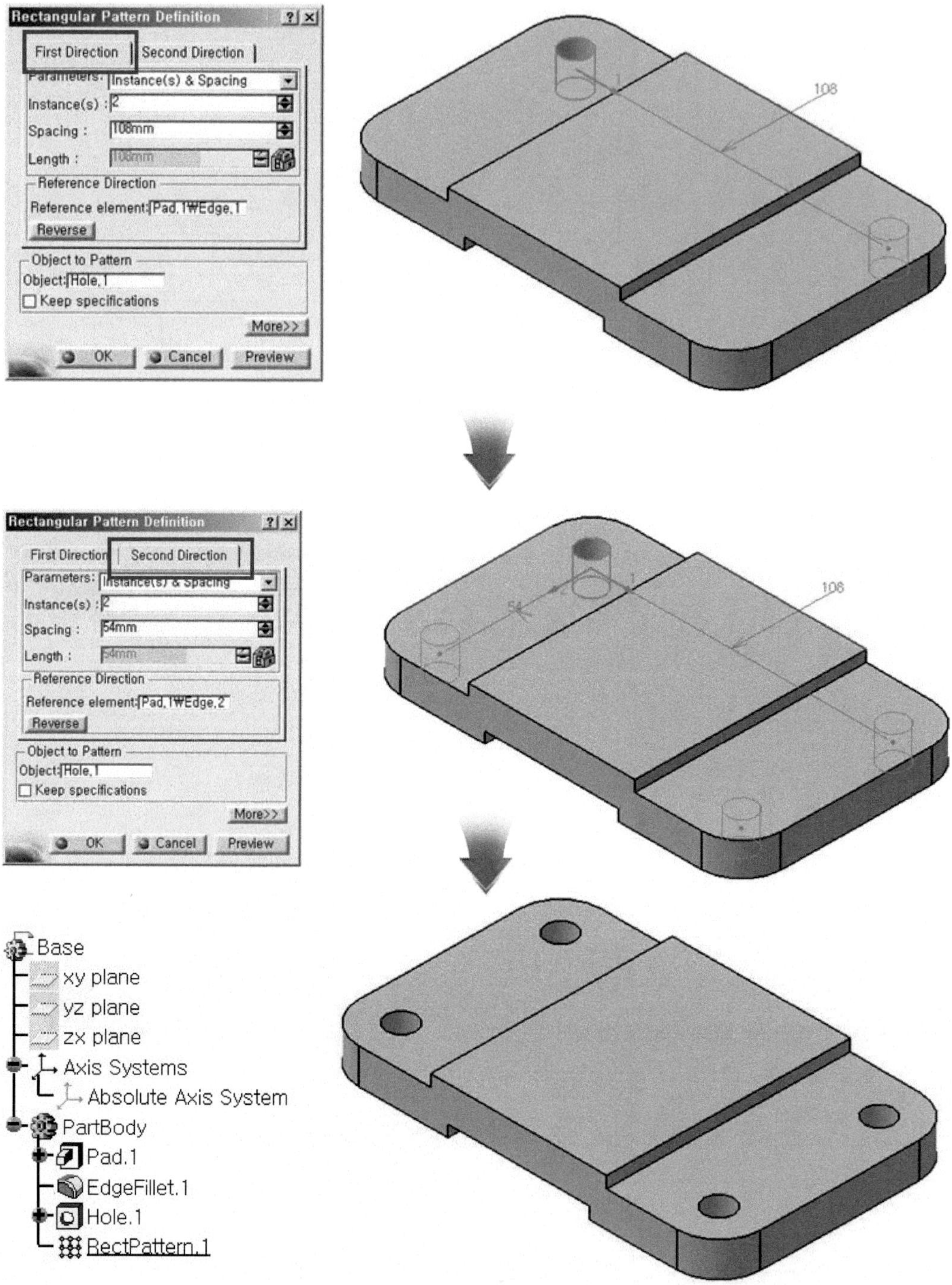

❖ Collar 모델링하기

① 도면 상의 Section View A-A의 형상의 한쪽 부분을 Sketch한다.

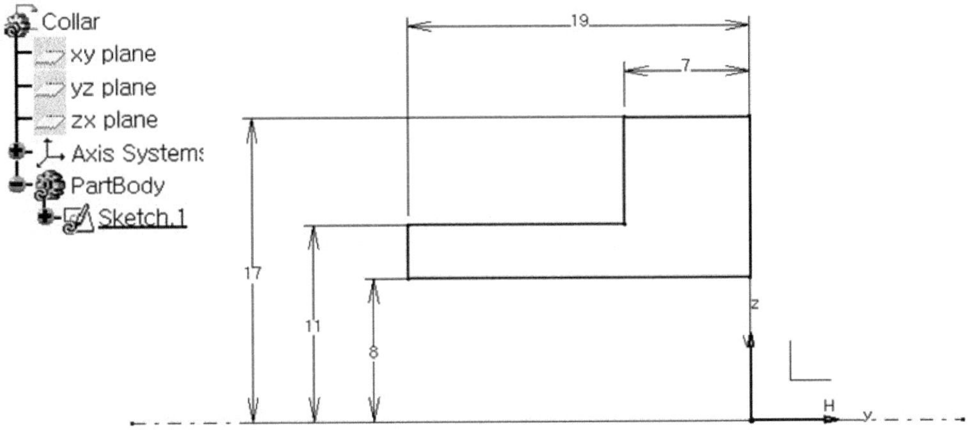

② Shaft를 사용하여 원하는 각도(360도)만큼 형상을 회전시킨다.

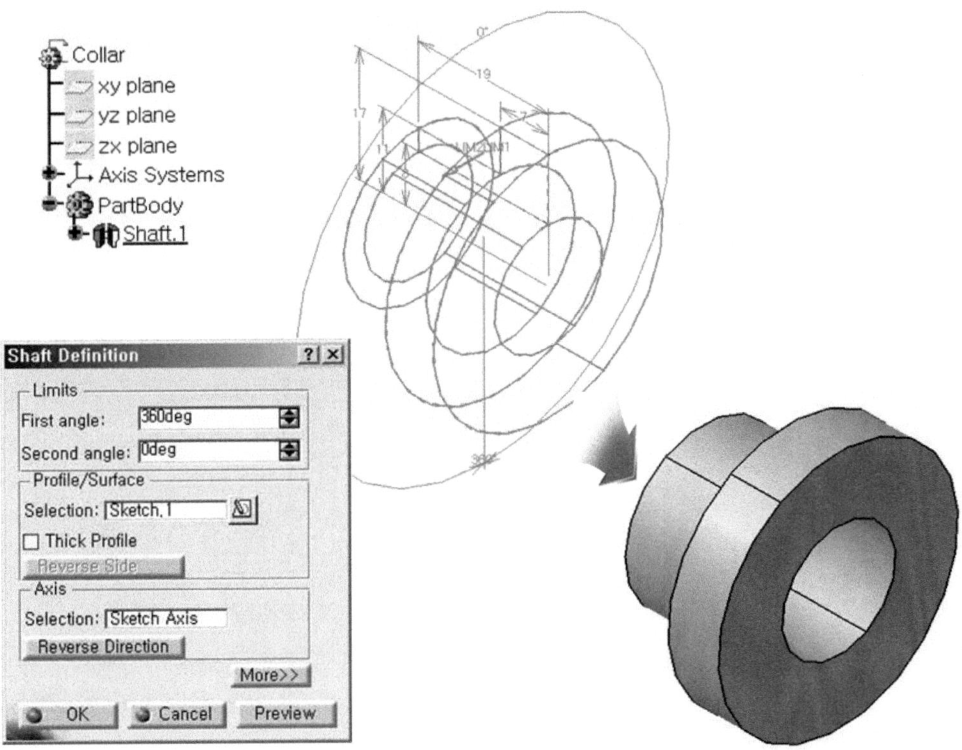

③ Chamfer를 사용하여 원하는 세 모서리를 선택하여 1mm/45deg를 준다.

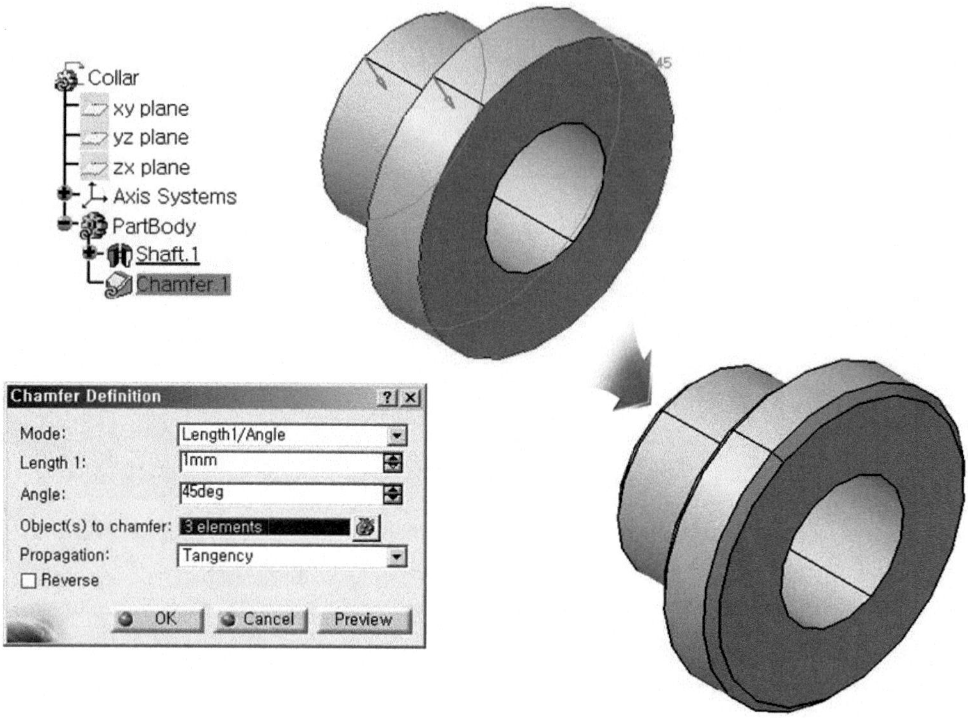

✣ Pulley 모델링하기

① 도면 상의 Section View B-B의 형상의 한쪽 부분을 Sketch한다.

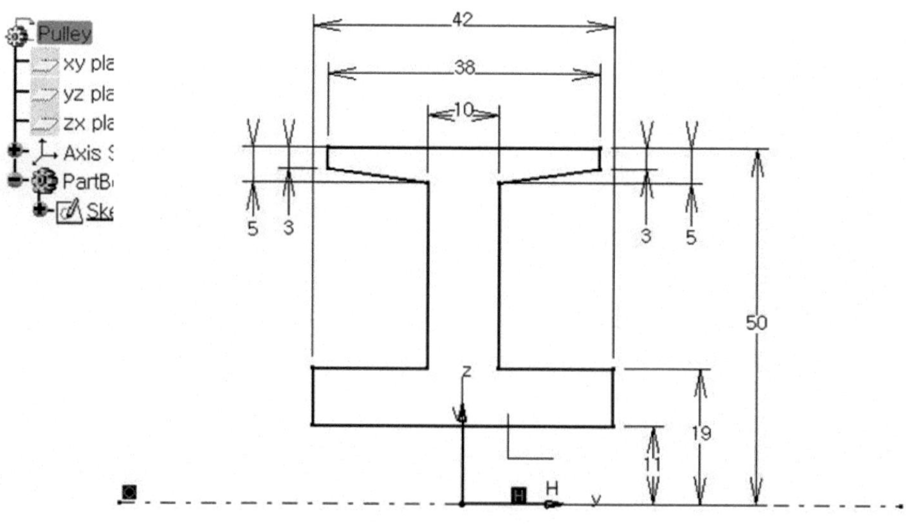

② Shaft를 사용하여 원하는 각도(360도)만큼 형상을 회전시킨다.

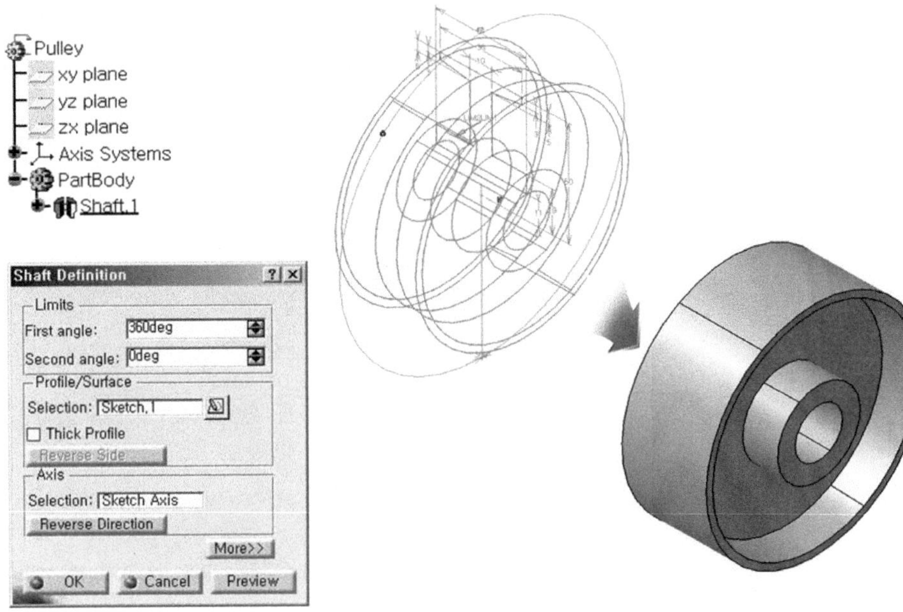

③ 먼저 Hole을 사용하여 원하는 위치에 Hole 하나를 뚫는다. 이때 위치는 Positioning Sketch를 이용하여 지정해 준다.

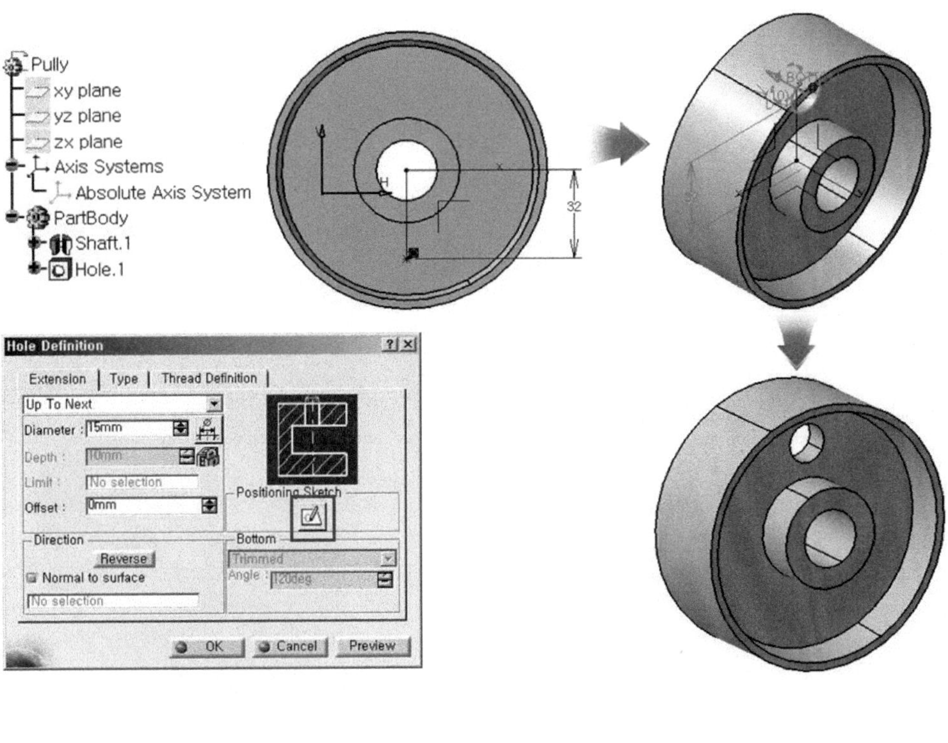

④ Circular Pattern을 사용하여 원하는 위치에 Hole을 복사한다.

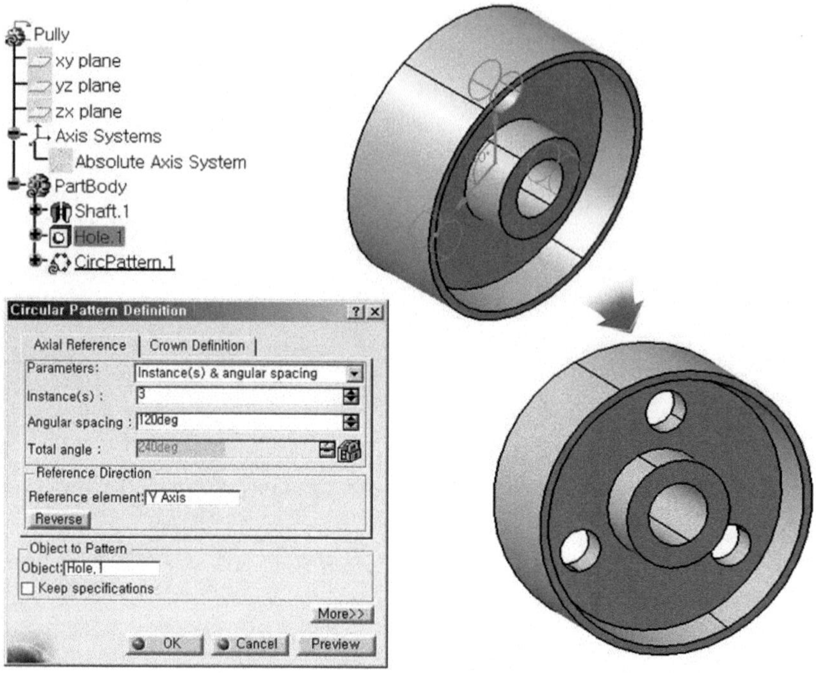

참고

- 복사할 개수 지정(원본 값 포함)과 각도 지정 그리고 축을 설정(contectual command를 이용하여 축을 지정해 줘도 되고 Hole이 복사되는 형상의 면을 선택해도 된다.)한다.
- Object to Pattern에서는 복사를 하려는 원본 모델(Hole.1)을 설정해 주면 된다.

⑤ Edge Fillet을 사용하여 원하는 4개의 모서리를 선택하여 R5mm를 준다.

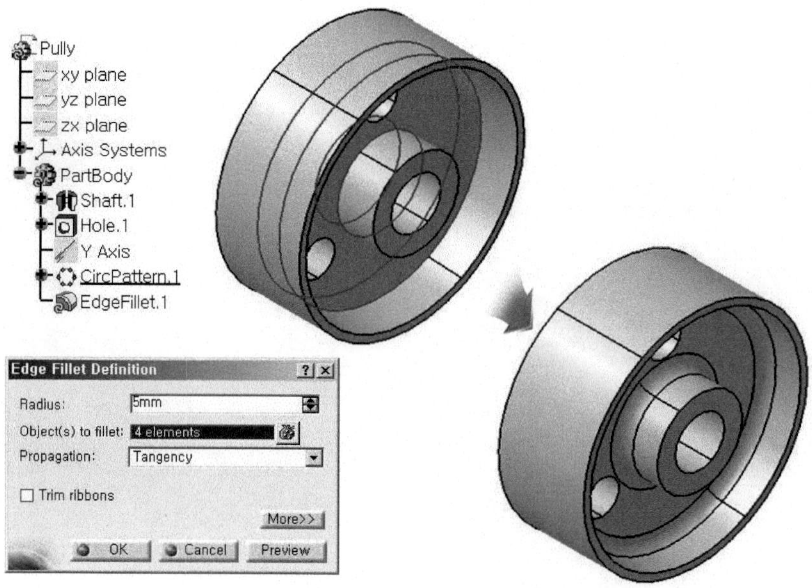

⑥ Chamfer를 사용하여 원하는 4개의 모서리를 선택하여 1mm/45deg를 준다.

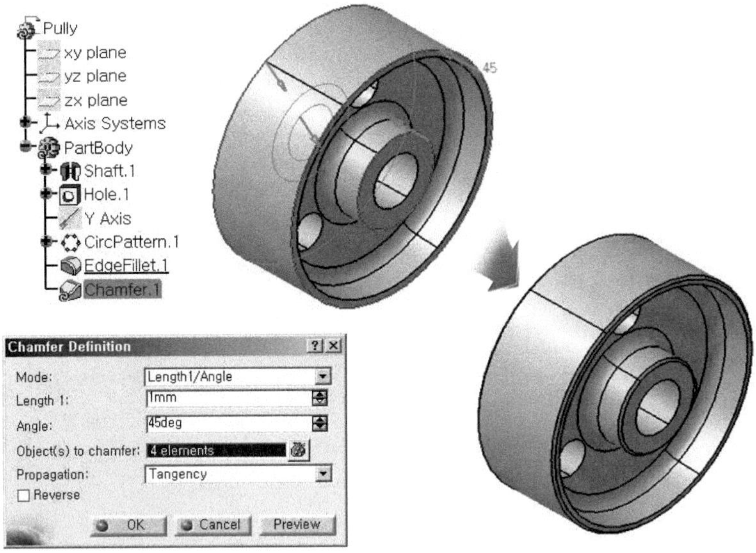

❖ Shaft 모델링하기

① 도면 상의 Front View 형상의 한쪽 부분을 Sketch한다.

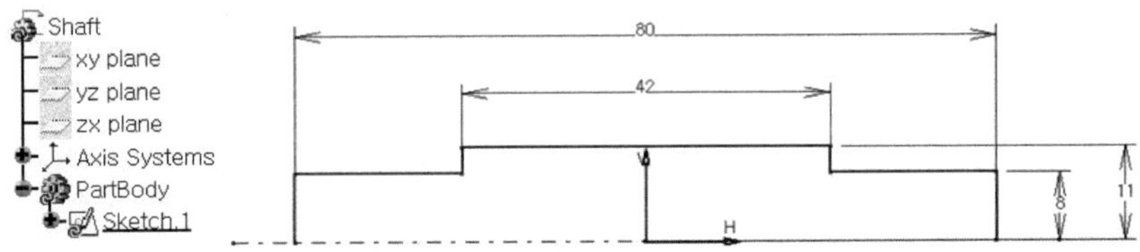

② Shaft를 사용하여 원하는 각도(360도)만큼 형상을 회전시킨다.

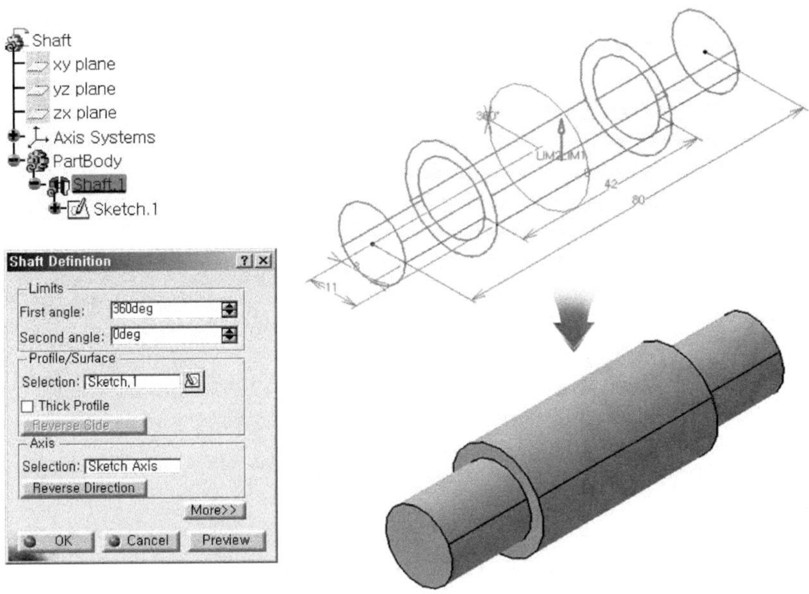

③ Chamfer를 사용하여 원하는 네 모서리를 선택하여 1mm/45deg를 준다.

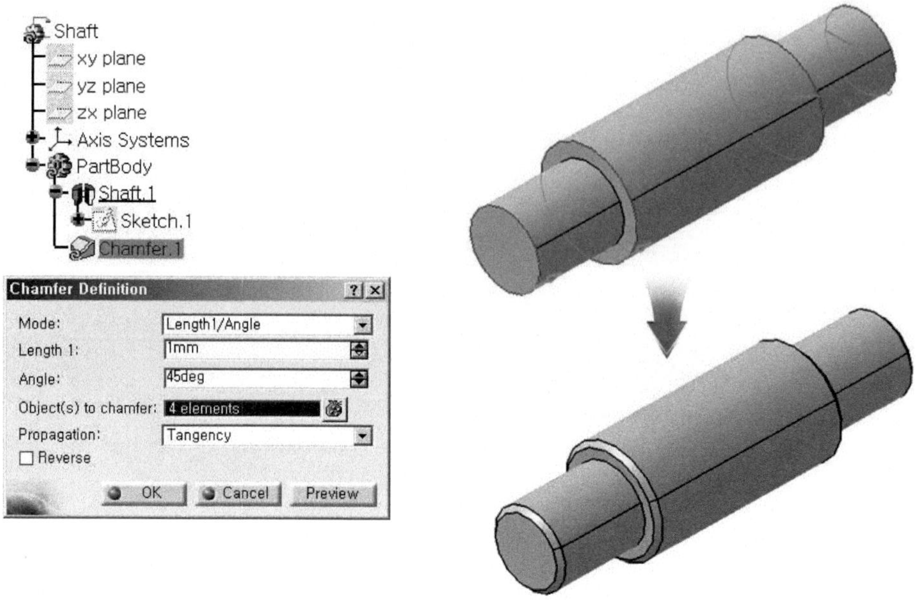

✣ Support 모델링하기

① 도면 상의 Front View의 형상을 Sketch한다.

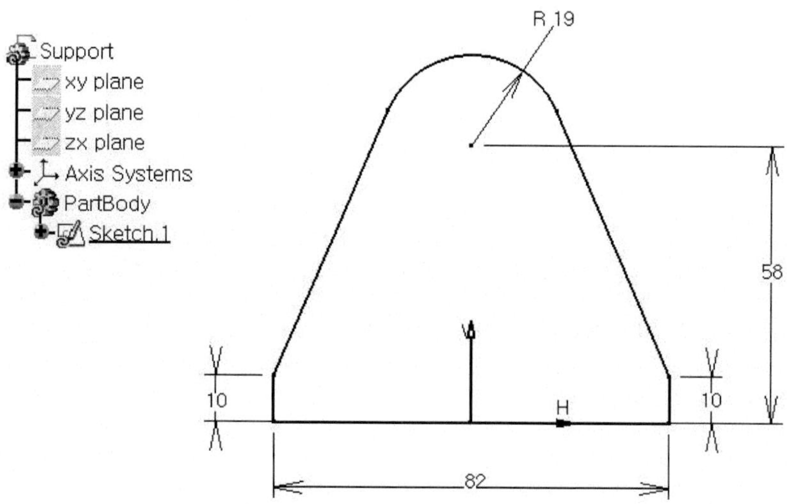

② Pad를 사용하여 원하는 길이(10mm)만큼 형상을 만든다.

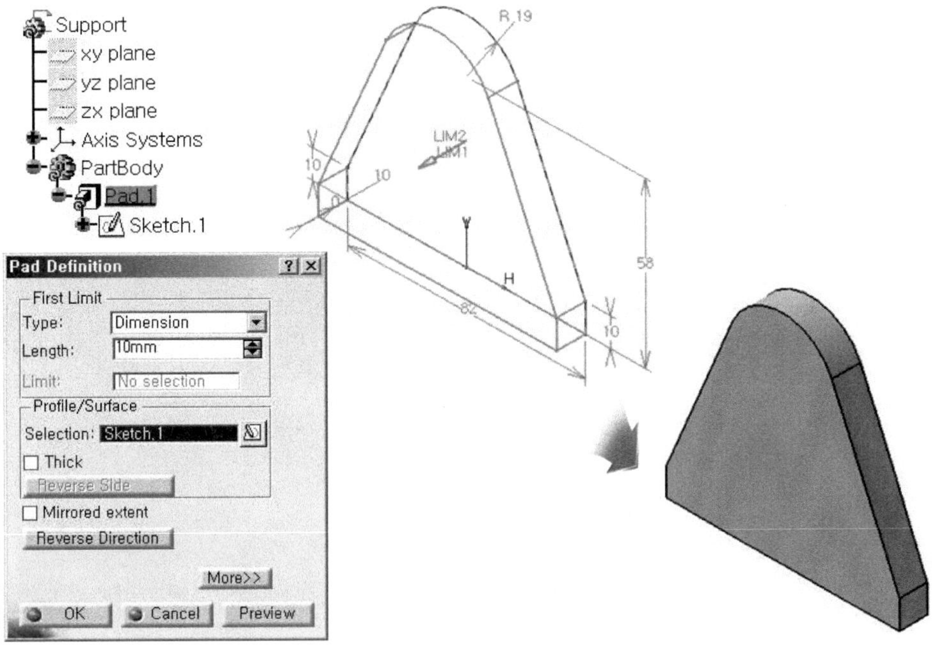

③ 도면의 형상을 보고 밑면의 형상에 맞춰 Sketch한다.

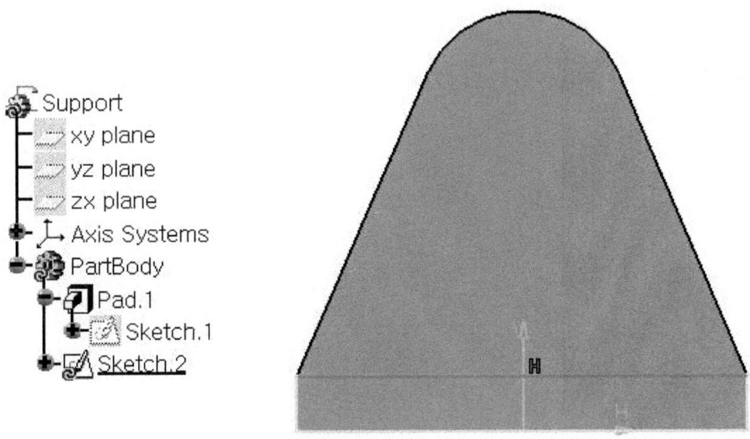

참고

밑면에 맞춰서 Sketch를 해도 되지만 여기에서는 필요한 테두리를 Project 3D Elements를 이용하여 재사용할 수가 있다.

④ Pad를 사용하여 원하는 길이(28mm)만큼 형상을 만든다.

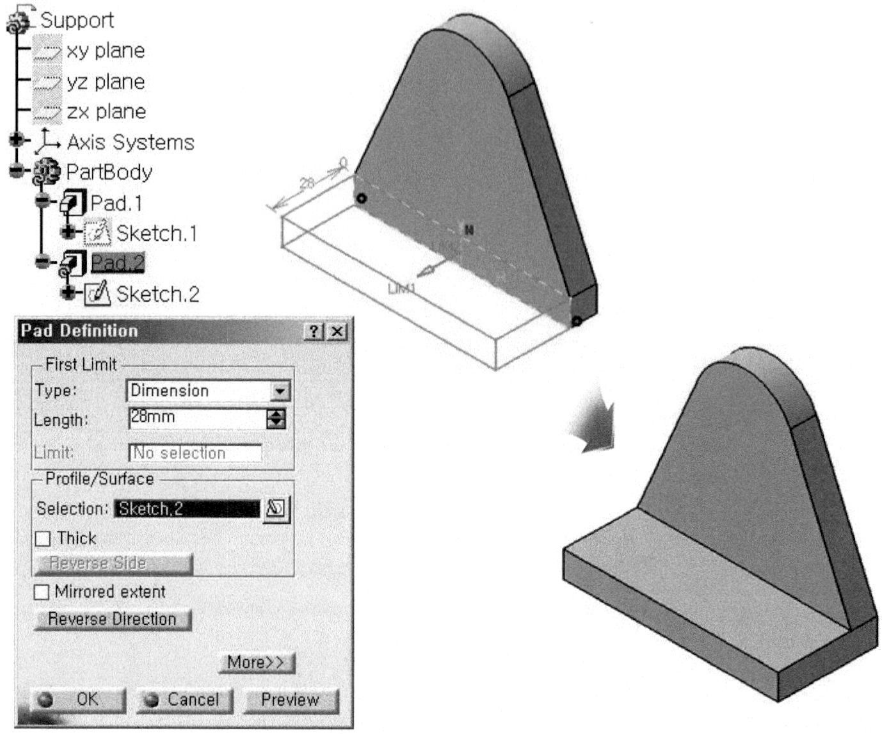

⑤ 2mm만큼 돌출되어 있는 형상을 Sketch한다.

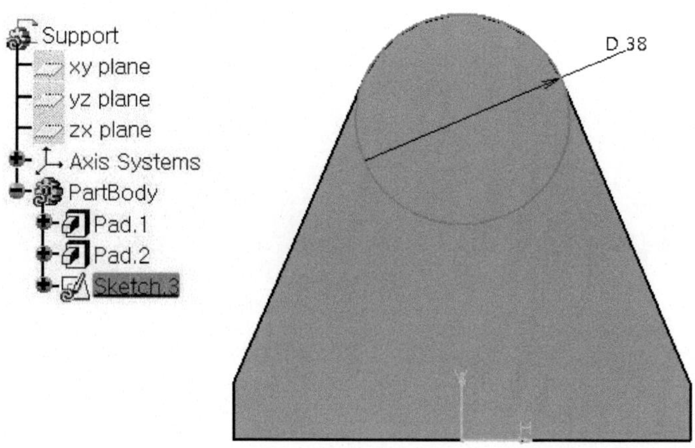

⑥ Pad를 사용하여 원하는 길이(2mm)만큼 형상을 만든다.

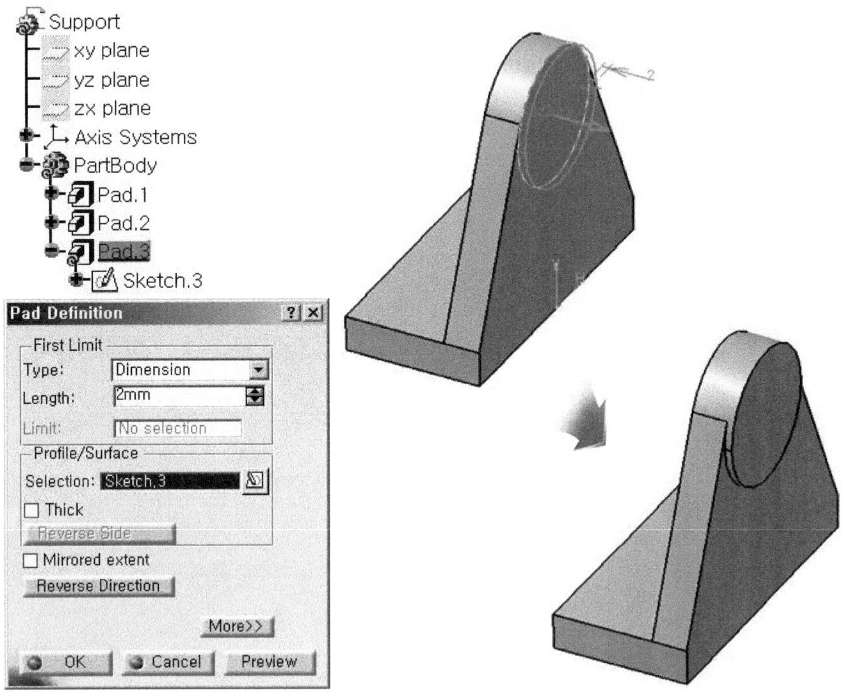

⑦ Hole을 사용하여 원하는 깊이와 크기(D22mm)만큼 구멍을 뚫는다.

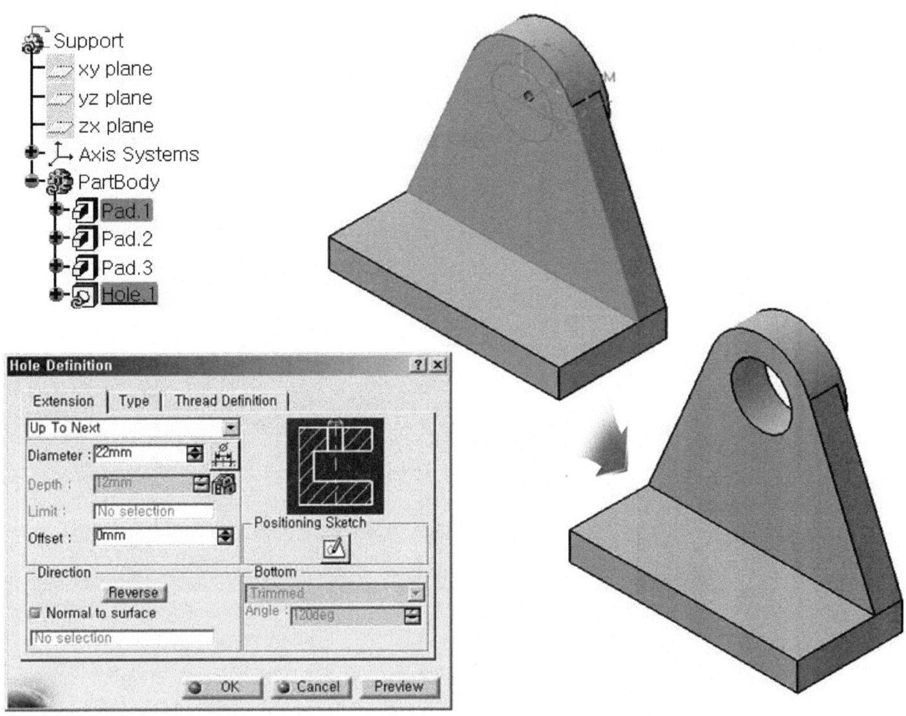

⑧ Edge Fillet을 사용하여 원하는 2개의 모서리를 선택하여 R14mm를 준다.

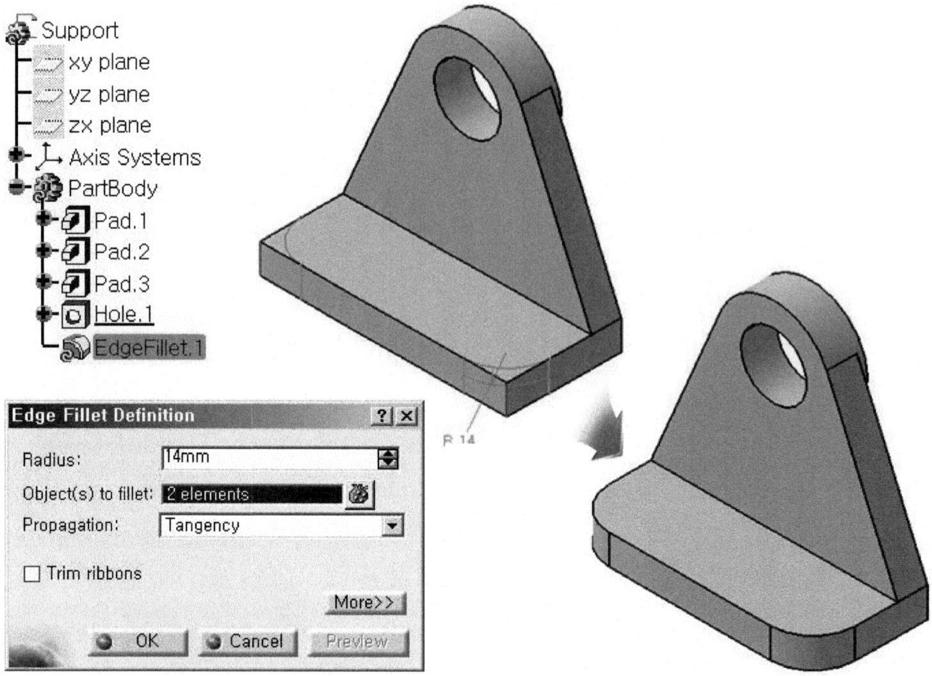

⑨ Hole을 사용하여 원하는 부분에 원하는 형상(두 개의 구멍이 같은 중심을 가지고 뚫려있다.)으로 구멍을 뚫는다.

㉠ Type에서 Counterbored로 바꿔주고 큰 Hole의 D값과 깊이를 지정해 준다.

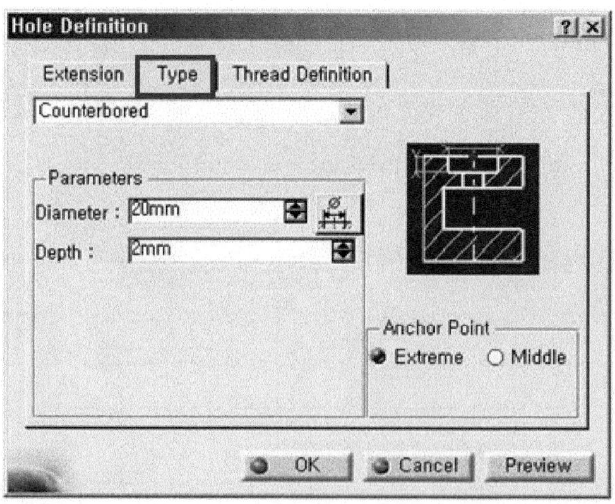

㉡ Extension에서 작은 Hole의 D값과 깊이를 지정해 준다.

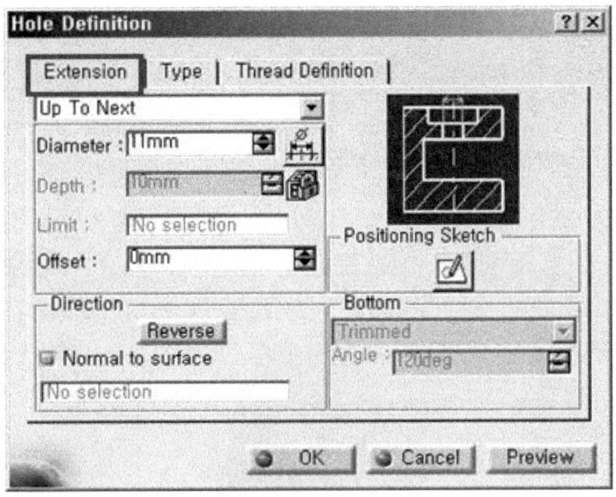

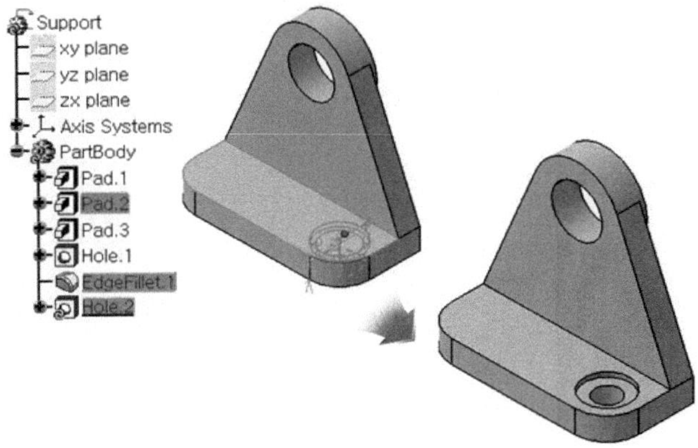

⑩ Rectangular Pattern을 이용하여 원하는 위치에 Hole을 복사한다.

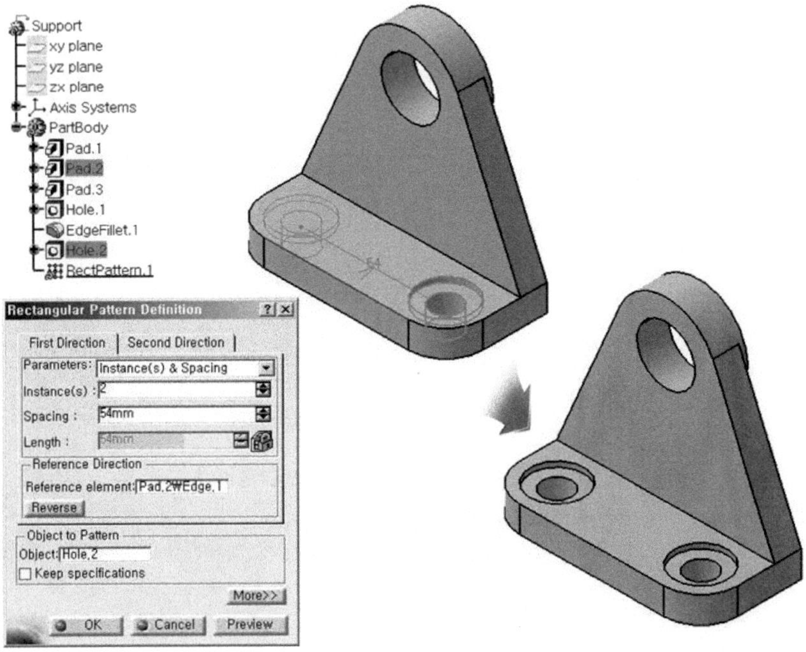

참고

- First Direction에서 복사할 개수 지정(원본 값 포함)과 거리 값 지정 그리고 방향을 설정(contectual command를 이용하여 축을 지정해 줘도 되고 원하는 방향과 평행한 모서리를 지정해줘도 된다.)한다.
- Object to Pattern에서는 복사를 하려는 원본 모델(Hole.2)을 설정해 주면 된다.

⑪ Edge Fillet을 사용하여 원하는 모서리를 선택하여 R3mm를 준다.

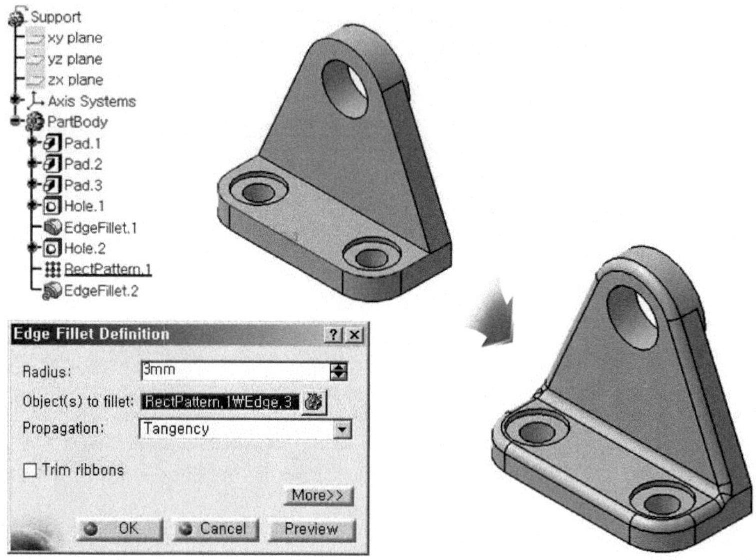

⑫ Chamfer를 사용하여 원하는 모서리를 선택하여 1mm/45deg를 준다.

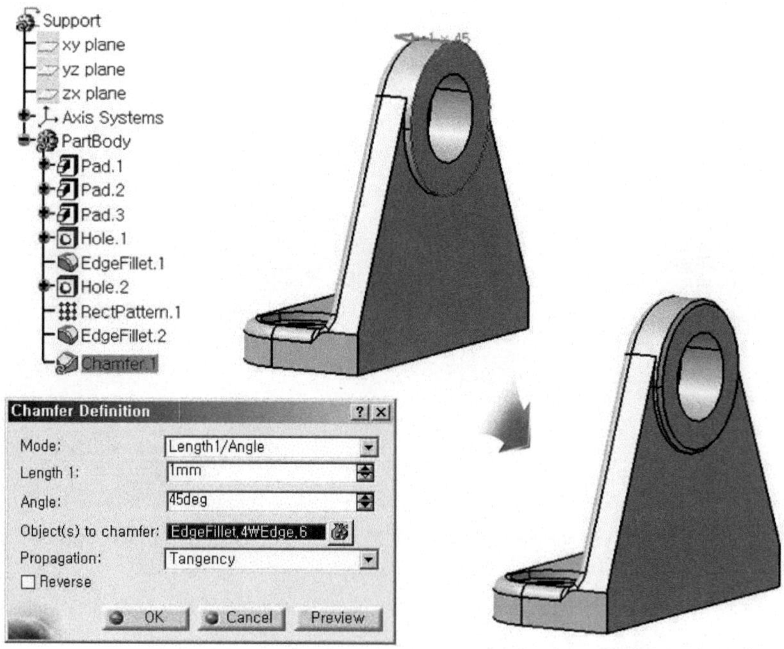

CHAPTER 03

Part Design Workbench 관련 Option 설정하기

☀ 스케처 Grid 간격 조정

Tools 〉 Options 〉 Mechanical Design 〉 Sketcher

100mm 내에 10mm 간격이 기본 설정이다.

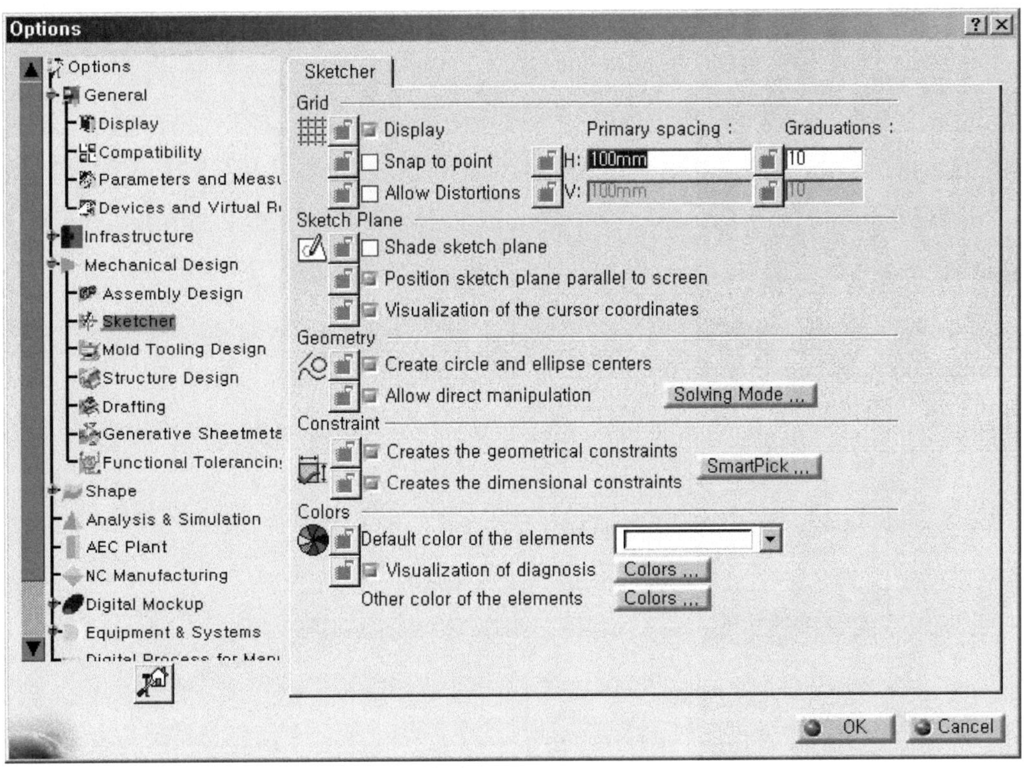

✣ Smart Pick 설정하기

Tools 〉 Options 〉 Mechanical Design 〉 Sketcher 〉 Smartpick

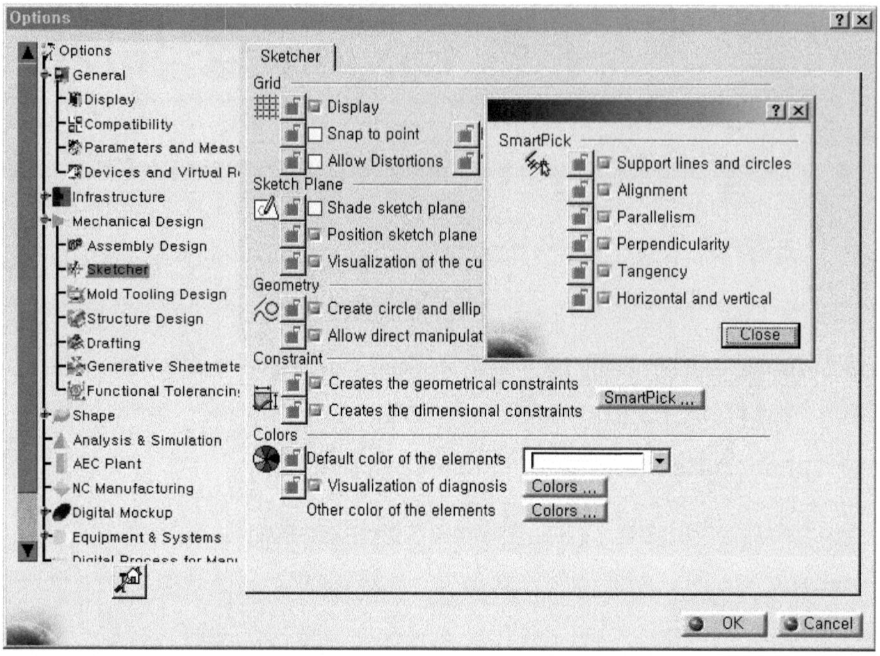

✣ Specification Tree에 Parameter와 Relation을 나타내기 위한 설정하기

Tools 〉 Options 〉 Infrastructure 〉 Part Infrastructure 〉 Display Tab 〉 Parameters와 Relations

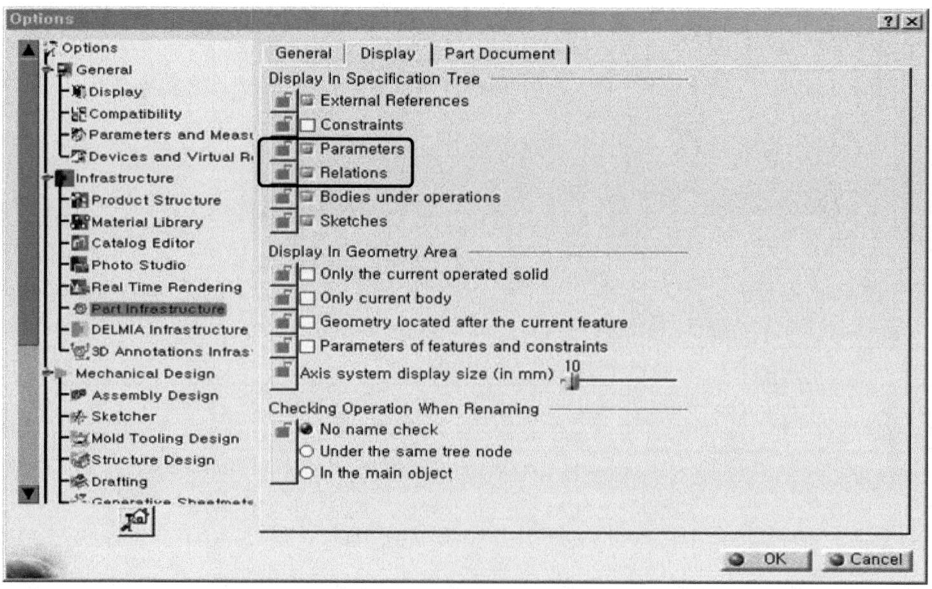

✣ External Parameter 정의하기

Tools 〉 Options 〉 Infrastructures 〉 Part Infrastructure 〉 General에서 다음과 같이 정의한다.

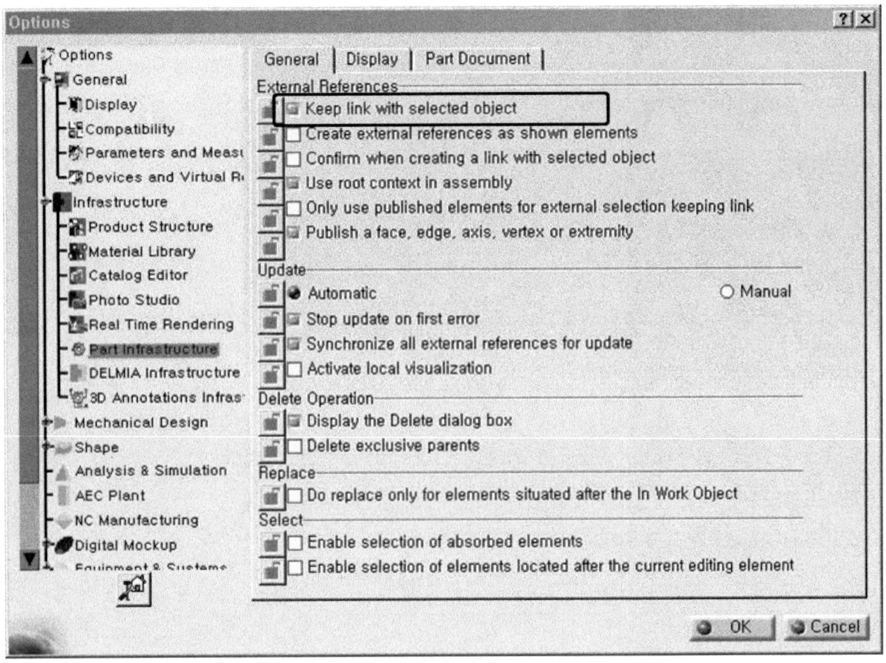

Spec Tree 상의 Display를 위해 다음과 같이 정의한다.

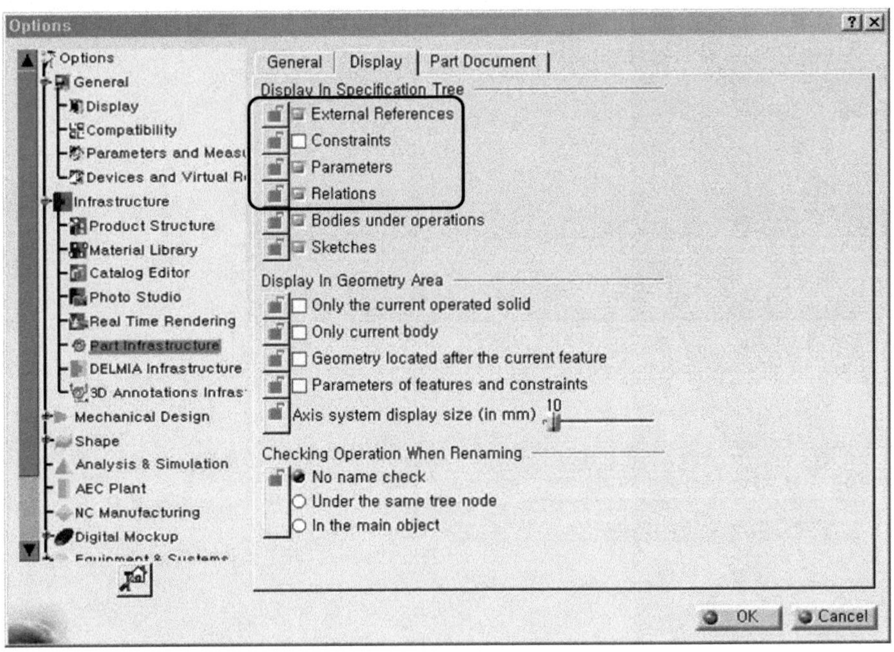

▲ Display Tab 이용

PART

IV

조립(Assembly Design)

CHAPTER 01 Assembly Design Workbench에서 작업하기

CHAPTER 02 조립품 모델링 예제

CHAPTER 03 Assembly Design Workbench 관련 Option 설정하기

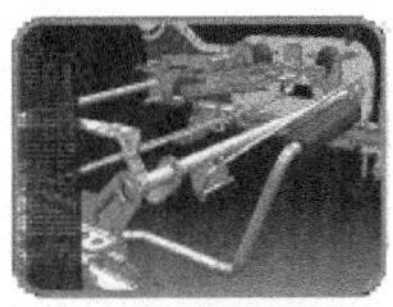

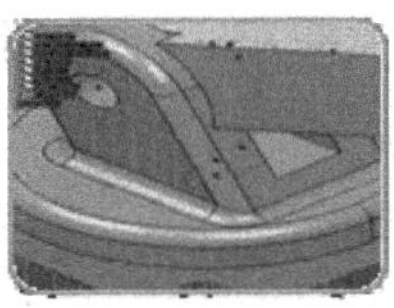

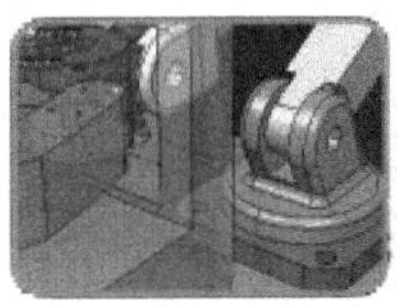

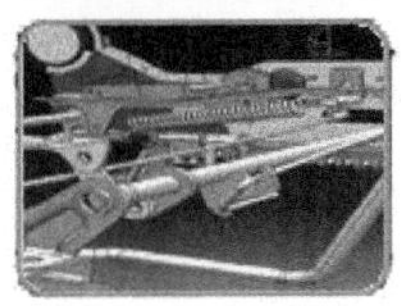

CHAPTER 01

Assembly Design Workbench에서 작업하기

✳ 시작하기

앞에서 배운 Workbench 진입방법 중 Pull Down방법을 이용하여 Start 〉Mechanical Design 〉Assembly Design을 찾아서 클릭하면 Assembly Design Workbench가 실행된다.

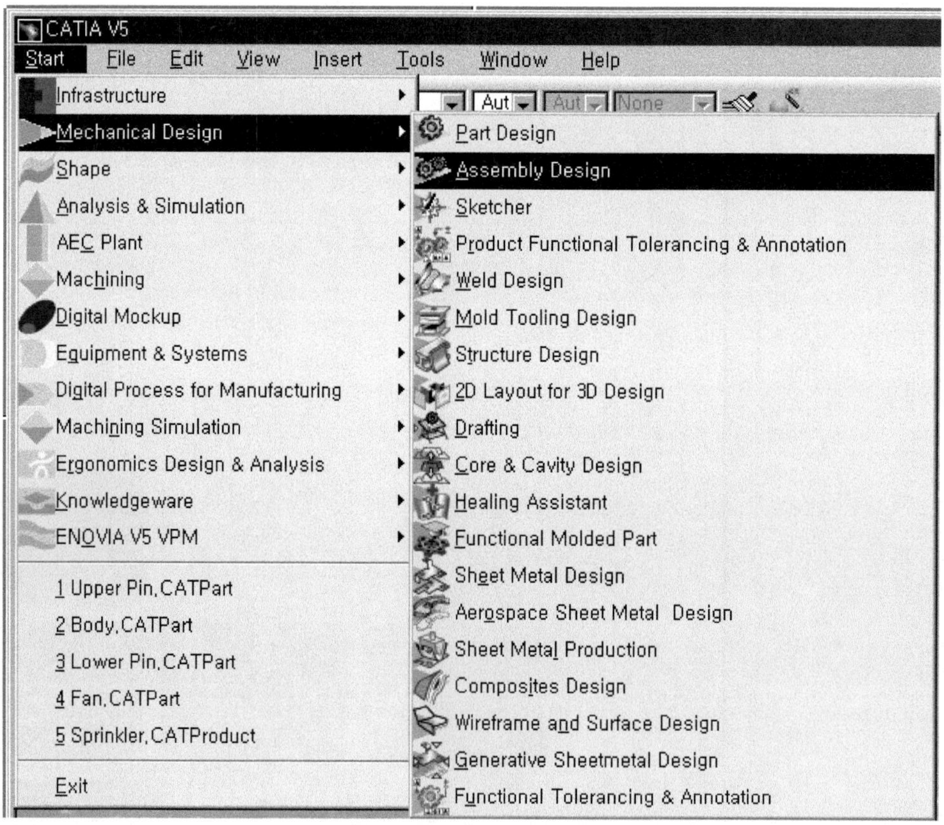

용어설명

Assembly Design Workbench를 확실하게 사용하기 위해서는 다음에 설명될 4가지의 Toolbar를 꼭 알아 두어야 한다.

- **Product Structure Tools** : Product 안의 Component들을 관리(새 Part 추가, 기존 Part 불러오기 등)하는 역할을 하는 아이콘을 포함하고 있는 Assembly Design을 시작하는데 가장 기본적인 Toolbar이다.
- **Move** : 불러들이거나 생성된 각 단품들의 위치를 이동하기 위한 아이콘을 포함하고 있는 Toolbar이다.
- **Constraints** : 단품들 간의 구속 조건을 주어 조립하는 아이콘을 포함하고 있는 Toolbar이다.
- **Space Analysis** : 조립된 단품들 간의 충돌이나 간섭, 겹침 등을 찾아내거나 단면 생성과 같은 역할을 하는 아이콘을 포함하고 있는 Toolbar이다.

용어설명

- **Top Down 방식 설계** : 제품의 전체적인 형상이 나온 상태에서 상위 Level의 제품 요소(Component)들을 하나씩 생성하면서 하위 Level의 제품 요소(Component)들을 생성해가며 조합을 하는 설계 방식을 말한다.
- **Bottom Up 방식 설계** : 가장 일반적인 모델링 방식으로 최종 제품을 구성하는 요소(Component)를 미리 만들어 놓고 이런 Component들을 조합해서 제품을 만들어가는 설계 방식을 말한다.
- **Part Number** : 각 Part의 모델링 데이터의 이름을 말한다.(Assembly Design에서는 트리 상의 좌측에 있는 이름을 말한다.)

  예 승용차의 타이어, 문 등 각각의 단품의 이름

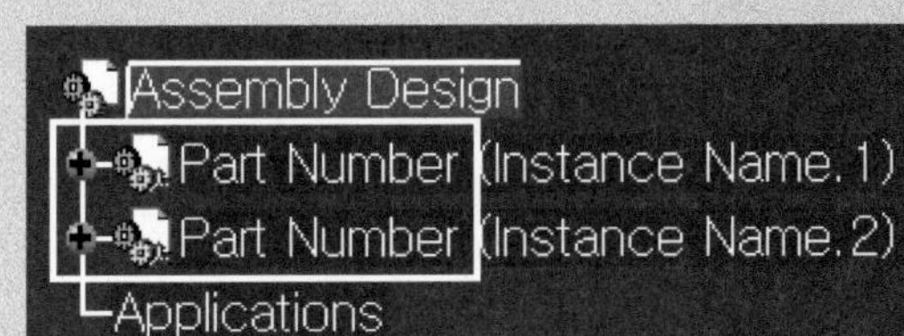

- **Instance Name** : 하나의 Part를 여러 번 사용되는 모델링 데이터가 있을 때 구별하는 이름을 말한다.(Assembly Design에서는 트리 상의 우측에 있는 (   ) 안에 있는 이름을 말한다.)

  예 승용차의 타이어 4개, 같은 규격의 볼트 여러 개 등 같은 단품을 여러 개 불러들일 때의 이름

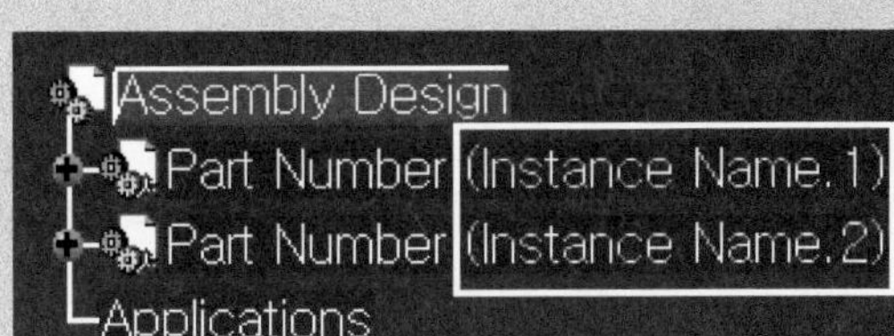

☀ Assembly Design Workbench의 작업 Process 및 상세 명령어

✣ Assembly Design Workbench 구성 화면

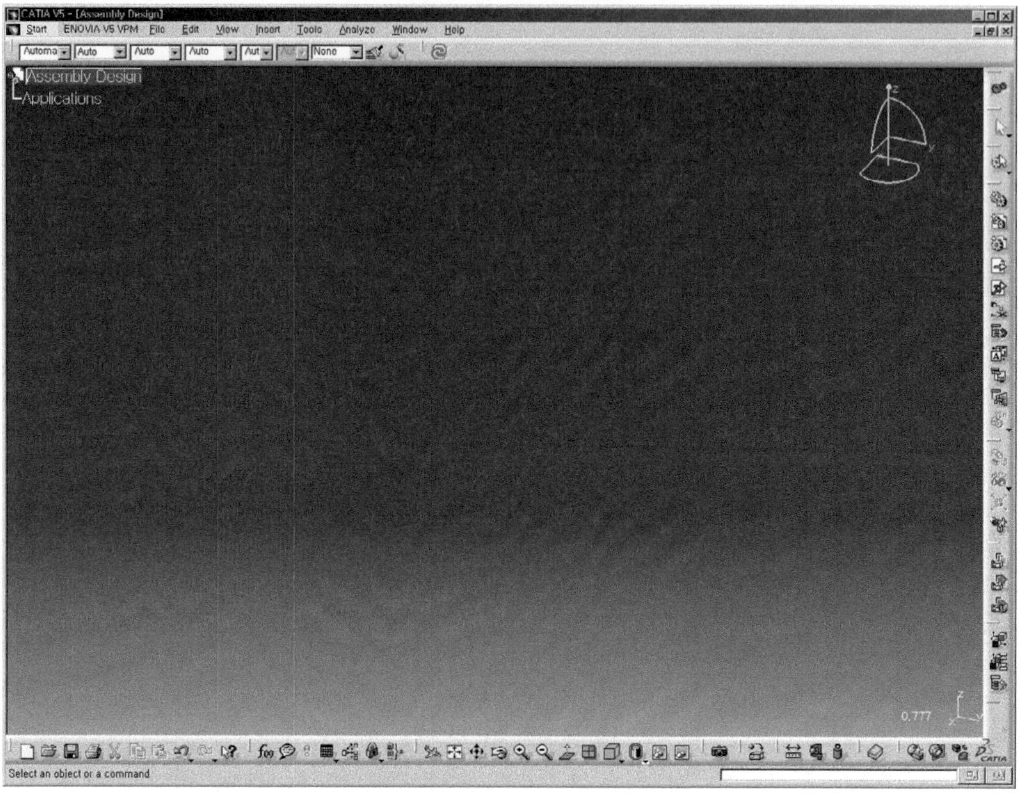

✣ Product Structure Tools

1 Component 

기존 Tree에 제품 요소(Component)를 추가하는 명령어로 상위 Level의 Assembly에 하위 Level Assembly를 추가 구성하는데 쓰이기도 한다.

Component는 독립된 파일로 저장이 불가능하므로 단순히 Grouping을 하기 위함이나 저장이 필요 없는 요소를 추가할 때 자주 쓰인다.

사용방법은 아이콘을 클릭한 후, 상위 Product를 선택해 주면 된다. 이때 아이콘만 클릭한 후 상위 Product를 선택해 주지 않으면 실행되지 않는다.(다음의 , , , 아이콘도 사용방법은 동일하다.)

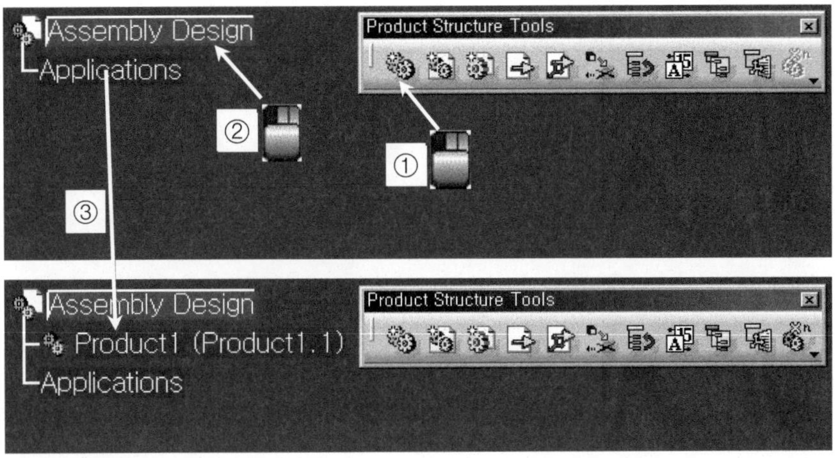

❷ Product

독립된 파일(*.CATProduct)로 저장할 수 있는 명령어로 기존의 Assembly에 새로운 Sub Assembly를 추가할 때 사용하는 명령어이다. 앞의 Component와는 달리 독립된 파일로 저장도 가능하여 전체 제품을 나눠서 분업할 수도 있다.(↔ Component 명령어와 차이점)

❸ Part

Tree에 새로운 단품(*.CATPart)을 추가하는 명령으로 Top-Down 방식의 모델링 시 신규 Part를 추가하여 조립 형상에 맞춰 모델링을 생성할 때 사용하는 명령어이다.

명령어를 실행한 후, 상위 Product를 선택하고 나면, 새로 생성되는 단품(Part)의 원점 좌표를 정의하라는 다음과 같은 메시지 창이 뜬다.

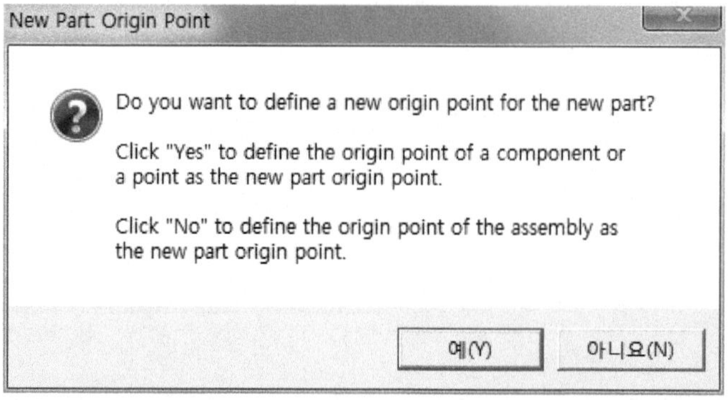

참고

- 예(Y) : 현재 화면 상의 임의의 지점을 선택하여 새로 생성되는 Part의 원점으로 지정한다.
- 아니오(N) : 기존의 Part의 원점과 일치하는 위치를 새로 생성되는 Part의 원점으로 지정한다.

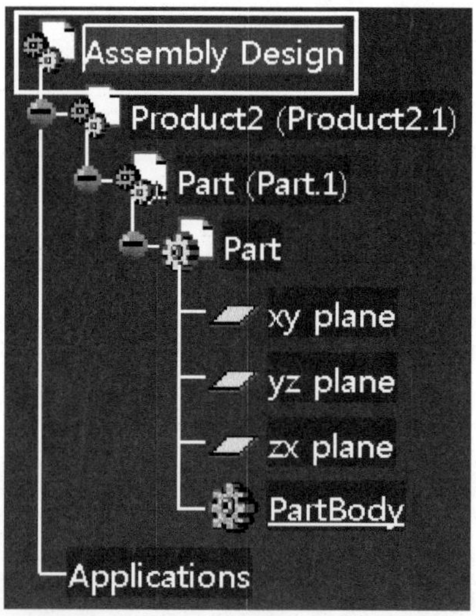

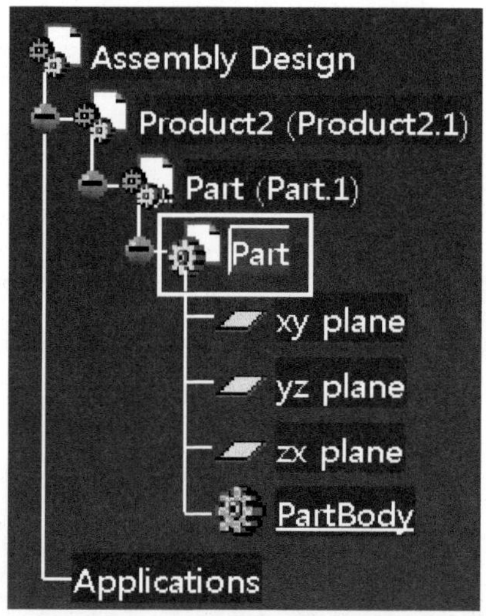

새로 생성되는 단품(Part)은 Tree를 열어 Part Name을 더블클릭하면 활성 Workbench가 바뀌며 파란색으로 표시가 되는 것을 확인할 수 있다. Top-Down방식의 모델링 시 Part를 생성하거나 수정할 때 이 방법을 이용하여 모델링 Workbench를 이용한다.

❹ Existing Component

기존에 생성해 둔 어셈블리 파일이나 단품 파일을 현재 작업 중인 Product에 추가하는 명령어이다. Bottom-Up 방식으로 조립할 때 사용하는 명령어이다.

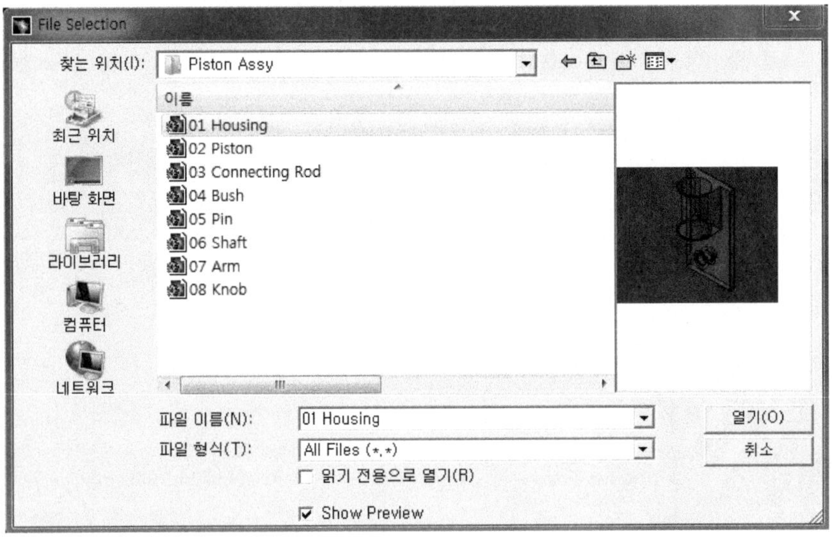

원하는 파일들을 선택(다중 선택 가능, Ctrl키 및 드래그 사용)하면 다음과 같이 각 Part들이 현재 작업 중인 Product에 추가되는 것을 확인할 수 있다.

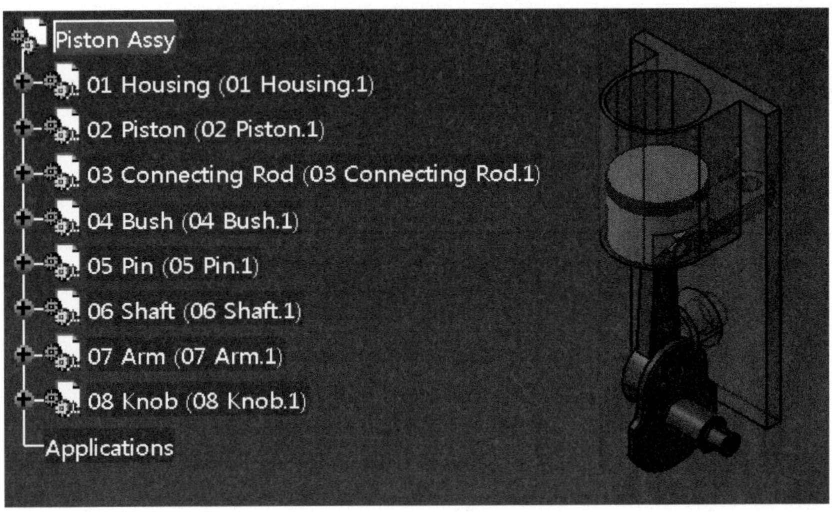

데이터를 불러올 때 각 단품들의 위치는 각 단품들을 모델링할 때 사용한 원점 좌표에 일치하여 불러진다. 따라서 부품들이 겹쳐서 보일 때도 있다.

참고

보통 모델링의 이름은 처음 단품 모델링할 때부터 Part name을 처음부터 지정을 하거나 Properties에서 Part number를 지정하여 저장하는 습관을 들여야 하는데, 미리 설정하지 않아 동일한 Part number를 가지는 파일을 어셈블리에서 Existing Component를 이용하여 파일을 불러오게 되는 경우 아래와 같은 창이 뜨는 경우를 볼 수 있다.

현재 불러온 Component들의 이름이 충돌을 일으키기 때문에 Part number를 변화해 주면 문제가 해결된다. 그래서 오른쪽의 Rename를 이용하여 원하는 새로운 Part number를 입력해 주거나 Automatic rename을 이용하여 자동으로 Part Number를 변경하도록 해주면 된다.

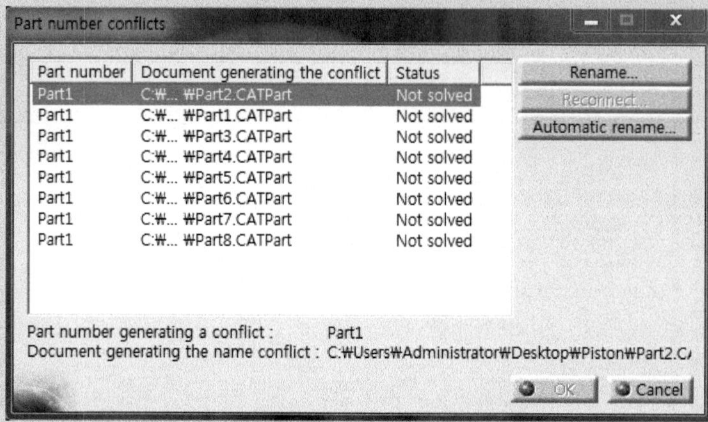

Part number를 변경해 주면 아래와 같이 Status가 Not solived에서 Renamed로 변경이 되는 것을 볼 수 있다.

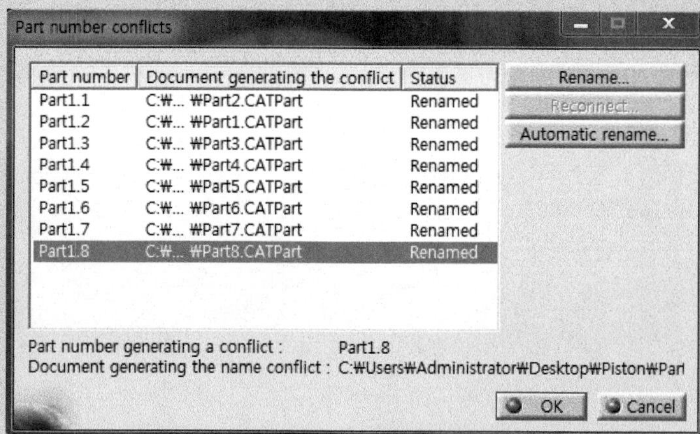

5 Existing Component With Positioning

기존의 Component를 Product에 추가하는 것은 앞의 Existing Component( ) 명령과 동일하지만, 차이점은 추가되는 Component를 Product 내에서의 위치(Position) 지정 과정이 추가되어 있다. 아이콘을 실행하면 Smart Move 창이 나타나고, 현재 작업 중인 Product에 있는 형상과 새로 불러올 형상 사이에 원하는 조건을 줄 수 있다. 위치 지정 외에 구속까지 추가하고 싶은 경우에는 Automatic constraint creation을 체크하면 된다.

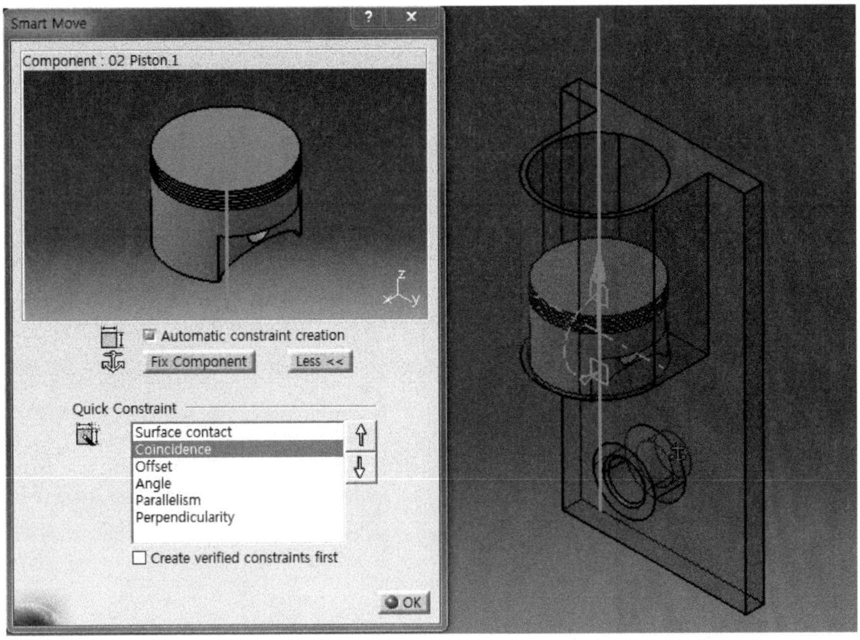

❻ Replace Component

Product를 구성하고 있는 기존의 Component를 다른 Model로 교체하는 기능이다. 아이콘을 누르면 교체할 대상 Component를 선택한다. 그러면 다음과 같이 새로 교체해서 들어갈 Component를 선택하면 된다.

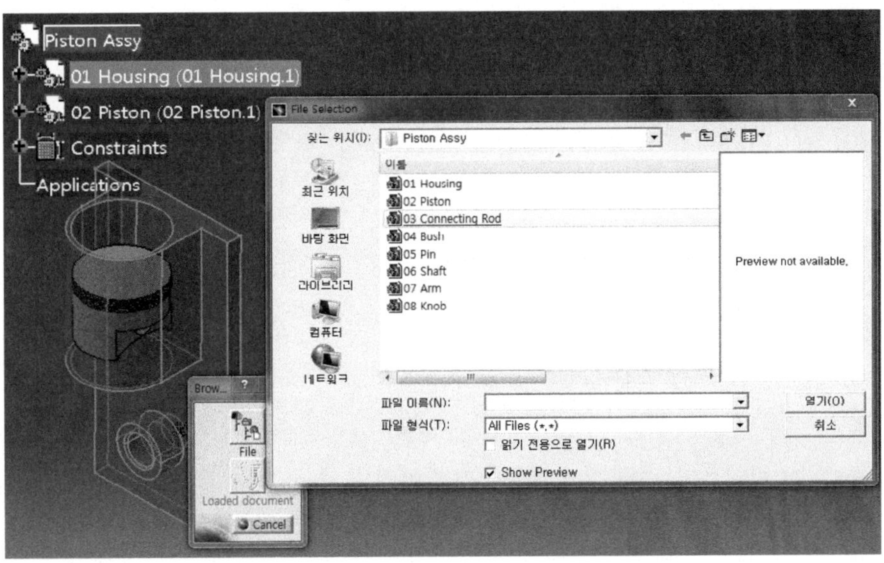

7 Graphics Tree Reordering

Product를 구성하는 Component들의 Tree 순서를 바꾸는 기능으로 Component를 순서에 상관없이 마음대로 추가한 후 재정렬이 필요할 때 사용하면 된다. 사용방법은 앞에서 배운 것과 동일하게 아이콘을 선택한 후 변경하고 싶은 Product를 선택하여 나타나는 창에서 화살표를 이용하여 순서를 정렬하면 된다.

Graphics Tree Reordering 아이콘은 뒤에 설명하게 될 Generate Numbering( ) 아이콘과 함께 사용하는 것으로 조립품을 구성하는 부품들의 번호를 부여할 때 사용한다. Tree의 순서대로 번호가 부여되므로 원하는 번호를 생각하여 정렬하면 된다.

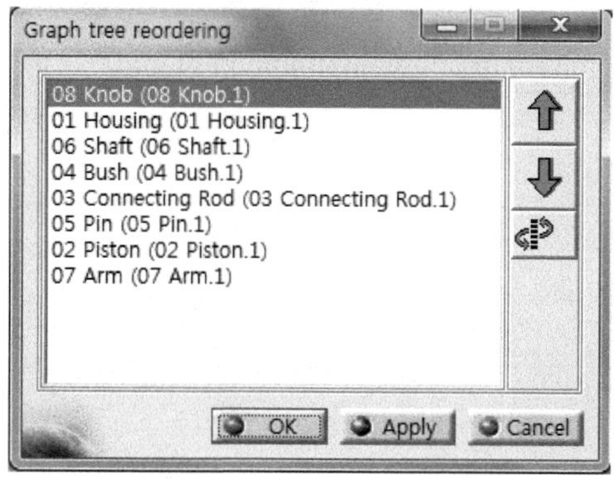

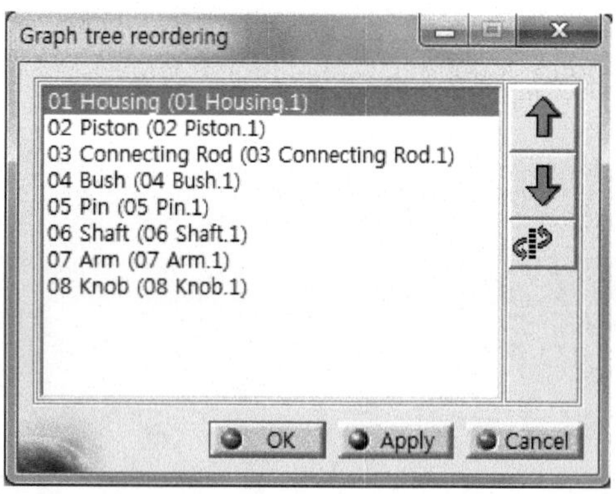

8 Generate Numbering

앞에서 설명한 Graphics Tree Reordering( ) 아이콘을 통해서 재정렬된 Tree의 순서에 따라 번호나 문자를 부여하는 기능이다. 사용방법은 앞의 아이콘들과 동일하다.

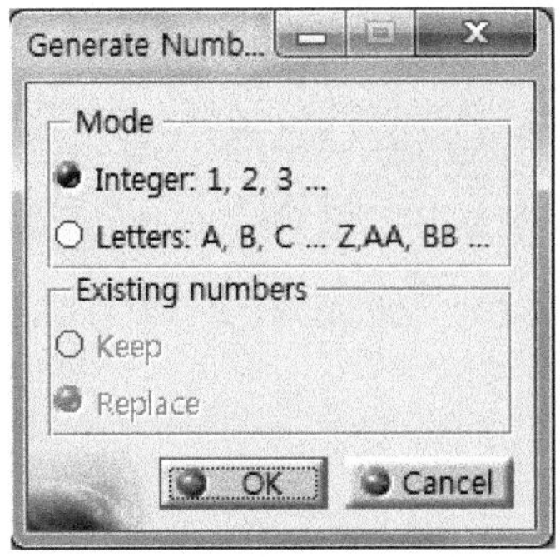

Numbering 전에는 Properties를 확인해 보면 Instance name와 Part Number는 있지만 Numbering이 되어 있지는 않다. Numbering 후에는 Instance가 활성화되면 Number에 번호가 부여된다. 만약 Component를 새로 추가하게 되거나 순서 재정렬이 이루어질 때, 번호를 다시 부여해야 하는 경우는 기존의 번호를 유지하고, 변경된 Component의 번호만 다시 부여하는 경우는 Keep을 선택하고, 아예 다시 번호를 재부여하는 경우는 Replace를 선택하면 된다. Numbering된 결과는 나중에 도면 작업 시 Balloon Generating이라는 명령어에서 이 숫자를 참고하여 사용한다.

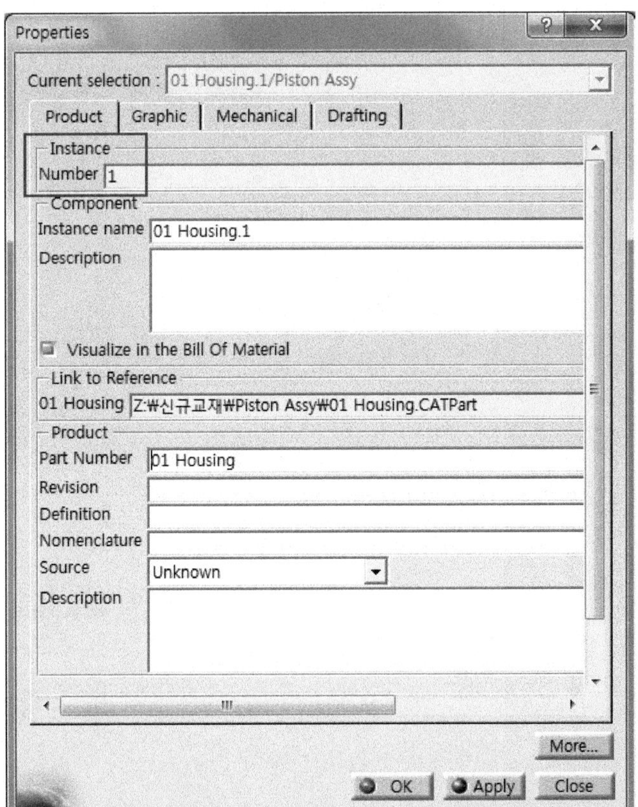

9 Selective Load

이 명령어는 작업 시 시스템의 Performance를 향상시키기 위해 불필요한 모델 데이터를 시스템의 메모리에서 제거해 두었다가 다시 메모리로 불러들이는 기능이다. Load 명령어를 적용할 대상이 필요하므로 Unload Component를 다음과 같이 부여한다.

Unload 대상 Component 〉 마우스 오른쪽 버튼(MB3) 〉 Components 〉 Unload

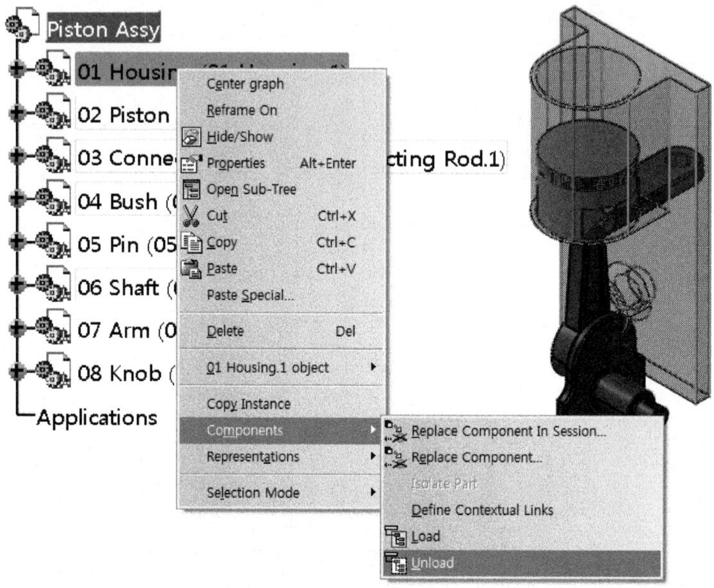

Unload가 적용된 Component는 시스템의 메모리에서 제거되었으며, 화면에서도 보이지 않고 Tree의 아이콘 모양도 변하게 된다.

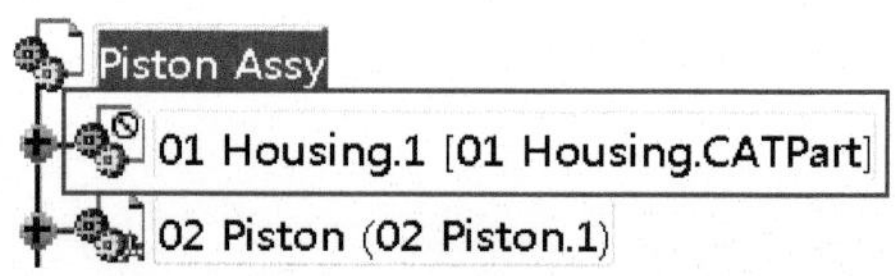

이 상태에서 Selective Load 명령어를 이용하여 다시 시스템의 메모리로 불러들이는 방법은 먼저 아이콘을 선택하면 Product Load Management 창이 뜨게 된다. 이때 Unload되어 있는 Component를 선택하고 Management 창의 아이콘을 누르면 해당 Component의 리스트가 보여지고 OK나 Apply 명령을 누르면 Load된다.

Open Depth 옵션은 선택한 Product의 어느 단계까지 Load시킬 것인지를 선택하는 것으로 1은 다음 단계의 Component까지, 2는 Product 안의 Component까지, All은 모든 Component를 Load시킬 것인지를 선택하는 것이다.

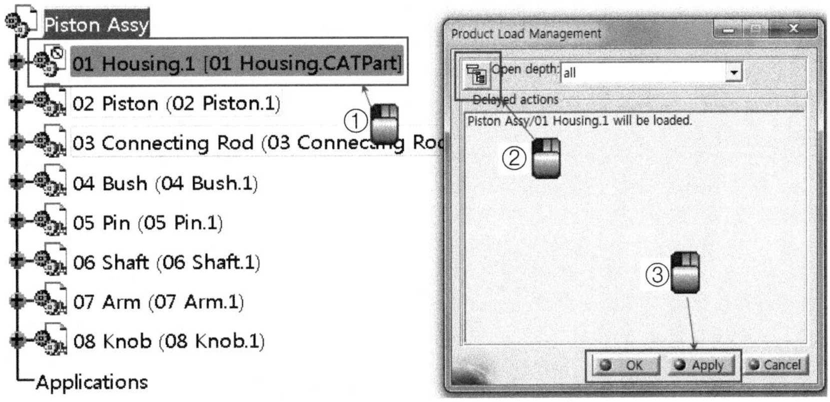

① Unload : 앞에서 설명한 Load 명령과 반대로, 시스템의 Performance 향상을 위해 메모리에서 해당 모델 데이터를 제거하는 기능이다.

10 Manage Representations

이 명령어는 하나의 Component에 여러 개의 Associate Part를 불러와서 형상의 표현을 여러 가지로 활성화시켜 주는 것이다. 사용방법은 아이콘을 실행하고 원하는 Component를 선택하면 Management Representation 창이 나타난다. 여러 형상을 불러올 때는 Associate 버튼을 이용하여 불러오면 된다.

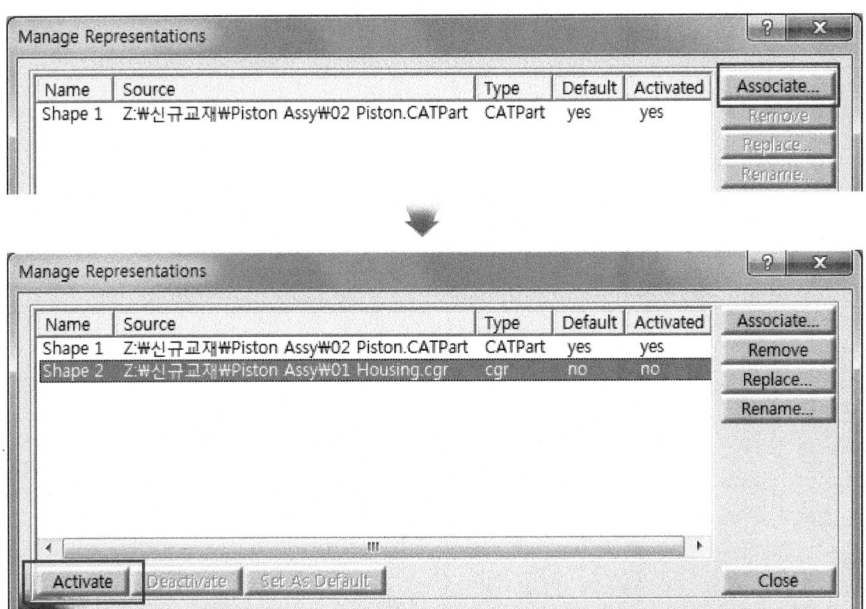

원하는 형상을 선택한 후 Activated 버튼을 선택하면 형상이 바뀌는 것을 볼 수 있다.

▶ CGR 파일

CGR 파일은 모델의 최외각 형상의 정보만 가지고 있는 데이터 형식으로 기존의 CATPart 파일에 비해 모델 파일의 크기가 현저히 작게 되어, 대형 조립품 작업 시 이 파일을 이용하면 시스템의 Performance를 줄일 수 있다. 또한 제품의 외각 형상 정보만 가지고 있어 모델 데이터 생성의 Tree 정보를 숨길 수 있는 기능으로도 사용이 가능하다.

참고

Tree에서 삭제하고자 하는 Component를 선택해서 Delete 명령어를 적용하면 다음과 같은 창(More 버튼을 눌러 창을 펼친다.)이 뜬다. 창의 오른편에 있는 리스트 삭제를 위해서 선택된 Component와의 관계를 가지고 있는 다른 부품들이다. Component를 삭제하기 전에는 반드시 확인해야 한다.

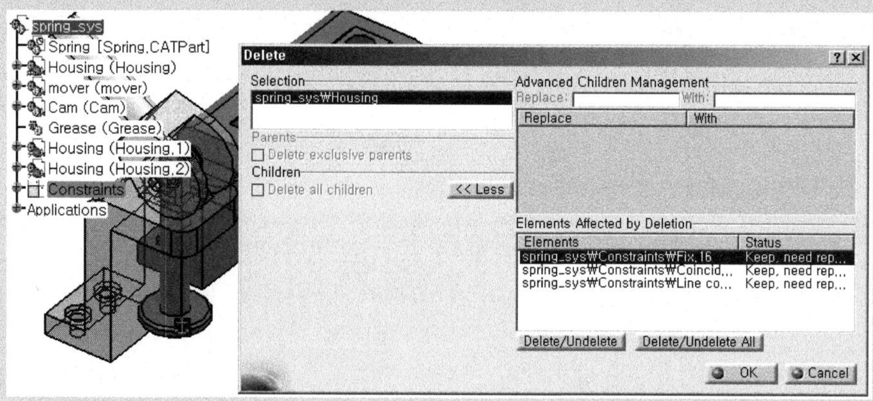

11 Multi-Instantiation

Product에서 반복적으로 사용되는 Component를 한꺼번에 추가할 때 사용하는 아이콘들을 모아놓은 Toolbar이다.

아이콘 사용은 Define Multi Instantiation() 명령을 이용하여 먼저 정의를 하고, 추가로 동일한 적용을 원할 때, Fast Multi Instantiation(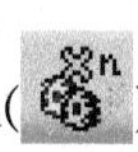) 명령을 이용하면 된다.

11 - 1 Define Multi Instantiation

PartDesign 워크벤치의 Pattern이라는 명령어와 유사하다. 명령어를 클릭한 후 창이 뜨면, 여러 개의 instance를 생성할 Component(Part, Sub-Assembly)를 선택한다. 생성될 숫자(New Instance)와 배열의 방향(Direction)/거리(Spacing) 값을 선택한다.

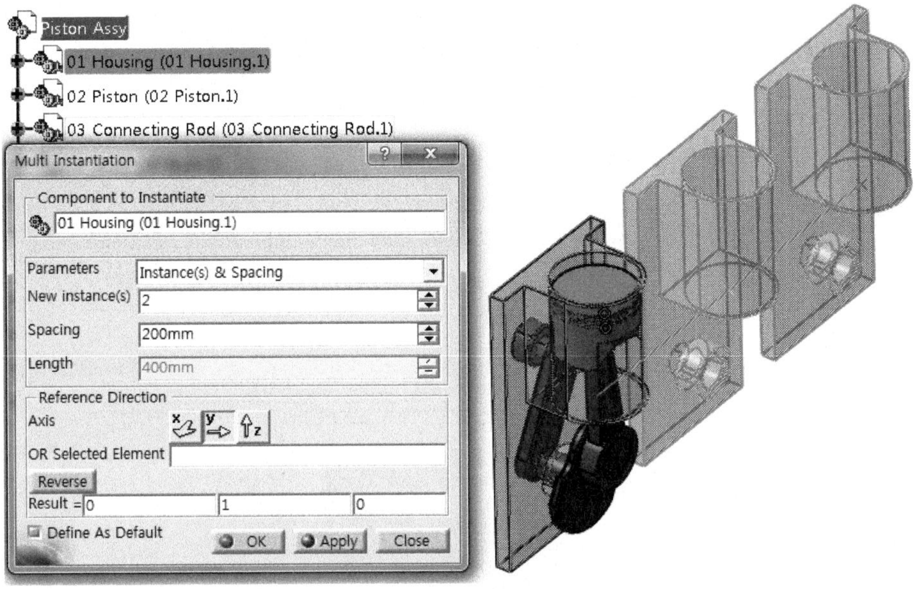

OK 버튼을 클릭(Apply를 선택하지 말 것, 명령어가 중복 적용될 수 있다.)한 후 명령어를 끝내게 되면, Tree에 새로운 Instance가 추가되었음을 알 수 있다.

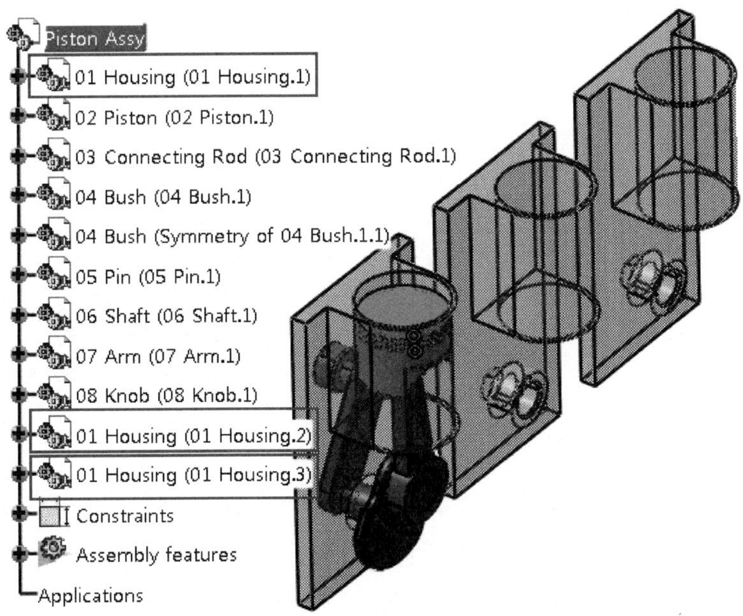

Tree 상의 Component의 이름 중 괄호 안의 이름 즉, instance name이 다른 Component가 새로 추가되었다. **Component 〉 마우스 오른쪽 버튼 〉 Properties**(Instance Name과 Part Number를 확인한다.)

11 – 2 Fast Multi Instantiation

이전에 정의하여 적용시킨 Define Multi Instantiation의 정의를 동일하게 다른 Component에 적용하고 싶을 때 사용한다. 명령어를 클릭한 후 Tree 상에서 Component만 선택하면 명령이 실행된다. 만약 복사 개수가 다르거나 방향이 틀린 경우에는 Define Multi Instantiation을 다시 사용하여야 한다.

> **참고** Multi - Instantiation을 이용하여 부품을 잘못 추가되었거나 Component를 삭제할 때는 Tree에서 Delete를 하기 전에 Product의 다른 부품들과의 관계(예 Constraint)를 미리 확인한다.

Move

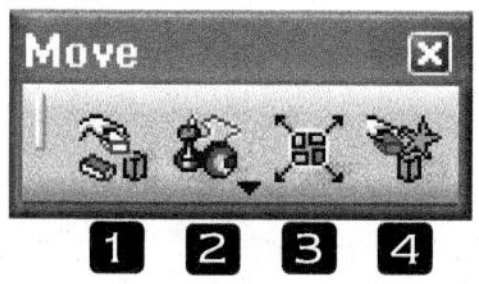

1 Manipulation

선택한 Component를 특정 방향으로 직선이동 또는 평면이동, 특정 축에 대해서 회전시킬 때 사용하는 명령어이다.

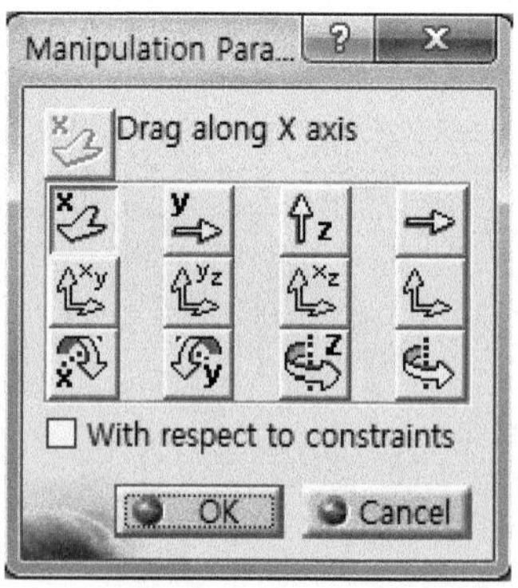

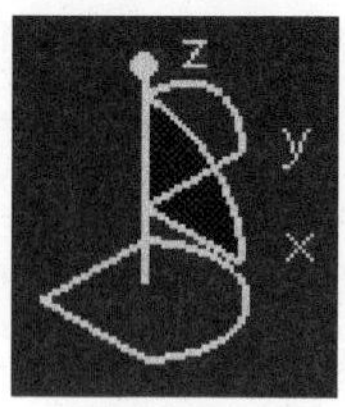

아이콘을 클릭하고, 이동하고자 하는 Component를 선택한 다음 이동/회전에 대한 버튼을 선택하여 마우스로 드래그 하면 Component가 이동/회전된다. 이때 이동/회전의 방향은 화면 오른쪽 상단에 있는 Compass의 좌표축을 참고한다.

Manipulation에는 모두 12개의 버튼이 있는데, 첫 번째 줄은 특정 방향(직선)에 대한 이동을, 두 번째 줄은 특정 평면 위에서의 이동을, 세 번째 줄은 특정 축에 대한 회전을 할 때 사용한다. 그 중 각 줄의 마지막에 있는 버튼(, ,)은 나머지 9개의 옵션(좌표축 기준)과 달리 사용자가 마우스로 축, 면 등을 선택하여 이동/회전의 방향을 정의할 수 있다.

Manipulation은 수치에 의한 정확한 회전/이동은 불가능한 단점이 있어 수치에 의한 정확한 이동/회전을 위해서는 뒤에서 설명할 Compass를 사용하여 움직인다.

예를 들어 옵션을 선택한 후에 모델의 모서리(Edge)와 같은 방향을 지정하면 선택한 Component가 지정한 방향으로만 이동하게 된다.

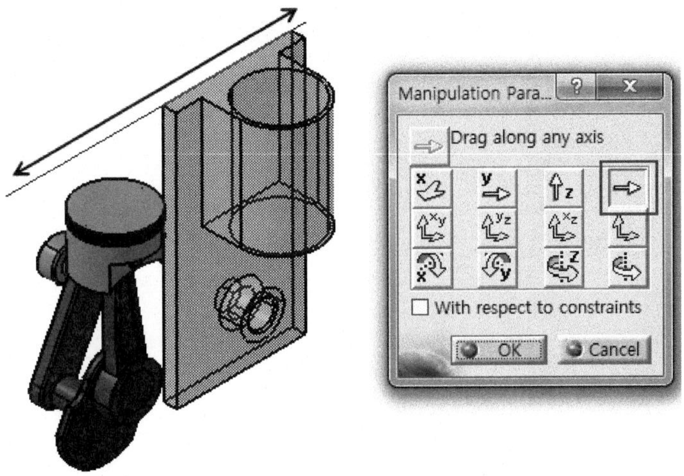

의 경우는 모델의 구멍과 같은 회전체의 형상이 있는 곳에 마우스를 갖다 대면, 다음과 같은 점선 형태의 가상의 회전축을 인식하여 선택한 Component가 선택된 축을 기준으로 회전하게 된다.

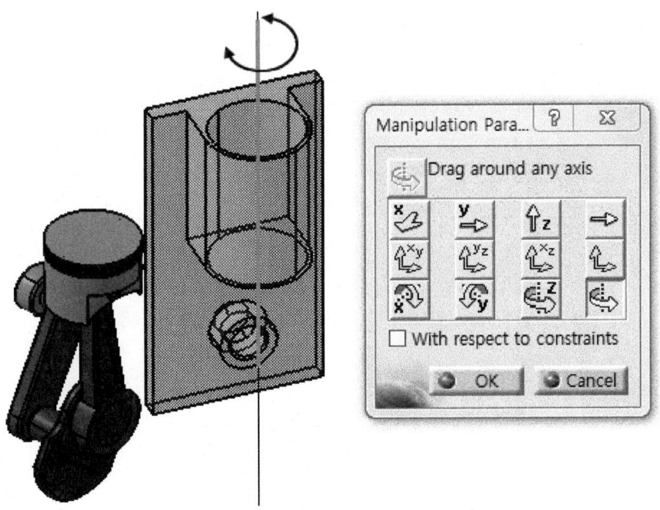

아래쪽에 With respect to constraints를 체크하면 조립된 Product를 다른 Component와의 구속 조건에 의한 움직임으로 제한할 수 있다. 즉, 기계적 자유도가 남아있는 부분만 움직일 수 있다.

참고 ▶ Compass 이용하기

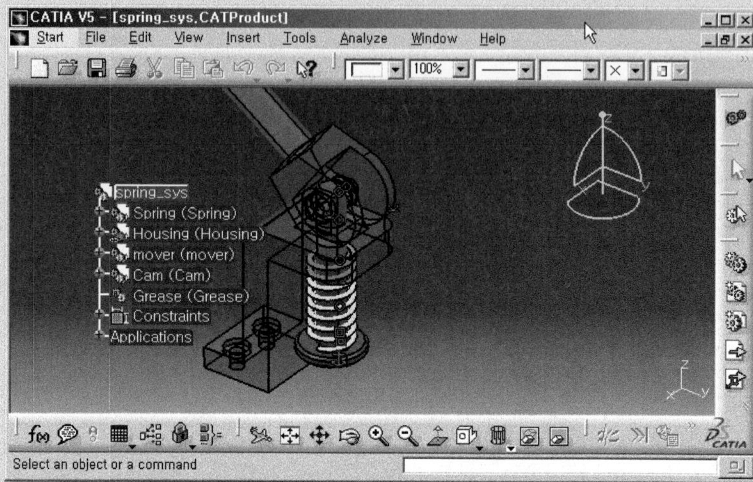

평상시 Compass의 위치는 위의 그림에서와 같이 화면 우측 상단에 위치한다. Compass의 선들의 색상이 그림처럼 회색일 때는 모델의 이동/회전의 기능이 아닌 화면 상의 View의 이동/회전이 가능하다.

Compass는 "직선/호/평면"으로 구성되어 있는데 각각에 마우스를 올려보면 주황색으로 반전되면서 "직선이동/회전/면 위에서의 이동" 기능이 수행된다.

그리고 Compass의 중앙의 빨간 점에 마우스를 올리면 커서의 모양이 바뀌게 되는데 이때 Compass를 드래그하여 모델 쪽으로 이동시키면 Compass의 Snap 기능이 동작하면서 특정 점/모서리/구멍의 회전축/면 등에 달라붙는다. 이때, Tree 혹은 모델이 선택된 상태라면 Compass의 회색 선들이 녹색으로 바뀌게 되며 이때부터 모델의 이동/회전이 가능하다.

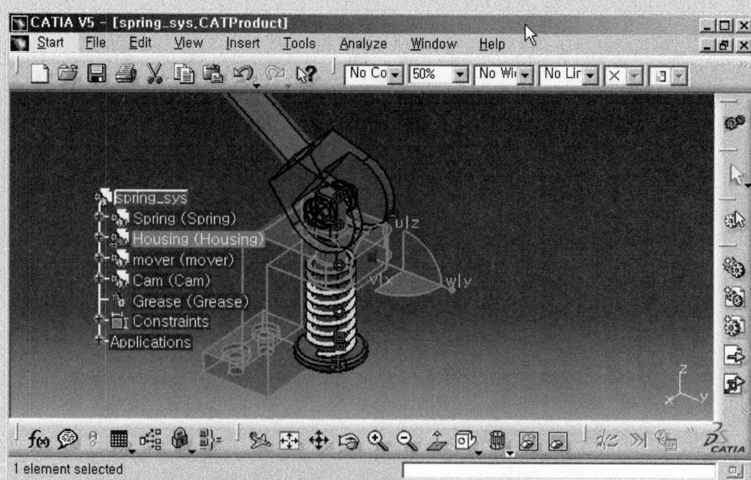

만약 동시에 여러 개의 모델을 이동/회전하고자 하면 키보드의 Ctrl키를 누른 상태에서 여러 개의 모델을 추가 선택하면 된다.

Compass를 자세히 들여다보면 기존의 X, Y, Z 값에 u, v, w 값이 추가되어 있는데 이는 Compass의 현재 빨간 점의 위치를 상대 좌표로 한 새 좌표계이다.

여기서 수치에 의해서 정확한 이동을 하고자 하면 마우스를 빨간 점 위에 올리고 커서의 모양이 십자가 화살표처럼 바뀔 때 마우스 오른쪽 버튼을 클릭한다.

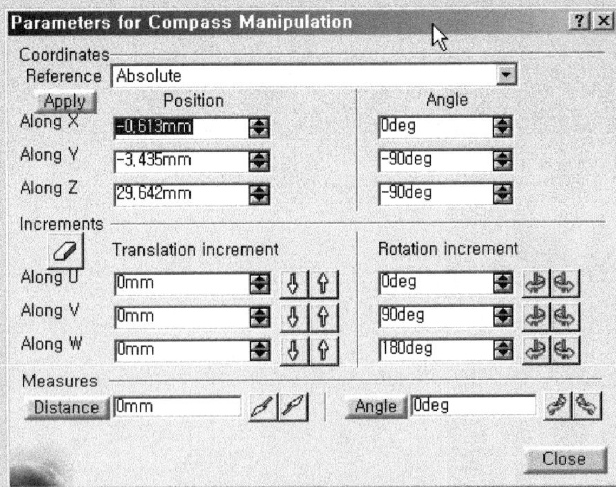

Edit라는 메뉴를 선택하면 다음과 같은 창이 뜬다.

옵션은 크게 두 부분으로 되어 있다. Along X, Y, Z와 같은 전체 좌표계를 기준으로 한 이동/회전 옵션과 Along U, V, W와 같은 현재의 Compass의 빨간 점을 상대 좌표계로 한 이동/회전 옵션이다.

Along X, Y, Z를 이용할 때는 Position과 Angle 값에 각각 이동과 회전량을 입력하고 Apply 버튼을 클릭하면 모델이 이동/회전한다.

Along U, V, W를 이용할 때는 값 입력 후 ⇩⇧, 버튼을 클릭하면 (+)/(-) 방향으로 이동/회전한다.

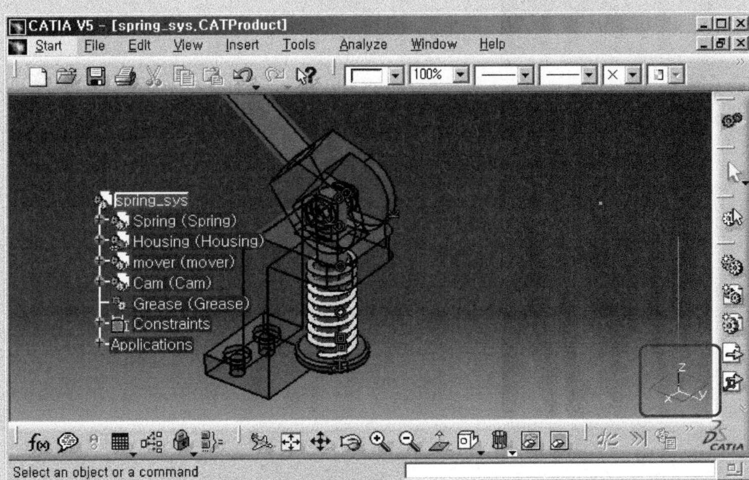

> Compass로 이동 가능한 최소 단위는 Body이다.
> Compass에 의한 이동/회전 작업이 끝나고, 처음 위치로 Compass를 두고 싶으면 그림처럼 Compass의 빨간 점에 마우스를 올린 후 드래그하여 전체 화면 오른쪽 하단의 앞의 좌표축 위에 놓으면 된다.(Drag and Drop)

2 Snap

2-1 Snap 

Component들 사이에 형상(점, 모서리, 면, 가상축)을 선택하여 위치 이동을 시키는 명령어이다. 다음의 그림처럼 Snap 명령어를 클릭한 후 순서대로 ①번, ②번 면을 선택하면 오른쪽 그림처럼 먼저 선택된 형상이 움직이는 것을 볼 수 있다.

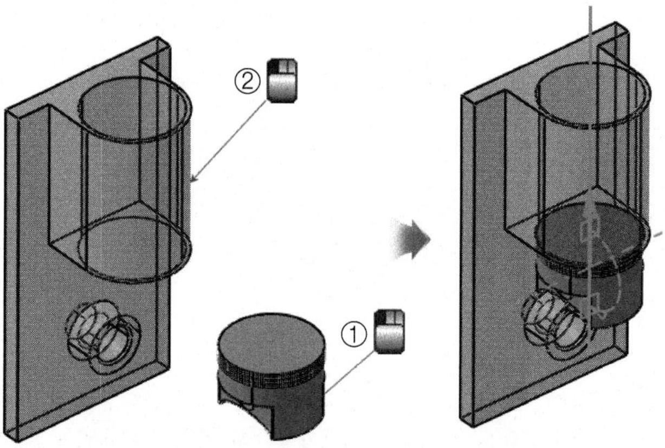

Snap 명령어 사용 시 나타나는 초록색 화살표를 클릭하면 방향이 바뀐다.

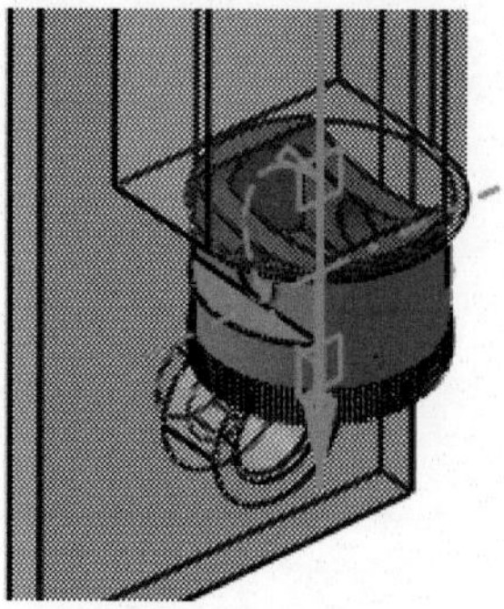

2 - 2 Smart Move

Smart Move는 Snap 명령에 구속 기능(Constraint)을 결합한 명령어로 이동과 구속 조건을 동시에 부여할 수 있다.

사용방법은 Smart Move를 실행시키면 아래와 같은 창이 나타나고 Automatic constraint creation을 체크하면 Snap 이동과 함께 구속 조건을 동시에 부여할 수 있다.

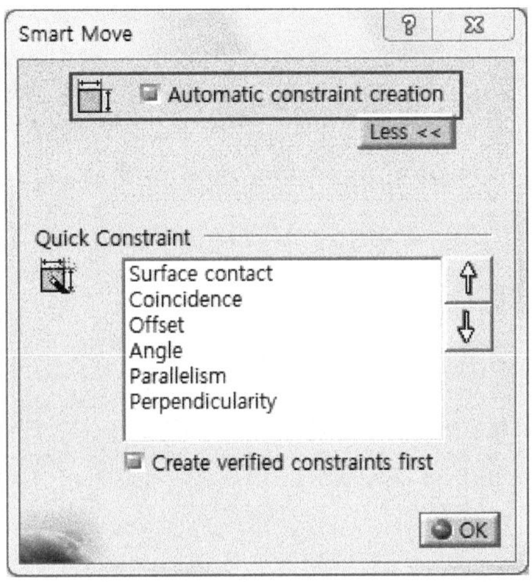

3 Explode

Product에 불러들인 Component들을 분해를 하고 싶을 때 사용하는 명령어이다. 처음에 Product 조립을 위해서 "Existing Component"로 부품을 불러들이게 되면 각 단품들이 원점에 맞춰서 불러와 Product 좌표계에 표현이 된다.

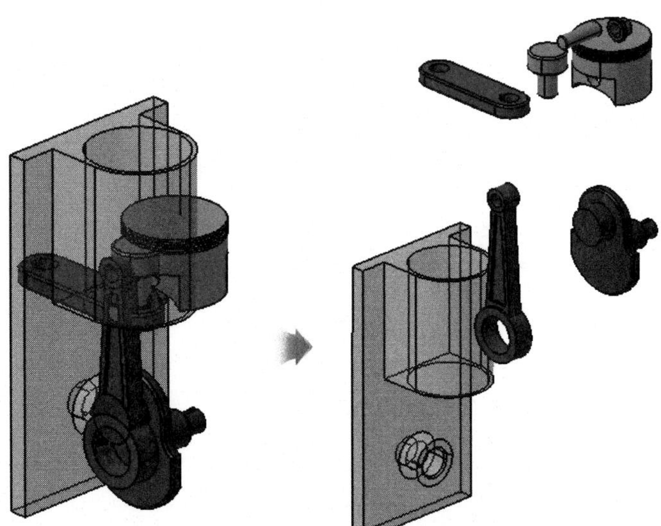

주로 앞의 그림처럼 형상들이 겹쳐져 보이게 된다. 이렇게 단품들이 겹쳐 있으면 부품의 이동이나 구속에 불편하므로 강제로 분산으로 하고 싶을 때 사용하는 명령어가 Explode이다. Explode 명령어를 클릭하면 다음과 같은 창이 뜬다.

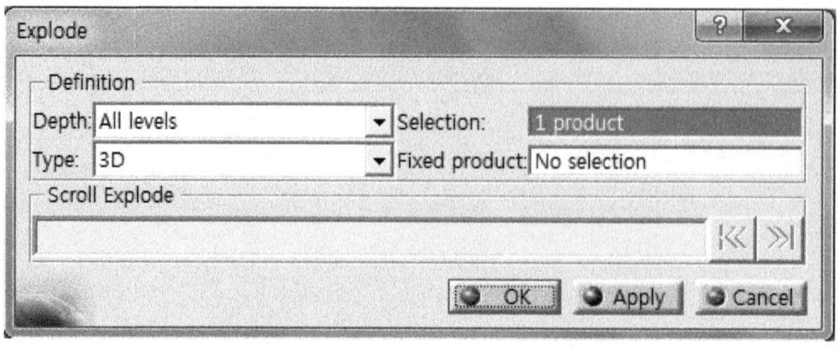

① **Depth** : 현재 선택된 Product의 어느 단계까지 Explode를 할 것인지를 선택하는 옵션이다. All levels는 전체 부품에 적용하는 것이고, First는 선택된 Product의 바로 첫 번째 단계까지만 분해하는 것으로 Sub Assy가 있다면 Sub Assy의 분해는 수행되지 않는다.

② **Type** : 공간 상에 부품들을 분산시킬 때의 형태를 지정하는 옵션이다. 3D/2D는 각각 공간 상/평면 방향에 분산시킨다. Constrained는 기존의 조립구속 조건(Constraint)을 반영하여 떨어뜨린다.

③ **Fixed product** : 현재 Explode 명령어에서 제외할 대상을 선택하면 된다.

④ **Scroll Explode** : Explode의 분해 위치를 조절할 수 있는 것으로 Apply를 누른 후 Scroll을 이용하여 분해 상태를 조절할 수 있다.

4 Stop Manipulate On Clash 

이름처럼 Manipulate() 작업 시 다른 부품과의 충돌(Clash)이 일어나면 움직임을 멈추라는 명령어이다. 이 명령은 Manipulate()의 "With respect to constraints" 기능과 같이 사용한다. 이 명령어를 먼저 클릭한 상태에서 Manipulation의 "With respect to constraints"를 이용하여 부품을 이동/회전하다가 다른 부품과 충돌(Clash)이 발생하게 되면 Manipulation의 이동/회전이 멈추면서 충돌하는 대상을 표시해 주는 것을 볼 수 있다.

앞에서 설명한 Compass를 이용해서 같은 효과를 내고자 하면 Compass를 이용하여 이동/회전할 때 키보드의 Shift 키를 함께 누른 상태에서 마우스를 Drag하면 된다.

✣ Constraints

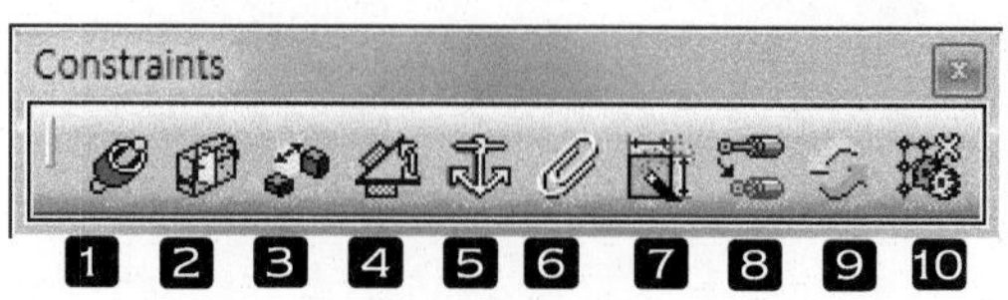

1 Coincidence Constraint

조립할 두 모델에 일치 구속을 주는 명령어이다. 구속 가능 요소는 **점**, **선**, **면**, **가상축**이 있고, Sketcher W/B에서 사용한 Coincidence 구속 조건과 비슷하다.

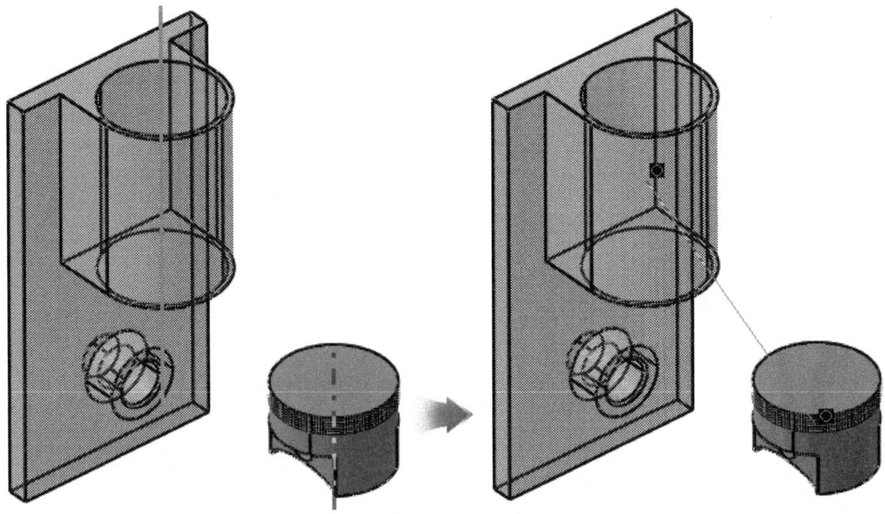

위 그림의 왼쪽처럼 가상축을 순서대로 선택하면 오른쪽과 같은 상태가 된다. 이때 Update 아이콘이 활성화되는데 Update를 실행하면, Tree에 Constraints라는 항목이 생성되면서 방금 실행한 Coincidence Constraint 명령어가 추가된다. 괄호() 안의 내용은 Coincidence Constraint 명령어가 작용된 형상들의 Instance Name이다.

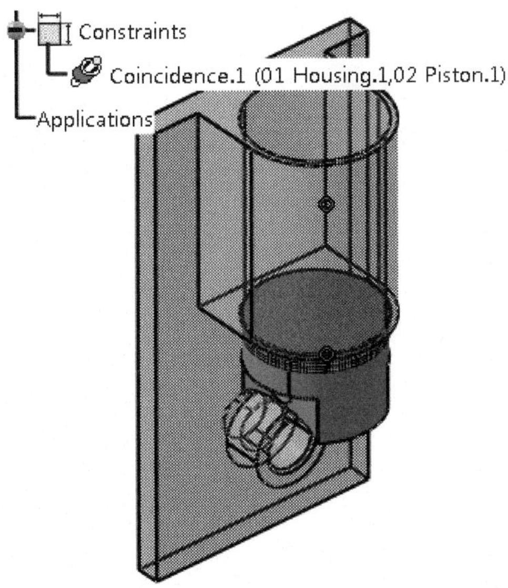

Coincidence 구속 요소 중 면 구속 조건은 조립 시 방향을 잘 선택해야 한다. 아래의 그림처럼 면 접촉을 원하는 부위를 차례로 선택한 후 Orientation을 선택해 줘야 한다.

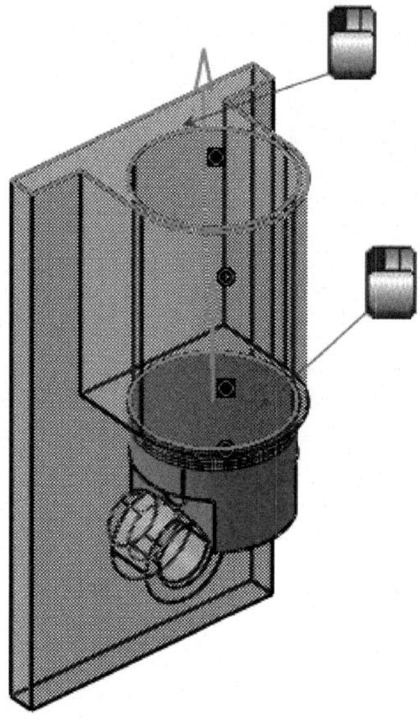

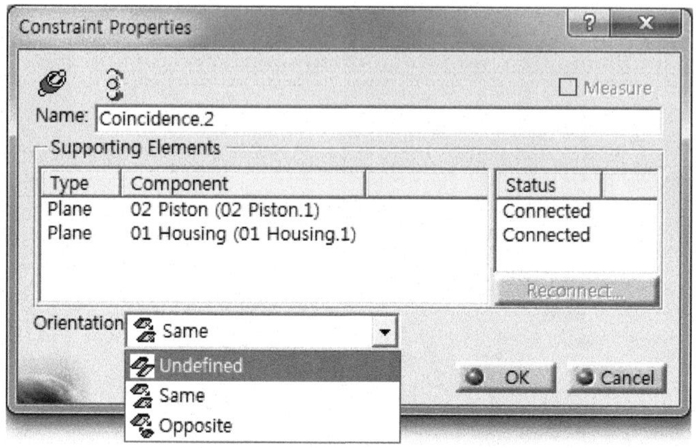

① Undefined : 방향을 직접 설정하지 않는다.

② Same : 선택한 두 면이 같은 방향을 향하게 하고 싶을 때 선택한다.

③ Opposite : 선택한 두 면이 다른 방향을 향하게 하고 싶을 때 선택한다.

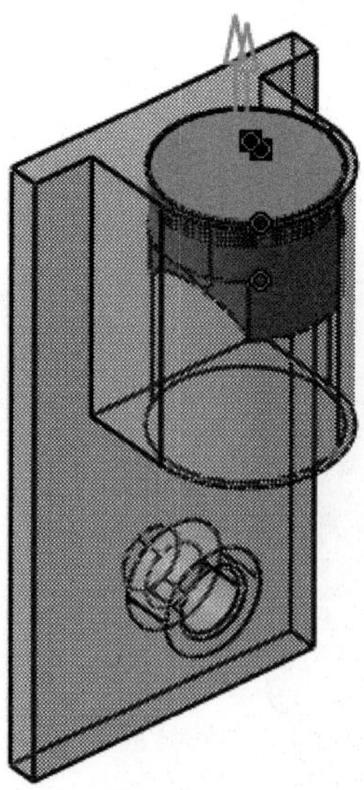

▲ Same 결과

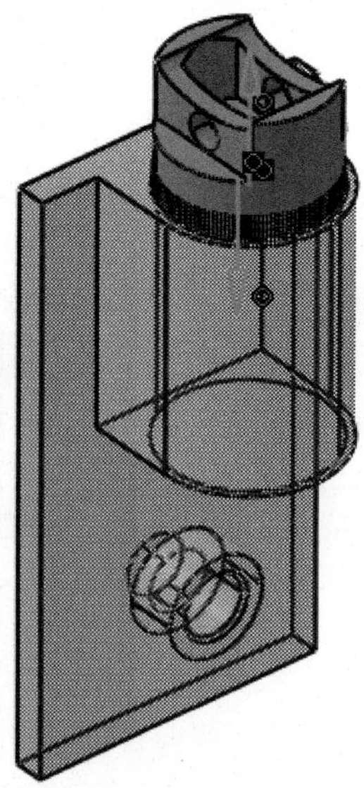

▲ Opposite 결과

> **참고** 조립 구속은 Tree 상의 같은 Level의 Component끼리만 적용된다.

2 Contact Constraint

선택하는 두 면의 일치 구속을 주는 명령어이다.

Coincidence 구속 조건 중 면 구속 조건의 Same와 동일한 결과를 가진다. 주의할 점은 선택한 면을 무한대의 면으로 인식하여 선택된 면 위에서의 이동은 자유도가 남아 있게 된다.

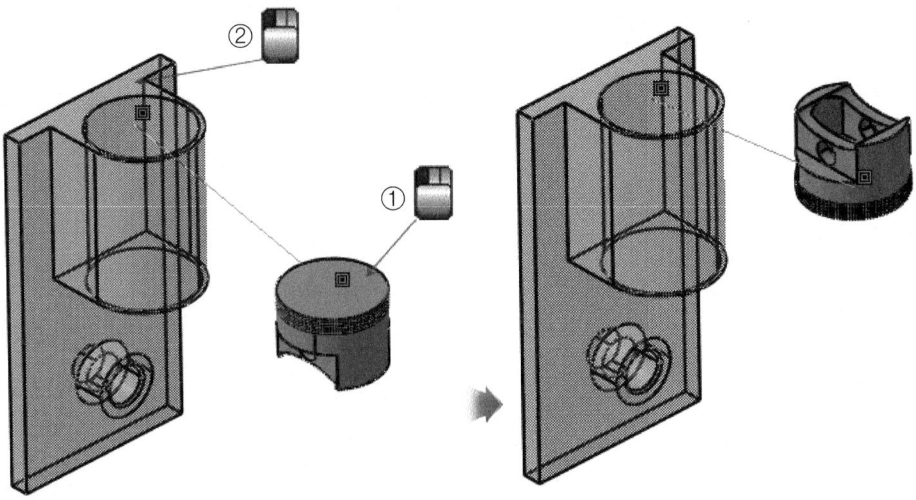

곡면과 곡면을 서로 맞닿게 선택하면 다음과 같은 창이 뜬다. Orientation에서 Internal과 External을 조절하여 선택하여 접촉 방향을 지정하면 된다.

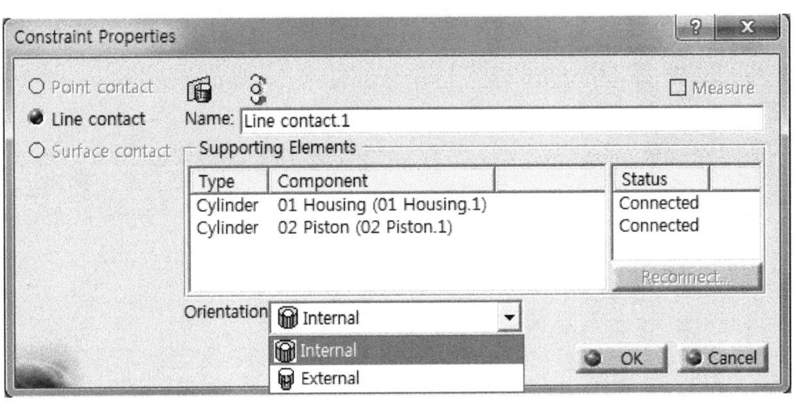

① Internal : 선택한 면의 내부에 접촉 구속하고 싶을 때 선택한다.

② External : 선택한 면의 외부에 접촉 구속하고 싶을 때 선택한다.

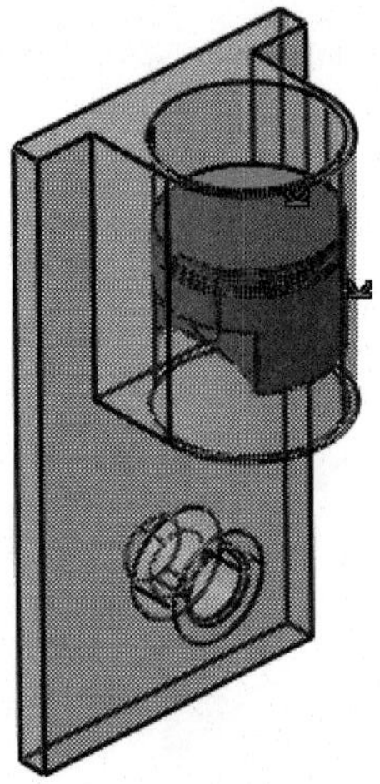

▲ Internal 결과

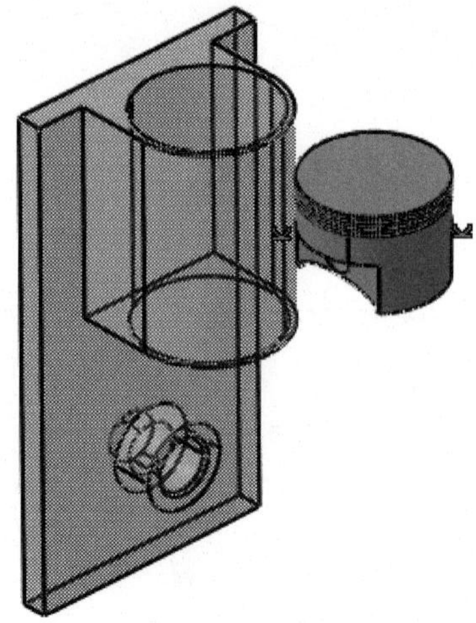

▲ External 결과

❸ Offset Constraint

점, 선, 면을 선택하여 두 대상 간의 간격을 지정하여 거리 구속을 주는 명령어이다.

Orientation(방향) 설정은 Coincidence 구족 조건의 면 접촉 구속 조건과 사용방법이 동일하다.

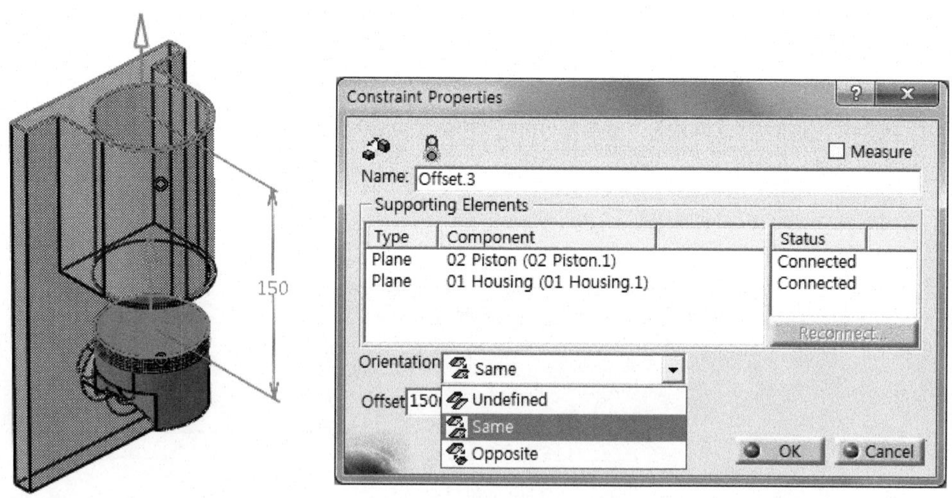

① Undefined : 방향을 직접 설정하지 않는다.

② Same : 선택한 두 면이 같은 방향을 향하게 하고 싶을 때 선택한다.

③ Opposite : 선택한 두 면이 다른 방향을 향하게 하고 싶을 때 선택한다.

초기의 Offset 값은 현재의 두 대상이 떨어진 거리 값이다. 이곳에 자신이 원하는 거리 값을 입력한 후 Update를 실행하면 된다.

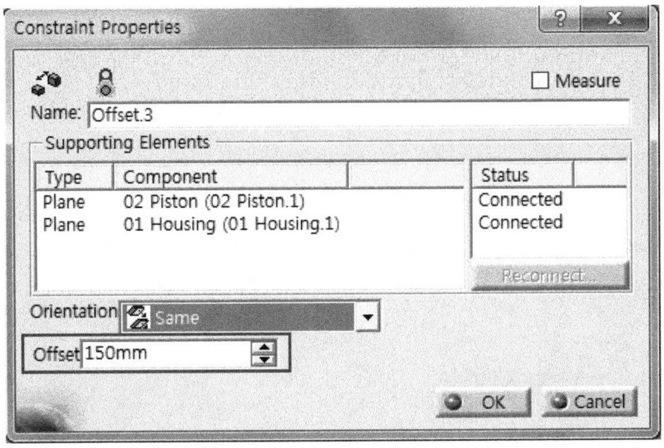

❹ Angle Constraint

선과 면을 선택하여 두 대상이 특정 각도를 유지하면서 기울어져 있게끔 하는 구속을 주는 명령어이다.

초기의 Angle 값은 현재 두 대상이 이루는 각도 값이고, 이곳에 자신이 원하는 각도를 입력하면 된다. Sector 값을 이용하여 각도의 구역을 선택한다.

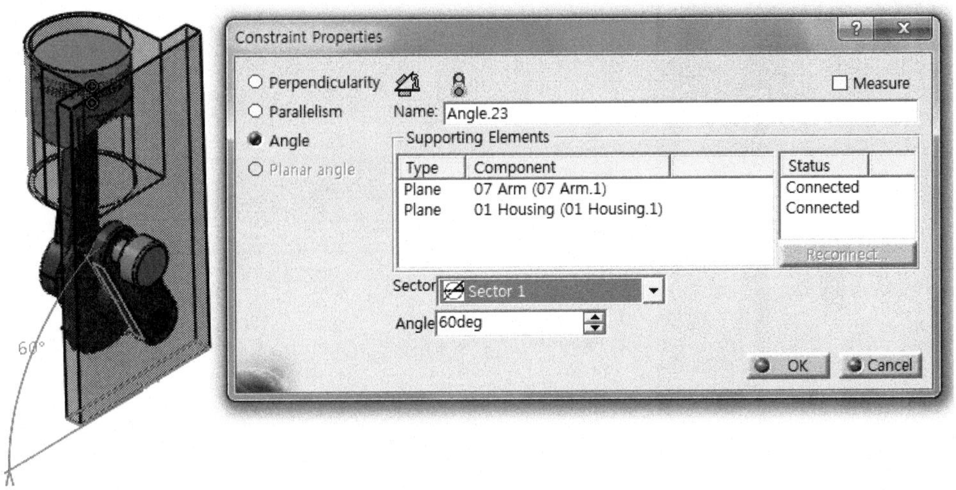

① Perpendicularity : 직교(90도) 구속을 나타낸다.

② Parallelism : 평행 구속을 지정한다.

③ Sector - Sector 1 : 입력한 각도를 그대로 나타낸다.
- Sector 2 : 입력한 각도 + 180도를 나타낸다.
- Sector 3 : 180도 - 입력한 각도를 나타낸다.
- Sector 4 : 360도 - 입력한 각도를 나타낸다.

④ Angle : 선택한 각도를 입력하여 지정한다.

❺ Fix Constraint

현재 위치에서 움직임이 전혀 없도록 하기 위한 구속 조건 명령어이다. Assembly 작업 시 먼저 기준이 될 부품을 Fix하고 나머지 Components를 Fix 부품에 맞춰 구속 조건을 사용하면 된다.

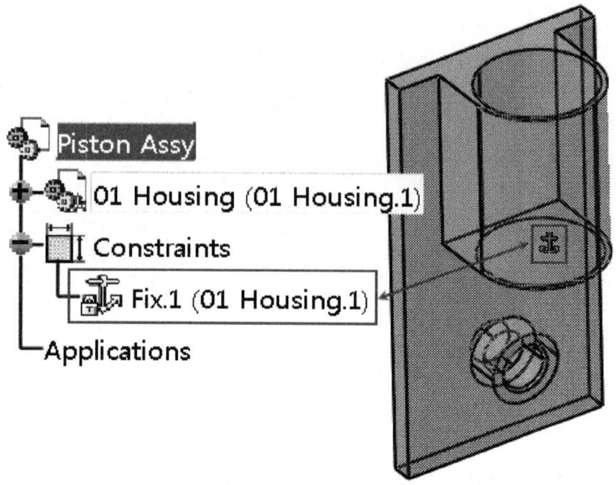

❻ Fix Together

여러 개의 부품을 묶어서 한 덩어리로 만들어 같이 움직이게 만드는 명령어이다. 마치 대상 Component들 끼리 용접이나 접합이 되어 하나처럼 움직이게 되게 하는 개념이다.

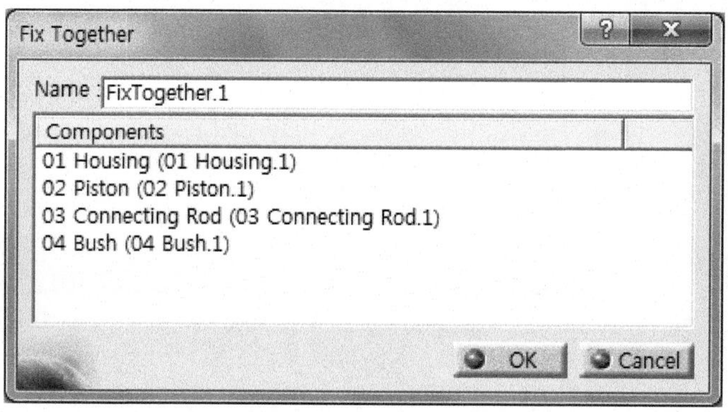

주의할 것은 Fix Together로 묶인 하나의 Component가 이동/회전이 발생했을 때 나머지 Components도 함께 움직이게끔 하려는 경우는

Tools 〉Option 〉Mechanical Design 〉Assembly Design 〉General 값을 설정한다.

한 덩어리로 함께 움직이게끔 하고 싶으면 "Always"를 선택한다.

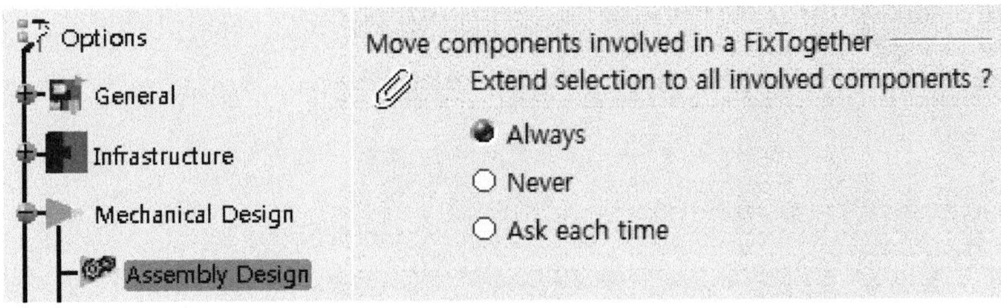

7 Quick Constraint

간단하게 선택한 형상들 사이에 옵션에서 설정한 리스트에 맞춰 구속 조건을 부여하는 명령어이다.

적용되는 Constraint의 우선순위는 Tools 〉 Option 〉 Mechanical Design 〉 Assembly Design 〉 Constraint에서 설정한다.

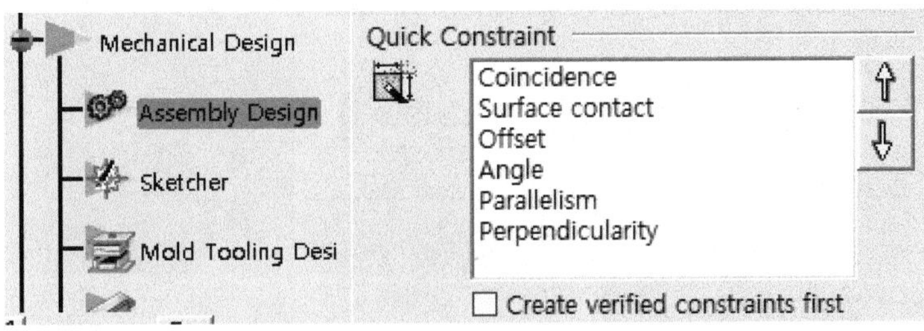

우선순위에 맞춰 구속 조건이 부여되므로 원치 않는 구속 조건이 들어가는 경우 뒤에 배우게 될 Change Constraint를 이용하여 구속 조건을 변경해 줄 수 있다.

8 Flexible Rigid Sub-Assembly

Product 구조에서 Sub-Assembly는 동일한 Instance의 경우 따로 구속 조건을 줄 수 없고, 구속 조건은 동일하게 적용된다. Sub-Assembly를 따로 움직이게 만들고 싶을 때(Flexible) 또는 같이 움직이고 싶을 때(Rigid) 사용하는 명령어이다.

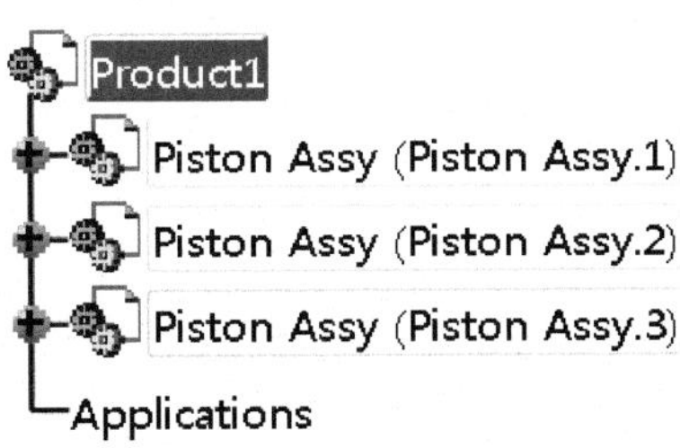

▲ Rigid 경우

▲ Flexible 경우

사용방법은 따로 움직이고 싶은 Sub - Assembly를 아이콘을 클릭한 후 직접 선택하면 위의 Flexible 경우와 같이 Tree가 바뀌는 것을 확인할 수 있다. 다시 Rigid 경우와 같이 바꾸고 싶은 경우는 동일한 방법으로 선택해 주면 아래와 같은 메시지가 나타나고 실행시키면 원래의 Sub - Assembly로 돌아온다.

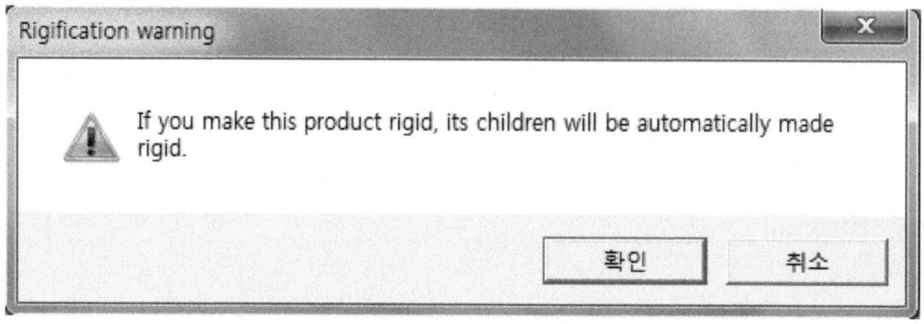

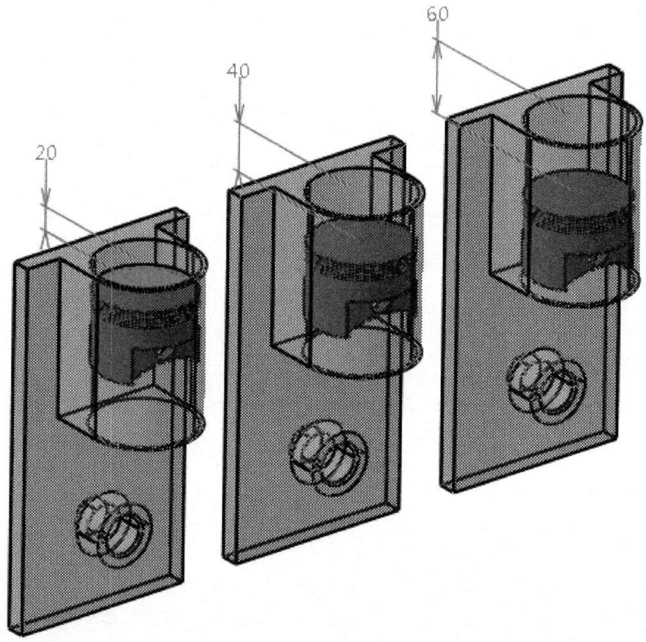

▲ Flexible 실행 후 Offset 값을 다르게 설정한 경우

만약, Flexible Rigid Sub - Assembly 기능을 모르고 각 Sub - Assembly의 Offset 값을 다르게 변경하고자 한다면 Instance 개념이 아니라, 각각의 Sub - Assembly를 다른 이름의 Product로 저장한 후에 이를 Component의 Existing component 명령으로 Tree를 구성(Part Number가 다른 Component로 인식시켜야)해 각각의 Sub - Assembly의 Constraint를 변경해야 한다.

9 Change Constraint

현재 구속 조건을 다른 구속 조건으로 변경하는 명령어이다. 사용방법은 아이콘을 클릭한 후 Tree의 Constraint의 항목 중 변경을 원하는 Constraint를 선택한다.

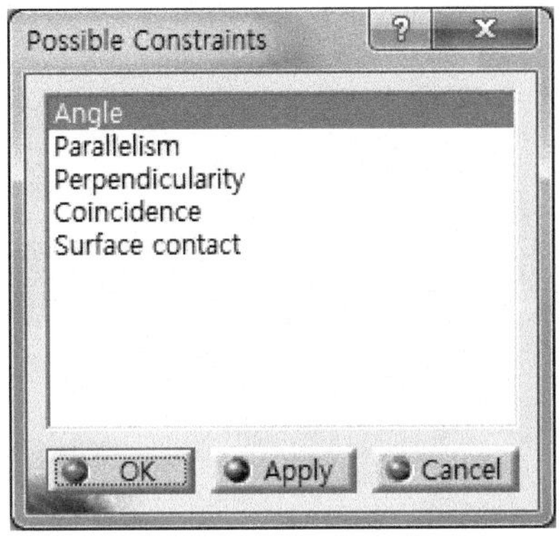

위와 같은 창이 뜨면 새로 변경하고자 하는 Constraint를 리스트 중에서 선택한다. 만약 자신이 원하는 형태의 Constraint가 없는 경우는 기존의 Constraint를 삭제하고 새로 부여한다.

10 Reuse Pattern

Part Design에서 생성한 Pattern을 재사용하여 선택한 부품을 Pattern의 위치에 불러들여 반복 구속을 주는 명령어이다. 즉, Pattern으로 동일한 부품을 불러오면서 구속 조건까지 한꺼번에 적용하는 것이다.

사용방법은 첫 번째로 원본이 될 형상을 불러와 Pattern의 원본 형상 위치에 구속 조건을 부여하여 조립한다.

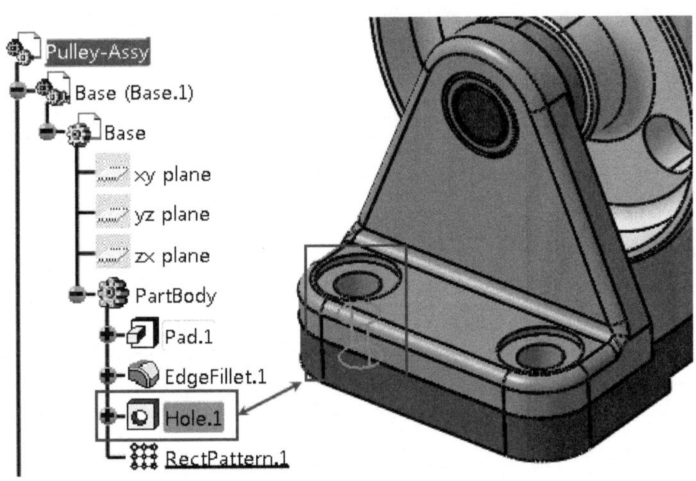

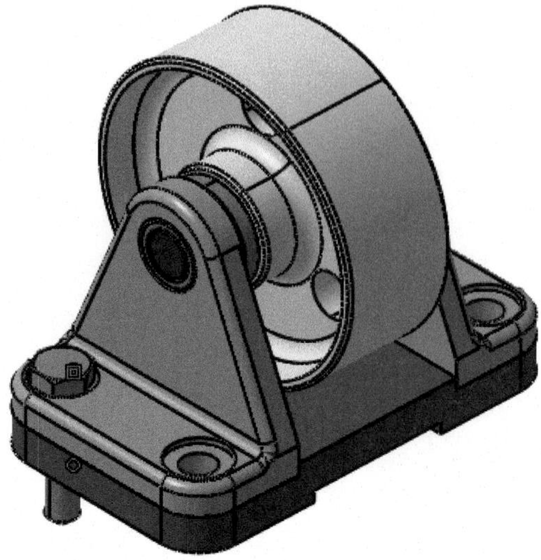

두 번째로 재사용하려는 Reuse Pattern 명령어를 실행한 후 Tree에서 원본 Pattern과 대상을 선택한다.(Reuse Pattern을 사용하기 위해서는 단품 Tree 상에 꼭 Pattern이 있어야 한다.)

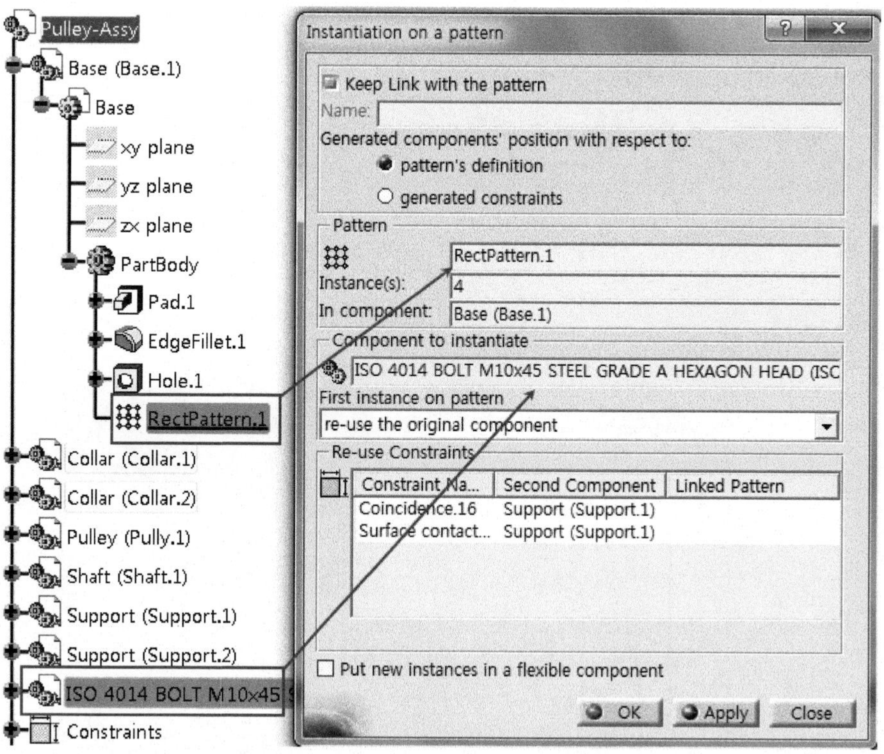

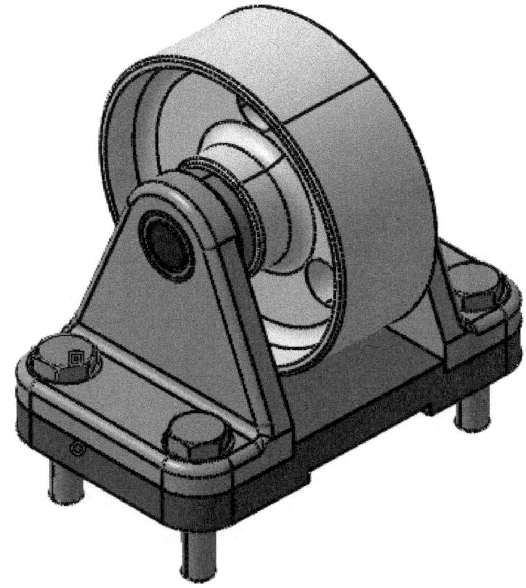

명령어를 수행한 후에 Tree를 살펴보면, 다음과 같은 항목이 추가되었음을 알 수 있다.

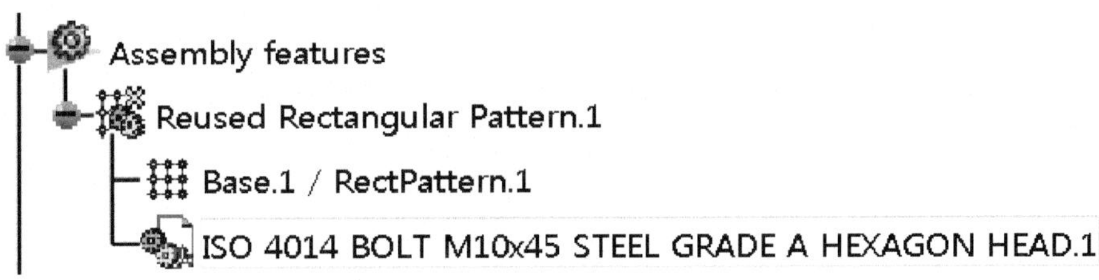

❖ Assembly Feature

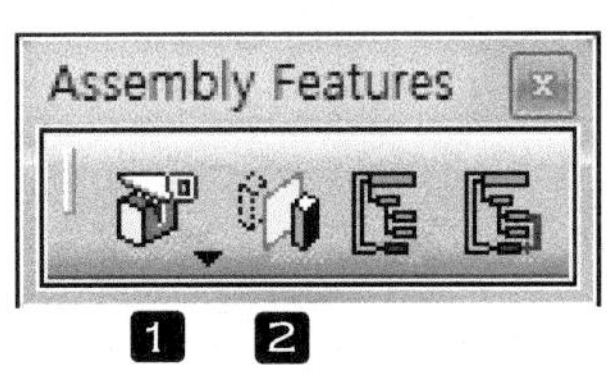

1 - 1 Split

Assembly 상에서 조립된 Product의 Component를 임의의 면을 기준으로 자르는 명령어이다. 모델링에서 사용하는 Split와 같은 기능이다.

사용방법은 자를 기준이 되는 면을 선택하고 다음 그림의 Definition처럼 Product를 구성하는 Components 중에서 잘릴 대상을 선택( )한다.

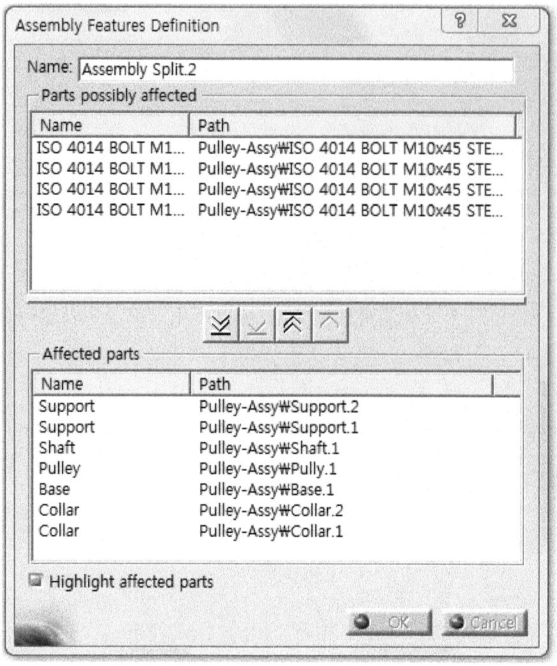

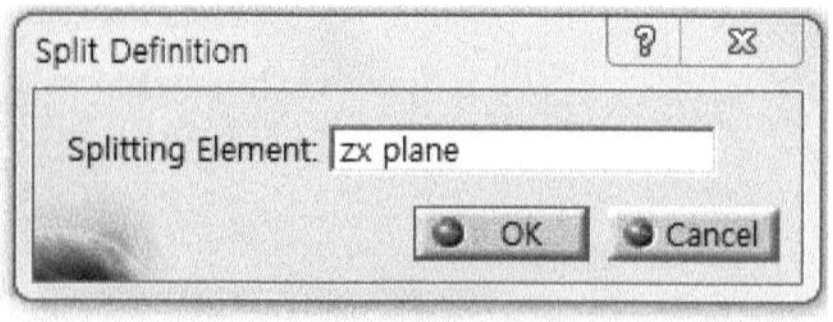

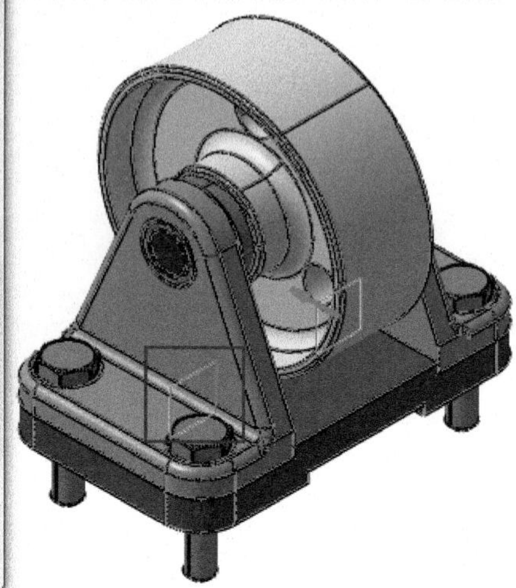

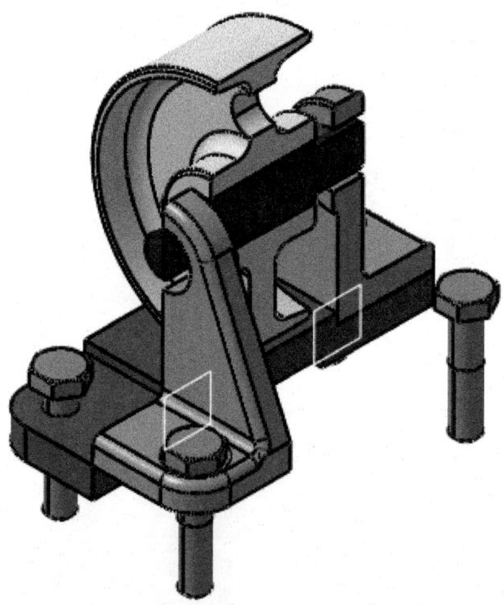

1 – 2 Hole

조립품에 구멍을 생성하는 기능이다. Part Design의 Hole 명령과 비슷하나, 구멍이 뚫리게 될 대상을 선택하는 과정이 추가되어 있다.

아이콘 실행 전 Hole의 중심(Sketch or WireFrame)을 미리 지정해 놓으면 편하게 작업이 가능하다.

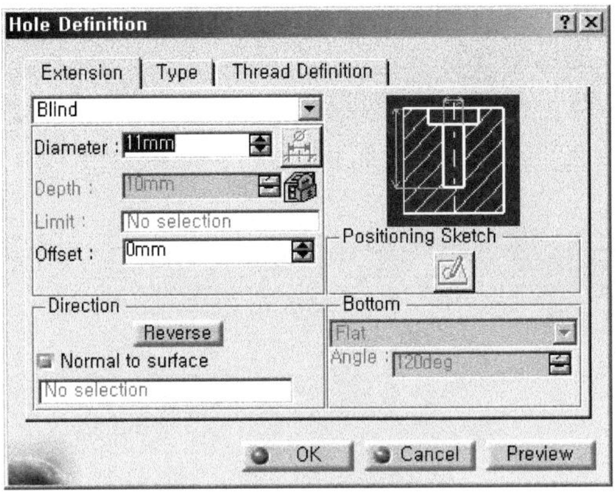

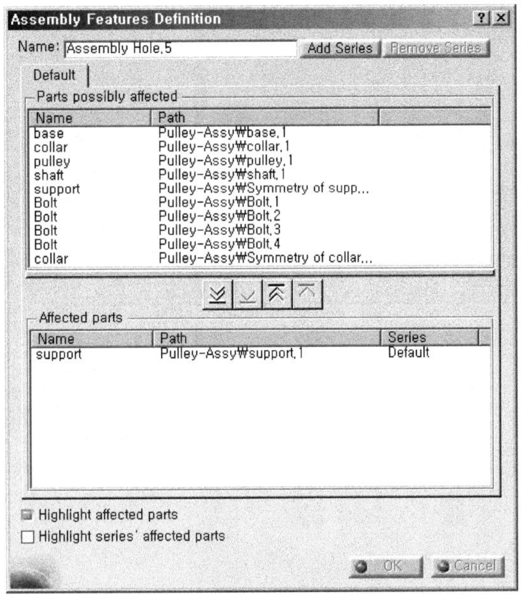

이렇게 생성된 Hole은 Top - Down 모델링 방식과 같으므로 Part Design에서 생성한 Hole과는 달리 자기 자신만이 아닌 외부의 다른 파일과도 연관이 있기 때문에 Hole이 생성된 단품의 Tree를 펼쳐서 살펴보면 외부 참조(External Reference) 항목이 생긴다.

1 - 3 Pocket

Hole과 마찬가지로 Product에 Pocket를 생성하는 기능이다. Part Design의 Pocket 명령어에 대상을 추가하는 과정이 더 있다. 앞의 Hole 아이콘에서와 같이 미리 Component에 Pocket하고자 하는 Profile을 생성해 놓아야 한다.

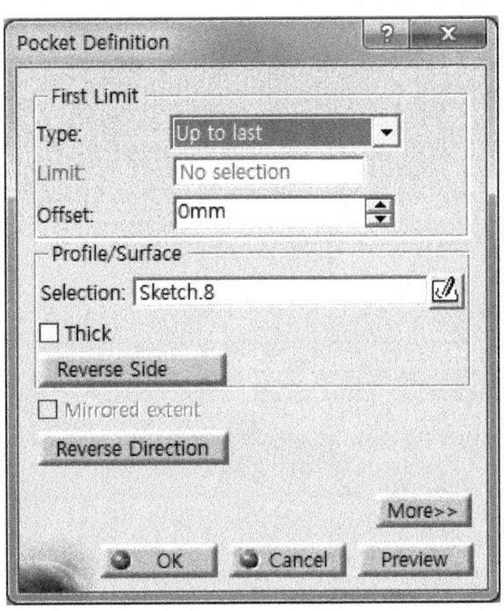

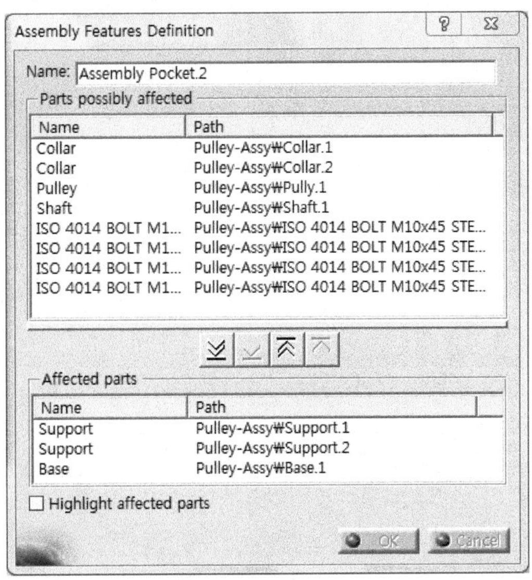

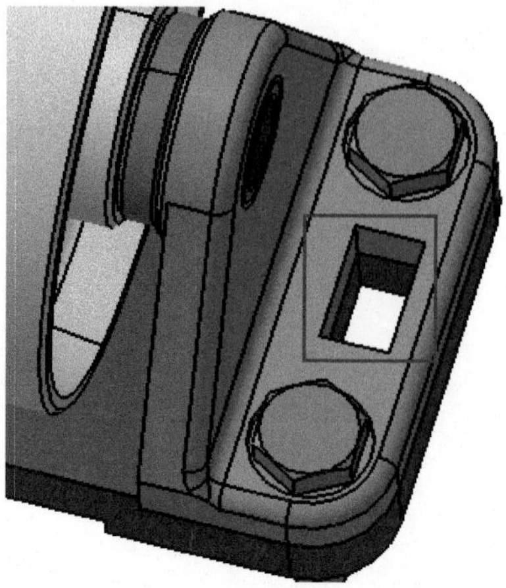

1 – 4 Add 

Part Design의 Add와 비슷한 기능이다. 단지 다른 Component에 있는 Body끼리 작업이 가능하다는 차이점이 있다. 또 Add를 하더라도 Component의 원래 Body는 그대로 남아 있다. 따라서 남아 있는(Add 작업 전의 원래) Body를 수정하면 Add의 결과물에도 영향을 미친다.

1 – 5 Remove 

Part Design의 Remove와 비슷한 기능이다. 단지 다른 Component에 있는 Body끼리 작업이 가능하다는 차이점이 있다. 또 Add를 하더라도 Component의 원래 Body는 그대로 남아 있다.

2 Symmetry 

Assembly 상에서 Component의 대칭 위치에 대칭복사, 평행이동, 회전을 시킬 때 사용하는 명령어이다. 이때 주의해야 할 점은 새로운 부품을 추가할지, 부품의 개수를 추가할 지를 잘 판단하여야 한다.

사용방법은 먼저 아이콘을 선택한 후에 대칭 기준면을 선택을 하고, Symmetry하고자 하는 Component를 선택해 준 다음 세부 옵션을 선택하면 된다.

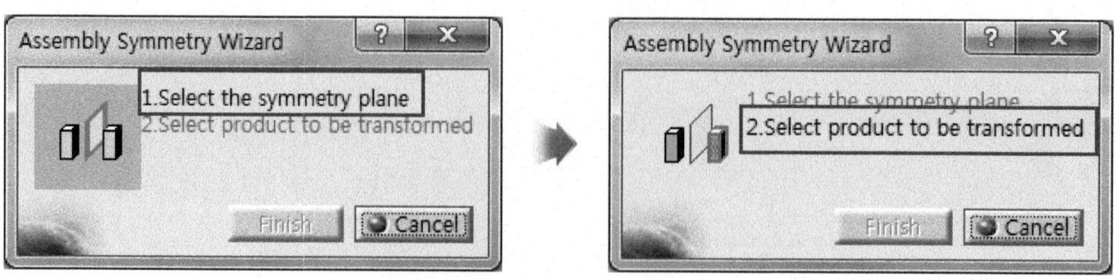

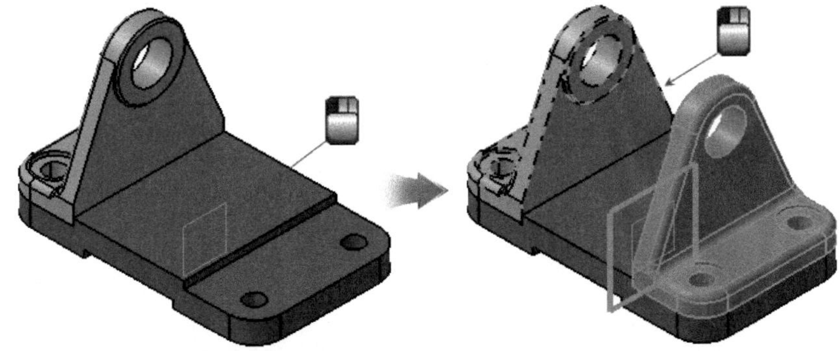

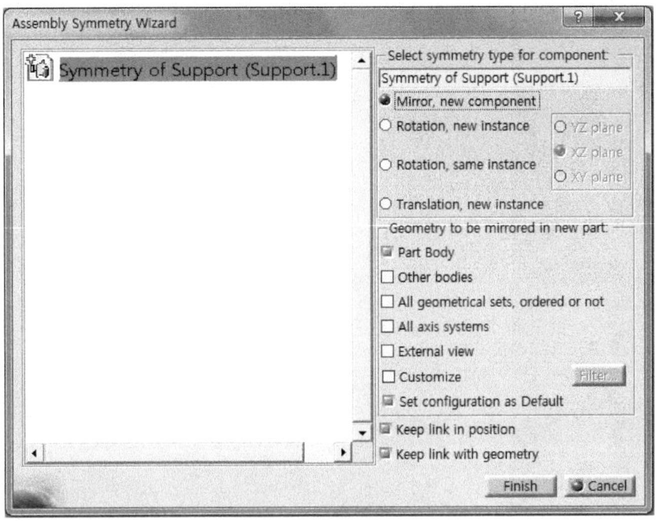

기본적으로 다음 4가지의 옵션이 있다.

① **Mirror, new component** : Symmetry 기준 평면을 기준으로 선택한 Component를 대칭 복사하여 생성한다. 새로운 Component가 생성된다. 즉, 새로운 Part Number를 가지는 파일이 하나 더 생성된다고 생각하면 된다.

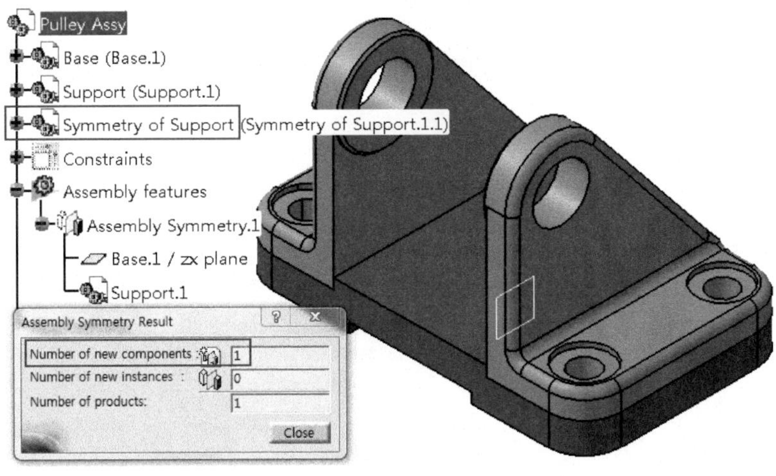

Symmetry 작업 후에는 단순 Save Management를 이용하여 꼭 새로 생성된 Component를 한번 저장을 해줘야 이후 Assembly 확인 시 정확한 형상으로 조립이 되어 있는 것을 볼 수 있다.

② **Rotation, new instance** : Symmetry 기준 평면을 기준으로 대칭 이동하여 YZ 평면, XZ 평면, XY 평면 방향에 맞춰 Component를 회전시켜 형상을 생성한다. 새로운 Instance를 생성, 즉 부품의 개수를 하나 더 추가한다고 생각하면 된다.

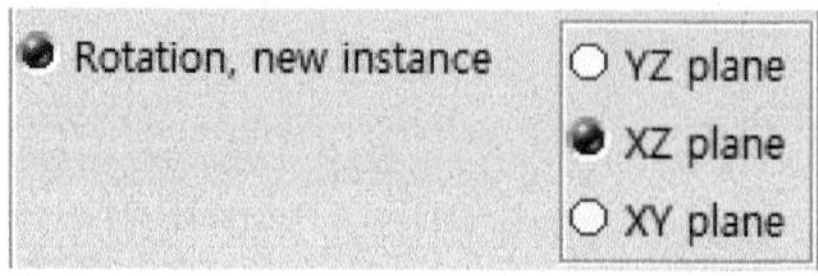

따로 각도를 입력하여 회전은 불가능하므로 이럴 때는 Angle Constraint를 이용하면 된다.

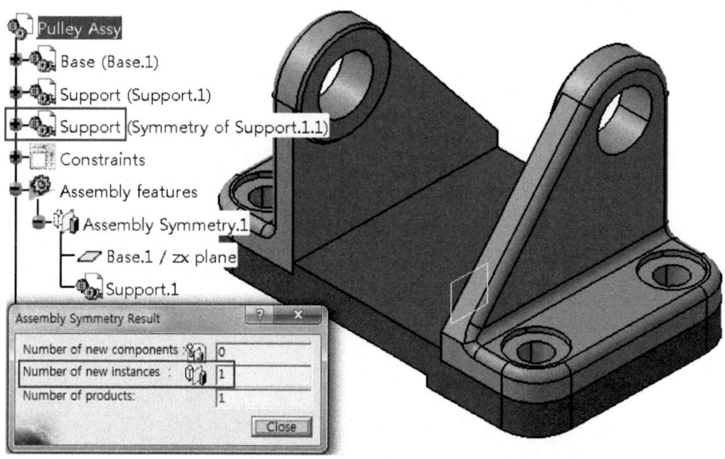

③ **Rotation, same instance** : 원본의 Component를 기준 평면에 맞춰 YZ 평면, XZ 평면, XY 평면 방향에 따라 회전시켜 형상을 이동한다.

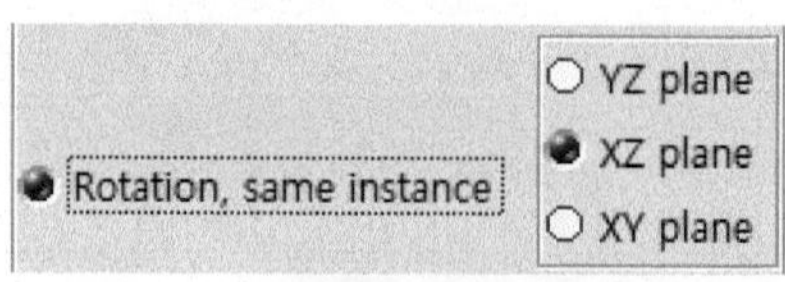

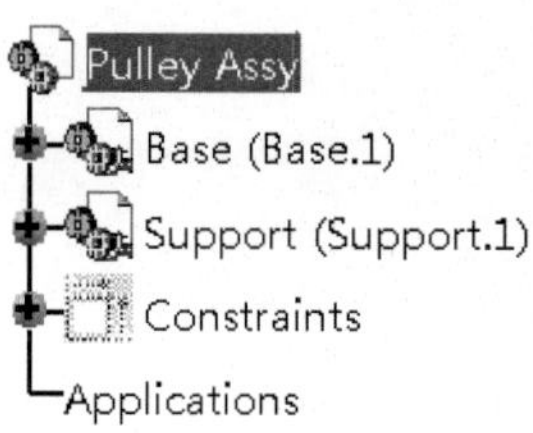

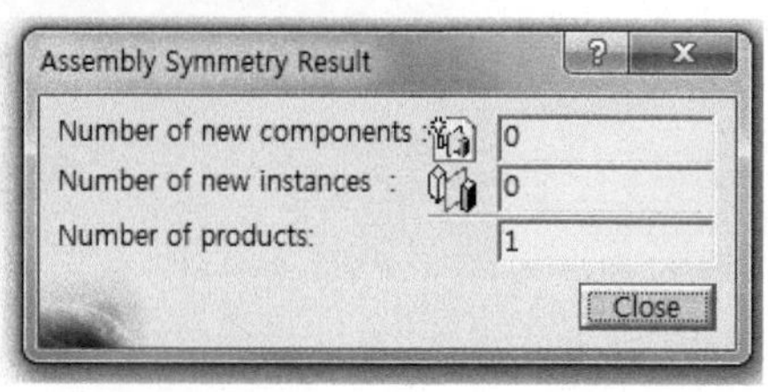

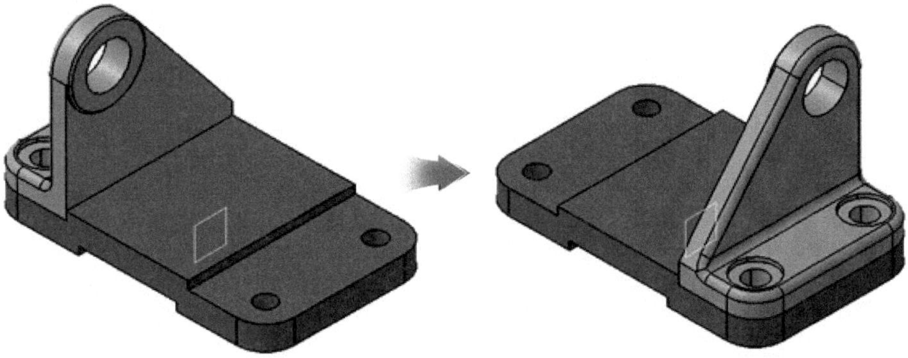

④ Translation, new instance : 원본의 Component를 기준 방향에 맞춰 평행 이동하여 Component의 복사 개수를 추가하는 것이다. 평행 이동 거리는 선택한 기준면에서부터 Component의 원점까지의 거리와 같다.

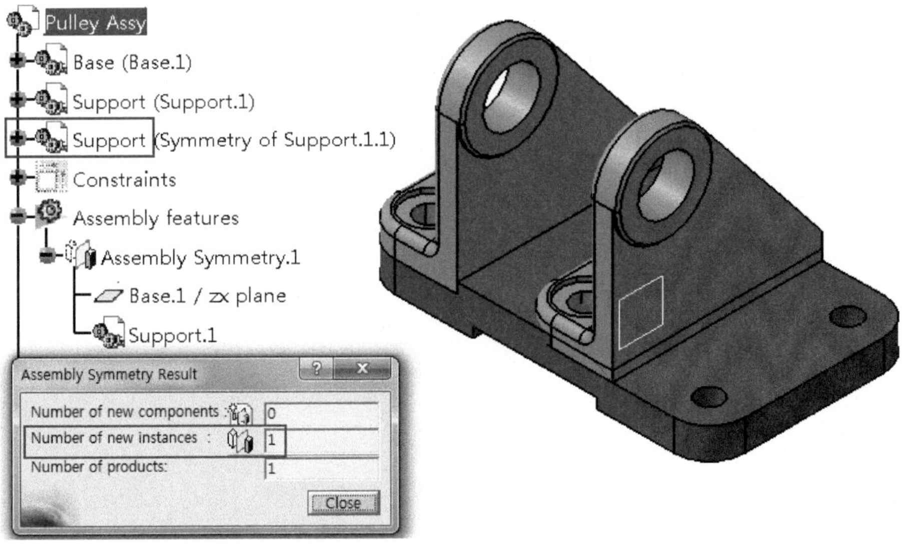

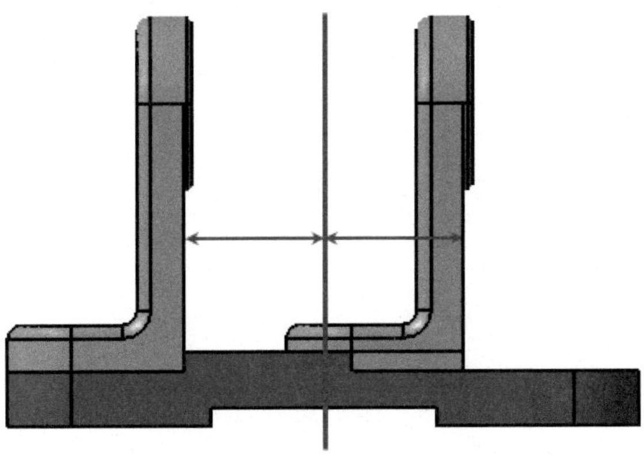

- **Keep link in position** : 원본의 공간 상 위치가 달라지면 그 결과물의 위치도 달라지게 하겠다는 옵션이다.
- **Keep link with geometry** : 새로 생성된 파일(Component)의 형상에 원본의 형상의 Update를 반영하겠다는 옵션이다.

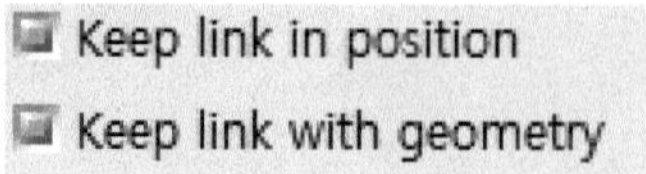

Tip

▶ Save Management

Assembly Design 작업 후 현재 작업 상태 확인과 저장을 한꺼번에 할 수 있게 하는 명령어이다.

일반적으로는 Save나 Save As를 활용하여 데이터를 저장하지만 Assembly에서는 아래와 같이 Save Management로 저장하도록 기억해 두면 좋다.

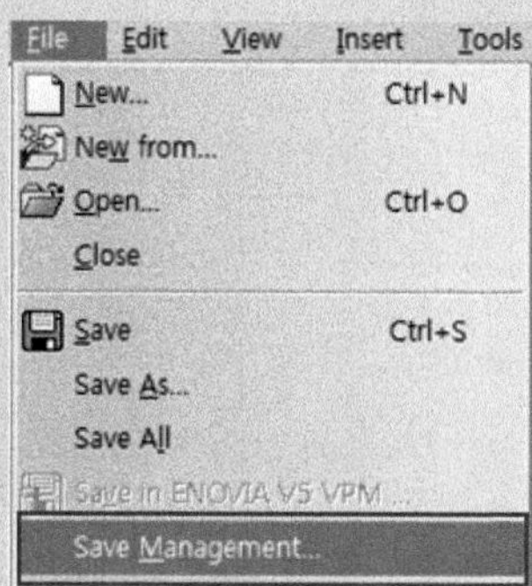

Save Management를 실행시키면 아래와 같은 창이 나타나는데 목록 중 State에는 현재 문서들의 상태를 알려주는데, 저장되지 않은 문서는 **New**, 단순히 불러들인 문서는 **Open**, 불러들여 수정이 이루어진 문서는 **Modified**, 읽기전용 문서는 Read **Only**가 표시된다.

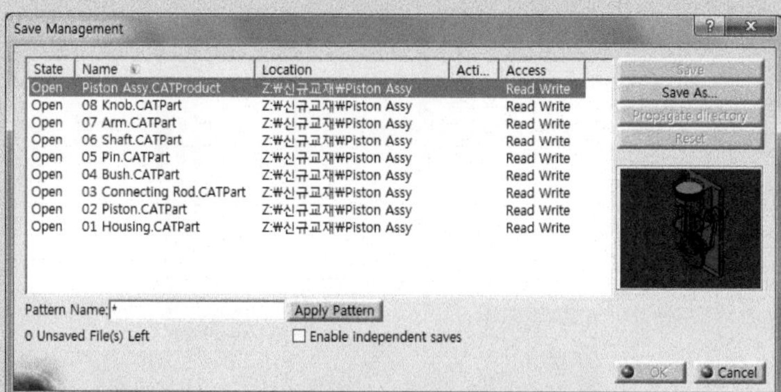

문서를 저장하고 싶을 때 저장하고 싶은 문서를 선택하고 우측의 Save As를 사용하여 저장하면 된다.

Save Management의 장점은 Product 파일과 Components를 원하는 위치에 저장할 수 있다는 점과 Product 파일을 저장하면 Components 중 New 또는 Modified 문서들은 자동으로 저장되기 때문에 데이터의 관리가 편리하다.

Action 목록은 저장 관련해서 New 또는 Modified 파일들이 **Save Auto**되는 것을 볼 수 있다.

마지막으로 **Propagate directory**는 자동 저장이 아니라 강제로 선택된 Product와 연계된 모든 Components를 한꺼번에 저장할 때 사용할 수 있다.

❖ Space Analysis

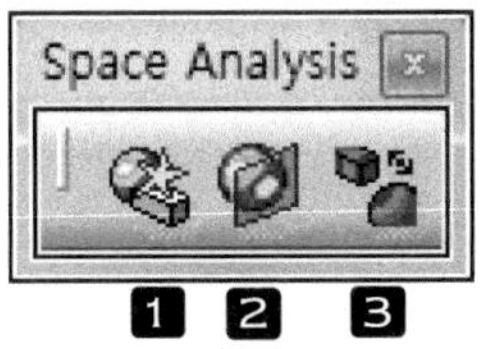

1 Clash 

Product를 구성하는 Component 간의 간섭 여부를 분석하는 명령어이다. 사용방법은 간단하게 Type 선택과 Component의 어떤 관계를 분석할지 선택하면 된다.

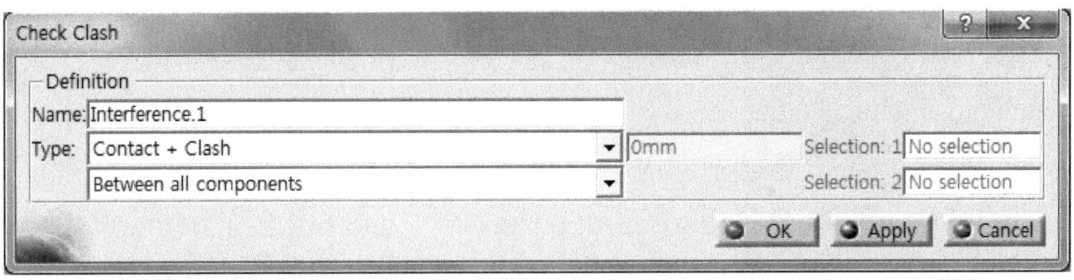

① Name : 사용자가 분석 결과에 대한 임의의 이름을 지정한다.

② Interference Type : 분석방법을 선택한다.

- **Contact + Clash** : 단품 간의 접촉(Contact)과 충돌(Clash) 여부를 분석한다.
- **Clearance + Contact + Clash** : 단품 간의 접촉과 충돌에 추가로 간극(Clearance)을 분석한다. Clearance는 사용자가 임의로 지정해 주는 값으로 설정 범위 안의 값을 분석한다.
- **Authorized penetration** : 사용자가 간섭량을 정의하여 정의한 값을 넘어서는 범위 내의 단품들을 분석한다.

• **Clash rule** : Knowledge에서 Rule을 사용하여 충돌 여부를 분석한다.

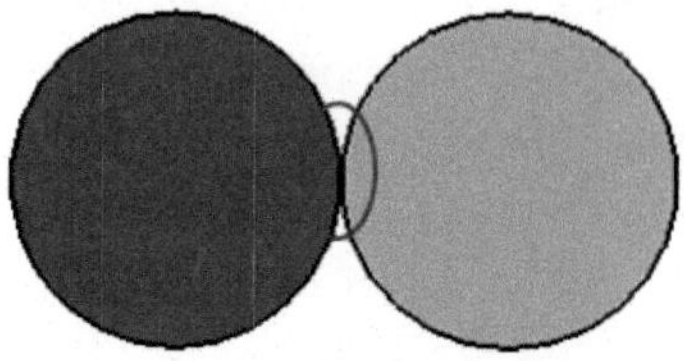

▲ Contact

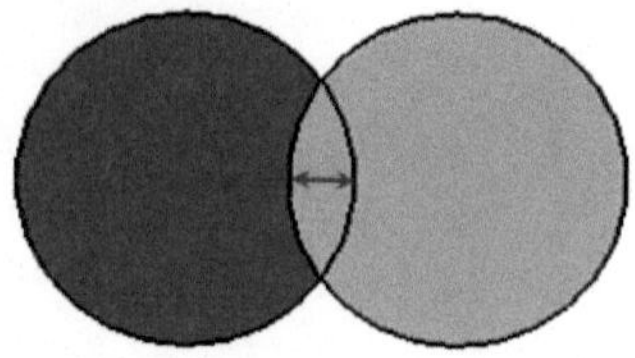

▲ Clash

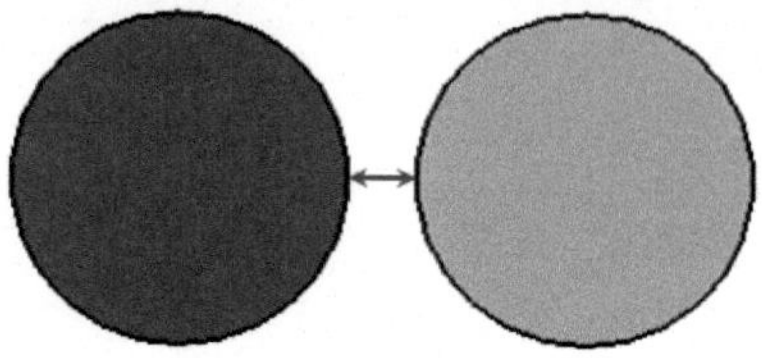

▲ Clearance

③ Computation Type : 검사할 대상을 정의한다.

• **Inside One Selection** : "Selection1"에 선택된 범위에 속한 대상들만 간섭을 분석한다.

• **Selection Against All** : "Selection1"에 선택된 대상과 그 이외의 다른 대상과의 간섭을 분석한다.

• **Between all Component** : 현재 Product의 모든 Component끼리의 간섭을 분석한다.

• **Between two Selections** : "Selection1"과 "Selection2"에 선택된 대상끼리의 간섭을 분석한다.

분석의 Type를 결정하였다면, Apply 버튼을 클릭하여 명령을 실행한다.

아래의 그림에서 Result No1은 Product1과 Product2 사이에 **Contact(접촉)**이 되었다고 분석된 것을 볼 수 있다.

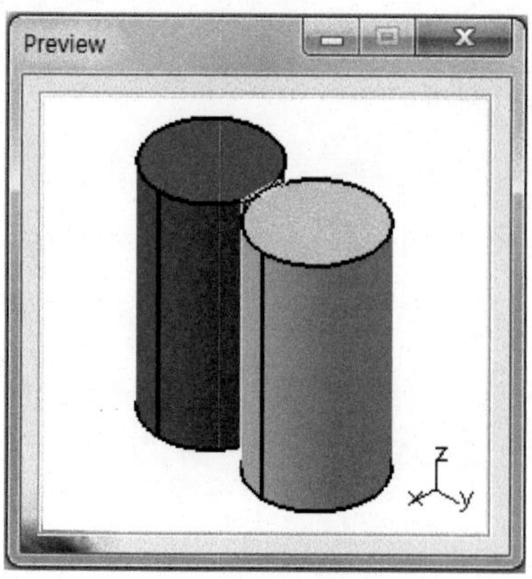

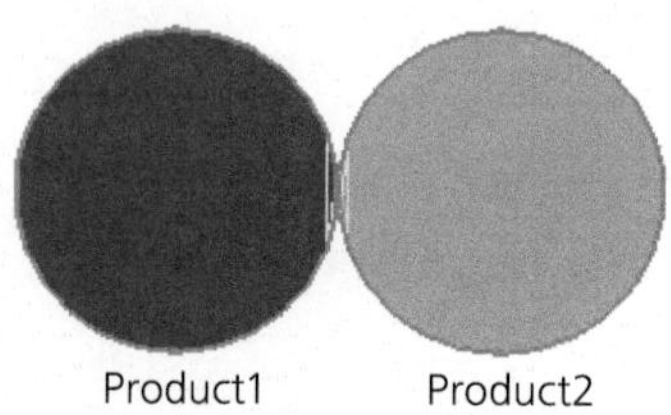

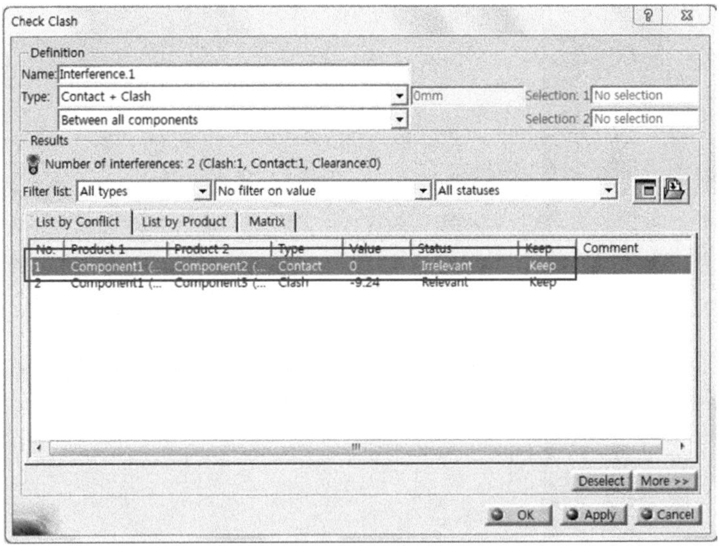

아래의 그림에서 Result No2는 Product1과 Product2 사이에 **Clash(충돌)**이 되었다고 분석된 것을 볼 수 있다.

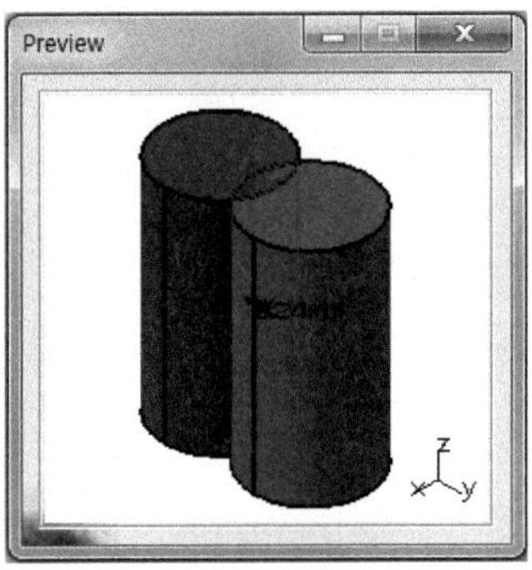

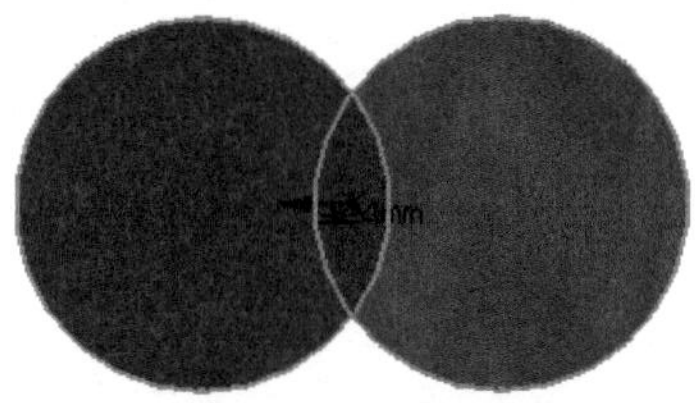

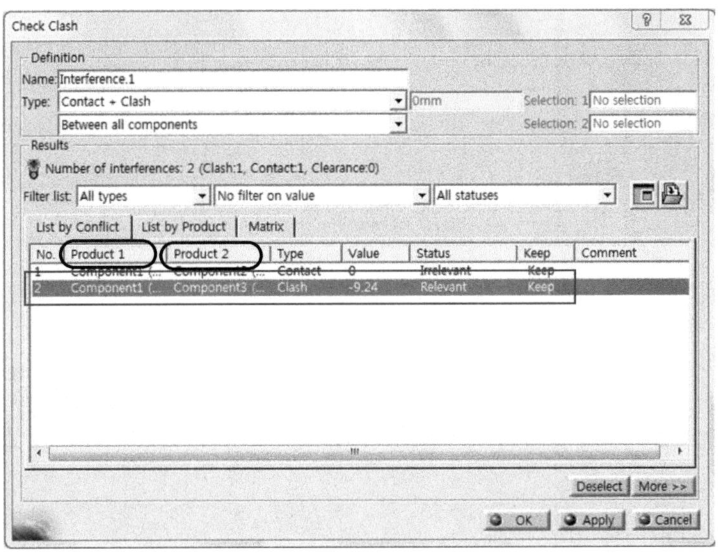

Clearance(간극)와 Penetration(침투)도 위와 같이 표시된다. 간극과 침투는 사용자가 거리 값을 추가로 더 입력하는 것만 다르고 나머지는 똑같다.

④ **Value** : 정확한 값이 아니다. 정확한 값을 측정하고 싶으면 뒤에서 배울 Sectioning을 이용하여 측정하면 된다.

⑤ **Status** : 3가지 형태(Not inspected/Relevant/Irrelevant)로 표시된다. 처음에는 "Not inspected"로 되어 있다. List를 사용자가 하나씩 선택할 때마다, Not inspected 값이 Relevant로 바뀌게 된다. 이때 다음과 같이 Result에 빨간색 불이 들어온다. 이는 사용자가 선택한 List의 두 Component가 조립품의 기능 수행에 대한 문제가 있는 상태라는 것을 사용자가 확인했다는 뜻이다.

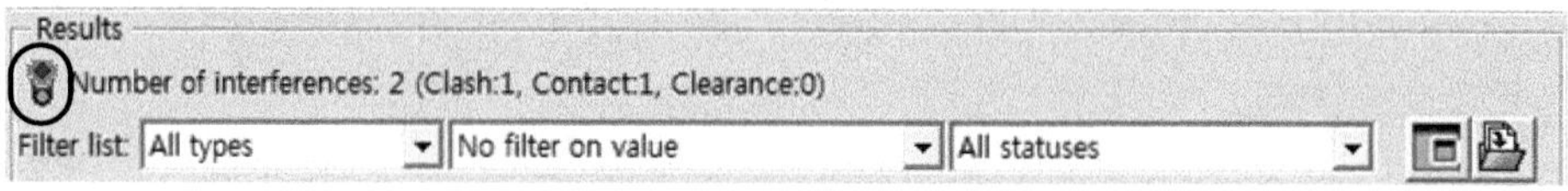

그런데 Relevant로 되어 있는 Status를 다시 클릭하면 Irrelevant가 된다. 이것은 사용자가 인정하는 간섭이라는 의미이다. CATIA V5의 Assembly Workbench는 Product를 구성하는 모든 Component를 강체(Rigid Body), 즉 일체의 탄성/소성 변형이 없는 모델로 가정을 하고 조립품을 구성하기 때문에 탄/소성의 변형을 수반하면서 조립되는 경우(Hook 체결, 스프링 조립, 체결용 스크류 나사 조립 등)와 같이 사용자가 의도한 Contact과 Clash를 구별하지 못하고 문제를 삼는다. 따라서 사용자가 의도한 간섭은 확인 후 일일이 Irrelevant를 해 주어야 한다.

⑥ **Comment** : 사용자가 주석을 첨가할 수 있다. Irrelevant로 만든 List의 이유를 적어둔다던가 하면 다른 작업자나 나중에 재검토 시 도움이 된다.

⑦ **Export As** : 간섭 체크의 결과를 문서 파일 형태로 추출해 준다. CATIA가 설치되어 있지 않은 시스템이나 환경에서 결과를 보고서 형태로 생성해 준다. 저장하는 위치는 꼭 영문 폴더로 지정을 해야 Error가 나타나지 않는다. 저장 후 *.xml 파일을 실행하면 결과 보고서를 확인할 수 있다.

- **List by Conflict** : 각 Component 사이의 해당 간섭 체크 결과를 보여준다.
- **List by Product** : Component의 이름별로 정렬하여 간섭 체크 결과를 보여준다.
- **Matrix** : 각 Component 사이의 결과를 위의 그림처럼 대진표 형식으로 보여준다. 작은 네모는 형상에 따라 Clash/Contact를 의미한다.

2 Sectioning

Product의 단면을 절단하여 단면 형상을 잘라서 보여주는 명령어이다. 앞에서 설명한 Clash 명령어로 확인한 간섭 발생 위치와 문제의 해결을 위한 정확한 정보 추출을 위해서 특정 단면을 잘라서 보여줄 때 사용한다.

아이콘을 클릭하면 다음과 같이 화면이 두 개의 창으로 나뉜다.

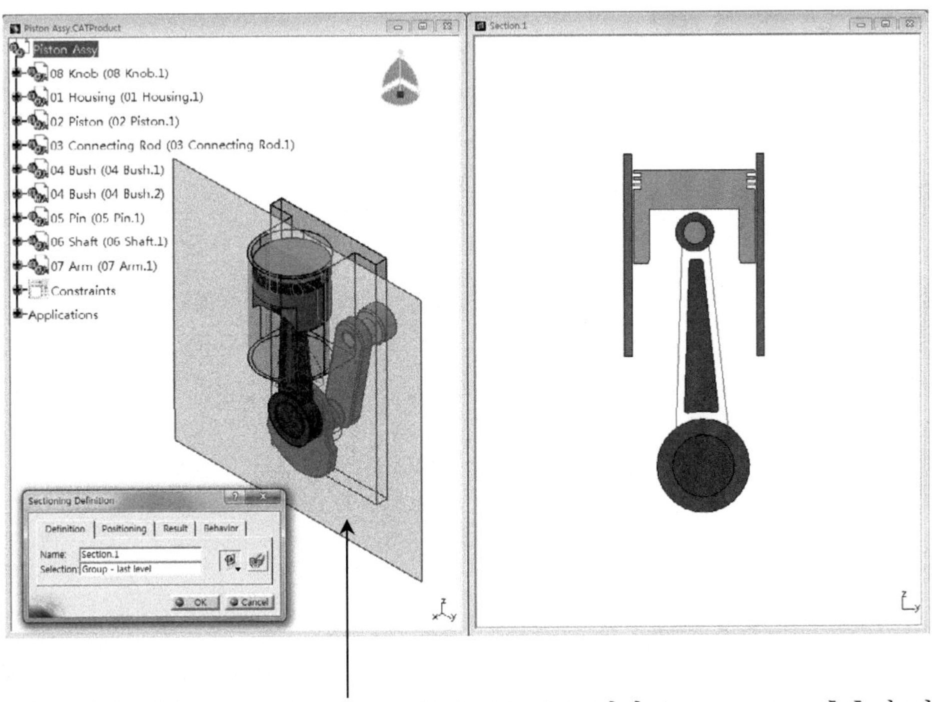

위의 왼쪽 창에 생성된 **Section Plane**(Default는 ZY 평면)은 Sectioning 추출의 기준이 되는 평면이다. 평면과 Product의 교차되는 부분은 위의 오른쪽 창처럼 보여준다. Definition

창의 세부 옵션을 살펴보면, 다음과 같다.

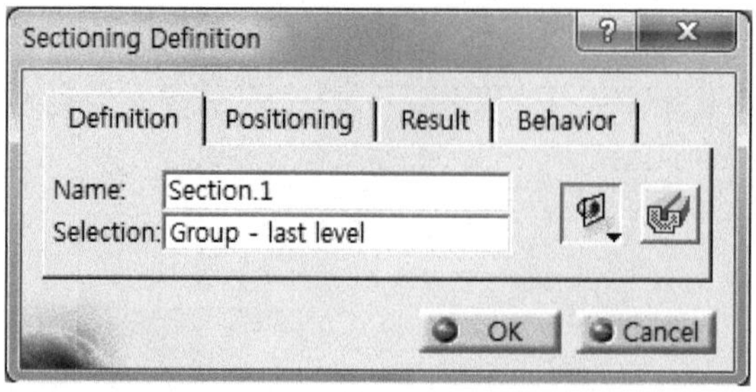

① Definition : Section에 대한 기본 정보와 Section Type을 선택한다.

㉠ **Name** : Sectioning 결과에 임의의 이름을 지정한다.

㉡ **Selection** : Sectioning의 검사 대상을 선택하는 옵션이다. 특별히 지정하지 않으면 전체 Product를 대상으로 명령을 수행한다. 사용자가 특정 Component만 다중으로 선택하여 그 대상을 지정(Tree나 형상을 클릭해서 선택한다)할 수도 있다.

㉢ **Section Plan**  : 한 개의 평면을 기준으로 Sectioning한다. 위의 그림과 같다. (Default)

㉣ **Section Slice**  : 두 개의 평면을 기준으로 Sectioning한다. 각각 따로 원하는 위치에 옮길 수 있다.

㉤ **Section Box**  : 박스의 모든 평면을 기준으로 Sectioning한다.

㉥ **Volume cut**  : Section 평면을 기준으로 Product의 잘라진 형태를 표현한다.

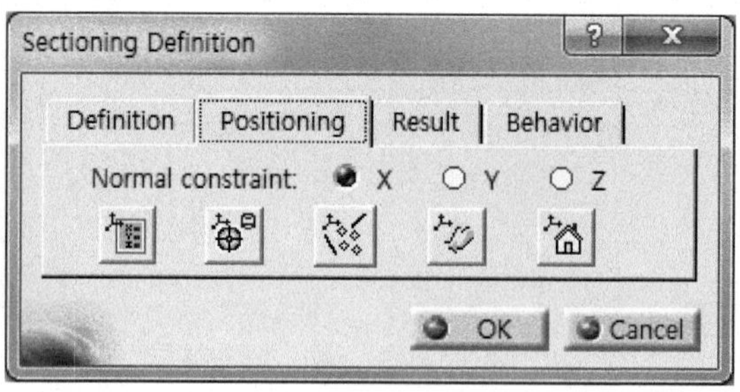

② Positioning : Section의 위치를 지정한다.

㉠ **Normal Constraint** : Section Plane의 방향을 지정하는 옵션이다. X, Y, Z축에 Normal(수직)한 Plane이 된다. 즉, X를 선택하면 YZ 평면과 평행한 형태가 된다.

ⓛ **Edit Position and Dimension** : Section Plane의 공간 상의 위치를 좌표나 위치 값 변경으로 정의할 수 있다. 이때 U, V, W는 화면 상에 나타난 좌표를 참조하면 된다.

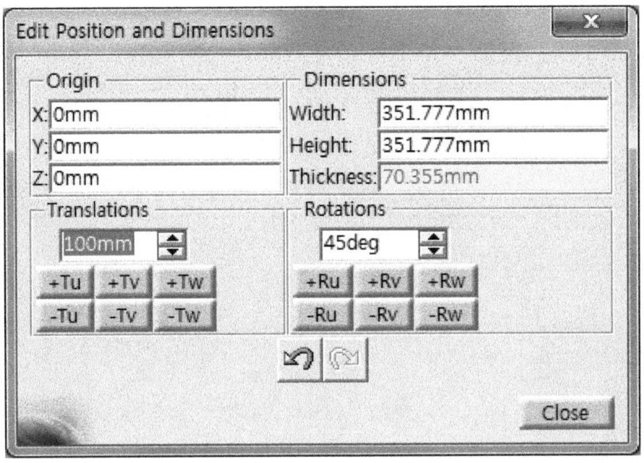

ⓒ **Geometrical Target** : 마우스를 이용하여 Component의 Geometrical 형상을 기준으로 단면의 위치를 정의할 수 있다. 기준 단면에서부터 정확한 위치로의 이동이 필요할 때는 Edit Position and Dimension 을 활용하여야 한다. 따라서 명령어 적용의 순서는 → 으로 하는 것이 좋다.

ⓔ **Positioning by 2/3 Selections** : Component 형상의 점, 선과 같은 요소들을 선택하여 Section Plane의 위치를 정의한다.

평면 생성 시 3개의 포인트를 선택하거나, 1개의 포인트와 1개의 직선 선택 또는 2개의 직선 선택의 3가지 조건을 생각해야 한다.

ⓜ **Invert Normal** : 절단면의 수직 방향을 반대로 하는 옵션이다. 아이콘 선택 시 Compass의 방향이 바뀌는 것을 볼 수 있다.

ⓗ **Reset Position** : Section의 위치를 초기화(Default)시킨다.

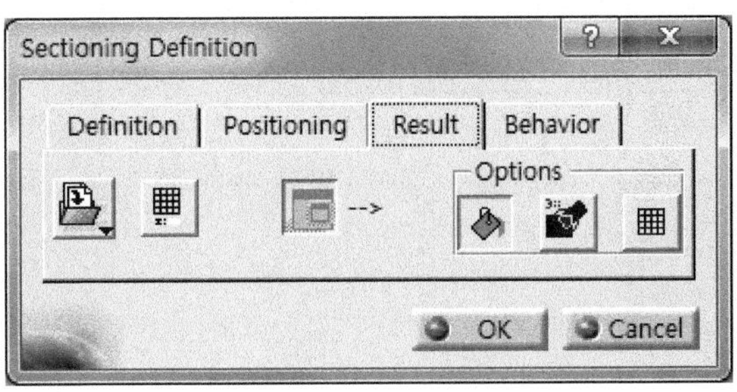

③ **Result** : Section 결과를 출력할 때 지정한다.

㉠ **Export As** : Section 결과를 저장할 때 사용한다. CATPart, CATDrawing, Dwg, Dxf, igs 등의 파일 형식으로 저장이 가능하다.

㉡ **Section** : Section 창에서 마우스 오른쪽 버튼으로 클릭하면 다음의 그림처럼 결과물의 출력 형태를 조절할 수도 있다.

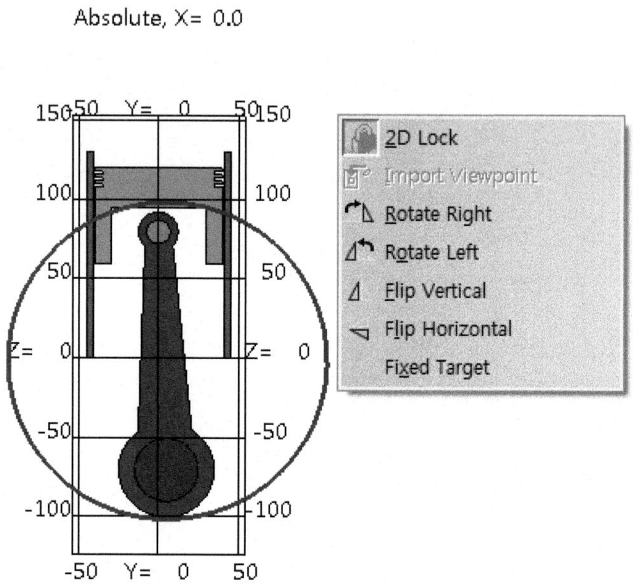

㉢ **Edit grid** : Grid 옵션이 선택되어 있는 경우 Grid의 크기를 설정할 때 사용한다.

㉣ **Result Window** : Section 결과 창을 화면에 따로 표현할지 미리 보기로만 보여줄지를 선택할 때 사용한다. 기본 설정은 체크되어 있는 상태이다.

㉤ **Section Fill** : Section의 단면 내부를 채워서 표현해 줄 때 사용한다.

㉥ **Clash Detection** : 충돌이 일어난 부위를 탐지하여 빨간색 원으로 표시해 준다.

㉦ **Grid** : Section 화면에 Grid를 표시해 준다. 크기는 앞에서 설명한 Edit Grid에서 미리 설정한다.

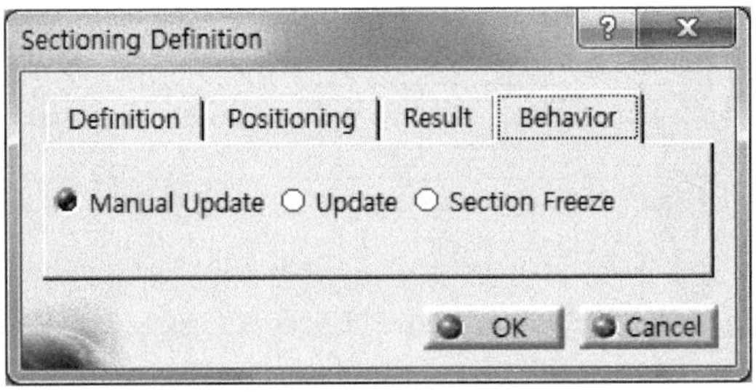

④ Behavior : Product의 형상 변경에 따른 업데이트 모드를 선택한다.

㉠ **Manual Update** : 형상의 변경이 있을 때 사용자가 수동으로 Update를 하고 싶을 때 사용한다.

㉡ **Update** : 형상의 변경 후 실시간으로 Section의 결과를 Update하고 싶을 때 사용한다.

㉢ **Section Freeze** : 형상의 변화에 상관없이 그대로 두고 싶을 때 사용한다.

3 Distance and Band Analysis

Component 간의 최소 거리를 측정하는 명령어이다. Measure Between 은 대상이 모델의 특정 Element(점, 모서리, 평면 등)를 선택해서 결과를 취하지만, 명령어는 그 대상이 Element가 아닌 Component라는 차이가 있다.

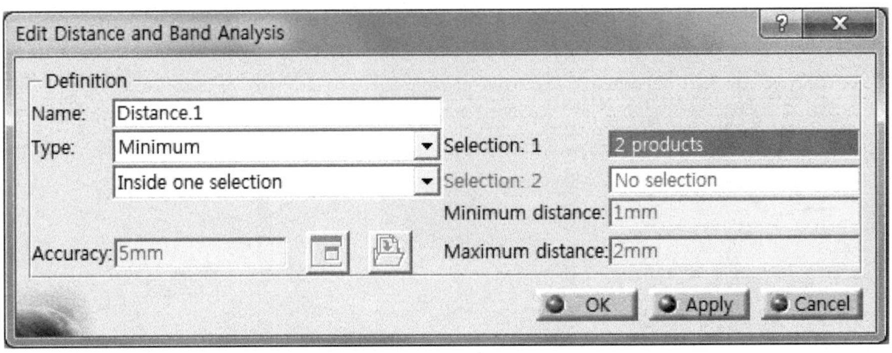

✣ Scenes

❶ Enhanced Scene 

조립 작업이 끝난 후 도면에 분해된 형태가 필요하다면 조립 작업이 끝난 Product를 다시 분해해야 할까? 이러한 경우를 위해서 Scene이라는 기능이 있다. 이는 원래 Product의 조립 Constraint에는 영향을 미치지 않고 임의로 분해해 볼 수 있다.

Overload Mode 중 Partial 모드는 원래의 모델링 영역에 부품을 Hide/Show한 것과 같은 속성들의 Scene에 영향을 미치고, Full 모드는 반대로 Scene에는 영향을 받지 않게 한다.

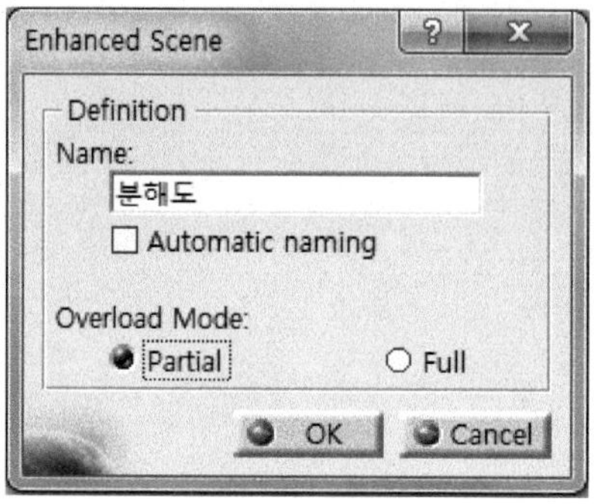

❷ Scene Browser 

생성되어 있는 Scene들을 Browser를 통하여 보여주는 명령어이다.

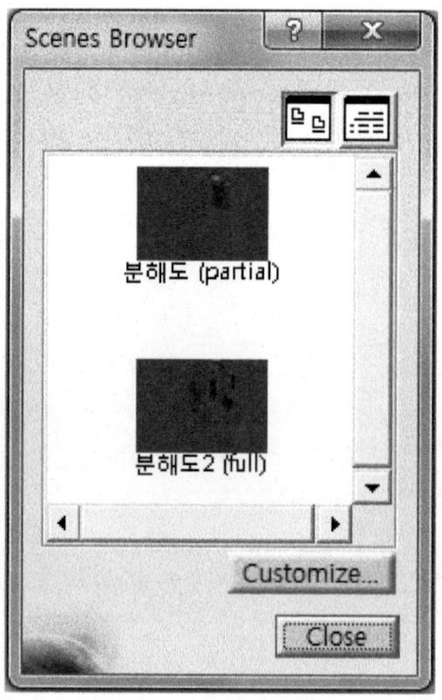

❸ Applicative Entities Reordering 

Scene이 여러 개 있을 때 순서를 바꾸는 명령어이다. Enhanced Scenes Toolbar Scene 작업 환경으로 바뀌게 되었을 때 나타나는 Toolbar이다.

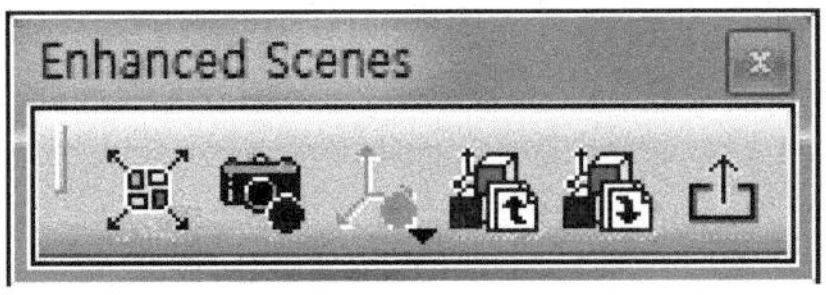

1 – 1 Explode

Product Structure Tool의 Explode와 동일한 기능이다. 사용자가 원하는 위치로 분해가 되는 것이 아니라 임의의 공간에 분해가 된다.

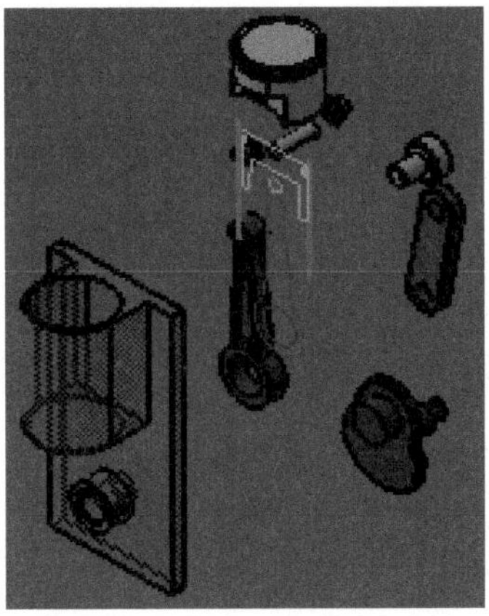

1 – 2 Save view point

현재 화면의 배치와 위치를 Scene으로 저장한다. Exit Scene( )로 Scene을 빠져 나가기 전에 수행한다.

1 – 3 Overload Positions

Assembly 영역의 Component의 위치와 별개로 Scene 영역 내에서 위치 관계를 끊는다. Partial Scene 모드에서 사용하며, 적용된 Component는 Apply Scene on Assembly 명령어의 리스트에서 제외된다.

1 – 4 Apply Scene on Assembly

Scene 영역의 Component들의 위치를 Assembly의 Component에도 동일하게 하도록 하는 명령어이다. 위치를 지정해 주고 싶은 Component를 선택하여 우측의 Position을 체크하면 Position에 Apply가 나타난다.

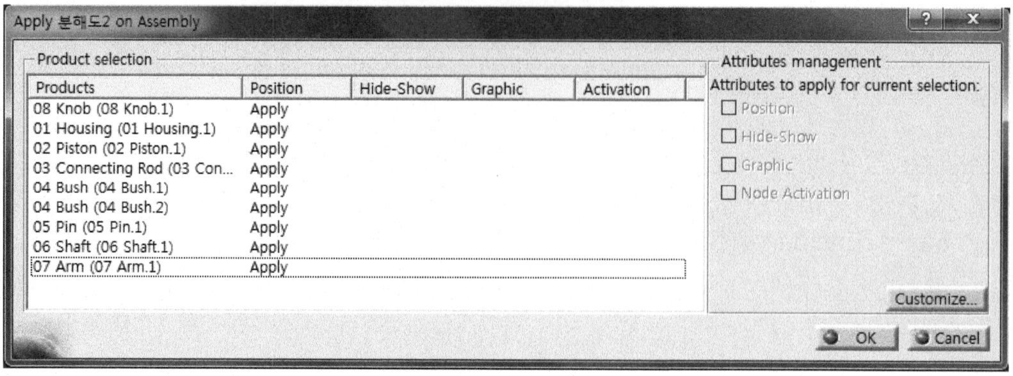

1 – 5 Apply Assembly On Scene

Assembly 영역의 Component들의 위치를 Scene에 반영한다. Apply Scene on Assembly 명령어와 정반대의 기능이다.

1 – 6 Exit Scene

Scene 작업을 마치고 Assembly 영역으로 빠져나간다.

참고

1. CATProduct(조립품) 파일을 한 개의 CATPart(단품) 파일로 변환하기

① CATProduct(조립품) 파일이 Open되어 있는 상태에서 Assembly Workbench의 화면 상단의 File 명령어 중에서 Tools > Generate CATPart From Product … 명령어를 선택한다.

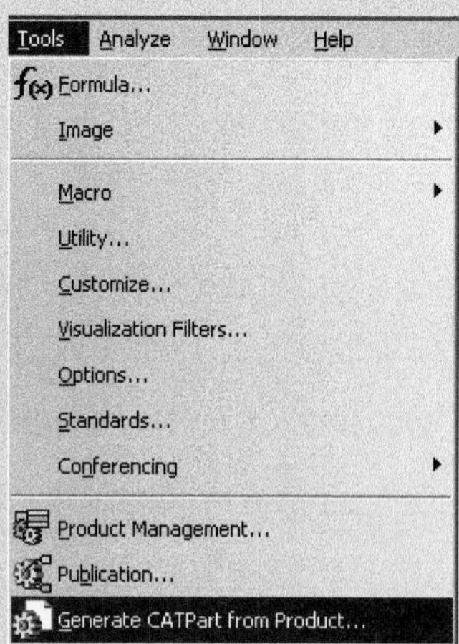

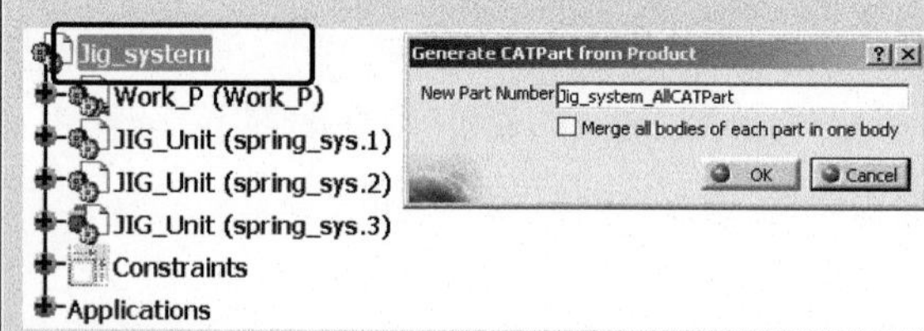

② Product Tree의 가장 위쪽을 클릭한다.

③ 화면이 바뀌면서 다음 그림처럼 단품(CATPart) 파일이 생성된다. Tree를 살펴보면, Product의 Component 구조가 여러 개의 Body로 구성된 Multi-Body 형태로 바뀌게 된다.

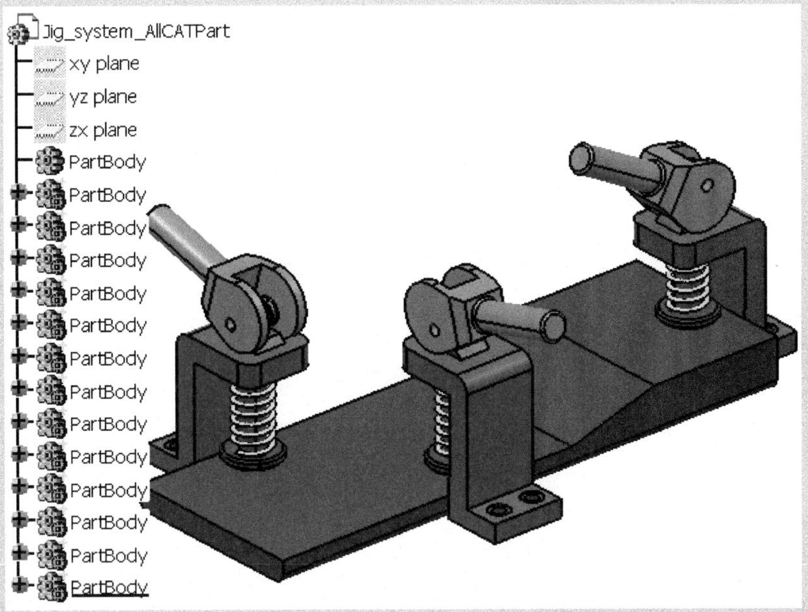

④ 필요에 따라 이렇게 만들어진 CATPart 파일을 Save As 명령어를 이용하여 다른 CAD Format(*.model, *.stp, *.igs)으로 바꾼다.

2. Product(조립품) 파일의 링크 정보를 유지하면서 단품(CATPart)의 파일 경로 바꾸기
   조립품을 구성하게 되면 Edit > Link 정보를 통해서 현재 작업 중인 Product를 구성하는 단품의 정보(이름, 경로)를 확인해 볼 수 있다. 그런데 윈도우 탐색기를 통해서 만약 Product 파일 혹은 그것을 구성하는 단품(Part)의 파일 경로나 이름을 변경하게 되면 어떻게 될까? 탐색기에 이름을 바꾸거나 파일을 변경하게 되면 이러한 변경 정보가 CATIA에는 전해지지 않기 때문에 Product 파일을 Open하게 되면, 파일의 형상과 조립 구속 등의 정보에 문제가 생기게 된다. 따라서 이미 저장을 한 CATProduct 파일과 그 구성품(CATPart)의 경로와 이름을 바꿀 때는 CATIA 내부에서 이를 실행해야 한다.

① 구성품(CATPart) 하나하나의 이름이나 경로를 바꾸고자 하는 경우는 Edit > Link 명령어를 이용한다. Replace 버튼을 이용하여 경로와 이름을 바꿀 수 있다.

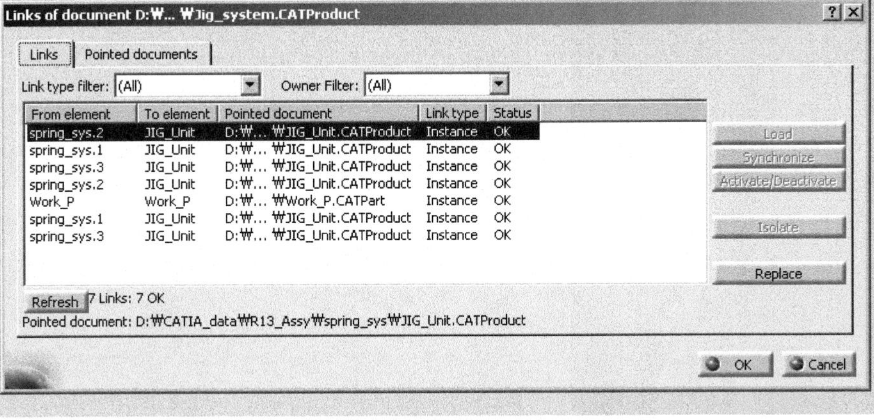

② CATProduct 전체를 다른 경로로 보내고자 하는 경우는 File > Send To > Directory 명령을 이용한다.
③ File > Send To > Directory 명령을 실행한다.
④ 경로를 바꾸고자 하는 CATProduct를 선택한다.
⑤ Browse 버튼을 클릭하여 새로 옮겨 가고자 하는 경로를 정의한다.
⑥ 화살표 방향의 버튼을 클릭하여 파일을 다음의 그림처럼 옮긴다.
⑦ OK 버튼을 클릭하여 명령을 마친다.
⑧ 새로 옮겨진 경로의 CATProduct 파일의 Edit > Link를 통해 경로를 확인해 본다.

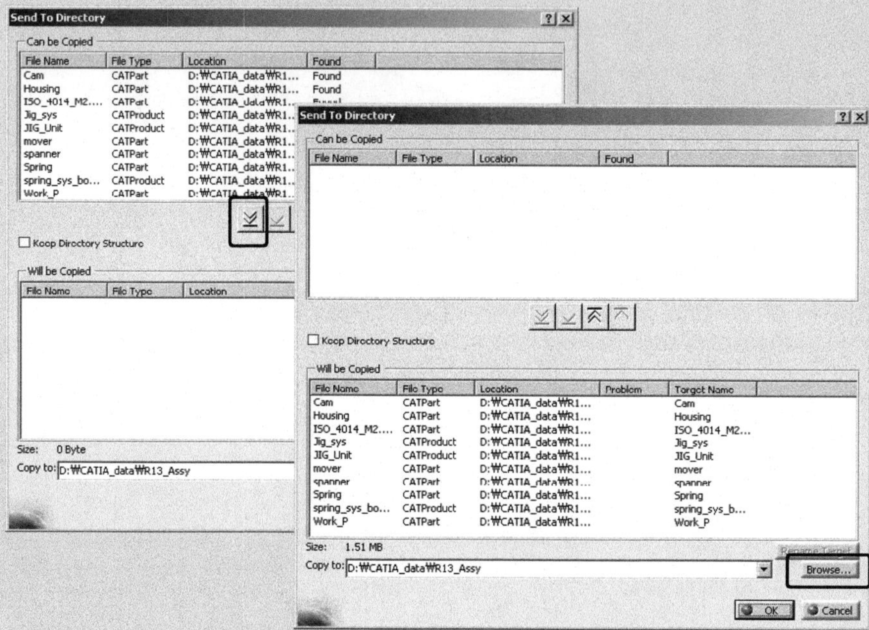

만약, CD에 CATProduct 파일과 구성품을 구워서 다른 장비의 Open에서 사용하고자 한다면 이때도 File > Send To > Directory 명령을 이용한다. 먼저 CD로 파일을 굽는(Burn) 작업은 보통의 Data Burning을 하는 것과 동일하게 하고, 다만 이렇게 만들어진 CD의 CATProduct을 Open해서 열어보는 경우에는 그냥 File > Open하지 말고, File > Send To > Directory 명령으로 CD에 있는 CATProduct 파일과 구성품 파일을 HDD로 옮긴 후에 Open해서 사용한다.

CATProduct 파일의 경로가 바뀐 뒤에는 반드시 파일의 Edit > Link 명령어를 통해서 경로에 대한 정보를 확인하는 습관을 갖는 것이 중요하다.

CHAPTER 02

조립품 모델링 예제

조립품 모델링 예제 따라하기 1

✣ 작업의 순서

단품 모델링 〉Tree 구성 〉조립 구속 〉변수 정의 〉Drafting

① 도면과 같은 단품(Part)에 대한 작업을 완료한다.

② Part List와 같은 형태로 Tree를 구성(Top - Down)한 후, 단품을 불러와서 조립품을 구성한다.

③ Arm - Assy라는 이름의 Sub - Assembly(2Level)의 조립 구속을 완성한다.

④ Lift 전체 Assembly(1Level)의 조립 구속을 완성한다.

⑤ Assembly Workbench의 Analysis의 도구를 이용하여 Clash를 확인하다.

⑥ Distance(Type : Lenght, 초깃값 : 150mm)라는 이름의 Parameter를 정의하고 Mover와 Fixer와 Arm이 결합되는 사이의 Offset 거리를 Distance로 지정한다. Tree 상에서 Parameter 변수의 값을 변경하여 조립품의 구속 조건에 적용되는지 확인한다.

⑦ 전체 조립품의 조립 구속이 완성된 상태에서 Drafting에 사용할 분해도용 Scene을 작성한다.

⑧ 단품과 조립품에 대한 도면을 작성한다.

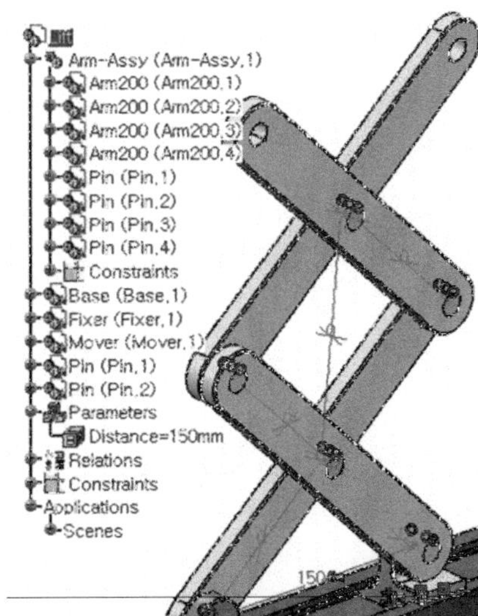

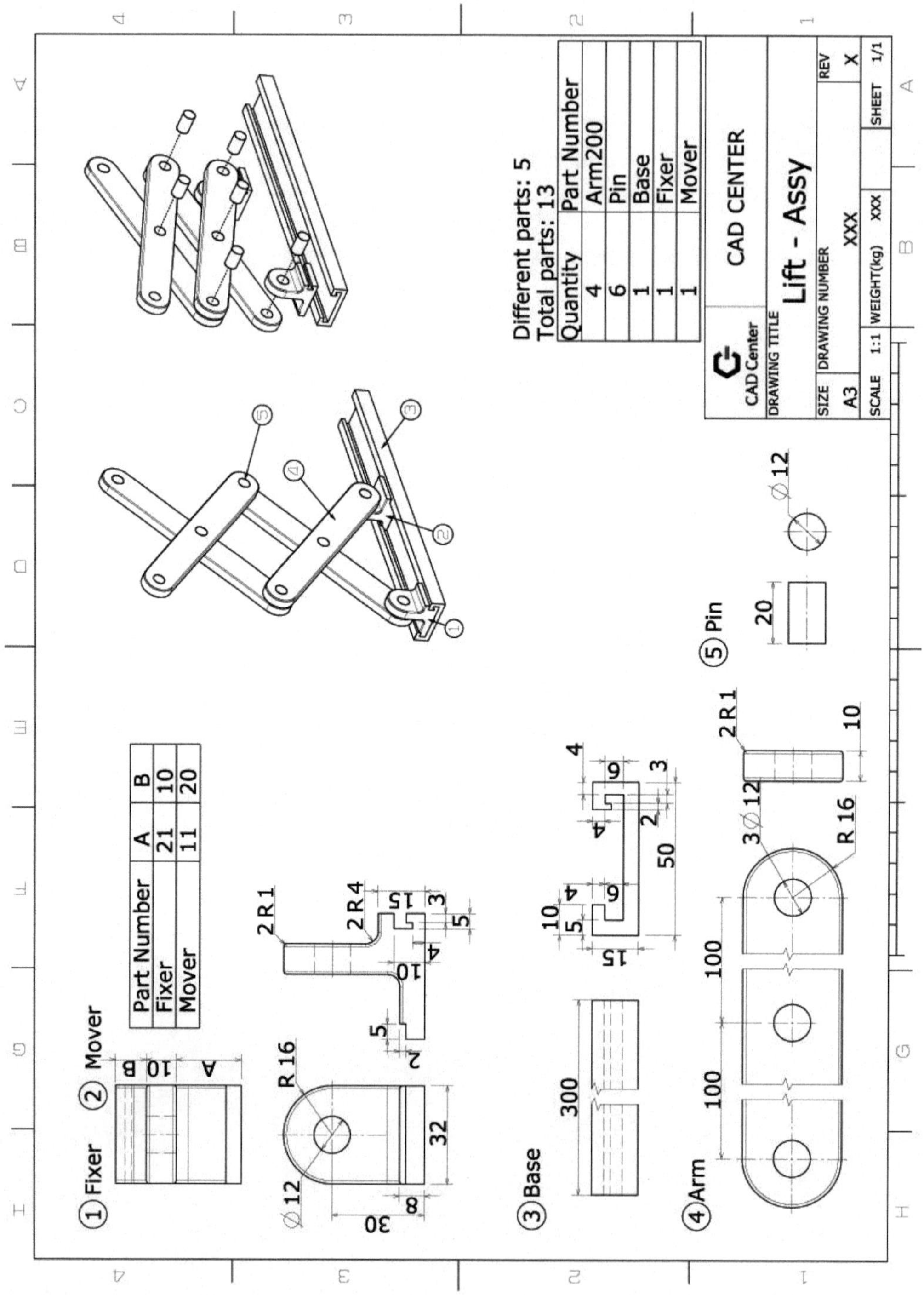
① Fixer ② Mover
Part Number A B
Fixer 21 10
Mover 11 20
③ Base
④ Arm
⑤ Pin
Different parts: 5
Total parts: 13
Quantity Part Number
4 Arm200
6 Pin
1 Base
1 Fixer
1 Mover
CAD Center
CAD CENTER
DRAWING TITLE
Lift - Assy
SIZE A3
DRAWING NUMBER XXX
REV X
SCALE 1:1
WEIGHT(kg) XXX
SHEET 1/1

따라하기 1-1 (조립품 모델링 예제 따라하기1 도면을 이용하여)

단품 모델링은 앞의 도면을 참고하여 모델링하고, 조립 단계부터 설명하기로 한다.

① 새로운 Product를 생성한다.(File 〉 New)

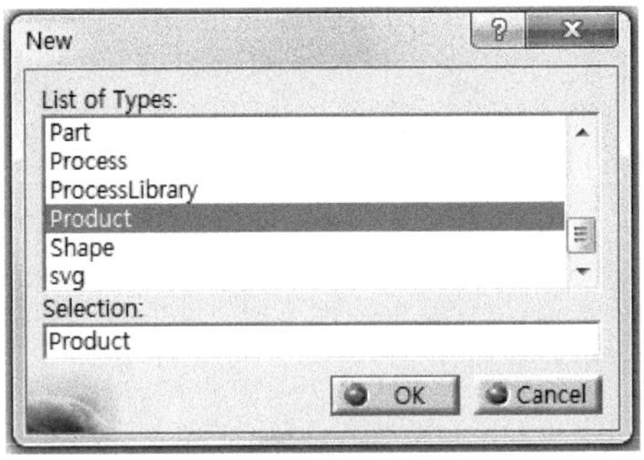

② Product의 이름을 "Lift"로 변경한다.

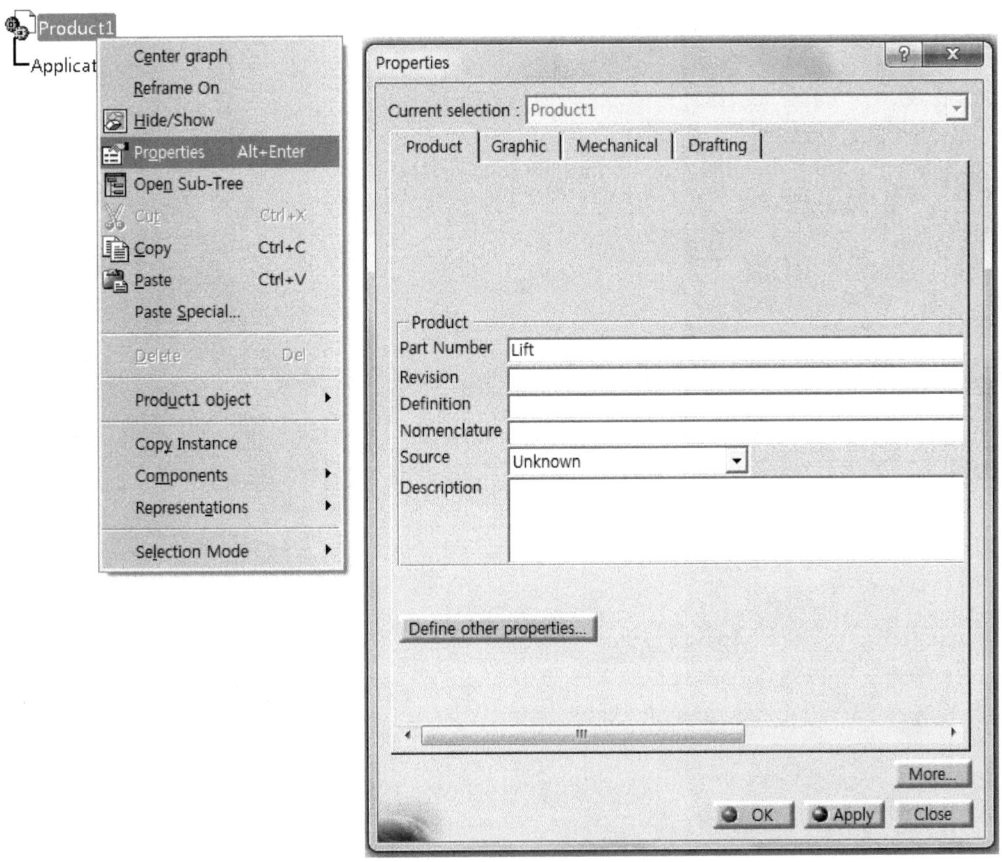

③ Existing Component를 명령으로 Assembly(Lift-Assy)에 단품(Arm200.CATPart)을 추가한다.

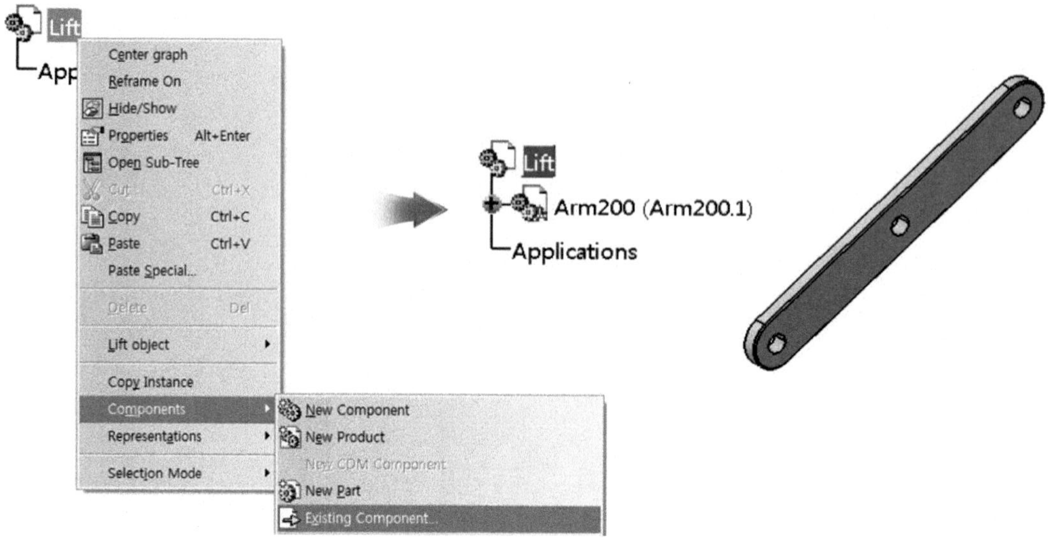

④ 같은 부품(Arm200)을 추가하기 위하여 Tree에서 Arm-Assy를 더블클릭하여 Current Work Object로 만든 다음 Define Multi Instantiation 명령( )을 클릭한다.

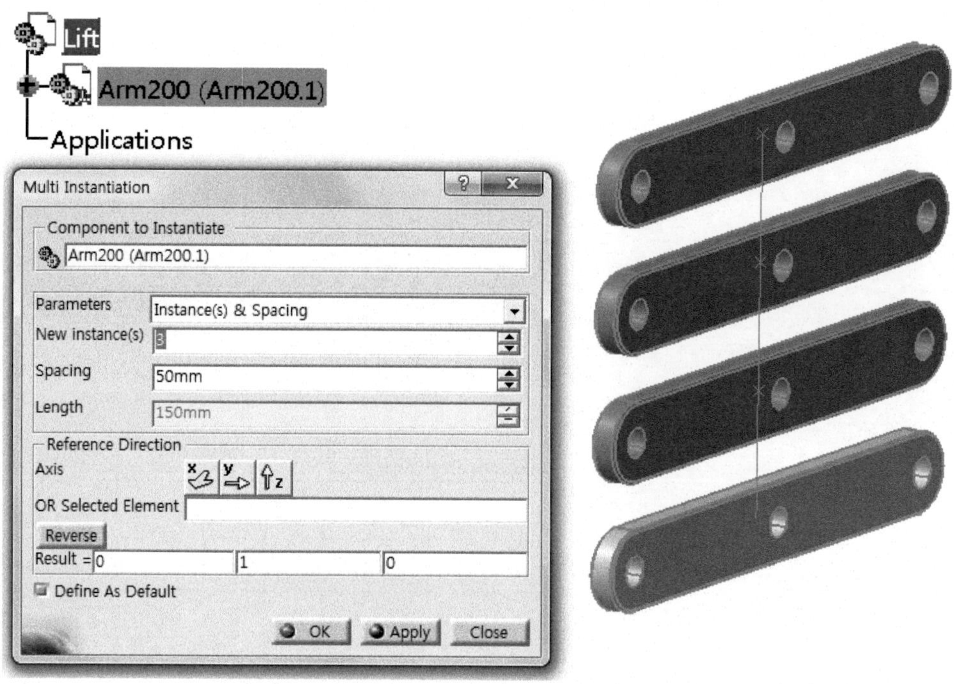

⑤ 부품(Arm200)을 이동하여 조립 구속 조건(Coincidence, Contact)을 적용시킨 후 그림과 같이 완성한다.

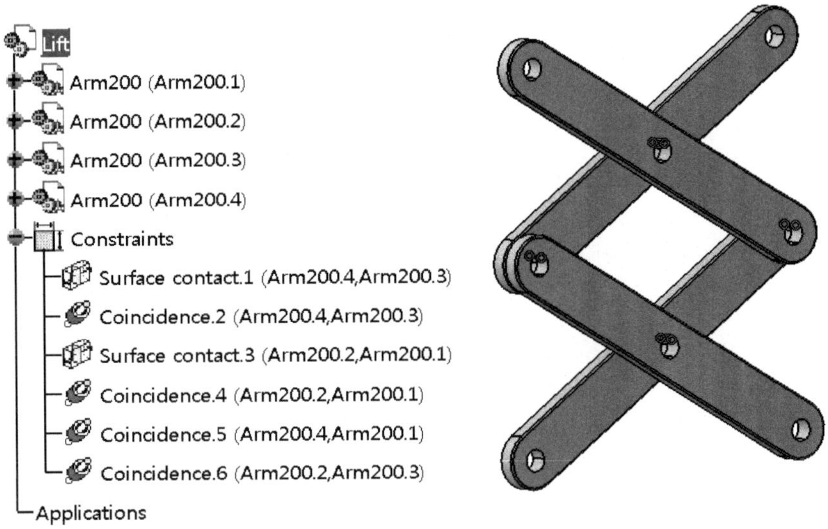

⑥ Existing Component를 명령으로 부품(Base, Fixer, Mover)들을 불러온다.

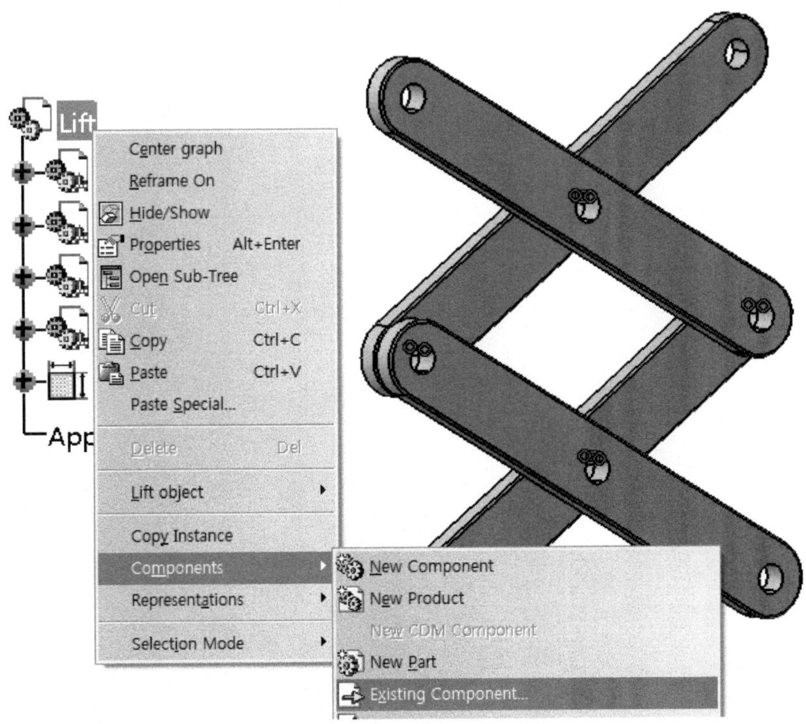

⑦ 불러들인 부품들이 엉켜 있으므로 Explode 명령으로 이동이 쉽게 해체시킨다.

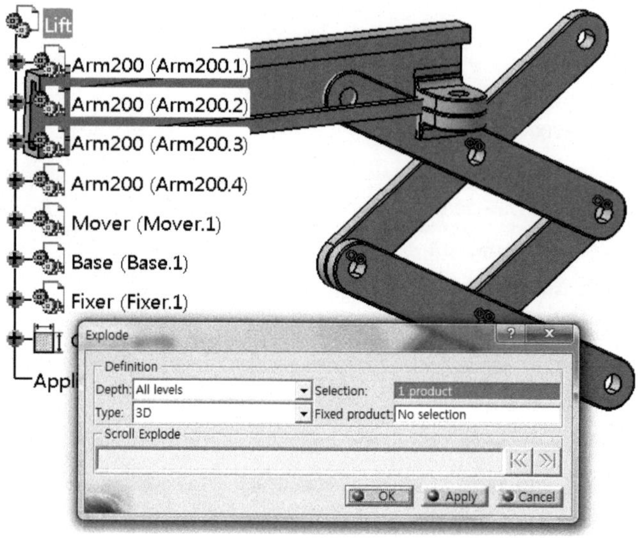

⑧ 부품들을 이동시킨 후 조립 구속 조건(Coincidence, Contact, Offset)을 적용한다.

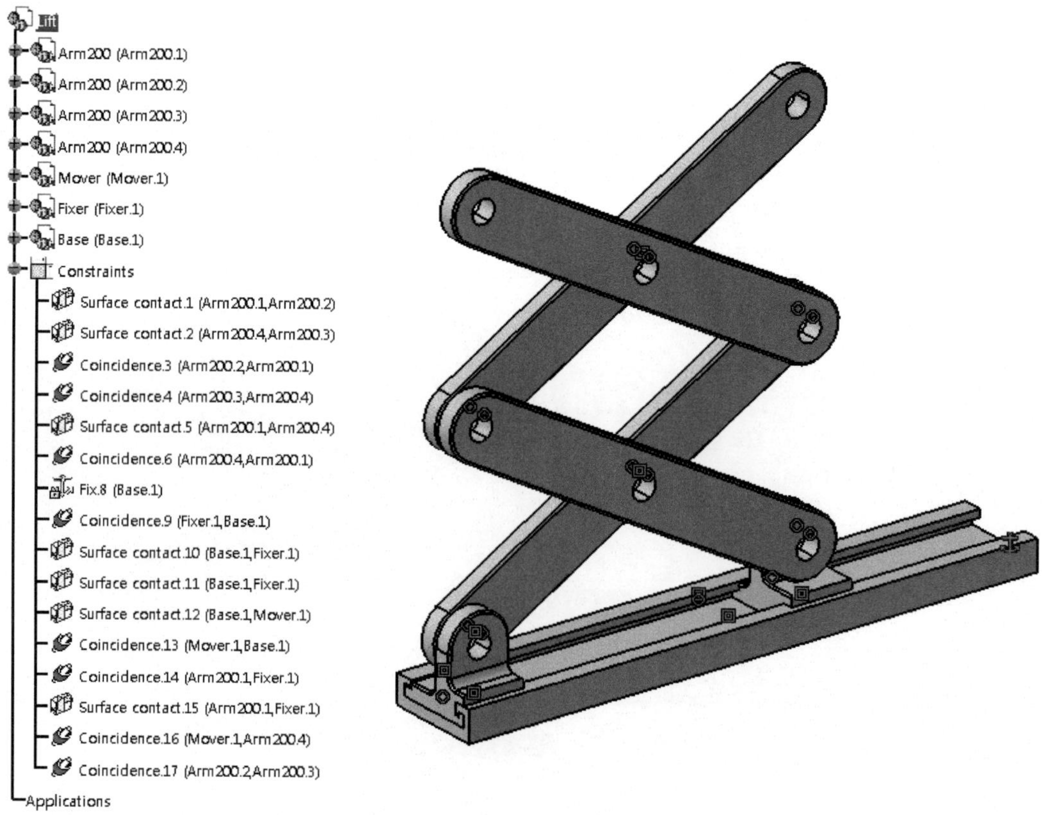

⑨ Sub - Assembly에서 그림과 같이 Offset 구속을 준다.

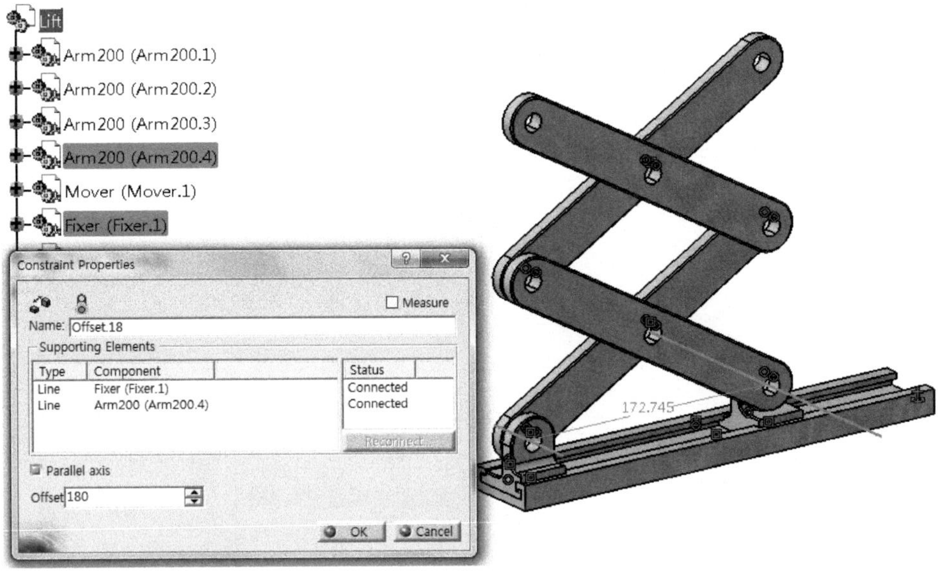

⑩ Parameter를 생성하고 ⑨번에서 생성한 Offset 값과 연결(Add Formula이용)한다.

이름 : Distance, Type : Length, 초깃값 : 150mm

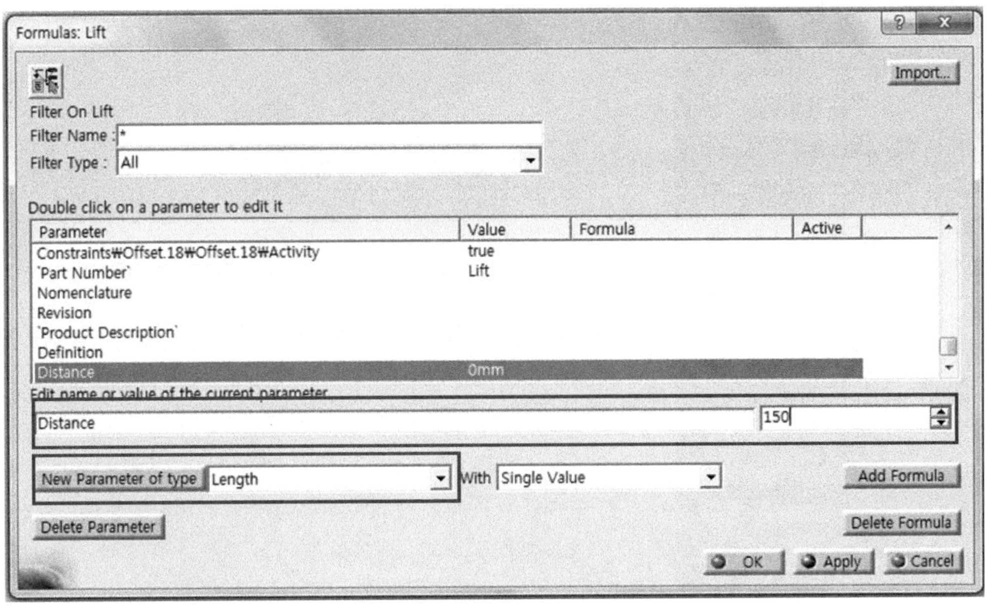

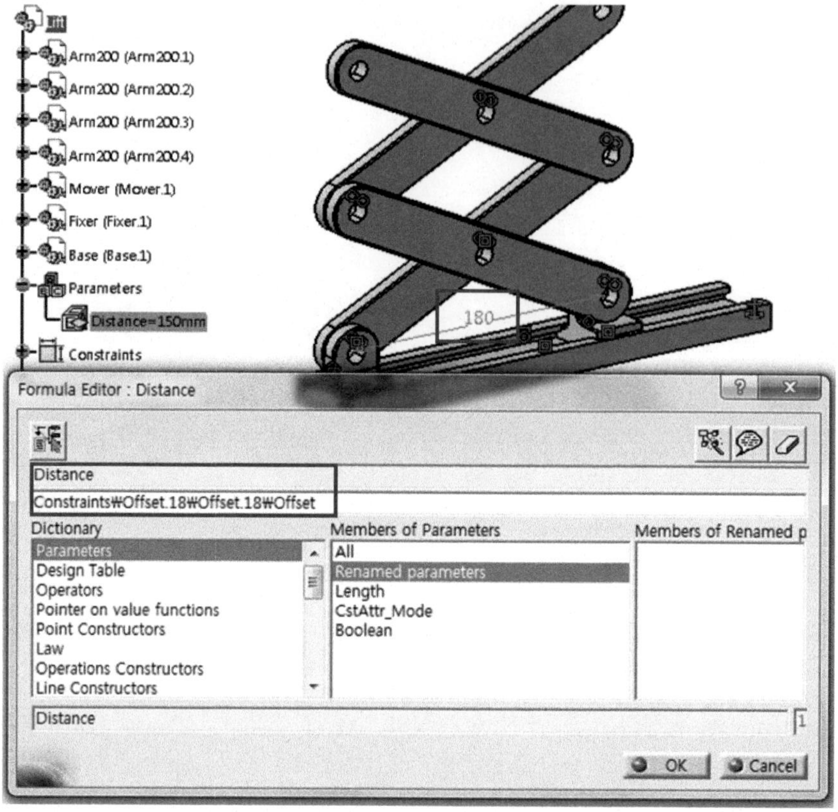
Lift
Arm200 (Arm200.1)
Arm200 (Arm200.2)
Arm200 (Arm200.3)
Arm200 (Arm200.4)
Mover (Mover.1)
Fixer (Fixer.1)
Base (Base.1)
Parameters
Distance=150mm
Constraints
180
Formula Editor : Distance
Distance
Constraints₩Offset.18₩Offset.18₩Offset
Dictionary
Parameters
Design Table
Operators
Pointer on value functions
Point Constructors
Law
Operations Constructors
Line Constructors
Members of Parameters
All
Renamed parameters
Length
CstAttr_Mode
Boolean
Members of Renamed p
Distance
OK
Cancel

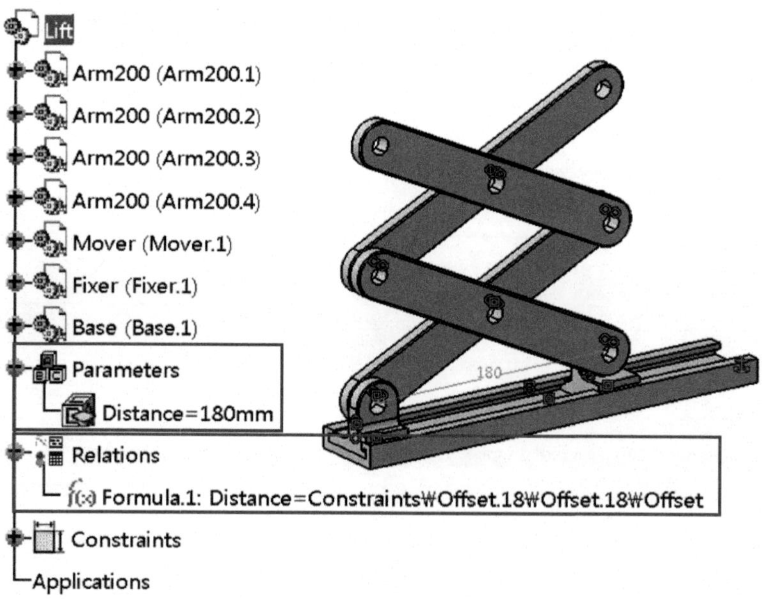
Lift
Arm200 (Arm200.1)
Arm200 (Arm200.2)
Arm200 (Arm200.3)
Arm200 (Arm200.4)
Mover (Mover.1)
Fixer (Fixer.1)
Base (Base.1)
Parameters
Distance=180mm
Relations
Formula.1: Distance=Constraints₩Offset.18₩Offset.18₩Offset
Constraints
Applications
180

⑪ Tree 상에 있는 Parameter를 더블클릭하여 Distance의 값을 바꿔보고 Update한다. 조립 구속이 변화하는지 확인한다.

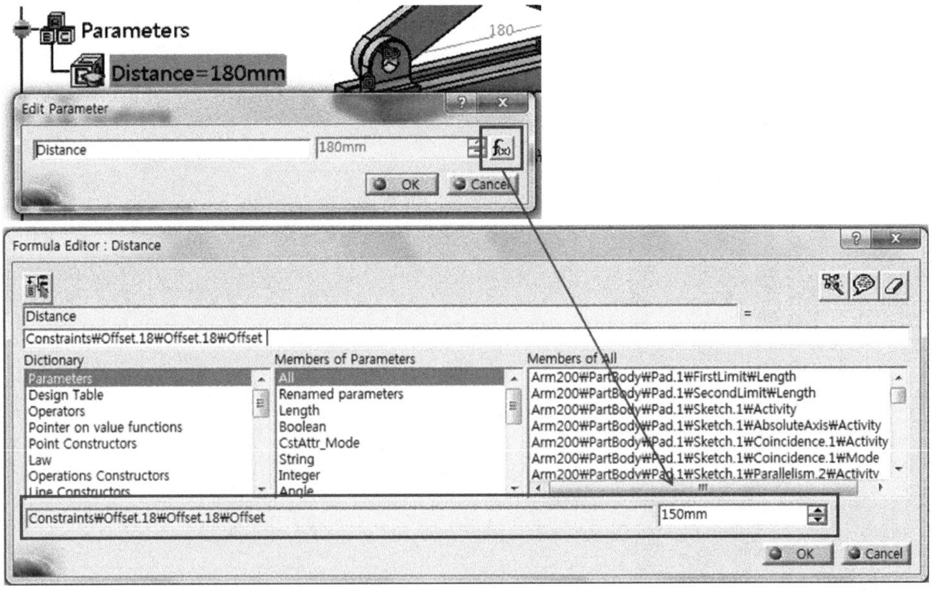

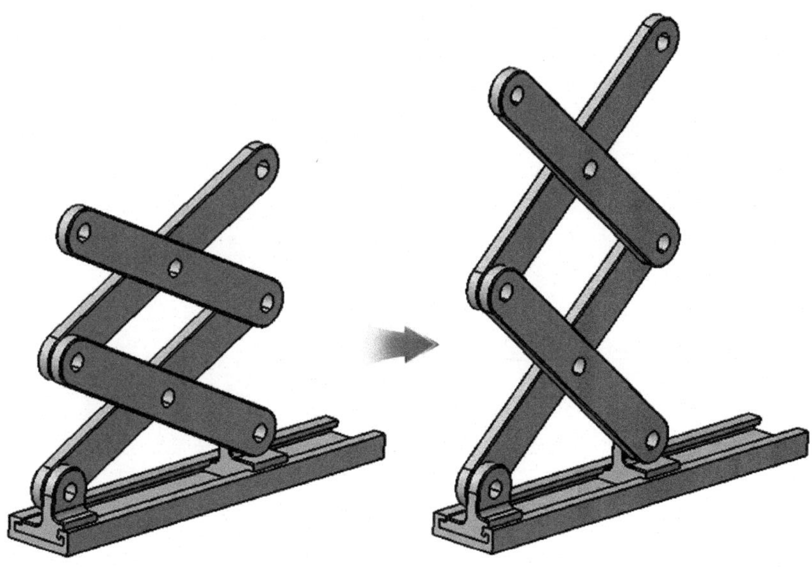

▲ Distance=180mm　　　▲ Distance=150mm

⑫ Drafting Workbench로 이동하여 단품과 조립품에 대한 도면을 작성한다.

참고

① Tree 상에 Parameter와 Relation 표시

Tools > Options > Infrastructure > Product Structure > Tree Customization

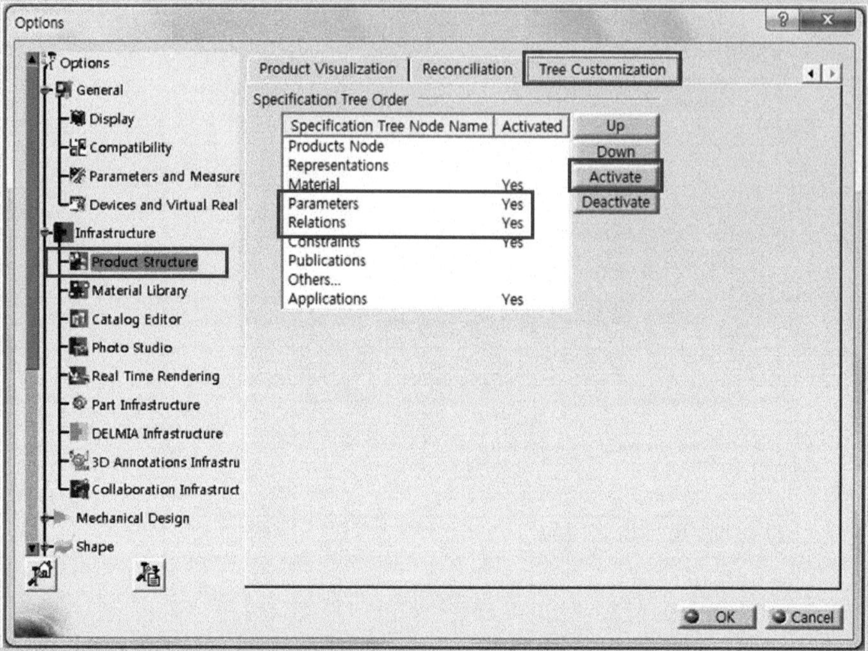

② Tree 상에 Parameter 값 표시

Tools > Option > General > Parameter and Measure > Knowledge

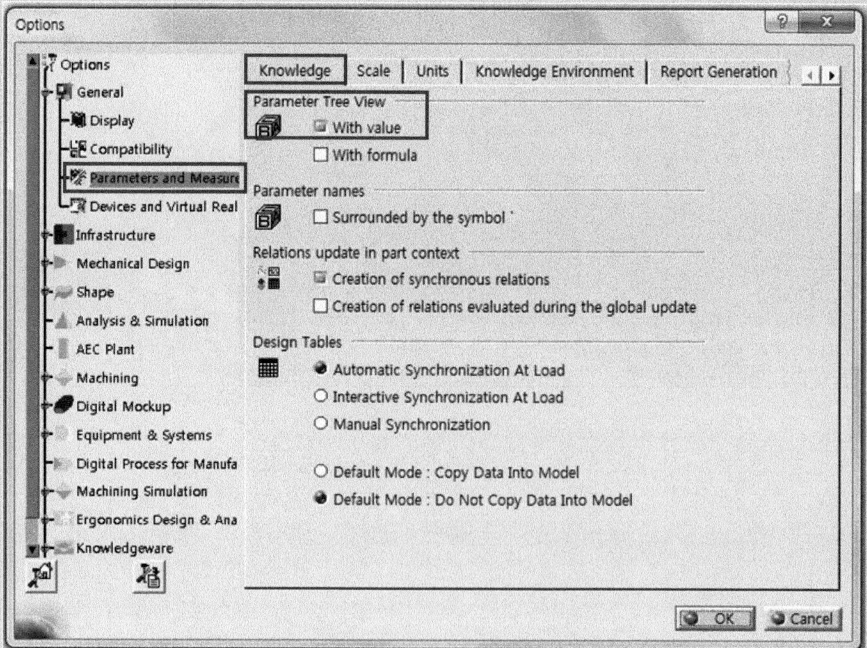

따라하기 2

프레젠테이션 자료나 CATIA가 설치되어 있지 않은 환경에서 조립품의 구동이나 CATIA의 모델링 설명을 위한 동영상 자료를 만들어 본다.

① 솔리드 모델링과 어셈블리 모델링을 활용하여 다음과 같은 조립 구속을 완성한다.(조립 시 주의할 점은 Arm이라는 부품의 움직임으로 나머지 부품들이 연결되어 움직일 수 있도록 조립 구속을 부여한다.)

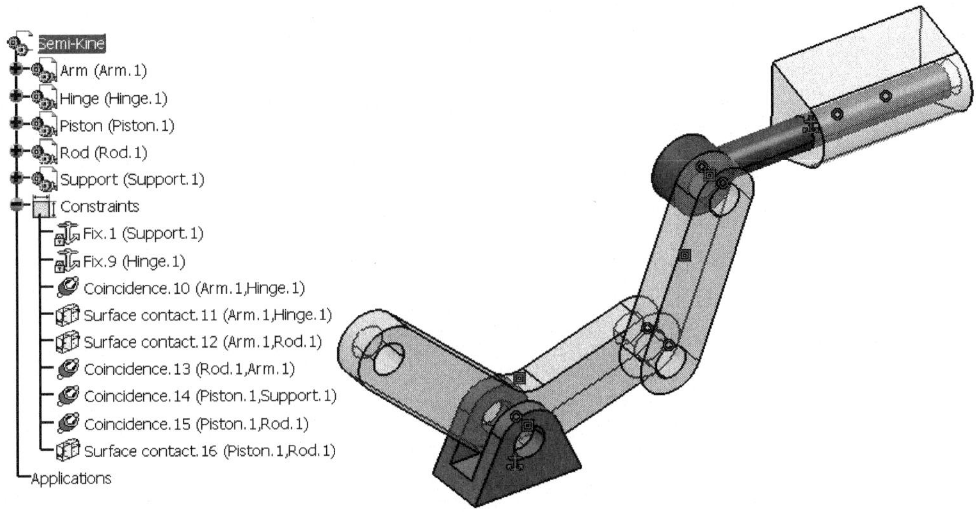

② Stop Manipulation on Clash 명령( )을 체크해 둔다. Manipulation 명령을 이용하여 부품을 움직일 때, Clash 발생 상황에서 움직임이 정지되도록 한다.

③ Manipulation 명령( )을 이용하여 Arm 부품을 조립 구속 조건을 반영하여 움직여 본다.

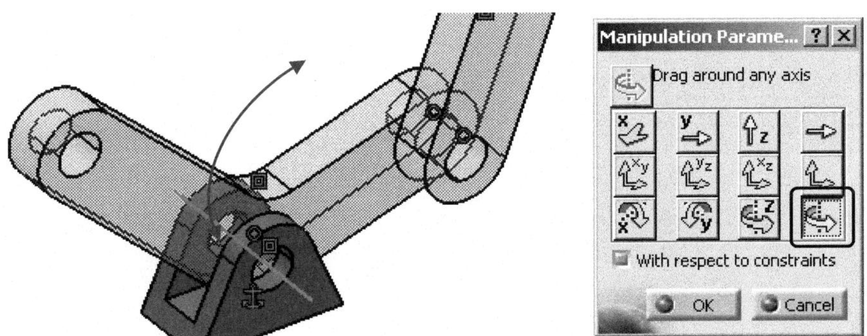

Manipulation 명령 옵션(Drag around any axis 〉 With respect to constraints)

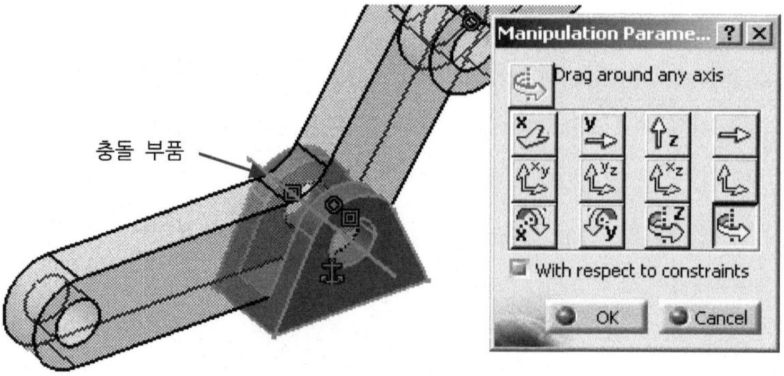

Tip

Clash 발생 시 충돌 부품이 오렌지 색상이 되면서 움직임이 멈추는지 확인한다.

④ 부품들의 움직임을 확인했다면, 앞서 확인해 본 부품들의 움직임을 Tools 〉 Image 〉 Video 명령을 이용하여 동영상 파일로 만들어본다.

Tip

Setup( )을 이용하여 동영상의 저장 옵션을 조정한다.

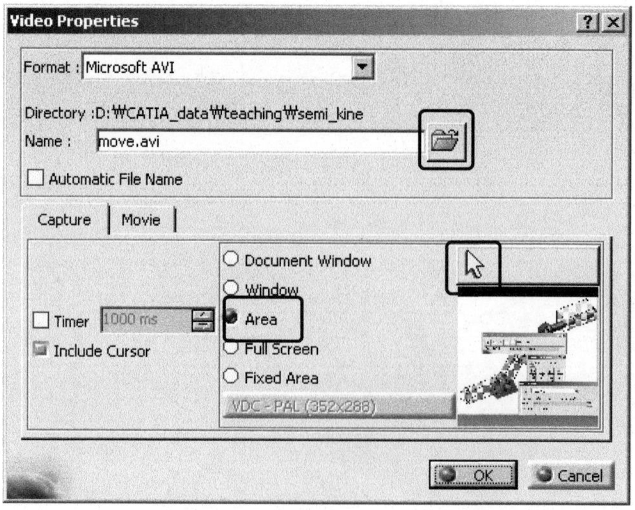

Tip

- Name 동영상이 저장되는 경로와 이름지정
- Capture
  - Timer : 지정한 시간 동안만 동영상이 기록된다.
  - Include Cursor : 마우스 커서도 동영상에 포함된다.
  - Document Window : CATIA 전체 창이 기록된다.
  - Area : 지정한 영역만 동영상으로 기록한다.

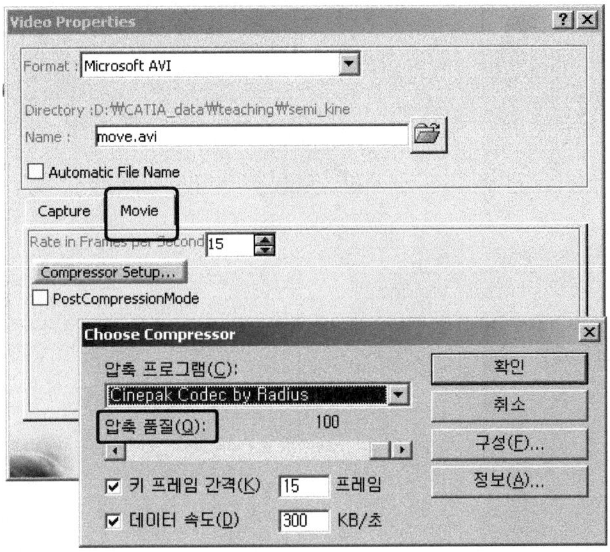

Tip

Movie 〉 Compress Setup 동영상의 압축 품질을 결정
압축 프로그램은 Windows에 설치된 동영상 코덱 중에서 선택

⑤ Recording(●) 명령을 이용하여 동영상 녹화를 시작한다. 앞에서 확인했던 Manipulation 도구를 이용하여 부품을 움직인다. 동영상 기록을 끝내려면 Stop 명령(■)으로 종료한다.

⑥ 윈도우탐색기( )를 이용하여 동영상의 저장 위치를 지정했던 경로의 동영상 파일을 실행해서 확인한다.

⑦ 생성된 동영상 파일의 크기는 압축 품질과 동영상 캡처 영역 지정에 크게 좌우된다.

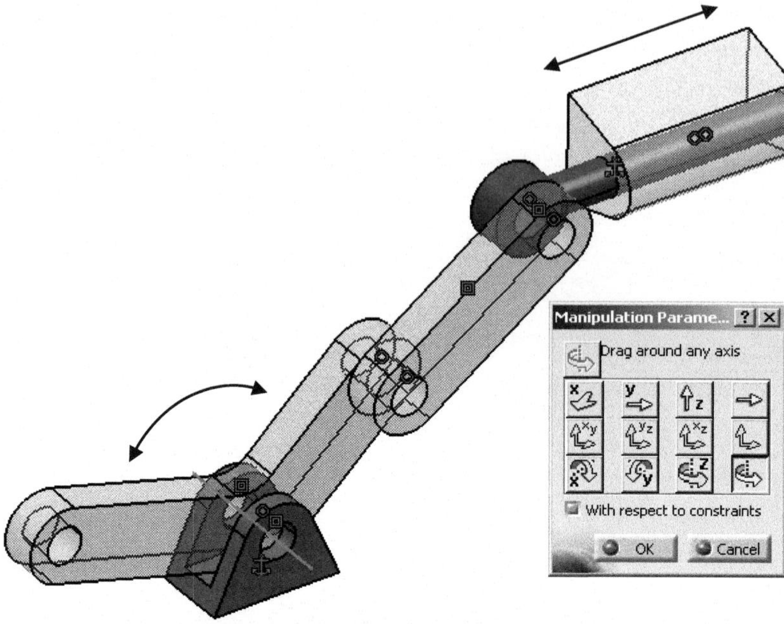

CHAPTER 03

Assembly Design Workbench 관련 Option 설정하기

Tools 〉Options 〉Mechanical Design 〉Assembly Design에 관련 옵션들이 있다.

✣ General

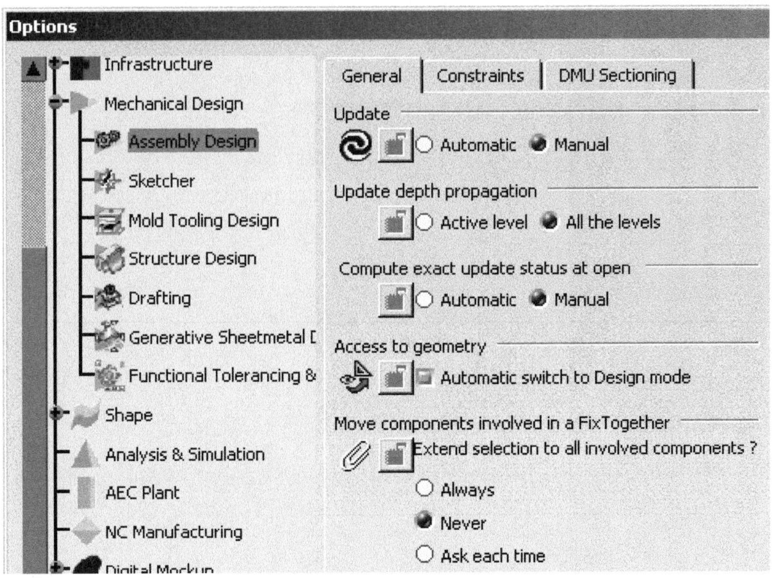

① Update constraint : 부여 혹은 Part의 모델 변경 시 Update를 자동으로 할 것인지 수동으로 할 것인지를 결정한다.

② Update depth propagation : Sub-Assembly가 있는 Product에 대하여 Update를 어느 수준까지 적용할 것인지 결정한다.

③ Compute exact update status at open : 파일을 Open했을 때 Update하는 방법을 결정(Cash 모드에서만 적용된다.)한다.

④ Access to geometry : 다음의 명령을 수행하게 되면, Visualization 모드인 상태에서 자동으로 Design 모드로 변경된다. 해당 명령어 Constraints creation(조립 구속), Reuse pattern, Define multi instantiation이다.

⑤ Move components Involved in a Fix Together Fix : Constraint로 조립 구속된 Component 중 하나가 움직이게 되었을 때 함께 묶인 나머지 Component의 움직임을 어떻게 할 것인지 결정한다.

Constraint

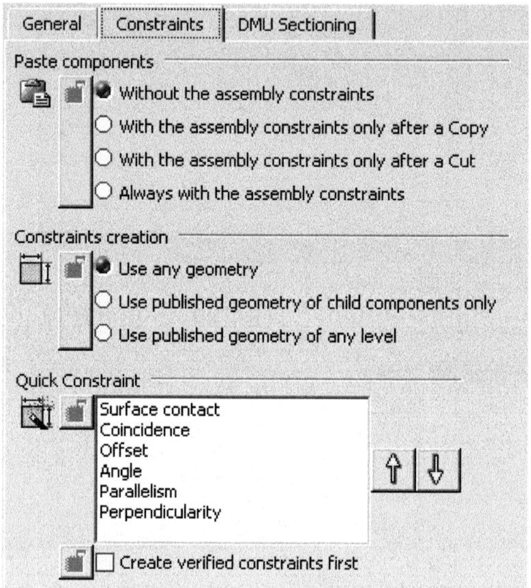

① Paste components : Component를 Copy해서 Paste할 때, 해당 Component의 형상정보 이외에 구속 조건(Constraint)과 같은 정보도 함께 복사하여 붙여넣기할 것인지를 결정한다.

② Constraint creation : 조립 구속을 수행할 때 선택의 대상을 제한하는 명령이다.

㉠ Use any geometry : 제한 없이 형상의 모든 Element를 선택 가능

㉡ Use published geometry of child component only : Tools 〉Publication 명령어

③ Quick Constraint : Quick Constraint 명령에 의해서 자동으로 조립 구속이 적용될 때의 우선순위를 결정한다.

❖ DMU Sectioning

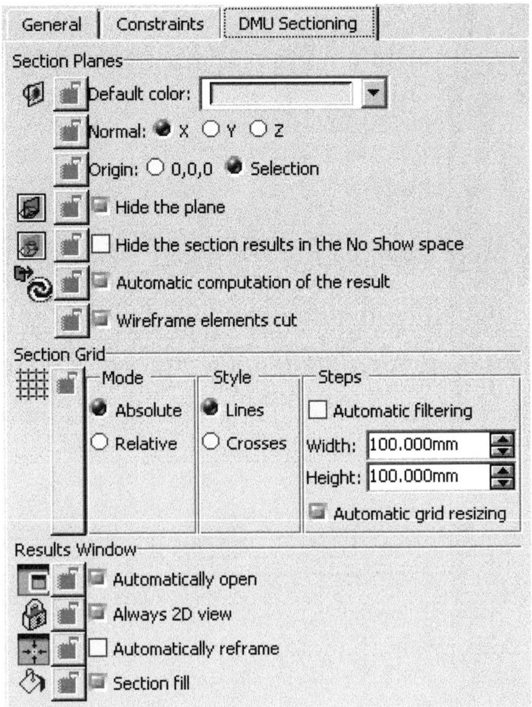

① Section Planes Sectioning : 명령에서 단면 생성의 기준면 색상

② Section Grid Sectioning : 명령에서 Result Window의 Grid 사이즈

③ Result Window Sectioning : 명령의 Result Window의 표시방법

New Power Up!

CATIA V5

Surface를 활용한 모델링 향상

박혁렬 감수
손혁준 저

웅보출판사
www.woongbo.co.kr

PART

V

곡면 모델링과 도면

CHAPTER 01 CATIA Surface 기본

CHAPTER 02 Generative Shape Design Workbench 명령어 익히기

CHAPTER 03 곡면 모델링 예제

CHAPTER 04 Generative Shape Design 관련 Option 설정하기

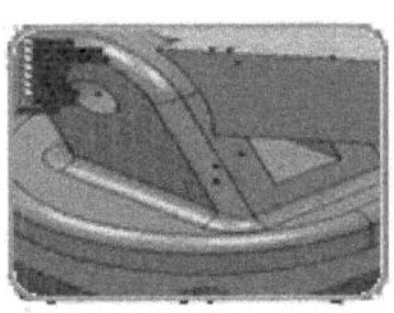

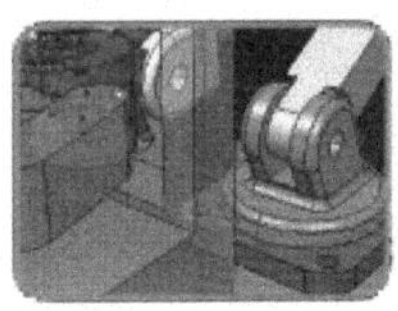

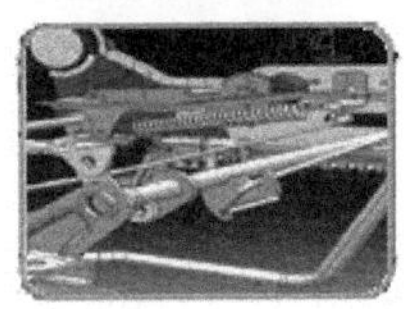

CHAPTER 01

CATIA Surface 기본

☀ Wireframe and Surface Design Workbench 또는 Generative Shape Design에서 시작하기

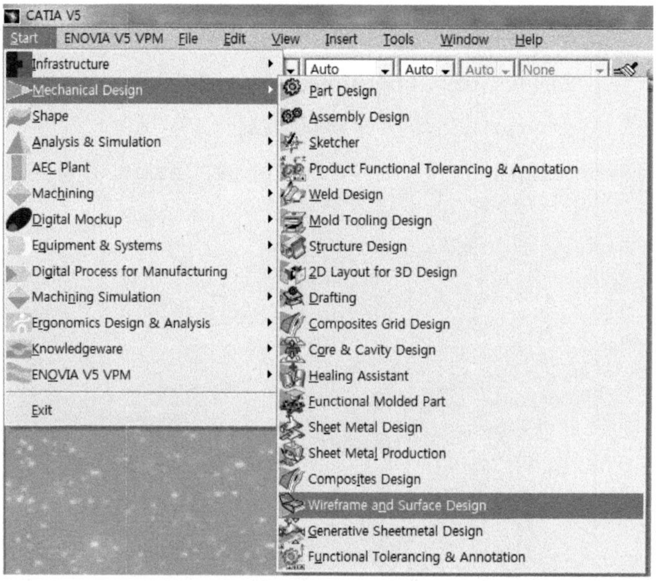

또는

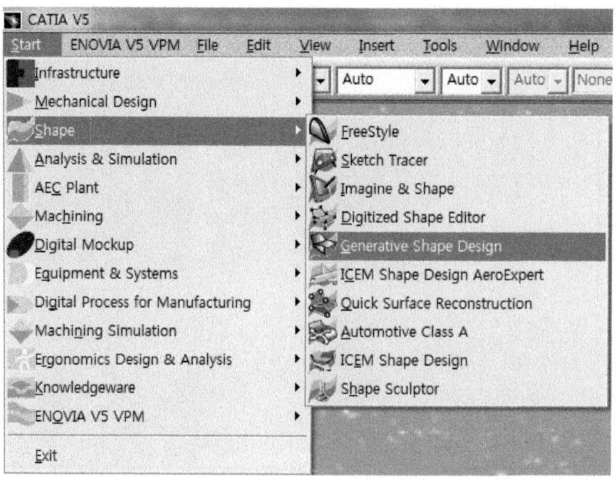

CATIA V5의 Surface 생성 Workbench는 Mechanical Design 그룹의 Wireframe and Surface Design(WSD) Workbench 이외에 Shape 그룹에도 몇 개의 Workbench가 있다. 특히 Shape 그룹의 Generative Shape Design(GSD) Workbench의 경우는 WSD와 매우 유사하다. GSD는 Surface의 Fillet 작업을 지원하는 것이 큰 차이라고 할 수 있겠다.

- **Wireframe and Surface Design** : Wireframe 및 Surface의 생성 변형 관련 명령어
- **Generative Shape Design** : Wireframe and Surface Design + Surface Fillet + 기타 고급 기능

✣ Axis System 이용하기

Part Design Workbench에서 작업한 모델링 데이터의 Parents/Children을 살펴보면, 아래 그림과 같이 모델링의 그 근원(모델링의 최초 시작 Parents)이 XY/YZ/ZX Plane 같은 좌표 평면인 경우가 많다. 그런데 이런 방식(좌표 평면에서 모델링의 구조가 뻗어 나가게 되는 경우)으로 모델링을 하게 되면 형상의 근원이 되는 Sketch가 좌표 평면에 묶이게 되므로 공간상에서 자유로이 이동(Translation)하는데 제약이 따를 수 있다.(물론 전혀 불가능한 것은 아니다. Sketch의 Support를 변경하는 방법이 있다.) 왜냐하면, XY/YZ/ZX Plane 같은 좌표 평면은 사용자가 변경할 수 없기 때문이다.

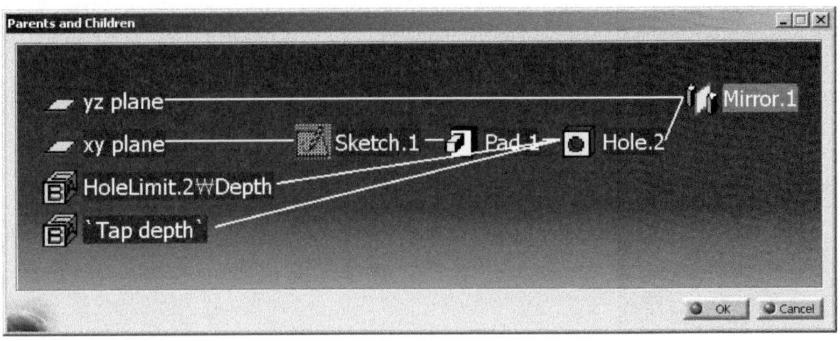

이러한 이유로 Surface 모델링에서는 사용자가 임의로 변경이 가능한 축(Axis, 좌표계)을 새로 만들어서 쓰는 경우가 많다. 이렇게 사용자가 임의로 변경할 수 있는 축을 CATIA V5에서는 Axis System이라고 부른다.

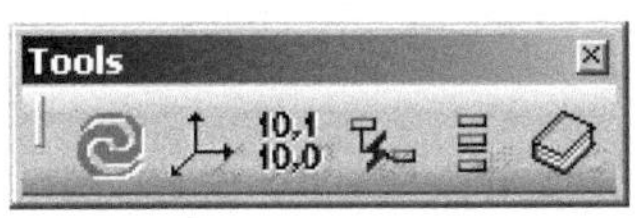

화면 하단에 Tools이라는 Toolbar에 Axis System( )이라는 명령어가 있다. 사용자가 좌표축을 새로 정의하는 것인데, 사용자 좌표축은 필요한 만큼 생성할 수 있다. 하지만, 한 개의

모델링 파일에 여러 개의 좌표축이 존재하는 경우라도 모델링의 기준이 되는 좌표축(Current Axis)은 하나만 존재한다.

사용자 좌표축을 생성하는 순서는 아래와 같다.

1 원점 정의 ⇨ 좌표축의 방향 정의

① Axis System  명령을 실행하면 다음과 같은 창이 뜬다. Origin 항목에 사용자가 새로 생성하고 싶은 좌표축의 원점을 입력한다. 기존의 Point나 모델의 꼭지점(Vertex)을 선택 혹은 Point를 생성해서 지정하면 된다.

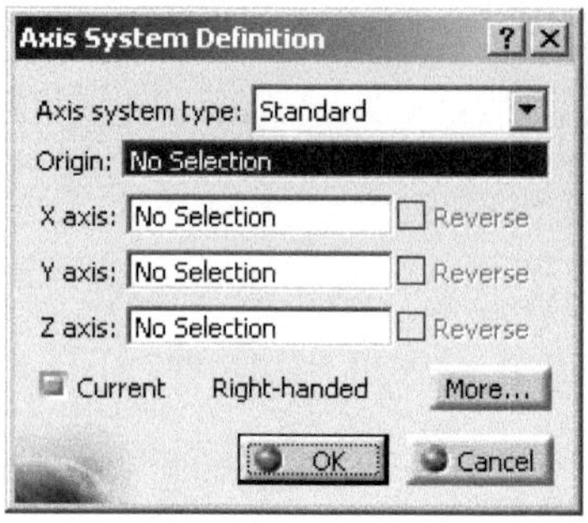

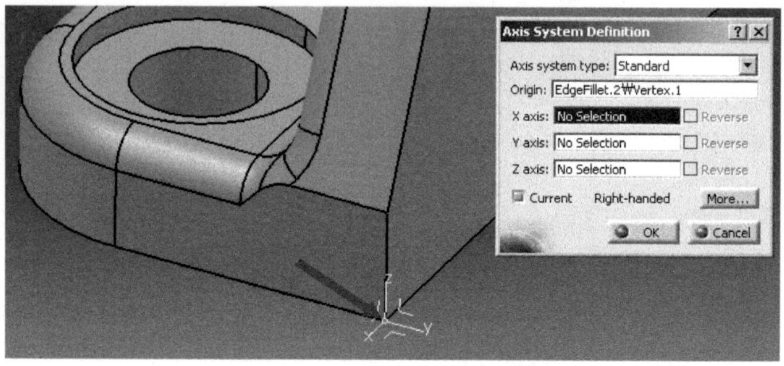

② 다음은 X, Y, Z축의 방향을 지정해 주면 된다. Line이나 Edge를 선택하면 된다. 

축 방향을 반대로 하고 싶은 경우는 Reverse를 체크한다. 직각 좌표계(오른손법칙)를 사용하기 때문에 2개의 좌표축을 지정하면 나머지 하나의 좌표축은 자동적으로 정의된다.

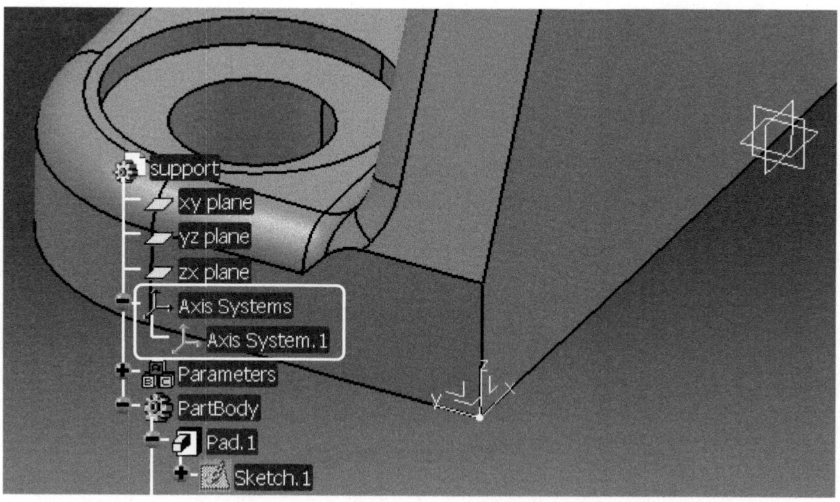

③ 그림처럼 Tree에 Axis System이라는 항목 밑에 새로운 좌표축이 추가되었음을 알 수 있다. Point(■) 명령어(Type - Coordinate)로 X = 5mm, Y = 5mm, Z = 5mm 위치에 Point를 생성하면 그림과 같다.

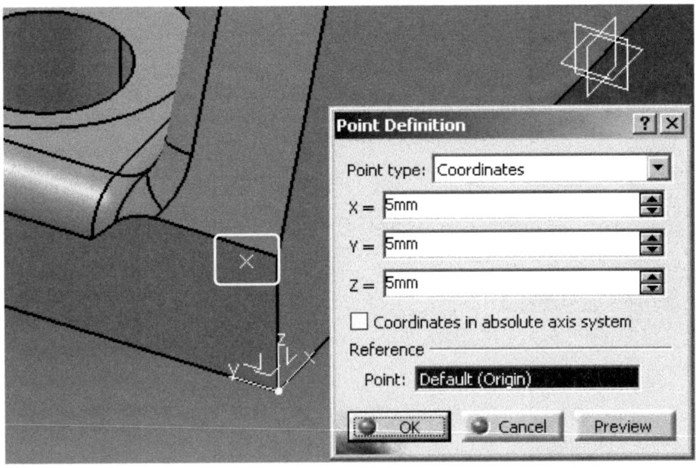

④ 이렇게 생성한 Point를 Measure 도구(Measure Item)를 이용하여 Point의 좌표값을 읽어보면, 다음 그림처럼 Point의 좌표값이 X = 5mm, Y = 5mm, Z = 5mm이 아닌 다른 값으로 나타난다.

그 이유는 Point를 생성할 때의 좌표계와 Measure 도구의 좌표계가 일치하지 않기 때문이다.

Point와 같은 Element 생성의 기준 좌표계 = Current Axis System

Measure Tool의 측정의 기준 좌표계 = XY/YZ/ZX Plane(좌표 평면)

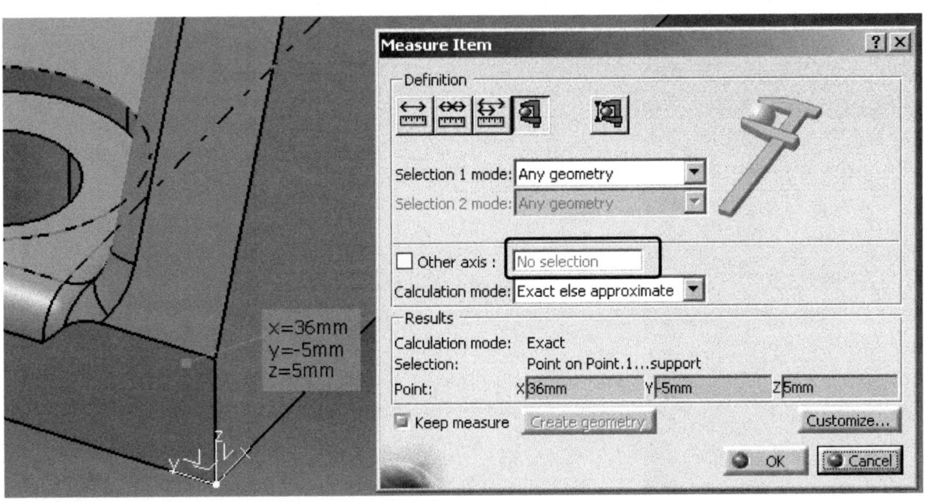

⑤ 만약 Current Axis System을 기준으로 Measure의 결과 값을 확인하고 싶은 경우는 Other axis 항목에 Tree의 Axis System을 선택해서 입력해 주면 된다.

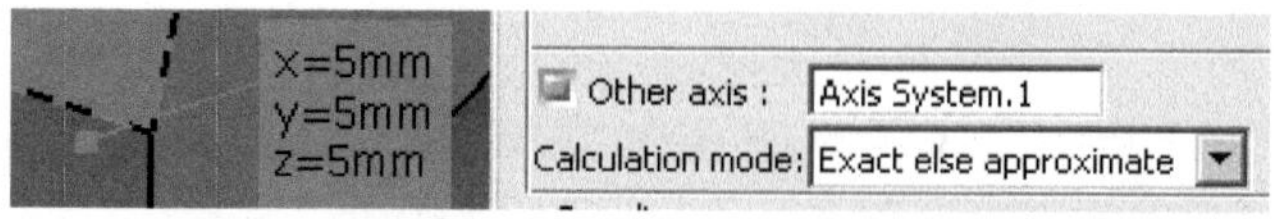

⑥ 사용자가 여러 개의 좌표축을 생성한 경우 모델 Element 생성의 기준이 되는 Current 좌표계를 변경하는 경우는 Current로 지정하고 싶은 Axis System을 Tree에서 선택해서 마우스 오른쪽 버튼을 클릭하여 〉 Object 〉 Set AS Current를 선택하면 된다.

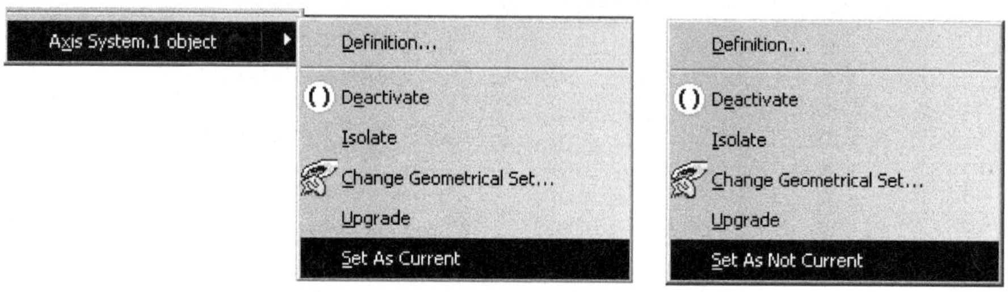

⑦ 사용자가 생성한 Axis System이 아닌 원래의 좌표 평면(XY/YZ/ZX Plane)으로 좌표축을 설정하고 싶은 경우는 Current Axis System 〉 Object 〉 Set As Not Current를 선택하면 된다.

⑧ 다음 두 개의 Parents/Children 관계를 비교해 보면, 위쪽의 것은 XY Plane(사용자가 변경할 수 없는 대상)에서 모델링이 시작되었고, 아래의 것은 Point(사용자가 변경할 수 있는 대상)에서 모델링이 시작되었다. 아래의 모델링은 Axis System에서 모델링이 진행된 형태이다. 따라서 Axis System의 Parent인 Point를 재정의(Re - Definition) 함으로써 Axis System과 그에 딸려 있는 모델링이 변경될 수 있다.

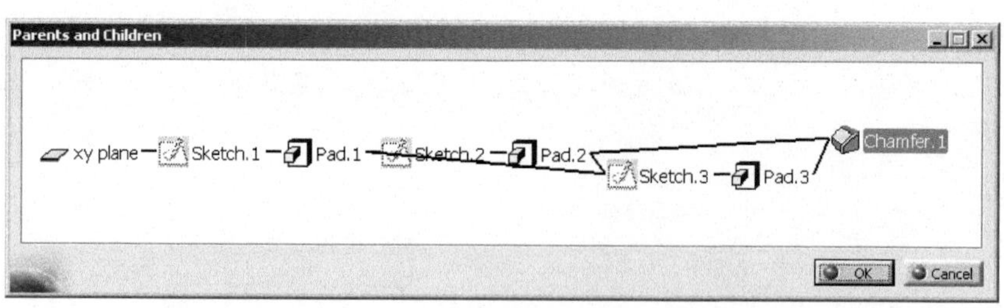

CHAPTER 02

Generative Shape Design Workbench 명령어 익히기

곡면 모델링 관련 Workbench의 경우는 Part Design보다 명령어가 훨씬 많아서 Toolbar보다는 File 메뉴의 Insert를 이용하여 명령을 실행하는 것도 좋은 방법이다. 명령어들이 연관된 Group끼리 묶여있기 때문에 Toolbar보다 찾기도 수월하다.

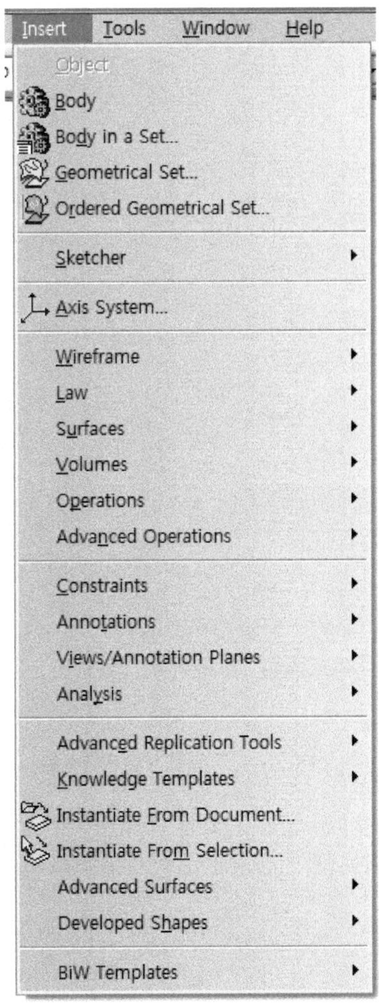

✣ Wireframe

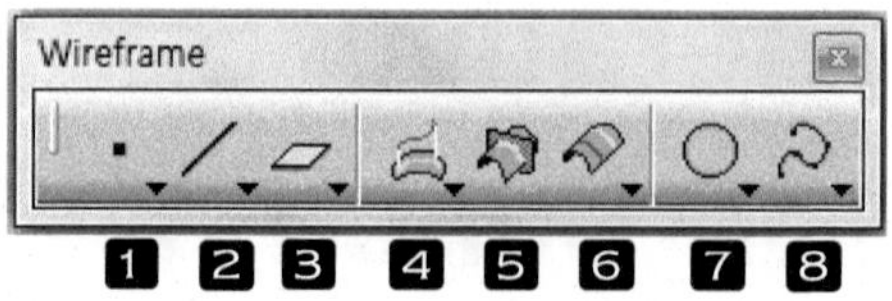

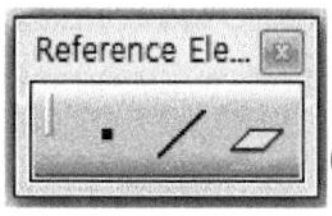

(Part Design에서의 Reference Element Toolbar)

1 Points

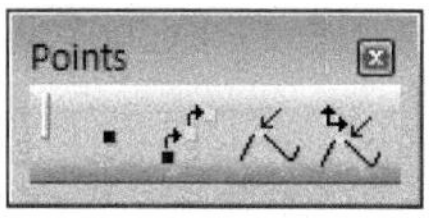

1 – 1 Points 

Point를 생성한다.

① **Coordinate type** : Reference Point를 기준으로 Compass의 X, Y, Z 방향으로 지정한 값만큼의 위치에 Point를 생성한다.

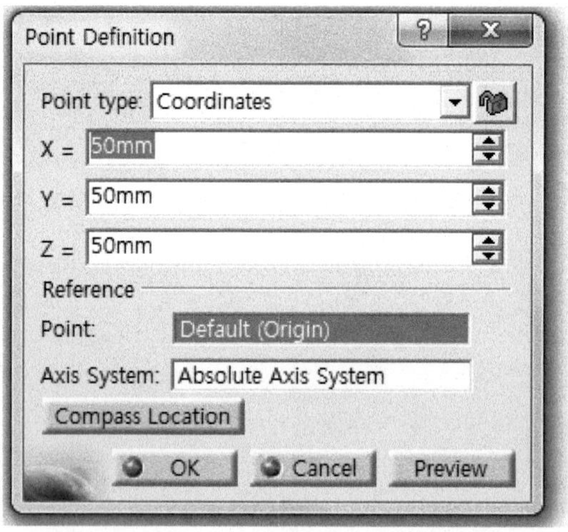

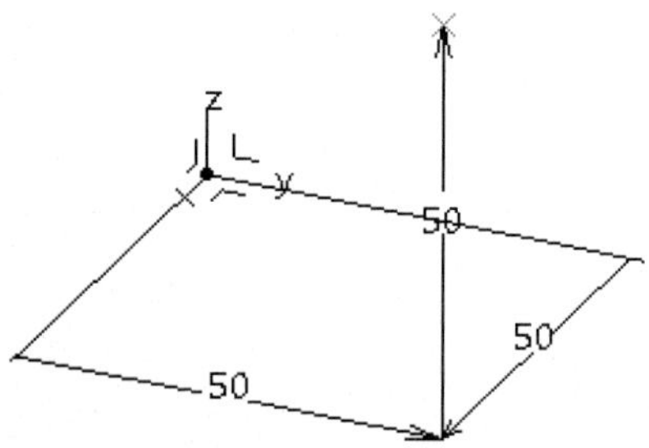

② **On curve type** : 곡선 혹은 직선 위에 존재하는 Point를 생성한다.
사용자가 직접 생성한 Curve, 기존의 Surface, Solid의 Edge도 Curve로 인식한다.

출발점 초록색점 **생성점** 파란색점

㉠ **Distance on curve** : Curve를 따라 선택 기준점부터 입력 거리만큼 떨어진 지점에 Point를 생성한다.

• **Geodesic** : 기준점과 생성되는 Point 사이의 거리를 Curve를 따라 계산한다.

• **Euclidean** : 기준점과 생성되는 Point 사이의 직선 거리로 계산한다.

ⓛ **Distance along direction** : 지정하는 방향을 따라서 선택 기준점부터 입력 거리 만큼 떨어진 지점에 Point를 생성한다.

ⓒ **Ratio of curve length** : Curve의 총 길이를 1로 봤을 때 계산 비율에 의한 Point를 생성한다.(예 0.5의 경우 Middle point를 생성)

ⓡ **Geodesic** : 출발점으로부터 선택한 Curve 위를 따라가면서 지정한 거리(Length)에 Point를 생성하는 방식이다.

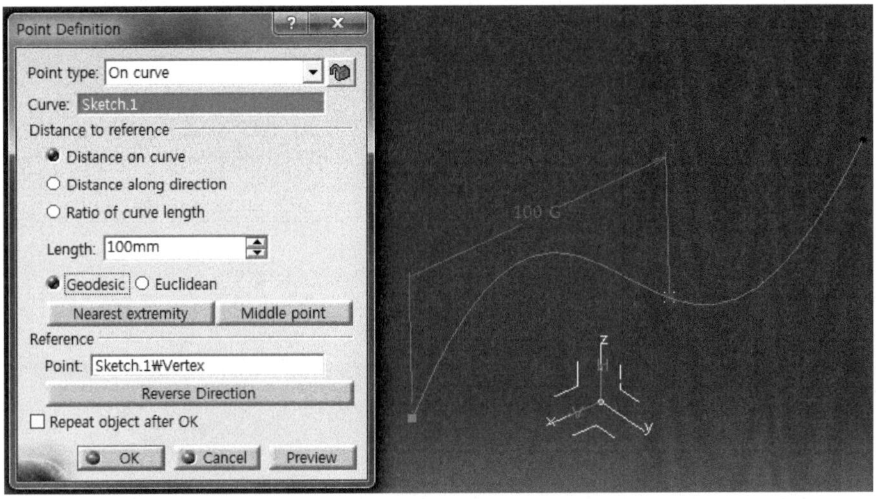

ⓜ **Euclidean** : 출발점으로부터 선택한 Curve 위의 지정한 거리(Length)까지의 최단 (직선) 거리에 Point를 생성한다.

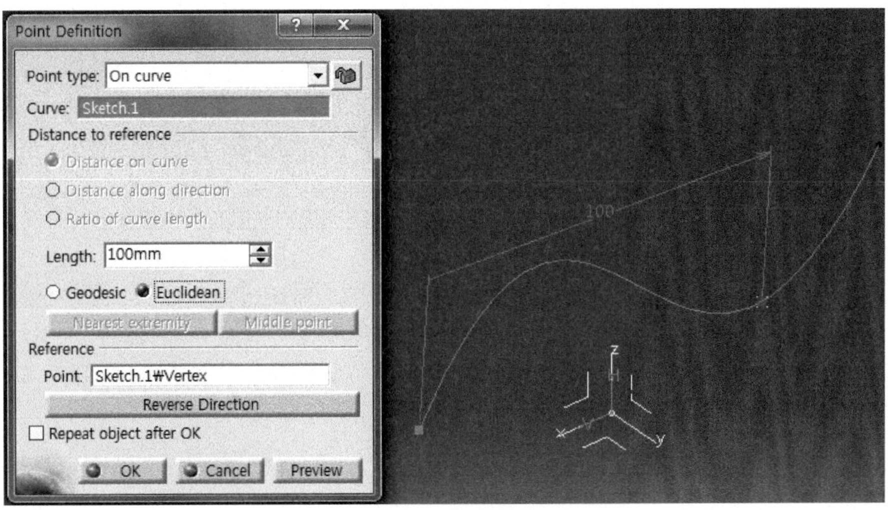

③ On Plane type : 선택한 Plane 위에 H, V값에 따른 Point를 생성한다. H와 V의 원점은 전체 좌표계의 원점이 선택한 Plane에 Project 되어서 생성된다.

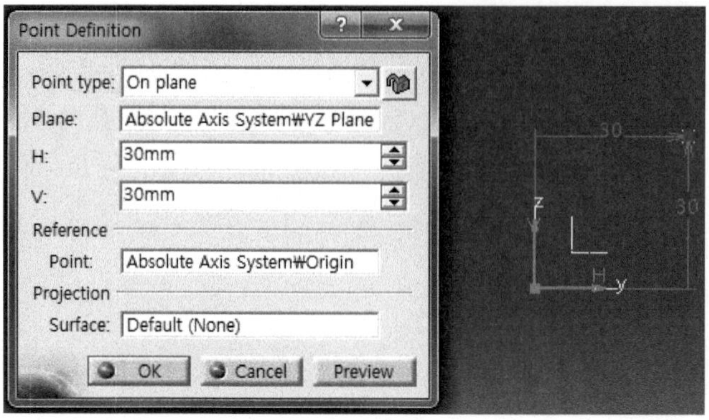

Project되는 원점이 아닌 사용자 임의의 원점을 잡고 싶다면, Reference의 Point를 사용자가 직접 선택하면 된다.

④ On Surface type : 선택한 Surface 위에 기준점으로부터 방향(Direction)과 거리(Distance)에 근거한 Point를 생성한다. 방향(Direction)은 마우스 오른쪽 버튼의 Contextual Menu를 사용한다.

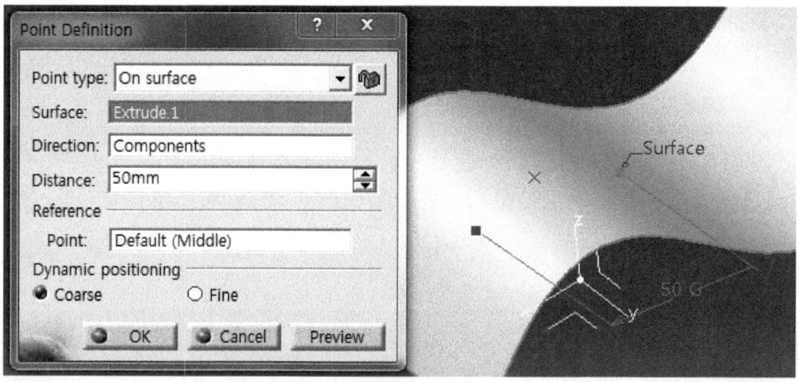

⑤ Circle Center type : 호나 원의 중심점을 생성한다.

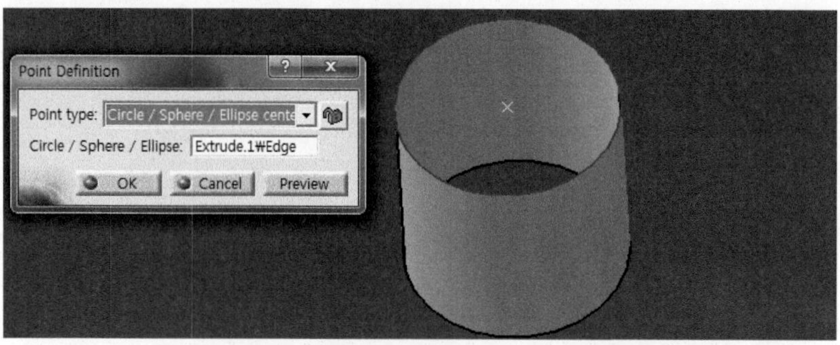

⑥ Tangent On Curve type : 선택한 Curve와 지정한 방향(Direction)의 접하는 위치에 Point를 생성한다.

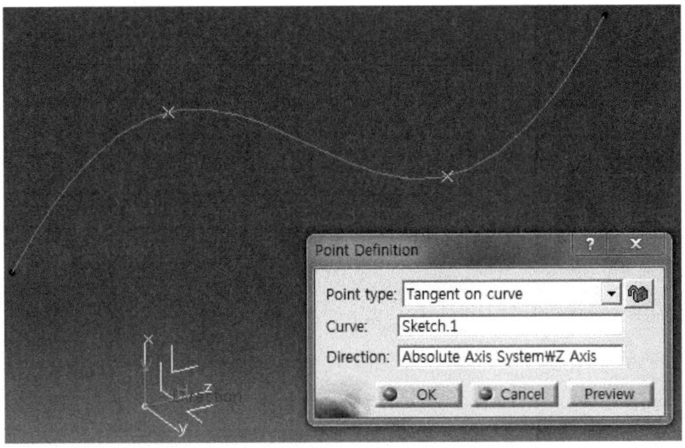

⑦ Between type : 선택한 두 점 사이에 위치하는 Point를 생성한다. 입력 비율로 위치를 정의한다.(예 비율이 0.5인 경우 Midpoint를 생성)

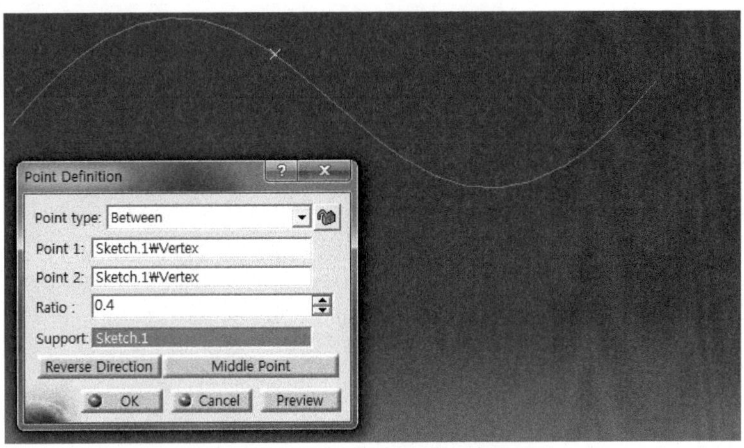

Surface와 Line의 교차에 의해 발생한 Point를 생성하는 방법은?

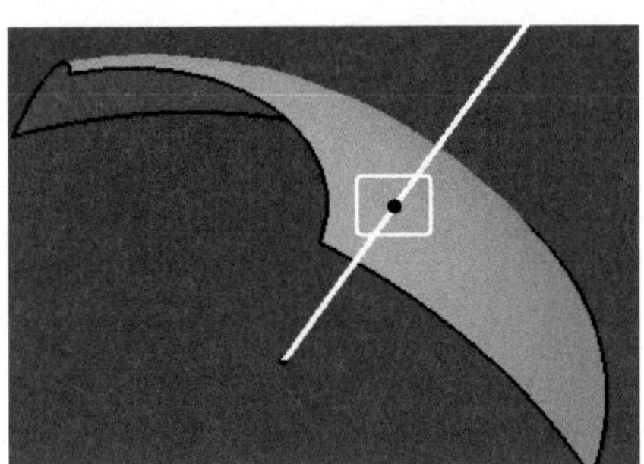

→ Intersection()

1 - 2 Multiple Points

여러 개의 Point를 일괄적으로 생성한다.

- **균등 분할** : Point가 생성될 Curve를 선택한다. Instance의 개수에 따라 선택한 Curve에 Point를 생성한다.
- **균등 간격** : 명령 전에 두 개의 Point를 미리 선택한다, 선택된 Point의 간격과 동일하게 Instance의 수만큼 Point를 생성한다.

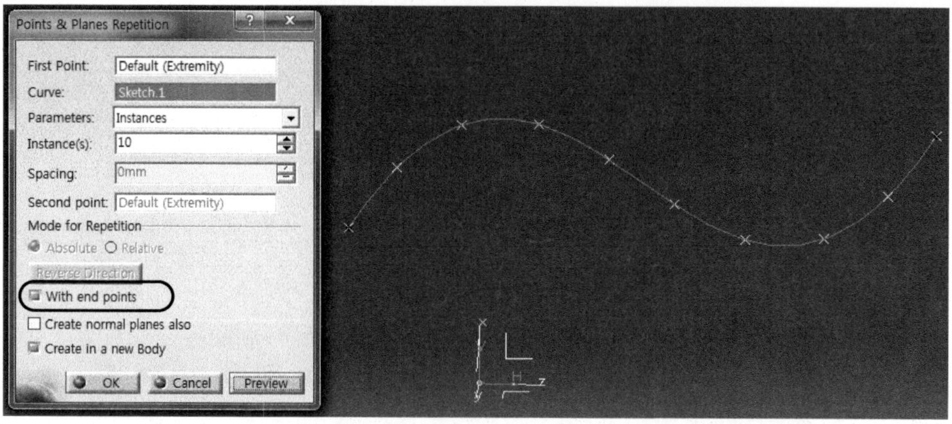

- **Create Normal planes also** : 옵션 적용 시 위의 그림과 같은 Plane이 생성된다.

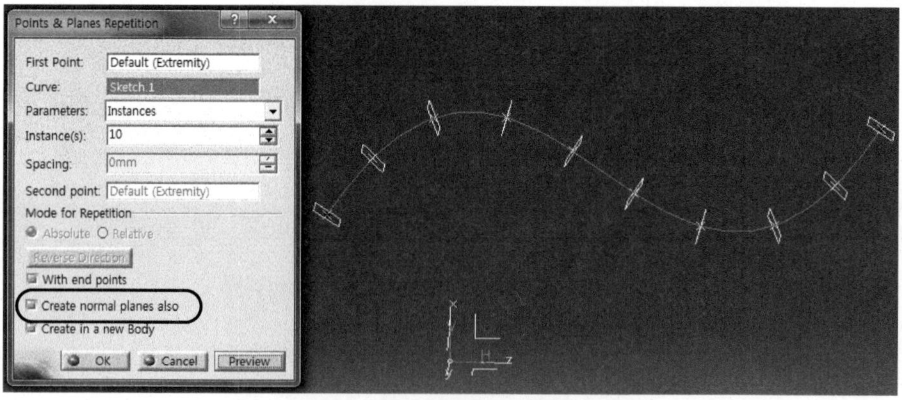

1-3 Extremum Point , 생성

극점들을 생성하는 메뉴로 정의한 방향대로 가장 먼 거리(혹은 반경), 최단 거리 위치에 생성된다.

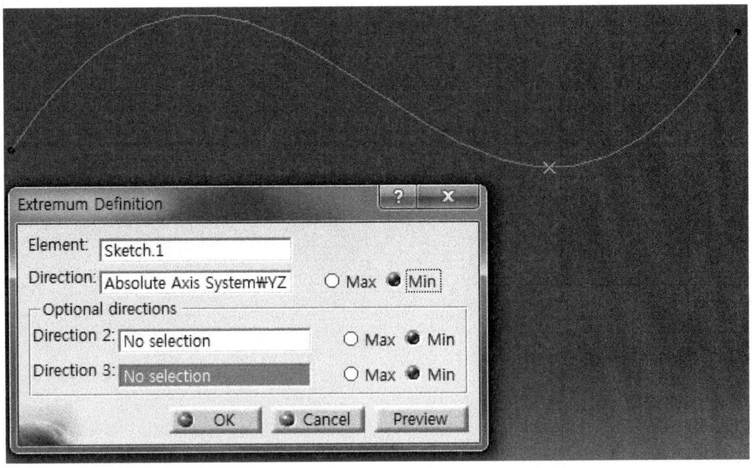

2 Line - Axis

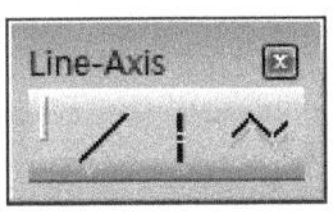

2-1 Lines

① Point - Point : 두 점(Point1, 2) 사이의 Line(가장 짧은 거리)을 생성한다. Start, End 값을 부여하면 양 끝점 밖으로 지정한 거리만큼 Line이 연장된다.

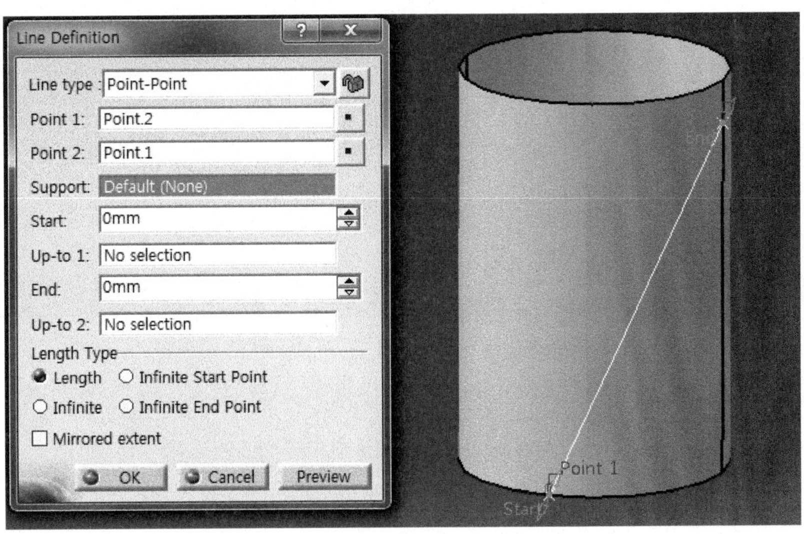

그림처럼 Support를 지정하면 선택한 Support 면에 포함되는 Line이 생성된다.

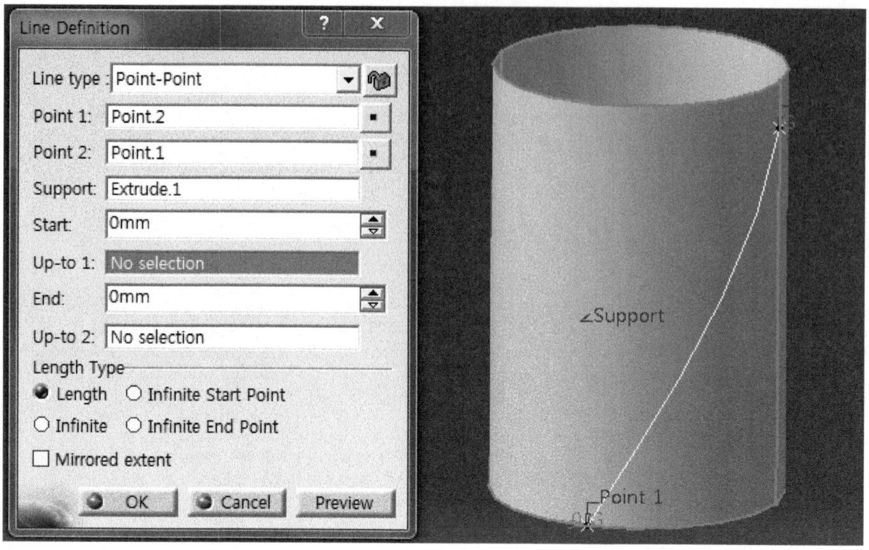

② Point – Direction : 시작점과 방향을 정의하여 Line을 생성한다. 평면을 방향 정의로 선택하면 평면에 수직 라인을 생성한다.

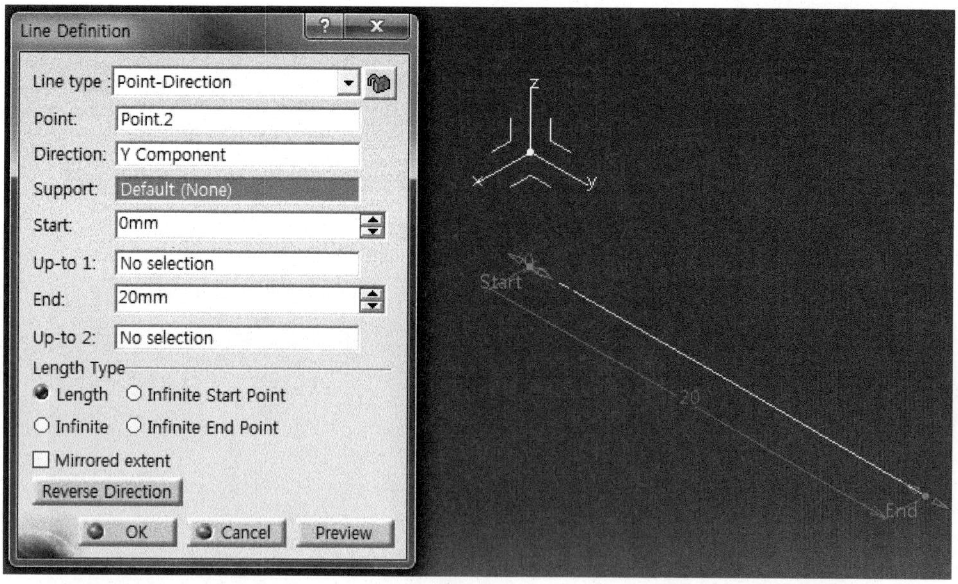

③ Angle/Normal to Curve : Curve의 한 점을 시작점으로 해서 특정 각도(Angle)만큼 틀어진 Line을 생성한다. 시작점과 각도로만 정의된 Line은 무수히 많기 때문에 Support를 지정해야만 각도(Angle) 부여의 기준을 정할 수 있다.

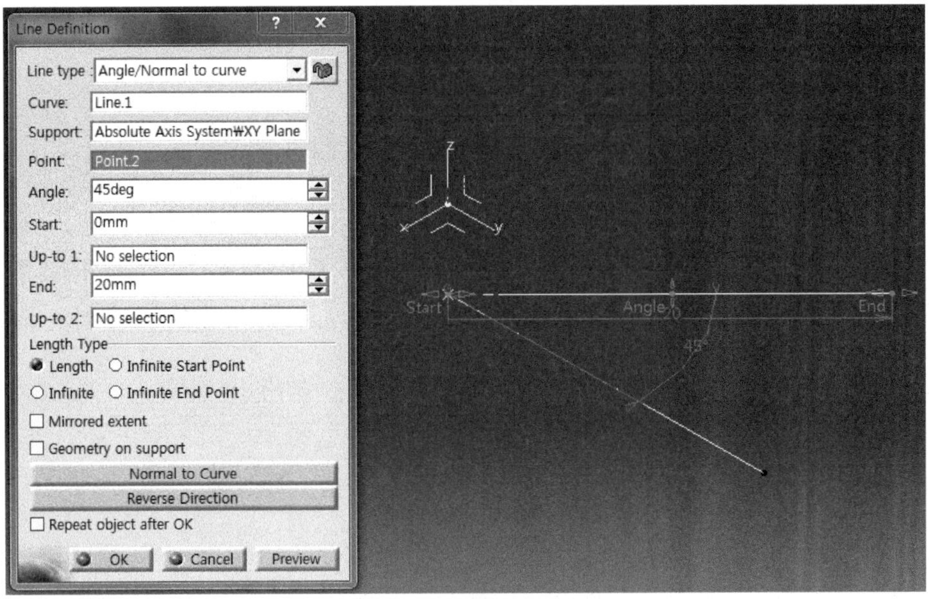

④ Tangent to Curve : 선택한 Curve에 접하는(Tangent) Line를 생성한다. 다음 그림은 Curve 위의 한 점(Element 2)과 그 점에서 선택한 Curve와 접하는 Line의 생성 예이다.

㉠ Tangency options

- Mono – Tangent : 한 군데에 접함

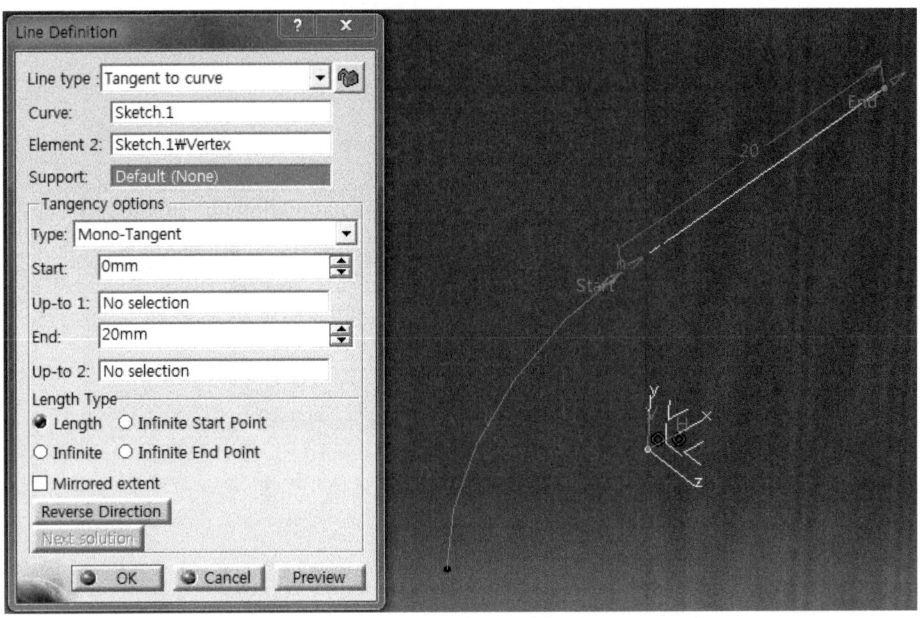

• Bitangent : 두 군데에 접함

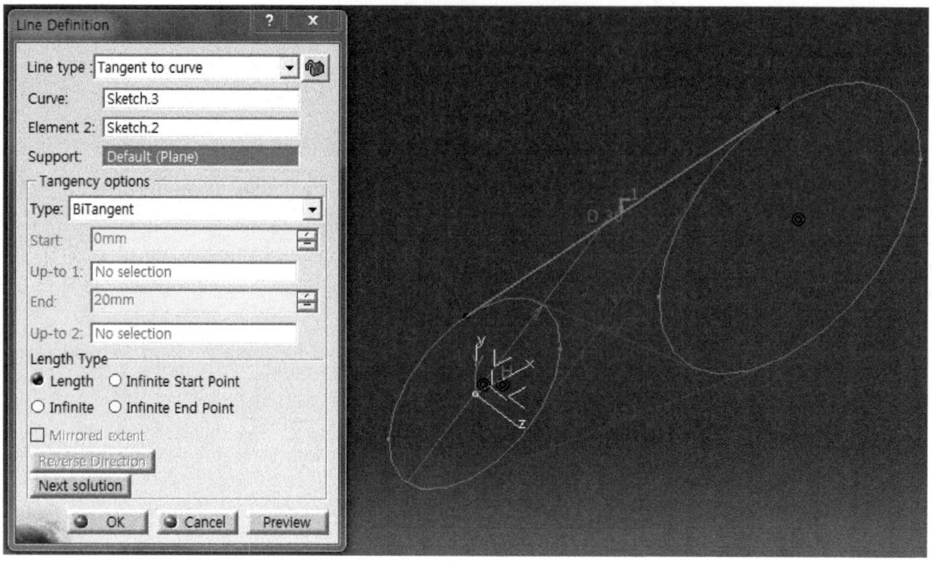

⑤ Normal to surface : Surface 위의 한 점(Point)을 지나고, 선택한 Surface에 수직(Normal)한 Line을 생성한다.

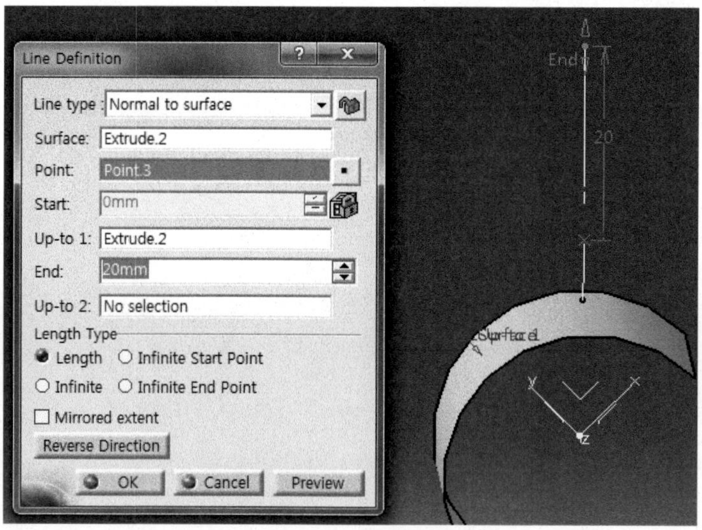

⑥ Bisecting : 선택한 두 Line 사이 각을 이등분하는 Line을 생성한다.

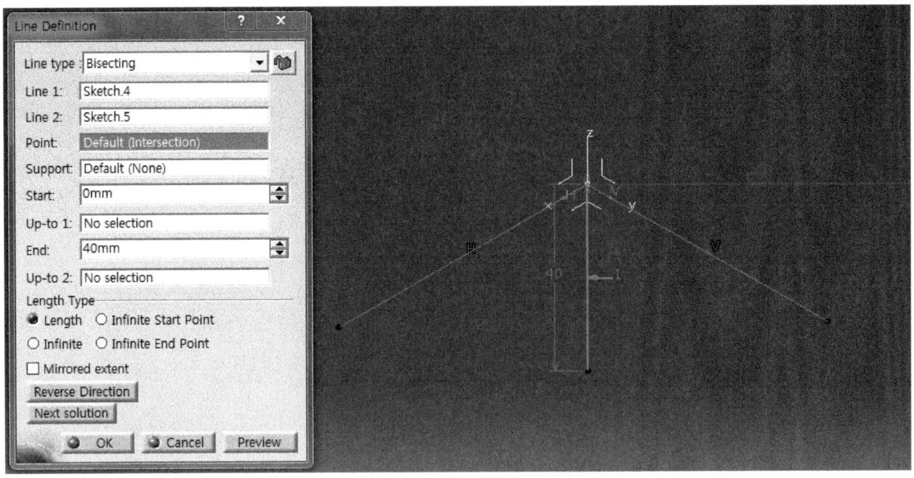

2-2 Axis

Axis를 생성하는 명령이다.

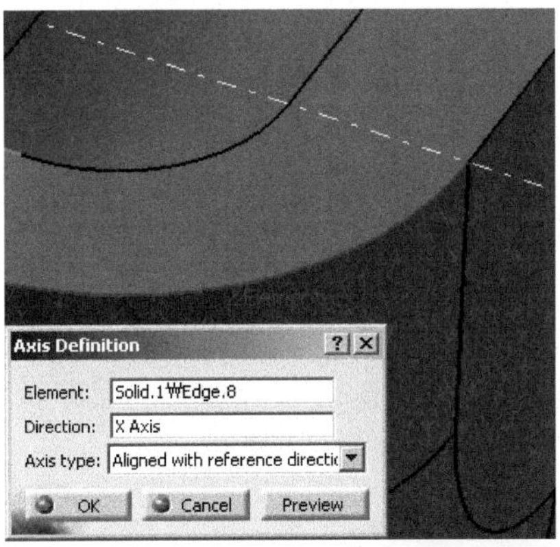

▲ Aligned with reference direction

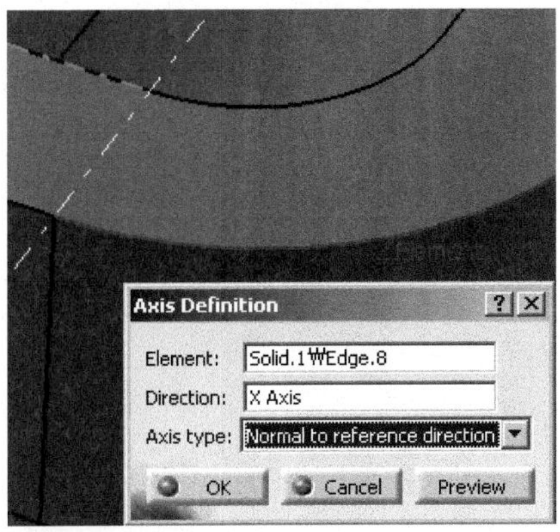

▲ Normal to reference direction

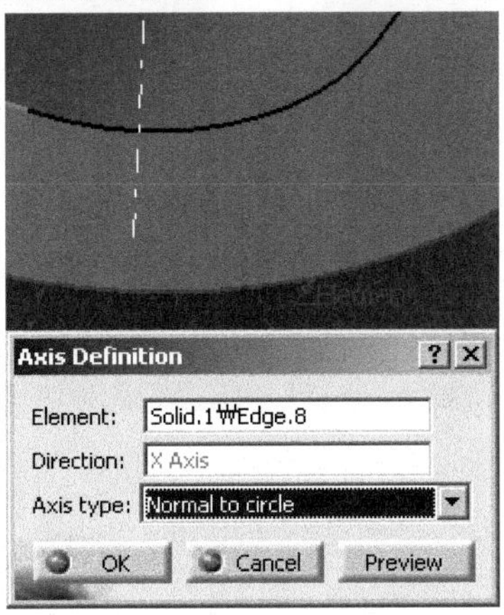

▲ Normal to circle

2 - 3 Polyline

공간상의 서로 다른 점들을 연속적으로 지나는 Line을 생성한다. Close polyline 옵션을 체크하면 Point 위치에서 각진 형태가 아닌 Corner(Radius 값에 따라) 처리된 모양으로 형태가 바뀐다.

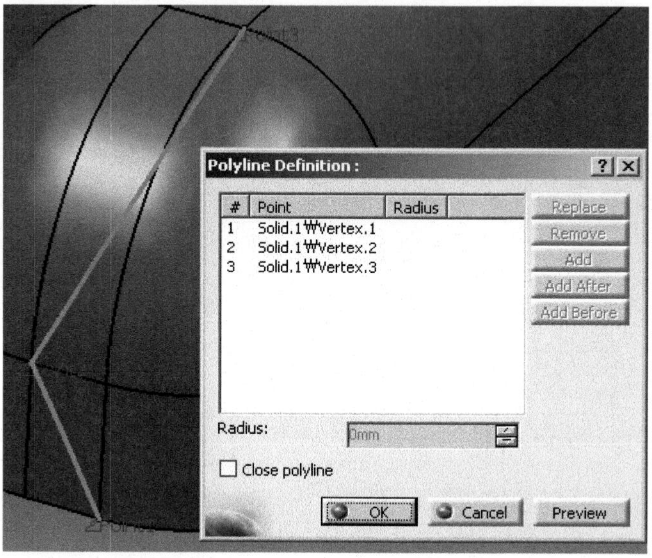

3 Planes

평면을 생성한다.

① Offset from plane : 선택한 평면(Reference)에 평행하고, Offset 값만큼 떨어진 위치에 Plane을 생성한다.

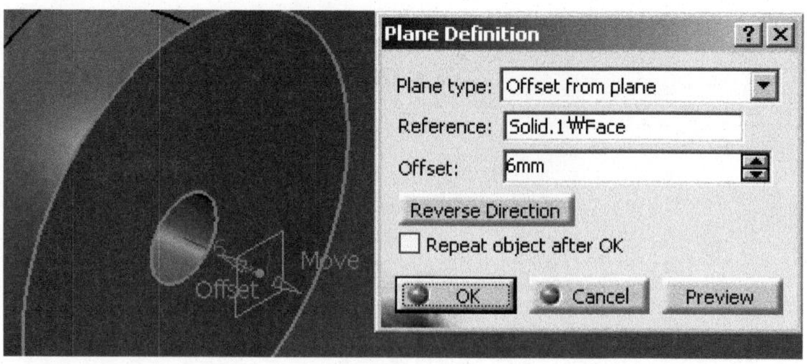

② Parallel through point : 선택한 평면(Reference)에 평행하고, 선택한 Point를 포함하는 Plane을 생성한다.

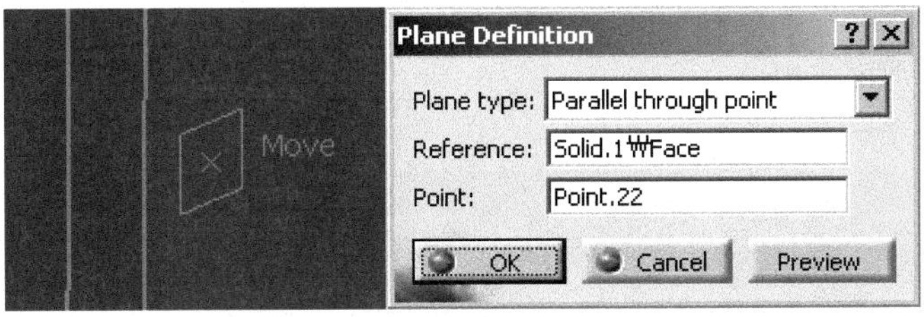

③ Angle/Normal to plane : 선택한 axis를 회전축으로 하여 기준 평면(Reference)과 특정 각도(Angle)만큼 회전된 위치에 평면을 생성한다.

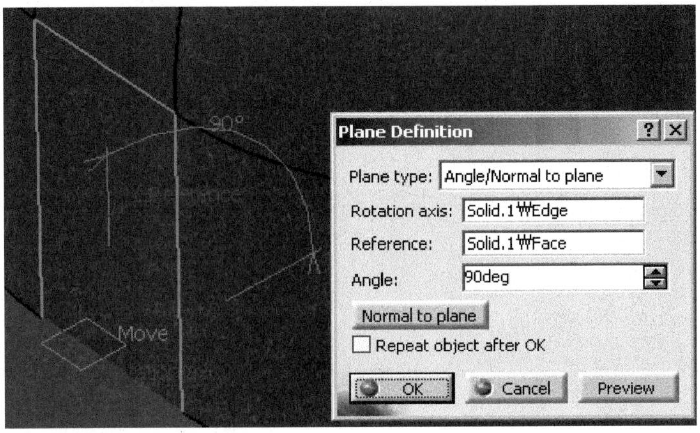

④ Through three points : 서로 다른 세 점을 포함하는 Plane을 생성한다.

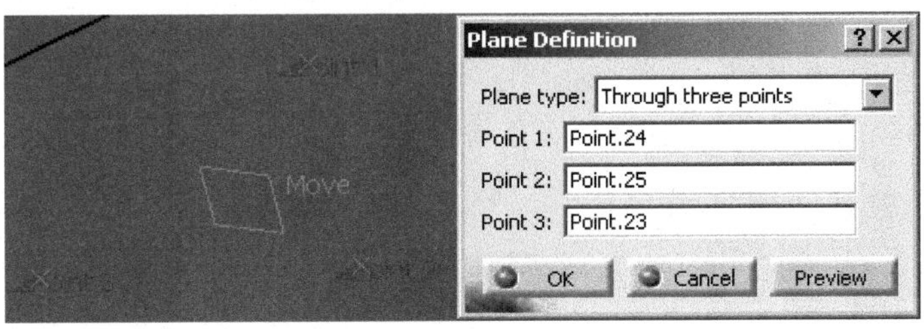

⑤ Through two lines : 서로 다른 두 Line을 포함하는 Plane을 생성한다.

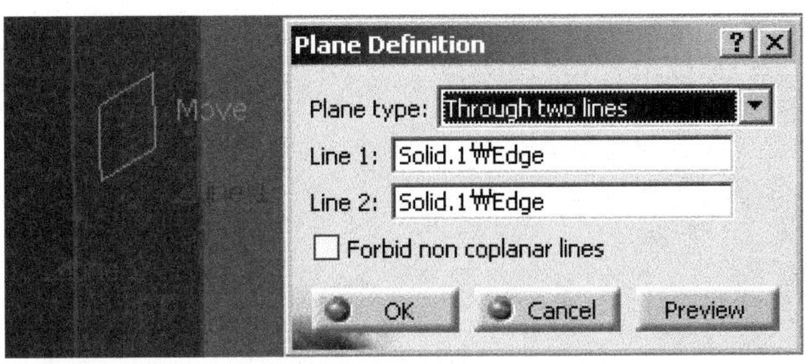

⑥ **Through point and line** : Line과 그 Line 위에 존재하지 않는 Point를 포함하는 Plane을 생성한다.

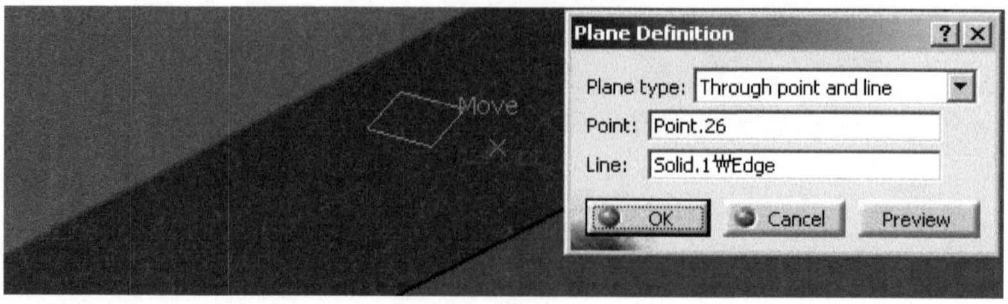

⑦ **Through planar curve** : 어떤 Curve에 속해 있는 Point들의 X, Y, Z 좌표 중에 한 값이 Curve의 전체 구간에서 모두 같은 값을 가질 때, 이 값에 해당하는 Plane이 생성된다.

⑧ **Normal to curve** : 선택한 Curve에 수직(Normal)하고 Curve 위의 임의의 한 점을 포함하는 Plane을 생성한다.

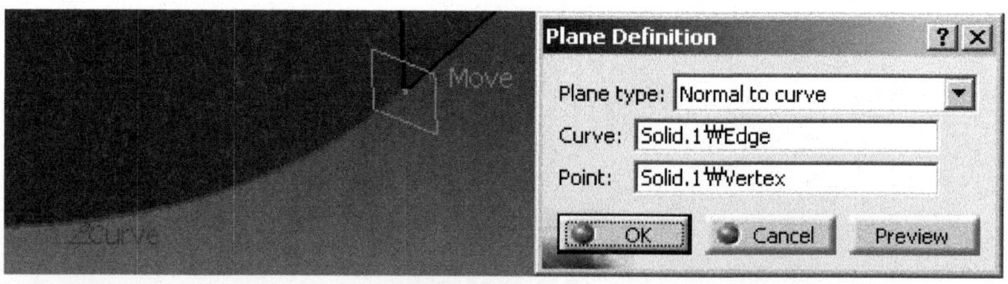

⑨ **Tangent to surface** : Surface 위의 한 점을 포함하면서 Surface와 접하는(Tangent) 평면을 생성한다.

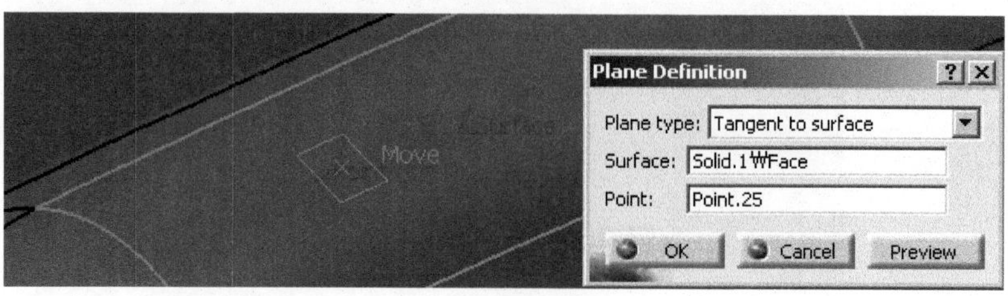

⑩ Equation : 평면의 방정식에 해당하는 Plane을 생성한다. 아래 그림은 Z = 5라는 평면의 예이다.(생성된 Plane 위의 모든 Z값은 5)

Parallel to screen은 마우스나 View Toolbar의 Rotate() 명령에 의해 화면의 회전된 상태에 수직(Normal)한 Plane을 생성한다.

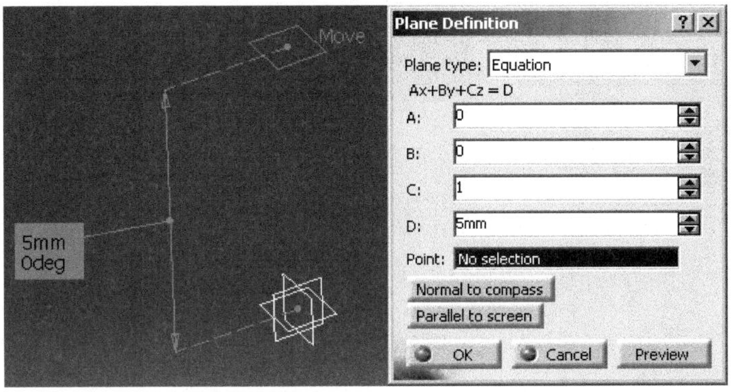

⑪ Mean through points : 선택된 Point의 Mean 값을 계산하여 Plane을 생성한다.

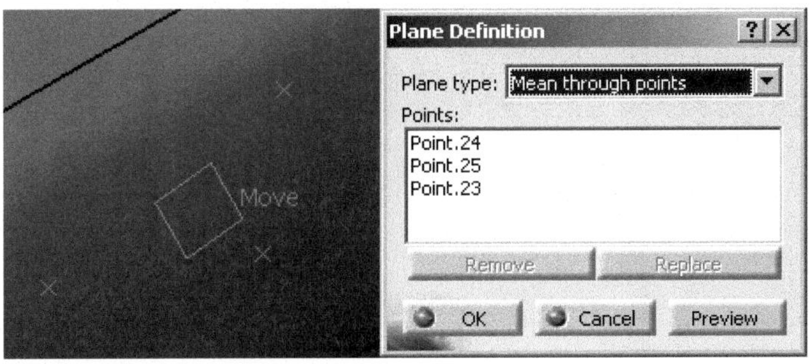

4 Project – Combine

4 – 1 Projection 

Wireframe을 선택한 Surface 위에 투영한다.

① Projection type

- **Normal** : 선택한 Surface에 수직(Normal)하게 투영된다.
- **Along a direction** : 지정한 방향(Direction)에 투영된다.

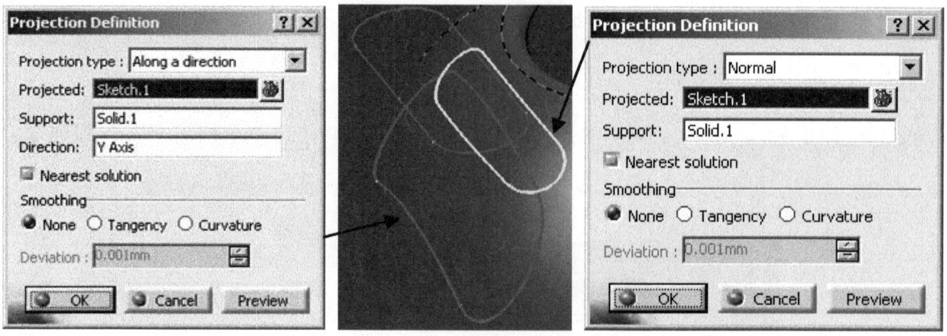

4 - 2 Combine

2개의 평면 곡선(Planar Curve)을 서로 조합하여 3차원 Curve를 생성한다. 선택된 Curve가 Extrude되어 서로 교차하는 Curve를 생성한다.

① Combine type

- **Normal** : Planar Curve에 각각 수직 방향으로 Extrude되어 조합된다.
- **Along Directions** : Planar Curve에 각각 선택한 방향에 의해 조합된다.

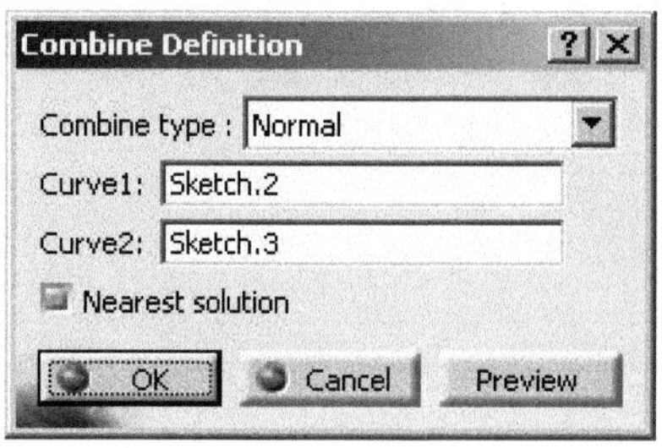

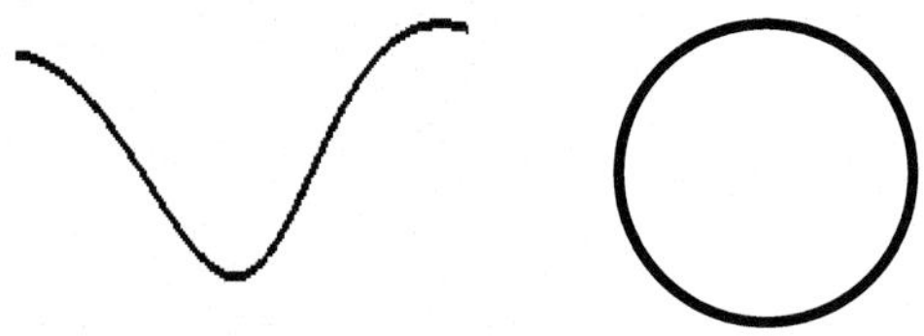

▲ 평면도 Curve

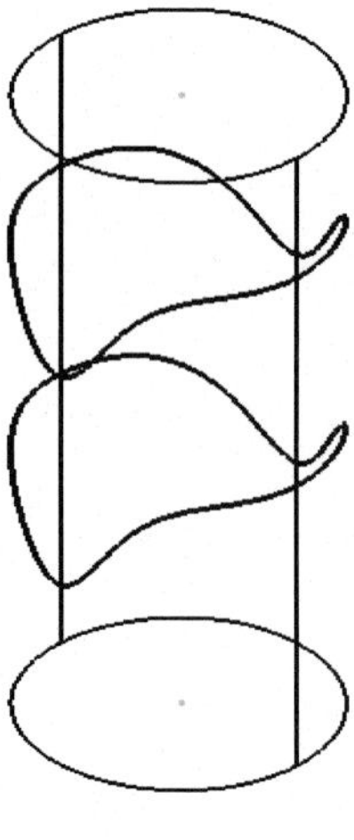

▲ 3차원 Curve 형상

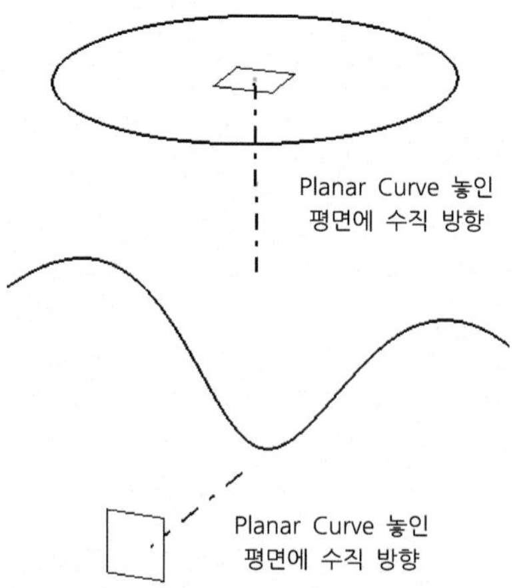

▲ 각 Curve에 수직 방향 투영

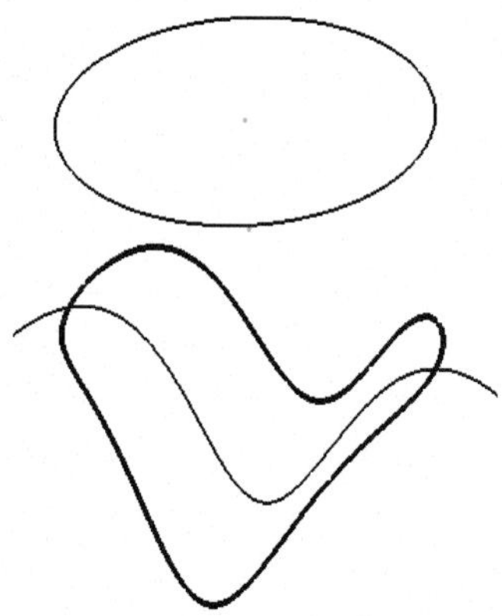

▲ 조합된 3차원 Curve

4-3 Reflect Line

특정 방향에서 일정 각을 표현하는 점들에 수직한 점들의 자취를 Surface 부분에 나타내어 Curve를 생성한다. 대략적인 Parting Curve 생성에 적용되기도 한다.

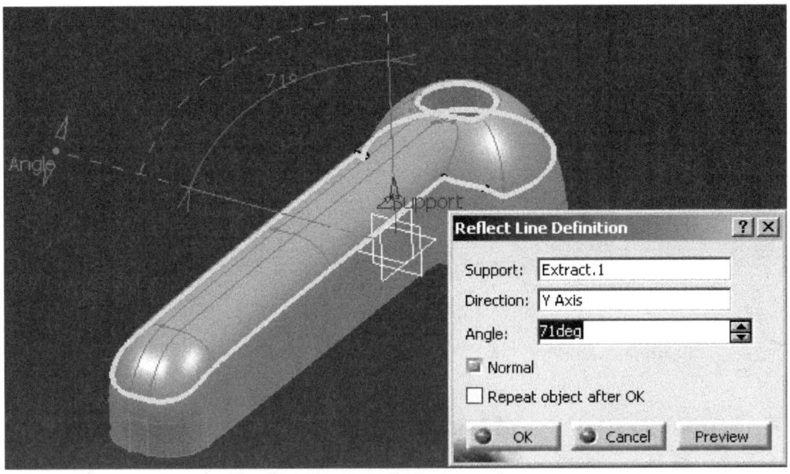

5 Intersection

교차하는 두 Element 사이의 교차하는 부분(Wireframe)을 생성한다.

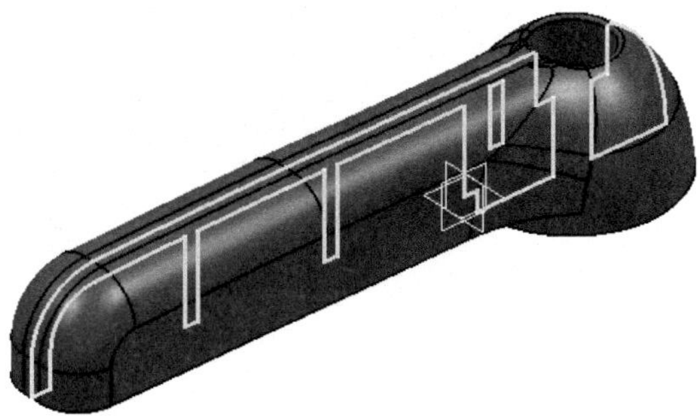

생성 결과물이 여러 개의 Wireframe을 생성하는 경우 아래와 같은 창이 나타난다.

① keep only one sub-element using a Near : 원하는 결과물과 가장 가까이에 있는 다른 Element를 선택하면 하나의 결과물만 생성한다.

② keep only one sub-element using an Extract : 원하는 결과물을 선택하여 생성한다.

③ keep all the sub-elements : 모든 결과물을 생성한다.

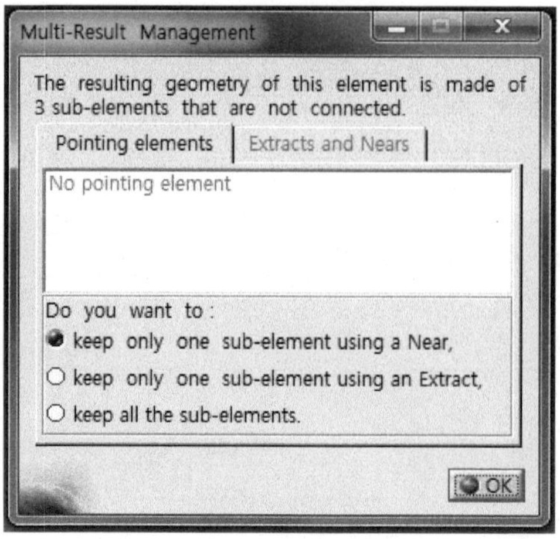

6 – 1 Parallel

Curve를 선택된 Surface 위에서 평행하게 이동한다.

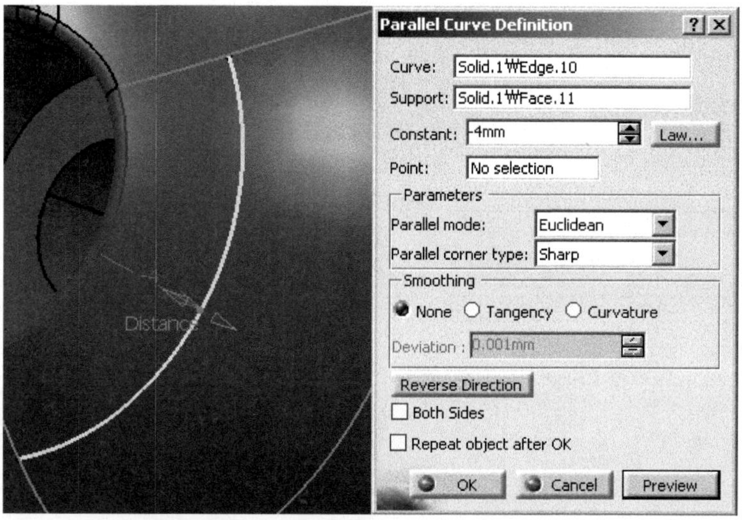

① Euclidean : 가장 짧은 최단 거리(직선)로 이동한다.

② Geodesic Support : 선택한 Surface 위를 따라서 평행 이동한다.

③ Parallel corner type : 선택한 Curve에 모서리 부위가 있는 경우, 평행 이동한 결과물에는 각진 모서리 부위를 Corner 처리되게 한다.

④ Smoothing(Tangency) : 결과물이 Tangent 성질을 유지하게끔 Curve를 왜곡시킨다.

⑤ Smoothing(Curvature) : 결과물이 Curvature(곡률) 성질을 유지하게끔 Curve를 왜곡시킨다.

⑥ Both Side : 선택한 Curve를 중심으로 양쪽으로 결과물을 생성한다.

⑦ Repeat object after OK : Pattern처럼 결과물을 반복해서 생성한다.

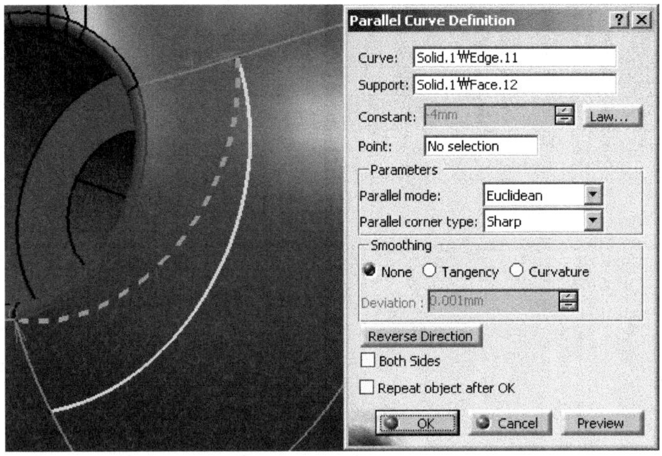

⑧ Law : 이동 거리(Constant)를 상수(전체 구간에 대해서 일정하게)가 아닌 변하는 값으로 대입하게 해준다.

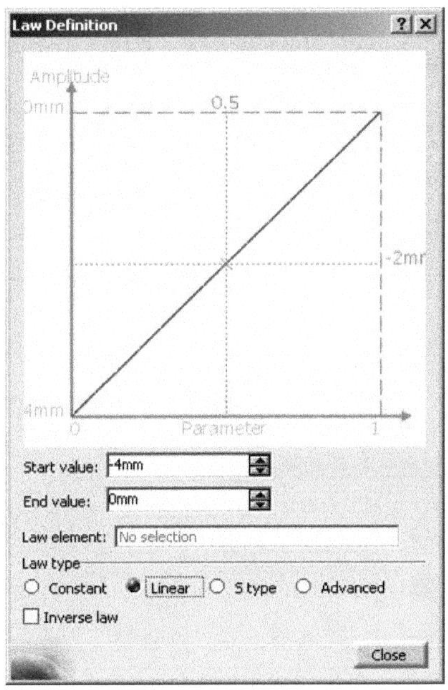

⑨ Constant : 전체 구간(선택된 Curve)에 대해 동일한 값으로 평행 이동한다.

⑩ Linear : 위의 그림처럼 시작 값(Start value)과 끝 값(End value) 사이에 선형으로 변하는 값에 따라 평행 이동된다.(결과물은 위 그림의 점선)

⑪ Stype : 결과물의 시작과 끝점에서의 Tangent 성질이 유지되게 한다.

⑫ Advanced Law(fog) : 명령어로 미리 정의해 둔 방식으로 결과물을 생성한다.

참고

Law( )와 Parallel( ) 명령을 이용한 sin 함수(수식) 형태의 Curve(Wireframe) 생성하기

화면 하단의 

Toolbar의 Law( ) 명령을 찾아서 실행한다.

Name과 간단한 설명(Description)을 추가한다.

다음과 같은 Law Editor 창이 뜨면 먼저 Real(실수형) Type의 변수(Parameter)를 생성하고, 다음과 같은 수식을 입력한다.

Y=10*sin(5*PI*X)+15

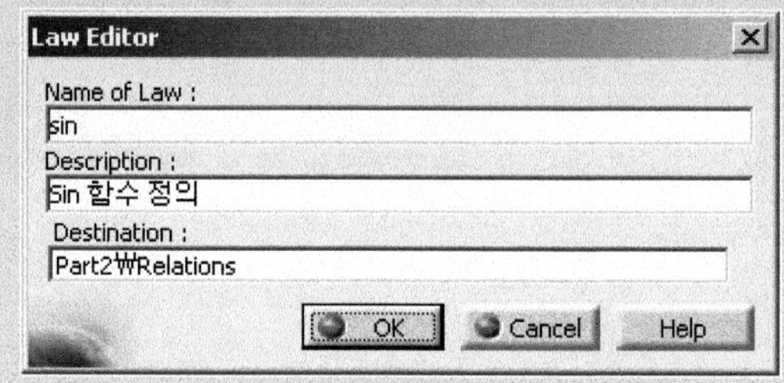

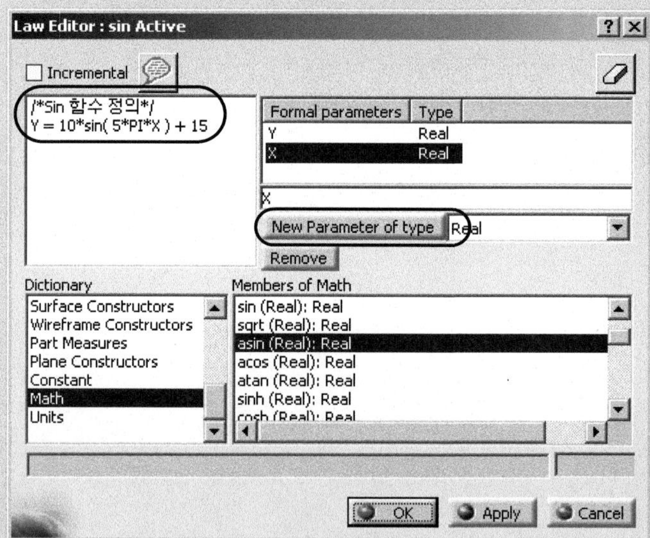

다음의 그림처럼 Line을 생성한다. Type은 Point - Direction(원점에서 Y축 방향으로 50mm)이다.

Parallel( ) 명령을 이용하여 Curve는 생성한 Line을 선택하고 Support는 YZ plane을 선택한다. Law 버튼을 클릭한 후 Advanced를 선택하고 Tree의 Relation 항목 밑에 있는 sin이라는 Law를 선택한다.

다음 그림처럼 Line을 sin이라는 Law를 통해 Parallel에 이동시켜서 수학의 sin Curve를 구현하였다.

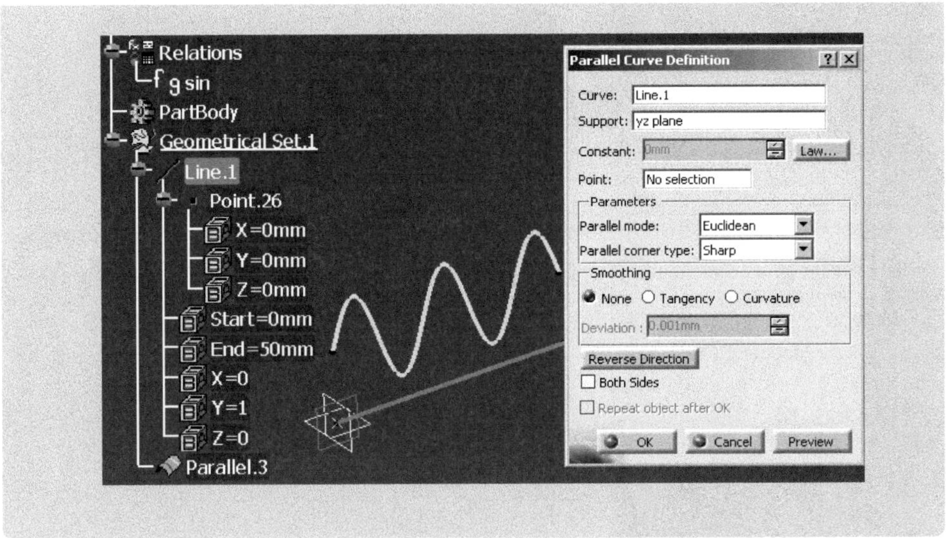

6 – 2 3D Curve Offset 

Curve를 지정한 방향(Pulling Direction)으로 Offset 값만큼 이동한 위치에 생성한다.

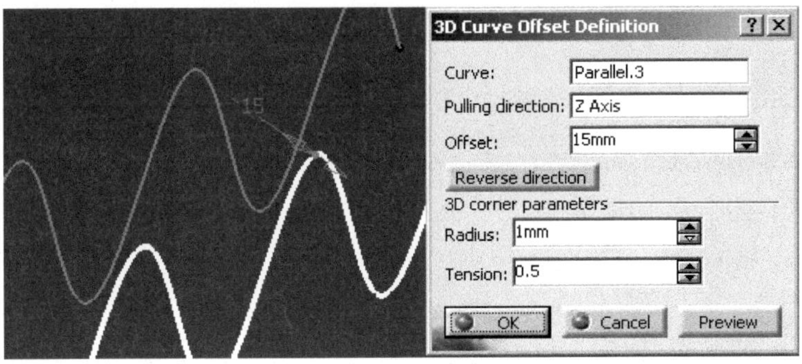

7 Circle – Conic

7 – 1 Circle 

3D 공간상에 원과 호를 생성한다.

① Center and radius : 중심점과 반지름으로 원과 호를 정의한다.

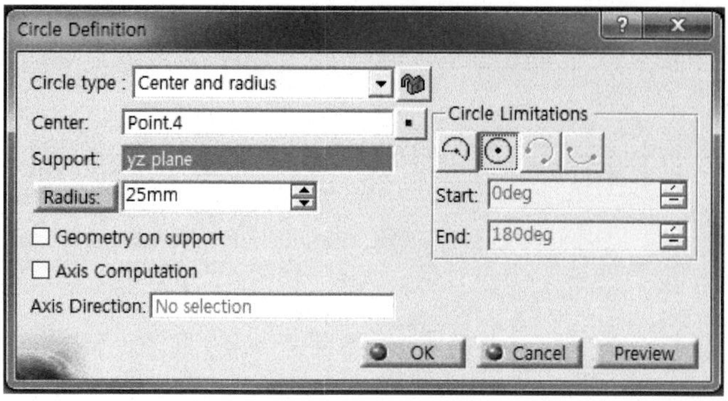

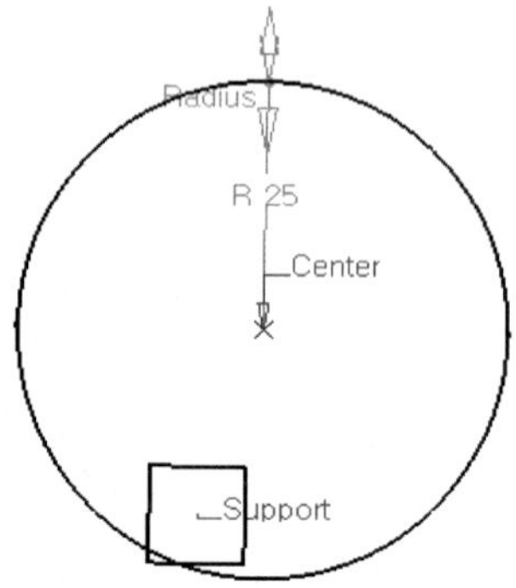

② Center and point : 중심점과 원(호)이 지나는 점으로 정의한다.

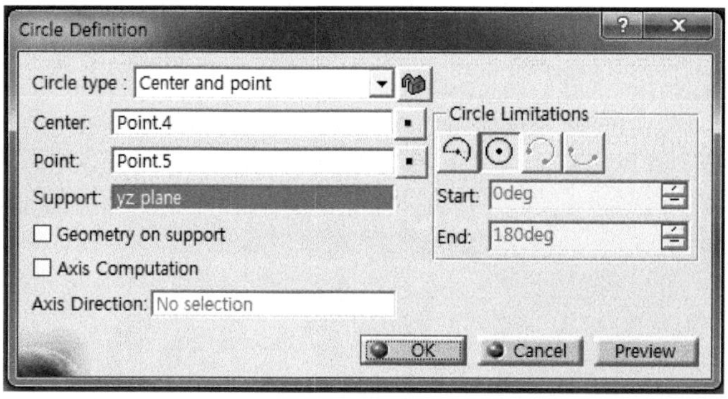

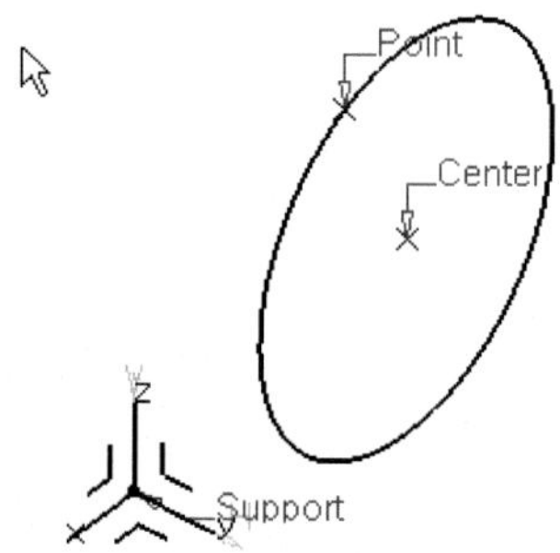

③ Two points and radius : 두 개의 Point를 지나고 반지름 값으로 정의한다.

- **Next solution** : 정의한 조건에 따라 Circle이 생성될 경우의 수가 많을 때 이 버튼을 누르면 모든 경우의 선택이 가능하다.

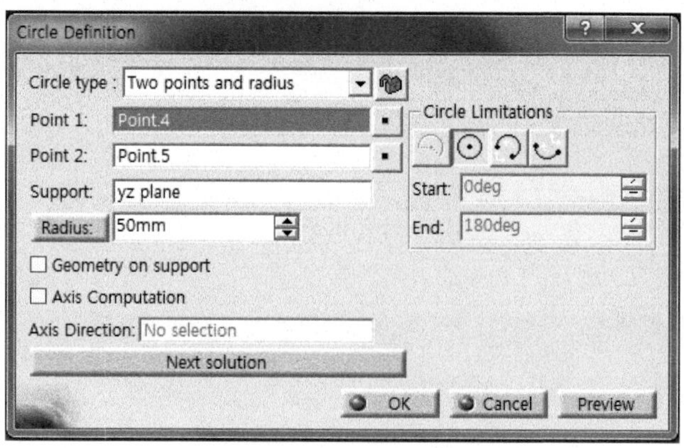

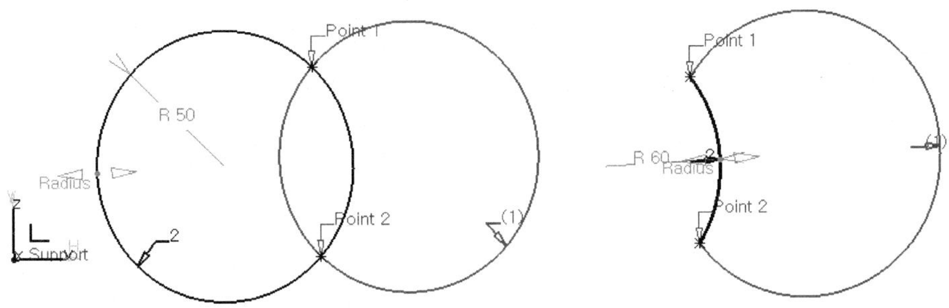

④ Three points : 세 점을 지나는 원(호)을 정의한다.

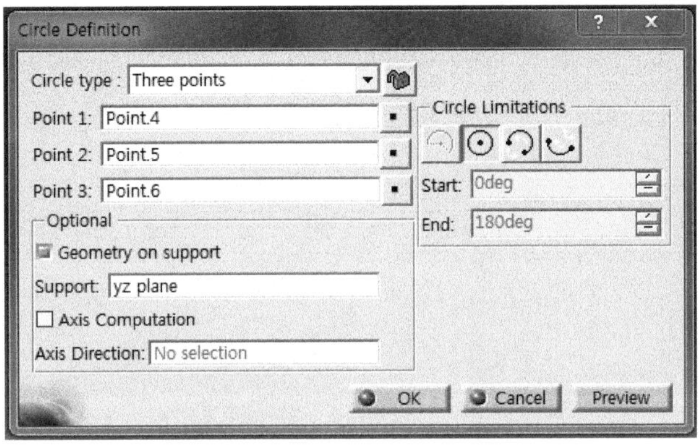

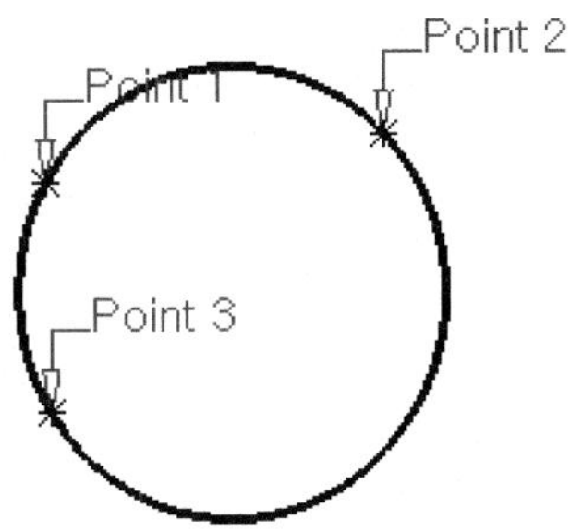

⑤ Center and axis : Axis/line과 Point, 반지름 값을 이용하여 원(호)을 정의한다.

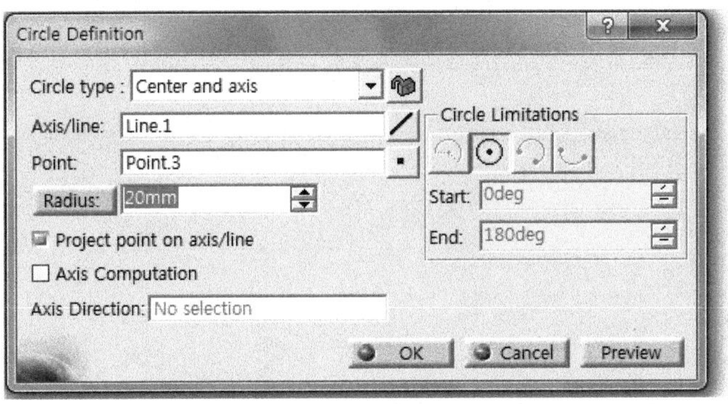

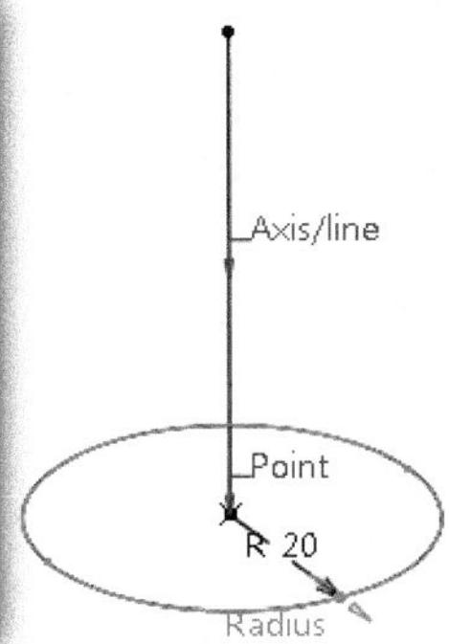

- **Project point on axis/line** : 선택되어 있으면 원의 중심이 Axis/line에 지정되고, 선택되어 있지 않으면 원의 중심이 Point에 지정된다.

⑥ Bitangent and radius : 두 개의 Element에 접하고 반지름을 갖는 원(호)을 정의한다.

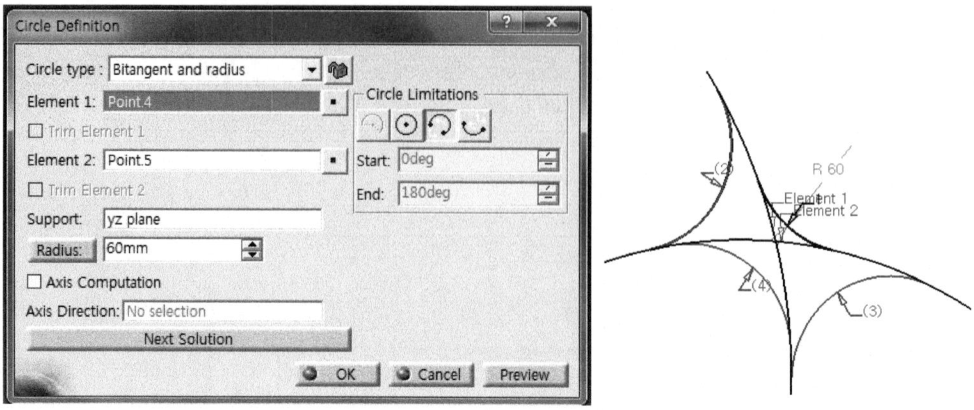

⑦ Bitangent and point : 두 개의 Element에 접하고 point를 지나는 원(호)을 정의한다.

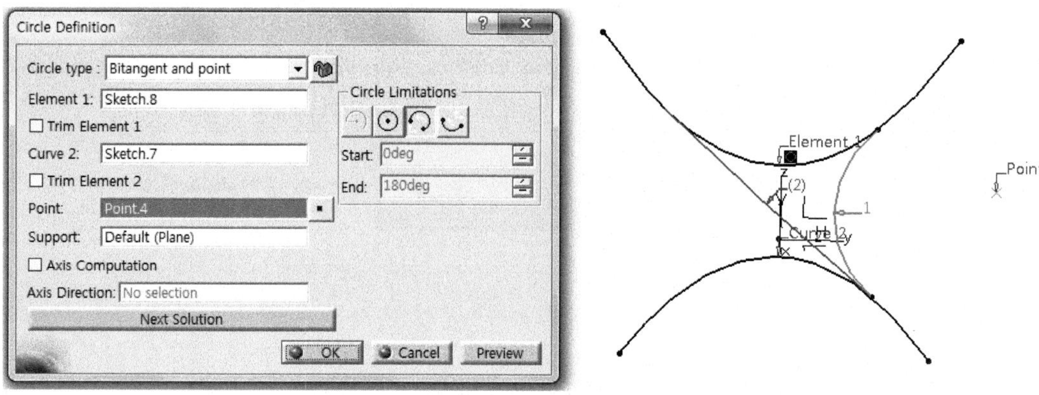

⑧ Tritangent : 세 개의 Element에 접하는 원(호)을 정의한다.

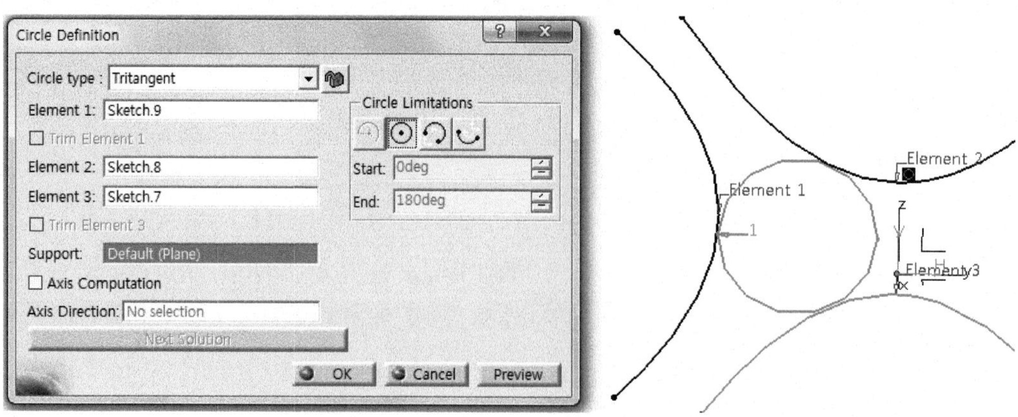

⑨ Center and tangent : 중심점과 Element에 접하는 원(호)을 정의한다.

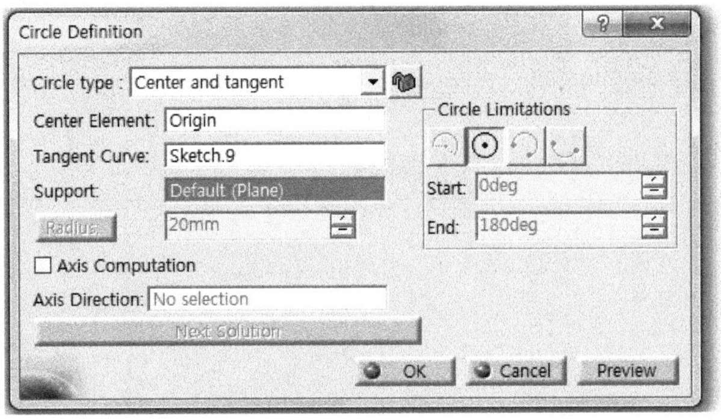

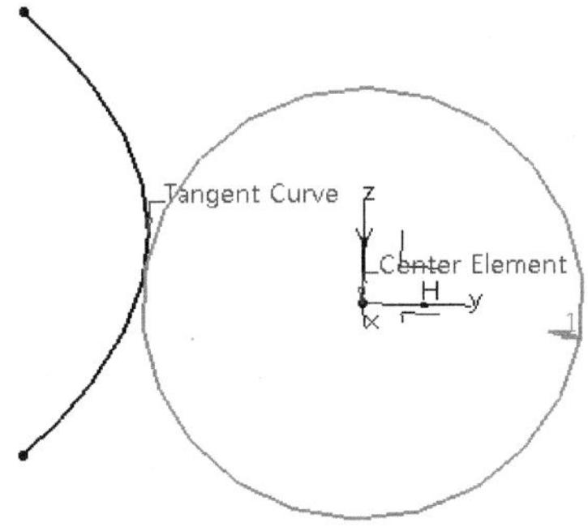

• Circle Limitations : 각도를 부여하여 원의 일부인 호를 정의한다.

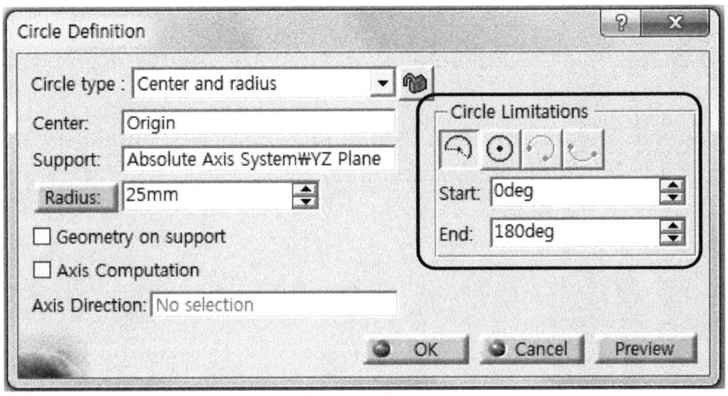

• Geometry on support : 원(호)을 Support 위에만 존재하게끔 정의한다.

7 – 2 Corner 

Wireframe 형상의 각 부위 코너를 부드럽게 Fillet 처리한다.

① Corner On Support : Fillet 커브가 놓여질 Support 평면을 정의한다.

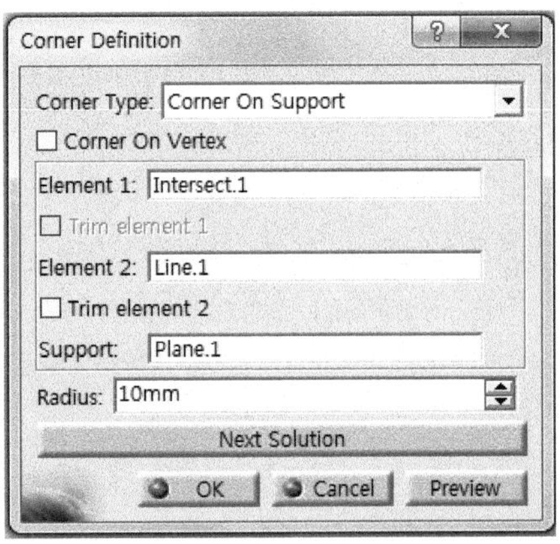

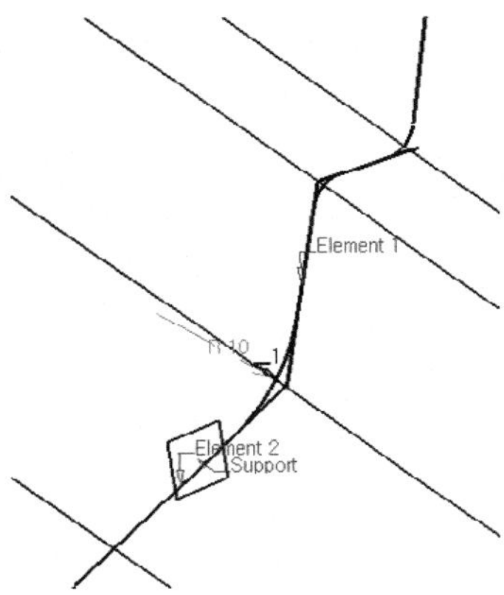

② Corner On Vertex : 단일 커브의 꺾어진 모든 부위를 동일한 R 값으로 Fillet을 동시에 생성한다.

Sketch Profile을 동일한 R 값으로 Fillet을 생성할 때 유용하다.

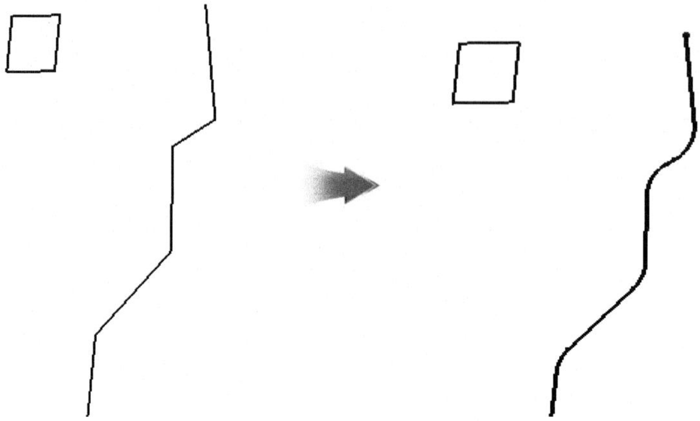

③ 3D Corner : 평면에 놓인 Planar Curve 외 3차원 Curve들을 이용해서 Fillet 커브를 생성한다.

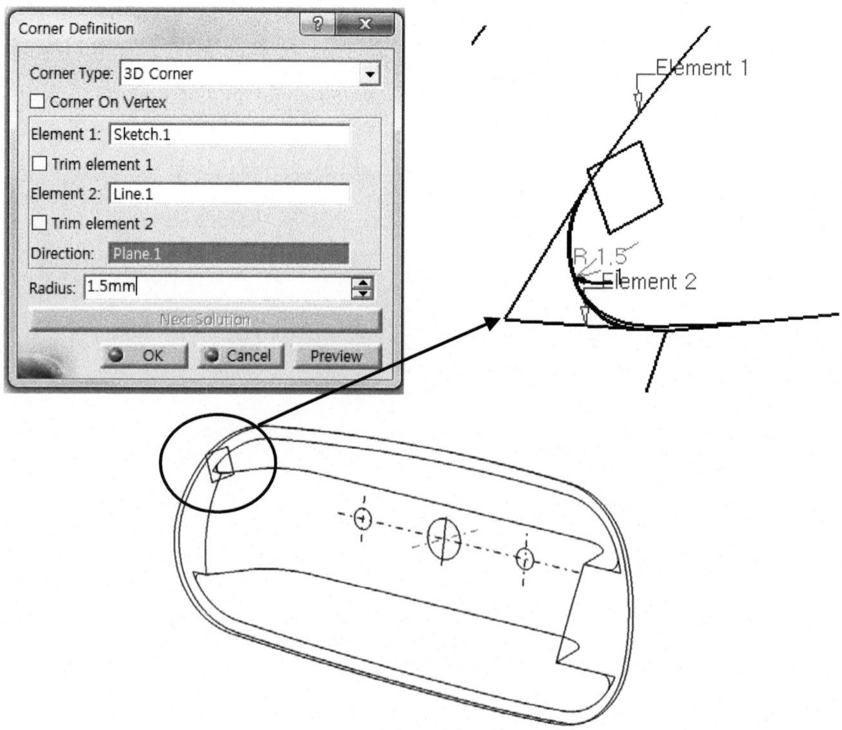

7 – 3 Connect Curve

연결하고 싶은 두 Curve의 끝점을 선택하여 각각의 Point 지점에서부터 매끄럽게 연결하는 Curve를 생성한다.

연속성(Point, Tangency, Curvature)을 부여할 수 있고, Tension을 조정하여 형상의 제어가 가능하다.

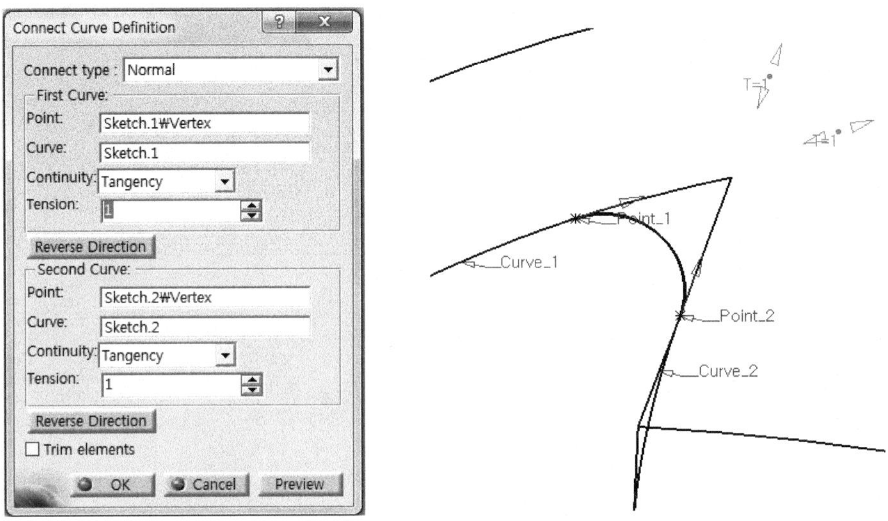

7 – 4 Conic Curve

시작점, 끝점, 접선 조건 등 다양한 조건에 의하여 생성되는 Curve로 Conic이라 명칭한다. 이러한 Conic Curve는 입력 Parameter 값에 따라 타원, 포물선, 쌍곡선과 유사한 형태를 가진다.

Fillet 외에 매끄러운 형상으로 모서리 처리에 적합하다.

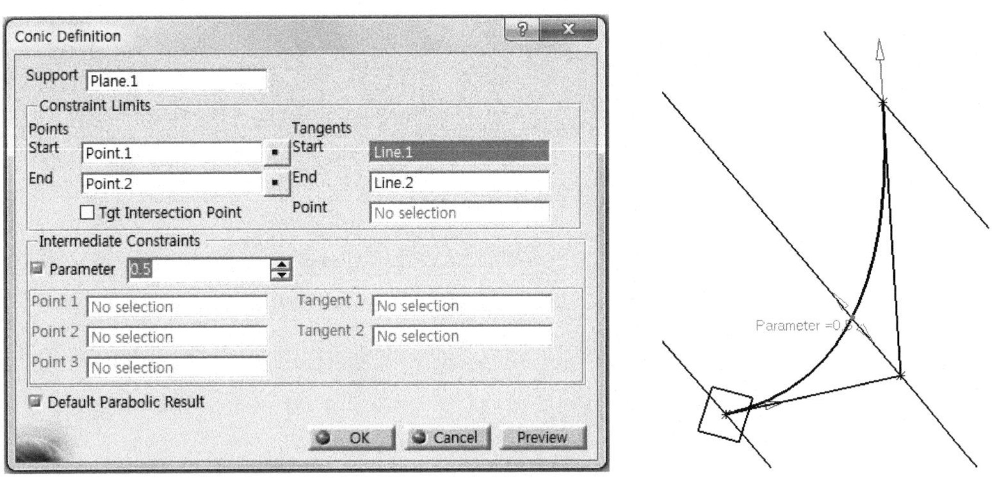

✦ 적용 예

- Conic의 시작점과 끝점, 시작점과 끝점에서 접선 조건, Parameter 값
- Conic의 시작점과 끝점, 시작점과 끝점에서 접선 조건, Passing point

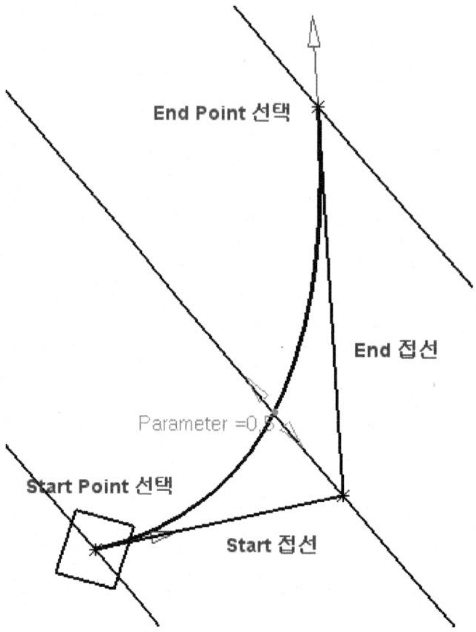

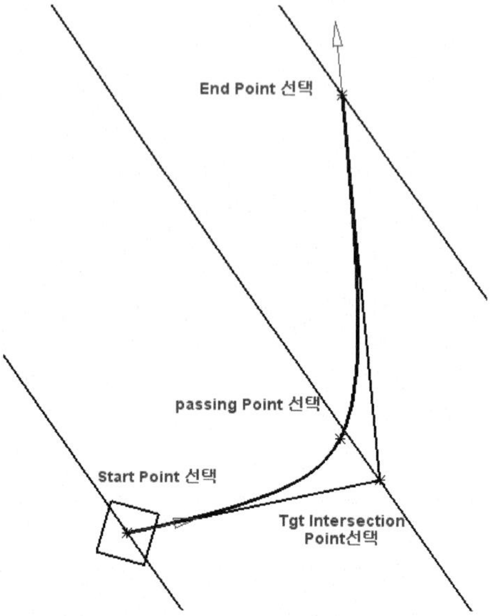

- Conic의 시작점과 끝점, 시작점과 끝점에서 접선의 교차점, Parameter
- Conic의 시작점과 끝점, 시작점과 끝점에서 접선의 교차점, Passing point
- 4개의 Points와 접선 조건
- 5개의 Points

8 Curves

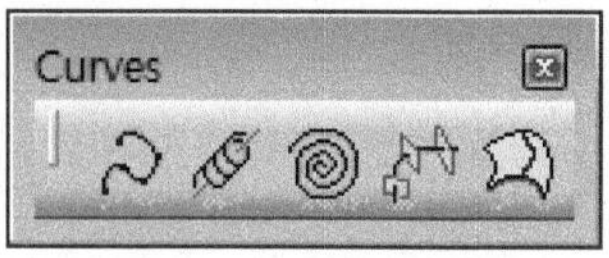

8 – 1 Spline 

공간상의 Point를 연결하여 Spline을 생성한다. Polyline 명령과 달리 Spline은 두 점 사이의 Curve의 형태가 두 점 밖에 있는 다른 점에 의해서도 형상이 영향을 받는다. 또 점에서의 Tangent 방향과 Tension 값에 의해서도 Curve의 형상이 영향을 받는다.

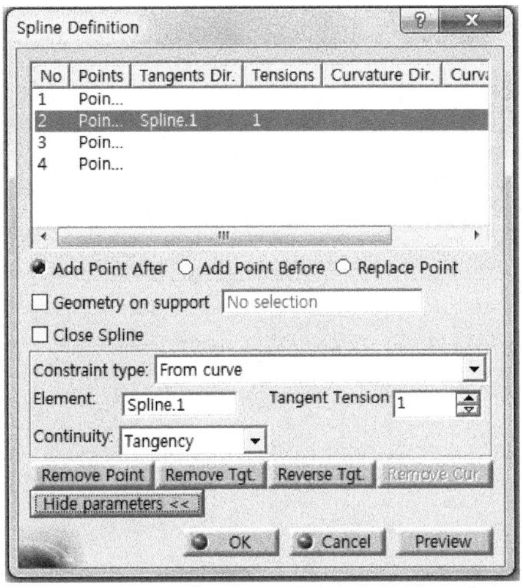

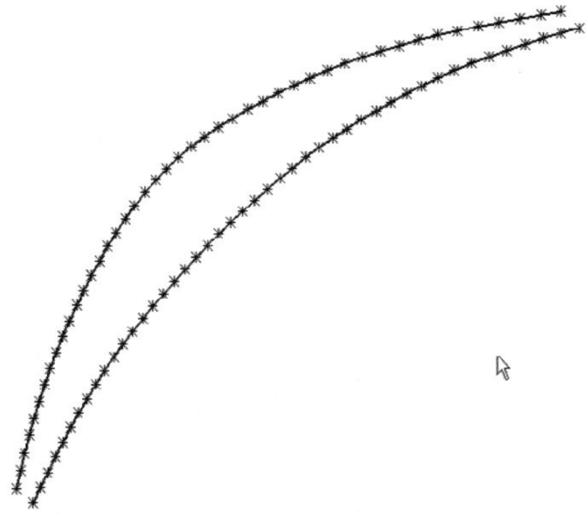

① Add Point After : 현재 Highlight된 Current Point 뒤에 새로운 Point를 추가한다.

② Add Point Before : 현재 Highlight된 Current Point 앞에 새로운 Point를 추가한다.

③ Replace Point : 선택한 Point를 다른 Point로 교체한다.

④ Geometry on support : 선택된 Support에 Spline을 투영한다.

⑤ Remove Point : 선택한 점을 제거한다.

⑥ Remove Tgt. : 접선 조건을 제거한다.

⑦ Remove Cur. : 곡률 조건을 제거한다.

- **접선 조건(Tangent Impose) 설정** : Point를 선택한 후 접선 벡터 요소를 선택한다.

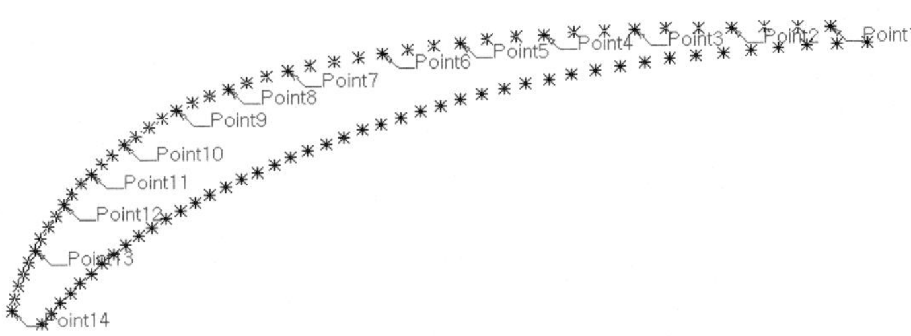

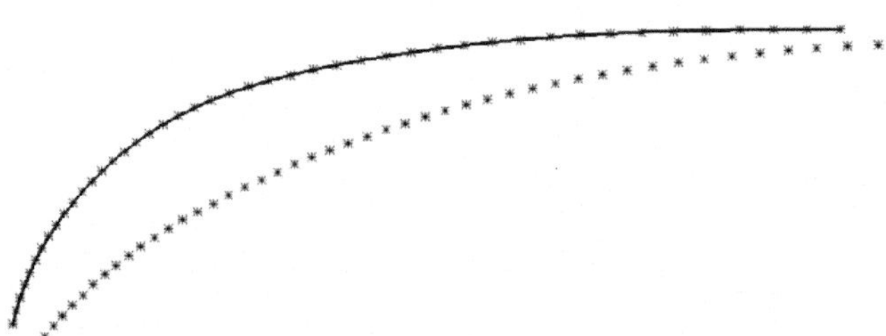

8 - 2 Helix

나사선, 스프링 형상 구현에 필요한 Center Curve를 생성한다.

정의 조건 : 시작점 정의, 중심축(Line), 피치, 길이

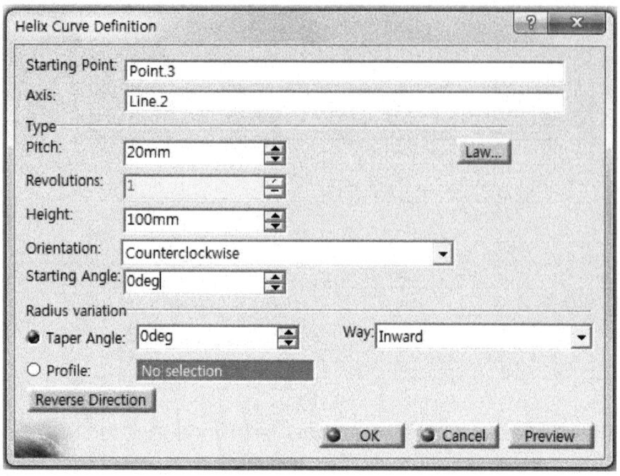

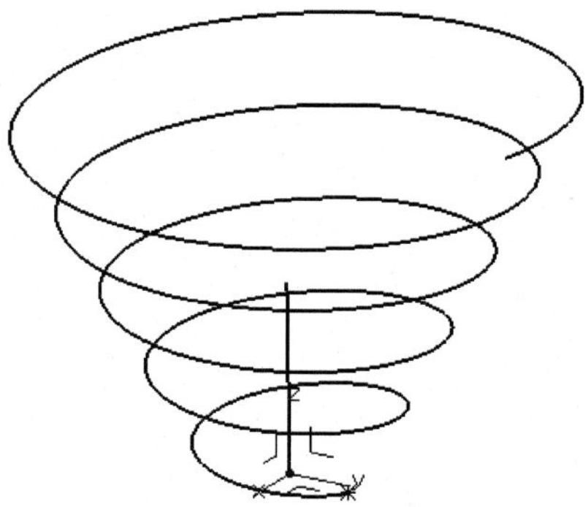

▲ Taper Angle 적용된 Helix 형상

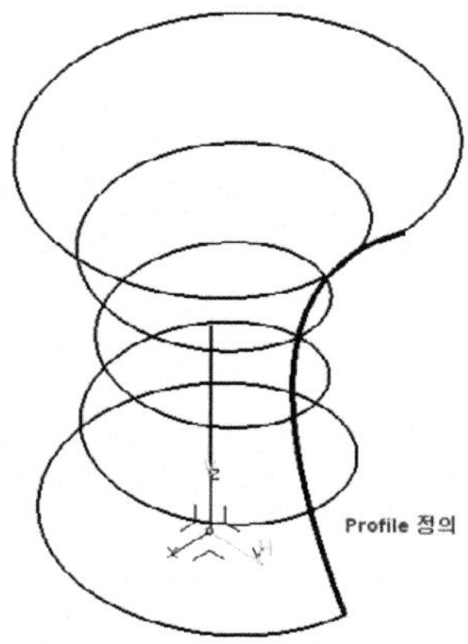

▲ Profile 적용된 Helix 형상

① Starting Point : curve의 시작점

② Axis : Spring의 진행 방향

③ Pitch : Curve의 한 회전마다의 간격

④ Height : 전체 높이

⑤ Revolutions : (Law의 S-Type을 선택한 경우) Spring의 회전수

⑥ Orientation : 회전 방향

⑦ Starting Angle : Axis와 회전 방향을 근거로 Starting Point로부터 정해진 각도만큼 Spring의 시작 위치가 회전

⑧ Taper Angle : Spring의 옆면의 기울어진 각도

8-3 Spiral

모기향 모양의 Curve를 생성한다.

정의 조건 : 시작 반경 10mm, 끝나는 반경 50mm, 회전 반경 360, Revolution 5회

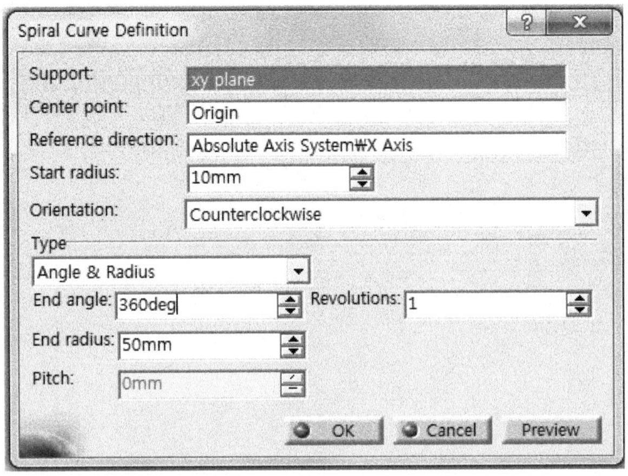

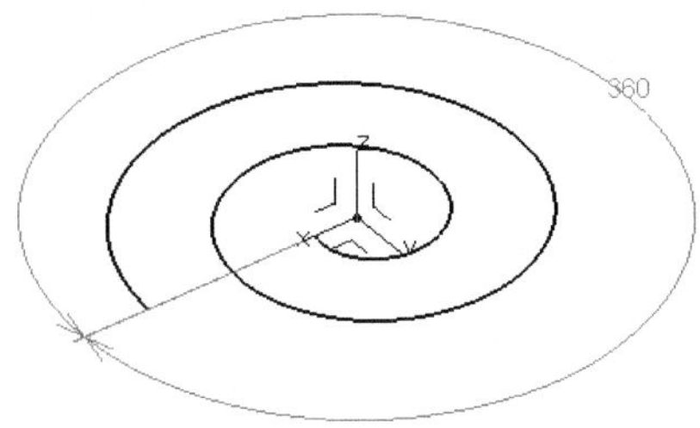

① Support : 생성되는 면

② Center point : 중심점

③ Reference direction : 시작점과 끝점을 연결하는 방향

④ Start radius : 시작점 Curve의 반경

⑤ Orientation : 회전 방향

⑥ End angle : 끝점의 각도(Reference Direction 기준)

⑦ End radius : 끝점의 반경

⑧ Pitch curve : 한 회전마다의 간격

8-4 Spine

일련의 Plane들과 수직(Normal)한 Curve를 생성한다.

자유 곡면 정의에 Spine 역할 및 조건은 다음과 같다.

① 곡면 단면 형상의 방향 정의 : 생성된 곡면의 단면 형상은 항상 Spine에 수직 방향이어야 한다.

② 생성될 곡면의 범위를 결정한다.

③ Spine은 되도록 Tangent하게 연속성을 유지하는 Smooth한 Curve여야 한다.
이러한 조건을 만족하는 Curve를 자동으로 생성시켜 준다.

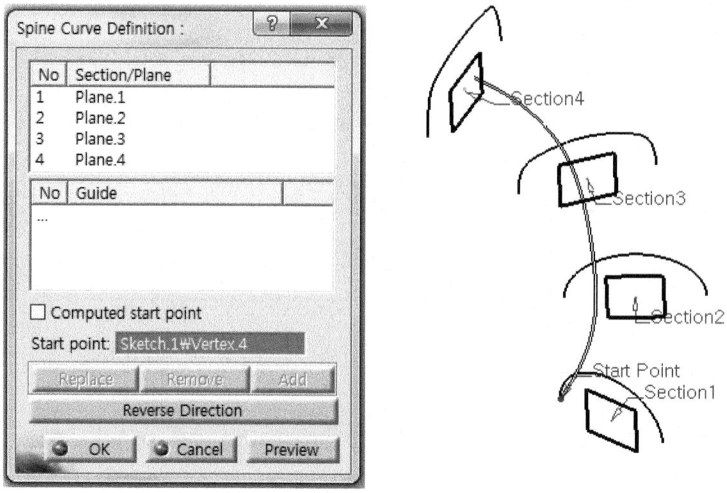

❖ Surfaces

1 Extrude – Revolution

1 – 1 Extrude 

Profile을 선형으로 뽑아내면서 Surface를 생성한다.

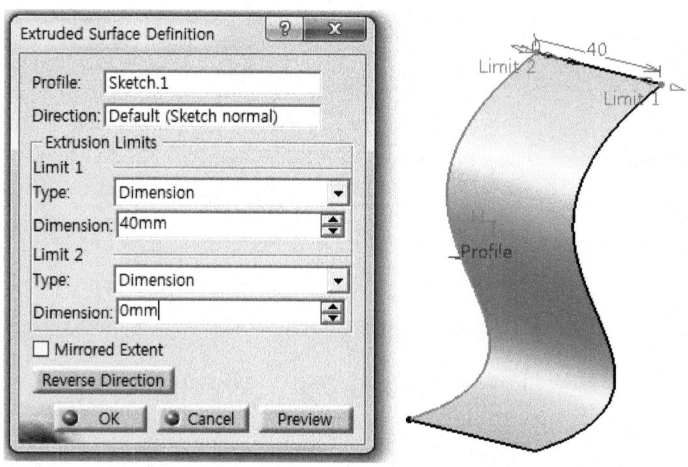

1-2 Revolve

Profile을 Axis를 중심으로 회전하면서 Surface를 생성한다.

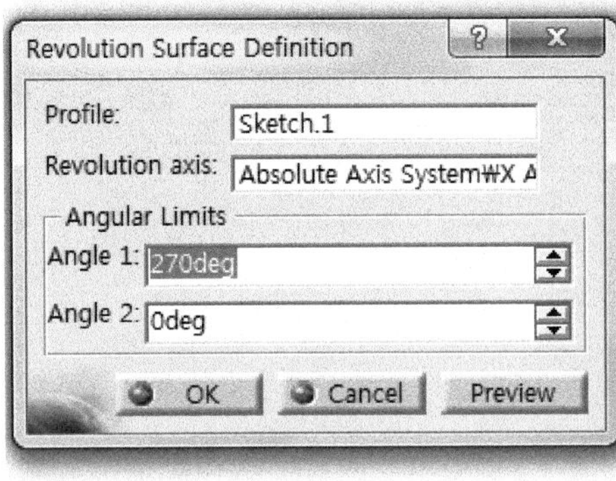

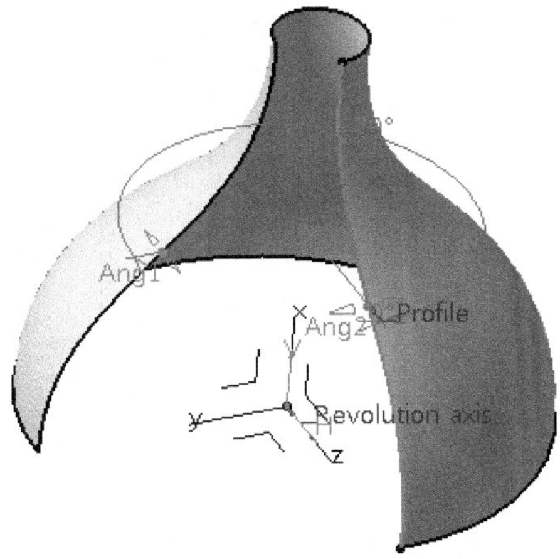

1-3 Sphere

중심점을 기준으로 구(혹은 일부)의 외각 Surface를 생성한다.

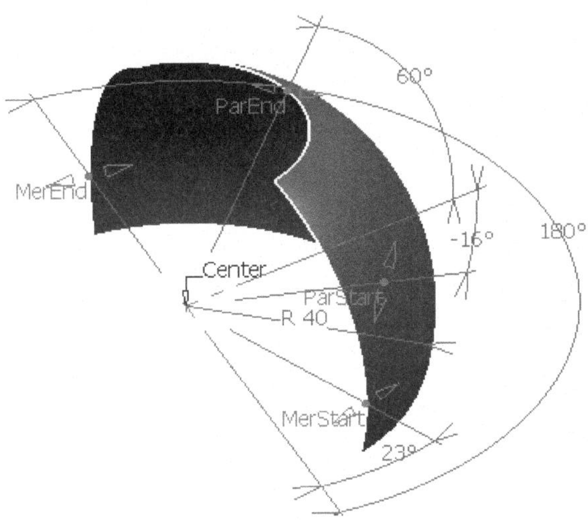

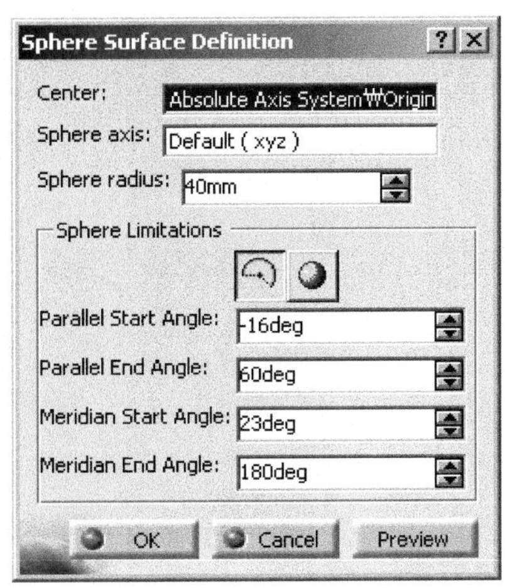

1-4 Cylinder

중심점(Point)과 방향(Direction)을 근거로 원통형 Surface를 생성한다.

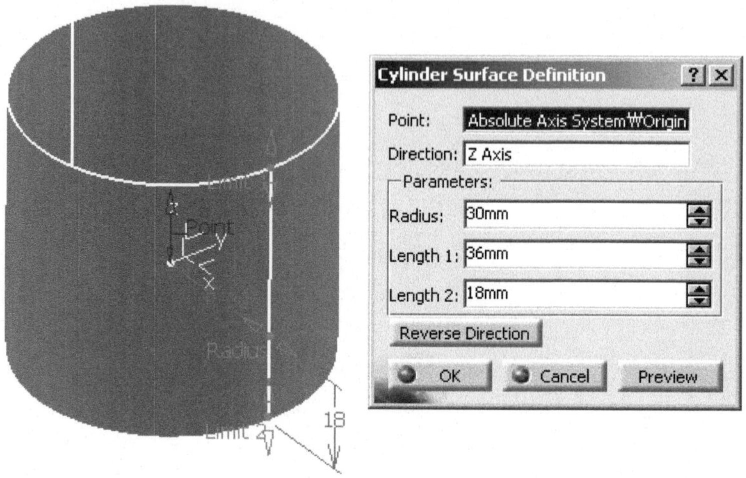

2 Offset

기존의 Surface를 Offset시켜 생성한다.

① Both sides : 선택된 Surface를 중심으로 양쪽으로 Offset시킨다.

② Repeat object after OK : 반복해서 Offset Surface를 생성한다.

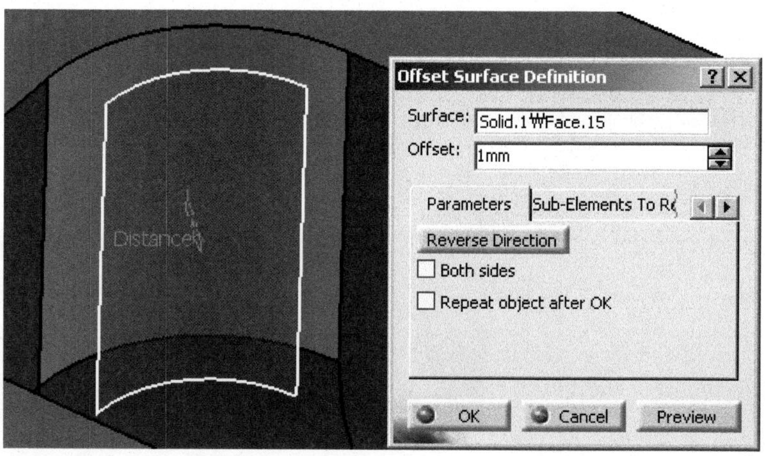

③ Sub – Element To Remove : 다음의 두 그림을 보면 Offset 값이 2mm일 때는 원래 Surface의 모든 부분을 Offset할 수 있다.

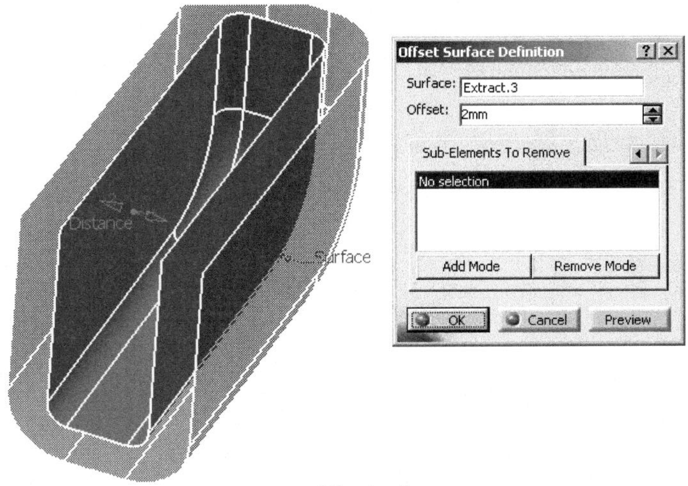

▲ Offset = 2

Offset 값이 3mm일 때는 원래 Surface에서 Offset할 수 없는(겹침에 의해) 부분도 있다. 이때 원래 Surface에서 제거되는 부분을 표시한다.

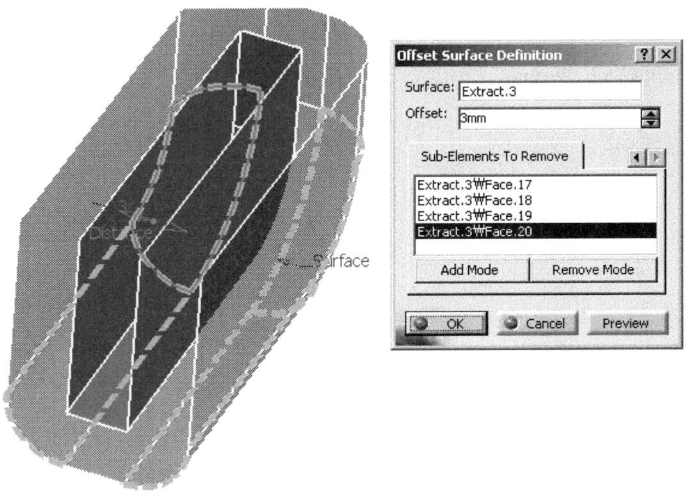

▲ Offset = 3

3 Sweep

Sweep 곡면은 Planar Profile(단면 형상)과 사용자 정의를 요구하는 여러 가지 조건들 Guide Curve, Reference Surface, Parameter 등을 설정해 줌으로써 다양한 곡면 형상 구현이 가능하다.

구현될 곡면 형상 및 메뉴 선택 기준이 모두 Profile Type에 따르므로 간략히 메뉴 소개와 각 메뉴에 해당하는 옵션들에 대해 정리해 보면 다음과 같다.

Profile type(Profile type:)별 개념 설명
①②③④

① Explicit : 단면 형상이 서로 교차만 안 된다면 어떠한 형상이라도 적용 가능하다. 이 경우 작업방법은 두 가지로 구분된다.

- Guide Curve와 Reference Surface(또는 Plane)를 적용한 비교적 단순한 경우
- 2개의 Guide Curve를 Profile이 Sweep, Profile Scale이 Guide Curve에 의해 자동 조절되며 또한 곡면 생성의 뼈대로 사용하는 중요한 의미를 갖는 Spine(Default Spine - Guide Curve) 적용으로 자유 곡면 구현에 아주 유용하다.

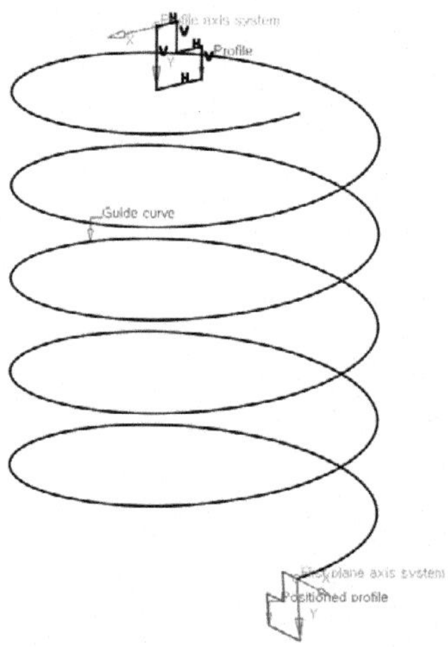

▲ Guide Curve와 Profile 정의

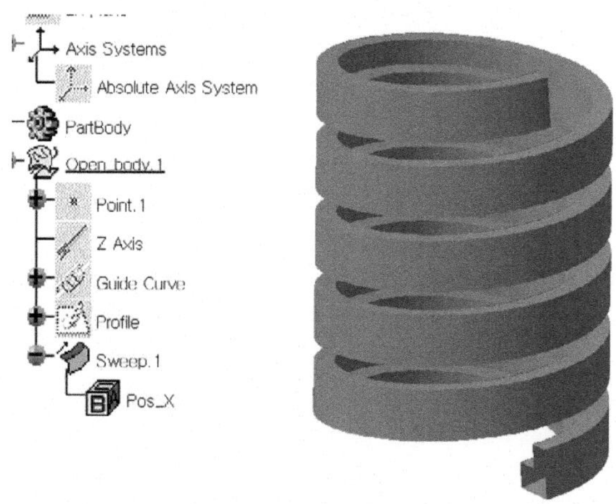

▲ 완성된 곡면 형상

② Line : 생성될 곡면 단면이 Line일 경우 적용하며 곡면 형상에 따라 아주 다양한 Parameter, Guide curve 및 길이 조건을 사용자가 원하는 대로 설정이 가능하다. 제품 곡면에 구배면 생성에도 유용하게 사용한다. 작업 경우의 가짓수가 매우 많으므로 그 만큼 형상 구현이 자유롭다.

- **Two limits** : 2개의 Guide Curve를 Limit로 곡면 구현
- **Limit and middle** : 2개의 Guide Curve를 앞으로 생성될 곡면의 Limit, 곡면 Middle Curve로 적용하여 곡면 구현
- **With Reference Surface** : 참조 곡면(평면)과 일정 Angle, 길이를 유지하는 곡면 구현
- **With Reference Curve** : 참조 Curve에 일정 Angle과 길이를 유지하는 곡면 구현
- **With Tangency Surface** : Guide Curve와 참조 곡면을 Tangent하게 연결하는 곡면 구현

• **With Draft Surface** : 제품 구배 곡면 생성. Parting 곡면, 길이, 구배각 정의

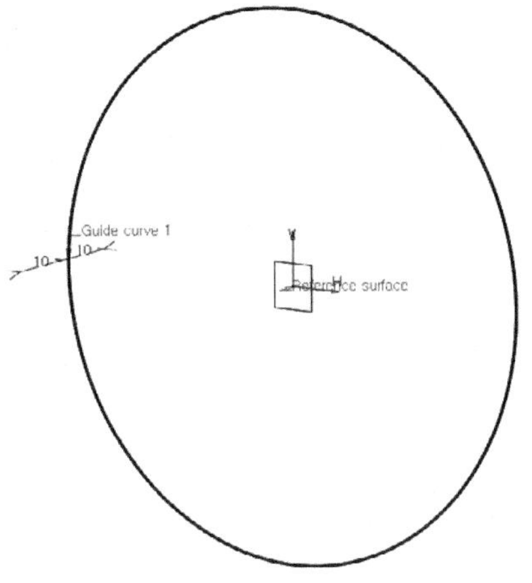

▲ Guide Curve, 기준 평면, Angle, 길이 정의

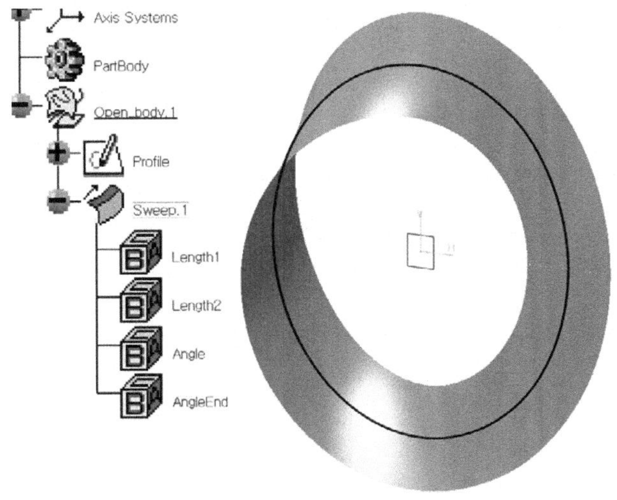

▲ 완성된 곡면 형상 – 뫼비우스 띠 형상

③ **Circle** : Circle 형상의 단면을 갖는 Surface를 생성하며 작업 조건에 따른 경우의 수는 아래와 같다.

- **Three Guides** : 3개의 Guide curve가 필요하다. Spine은 지정하지 않으면 처음 선택한 Guide가 Spine으로 지정된다.
- **Two guides and radius** : 2개의 Guide curve와 반경 값이 필요하다. 4개의 가능한 Solution이 만들어지며 원하는 형상을 선택하면 된다.
- **Center and Two angles** : Center curve와 Reference curve(profile)를 선택하고 새롭게 생성되는 surface의 크기는 2개의 각도 값으로 결정한다.
- **Center and radius** : Center curve와 반경 값을 지정하여 새로운 곡면을 생성한다. 주로 Pipe 형상을 모델링하는 경우에 많이 사용된다.
- **Two Guides and Tangency surface** : 2개의 Limit curve와 Tangency surface를 선택하여 선택된 곡면에 접하면서 2개의 Limit curve를 경계로 하는 곡면을 생성한다.
- **One guides and Tangency surface** : Guide curve와 Tangency surface를 이용하여 곡면이 생성하는 방법이다. 선택된 Guide curve는 주어진 반경 값을 가지며 Tangency 곡면에 접하는 새로운 곡면 형상이 생성된다.

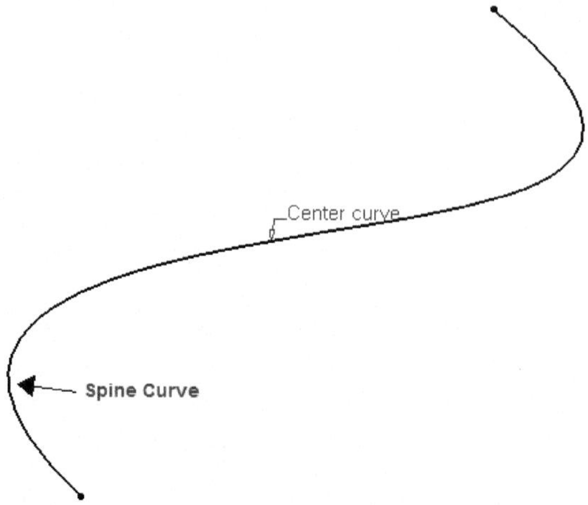

▲ Center Curve와 가변 R값 정의

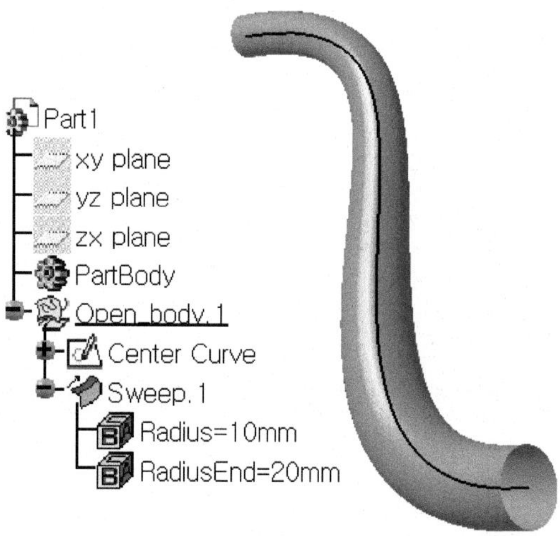

▲ 20 → R10으로 가변 반경 Circle 곡면 형상

④ **Conic** : Conic curve를 생성하는 방법과 유사하며 Guide curve와 접선 방향, 각도 값을 이용하여 두 곡면 연결 부위에 유용하게 사용될 수 있다.

- **Two guide curves** : 2개의 Guide curve와 접선 방향 및 Angle을 이용하여 새로운 Conic 곡면을 생성한다.
- **Three guide curves** : 3개의 Guide curve와 접선 방향 및 Angle을 이용하여 새로운 Conic 곡면을 생성한다.
- **Four guide curves, Five guide curves** : 비슷한 방법으로 Conic 곡면을 생성한다.

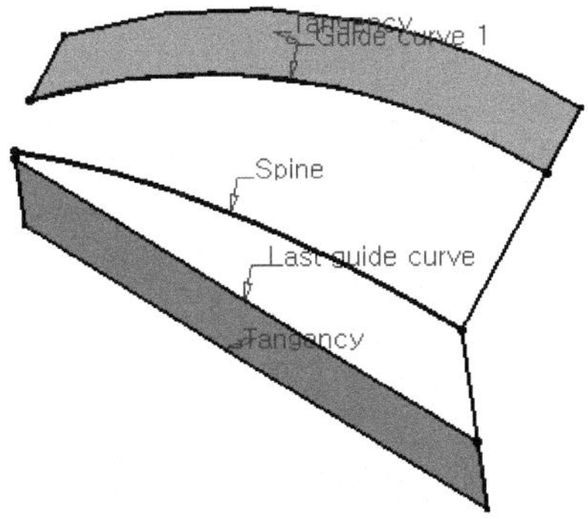

▲ 2개의 Guide와 Tangent 곡면 정의

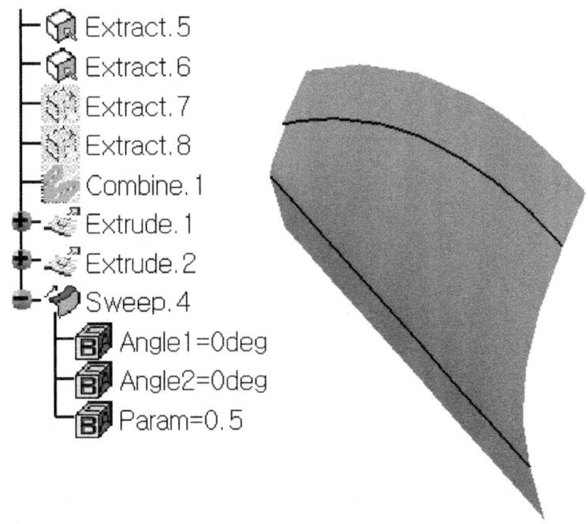

▲ Tangent 연속을 유지한 Conic 곡면 형상

1) Explicit Type별 사용법

① **With Reference Surface** : Surface를 기준으로 Angle 각도만큼 회전된 상태를 유지하면 Profile을 Guide Curve를 따라가면서 Surface를 생성한다. T, H 형상처럼 Profile이 서로 겹치는 걸 제외한 모든 Profile 선택이 가능하다.

- **Guide Curve와 Profile** : 선택한 Guide Curve가 Default Spine으로 설정한다.
- **Reference Surface** : Profile Guide Curve를 따라가면서 공간에 놓일 위치를 정해주는 역할이다. 보통 특정 곡면을 정의하지 않으면 Guide Curve가 놓인 평면을 기본적으로 계산한다.
- **Position Profile** : Guide Curve와 Profile 간의 위치를 조절한다.

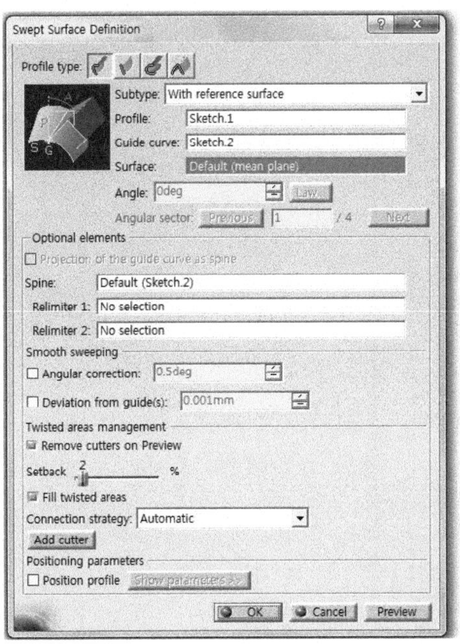

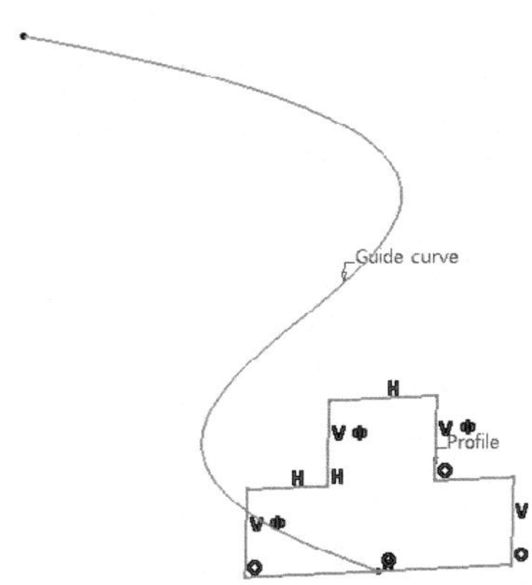

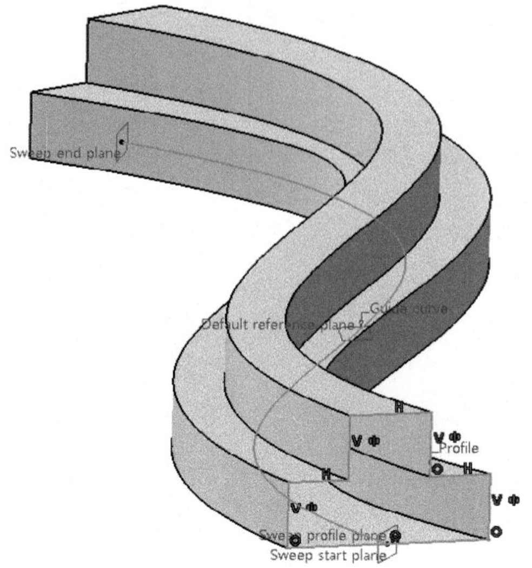

▲ Guide curve를 그대로 따라간 Sweep Surface

• Profile Position 조절로 위치를 이동한다.

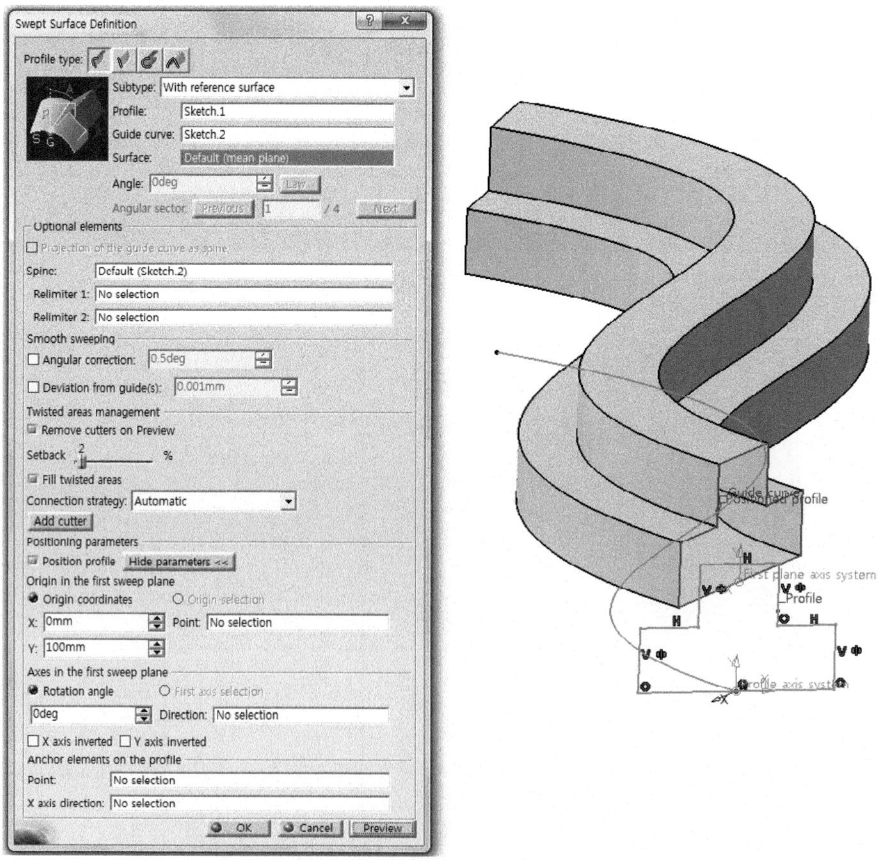

▲ 초기 위치에서 Profile Y축 방향으로 100mm 이동되어 계산된 곡면

• Reference Surface 혹은 Guide curve가 3차원 Curve라면 Reference를 설정한다.

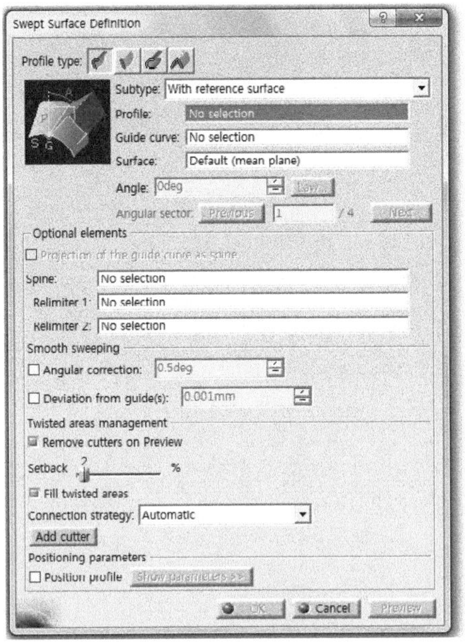

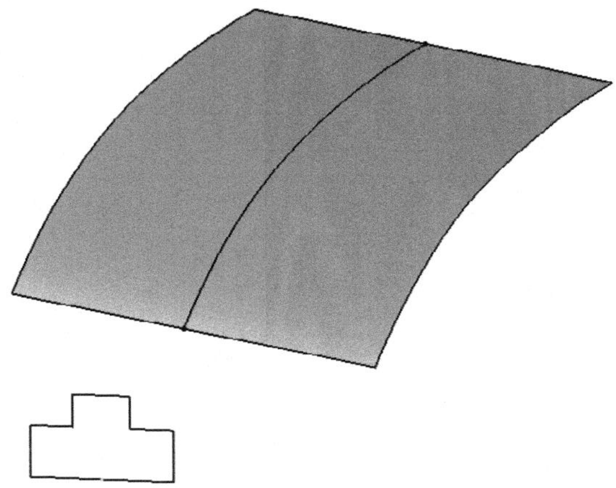

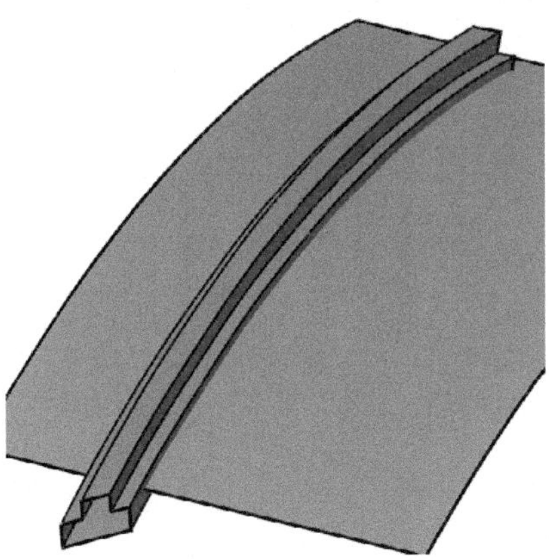

▲ Profile Position Not Define

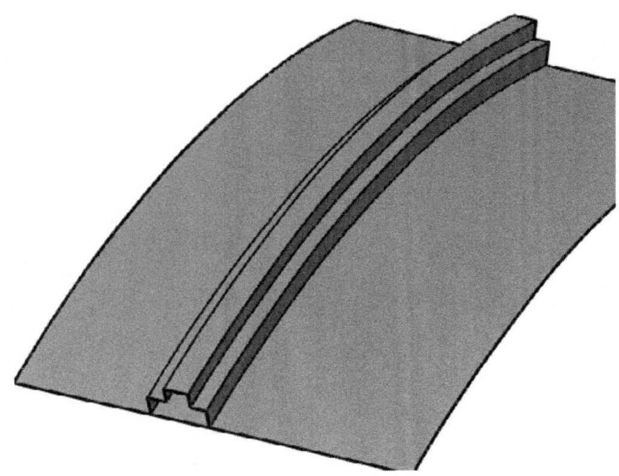

▲ Profile Position Definition

② With two guide curves : Profile이 무조건 정의된 2개의 Guide curve를 따라가거나 혹은 한쪽 Guide curve에 의해 방향이 결정된다.

- **Guide curve 1, Profile 정의** : 먼저 선택한 Guide curve는 Profile이 꼭 따라간다.
- **Guide curve 2** : Profile이 따라갈 경우에는 Scale이 두 Guide curve에 의해 자동 결정되고 따라가지 않고 곡면의 한쪽 방향을 결정하기도 한다.
- **Guide 1(2) anchor point** : Profile이 Open 형상일 때 Guide curve 1, 2와 각각 매치될 끝점을 정의해 준다.

• **Position profile** : Guide curve와 Profile 간의 위치를 조절한다.

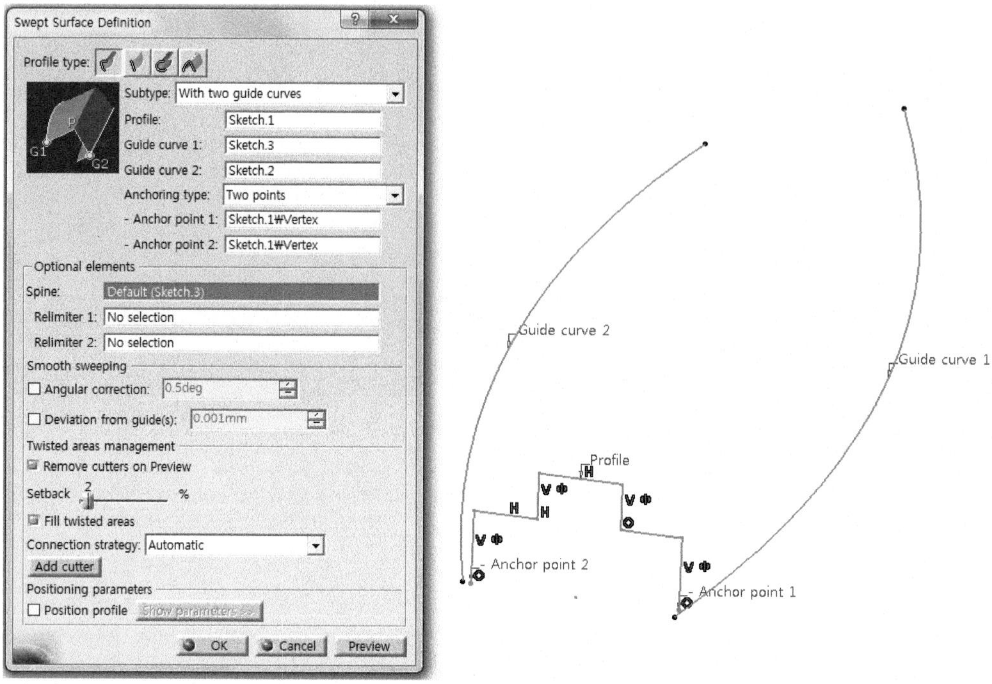

▲ 2개의 Guide curve를 따라가는 Profile

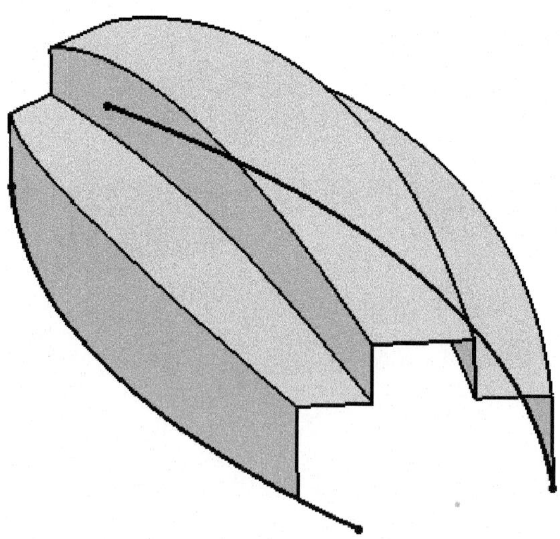

▲ Guide를 그대로 따라간 곡면 형상

③ **With Pulling Direction** : Profile이 Guide를 따라가면서 Surface를 생성한다. 이때 Pulling Direction으로 지정한 방향을 기준으로 Angle 값에 준해 틀어진 각도로 Surface가 생성된다. With reference surface Type에서는 틀어진 각도 부여의 기준이

Surface지만 With pulling direction에서는 Direction이라는 차이가 있다.

- **Guide curve와 Profile** : 선택한 Guide curve가 Default spine으로 설정한다.
- **Direction** : Profile이 Guide curve를 따라가면서 공간에 놓일 위치를 방향과 각도로 지정해 주는 역할이다.

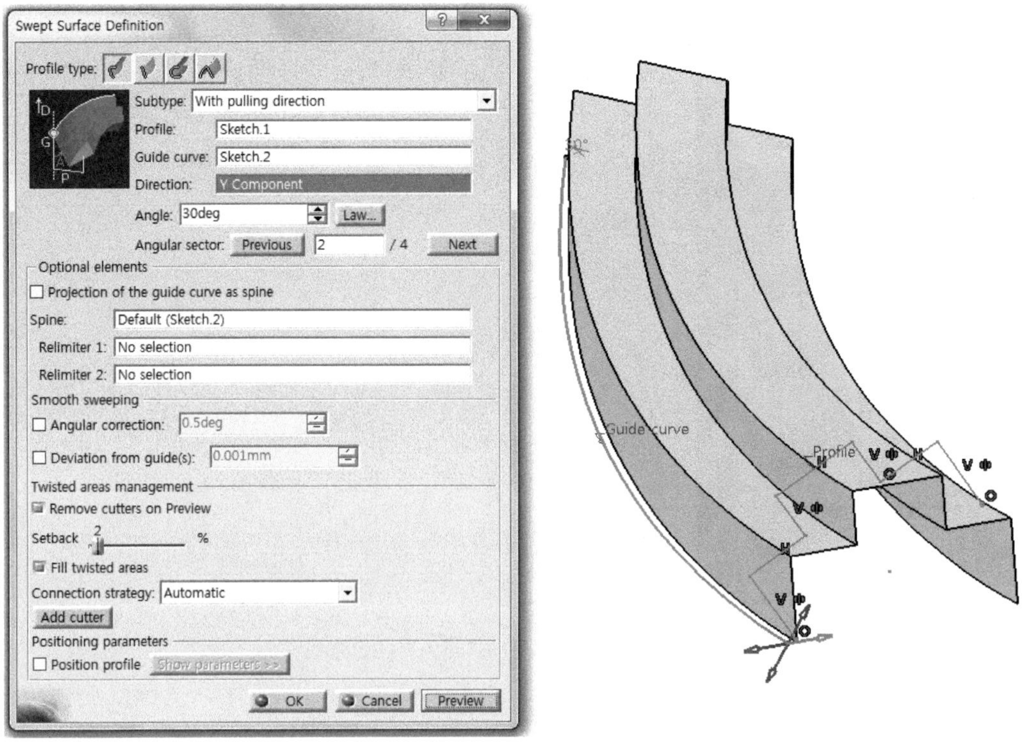

Implicit Type

 3가지 Type은 Profile을 선택해서 입력하는 것이 아닌 Sweep 명령어 내부에서 Profile을 정의하는 방식이다

1) Line Type  별 사용법

① **Two limits** : 2개의 Guide curve 사이를 직선으로 연결한 단면이 Guide를 따라가면서 Surface를 생성하는 형태이다.

- **Guide curve 1, Guide curve 2** : 이 두 curve가 생성될 곡면의 Limit curve가 됨으로 곡면의 길이가 자동으로 정의된다. 즉 두 curve 간격이 생성 곡면의 길이가 된다.
- **Spine** : 사용자 정의가 없어도 기본적으로 Guide curve가 자동 설정된다.

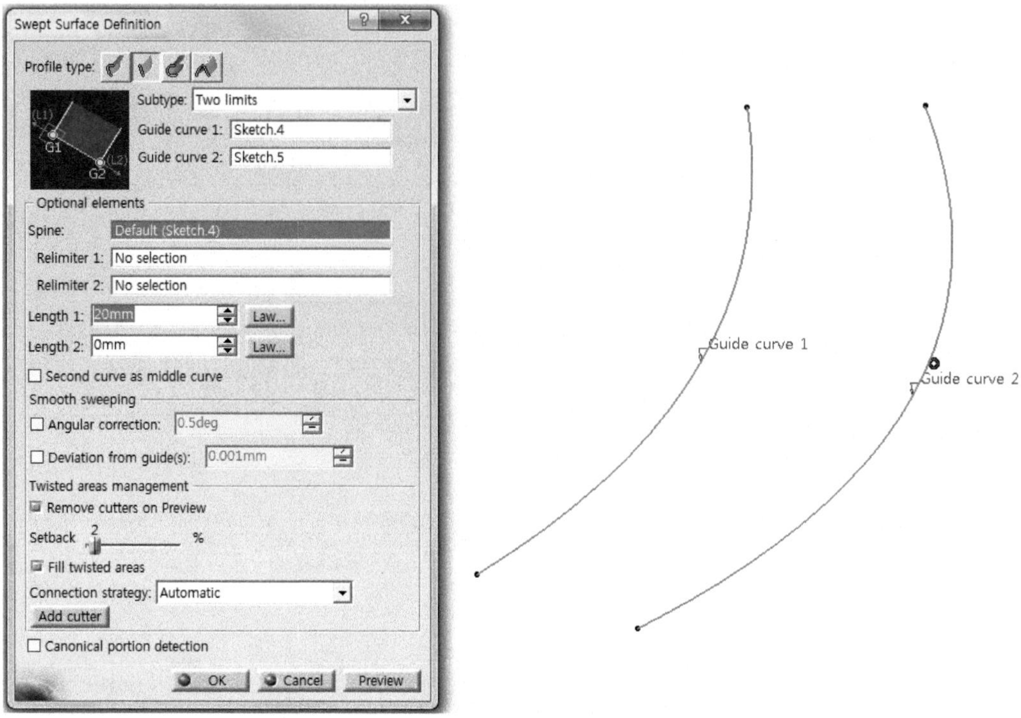

▲ 두 개의 Guide curve가 Limit curve로 적용

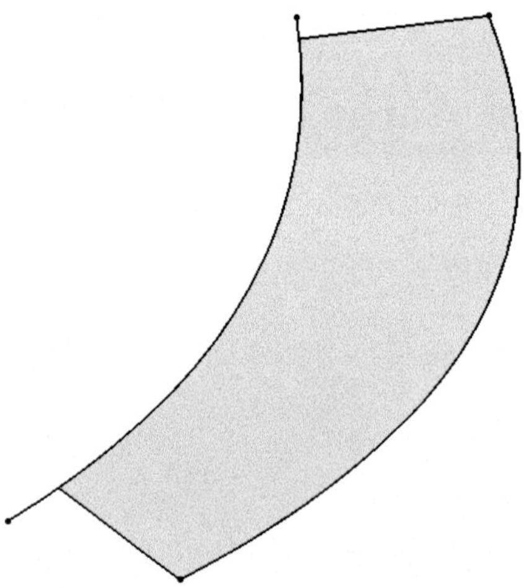

▲ 완성된 곡면 – 어느 부위에서건 단면 Profile은 Line 형상

② Limit and middle : 정의한 2개의 Guide curve가 앞으로 생성될 곡면의 Limit curve와 Middle curve로 적용된다.

- **Guide curve 1, Guide curve 2** : 이 두 curve가 생성될 곡면의 Limit curve가 됨으로 곡면의 길이가 자동으로 정의된다. 즉 두 curve 간격이 생성 곡면의 길이가 된다.

• **Spine** : 사용자 정의 없어도 기본적으로 Guide curve 1이 자동으로 설정된다.

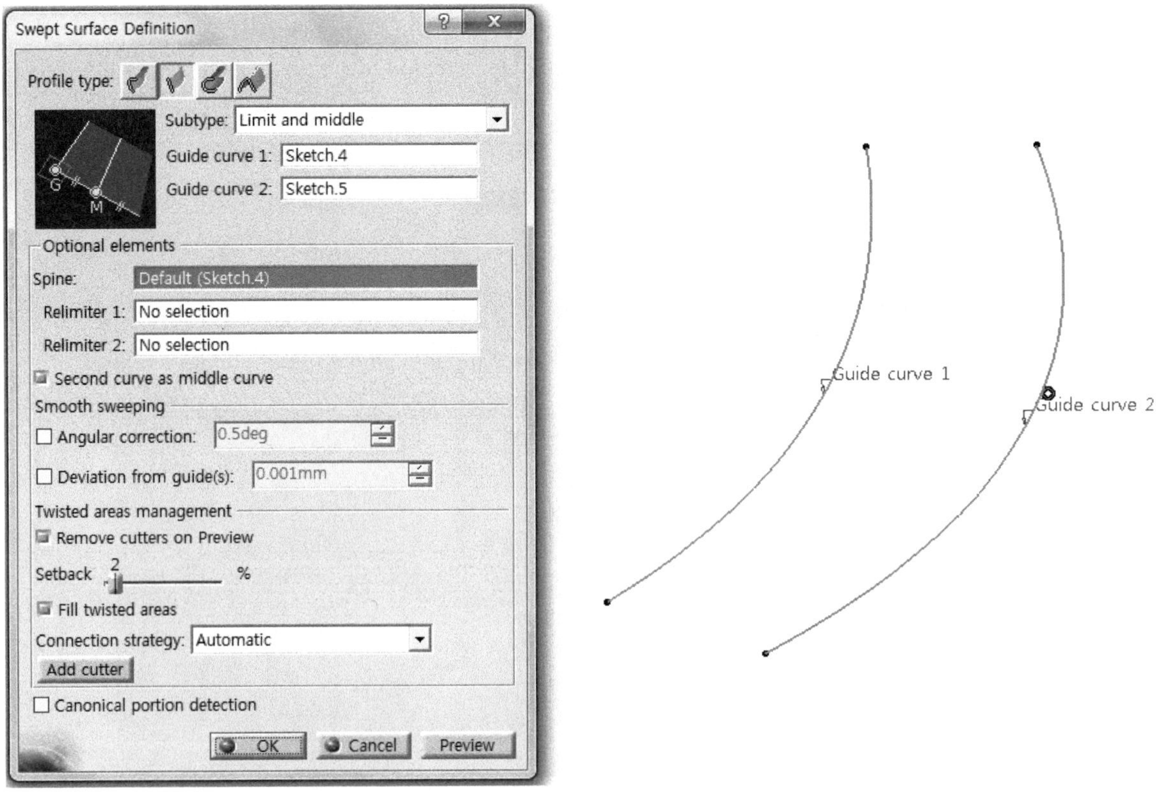

▲ 두 번째 선택한 Guide curve는 곡면의 Middle curve 역할

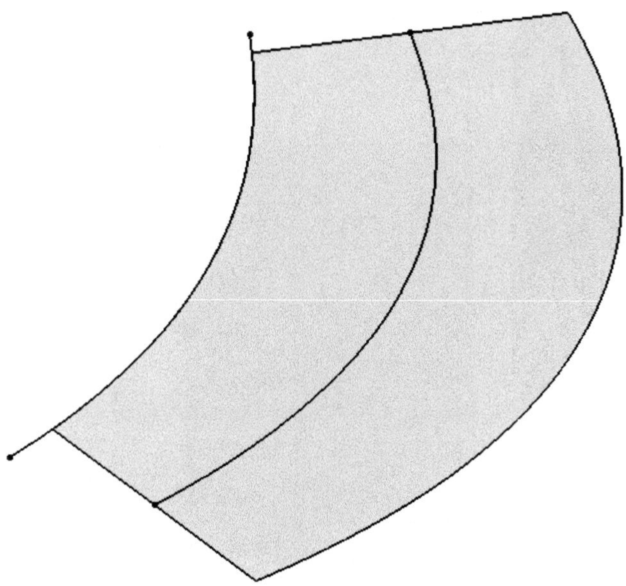

▲ 완성된 곡면 – 곡면 길이는 두 번째 선택한 Guide curve에 의해서 자동 결정

③ **With reference surface** : 참조 곡면(reference surface)과 일정 Angle을 이루는 곡면을 구현한다.

- **Guide curve 1** : 생성될 곡면의 한쪽 Limit curve이다.
- **Reference surface** : 입력한 Angle을 계산하는 참조 곡면이다.
- **Angle, Length** : 사용자가 원하는 입력 값 정의, Angle은 (-)도 가능하다.

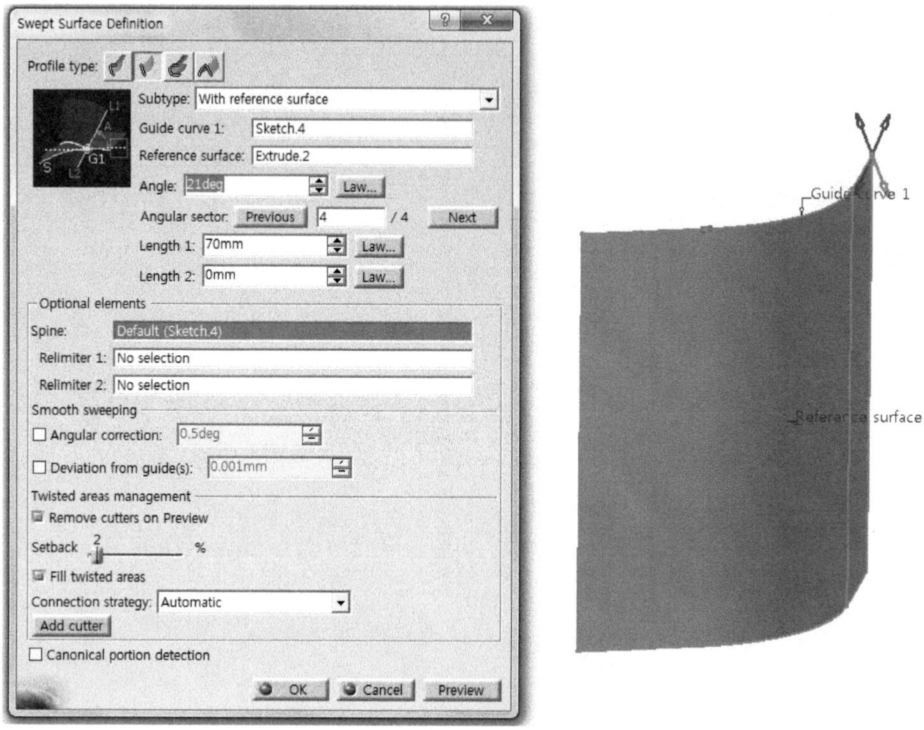

▲ Guide curve를 Limit로 참조 곡면에 일정 각을 유지하는 조건

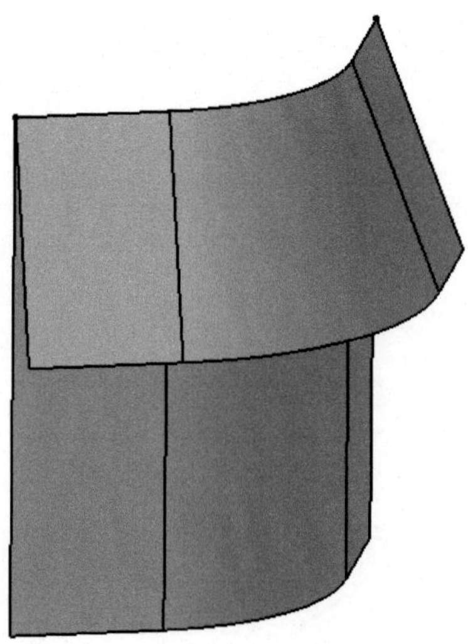

▲ 참조 곡면에 대해서 항상 입력한 각도를 유지하는 곡면 완성 – 구배 곡면 활용

④ With reference curve : Guide curve와 Reference curve를 연결하는 직선을 단면으로 하고 Length 1, 2를 단면의 폭으로 하면서, Guide curve를 따라가면서 Surface를 생성한다.

- **Guide curve 1** : 생성될 곡면의 한쪽 Limit curve이다.
- **Reference curve** : 입력한 Angle을 계산하는 참조 커브이다.
- **Angle, Length** : 사용자가 원하는 입력 값 정의, Angle은 (-)도 가능하다.

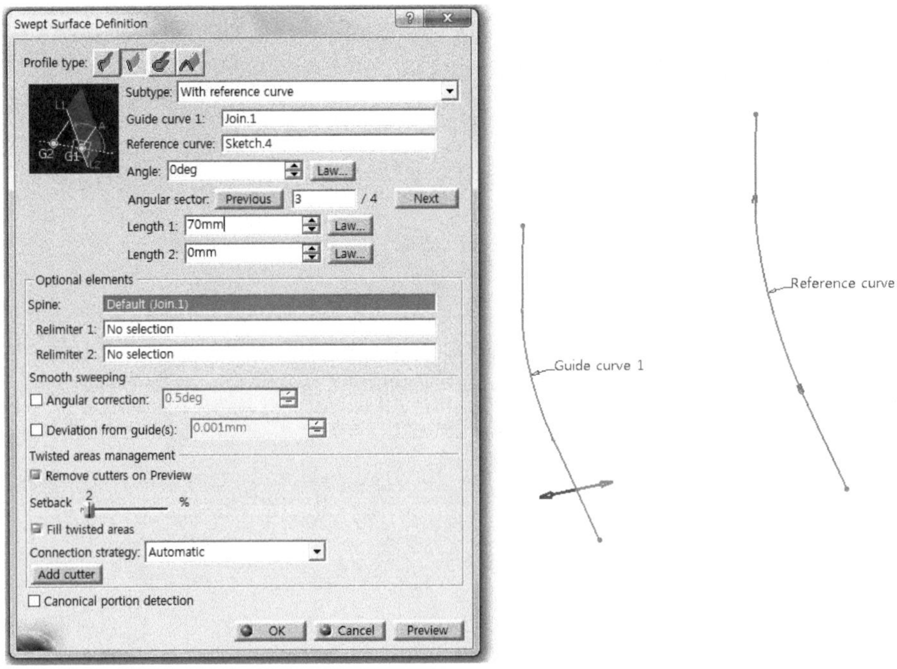

▲ Guide curve를 Reference curve와 연결하는 조건

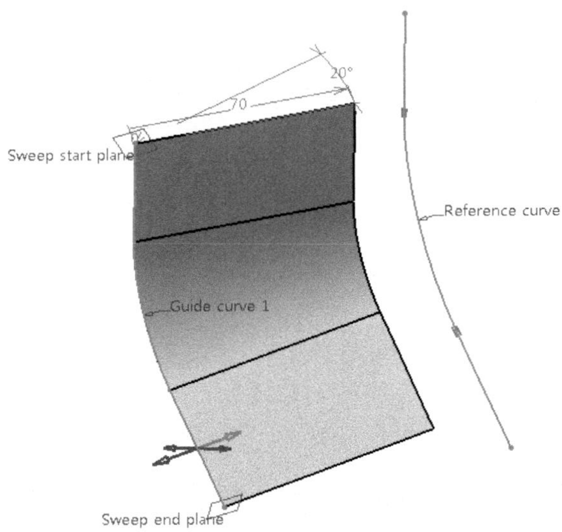

▲ 참조 커브에 대해서 입력한 각도를 유지하는 곡면 완성

⑤ **With tangency surface** : Guide curve에서 Tangency surface에 접하는 직선을 단면으로 하고 Guide curve를 쫓아가면서 surface를 생성한다.

- **Guide curve 1** : 생성될 곡면의 한쪽 Guide curve이다.
- **Tangency surface** : Tangent 연결을 참조할 surface이다.

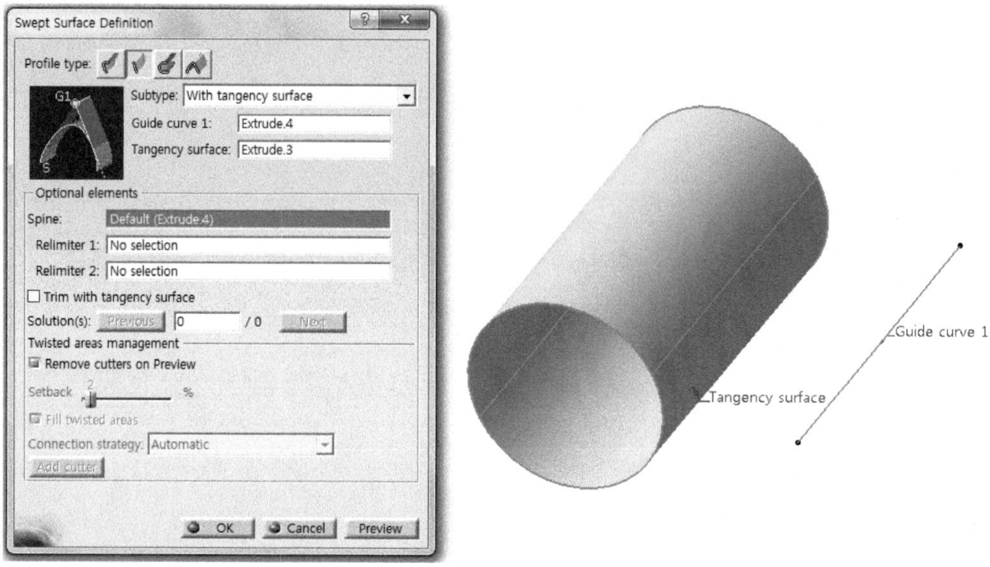

▲ Guide curve를 Tangency surface와 연결하는 조건

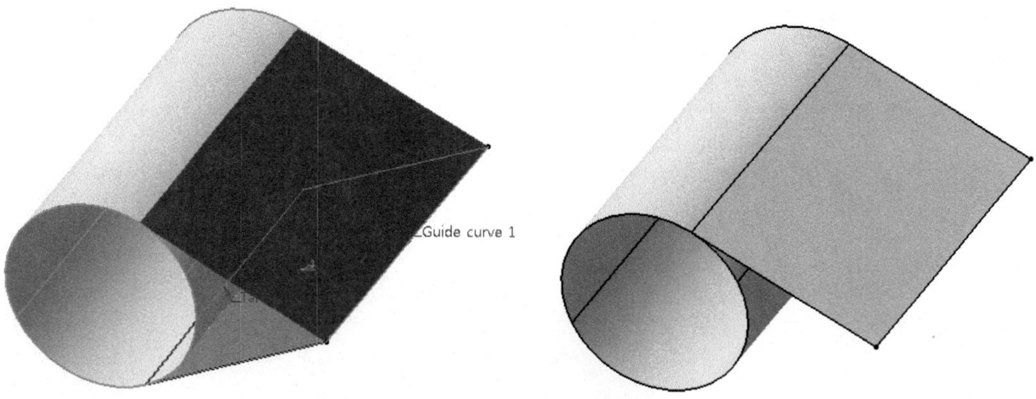

▲ 커브가 참조면과 Tangency를 유지하는 곡면 완성

⑥ **With draft direction** : Guide curve에서 Draft direction에 대하여 Angle만큼 기울어진 직선 단면의 surface를 생성한다.

- **Guide curve 1** : 기울이고 싶은 축이 되는 커브를 설정한다.
- **Draft direction** : 금형 이동 방향을 말한다.
- **Angle, Length** : 구배 각도, 구배 곡면 길이를 설정한다.

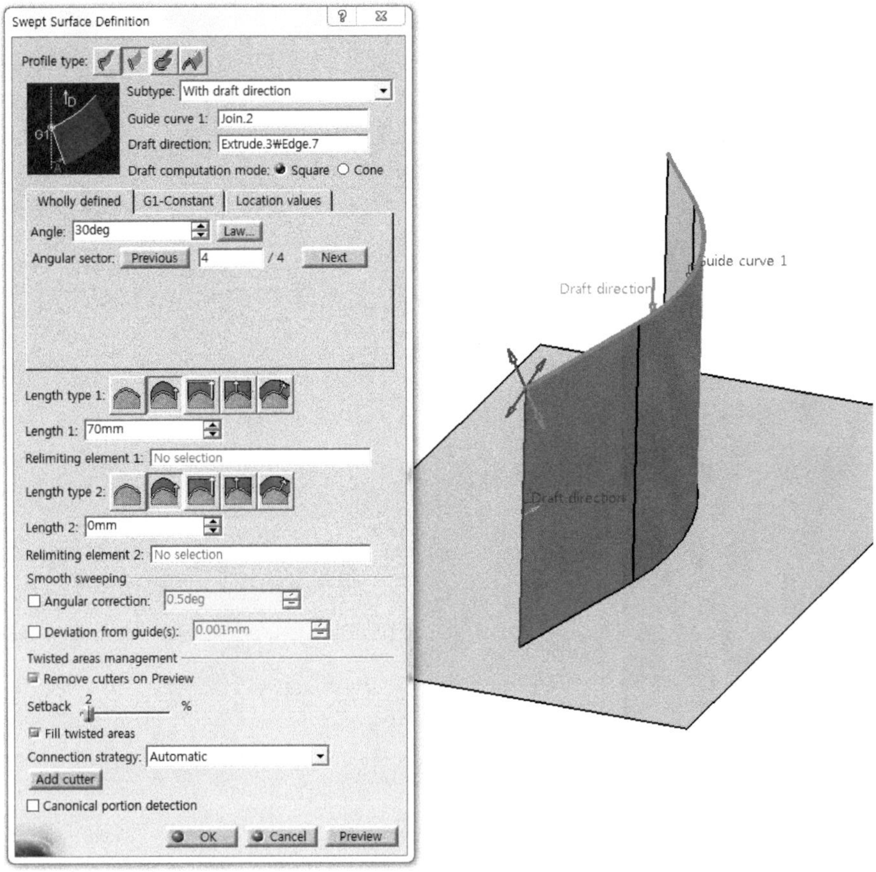

▲ Guide curve와 Draft 방향 설정을 이용한 곡면 생성 예

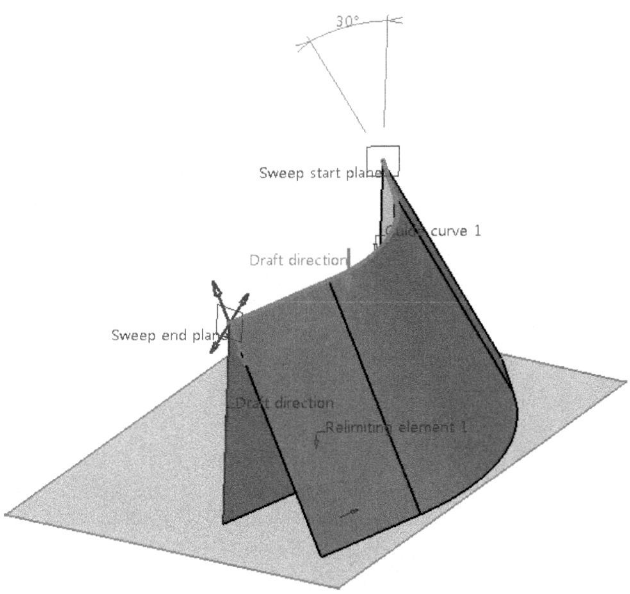

▲ Guide 커브와 참조 곡면에 구배 곡면 완성

㉠ **Angle 값의 정의**

- Wholly defined : Guide curve의 전체 구간에서 Angle 값이 일정한 경우(Law를 이용하면 변하는 값도 입력 가능)
- G1-Constant : G1(Tangent 속성)의 성질이 유지되는 구간의 Angle을 유지한다.
- Location values : Guide curve 위에 존재(미리 생성해 둔)하는 Point의 위치마다 Angle 값이 변하게 정의한다.

㉡ **Length type**

-  Standard : 수치 값을 입력
-  From/Up to : 대상을 선택하여 거리 정의
-  From Extremum : Guide curve의 최고점을 0으로 하여 입력된 수치만큼 거리 정의
-  Along Surface : Surface의 성질을 그대로 유지하면서 수치만큼 크기를 연장

⑦ **With two tangency surfaces** : 2개의 tangency surface를 이용하여 surface에 접하는 단면이 직선형태의 surface를 생성한다.

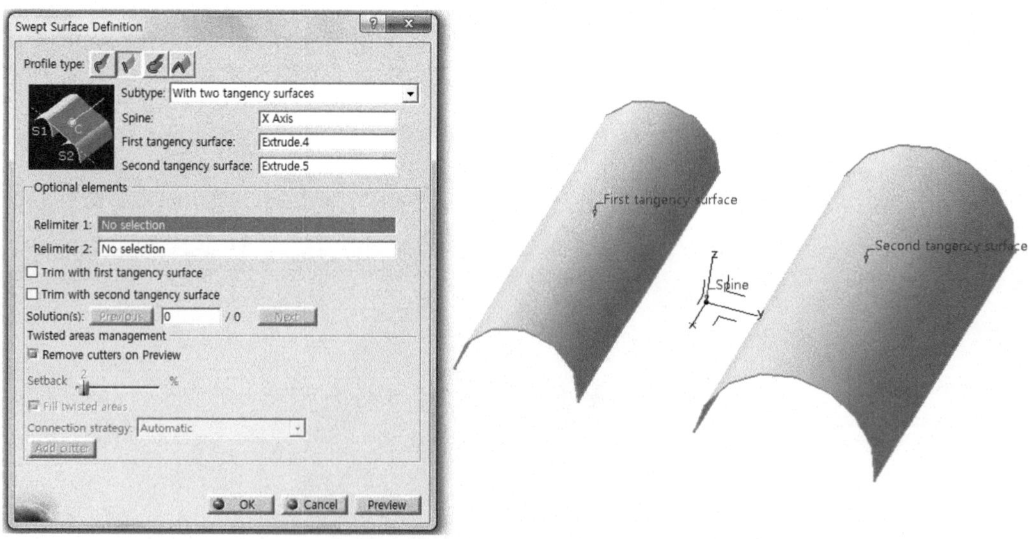

▲ Tangency surface 2개와 축(Spine) 설정을 이용한 곡면 생성

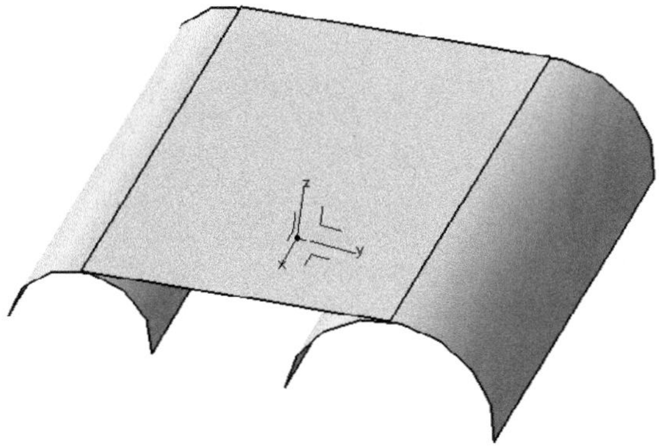

▲ 두 개의 Surface에 접하는 곡면 완성

2) Circle Type 별 사용법

생성될 곡면 단면 형상이 Circle일 때 적용하는 메뉴로 Circle 형상 Profile을 정의하지는 않고 Line 메뉴와 마찬가지로 앞으로 생성될 곡면의 단면 형상이 Circle이다.

① **Three guides** : 3개의 Point로 Circle을 생성하듯이 3개의 Guide curve로 Circle 곡면을 생성한다. 3개의 Guide curve에 의해 단면 형상 Circle 반경은 자동 결정된다. Spine을 지정하지 않으면 처음 선택한 Guide가 Spine으로 지정된다.

- **Guide curve 1, Guide curve 2, Guide curve 3** : 각 단면의 Circle 반경 자동 정의된다.
- **Spine** : 사용자 정의가 없어도 기본적으로 Guide curve 1이 자동 설정된다.

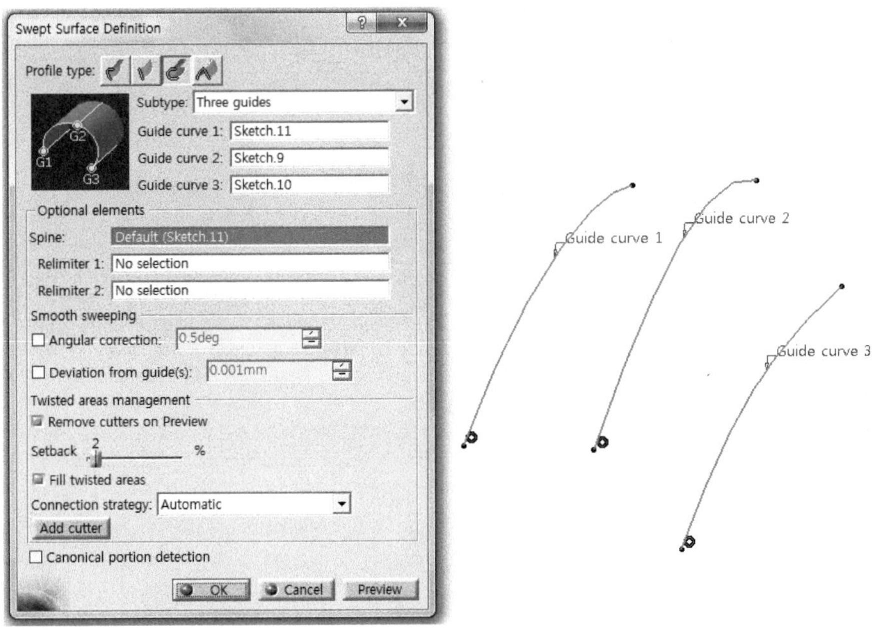

▲ 3개의 Guide curve를 이용한 Circle 곡면 생성 – 마치 3Point를 지나는 Circle 생성과 같다

▲ 완성된 Circle 곡면 – 반경은 3개의 Guide curve에 의해 자동 결정

② **Two guides and radius** : 2개의 Guide curve와 반경 값이 필요하다. 4개의 가능한 Solution이 만들어지며 원하는 형상을 선택하면 된다.

- **Guide curve 1, 2** : 생성될 곡면의 Limit 역할이 되는 curves이다.
- **Radius** : 반경 값을 입력한다.

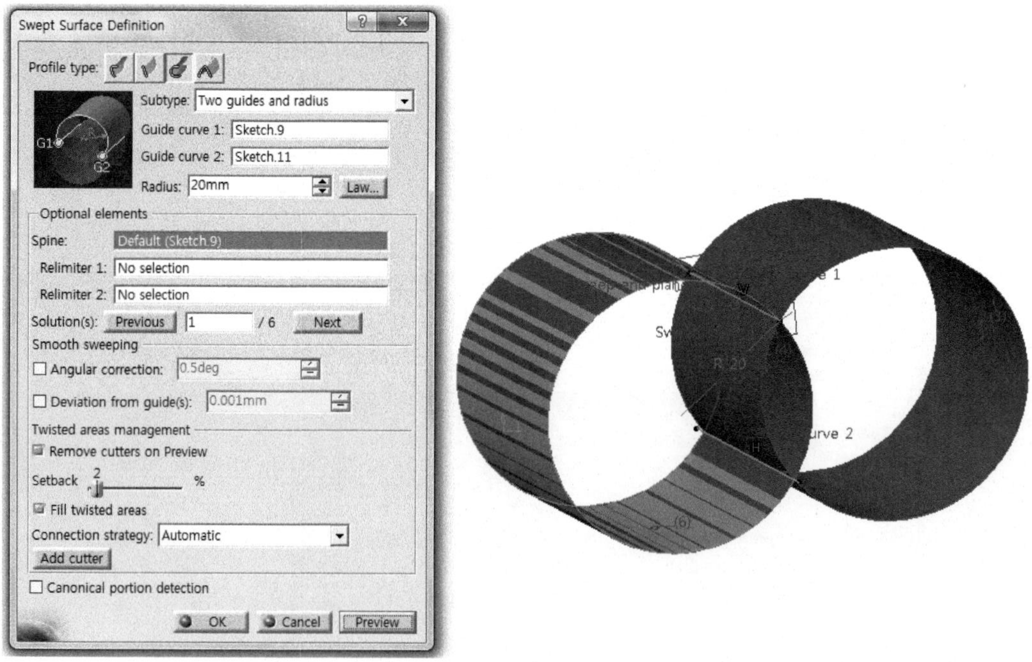

▲ 2Guide curve와 반경 값을 정의 – 생성 가능한 Solution이 많으므로 사용자 선택

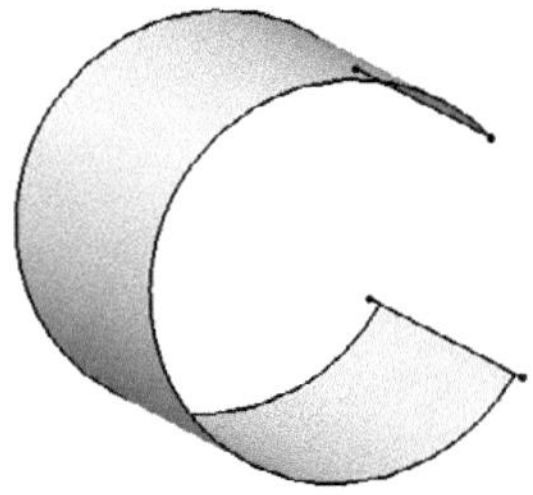

▲ Solution 1

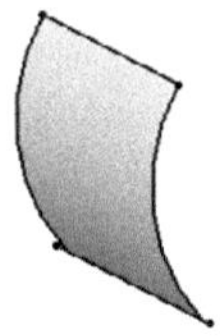

▲ Solution 2

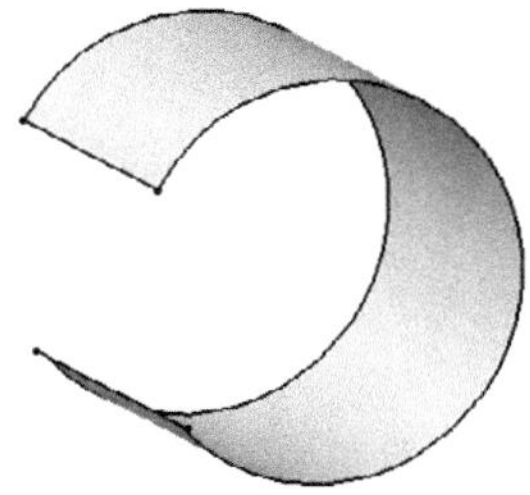

▲ Solution 3

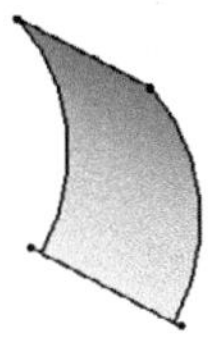

▲ Solution 4

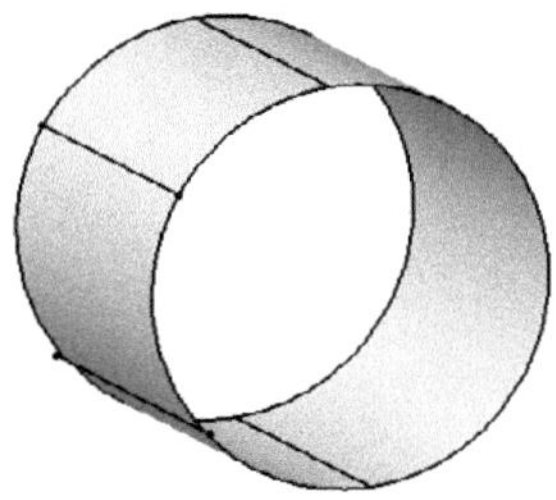

▲ Solution 5

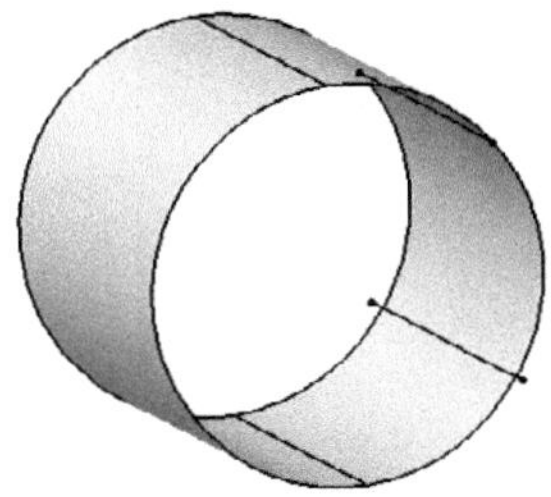

▲ Solution 6

③ **Center and Two angles** : Center curve와 반경을 결정하는 Reference curve를 선택한다. 곡면의 생성 범위는 입력한 Angle로 정의한다.

- **Center curve** : Center로 사용될 curve를 선택한다.
- **Reference curve** : 앞으로 생성될 곡면에 놓이게 되는 curve로 Center curve와의 간격이 반경으로 계산되는 curve이다.
- **Angle 1, 2** : 입력된 각도 값으로 곡면의 생성 범위로 0, 360도 입력했을 경우 단면 형상으로 봤을 때 circle 전체 형상을 의미하고 0, 40도면 40도 만큼만 생성된다.

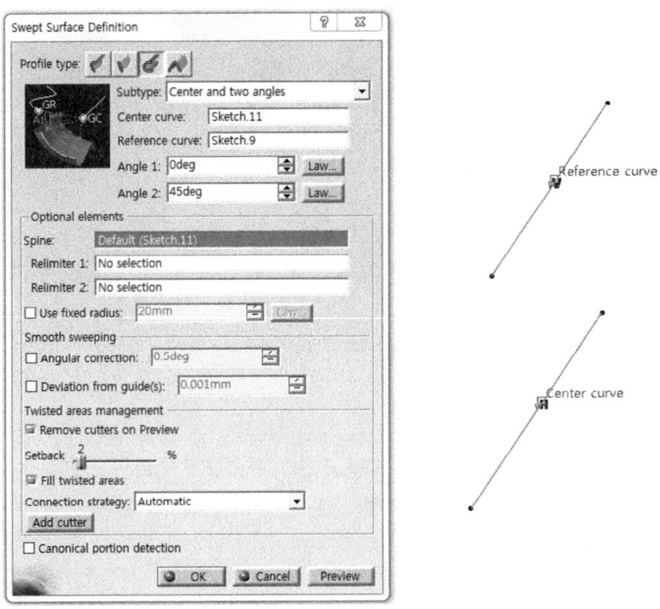

▲ 1개의 Center curve와 Reference curve – 반경 정의

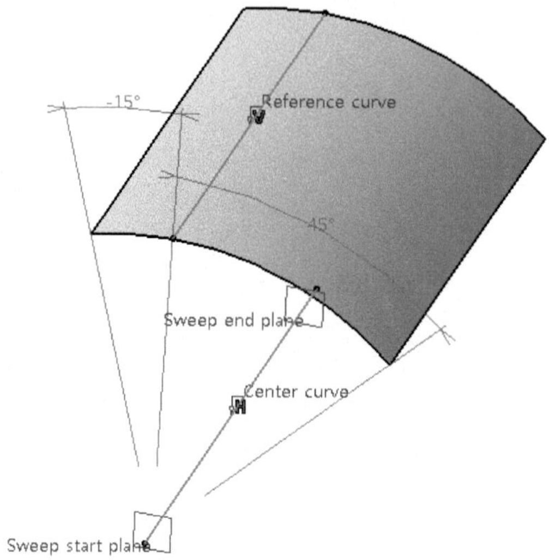

▲ Angle로 계산되는 곡면 길이

④ **Center and radius** : Center curve와 반경 값을 지정한다. 주로 일정 반경을 갖는 Pipe 형상에 적합하다.

- **Center curve 1** : Center로 사용될 curve를 선택한다.
- **Radius** : 생성될 곡면의 반경 값을 입력한다.

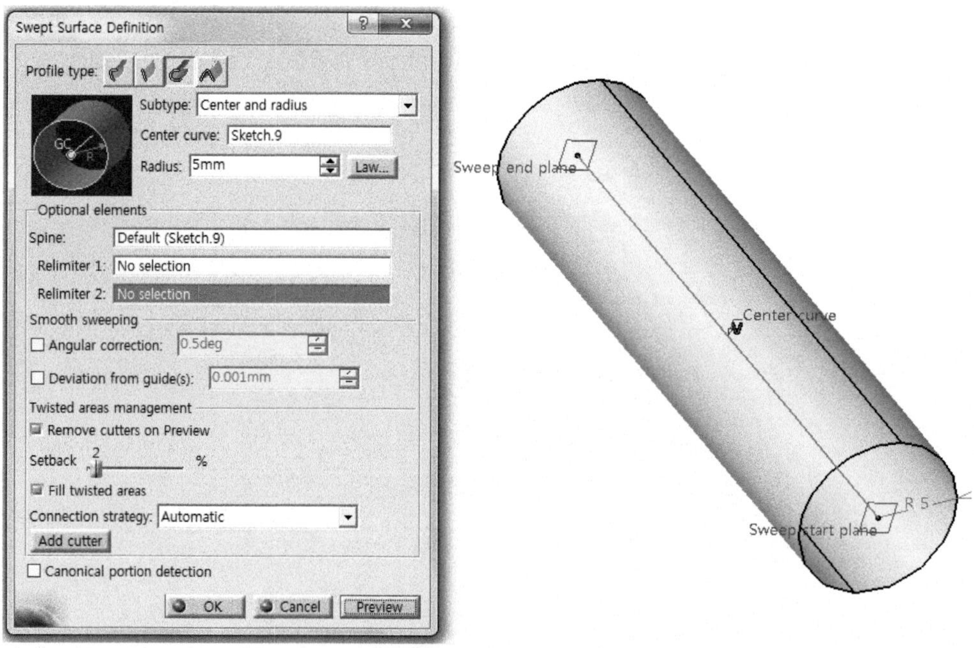

▲ Center curve와 반경 값으로 Circle 곡면 생성 – 반경 값은 일정

⑤ Two guides and tangency surface : 정의된 곡면에 접하면서 선택한 2개의 Limit curve를 경계로 하는 곡면을 생성한다.

- **Limit curve with tangency** : 접하는 곡면에 놓여 있는 Limit curve를 선택한다.
- **Tangency surface** : 생성될 곡면에 접하는 곡면을 선택한다.
- **Limit curve** : 또 다른 Limit curve를 선택한다.

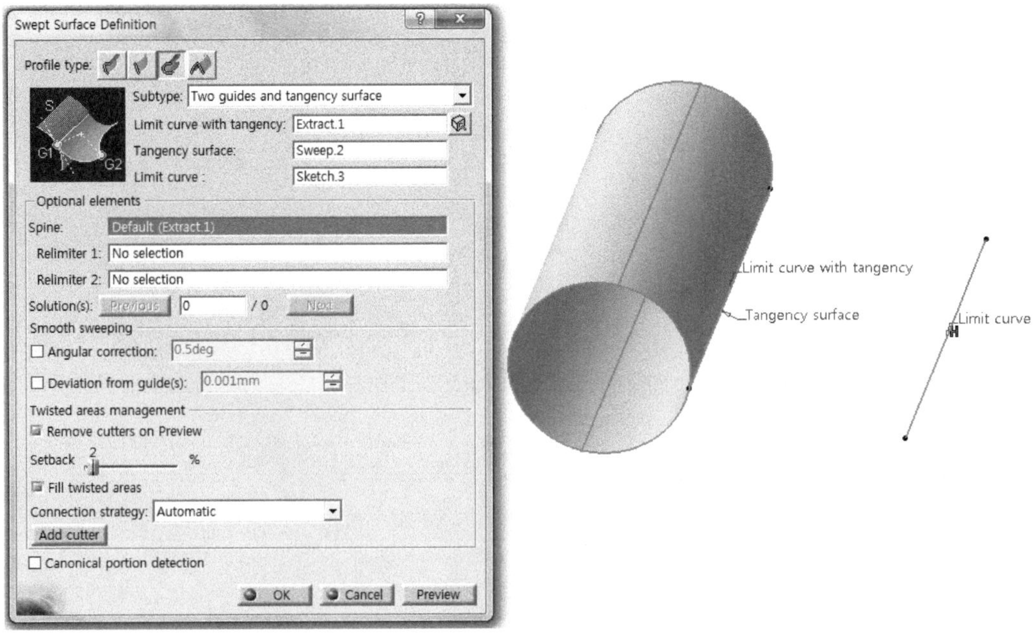

▲ 2Guide curve – Limit 역할과 인접 곡면 조건

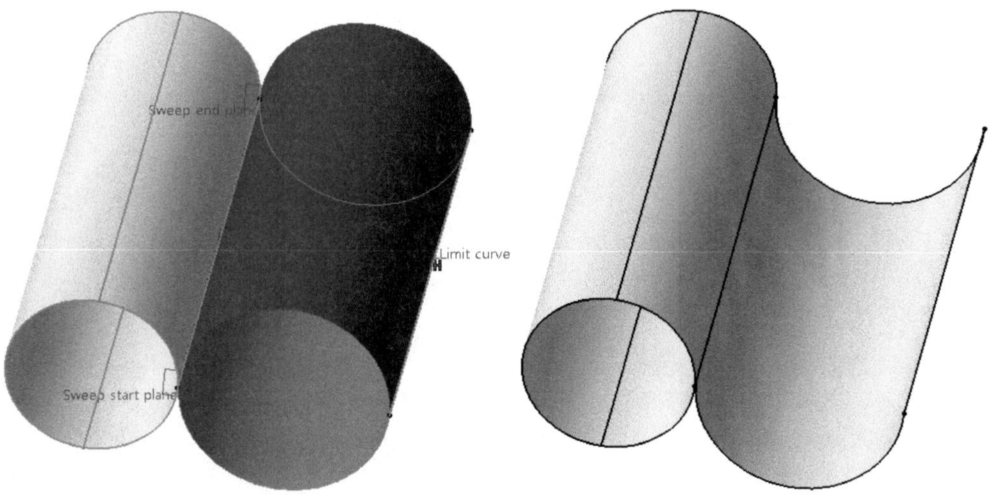

▲ 인접 곡면에 Tangent하면서 두 Limit curve까지 생성된 Circle 곡면

⑥ **One guide and tangency surface** : Guide curve를 Limit로 선택한 곡면에 Tangent한 곡면을 생성한다.

- **Guide curve 1** : 생성될 곡면의 Limit로 적용될 curve를 선택한다.
- **Tangency surface** : 앞으로 생성될 곡면과 Tangent한 곡면을 선택한다.
- **Radius** : 생성될 곡면의 반경 값을 입력한다.

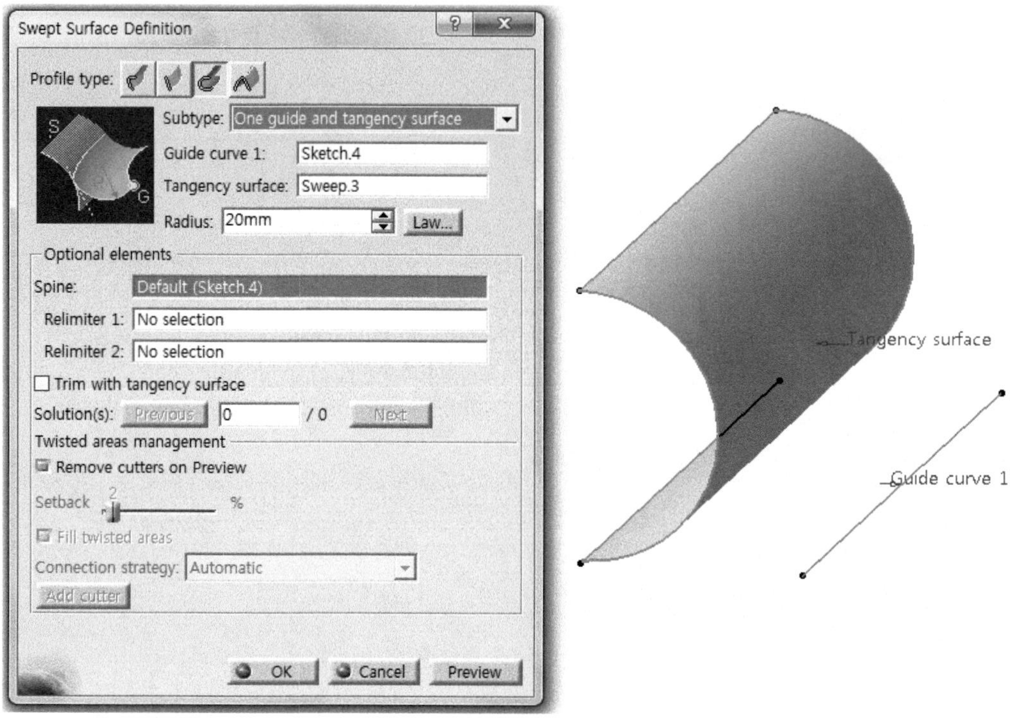

▲Guide curve를 Limit로 지나가면서 Reference 곡면에 Tangent한 지점을 자동 계산하여 곡면을 생성

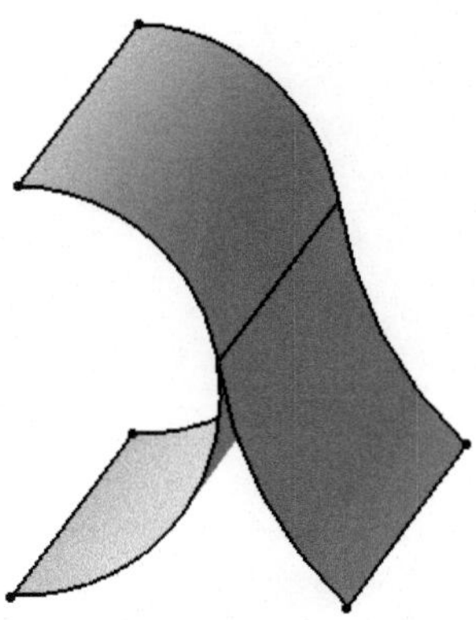

▲ Solution 1

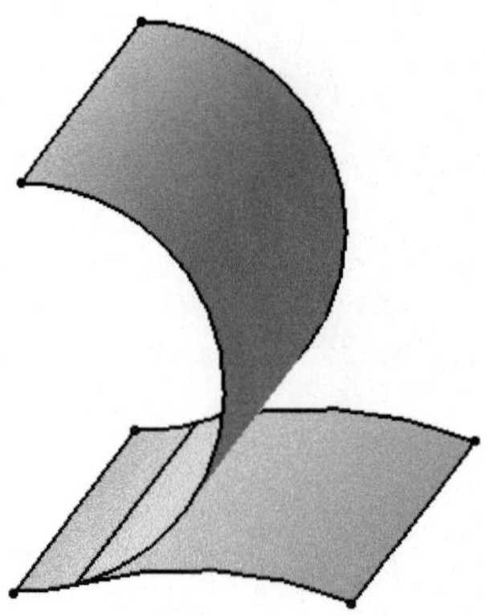

▲ Solution 2

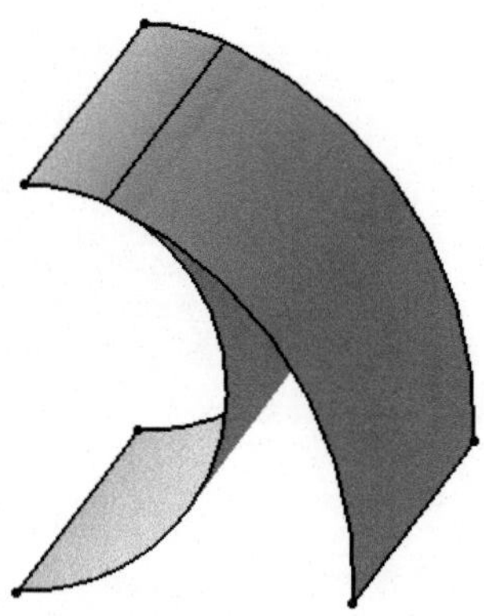

▲ Solution 3

⑦ Limit curve and tangency surface : Limit curve와 선택한 곡면에 Tangent한 곡면을 생성한다.

- **Limit curve** : 생성될 곡면의 Limit로 적용될 curve를 선택한다.
- **Tangency surface** : 앞으로 생성될 곡면과 Tangent한 곡면을 선택한다.
- **Radius** : 생성될 곡면의 반경 값을 입력한다.

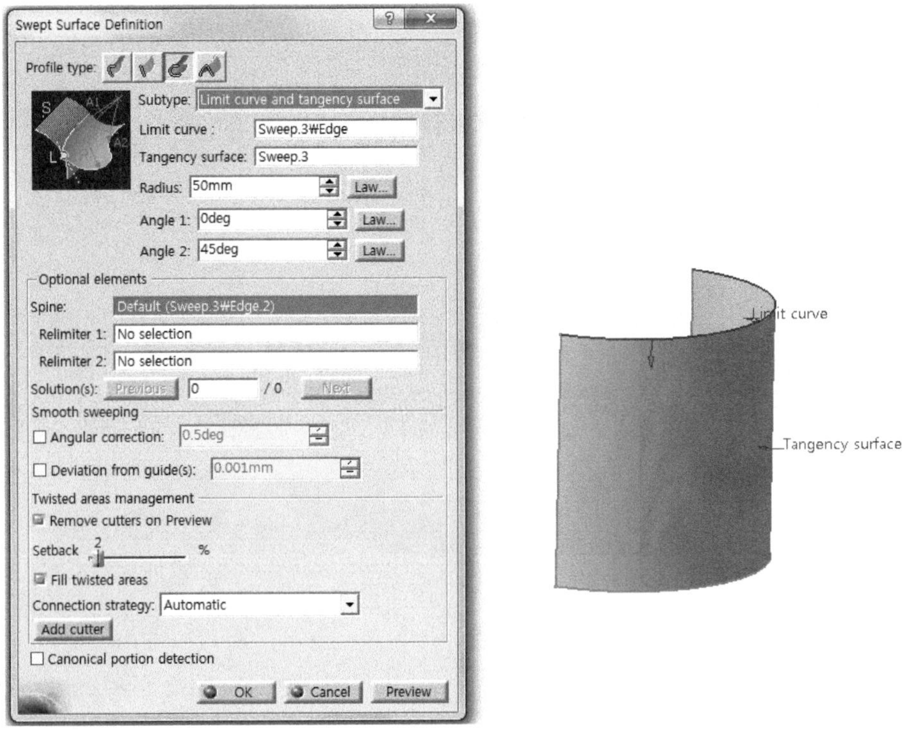

▲ Limit curve에서 시작되고 곡면에 Tangent 곡면 생성

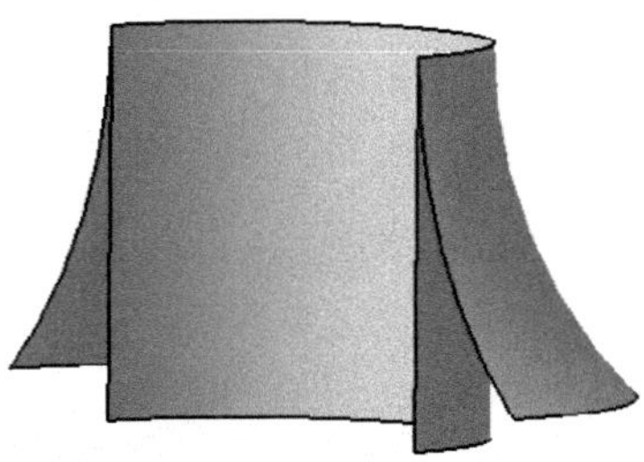

▲ Solution 1

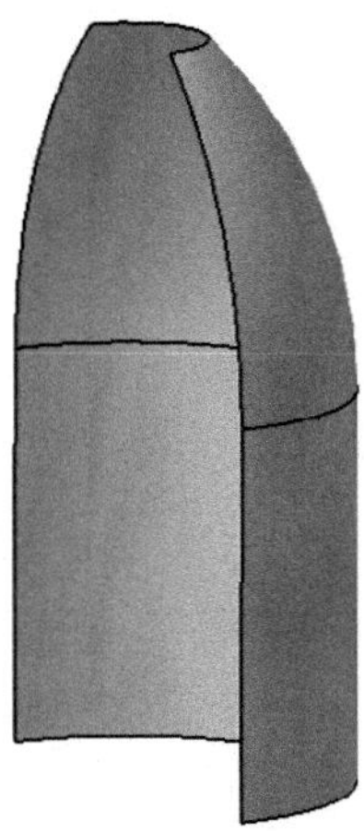

▲ Solution 2

3) Conic Profile 사용법

Curve 혹은 곡면을 Conic 조건에 의해 연결 곡면을 생성하는 메뉴로 Conic 조건은 Guide curve와 이 Guide curve들의 Tangent 방향, Conic Parameter 값으로 계산된다.

① Two guide curves : 2개의 Guide curve와 접선 방향 및 Angle을 이용 새로운 Conic 곡면을 생성한다.

- **Guide curve** : 인접 곡면 Edge 혹은 첫 번째 Guide curve를 선택한다.
- **Tangency** : 곡면 혹은 Line을 선택한다.
- **Last guide curve** : 인접 곡면 Edge 혹은 두 번째 Guide curve를 선택한다.
- **Parameter** : Conic Parameter 값을 입력한다.

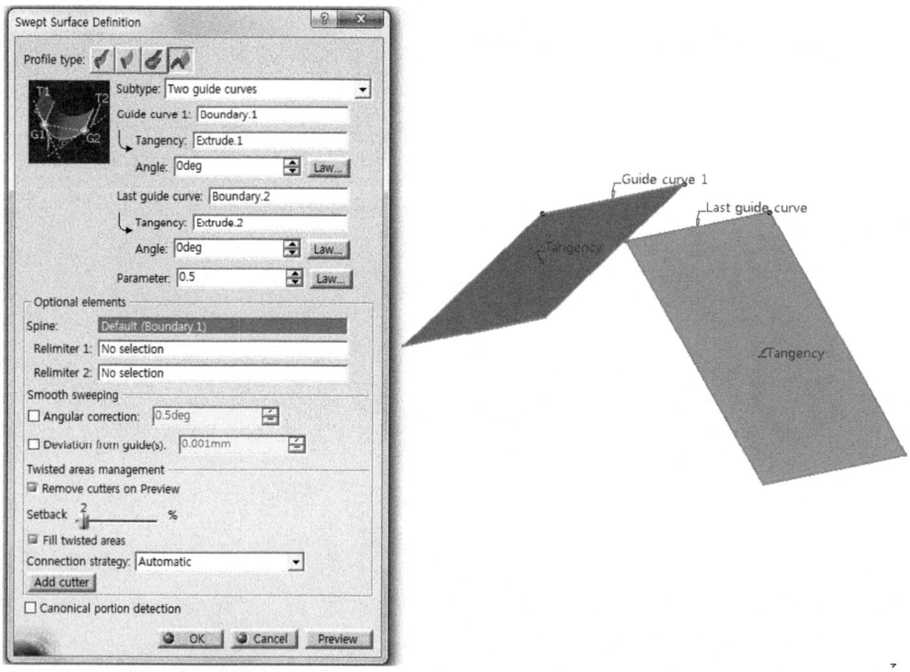

▲ 서로 떨어져 있는 두 곡면 연결 생성에 적용되는 Conic 곡면

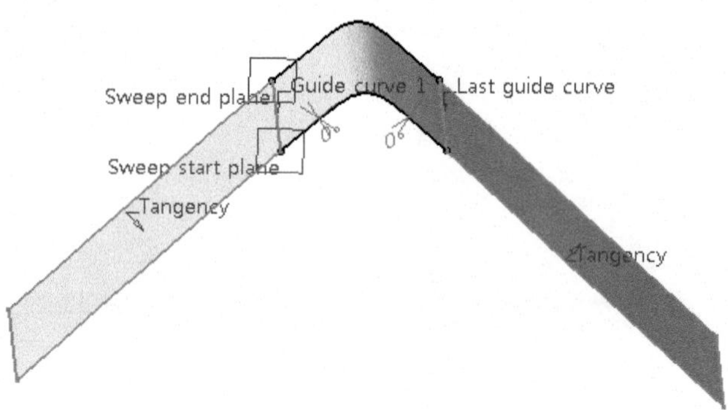

▲ 조건 중에 Conic Parameter 값에 의해 형상 제어 – 0.8일 때 형상

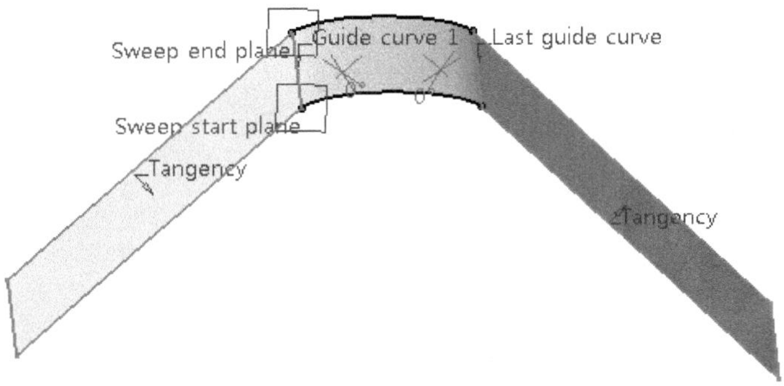

▲ Conic Parameter 0.2일 때 형상

4 Fill

인접한 Curve, Line 혹은 인접 곡면 경계선(Boundary)으로 Closed된 영역에 곡면 생성하는 메뉴로 작업 시간적인 면에서는 상당히 효율적인 메뉴이나 3차원 Curve를 Boundary로 정의할 경우, 고품질을 요하는 형상 부위라면 주의해서 사용해야 한다. 다음과 같은 연속성을 정의한 후 생성된 Fill 곡면도 단면 체크를 권장한다.

① 선택한 Curve, 혹은 곡면 경계선에 인접한 곡면을 선택하여 각각의 연속성을 유지한다.

② Supports를 선택하면 Support 면과 Tangent하게 채워진다.

③ Passing point는 선택된 point를 지나도록 곡면이 생성된다.

④ Continuity는 Support 면과 Fill Surface와의 연결 조건을 정의한다.

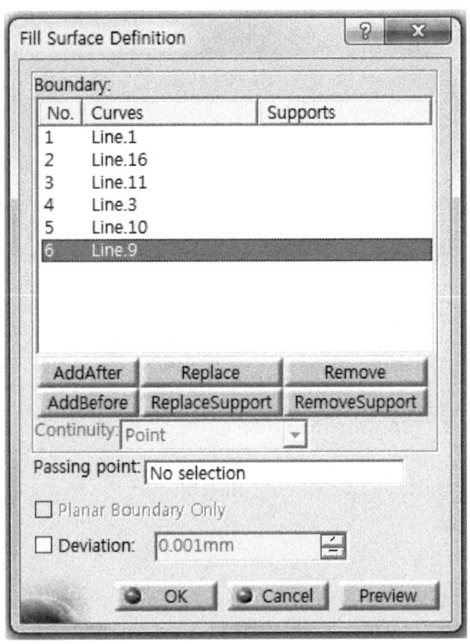

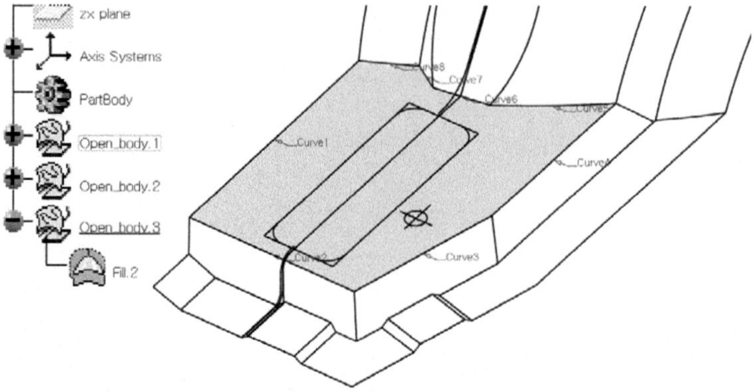

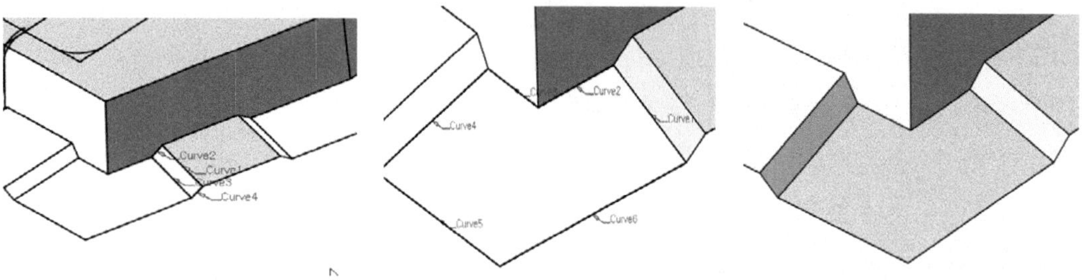

5 Multi – Sections Surface

복수의 단면으로 정의된 Surface를 생성한다. Part Design의 Multi - Section Solid와 동일한 명령이다.

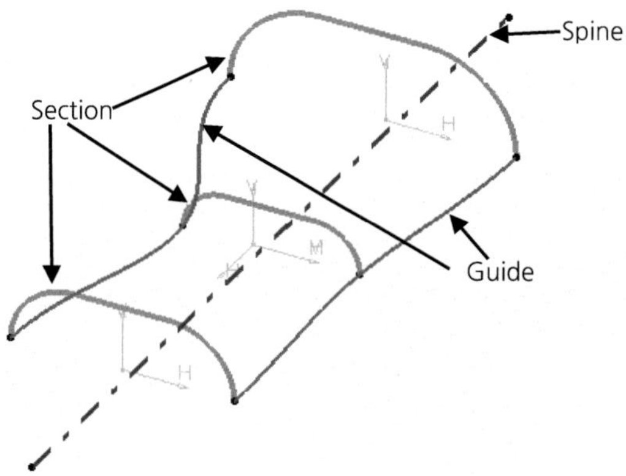

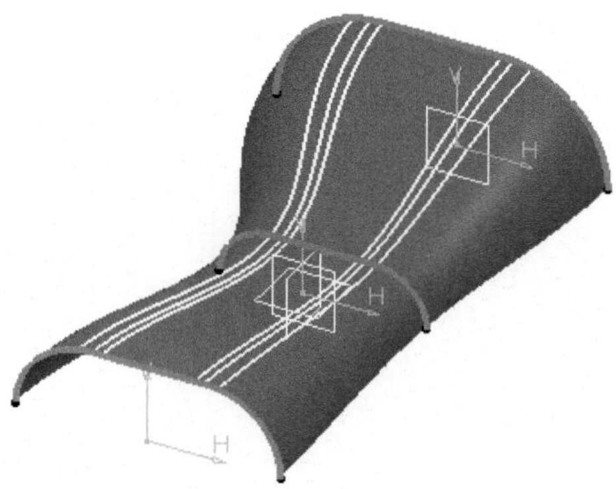

① **Section만 입력한 경우** : Coupling의 Section coupling type에 의해서 Section을 연결하는 Surface 형태가 결정된다.

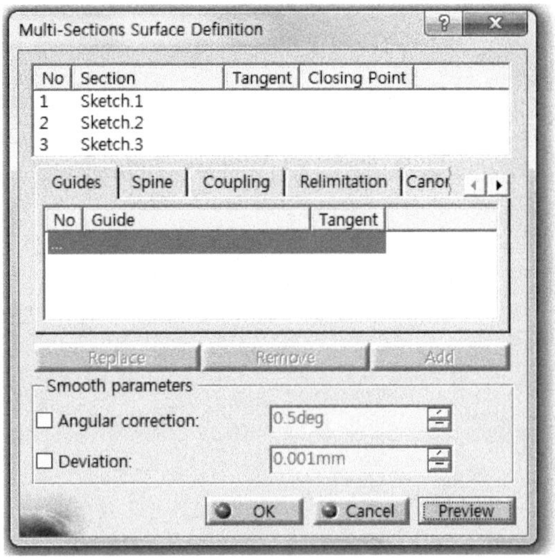

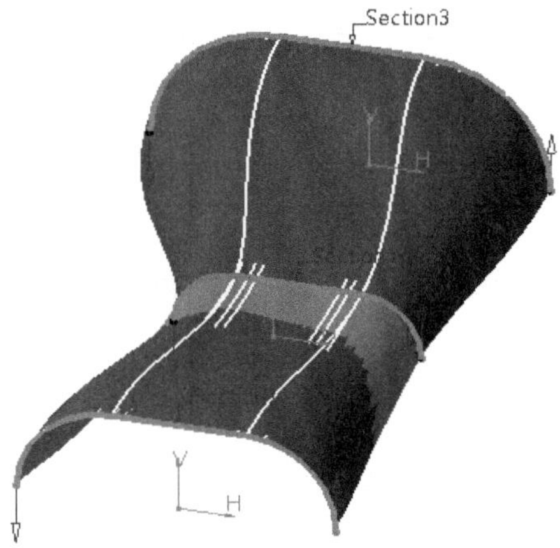

② **Guides 옵션을 사용한 경우** : Section을 연결하여 생성되는 Surface가 Guide curve 위를 지나면서 형태를 결정한다.

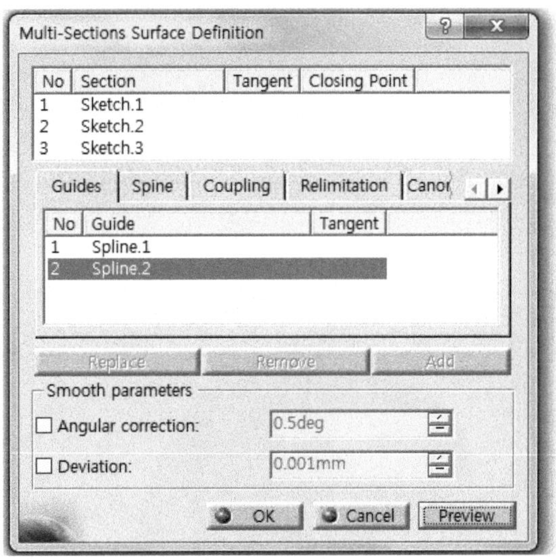

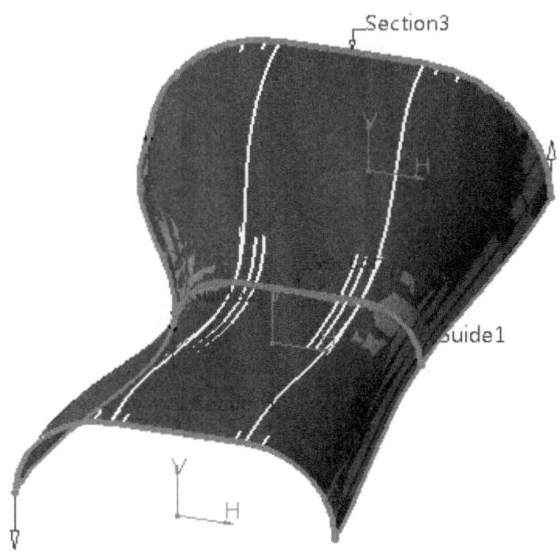

만약 Guide의 길이가 처음 Section과 마지막 Section보다 더 튀어나온 경우는 Relimitation 항목의 옵션을 조절하여 생성되는 결과물의 범위를 조절할 수 있다.

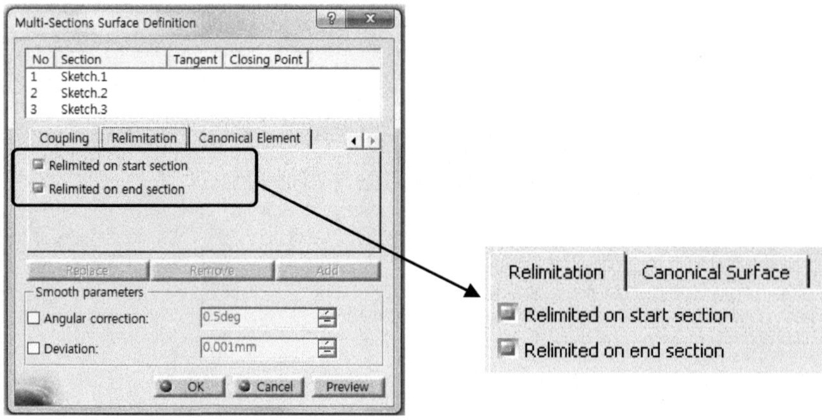

③ **Spine 옵션을 사용한 경우** : Section 사이에 생성되는 Surface의 단면이 지정한 Spine에 수직(Normal)하게 되게끔 형태를 변경하게 된다. 다음 그림처럼 Spine의 형태에 따라 Surface의 생성 결과가 달라짐을 알 수 있다.

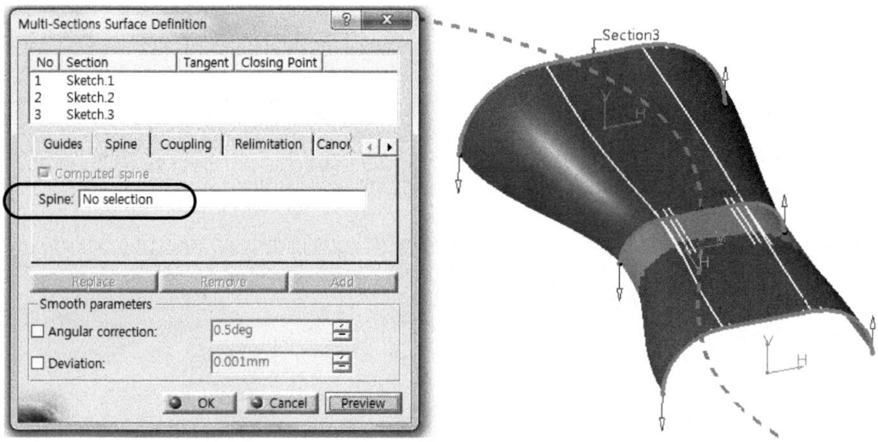

▲ Spine 옵션 사용 전

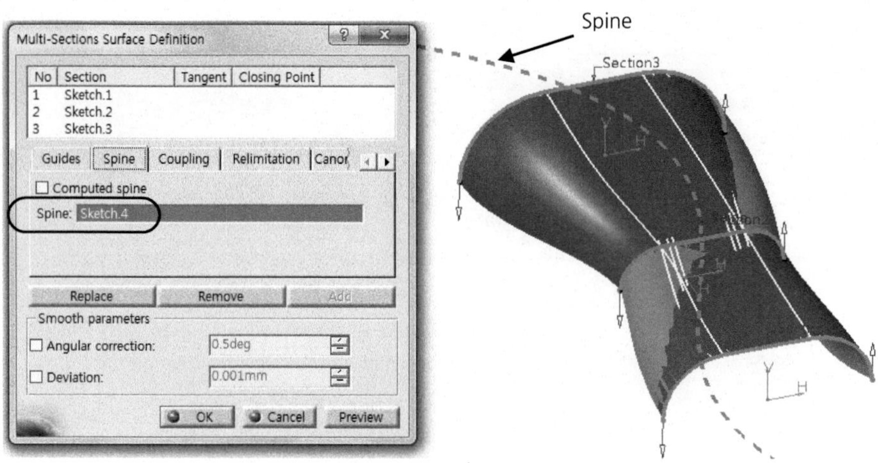

▲ Spine 옵션 사용 후

④ **Coupling 옵션을 사용한 경우** : Sections Coupling의 설정이 Ratio로 되어 있거나, 혹은 Section마다의 Vertic의 개수가 동일하지 않은 경우는 아래 그림처럼 Surface에 임의의 Edge curve가 생성된다.

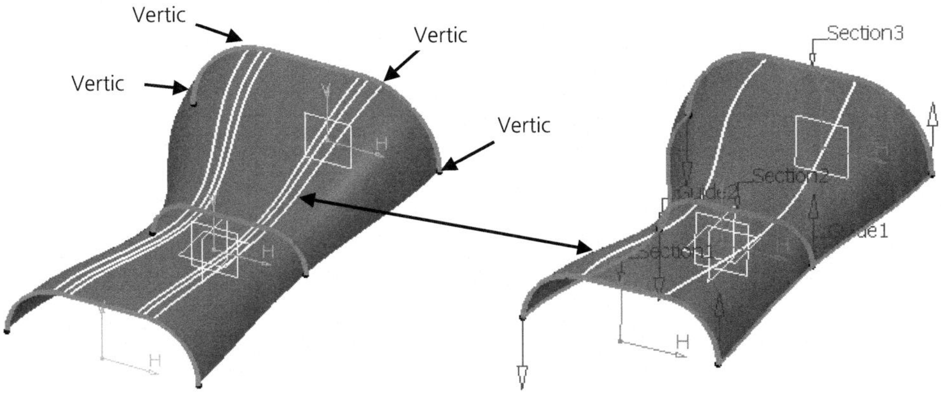

Section 사이 사이에 생성되는 Edge curve를 사용자가 Control하고자 하면 Coupling의 Vertic 옵션을 이용한다.

참고 ▶ **Vertic란?**

Vertic는 일종의 Point인데, curve의 양끝점이나 curve 중간에 성질이 변하는(직선 → 곡선 등) 부분에 자동으로 생성되어 있다.

만약 Section마다 Vertic의 개수가 틀리다면 Vertic의 개수를 통일한다.(**Section** 중에서 Vertic의 개수가 가장 많은 것으로) 방법은 Point(type : on curve) 명령으로 추가한다.

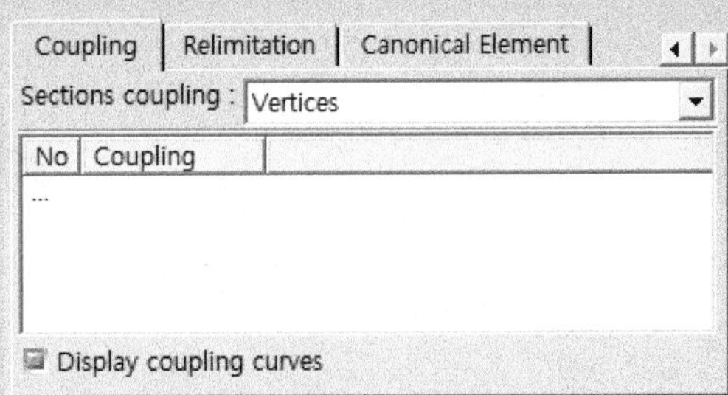

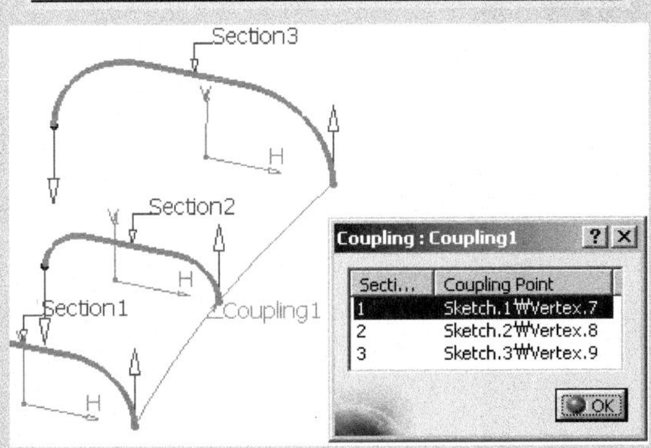

앞의 Coupling을 Vertic의 수만큼 추가한다.

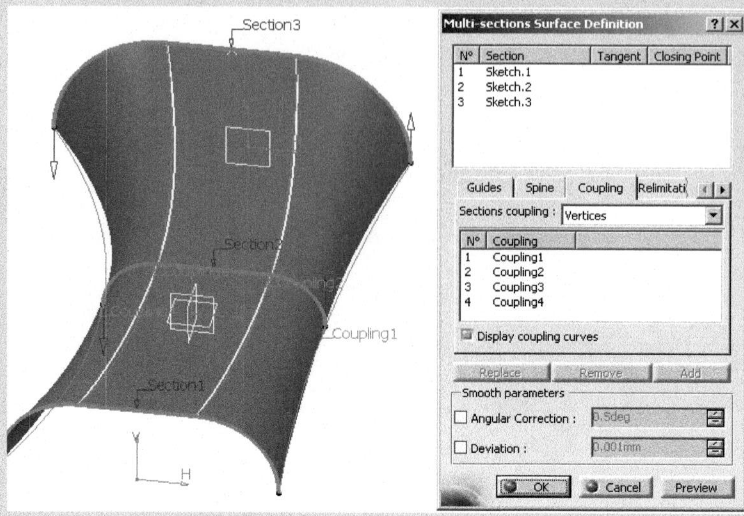

다음 그림은 Section마다 Vertic(4-2-4)의 개수가 틀려서 Point를 추가한 경우이다. Coupling > Vertices

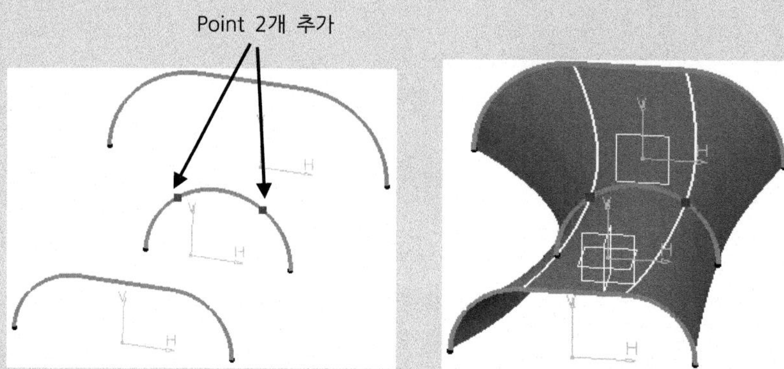

⑤ **Section Profile이 닫혀(Closed)있는 경우** : 지금부터는 Section Profile이 Closed된 경우를 살펴본다. Section의 Profile이 Open된 경우와 달리 Closing Point라는 Control Point를 추가로 정의해 주어야 한다. Closing Point란 Section마다의 Vertices가 연결될 때 서로 짝지어지는 순서의 기준이 되는 Point를 말한다. Closing Point를 기준으로 화살표 방향의 다음 Vertices끼리 순서대로 연결이 된다. 다음 그림을 보면 Closing Point의 역할을 알 수 있다.

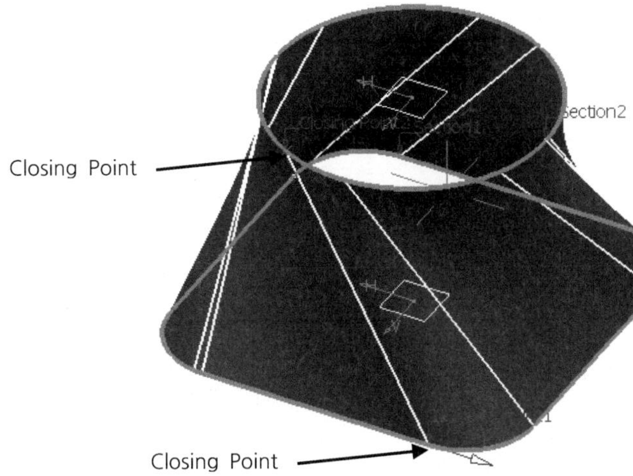

Closing Point의 방향이 일치하지 않았고, 그에 따라서 Section의 Vertices 또한 짝이 맞지 않게 되어서 Edge Curve가 임의로 생성되었다.

Closing Point를 일치시키기 위해서 Section이라는 빨간 글씨에 마우스를 올리고 오른쪽 버튼의 메뉴에 Replace Closing Point라는 메뉴로 바꾸고 싶은 Point를 선택하면 Closing Point의 위치가 바뀐다. 그리고 다음의 그림처럼 두 개의 Section의 Vertices의 수가 다른 경우에는 Vertices의 수가 부족한 Section에 Point를 추가하고, Coupling을 정의한다.

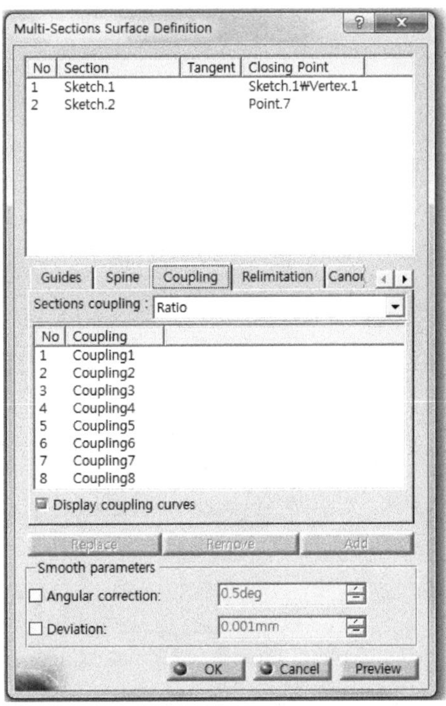

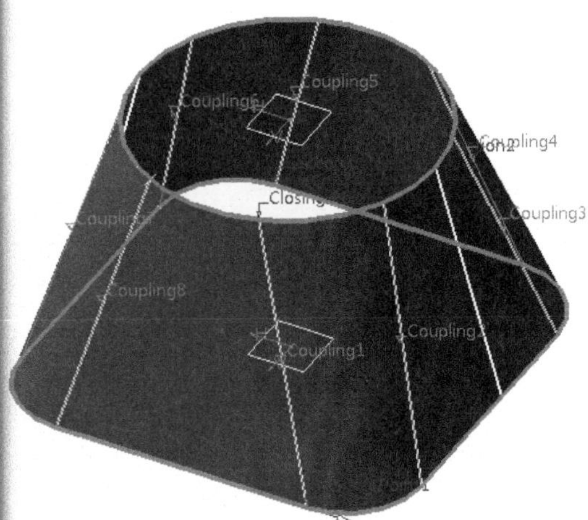

⑥ **Tangent 속성 부여하기** : 다음의 그림을 보면 Section의 맨 처음(Section.1)과 끝(Section.3), Guide 양쪽 끝에는 Extrude Surface가 연결되어 있다. Section과 Guide를 입력한 후 연결되어 있는 Extrude Surface를 선택하면 Tangent의 속성을 갖게 된다.

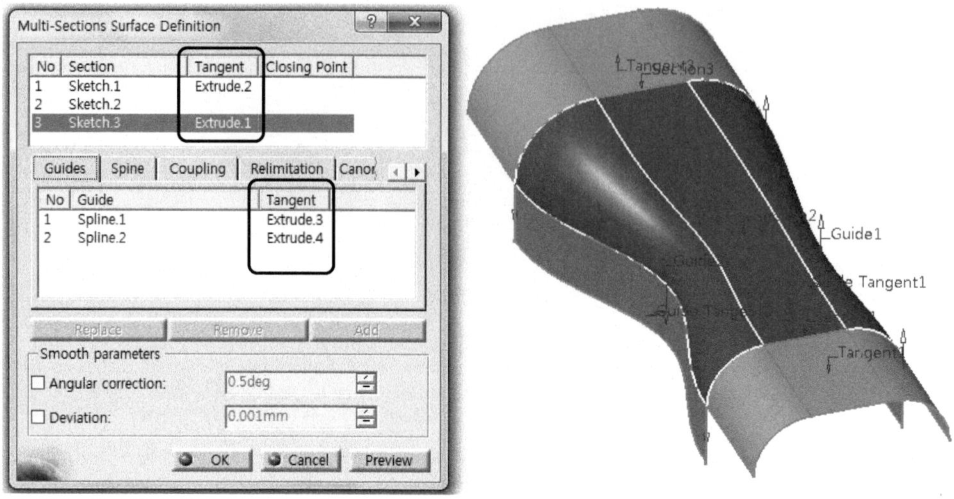

> **참고**
>
> Closing Point가 생기는 Closed되어 있는 Profile로 Section을 지정할 경우는 사용자의 의도와 다르게 Vertices 연결이 제대로 되지 않는 경우가 많다. 이런 경우는 대칭의 형태를 이용하여 대칭의 한쪽만 Multi - Section Surface로 생성하고 이를 Symmetry하면 되는데, 바로 이때 Tangent 속성을 이용하면 된다. 대칭의 한쪽 Surface와 반대쪽의 연결 부위(경계)에서의 Surface의 Quality(연결성, 연속성)를 높일 수 있다.

6 Blend

두 개의 단면을 연결하는 Surface를 생성한다. 단면이 2개만 있는 Multi - Sections Surface 명령이라고 생각하면 된다.

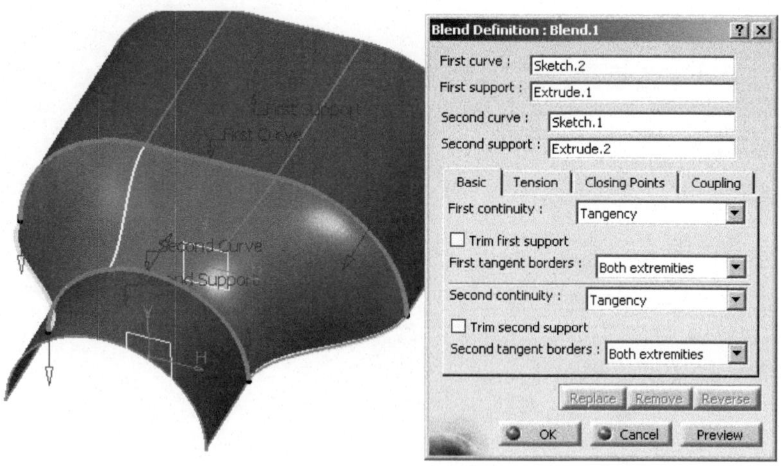

① Basic : Curve에서 생성되는 Surface의 경계 부위의 연속성을 정의한다.

② Continuity : 연결 부위 경계의 연결성을 정의한다.

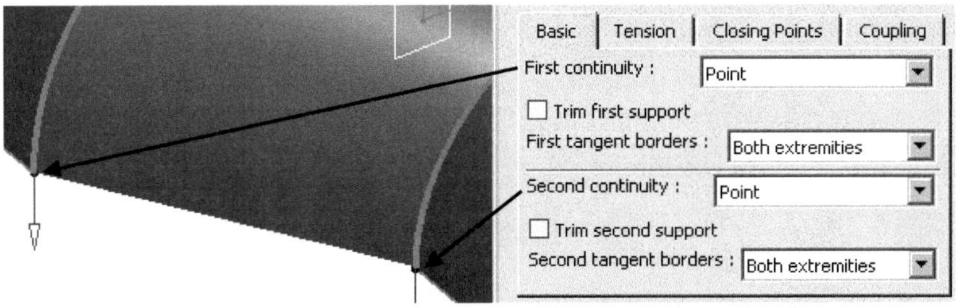

▲ Point : 단순하게 연결만

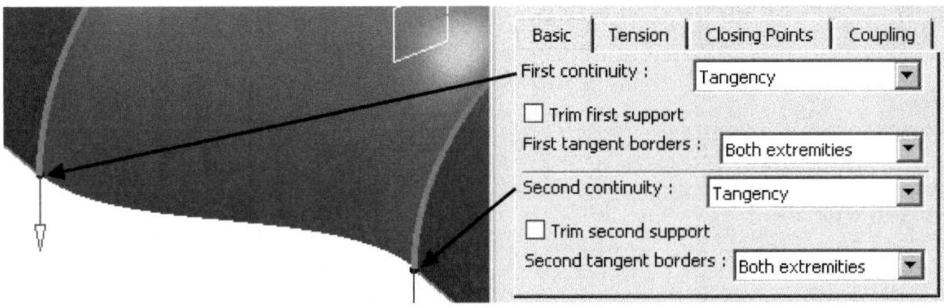

▲ Tangency : 접하는 성질로

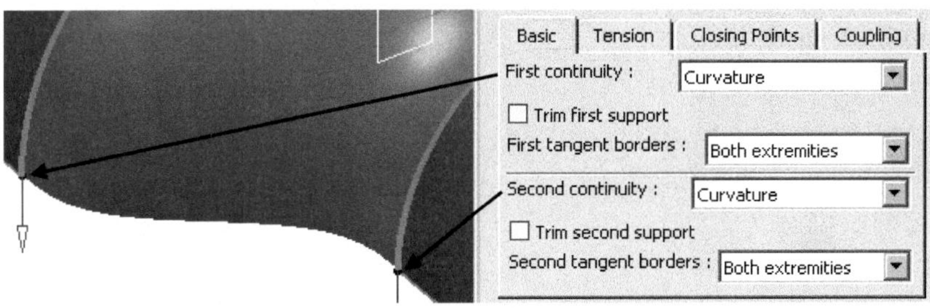

▲ Curvature : 경계 근처의 곡률을 유지

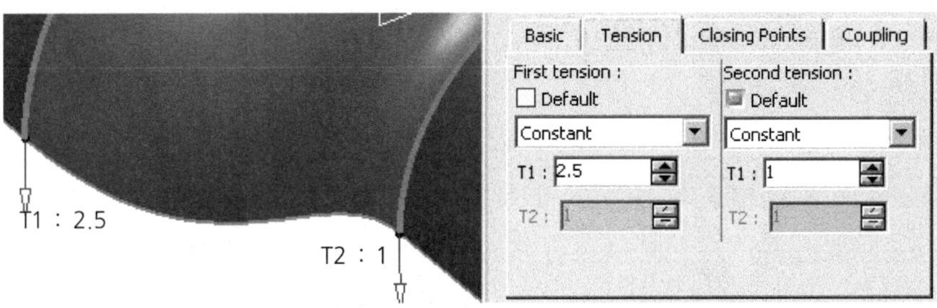

▲ Tension : Continuity의 영향이 미치는 범위를 정의 함

③ Closing Point : 닫혀진(Closed) Curve를 연결하는 경우에 짝지어지는 기준으로 Multi - Section Surface 명령의 것과 동일하다.

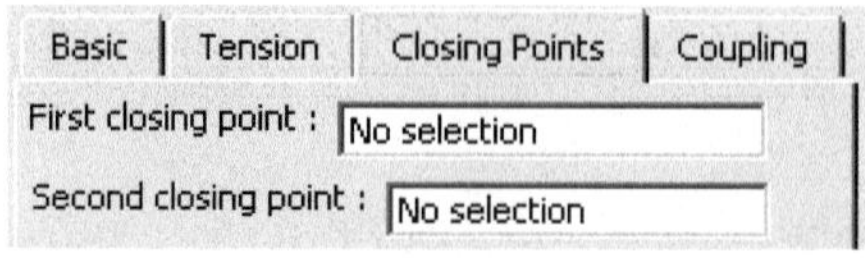

④ Coupling : Multi - Section Surface 명령의 것과 동일하다.

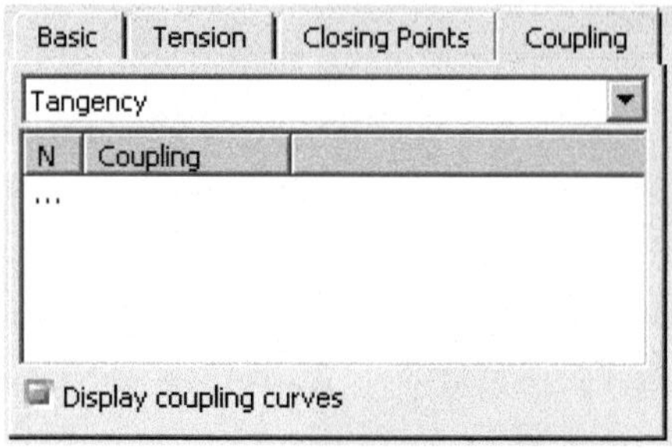

✣ Operations

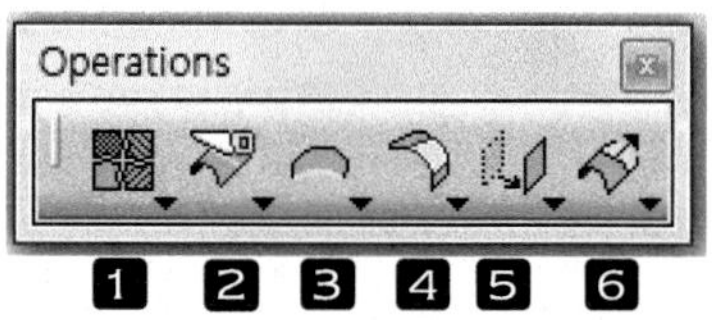

1 Join – Healing

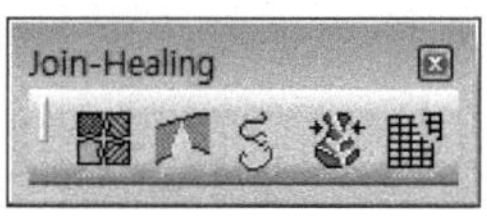

1 – 1 Join 

Join은 인접한 2개 이상의 Curve 또는 Surface를 하나로 그룹화시키는 작업이다. 즉 실제 Geometry가 하나로 통합되는 개념이 아니라 논리적으로(Logical Link) 하나로 인식시켜 주는 것이다. 그러므로 필요에 따라 곡면 혹은 커브 추가, 삭제, 수정이 용이하다.

- **Element To Join** : Join 요소 선택으로 나중에 추가, 삭제(Add, Remove Mode)가 가능하다.
- **Merging distance** : 설정한 값보다 작은 범위는 한 덩어리로 합친다.
- **Check tangency** : Join 요소들 간의 Tangency 연속성을 체크한다.(Join되는 Surface의 품질 연속성을 고려할 때 외에는 체크하지 않는다.)
- **Check connexity** : Join 요소 사이에 틈이 있는지 체크한다.
- **Check manifold** : Curve끼리의 Join에서 결과물이 나뭇가지처럼 여러 개로 갈라지

는지 체크한다.

- **Simplify the result** : Join된 결과물의 Edge, 면 같은 Element를 줄이면서 Join한다.
- **Ignore erroneous elements** : Join 명령어 완성이 어려운 부분은 무시하면서 결과물을 생성한다.
- **Angular Threshold** : Angle Tolerance보다 더 클 경우 Join이 안된다. 이는 Overlap되어 있는 요소 중 형상에 차이가 있으면 체크해 주고 Tolerance 범위 내에서 차이가 없는 경우엔 Overlap되어 있더라도 Join이 가능하다.
- **Federation** : 이미 Join된 Curve나 Surface를 재그룹화시켜 줌으로써 Link된 형상을 수정했을 때 Join에 사용된 요소들의 수정 및 관리가 용이하다.
- **Sub – Elements To Remove** : Federation에 적용된 요소 삭제 및 전체 Join 요소 중 특정면 내부 Patch 단위로 삭제가 가능하다.

① **Wireframe 요소 Join** : 대부분 2D 설계 데이터 혹은 3차원 Wireframe과 제품 단면 형상으로만 이루어진 데이터를 받았을 경우 3차원 설계자가 이를 곡면, 솔리드 작업을 위해 적절한 Join 작업이 필요하다. Line, Curve들이 아래 그림의 Tree처럼 조각나 있으므로 되도록 심플한 곡면 생성을 위해서도 Wireframe 정리는 필요하다.

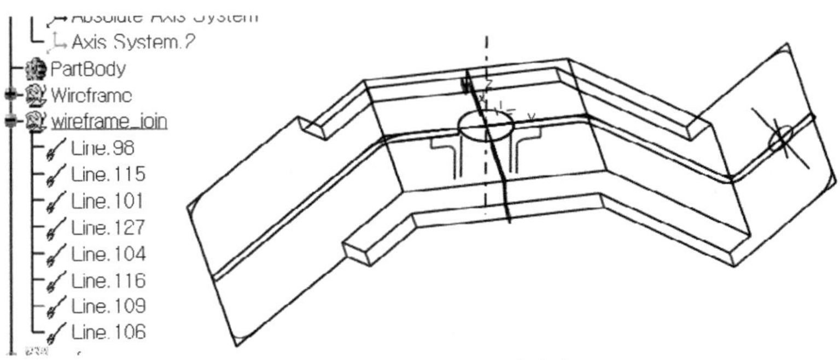

▲ 3차원 Wireframe 데이터

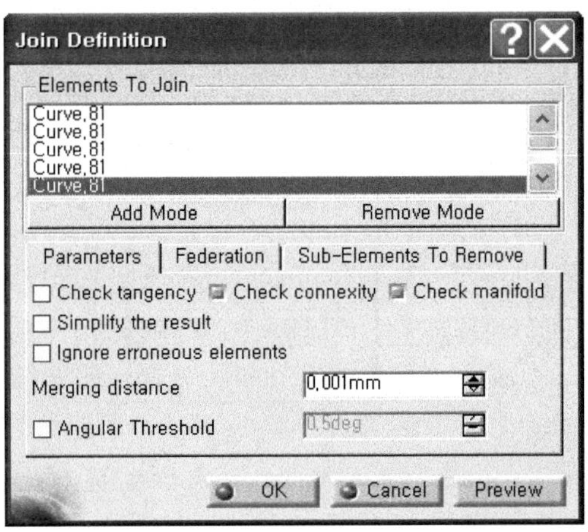

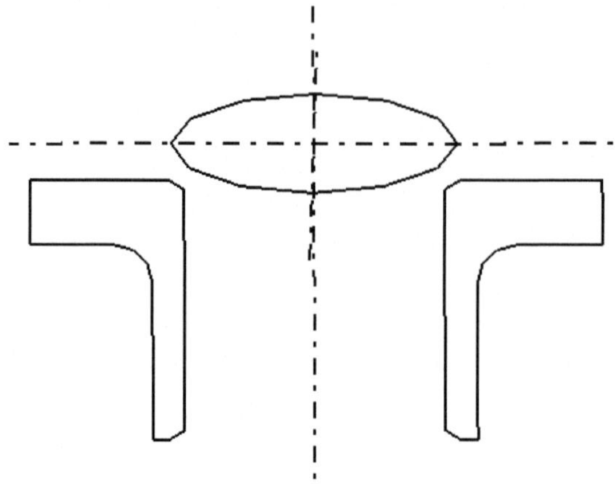

▲ 동일 Section 요소 Join

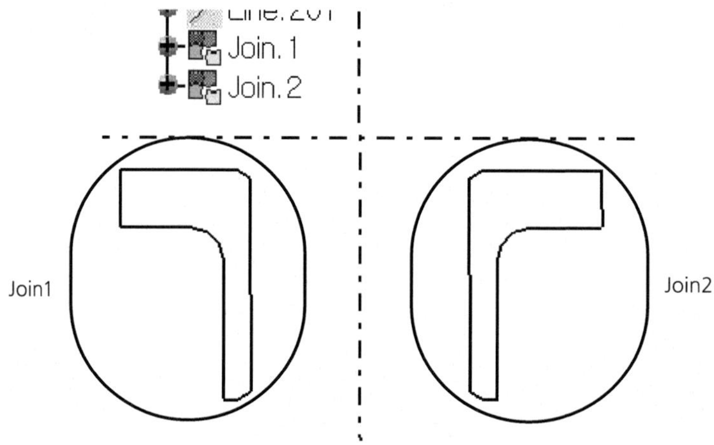

▲ 2개의 각각 독립적인 Join 작업 결과

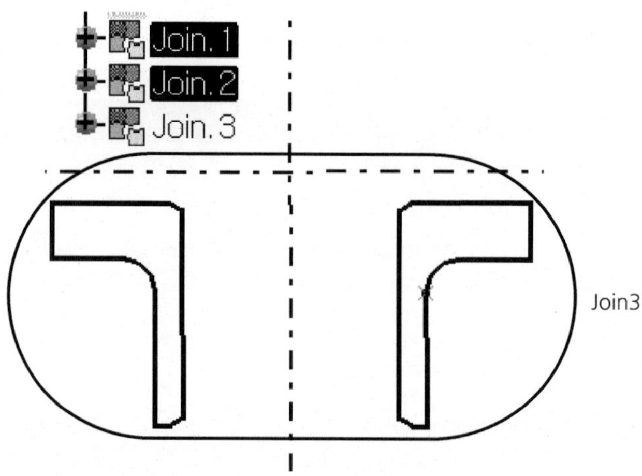

▲ Join을 다시 Join하여 큰 그룹 생성 가능

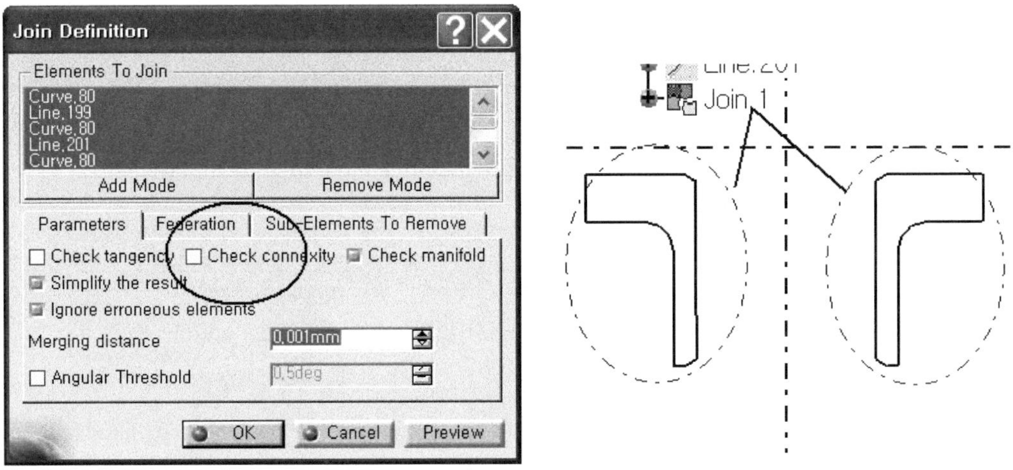

▲ 서로 떨어져 있는 요소들도 하나의 Join으로 그룹화 가능 – Connexity 버튼 체크하면 안됨.

② **곡면(Surface) 요소 Join 방법** : Wireframe 요소 Join과 같다. 단 Check manifold 체크는 Curve에서만 의미를 가지므로 곡면 Join 작업 때는 자동으로 비활성화된다.

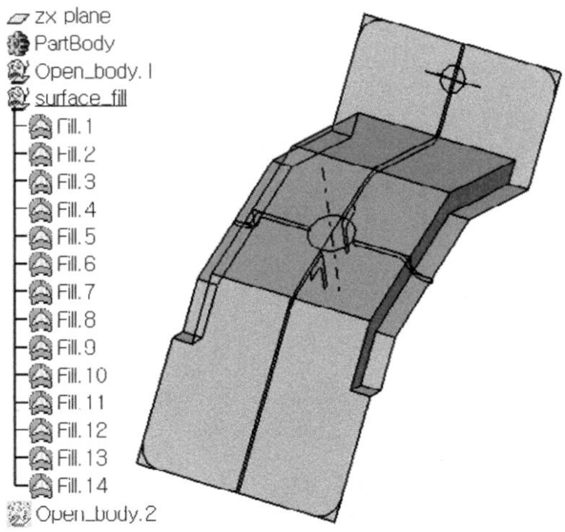

▲ 브라켓 모든 면들이 평면이므로 Fill 곡면 처리

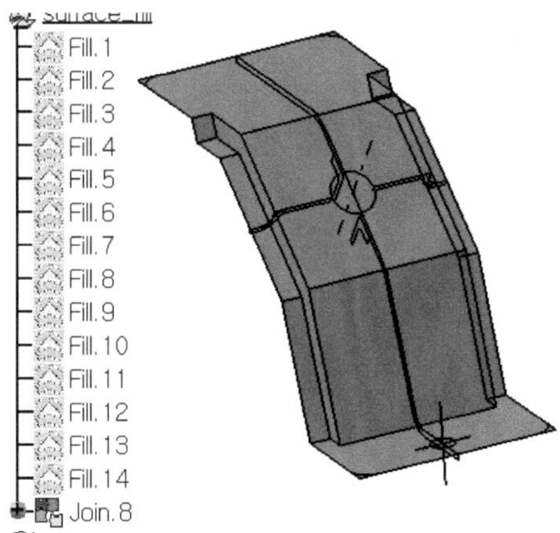

▲ 모든 평면들을 하나로 Join

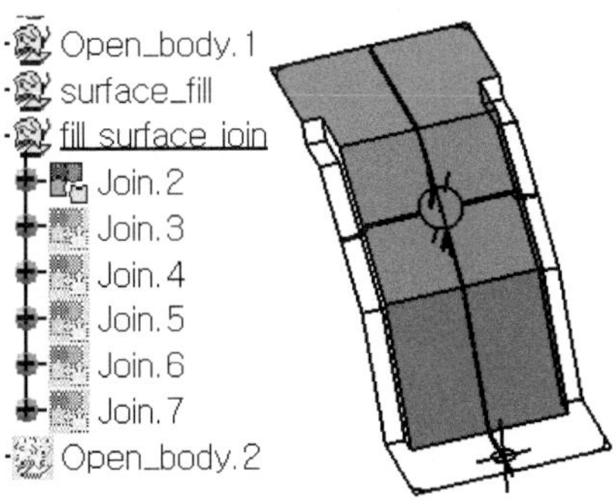

▲ 부분별 Join 예

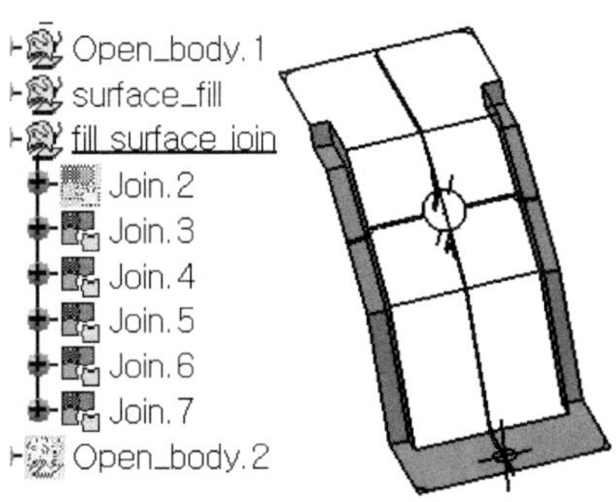

▲ 부분별 Join 예

❶-2 Healing

인접한 두 곡면 사이 Gap을 채워주는 Healing 곡면을 생성한다. 요소들 사이의 Connections Analysis를 체크해본 후 큰 Gap 부위는 새로운 곡면으로 처리하고 미세한 Gab들에 대해서 이 메뉴를 적용하여 수정하길 권장한다.

- **Elements to Heal** : Heal시킬 요소 선택
- **Continuity** : 요소들 간의 연속성(Point, Tangent)
- **Merging distance** : Heal로 채워질 가장 큰 Gab Value
- **Distance objective** : Heal되어질 두 요소 사이의 허락 가능한 최댓값
- **Tangent angle** : 입력 값 범위 내에서 Tangent 연속인 요소들만 Healing 생성
- **Tangency objective** : 메워지는 두 요소 사이의 Tangent 속성을 유지하는 범위에서 각도의 최댓값
- **Freeze** : 메워지는 과정에서 변형이 되지 않도록 고정시켜 두는 Surface 선택
- **Sharpness** : Healing 작업 이후 결과물을 Offset Surface하는 경우 Edge 부위의 결과물 형상 처리 관련 값
- **Visualization** : Healing 작업을 Preview하면서 정보를 화면에 표시

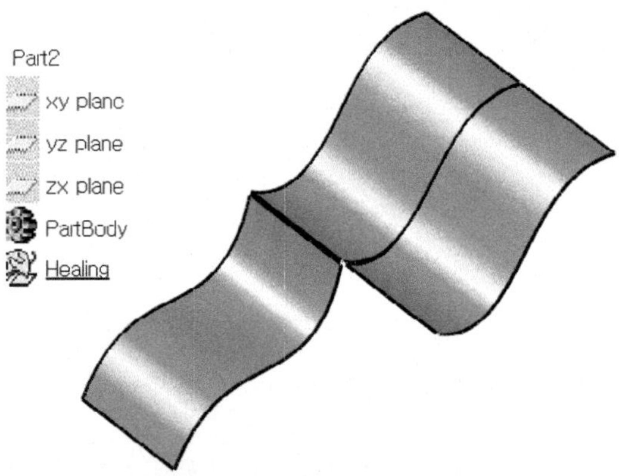

▲ 세 곡면 Heal 적용 단계 예

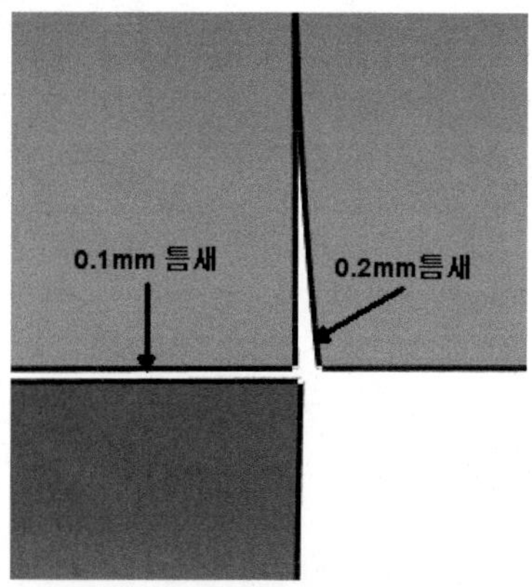

▲ 곡면 틈새

① Point Continuity **설정**

- **Min Distance 값 0.1mm보다 작은 Merging Distance 설정** : Healing 곡면은 생성되나 Boundary curve 형상이 틈새 부위까지 생성되고 각 곡면이 변형되지 않는다. 이런 형상은 나중에 Solid로 채울 때 문제가 발생된다.

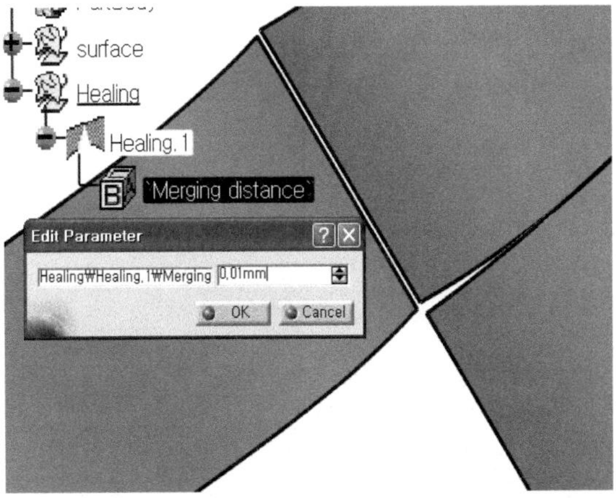

▲ Merging distance = 0.01 입력 결과 Healing

▲ Boundary 확인

• Min distance 값보다 크고 Max distance보다 작은 값을 Merging distance 설정

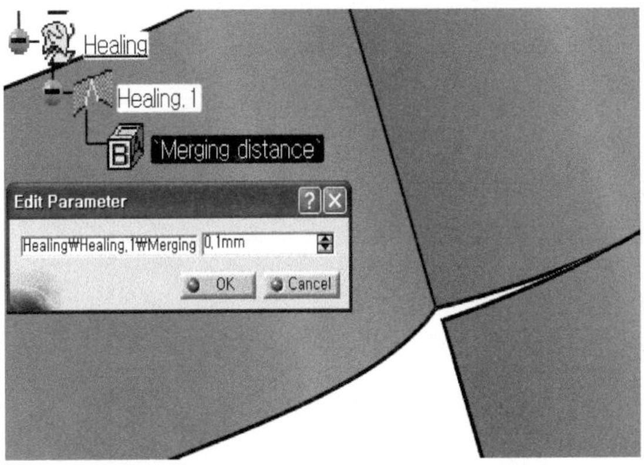

▲ Merging distance 값보다 작은 부위만 Healing 생성

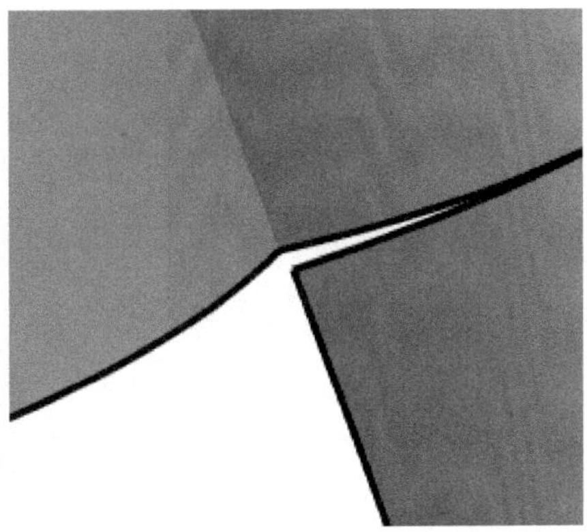

▲ Boundary 확인

• Max distance보다 큰 값을 Merging distance 설정한 결과

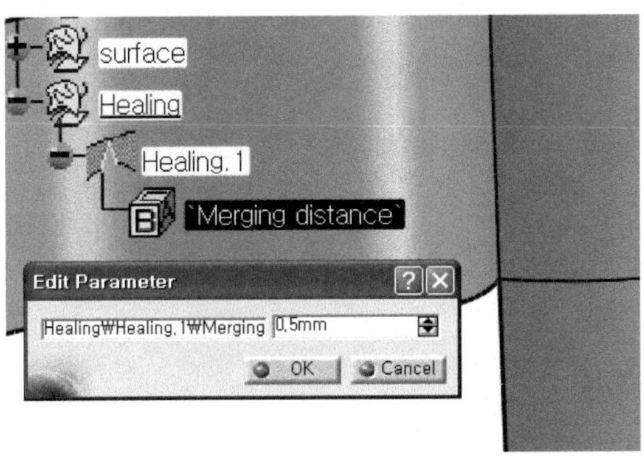

▲ 모든 틈새 보완된 Healing 생성

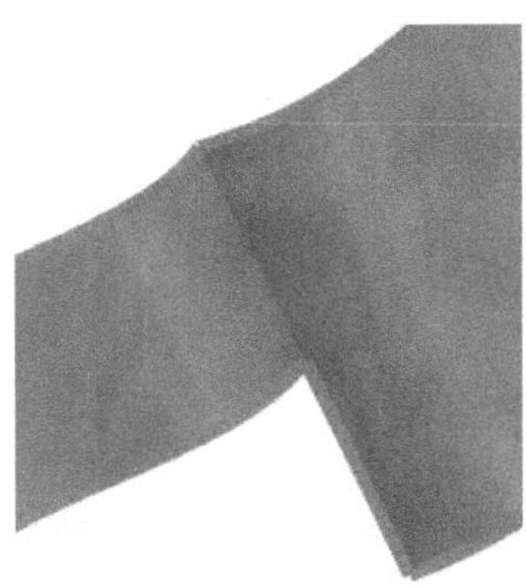

▲ Boundary 확인

② Tangent Continuity 설정 및 Freeze 설정

Tangency Angle Deviation 범위 내에서 Tangent 연속을 유지하면서 Healing을 생성하고 Freeze를 이용하여 형상이 변형되어선 안 될 특정 면을 고정시킨다. 물론 다른 인접한 면이 변형되면서 Healing이 된다.

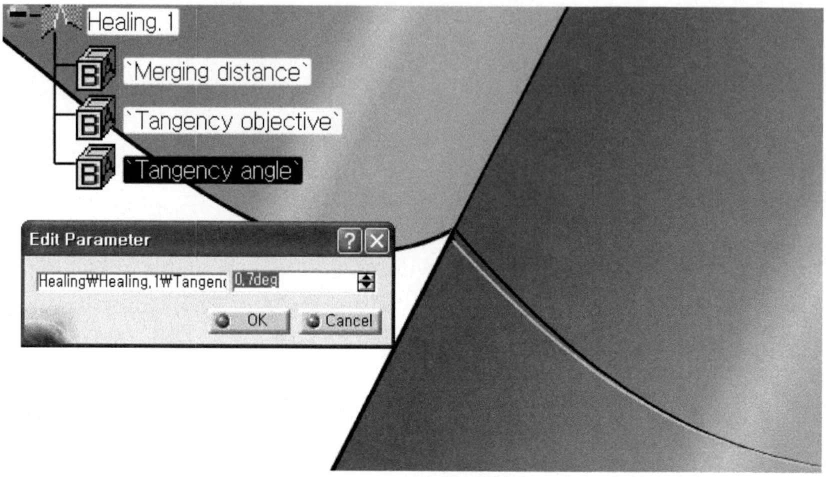

▲ Tangent Continuity 옵션으로 Tangent Deviation Angle 범위 내 Healing

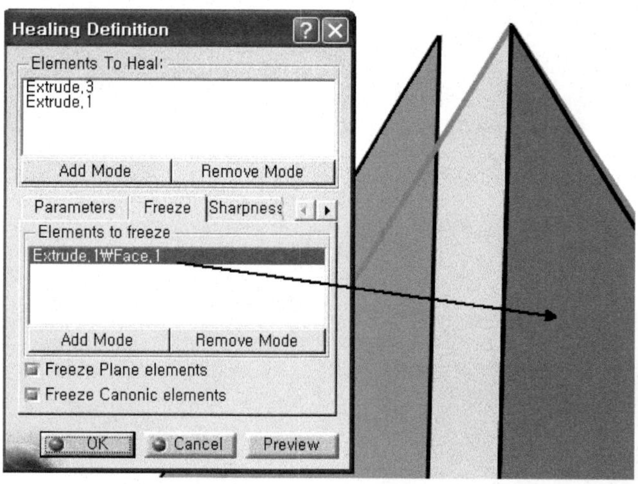

▲ 고정 곡면의 설정

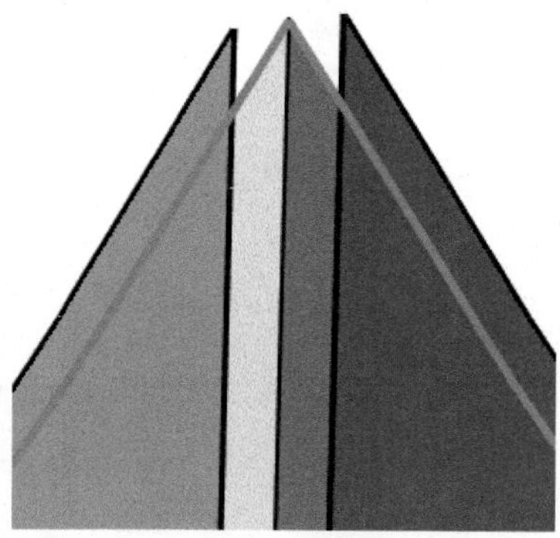

▲ 고정 면이 없으면 중앙에서 계산

1-3 Curve Smooth

불연속인 Curve의 변곡점을 자동으로 부드럽게 변형시킨다.

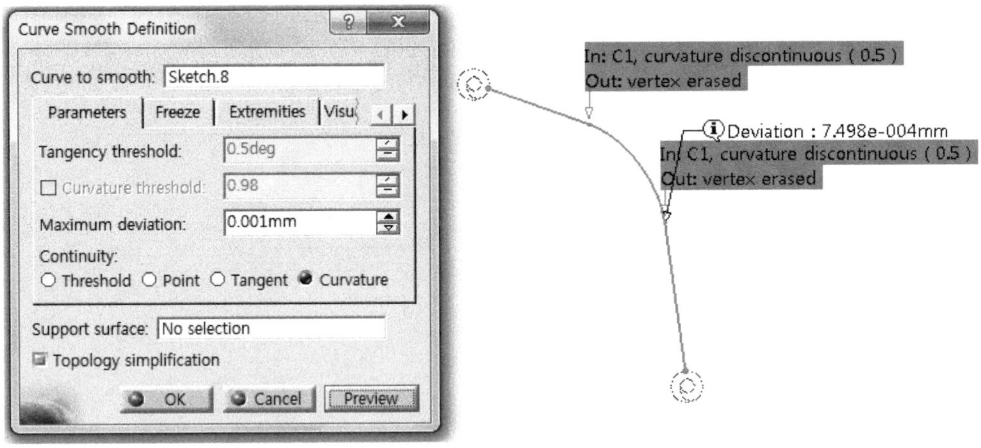

1-4 Untrim Surface or Curve

Split된 Surface를 원 상태로 되돌린다.

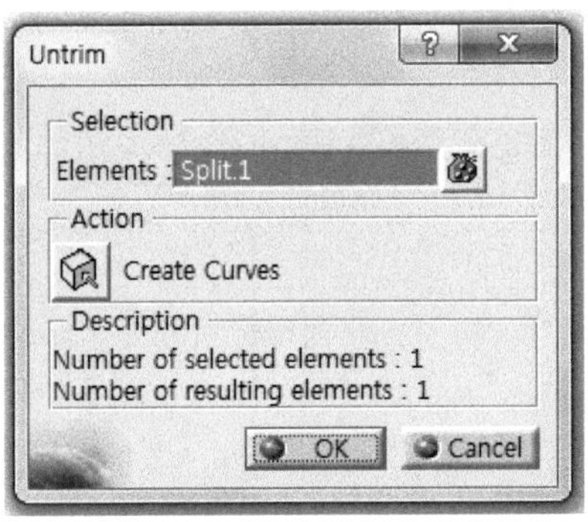

1-5 Disassemble

Join이나 Mono-body 요소를 Multi-body로 풀어헤치는 기능이다. 즉 Join으로 그룹화한 요소들을 다시 원래 상태대로 복구하는 기능이며 Curve Join 작업할 때 manifold 체크를 했다면 각각의 도메인(요소들 중 서로 인접해 있으면서 영역을 이루는 부위)별로 Curve가 생성된다. 옵션 설정은 다음 그림처럼 도식화되어 나타난다.(분리된 Surface는 History가 사라진(Isolate) 형태로 된다.)

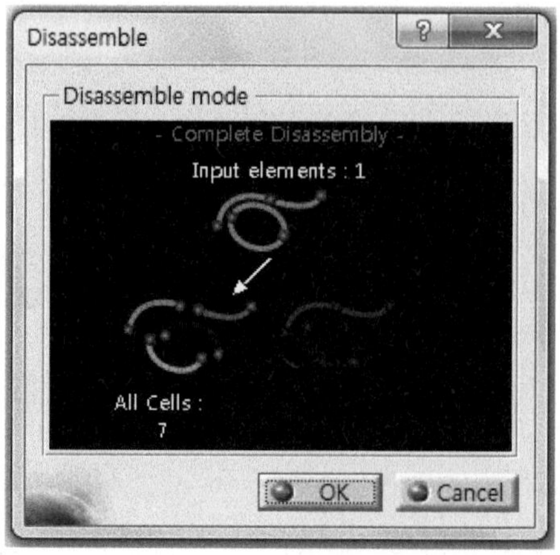

- All Cells : 모든 요소들을 각각의 Curve로 분리
- Domains Only : 영역을 이루는 혹은 인접해 있는 요소들은 연결된 하나의 Curve로 생성

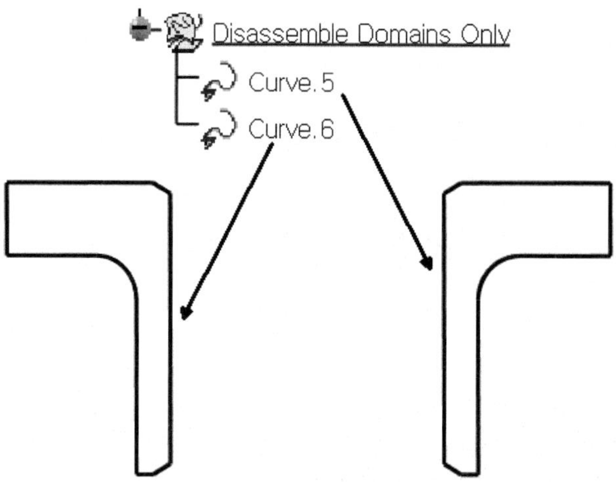

▲ Domains Only로 풀게 되면 두 개의 Curve로 분리

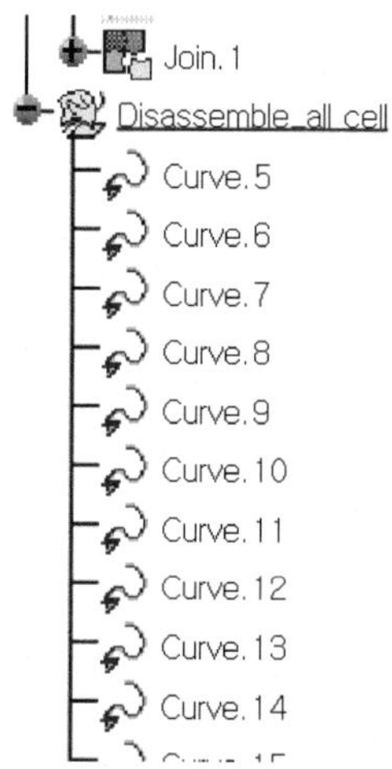

▲ All Cell 분리되었을 때

2 Trim – Split

2 – 1 Split 

Curve, Surface 요소를 Point 또는 다른 곡선, 곡면, 평면으로 절단하는 기능으로 Split 후 원본은 항상 Hide되며 원본 삭제를 원할 경우 History Link 없이 작업한 다음 Tree에서 삭제가 가능하다.

- **Element to cut** : 결과적으로 잘라지는 대상
- **Cutting Element** : 톱의 기능을 하는 Element - Multi 선택 가능
- **Other side** : 잘려지고 남는 방향 설정
- **Elements to Remove** : 기준면에 대해서 일부분만 삭제
- **Elements to Keep** : 기준면에 대해서 일부분은 Split에서 제외시키고자 할 때
- **Keep both side** : Split 결과 요소들 양쪽 다 남기고자 할 때. 즉, Break 개념
- **Intersections computation** : Split할 때 기준이 되는 경계 부분을 결과물로 생성한다.
- **Automatic extrapolation** : 톱의 역할을 하는 Element가 잘려지는 대상보다 작은 경우 이를 확장시켜 명령을 실행한다.

① Cutting elements **멀티 선택** : 곡면 상의 여러 Hole Trim할 경우

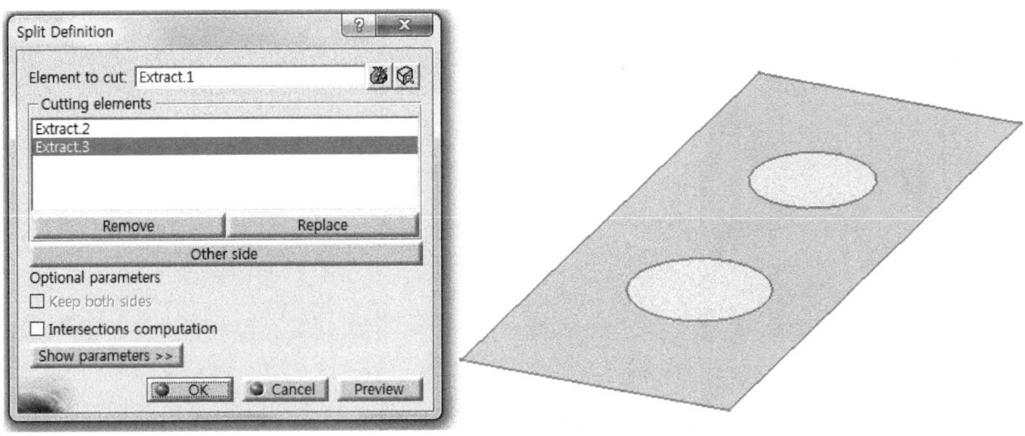

▲ Split 영역은 Other Side를 선택하여 원하는 영역 선택 가능

② **Support 면을 정의 했을 때 Split 결과** : 같은 면에 놓인 요소들이 기준 요소들과 서로 걸쳐지지 않는 요소들이 일부 있을 때 Split 기준이 없으므로 원치 않는 결과를 가져올 수 있다. 물론 Remove 혹은 Keep 옵션도 있으나 서로 교차되지 않는 요소들에 대해선 Remove/Keep 옵션도 적용하기가 애매하다.

이러한 상황에 필요한 옵션이 Support 설정이다. 즉 같은 Support면에 놓인 요소들은 Split 요소들로 인식되어 정확한 안과 밖의 Split 구분이 이루어진다.

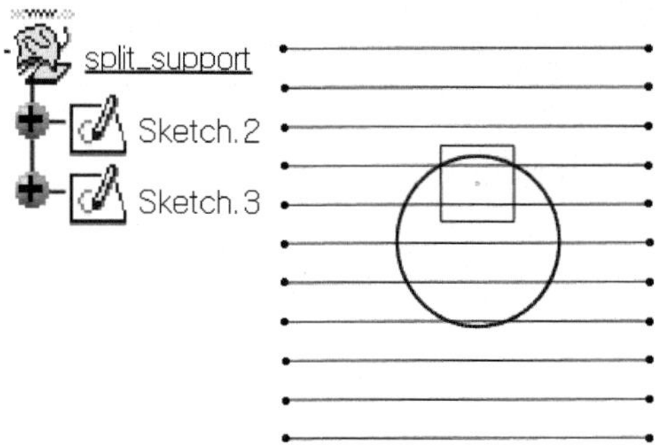

▲ Circle을 기준으로 모든 Line을 Split할 때 예

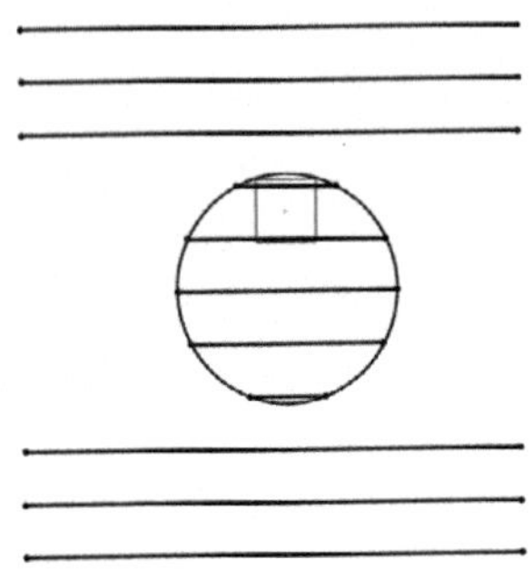

▲ Support 정의 없이 Split 예

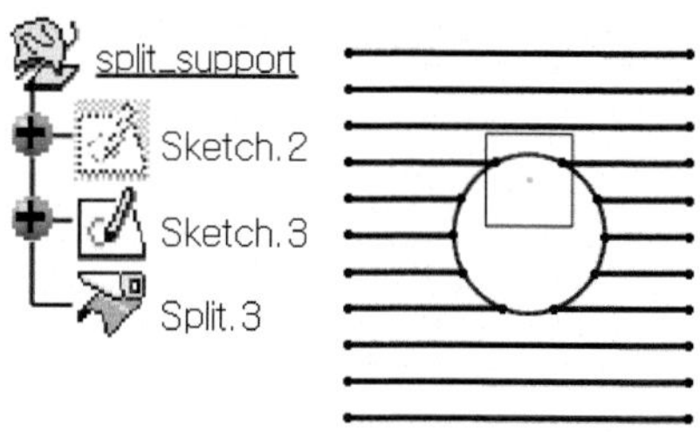

▲ Support 정의한 Split 예

▲ Support 정의한 Split 예

2 – 2 Trim

서로 교차하고 있는 요소들을 상호 Trim 요소들을 기준으로 잘라내고, Trim 결과 요소들을 Join시킨다. 떨어져 있는 요소들은 선택이 안 된다.

- **Elements to Remove** : Trim 작업 후 남는 부분을 CATIA가 자동으로 인식하지 못하는 경우, Trim 명령 후에 사라지는 쪽의 Element를 선택한다.
- **Elements to Keep** : Elements to Remove와 반대로 남겨지는 부분의 Element (Vertices, Edge)를 선택한다.
- **Other side/next element** : element.1에서 Trim으로 남기는 쪽을 선택한다.
- **Other side/previous element** : element.2에서 Trim으로 남기는 쪽을 선택한다.
- **Result simplification** : Trim 후 생성되는 Faces의 수를 자동 감소시킨다.

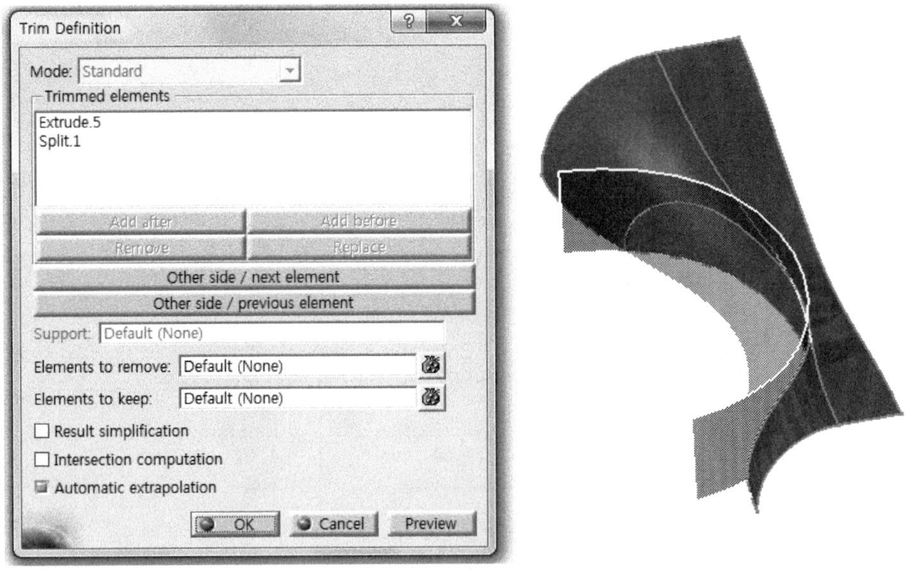

3 Extracts

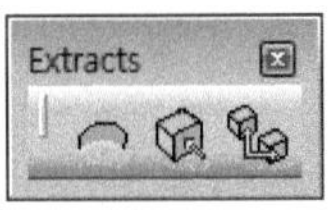

3-1 Boundary 

곡면 혹은 Solid의 경계(테두리 Edge)를 추출하는 명령이다.

- **Surface edge** : Boundary 생성할 곡면 Edge 선택
- **Limit1/Limit2** : Boundary 시작점과 끝나는 점

① Propagation type별 사용법

- **No Propagation** : 선택한 부분의 Edge만 생성한다.

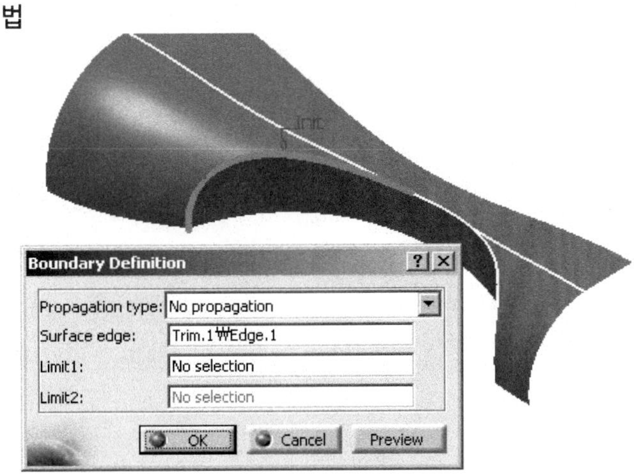

• Point continuity : 선택한 부분에 점(point)으로 연결된 부위의 Edge는 모두 생성한다.

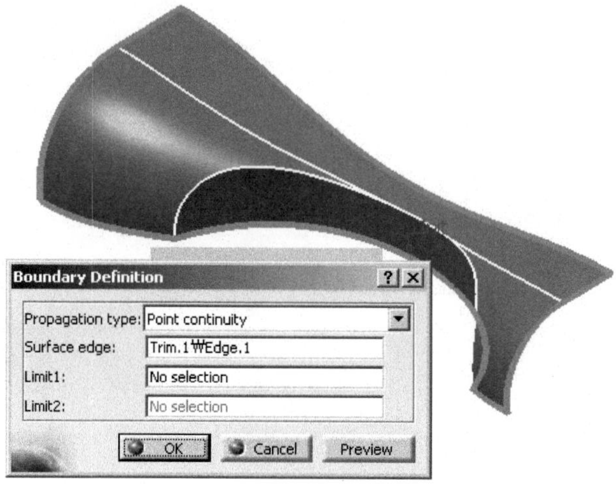

• Tangent continuity : 선택한 부분에 Tangent 연결된 Edge는 모두 생성한다.

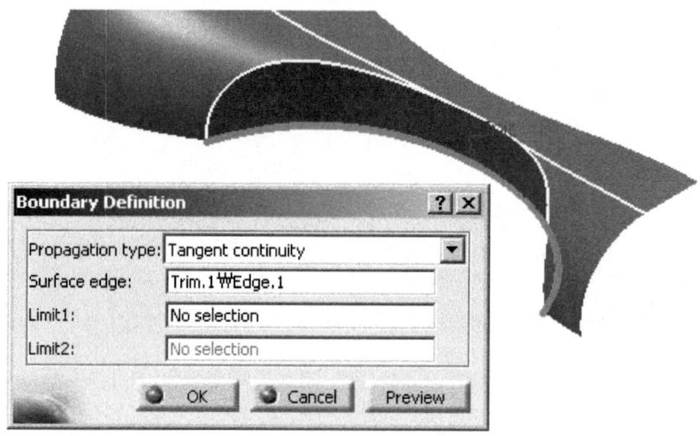

• Complete boundary : 모든 Edge를 생성한다.

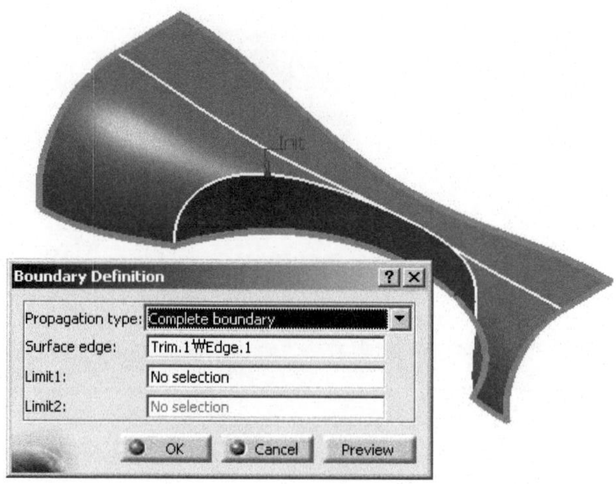

3-2 Extract

기존의 Element와 동일한 형태와 위치에 Element를 추출하는 명령이다. 실제 모델링 작업에 매우 유용하게 사용하는 명령이다.

- **Complementry model** : 선택한 그 외 반대쪽 모든 요소 추출
- **Federation** : 추출 후 원래 형상에 필렛을 추가 수정하게 되면 Update 시 에러가 발생되나 Federation을 이용하여 인접 면과의 Link 그룹을 재 정의하여 이를 방지 할 수 있다.

① Propagation type별 사용법

- **No propagation** : 선택한 부분(Edge, Surface)만 추출한다.

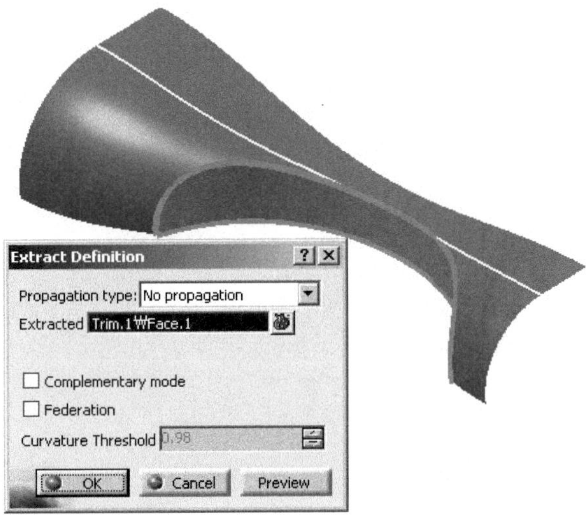

- **Point continuity** : 선택한 부분(Edge, Surface)과 점(Point)으로 연결된 부분은 모두 추출한다.

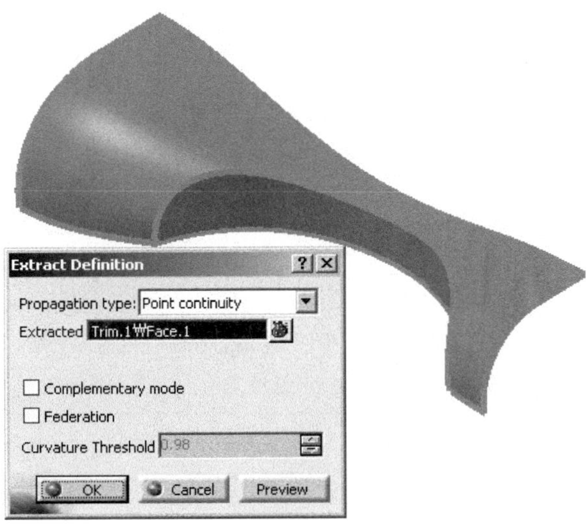

- **Tangent continuity** : 선택한 부분과 Tangent 속성이 유지되는 부분(Edge, Surface)만 추출한다.

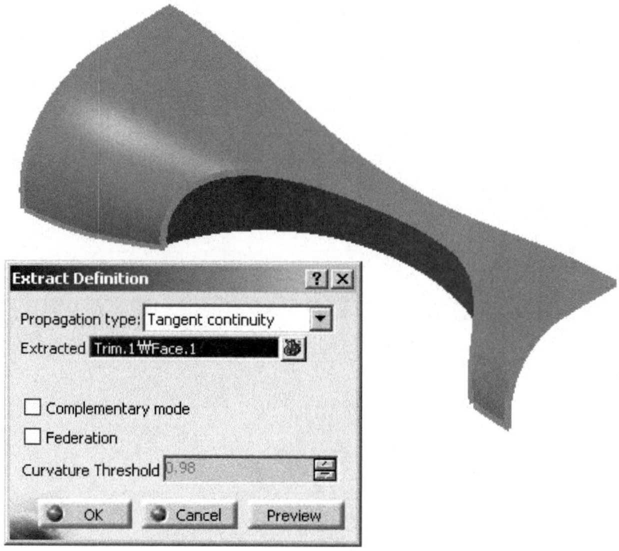

- **Curvature continuity** : Curvature Threshold 값에 의해서 곡률의 변화 차가 범위 안에 들어오는 부분까지만 추출한다.

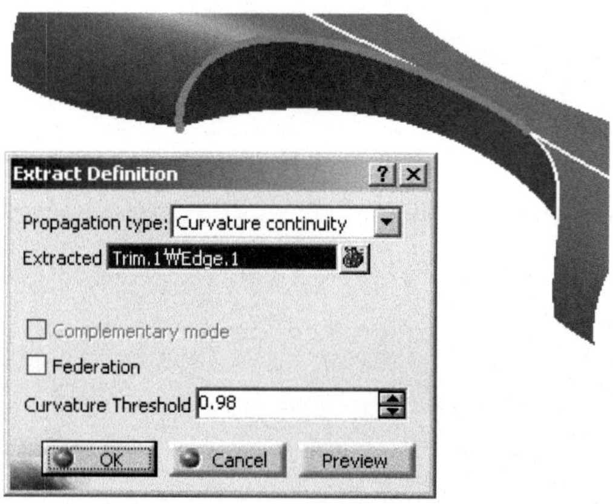

특히, 설계 프로세스 중간에 모델의 History(Parent/Children)를 변경하여 결과물의 차이를 확인하고 싶은 경우에 사용할 수 있다. 다음의 Parent/Children를 살펴보면, Spline.2라는 Element가 Parent/Children를 가지고 있는데 만약 Spline.2의 형상을 변경을 제약 없이 하기 위해서 Isolate를 해야 한다고 하는 경우, 그냥 바로 Spline.2를 Isolate 하지 않고 Spline.2의 Extract(Datum모드 이용)해서 추출한 대

상을 다음의 Parent/Children에 바꿔치기를 한다. Isolate는 다시 되돌릴 수 없기 때문에 Extract를 이용하여 Isolate를 자유롭게 테스트할 수 있다.

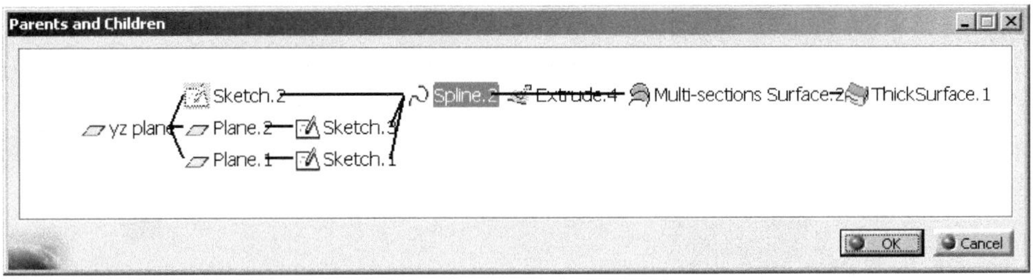

✣ Transformation

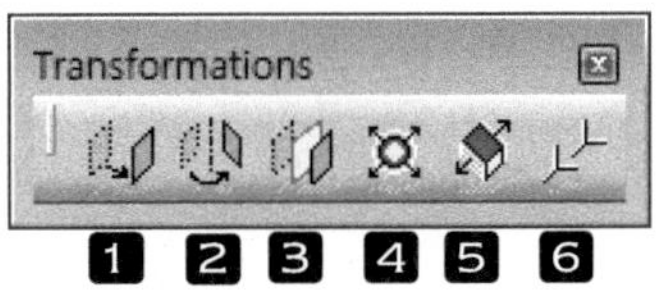

1 Translate 

Part design의 명령과 동일하게 Element를 이동시키는 명령이다.

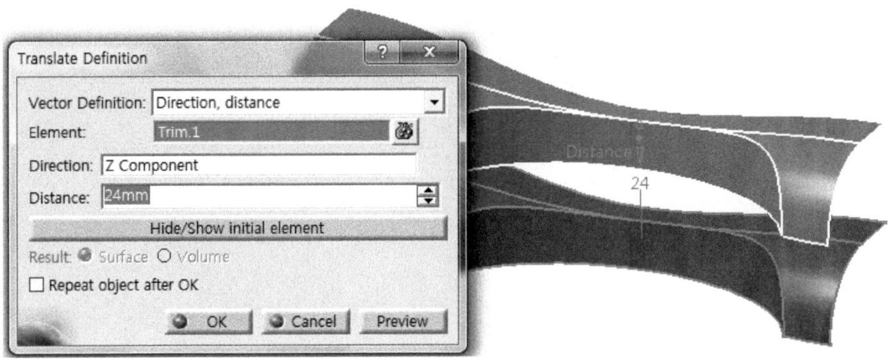

2 Rotate 

Part design의 명령과 동일하게 Element를 축을 기준으로 회전시키는 명령이다.

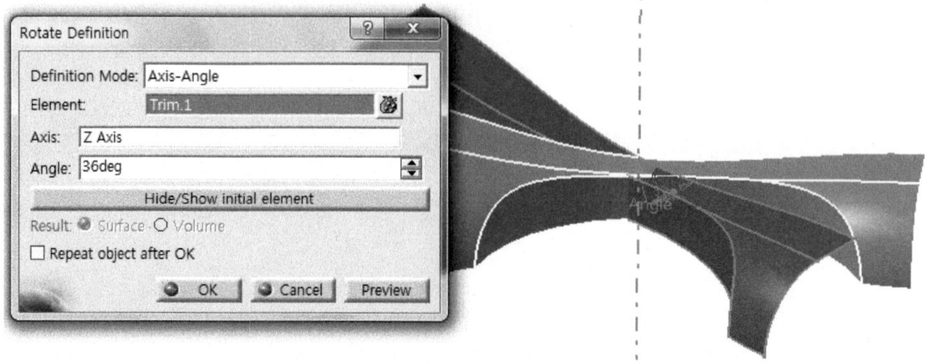

❸ Symmetry

Part design의 명령과 동일하게 평면을 기준으로 Element를 대칭시키는 명령이다. Surface 대칭의 경우는 대칭 경계에서의 Surface의 연결성(Quality, Tangency)을 반드시 확인해야 한다.

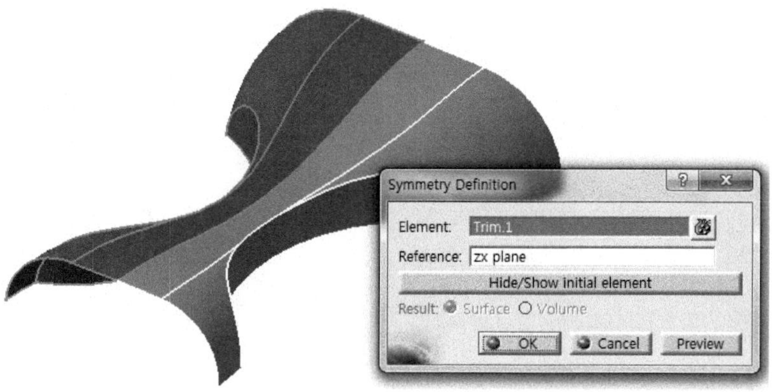

❹ Scaling

Part design의 명령과 동일하게 Element를 확대/축소시키는 명령이다.(XYZ 모든 방향으로 동일한 비율)

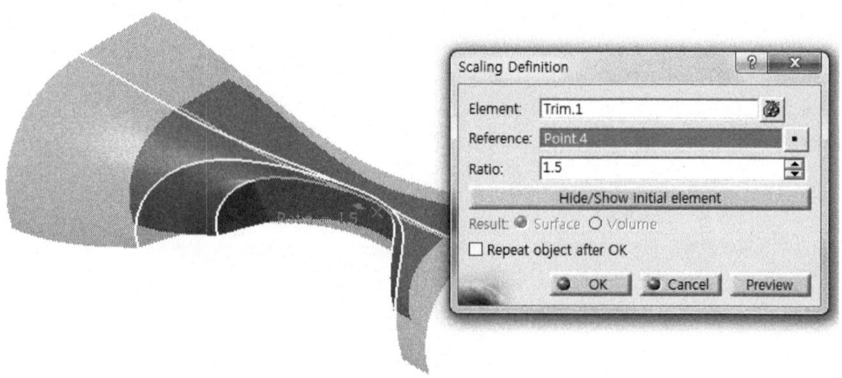

5 Affinity

Element를 확대/축소시키는 명령이다. XYZ 방향에 따라 다른 비율의 적용이 될 수 있다. 사출금형 설계에서 방향에 따른 재료의 수축률이 틀린 경우에 적용한다.

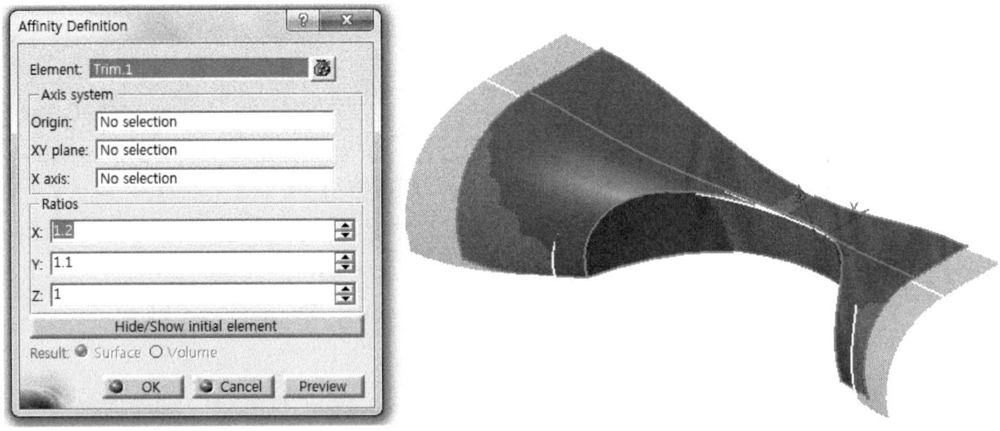

6 Axis To Axis

Axis System을 이용하여 Element를 이동시킨다.

- **Element** : 이동 대상
- **Reference** : 이동의 원위치 기준
- **Target** : 이동되어 가는 목표 위치

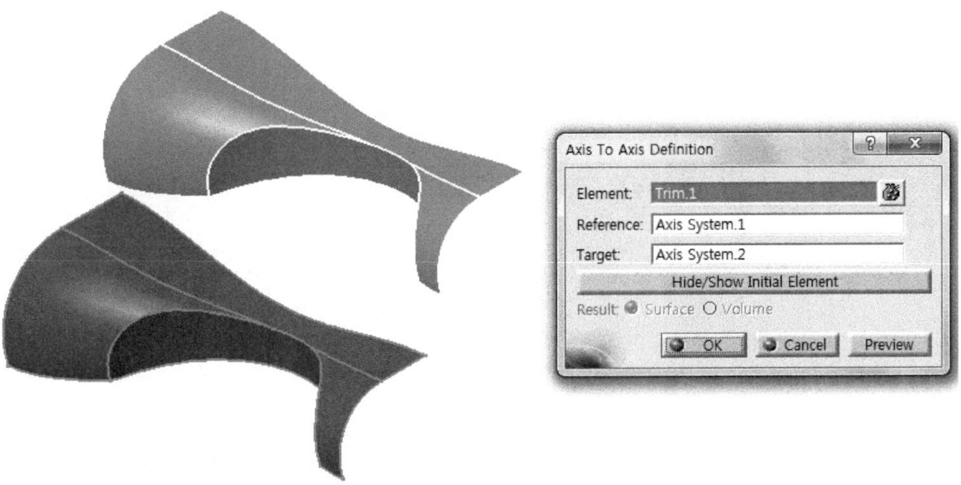

7 Extrapolate

Curve는 끝점을 기준으로, Surface는 Edge를 기준으로 연장시키는 명령이다. 실무적용 시 확장된 Surface의 부분의 곡면의 성질이 기존의 것의 성질을 100% 받아오지 못하는 경우가 있으므로 명령어 적용에 주의가 필요하다. 예를 들어서 Multi-section Surface에서 Spine이나 Guide curve를 연장해서 Surface의 연장 효과를 주는 것이 더 좋은 방법이다. Sweep이라면 Spine이나 Relimiter를 이용하면 된다.

- **Boundary** : 연장 부위(Point, Edge)
- **Extrapolated** : 연장시키는데 참조하는 부분
- **Limit** : 연장시키는 값을 정의(대상, 길이 값)
- **Continuity** : 연장시키는 방법
- **Support** : 결과물이 생성되는 범위를 제한

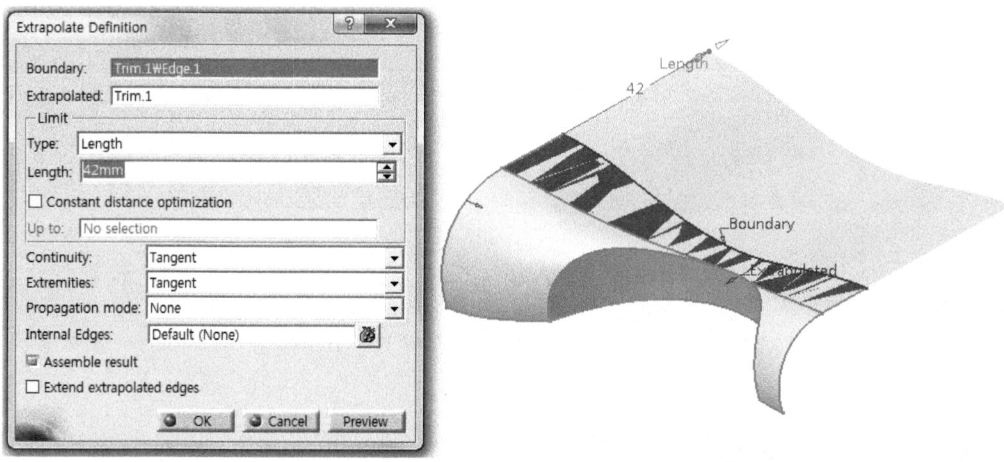

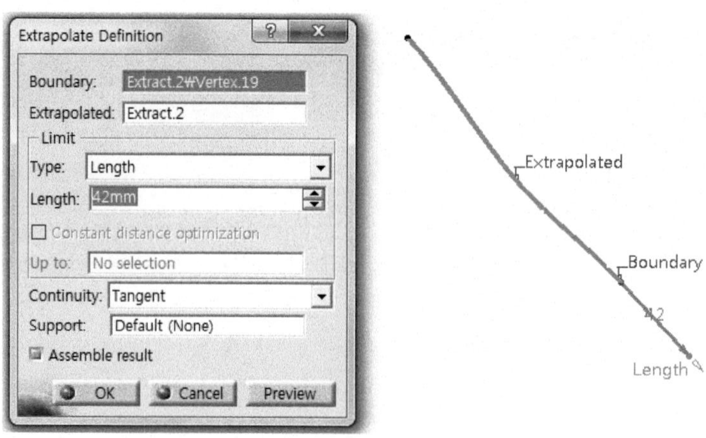

✣ Fillets

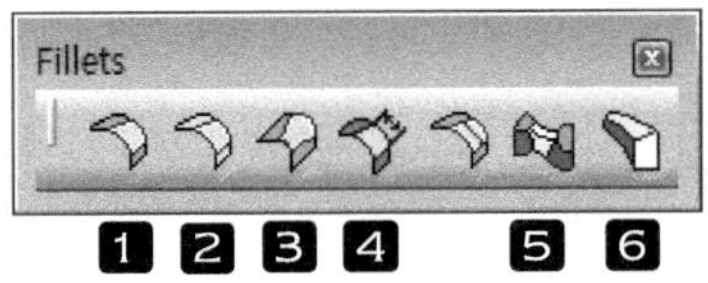

Wireframe and Surface Design(WSD) Workbench에는 없고, Generative Shape Design (GSD)에 있는 명령어이다.

1 Shape Fillet 

서로 다른 두 곡면 사이를 Fillet 처리한다. Support 곡면 Quality는 Fillet에도 영향을 미치므로 곡면의 Quality를 늘 염두에 두고 곡면을 생성하는 것이 좋다.

① Fillet type

- **BiTangent Fillet** : 2개의 곡면에 Tangent Fillet 생성
- **TriTangent Fillet** : 3개의 곡면에 Tangent Fillet 생성

② Support, Trim, Radius : Support 곡면 정의, Fillet 생성 후 Trim 유무 정의, 반경값 정의

③ Extremities : Support 곡면의 길이가 다를 경우 Fillet 길이 정의

④ Hold curve : 생성되는 Fillet의 한쪽이 지나가는 경계를 정의

⑤ Spine Fillet : 단면의 수직을 잡아주는 Curve 정의

⑥ Faces to keep : Fillet에 의해서 사라질 수 있는 Edge를 그대로 유지

- **BiTangent Fillet**

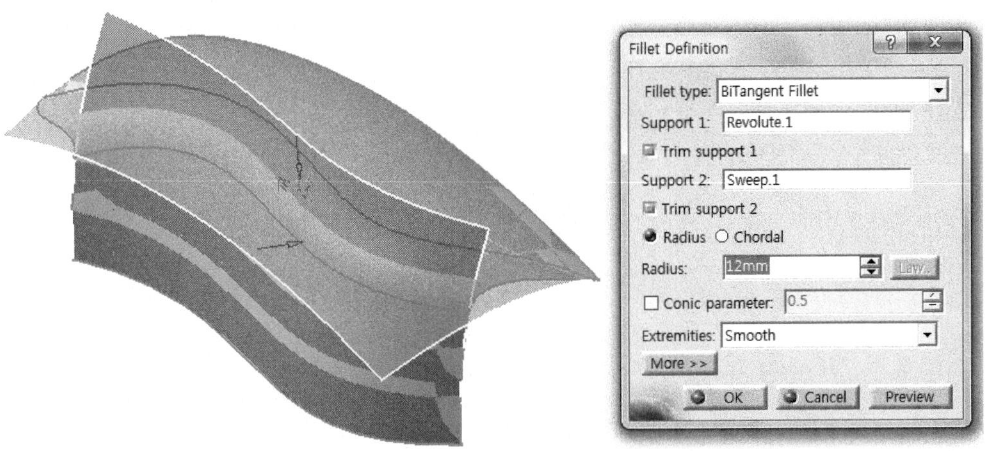

▲ 단순한 Fillet으로 화살표를 Fillet Center 방향으로 정의 후 Radius 입력

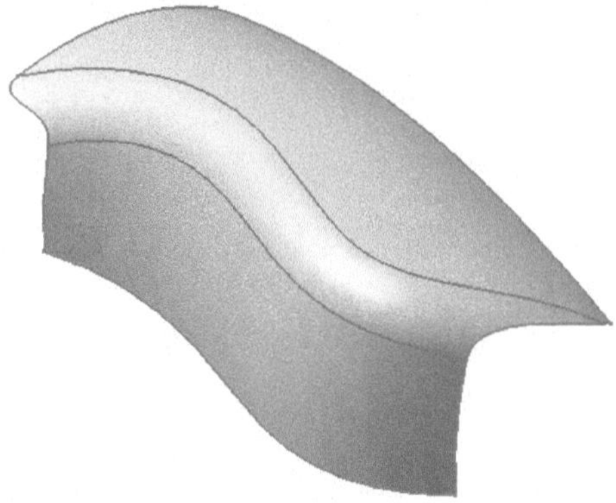

▲ Fillet 생성

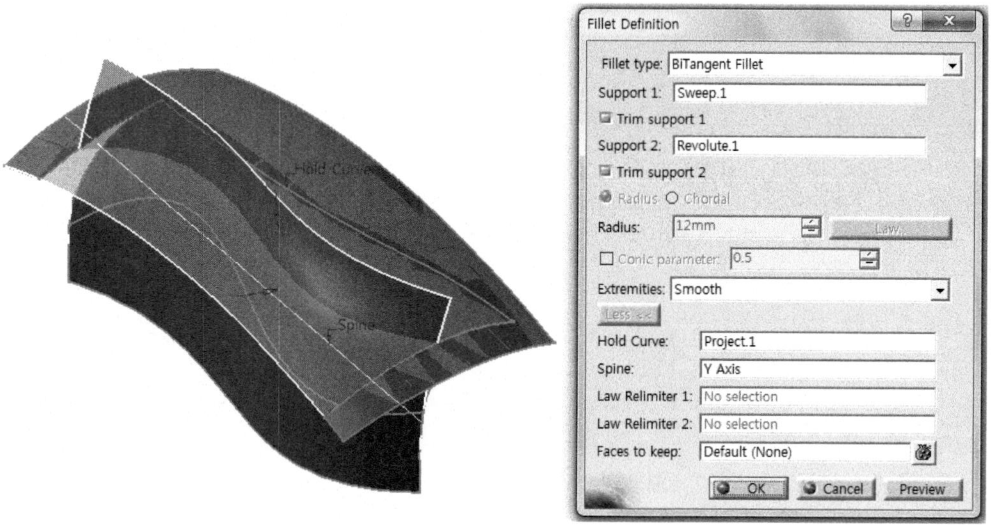

▲ Hold Curve와 Spine을 입력하여 Fillet 형상 정의

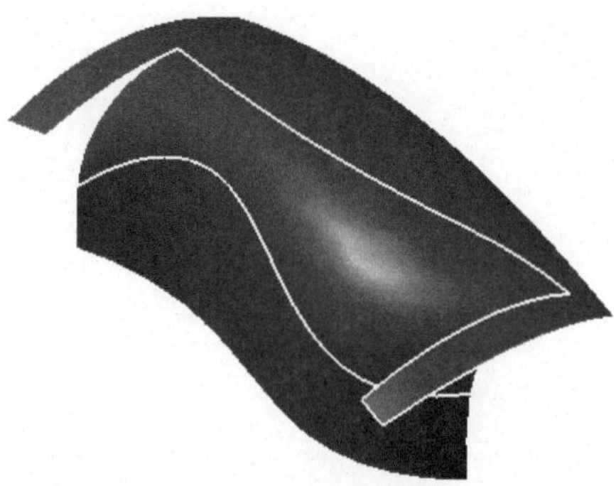

▲ Fillet 생성

• **TriTangent Fillet** : 마지막에 선택하는 Support면이 Remove되므로 선택 순서에 주의한다.

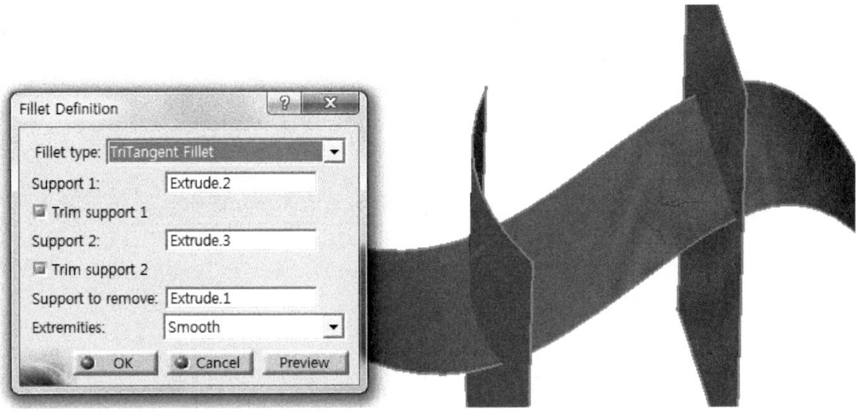

▲ 3개의 Support면 선택, Tangent Continuous한 Fillet만 계산되고 그 외엔 Error 발생

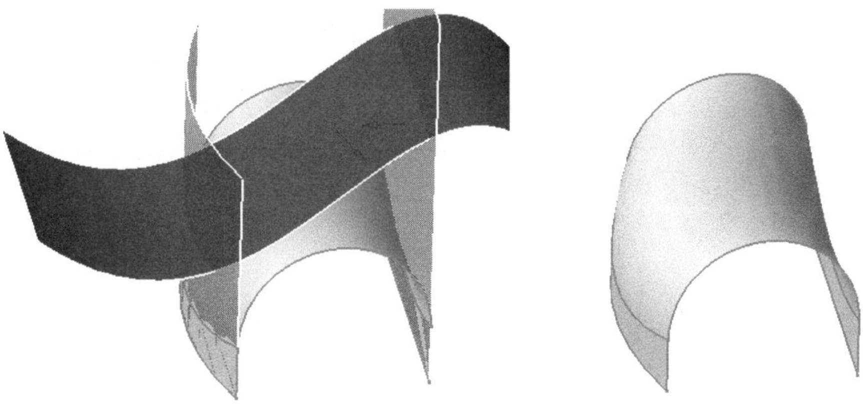

▲ TriTangent Fillet 생성

2 Edge Fillet 

단일 곡면의 Edge 부위에 적용하며 인접해 있으나 같은 면이 아니라면 하나의 면으로 Join 작업을 거친 후 적용한다. Join 후 사용방법은 Solid의 Edge Fillet과 같다.

• **Support** : 단일 Support면 정의
• **Extremities** : Support Edge 인접면의 길이가 다를 경우 Fillet 길이 정의
• **Radius** : 반경 값 정의. 여기선 일정 상수
• **Object Fillet** : Edge 선택
• **Propagation** : 연장 옵션 정의(Tangency, Minimal)

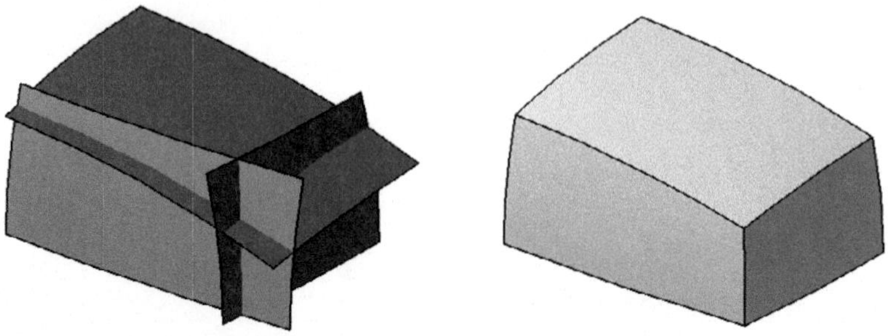

▲ Trim 및 Split/Join을 통한 단일 Surface로 만듦

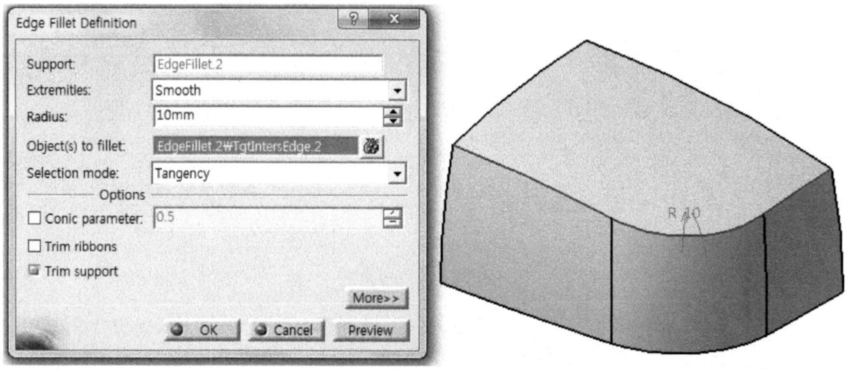

▲ Edge 선택 및 Radius 값 입력 – Tangent Edge는 Fillet 자동 연장 생성

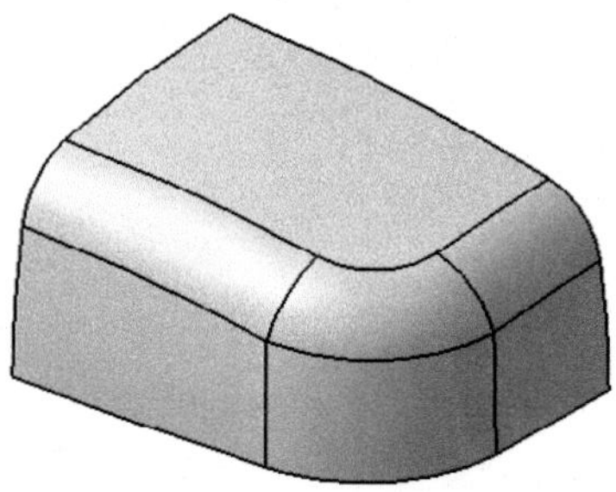

▲ Edge Fillet 완성

3 Variable Radius Fillet

반경 값이 변화되는 Fillet에 적용되며 Edge 곡면만 해당된다.

- **Support** : 단일 Support면 정의
- **Extremities** : Fillet 끝단 형상 정의
- **Radius** : 반경 값 정의. 가변 반경 값은 적용될 지점 선택 후 각각의 값 입력
- **Edge(s) to Fillet** : Edge 선택
- **Propagation** : 연장 옵션 정의(Tangency, Minimal)
- **Points** : 변하는 각각의 Radius 값 입력 위치 정의. 반드시 Points 창에 마우스를

놓은 상태에서 Point 선택 혹은 임의의 지점을 마우스로 선택

이미 정의된 Radius 값 취소는 다시 Point를 선택해 주면 사라진다.

① R12 ➝ R4로 가변되는 Fillet 적용

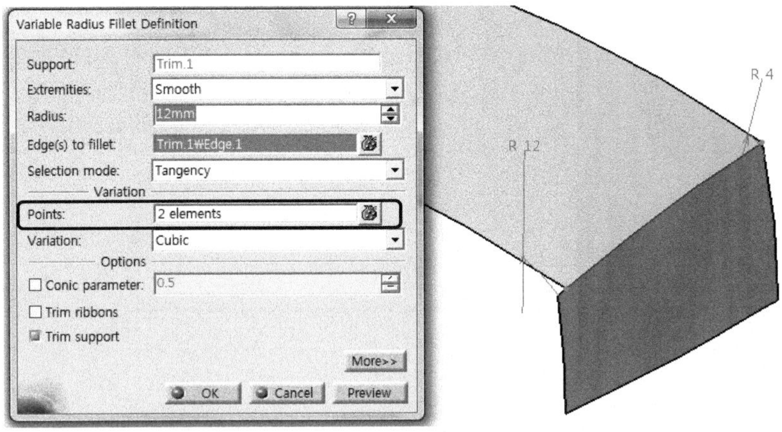

▲ Edge 선택 및 반경 값 입력 – 반경 값 추가에는 임의의 지점 마우스 선택 혹은 Point 선택

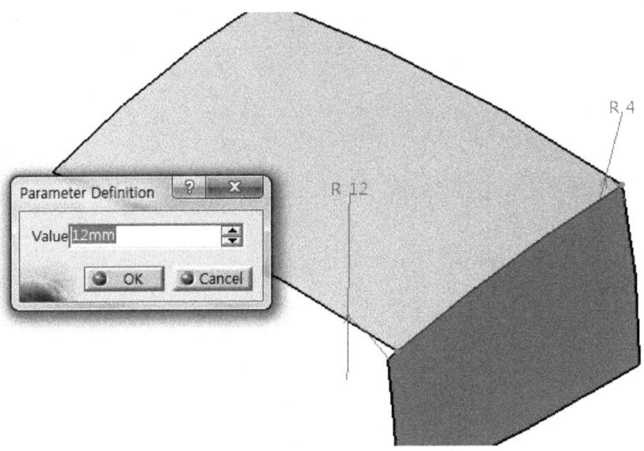

▲ R값 적용 위치 선택, 텍스트 더블클릭

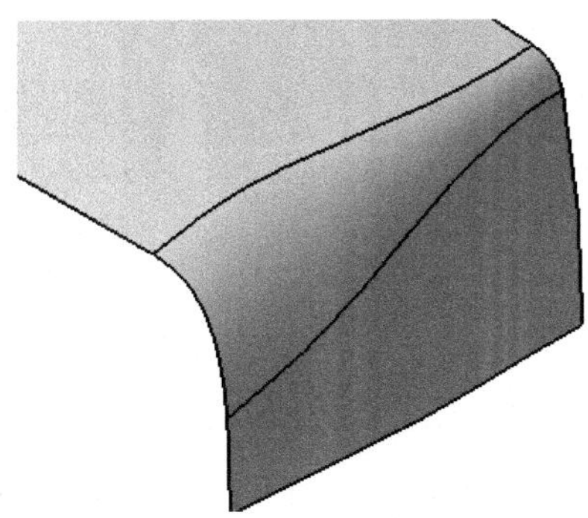

▲ 가변 Fillet 적용된 형상

② Spine을 적용하여 Circle Fillet 생성 : Spine을 정의해 주면 Spine Curve에 수직 평면을 Circle 단면으로 Fillet 형상을 구현한다.

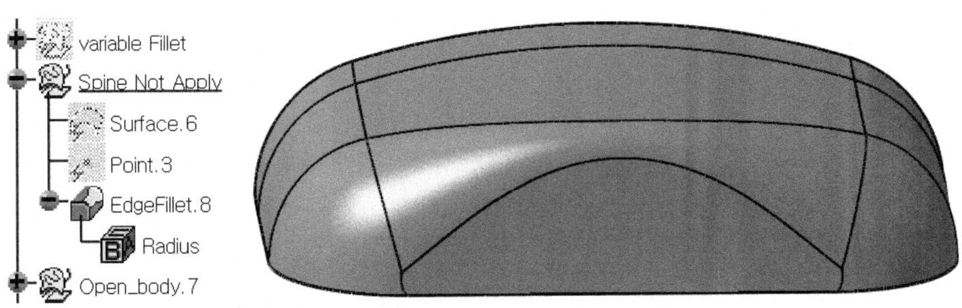

▲ Spine 없는 가변 반경 Fillet 형상. 굴곡이 심한 부위 Fillet은 Edge 발생 – 향후 Offset 안됨

- **Spine Curve 생성** : 위의 형상은 대칭이므로 Fillet도 대칭 형상이 되도록 Spine Curve 생성

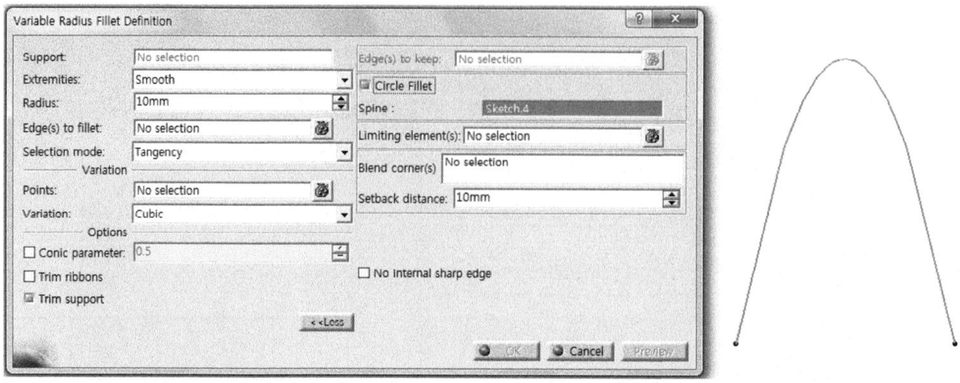

▲ more 버튼을 클릭하면 다양한 옵션 선택이 나온다. 이중 Circle을 체크하면 Spine 정의 가능

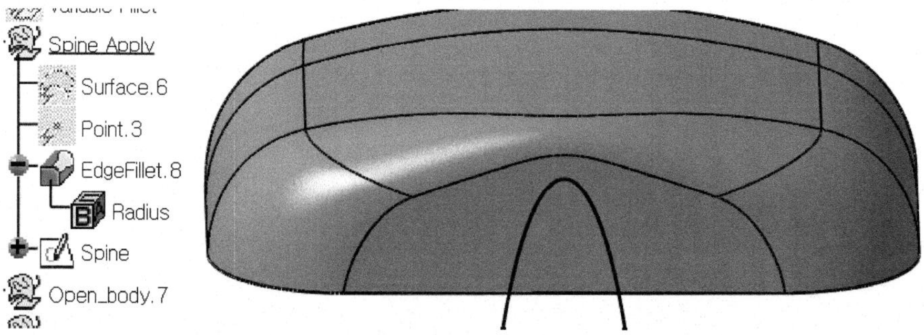

▲ 대칭 부위에 Edge 없이 매끄러운 Fillet 형상 완성

③ **Edge to Keep** : Fillet 적용될 Edge와 인접한 Edge 간격이 Fillet 반경보다 작거나 Fillet면이 놓일 Support면이 충분히 넓지 않으면 에러가 발생된다. 그러한 경우의 Fillet 생성을 위해 Edge Keep 옵션을 이용하면 유용하다. 내부적으로 Fillet면의 Center 위치를 이동시켜 사용자가 선택한 Keep Edge를 살려줌과 동시에 입력 반경값도 유지되는 것이다.

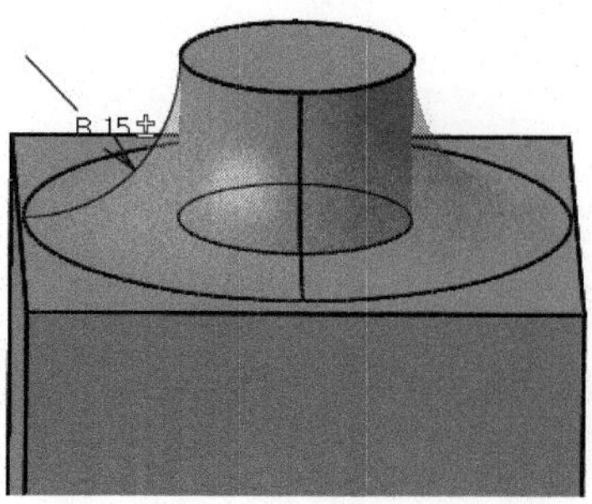

▲ R15 Fillet 에러 없이 생성 가능

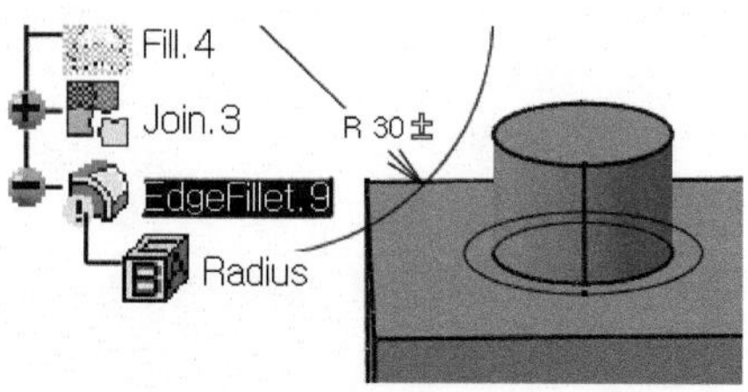

▲ R30일 경우 Fillet 생성 에러 - Tree 에러 표시

R30일 경우 Edge Keep 옵션을 정의해 주면 아래와 같이 Fillet 생성이 가능해진다.

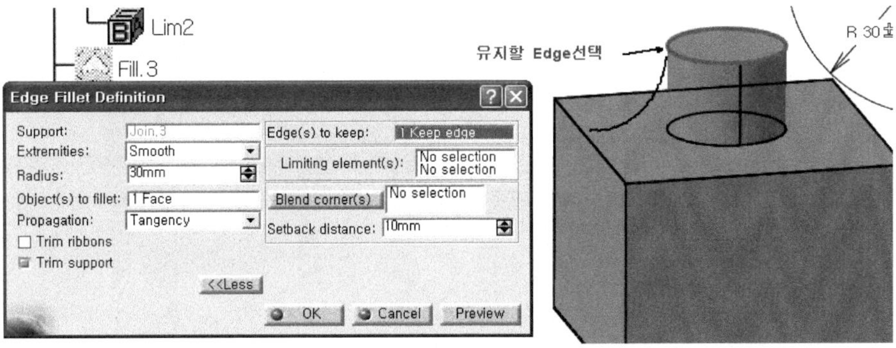

▲ 상단 Edge를 Keep Edge로 정의 - Keep Edge는 보라색으로 구분

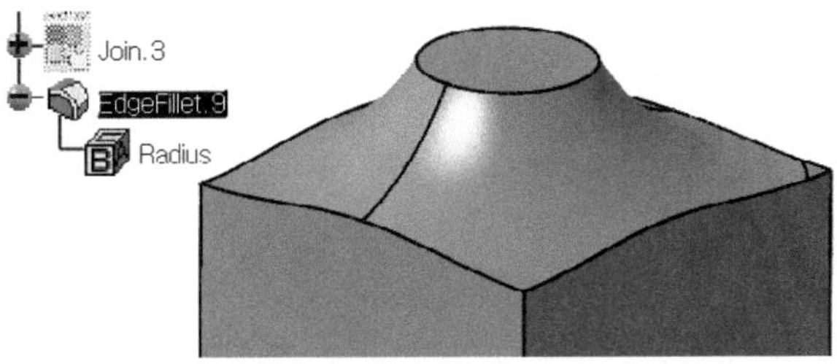

▲ R30으로 Fillet 완성

④ **Limiting Fillet** : Fillet 길이를 곡면이라든가 평면 등 특정 요소로 제한하는 옵션이다.

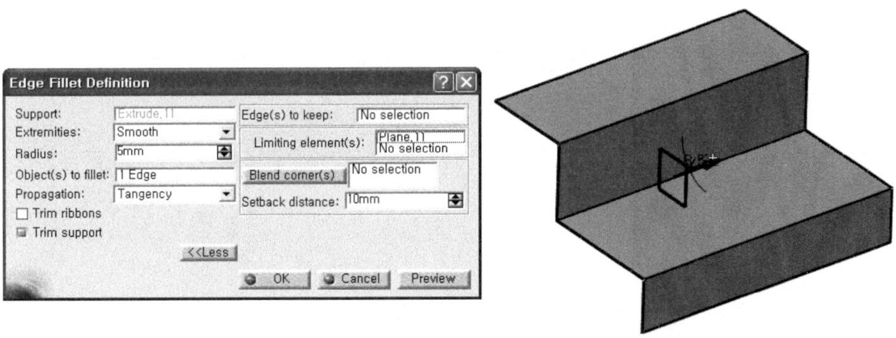

▲ 선택한 Plane까지 Fillet이 생성되고 끝 부위는 자동 Close

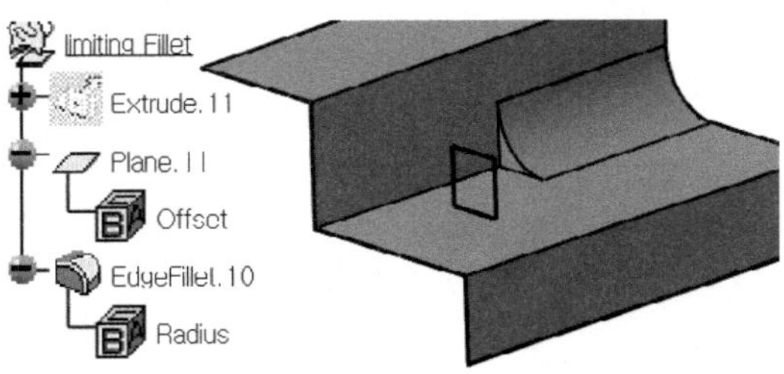

▲ Limit Plane은 화살표 방향대로 Fillet 생성

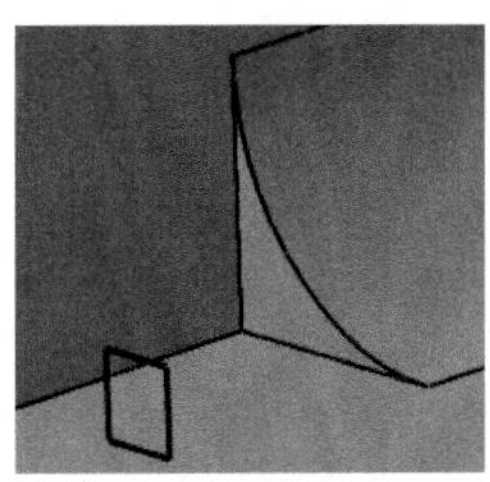

▲ Limit 부위는 자동 곡면으로 Close

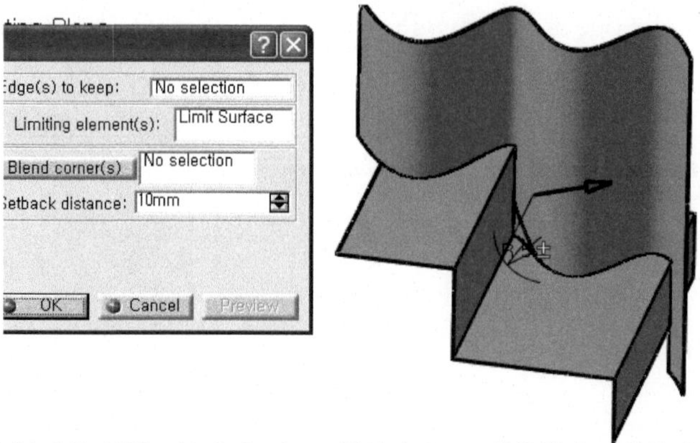

▲ Surface를 Limit로 정의 – Limit Surface 길이가 Fillet 적용면과 교차하되 길면 안됨

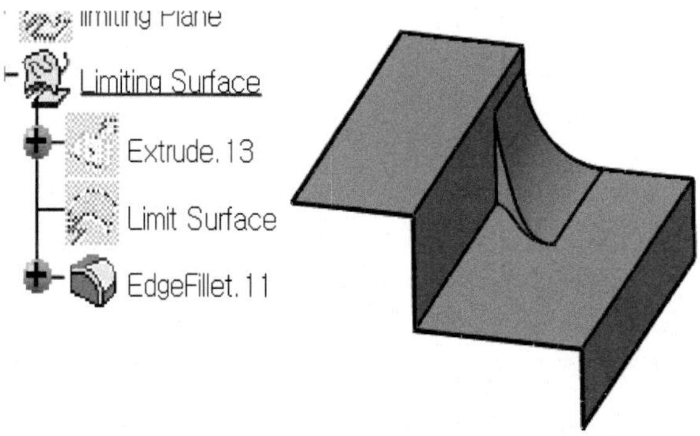

▲ Limit Surface까지만 생성된 Fillet

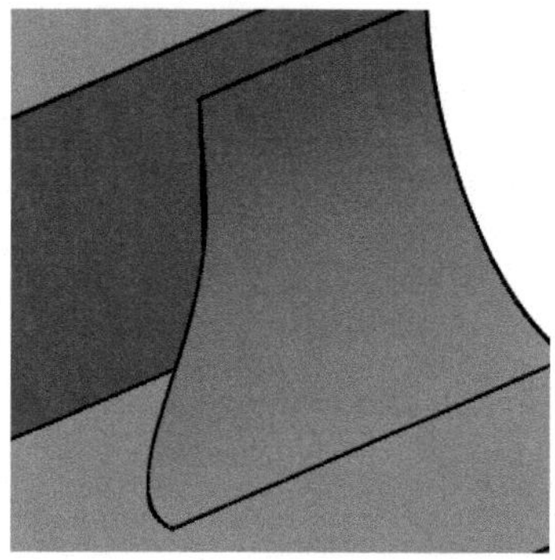

▲ Limit Surface로 자동 Close

⑤ **Trim Ribbons** : 겹치는 Fillet 부위 Trim R값이 큰 경우 Fillet면이 서로 겹치는 부위가 발생한다. 이때 겹침(Overlapping) 때문에 Trim 기준이 명확치 않으므로 필요한 면까지 Trim되어 원치 않는 형상이 되거나 에러가 발생된다. 이를 방지할 수 있는 옵션이 Trim Ribbon을 체크해 주면 된다. 단, 반드시 Propagation 모드가 Tangency로 설정되어야 한다.

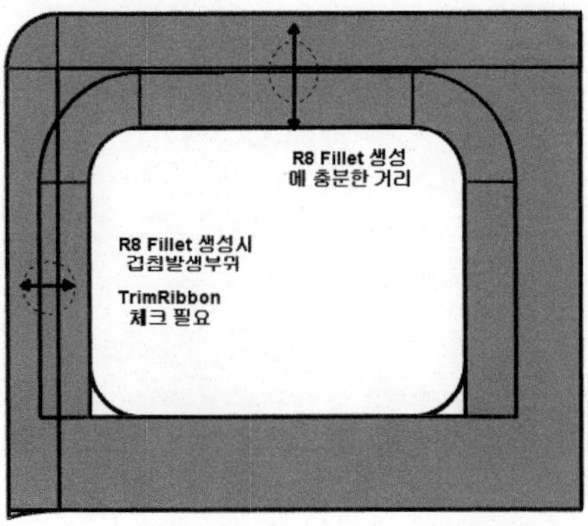

▲ 평면에서 본 Fillet Preview 형상

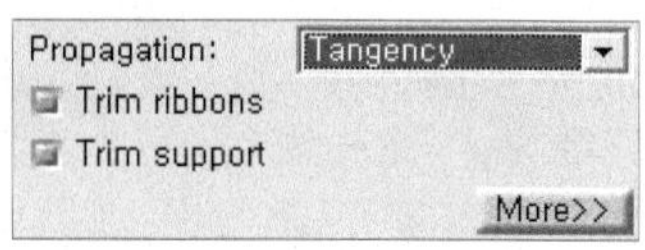

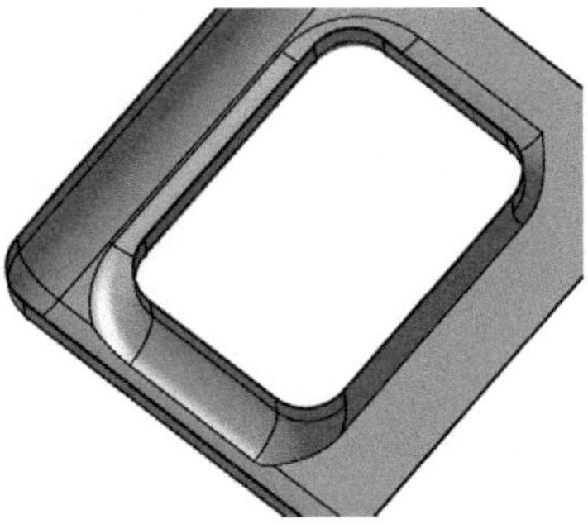

▲ Trim Ribbon 설정으로 겹침 부위 해결

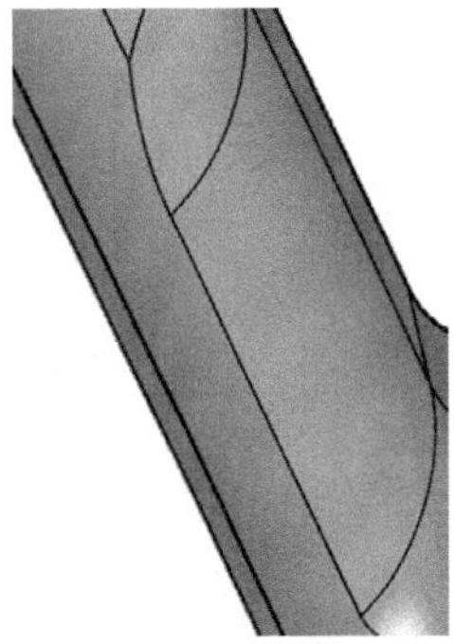

▲ 확대 형상

⑥ **Blend Corner(s)** : 다중 코너에 Multi Fillet을 생성할 때 적용. 여러 면이 모인 코너 부위에 Edge Fillet을 적용하고 나면 각 Fillet면이 만나는 부위가 부드럽게 Round 처리 되도록 입력한 거리 값(Setback Distance)에서부터 Round가 계산되어 최대한 Multi Fillet 형상이 매끄럽게 만들어준다.

적용방법은 각 Edge 선택 후 Blend Corner(s) 버튼 클릭하면 자동으로 Corner 지점을 인식하고 그 지점에서부터 Setback Distance 값만큼 계산된다.

각 Edge마다 Setback Distance 값을 따로 정의하려면 해당 텍스트를 더블클릭하면 아래 그림처럼 새로운 Setback Distance 값 입력창이 나오면 원하는 값을 입력하면 된다.

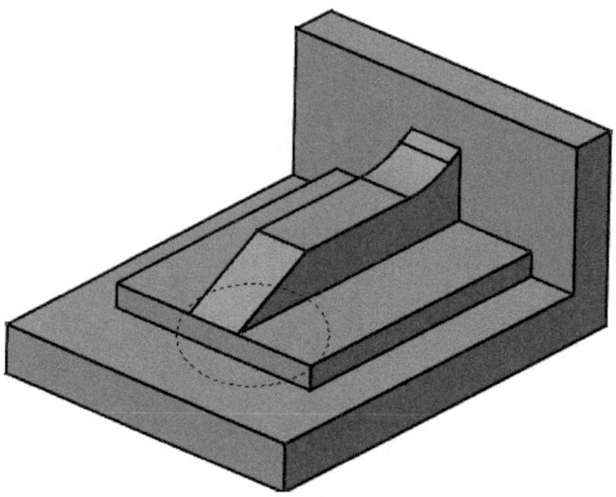

▲ 코너 부위 형상

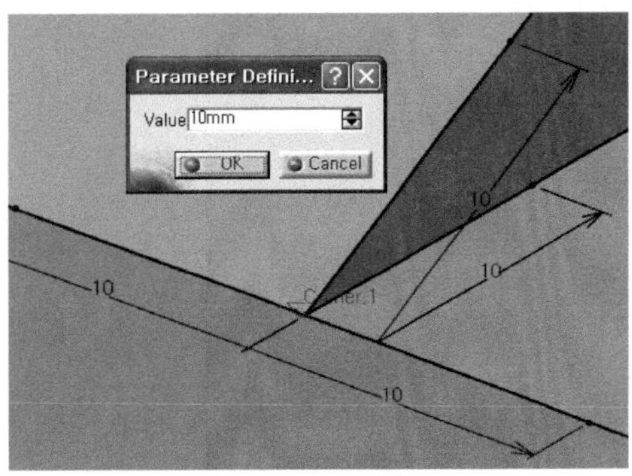

▲ Blend Corner(s) 버튼 선택 Setback Distance 정의

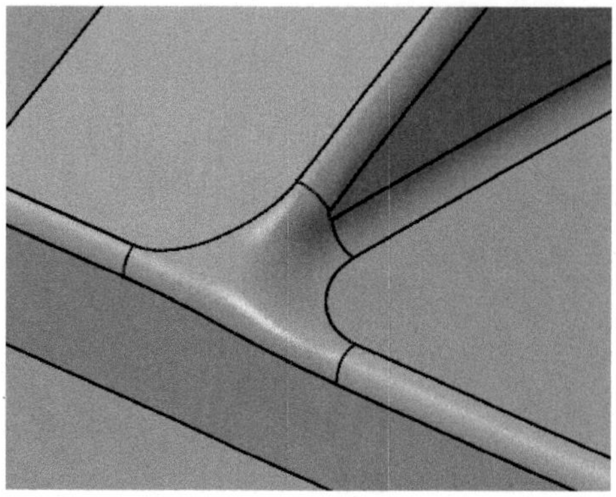

▲ Blend Corner가 적용된 Fillet 형상

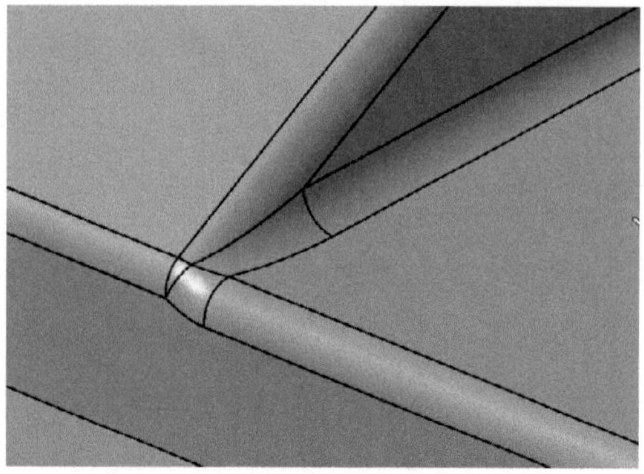

▲ Blend Corner 적용 없는 Fillet 형상

❹ Chordal Fillet 

이 Fillet은 R값을 입력하는 것이 아니라 Chordal 길이(Fillet 생성되는 라운드의 끝점에서 끝점까지의 직선 거리)를 입력하여 Fillet를 생성하는 기능이다.

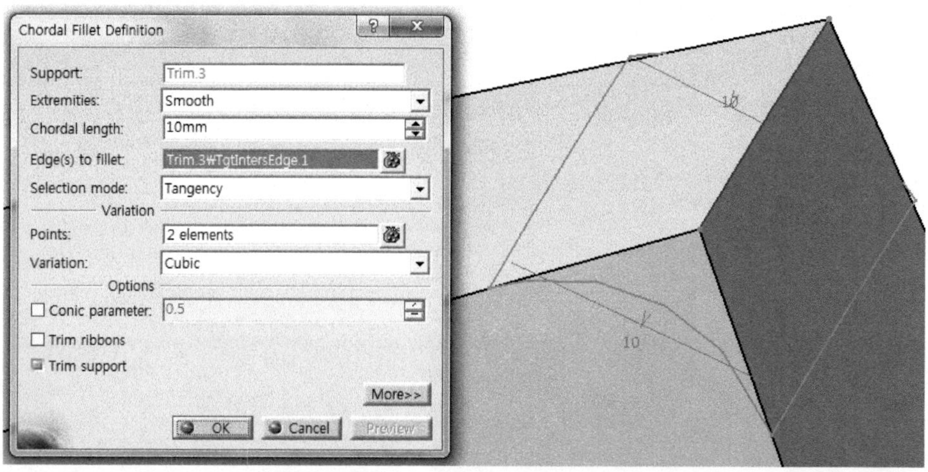

❺ Face – Face Fillet 

서로 떨어져 있는 두 곡면 사이를 Fillet으로 연결할 때 사용하는 기능이다.

- **Support** : 단일 Support면 정의
- **Extremities** : Fillet 끝단 형태 정의
- **Radius** : 반경 값 정의. 가변 반경 값은 적용될 지점 선택 후 각각의 값 입력
- **Faces to Fillet** : 연결하고자 하는 두 면 선택

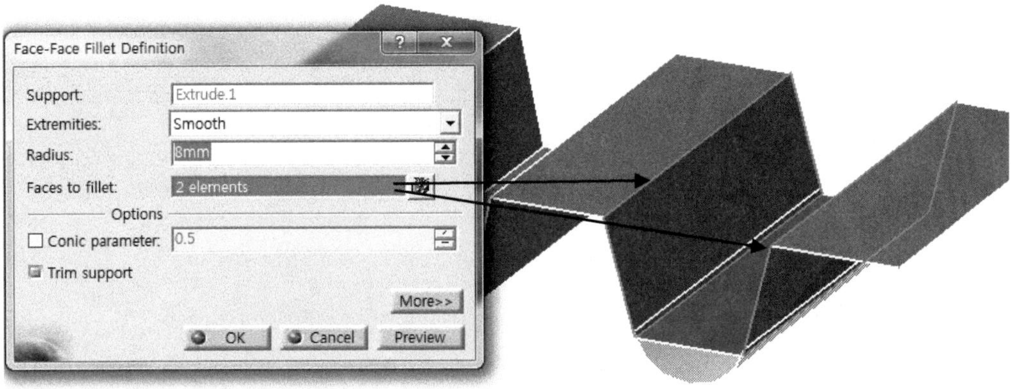

6 Tritangent Fillet

ㄷ 형태로 서로 인접한 세 곡면에 Tangent한 반경 값으로 Fillet을 생성하는 기능이다.

- **Support** : 단일 Support면 정의
- **Extremities** : Fillet 끝단 형태 정의
- **Faces to fillet** : 접하는 두 면 선택
- **Face to remove** : Fillet 생성으로 완전히 없어질 면

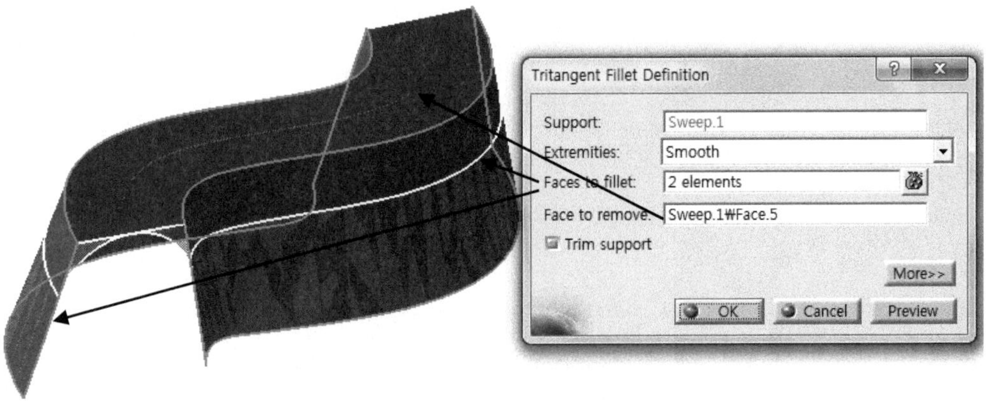

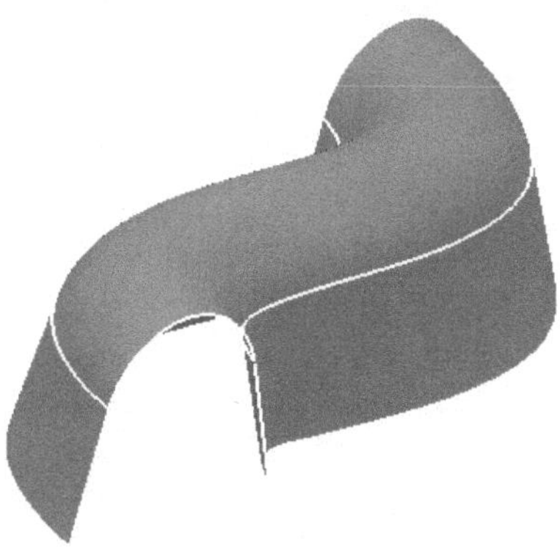

✣ Analysis

1 Connect Checker

Curve, Surface 사이의 연결성을 체크한다. 보통 Blend, Match or Fill 작업 과정에서 연결 위치 Connect 연속성 옵션이 가능하나 데이터 변환 혹은 복잡한 여러 Operation을 거치다 보면 곡면의 연속성을 잃어버릴 수 있으므로 연결 상태를 체크하여 고품질 곡면을 얻도록 한다. 체크 기준은 다음 3가지 형태로 이루어진다.

① Distance : 선택한 요소들의 Distance 체크

② Tangency : 선택한 요소들의 Tangency 체크

③ Curvature : 선택한 요소들의 Curvature(곡률) 체크

- **Overlapping** : 선택한 요소들이 서로 겹쳐 있는지 체크

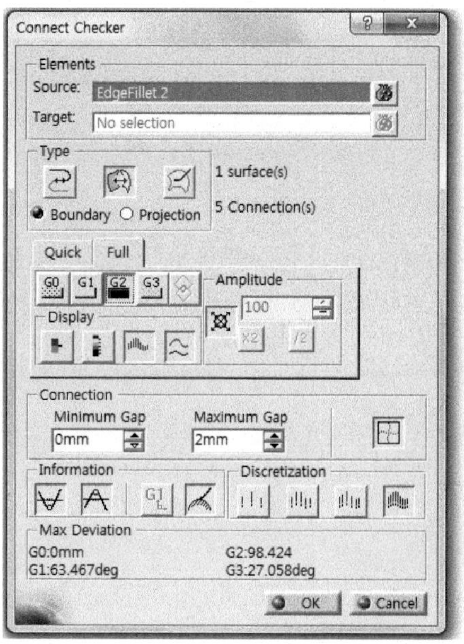

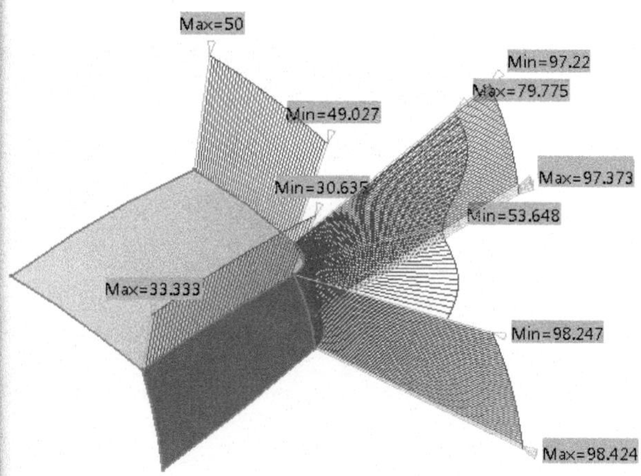

2 Curvature Analysis

Surface의 곡률 값을 등고선 형태로 분석하여 표현한다. 여러 개의 Surface를 한 번에 분석하는 경우는 대상을 Ctrl 키로 먼저 선택한 후 명령을 실행한다.

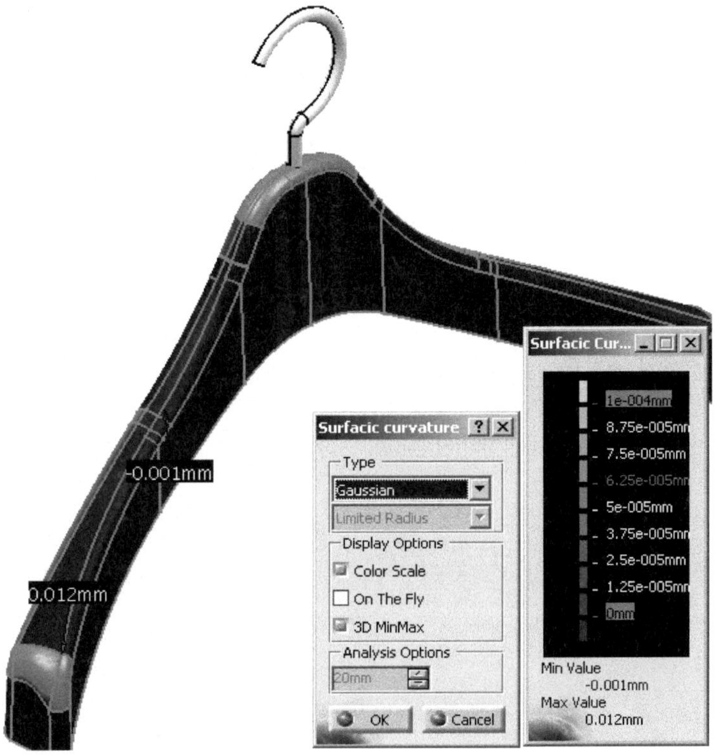

CHAPTER 03

곡면 모델링 예제

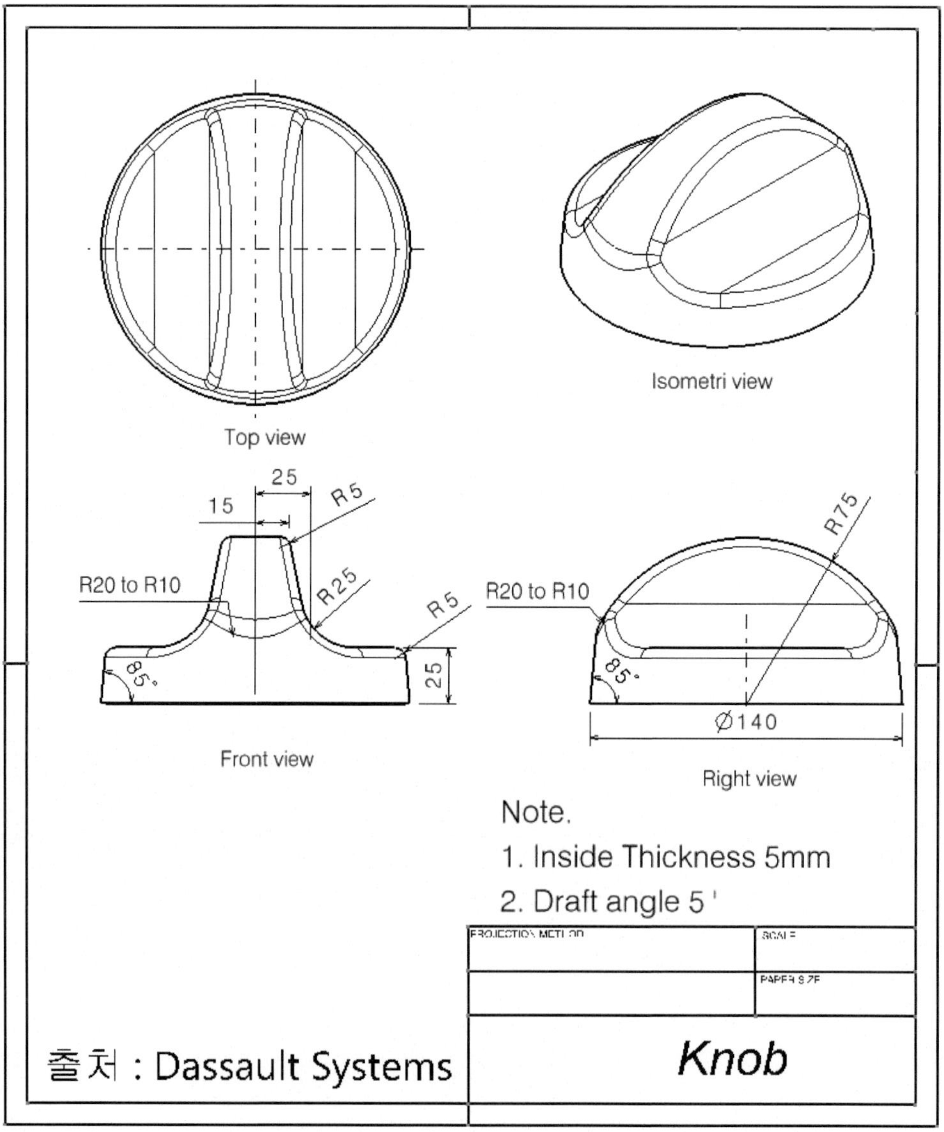

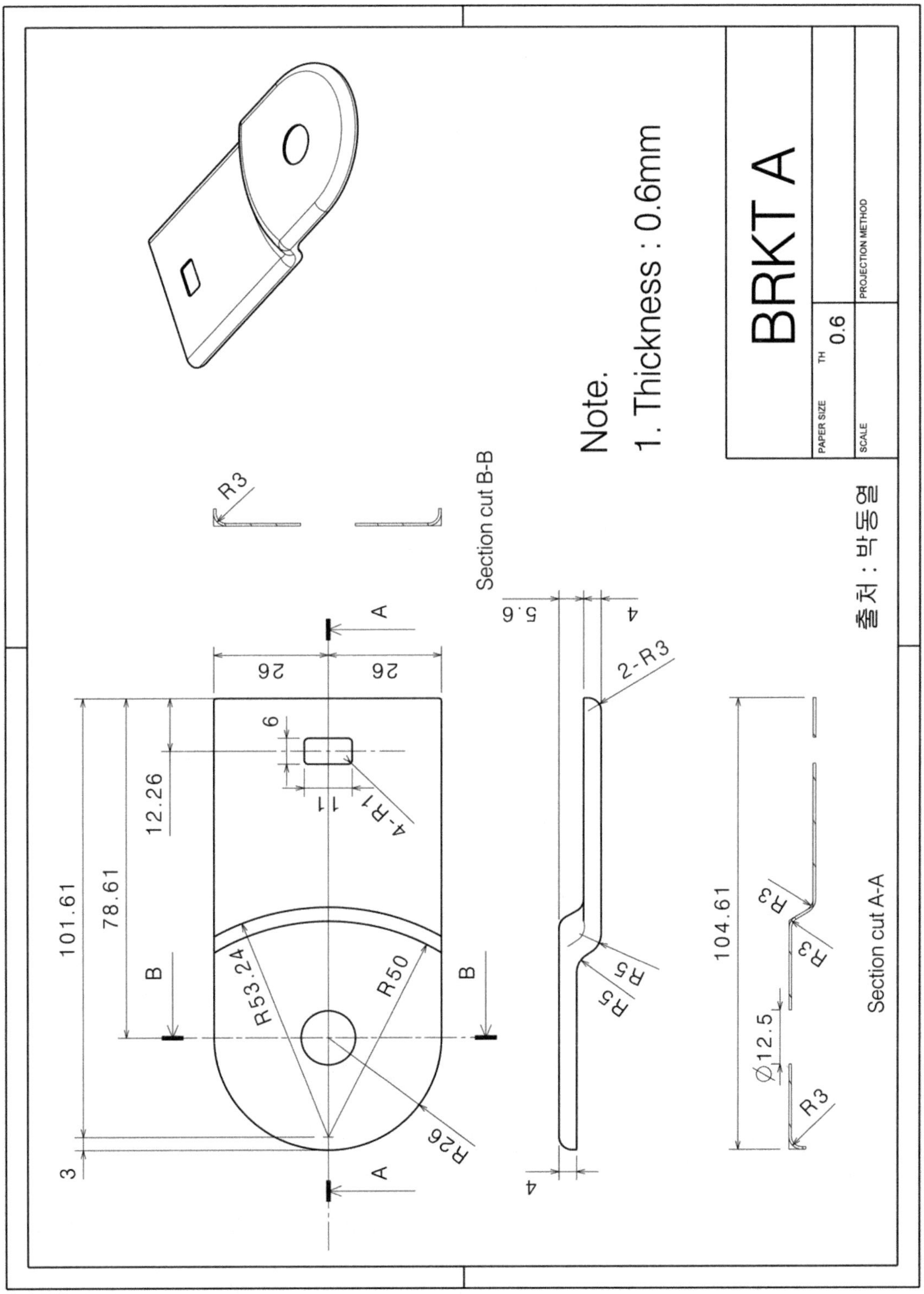
BRKT A
PAPER SIZE
TH
0.6
SCALE
PROJECTION METHOD
Note.
1. Thickness : 0.6mm
출처 : 박동열
Section cut A-A
Section cut B-B
101.61
78.61
12.26
104.61
26
26
6
11
4-R1
R53.24
R50
R26
3
2-R3
R5
R5
R3
⌀12.5
5.6
4
4
A
A
B
B

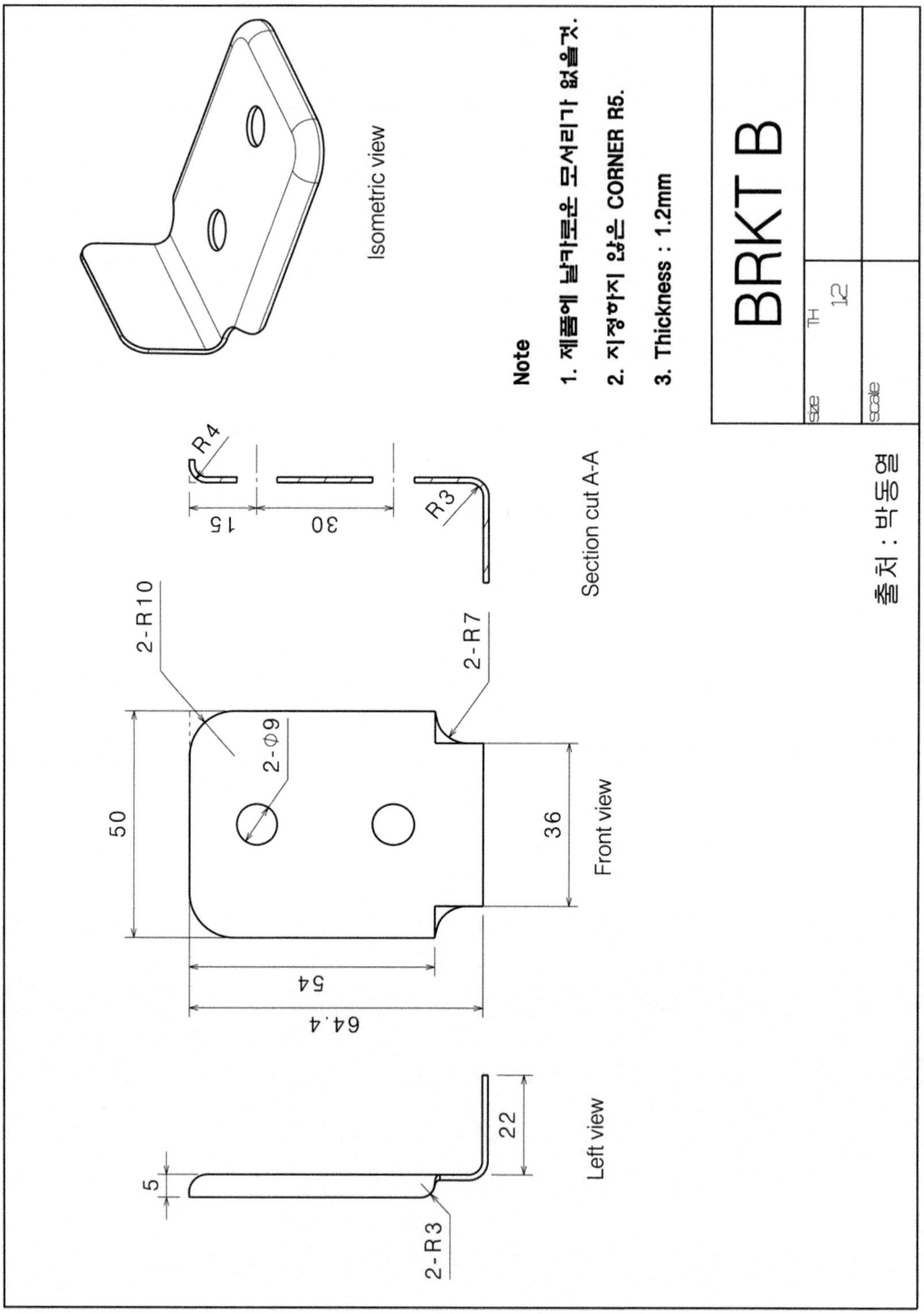
Isometric view
Note
1. 제품에 날카로운 모서리가 없을것.
2. 지정하지 않은 CORNER R5.
3. Thickness : 1.2mm
BRKT B
size
TH
12
scale
R4
15
30
R3
Section cut A-A
출처 : 박동열
2-R10
2-R7
2-Φ9
50
36
Front view
54
64.4
5
22
2-R3
Left view

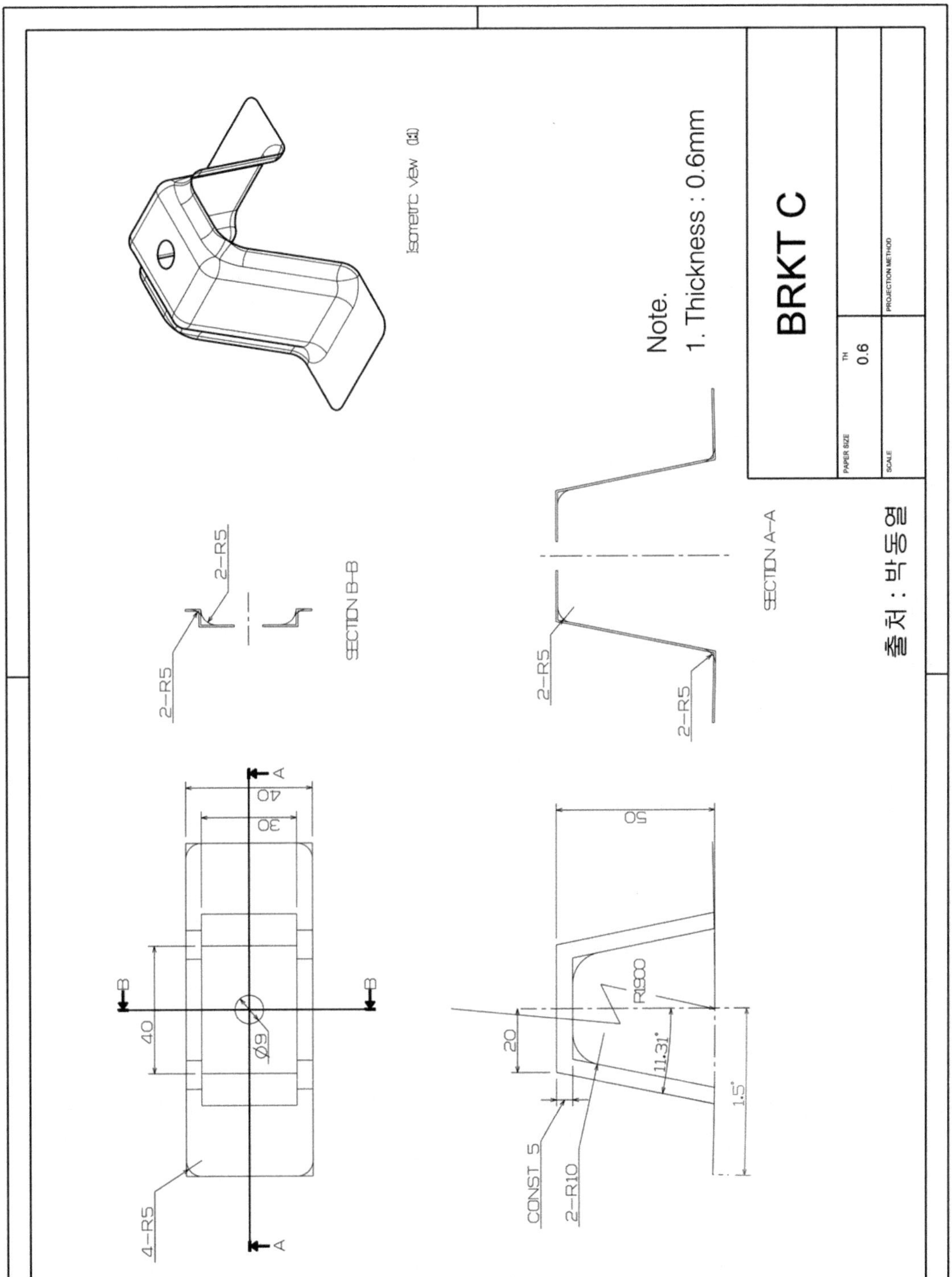
Isometric view (1:1)
Note.
1. Thickness : 0.6mm
BRKT C
PAPER SIZE
TH
0.6
SCALE
PROJECTION METHOD
SECTION B-B
2-R5
2-R5
SECTION A-A
2-R5
2-R5
A
A
B
B
40
30
40
Ø9
4-R5
50
R1900
20
11.31°
1.5°
CONST 5
2-R10

출처 : 박동열

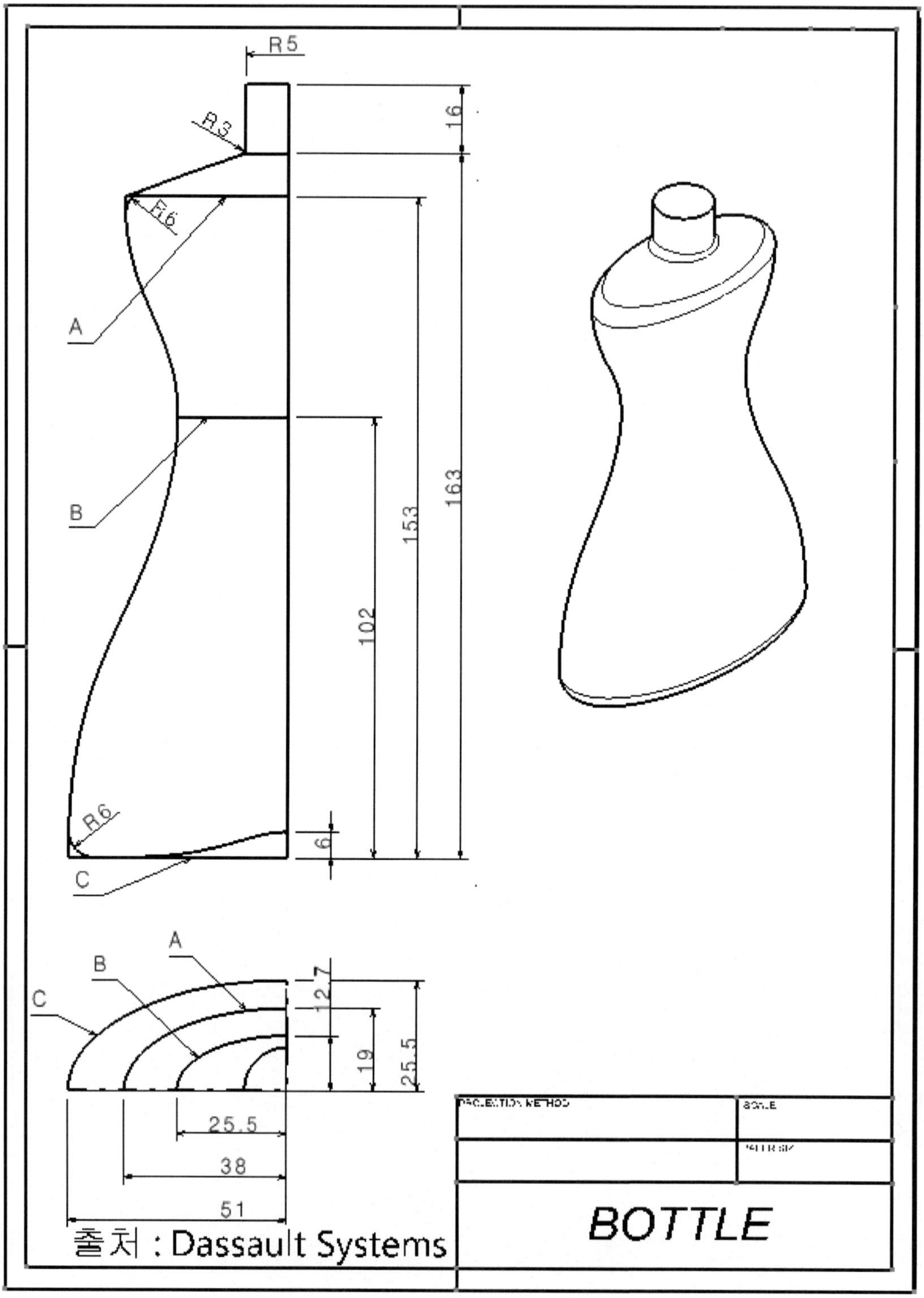

출처 : Dassault Systems

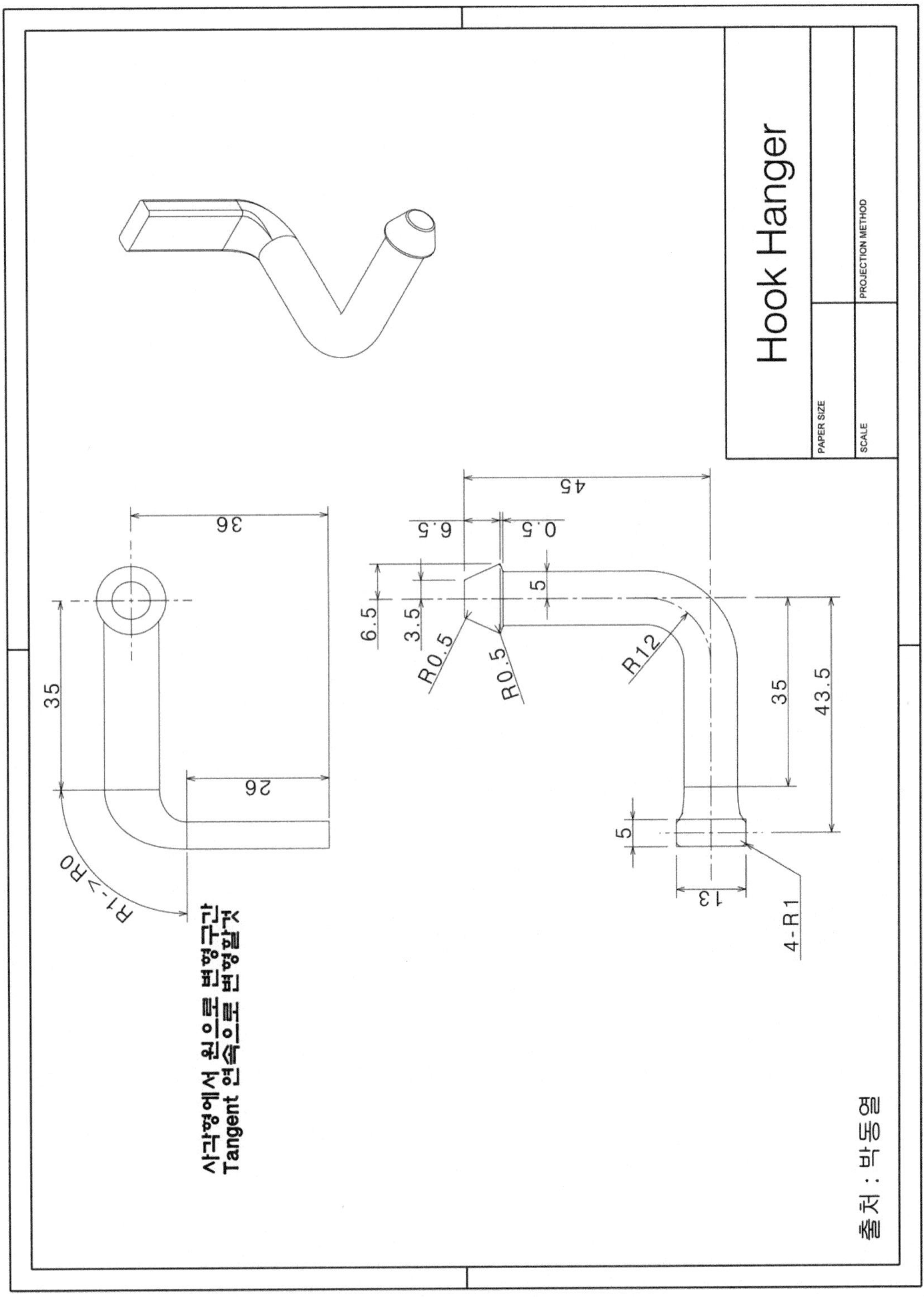
Hook Hanger
PAPER SIZE
SCALE
PROJECTION METHOD
사각형에서 원으로 변형구간
Tangent 연속으로 변형할것
R1->R0
36
35
26
45
6.5
0.5
5
6.5
3.5
R0.5
R0.5
R12
35
43.5
5
13
4-R1
출처 : 박동열

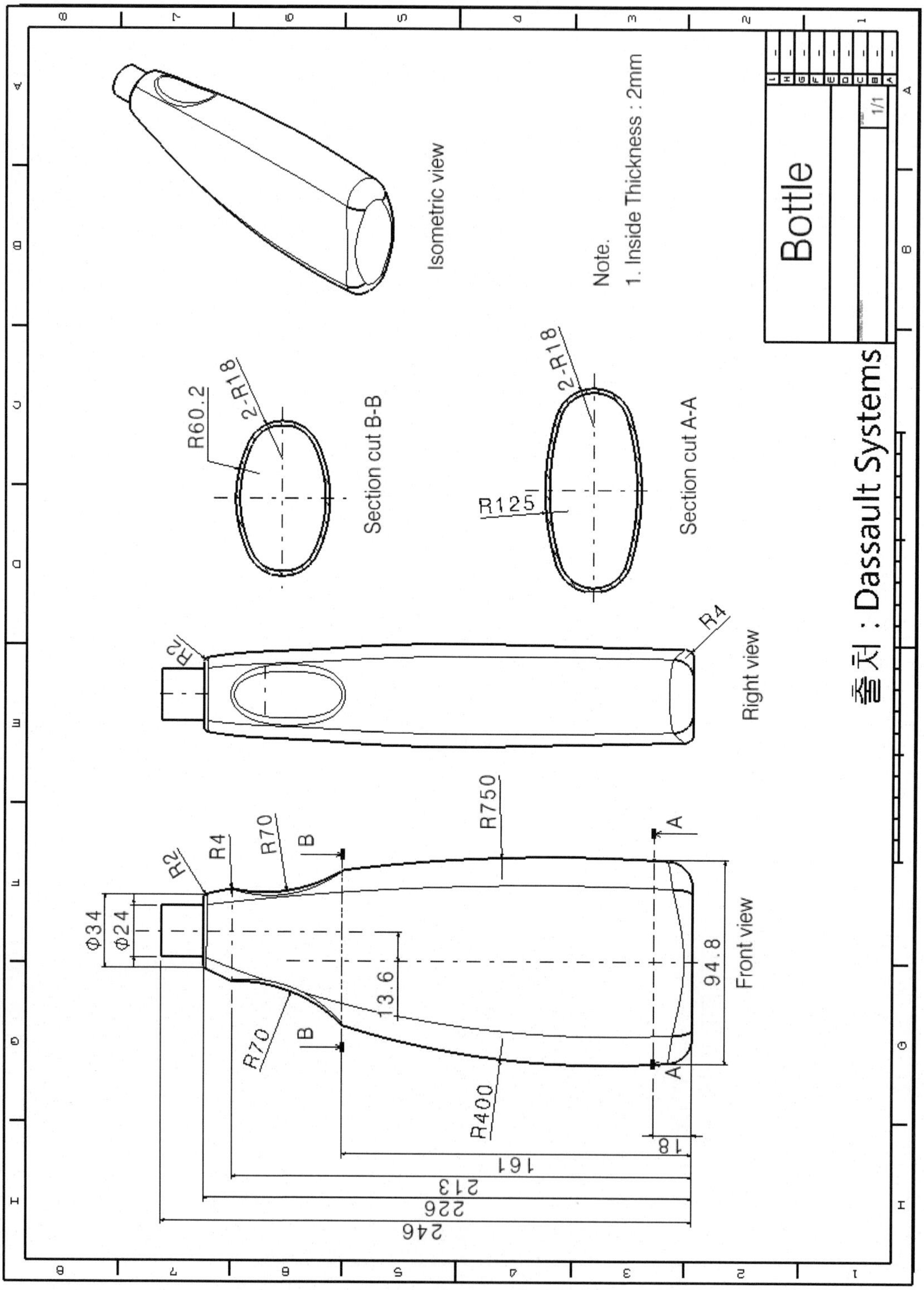

출처 : Dassault Systems

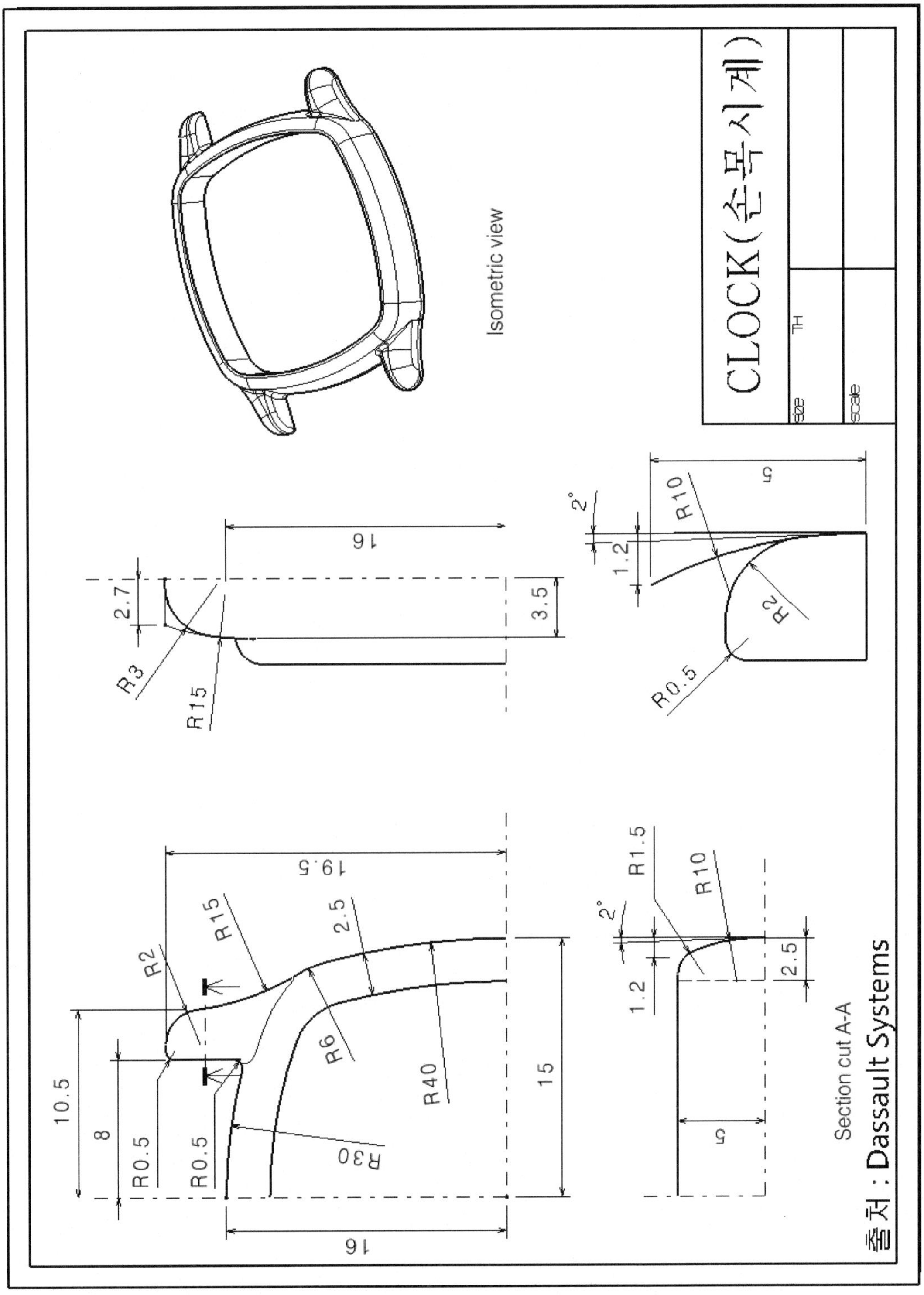
CLOCK(손목시계)
Isometric view
Section cut A-A
출처 : Dassault Systems
size
TH
scale
10.5
8
R0.5
R0.5
R30
R2
R15
R6
R40
2.5
19.5
15
16
R3
R15
2.7
3.5
16
1.2
2°
R1.5
R10
2.5
5
R0.5
R2
R10
5

따라하기 ❖ Cover

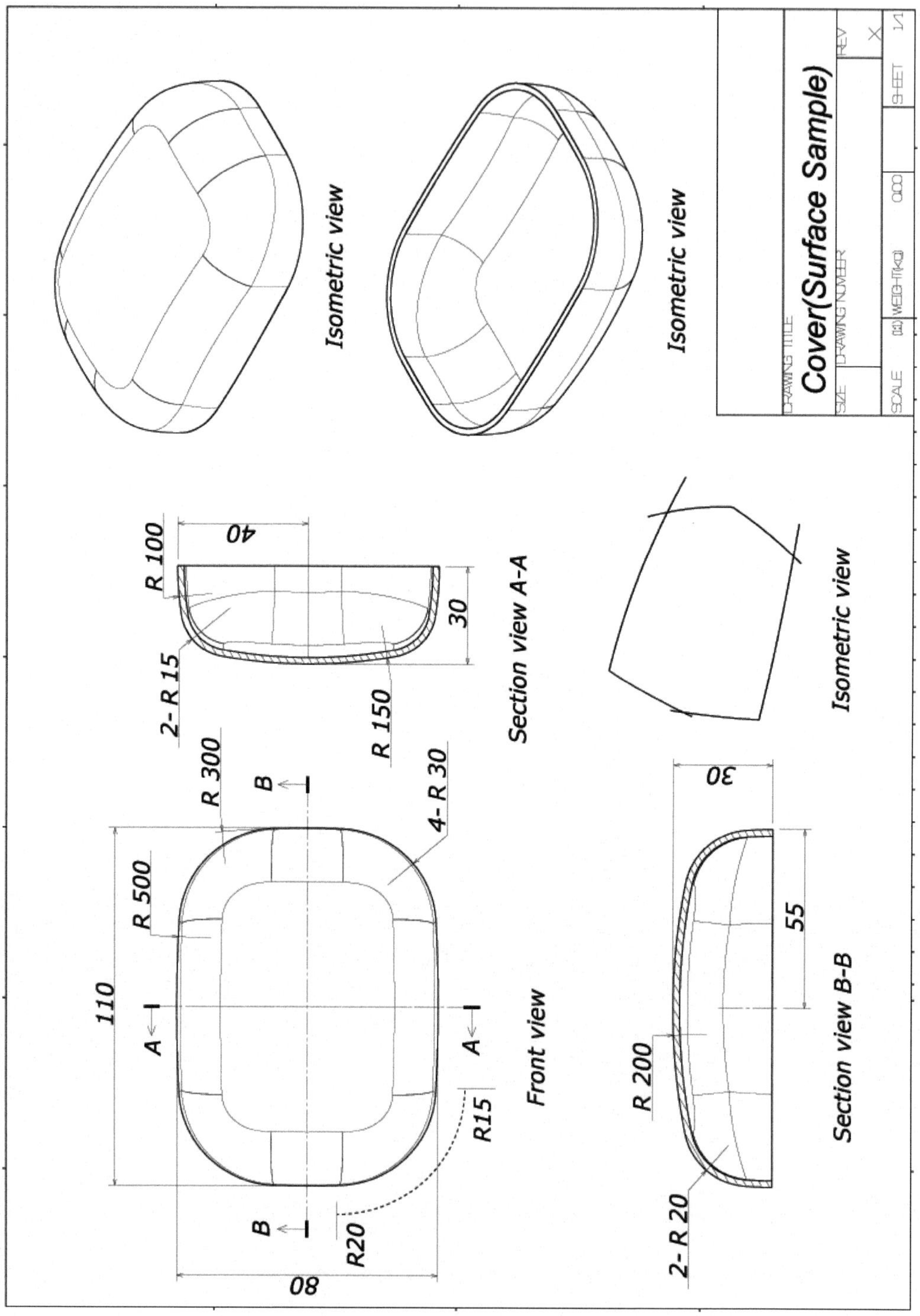
Isometric view
Isometric view
DRAWING TITLE
Cover(Surface Sample)
Section view A-A
Isometric view
Front view
Section view B-B

✣ Wireframe 생성하기

최종 형상이 대칭 형태이기 때문에 전체 형상의 1/4만 모델링한 후 이를 대칭시켜서 완성한다.

Basic Surface 생성에 필요한 Wireframe을 만들기 위하여, 도면을 참고로 하여 XY, YZ, ZX 평면에 아래와 같은 Sketch를 생성한다.

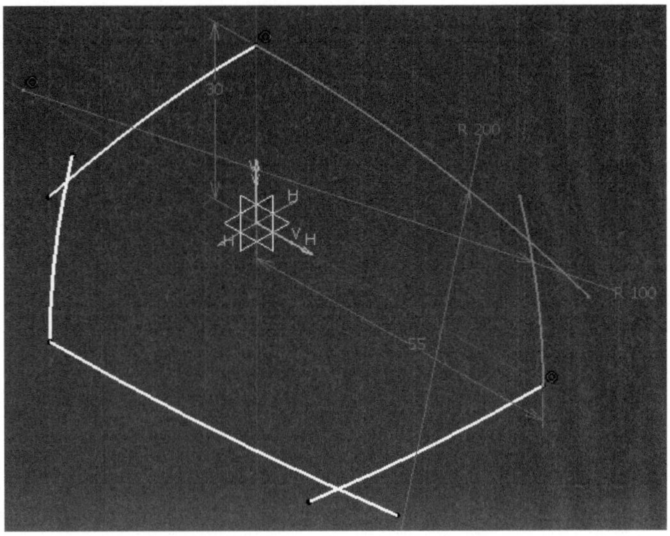

▲ YZ Plane : Section B-B Sketch

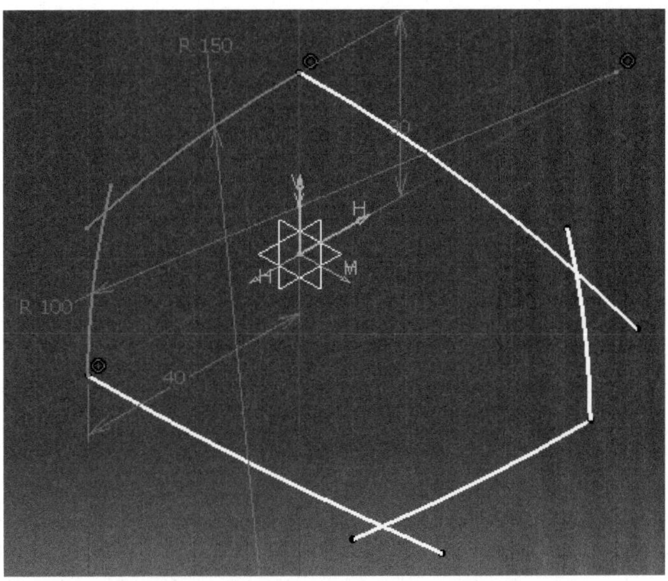

▲ ZX Plane : Section A-A Sketch

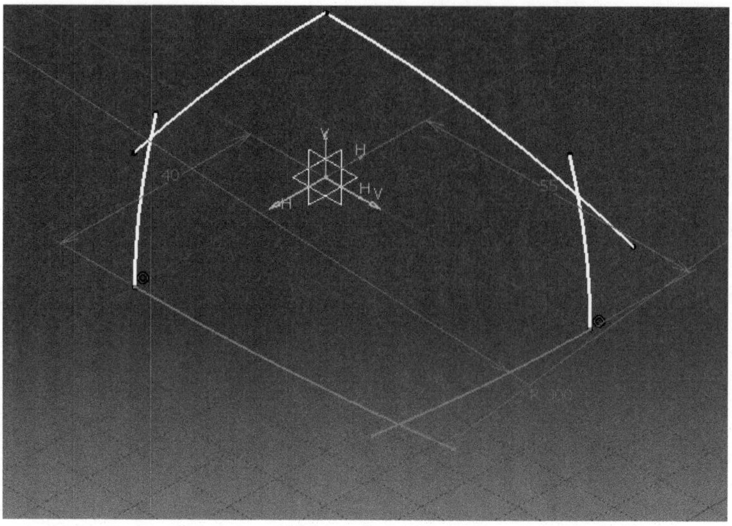

▲ XY Plane : Front View Sketch

작업의 편리성을 위해서 Grouping 작업을 한다.

Insert 〉 Geometrical Set으로 그룹을 추가한 후, Tree에서 추가된 Set의 Properties에서 이름을 변경한다.(예 Wireframe)

여러 개의 Geometrical Set 사이를 이동하면서 모델링할 때는 해당 Geometrical Set의 마우스 오른쪽 버튼의 Define in Work Object를 선택한다.

이후 생성되는 명령어는 밑줄이 그어진 Geometrical Set 그룹 안에 쌓인다. 또한, 다른 Geometrical Set에 생성된 명령어를 옮기고 싶은 그룹이 있으면 해당 명령어의 마우스 오른쪽 버튼을 클릭하여 Change Geometrical Set으로 옮기고자 하는 Geometrical Set 그룹을 Tree에서 선택한다.

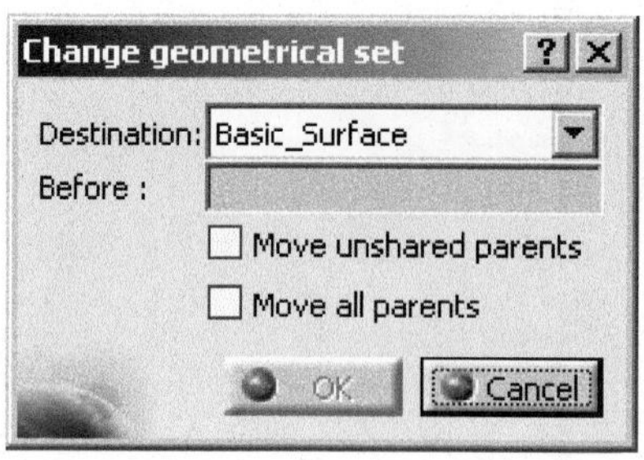

✣ 기본 Surface 생성하기

또 다른 Group 생성을 위해서 Geometrical Set을 추가한다.

Sweep 명령을 이용하여 Basic Surface를 생성한다.

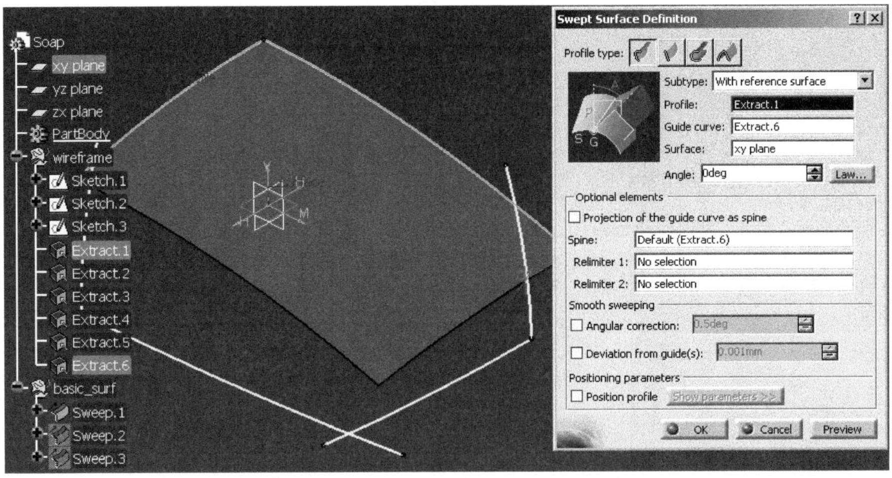

마우스 오른쪽 버튼을 클릭하여 Profile과 Guide curve는 Contextual menu를 이용한다. Create Extract 명령으로 각각 Sketch에서 Profile과 Guide로 사용할 부분을 선택한다.

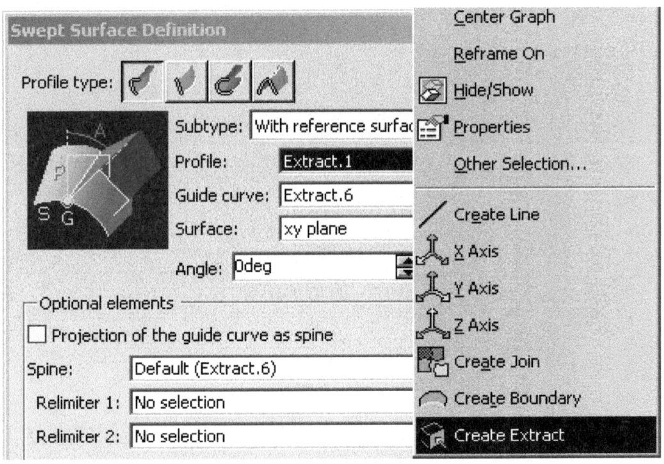

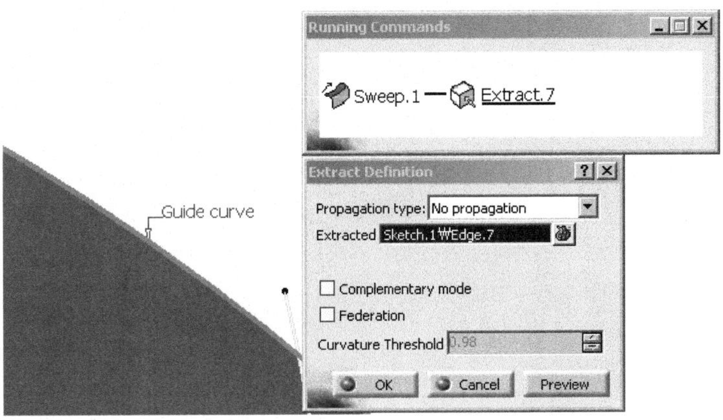

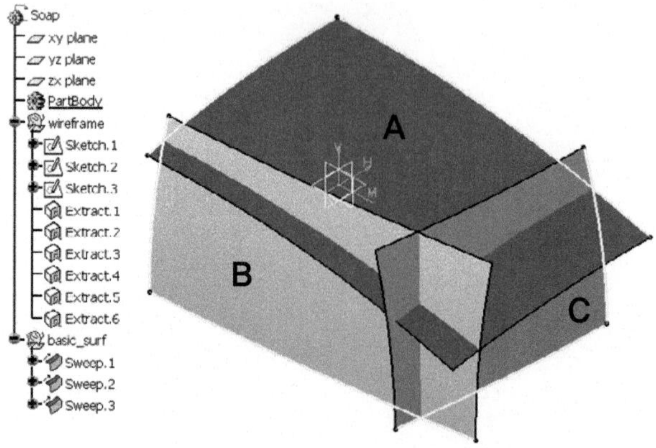

Sweep 명령을 반복하여 위의 그림과 같은 Basic Surface를 생성한다.

❖ Surface 변형하기

도면의 Front View의 R30의 Fillet을 생성하기 위해서 B, C Surface를 대상으로 Shape Fillet()를 한다.

Fillet의 생성 방향을 동그라미 친 부분의 화살표를 통해서 확인한다. Radius는 30mm로 한다.

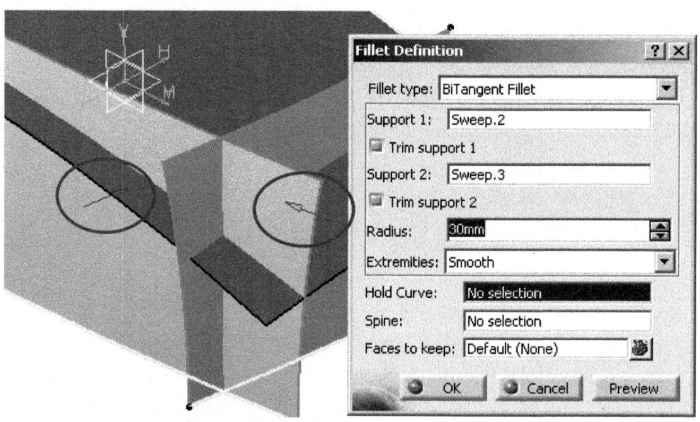

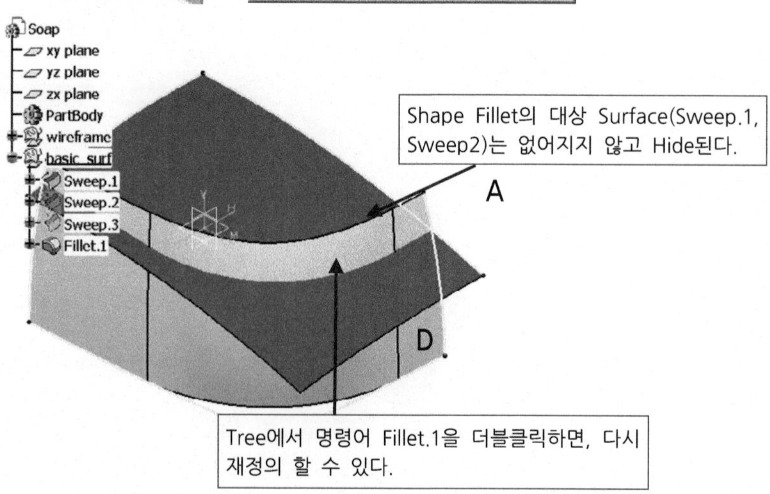

도면의 Front View에서 R15와 R20의 가변 Fillet 부위의 모델링을 위해서 Surface A와 D에 대해서 Trim()을 실행한다.

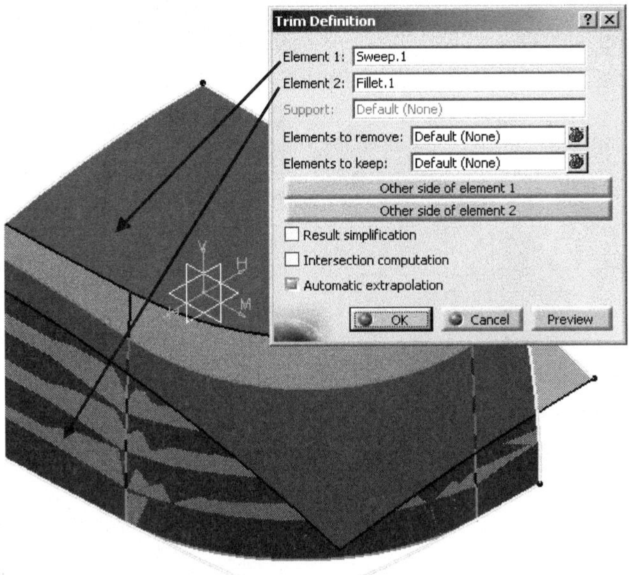

Other Side를 잘 선택하여, 아래와 같은 Edge를 드러내는 Surface를 완성한다.

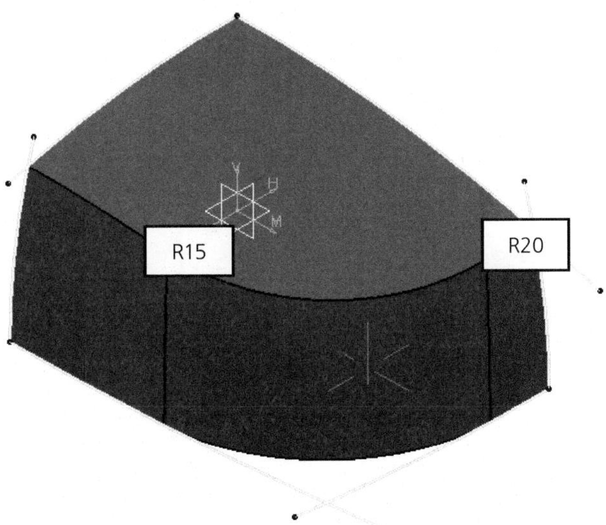

화살표 Edge에 가변 Fillet()을 적용한다.

가변 Fillet을 적용할 Edge(3개)를 선택하고, Radius 값은 Edge 끝점의 빨간 점에 생성된 Radius 값을 더블클릭하여 입력한다.

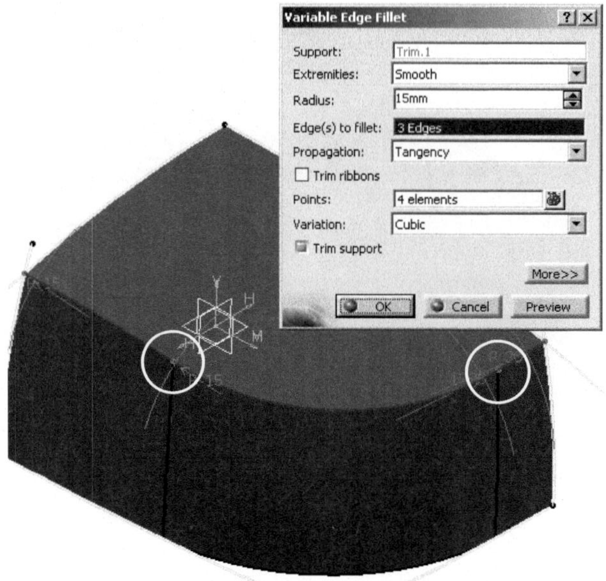

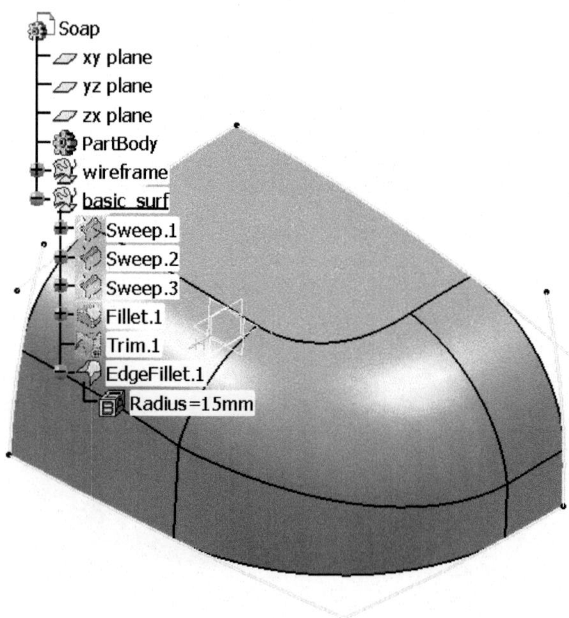

✣ 최종 Surface 생성하기

Symmetry( ) 명령어를 이용하여 대칭시킨다. 두 개의 Surface를 Join()한다.

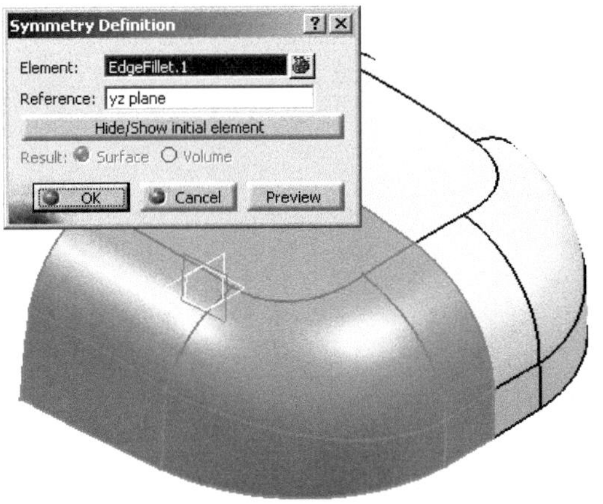

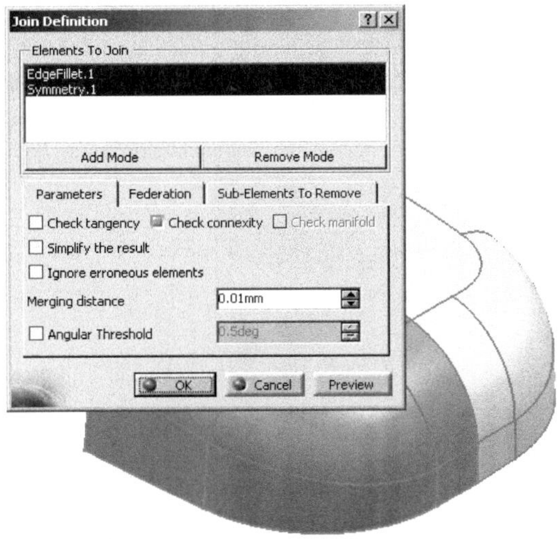

Symmetry 작업과 Join을 반복하여, 전체 Surface를 완성한다.

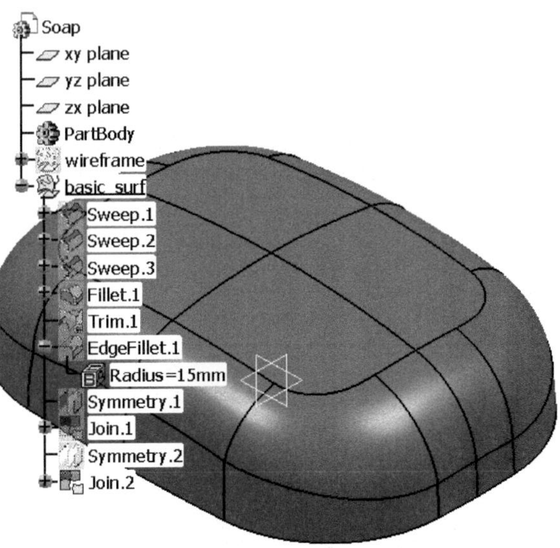

❖ Solid 생성하기

Workbench를 Part Design으로 옮겨서, Surface Based Features Toolbar의 Thick Surface 명령으로 내측으로 2mm 두께의 Solid를 생성한다.

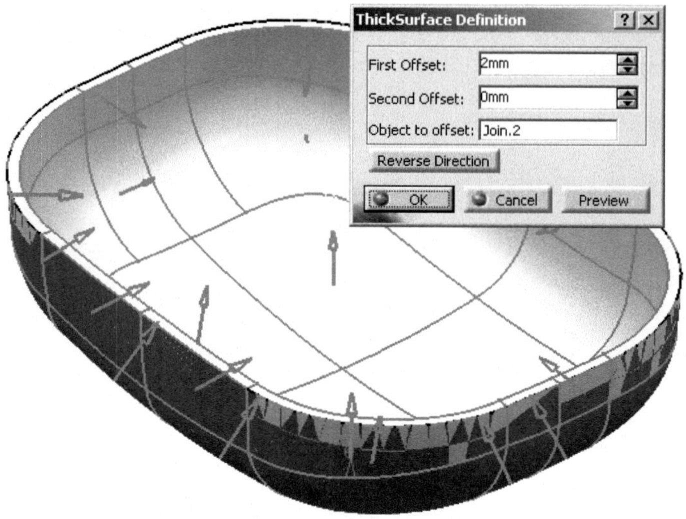

완성된 Solid 모델을 이용하여 처음의 도면과 같은 View 생성과 치수 기입을 완성한다.

곡면 모델링(Hanger) 따라하기 1

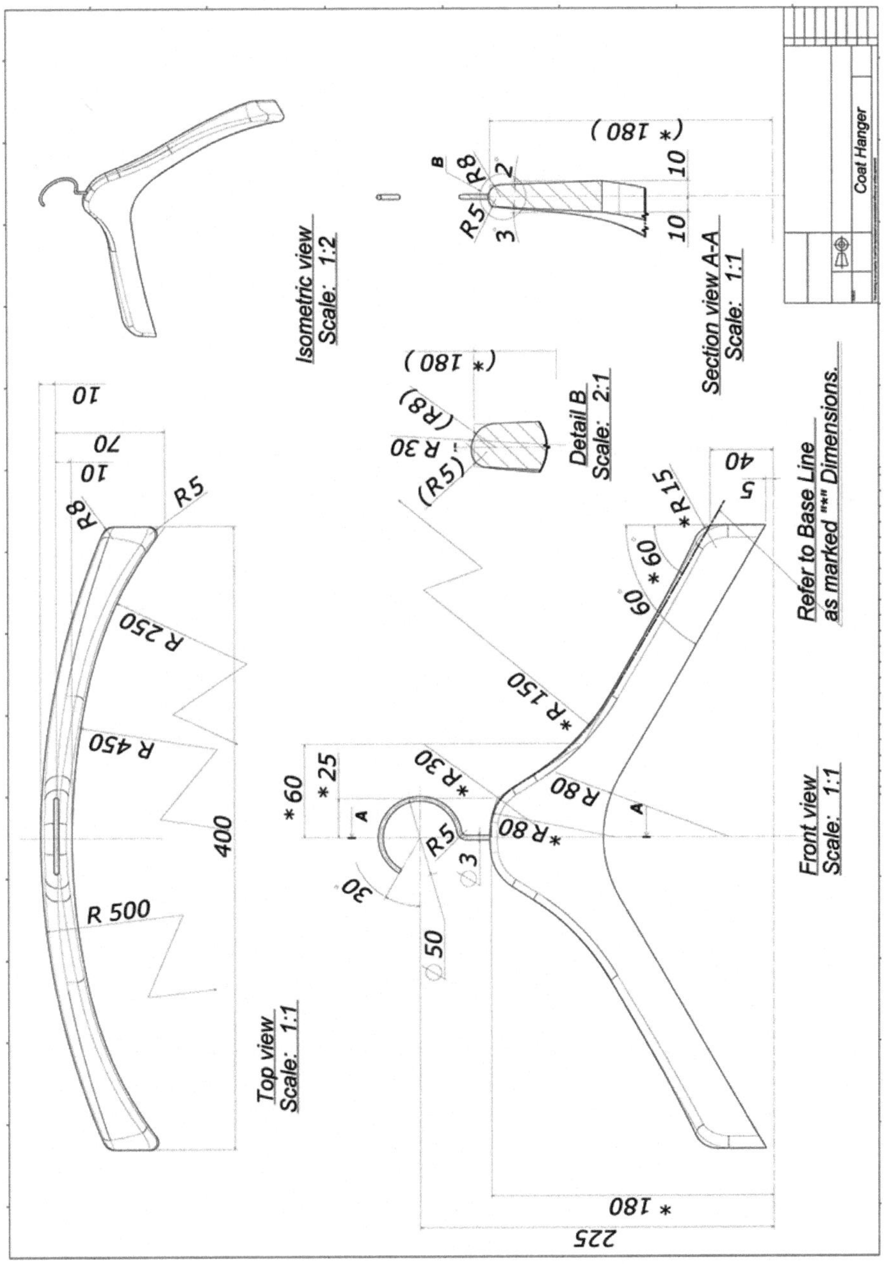

❖ Wireframe 생성하기

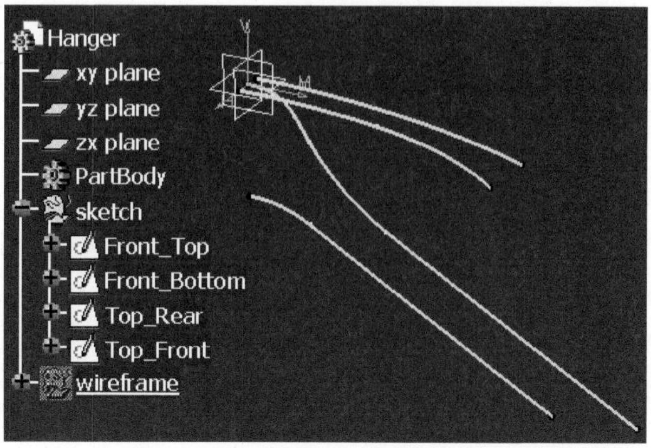

좌우대칭 형상이므로 한 쪽만 모델링해서 Symmetry시킨다.

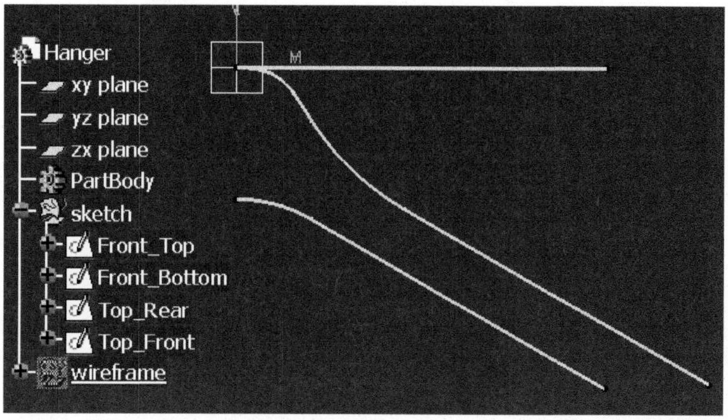

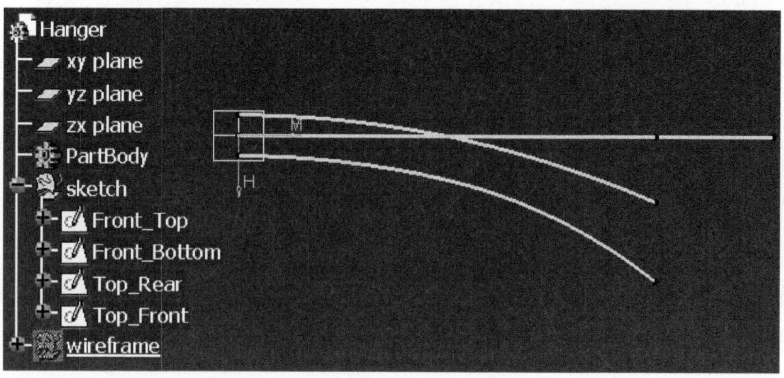

도면의 Front View와 Top View를 참고하여, 위와 같은 Sketch를 생성한다. 같은 평면에 있는 형상을 동일한 Sketch에 그려서 나중에 Extract( )하여 사용하거나, 위의 그림과 같이 형상마다 다른 Sketch를 생성해서 사용하는 방법 중의 하나를 선택하면 된다.

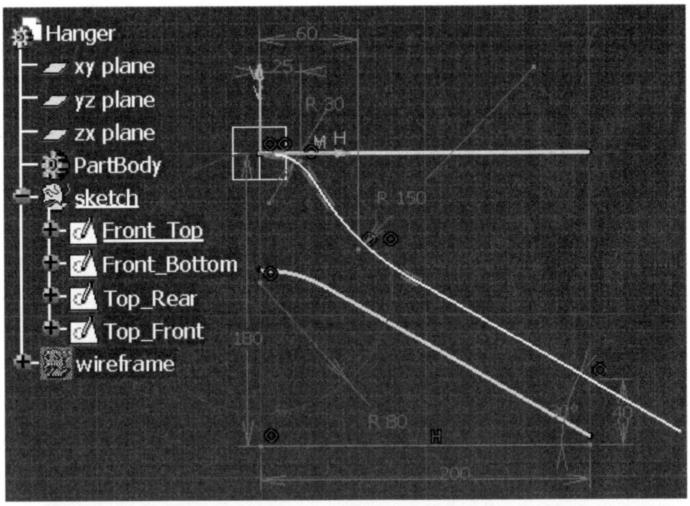
Hanger
xy plane
yz plane
zx plane
PartBody
sketch
Front_Top
Front_Bottom
Top_Rear
Top_Front
wireframe
60
25
R 30
R 150
180
R 80
30°
10
200

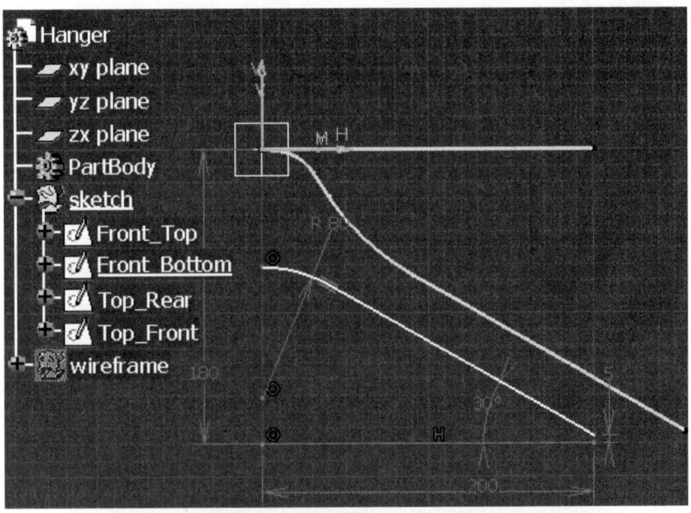
Hanger
xy plane
yz plane
zx plane
PartBody
sketch
Front_Top
Front_Bottom
Top_Rear
Top_Front
wireframe
180
30°
5
200

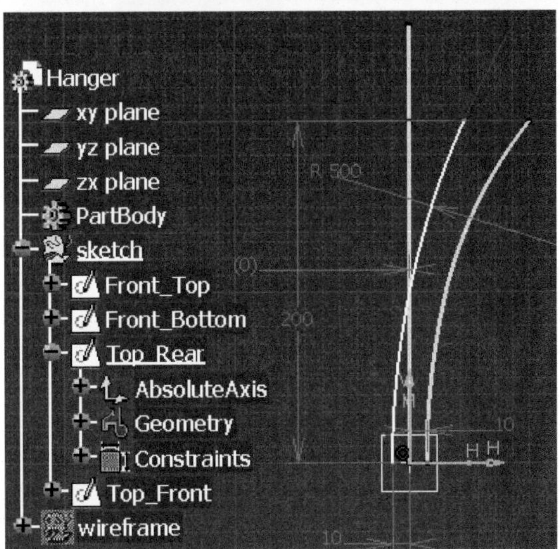
Hanger
xy plane
yz plane
zx plane
PartBody
sketch
Front_Top
Front_Bottom
Top_Rear
AbsoluteAxis
Geometry
Constraints
Top_Front
wireframe
R 500
(0)
200
10
10

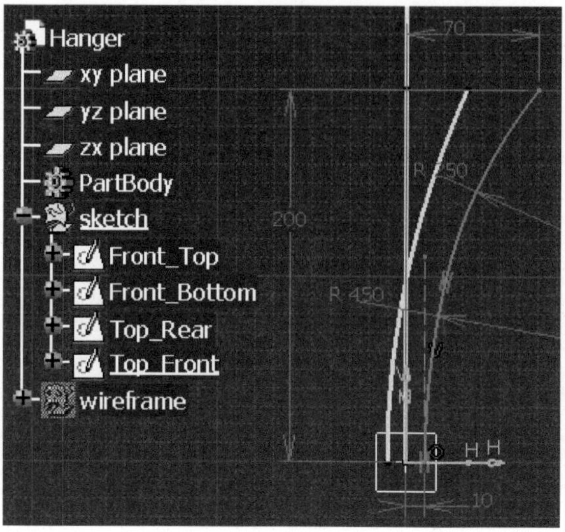

❖ 기본 Surface 생성하기

다음 그림과 같은 4개의 기본 Surface를 Sweep( ) 명령어를 이용하여 생성한다.

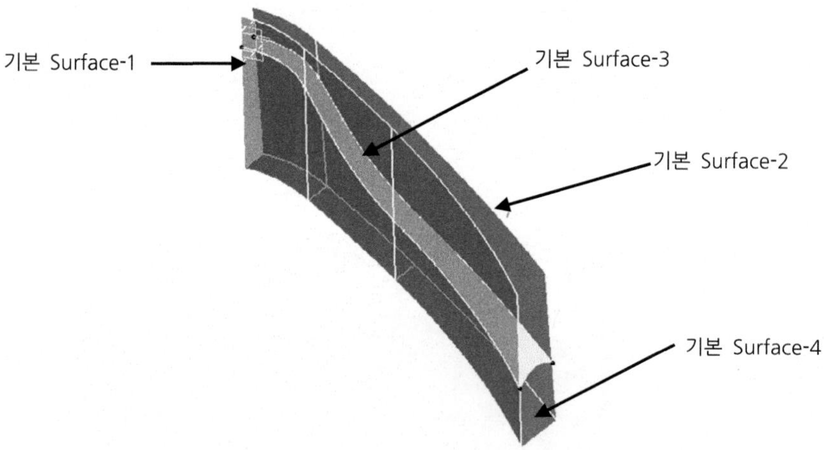

기본 Surface-1을 Sweep( )으로 생성할 때 사용할 Guide Curve를 만들기 위해서 Sketch를 Combine.1한다.

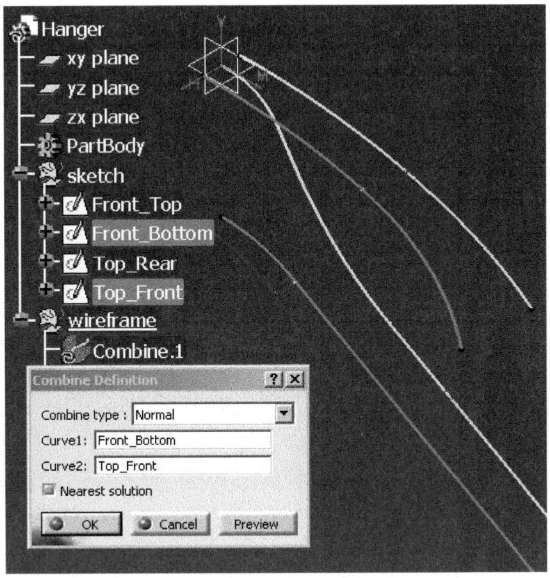

기본 Surface-2를 Sweep()으로 생성할 때 사용할 Guide Curve를 만들기 위해서 Sketch를 Combine.2한다.

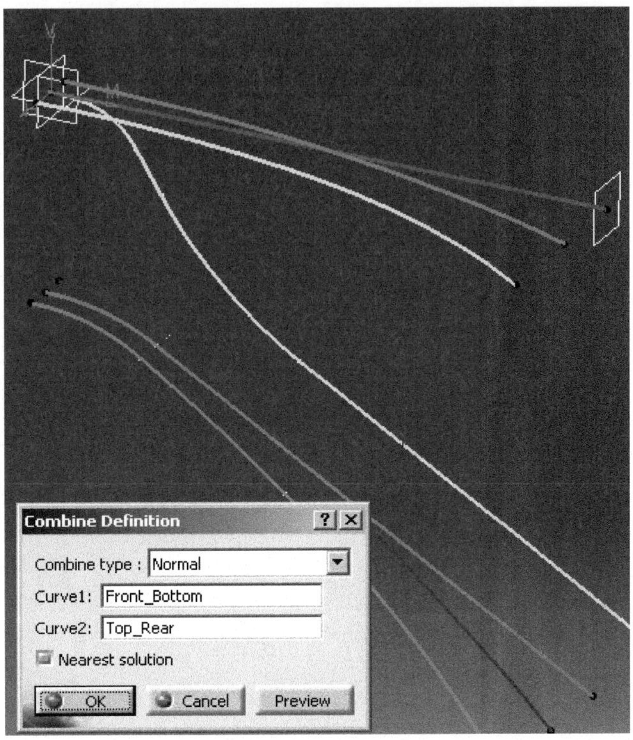

Sweep 명령의 Optional Element의 Relimiter2로 사용하기 위해서 Plane을 생성한다.

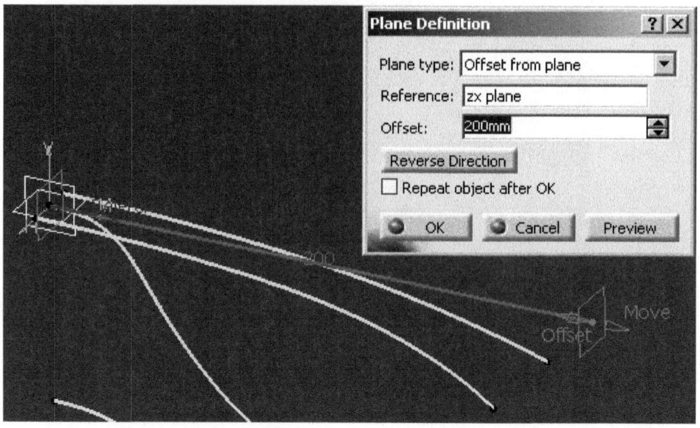

Sweep 명령의 Optional Element의 Spine으로 사용하기 위해서 Line을 생성한다.

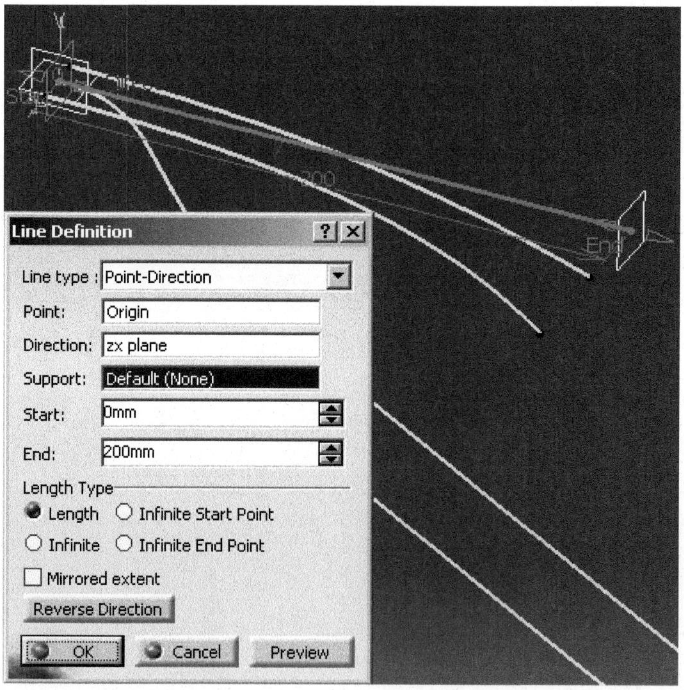

Sweep(Line type, With reference surface)으로 기본 Surface-1을 생성한다.

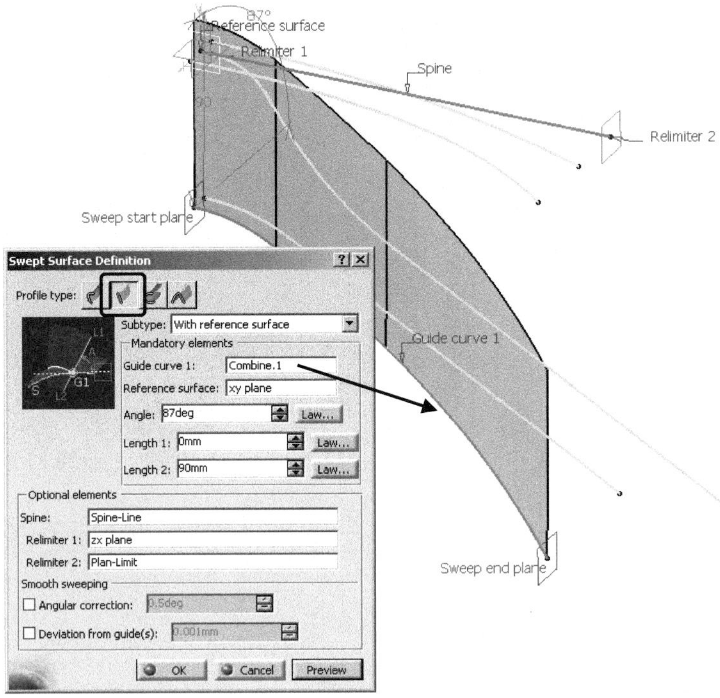

Sweep(Line type, With reference surface)으로 기본 Surface-2를 생성한다.

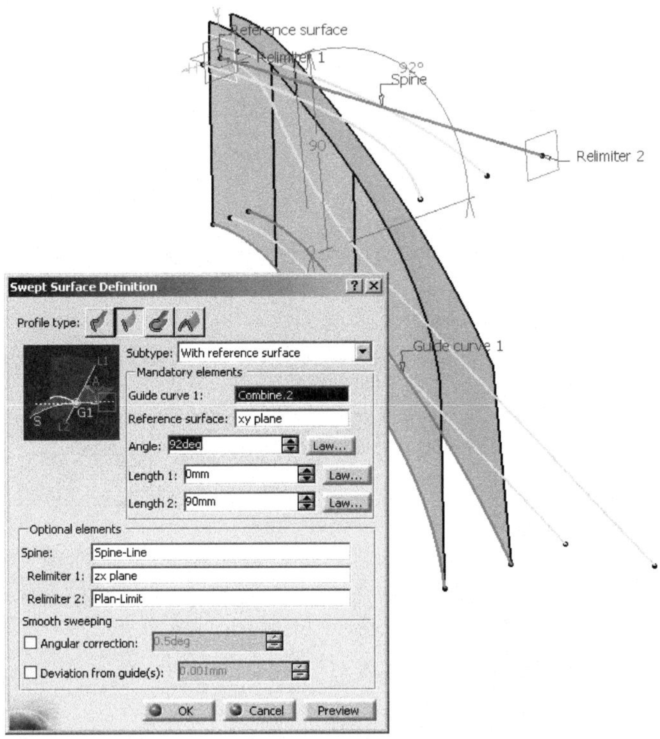

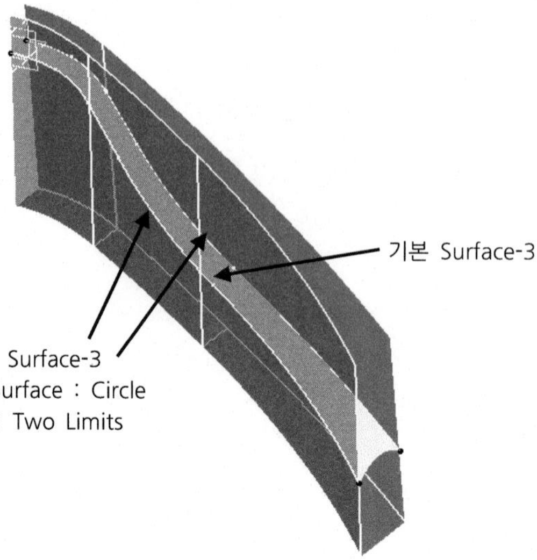

Sweep(Circle Type, Two Limits and Radius)으로 기본 Surface-2를 생성한다. 기본 Surface -3(Sweep Surface, Circle Type, Two Limits and Radius)의 Two Limits를 생성하기 위해서 Projection() 명령을 실행한다.

> **참고** Projection의 type이 Normal은 아니다. 그 이유는 Projection의 Support면, 즉 기본 Surface-1이 각도가 3도 기울어진 Sweep 명령어로 생성되었기 때문이다.

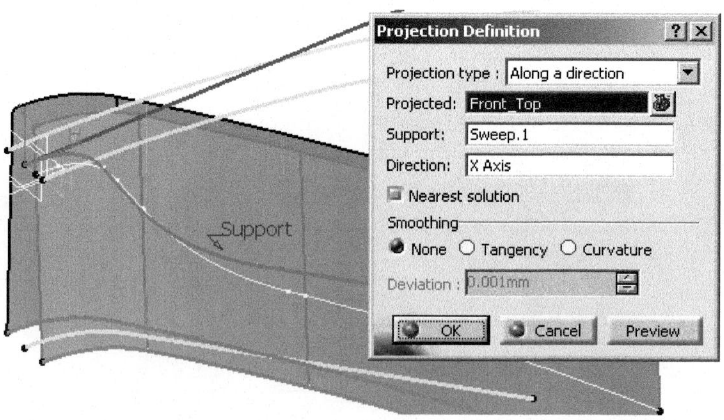

하나의 Limit를 Projection 명령으로 생성한다. 기본 Surface-2에 Project되며, 역시 X축 방향으로 Along Direction이 정의된다.

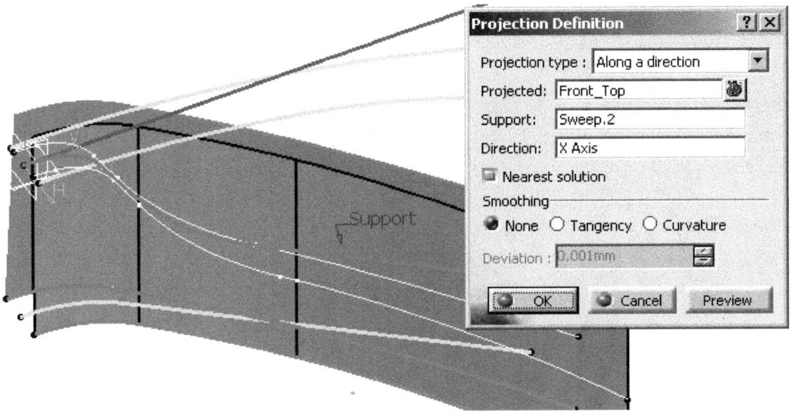

Projection 명령으로 생성한 Limit를 이용하여 Sweep(Circle Type, Two Limits and Radius)으로 기본 Surface-3를 생성한다.

다음 그림처럼 Solution이 여러 개가 나타나는데 Next 버튼을 클릭하면서 오렌지 색상의 Surface가 OK 버튼을 클릭했을 때 생성되는 결과물(Surface)이다. Spine과 Relimiter1, 2를 정의해 주어야 Sweep Surface가 진행 방향으로 단면들이 Normal하게 된다. Optional element를 적용을 바꿔가면서 직접 확인해 보기 바란다.

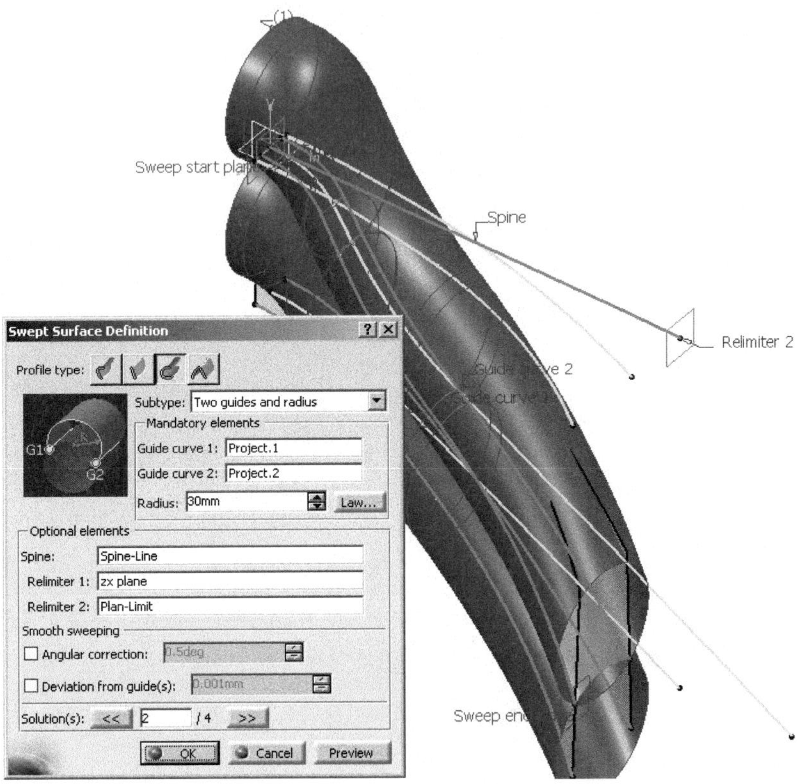

기본 Surface-4 역시 Sweep(Line type, Two Limits) 명령으로 생성한다.

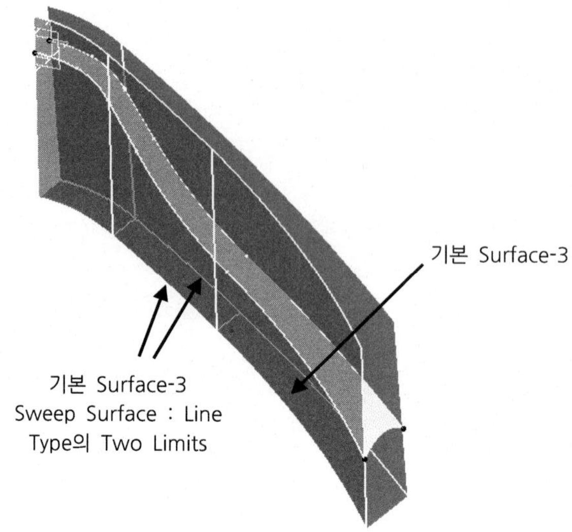

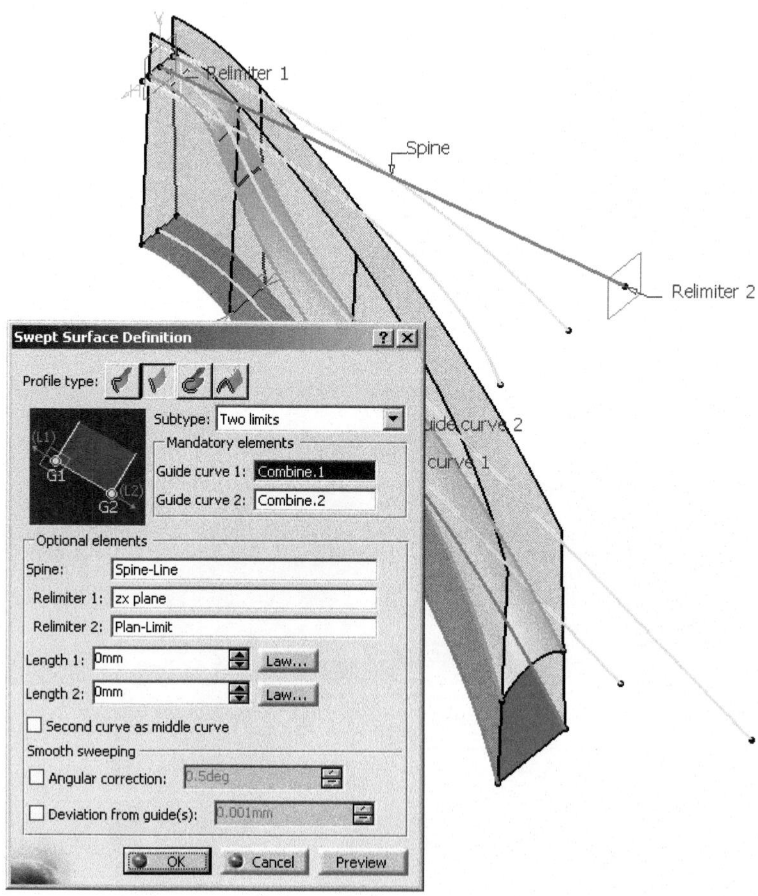

Trim( ) 명령으로 Sweep1, 2의 불필요한 부분을 제거한다.

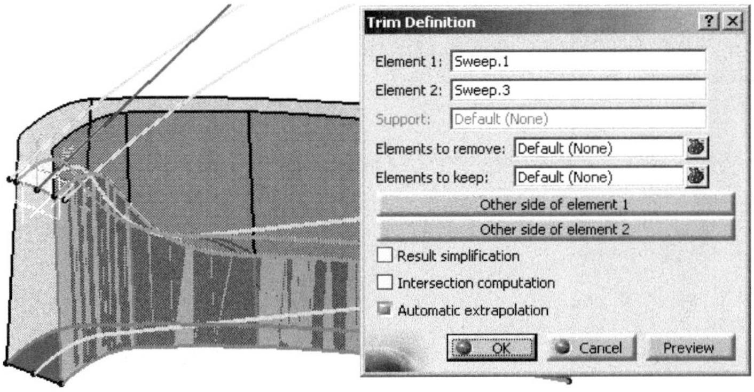

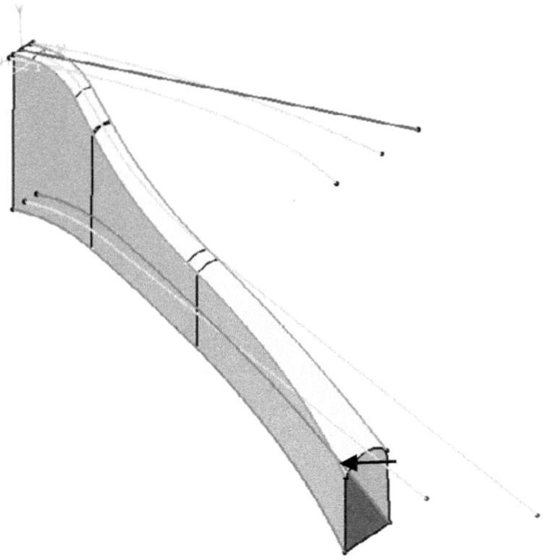

화살표 부분(Planar Surface)을 Fill Surface( )로 생성한다. 기존의 Surface의 Edge를 순서대로 선택하면 된다.

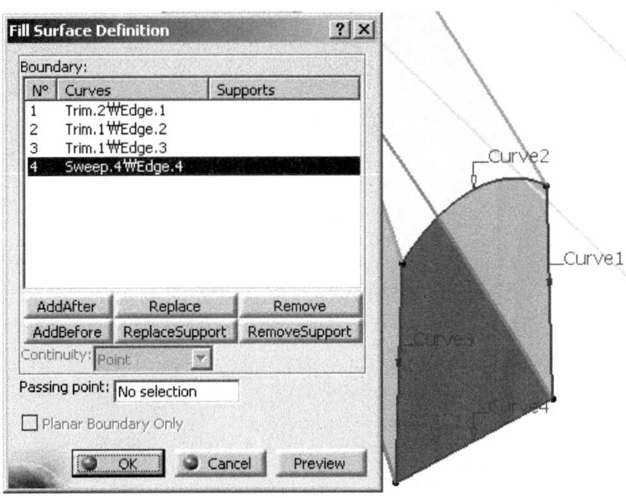

Join이라는 명령으로 하나의 최종 Surface를 생성한다.

Sketch와 Wirefame Geometrical Set은 Hide시킨다. Surface 관리를 위해서 Insert 〉 Geometrical Set 명령과 Change Geometrical set으로 Grouping을 시킨다.

이렇게 비슷한 성질의 Element끼리 묶어 놓게 되면 형상이 복잡해져도 이후 설계 변경이나 모델 데이터 관리에 효율적이다.

❖ Surface 변형하기

Surface 생성 명령어를 조합해서 생성된 기본 Surface에 Fillet을 추가하여 최종 Surface를 완성해 보자. 도면의 Isometric view를 참고하면 모두 3개의 Fillet이 적용되었다는 것을 알 수 있다. 그런데 Fillet은 적용하는 순서에 따라서 결과가 달라지므로 이것은 직접 순서를 달리하면서 확인하길 바란다.(순서 2, 3은 바뀌어도 무관하다.)

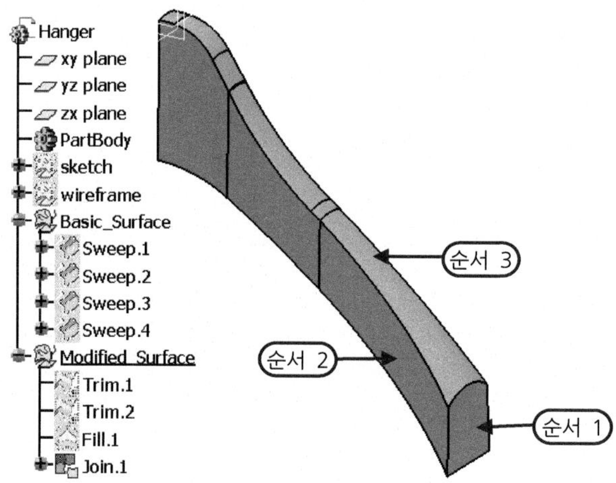

한 덩어리의 Surface이므로 Edge Fillet 명령으로 Fillet( )을 추가한다.

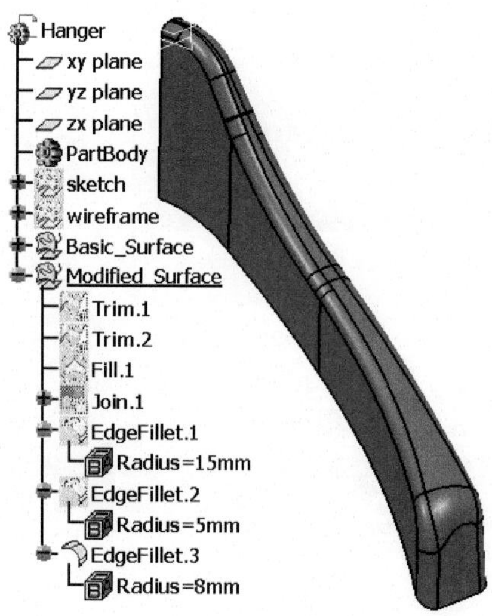

고리 부분의 Surface를 생성한다. Inset 〉 Geometrical Set으로 새로운 Group을 추가하여 생성한다. Sweep(Circle type, Center and Radius)의 Center curve로 사용할 sketch를 도면을 참고하여 다음 그림처럼 생성한다.

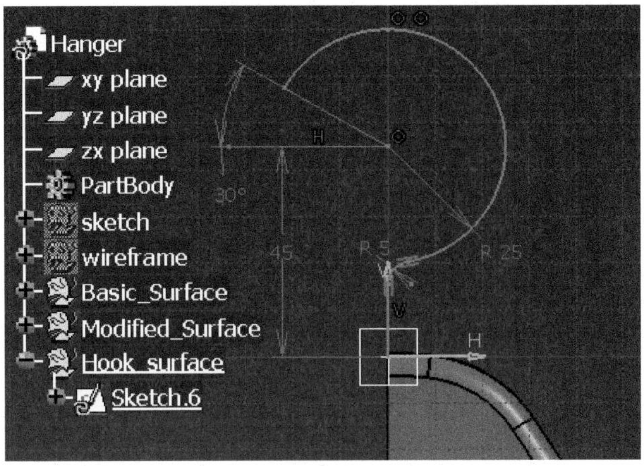

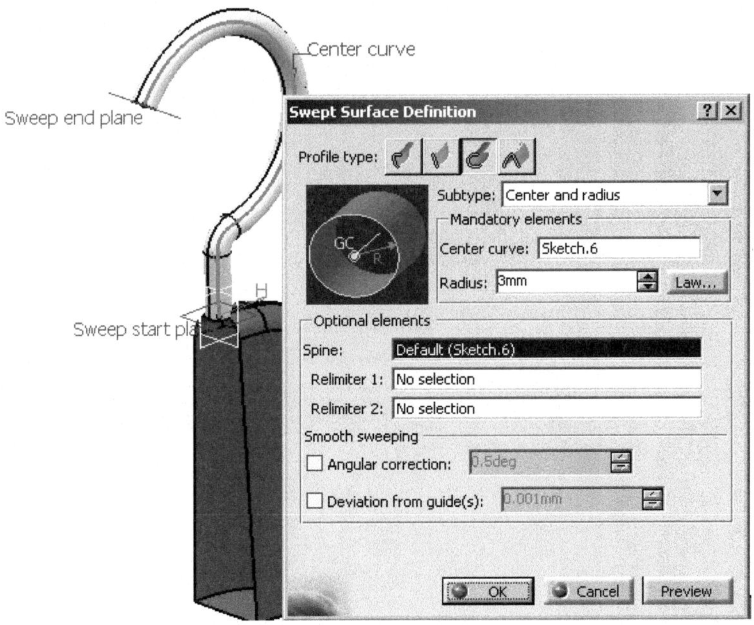

✣ 최종 Surface 생성하기

옷걸이의 몸통 부분 Surface를 Symmetry한 후 Join한다. 현재 작업 위치(Geometrical Set)를 확인한다.

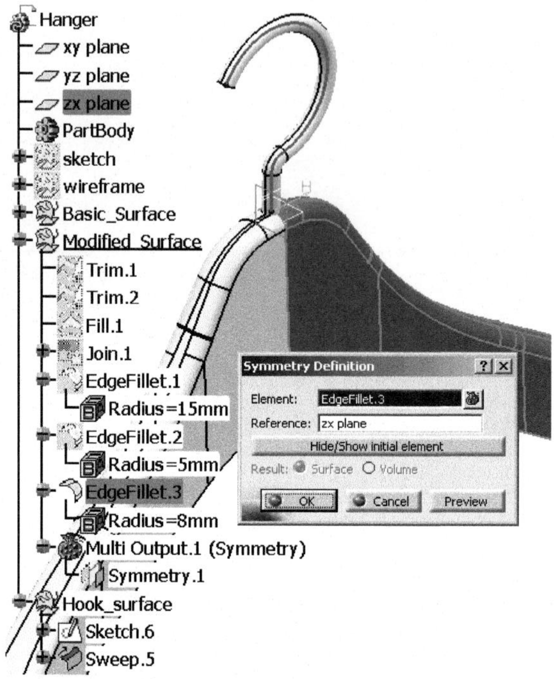

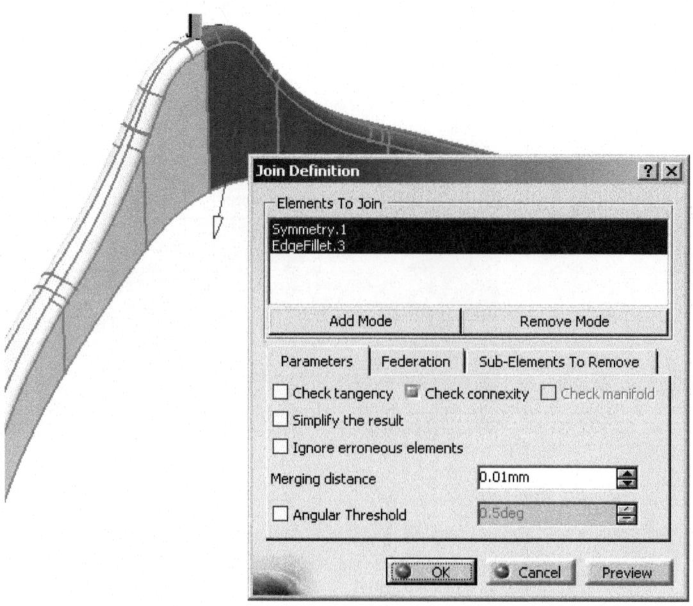

❖ Solid 생성하기

Solid 생성을 위해서 Part Design으로 Workbench를 이동한다. Closed Surface() 명령으로 몸통 부분의 Solid를 생성한다.

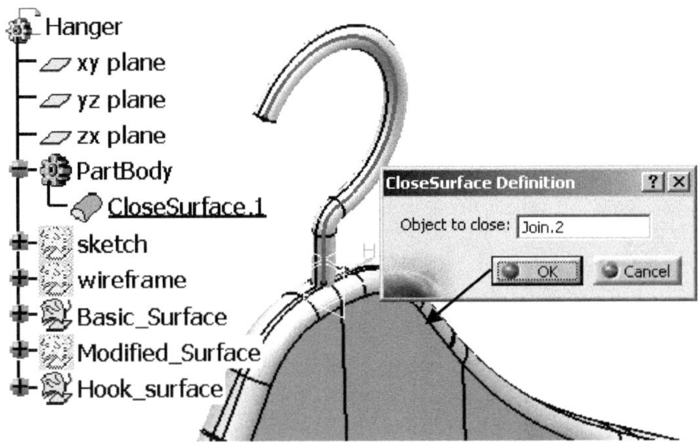

고리 부분도 마찬가지로 Closed Surface() 명령으로 Solid를 생성한다.

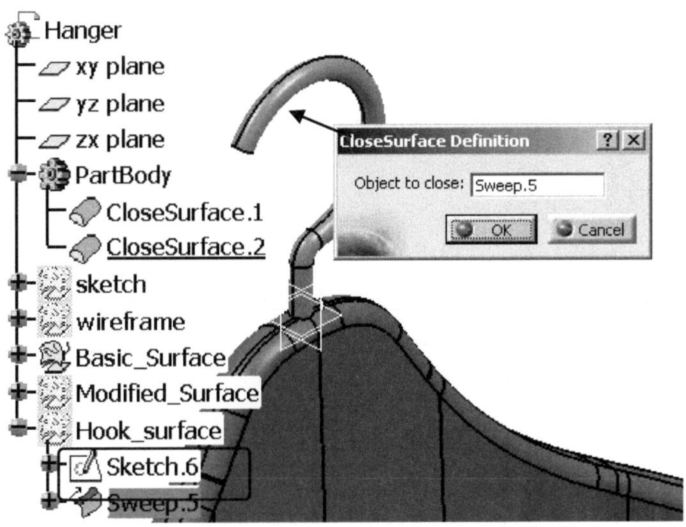

CHAPTER 04

Generative Shape Design 관련 Option 설정하기

✣ CATPart 파일 생성 시 Axis System 자동으로 생성하기

Infrastructure 〉 Part Infrastructure 〉 Part Document 〉 Part Document 〉 New Part

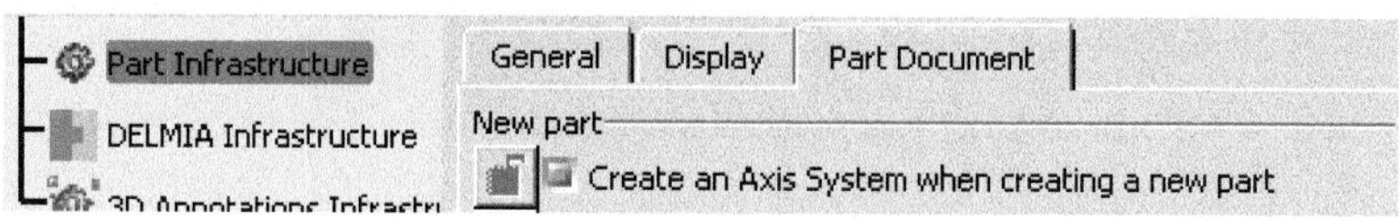

✣ 좌표축의 크기 조절

Infrastructure 〉 Part Infrastructure 〉 Part Document 〉 Part Document 〉 Display 〉 Display in Geometry Area

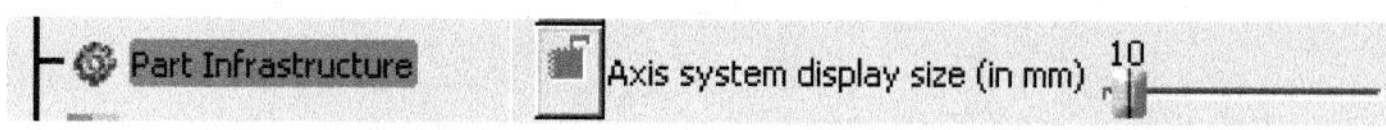

✣ GSD의 Tolerance 설정하기

Shape 〉 Generative Shape Design 〉 General

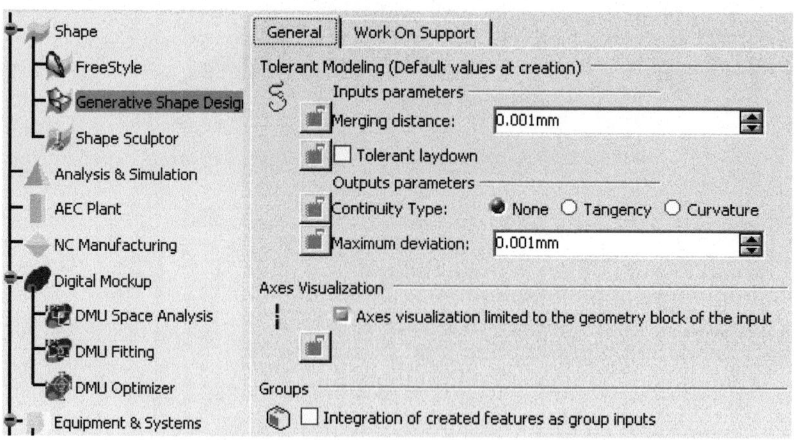

Merging distance Join과 Healing 명령어에서 하나로 인식하는 Element 사이의 거리 값이다.

Output Parameters Project과 Parallel Curve 명령의 생성된 결과물의 커브의 연속성에 대한 정의이다.

- None 연속성 고려하지 않음
- Tangency 접(Tangent)하는 조건 부여
- Curvature 곡률 값의 연속성을 부여하여 생성

✣ Work On Support 설정하기

Shape 〉 Generative Shape Design 〉 Work On Support

- Work On Support 명령의 Support 옵션 Grid 사이즈와 형태를 정의

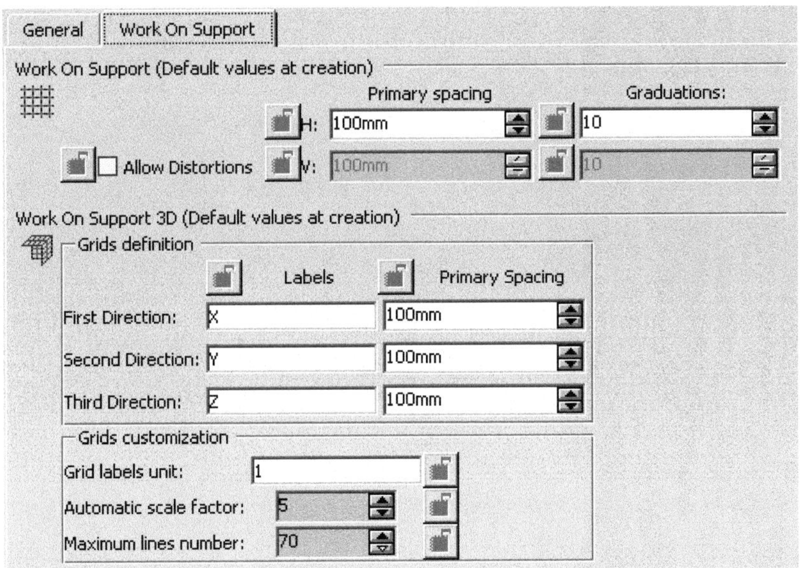

PART VI

도면 생성하기(Drafting)

CHAPTER 01 Drafting Workbench에서 시작하기

CHAPTER 02 View Mode에서 도면 생성하기

CHAPTER 03 Background Mode에서 도면 생성하기

CHAPTER 04 도면 생성 따라하기

CHAPTER 05 2D 도면 활용하여 3D 모델 만들기

CHAPTER 06 Drafting Workbench 관련 Option 설정하기

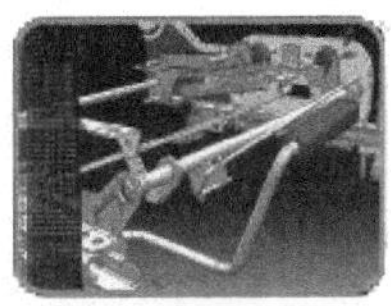

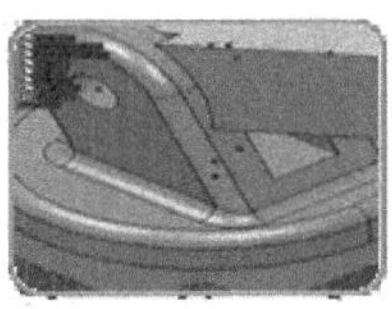

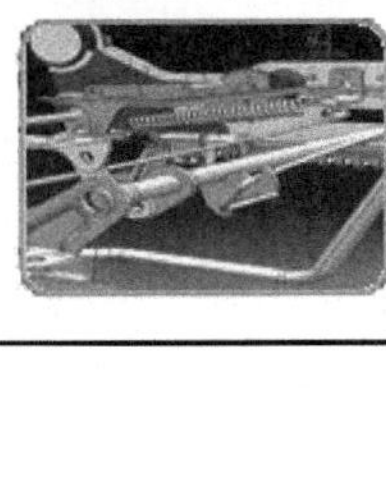

CHAPTER

01 Drafting Workbench에서 시작하기

Workbench 소개

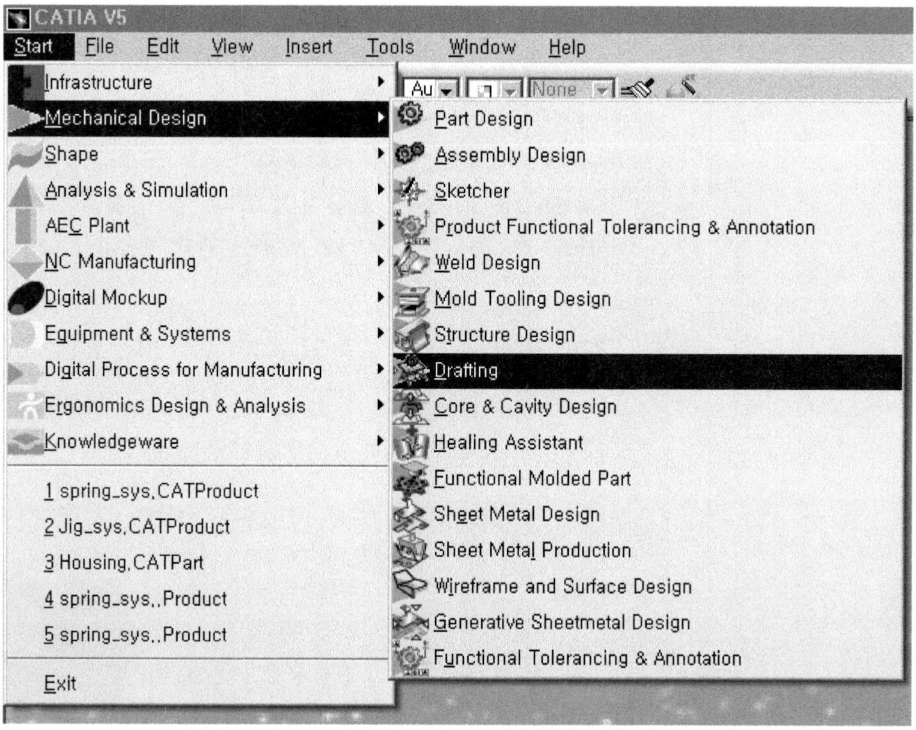

CATIA V5의 도면 생성 Workbench는 위의 그림처럼 Drafting이라는 한 개의 Workbench 선택만 있지만, 그 안에는 Generative Drafting과 Interactive Drafting이라는 두 가지 기능의 Workbench가 합해져 있다.

- **Generative Drafting 3D** : 모델이 존재하고 이를 참고로 도면 생성
- **Interactive Drafting 3D** : 모델이 없이 바로 도면 생성

① Start 〉Mechanical Design 〉Drafting으로 시작한다.(모델링 파일이 열려져 있지 않는 경우)

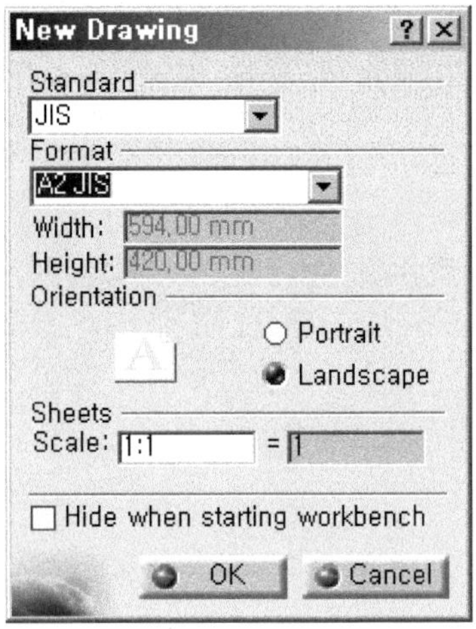

㉠ **Standard** : 도면 작성의 규칙(ISO : 1각법, JIS : 3각법)이다. 회사의 도면 생성 규칙(Standard)도 정의로 생성할 수 있다. 이에 대한 내용은 뒷부분에 설명되어 있다.

㉡ **Format** : 작성하는 도면의 종이(출력) 크기를 정의한다. 만약 자신의 회사에서 사용하는 크기가 없다면 Format의 아무 항목 값을 클릭한 후 임의의 이름을 키보드로 입력하고 Width/Height 값을 정의한다.

㉢ **Orientation** : 종이의 출력 방향이다. 가로가 긴 방향의 도면인 경우는 Landscape를 선택한다.

㉣ **Scale** : 작업하는 도면에 생성되는 View들의 Default 축적(Scale)을 정의한다. 한 도면 안에는 Scale이 다른 많은 View들을 포함한다.

② Start 〉Mechanical Design 〉Drafting으로 시작한다.(모델링 파일이 열려져 있는 경우)

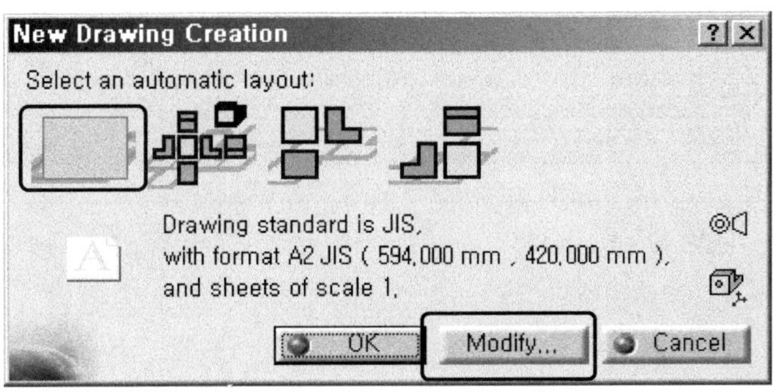

㉠ **Layout** : 첫 번째를 선택하면 모든 View를 사용자가 Manual하게 생성하는 경우이고, 나머지 3가지는 노란색 View만 사용자가 정의하면 하늘색 View는 CATIA가 자동으로 생성한다.

㉡ **Modify** : Standard와 Format 등을 정의한다.

용어설명

▸ View : 도면에서 정면도, 좌측면도 같은 3D 형상의 투영을 말함.

▸ Dimension : 생성된 View에 치수를 기입하는 것.

CATIA V5에서는 View **생성 〉치수 기입**(Dimension)의 순서로 도면을 생성한다.

✳ 화면 구성

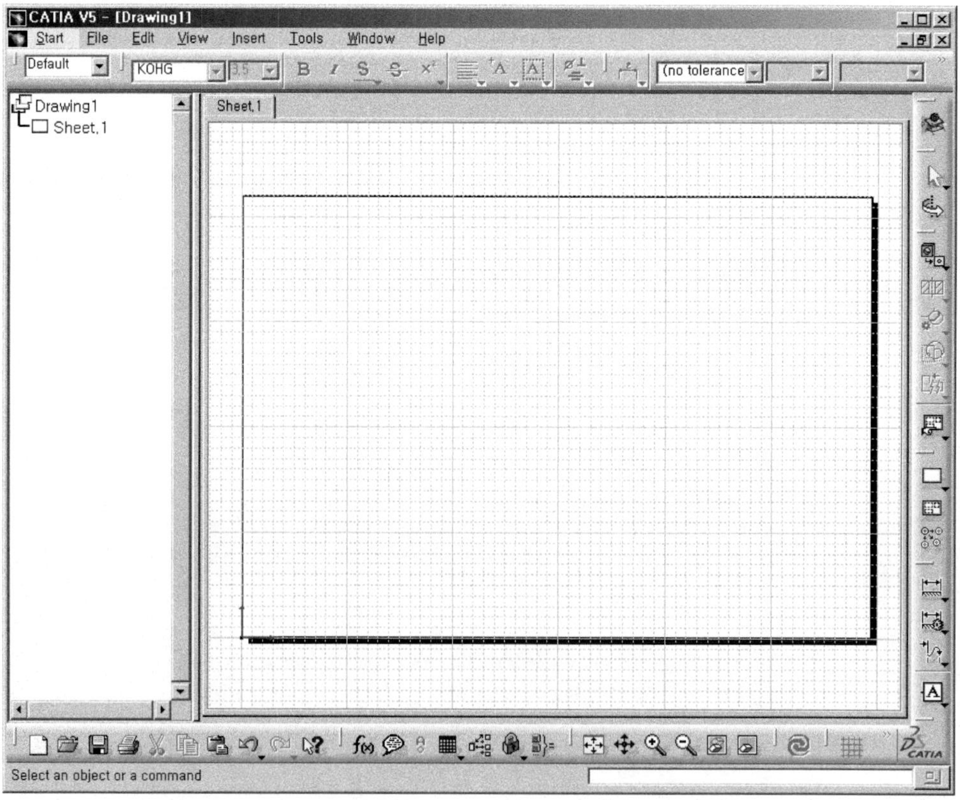

화면 왼쪽은 Tree(Specifications, F3키로 Hide/Show), 모델링 관련 워크벤치와는 달리 생성된 모든 Element를 Tree에 담지 않는다. Tree에 표시되는 가장 작은 단위의 Element는

View이다. 따라서 도면 작업 시 필요에 의해 Hide한 Element를 다시 선택해서 Show하고자 하면 Tree에서 해당 Element를 찾는 것이 아니라, 화면 하단 View 툴바(Toolbar)의 Swap Visible Space 명령어( )를 이용한다.

가운데 영역은 View를 생성하고 치수 기입(Dimension)을 하는 영역이다. 모눈종이와 같은 Grid 효과의 On/Off 및 마우스의 Snap은 Sketcher Grid와 Snap to grid( ) 명령어를 이용한다.

박스 형태의 테두리의 안쪽에 존재하는 View와 치수만 도면으로 출력이 가능하다. 다른 View 생성에만 사용되고 출력하지 않을 View는 테두리 바깥으로 이동시켜 둔다.

화면 오른쪽에는 Drafting Workbench 관련 명령어와 툴바가 있다.

CHAPTER 02

View Mode에서 도면 생성하기

Drafting Workbench에 들어와 있는 상태에서 도면 생성을 할 단품(*.CATPart, *.Model, *.igs, *.stp …) 혹은 제품(Assembly) 모델링 파일을 Open해 둔다.

CATIA V5에서 생성하지 않은 3D 모델링 파일이라고 하더라도 V5에서 Open만 되면 도면 생성이 가능하다.

Drafting Workbench 화면과 모델링 파일과의 창 전환은 Window 명령어를 이용한다. 만약, 화면을 두 개로 나눠서 작업하고자 한다면 Tile Vertically(좌우 배치), Tile Horizontally(상하 배치) 명령을 이용한다.

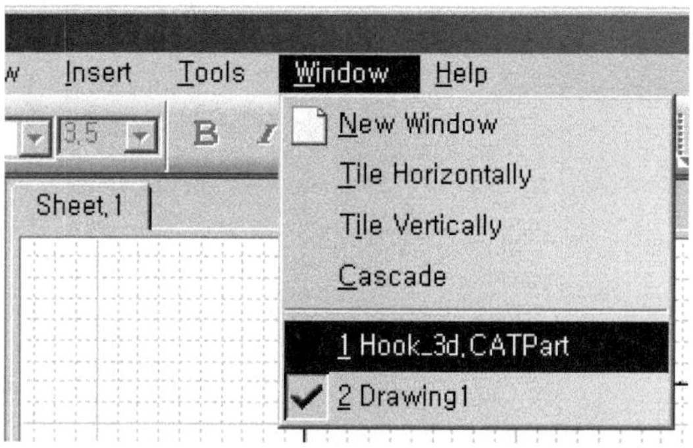

☀ View Mode에서 Drafting 작업의 순서

① Front View(정면도)를 생성한다.

② Front View를 중심으로 Projection View 명령어를 이용 Left/Right/Top/Bottom View를 생성한다.

③ Secondary View(단면 View, 상세 View 등)를 생성한다.

④ 각각의 View에 치수 기입(Dimension)을 한다.

✳ Drafting Workbench 툴바(Toolbar) 소개

Drawing Toolbar에 새로운 Sheet를 생성 정의한다.

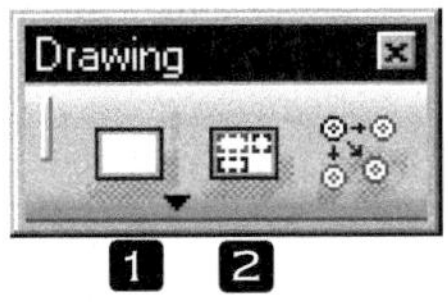

1 Sheets

1 – 1 New sheet 

새로운 Sheet(새로운 종이)를 추가한다.

1 – 2 New Detail Sheet 

도면에서 반복적으로 사용하는 형상을 라이브러리 개념으로 정의해 두고 재사용한다.

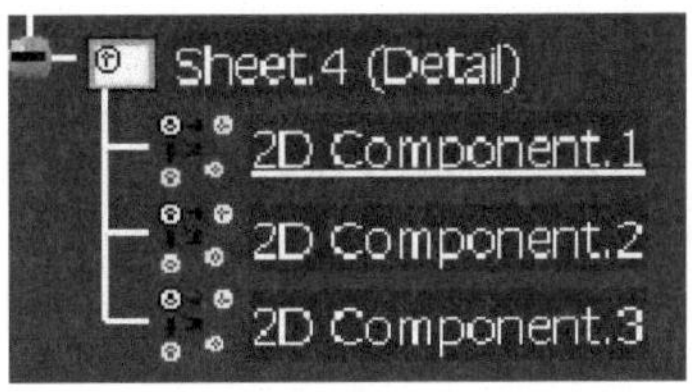

그림처럼, Tree를 살펴보면 Detail Sheet는 2D Component들로 구성되어 있다. 2D Component의 추가는 New View() 명령어를 이용해서 각각의 View에 형상을 사용자가 직접 그리면 된다. 그릴 때는 Sketcher Workbench의 도구들과 동일한 Geometry Creation Toolbar와 Geometry Modification Toolbar를 이용해서 생성하면 된다.

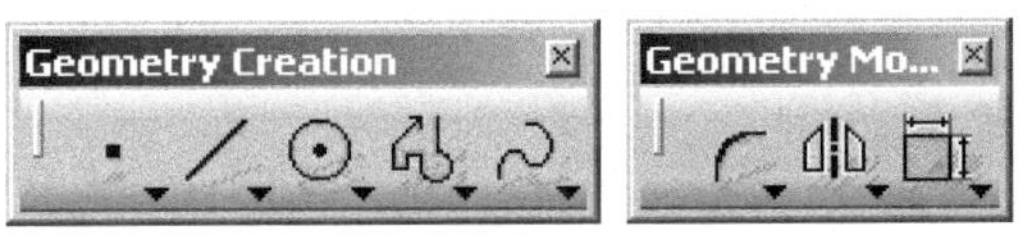

2 New View 

3D 형상에서 View를 추출하는 방식이 아닌, 사용자가 직접 View를 생성하기 위한 기능이다.

2 – 1 Frame Creation

Background 모드에서 사용하는 명령어, 도면의 테두리와 주기란 표제란 등을 생성해준다. "Background Mode에서 도면 생성하기"의 설명을 참고한다.

2 – 2 Insert Bill of Material

Assembly에서 정의해 둔 BOM(Bill of Material)을 도면에 삽입한다.

2 – 3 Instantiate Detail

명령어로 생성해 둔 Detail을 불러서 사용하는 기능이다. Active View에 New Detail Sheet( ) 명령어를 통해 정의해 둔 Detail 중에서 사용할 Detail를 Tree에서 선택하면 다음과 같은 도구 창이 뜬다.

위치 정의	형태 정의
	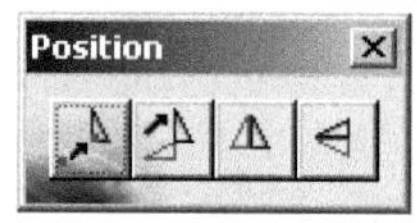

이 도구들을 이용하여 정의된 Detail의 2D Component의 위치와 형태를 조절하면 작업 중인 Active View에 삽입된다.

Views Toolbar

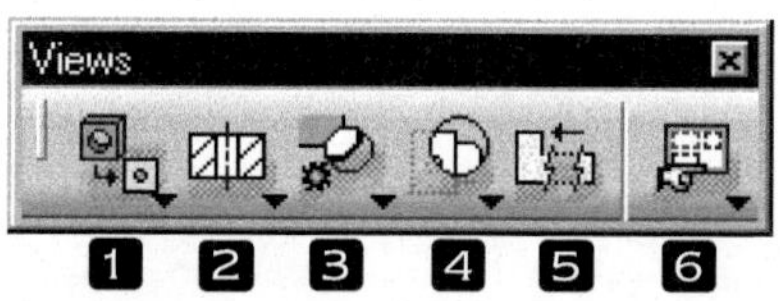

1 Projections

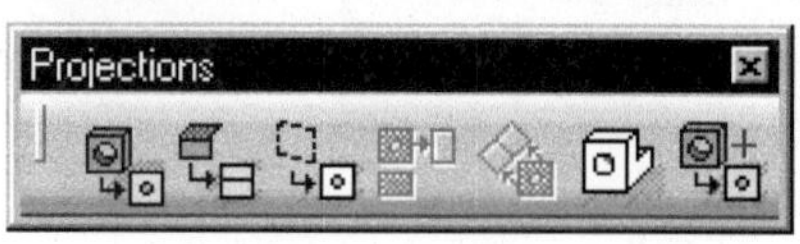

1 – 1 Front View

3각법으로 도면을 생성하는 경우 기준이 되는 View를 지정한다. 쉬운 작업을 위해서 File 메뉴의 Window 〉 Tile Vertically 명령어로 화면을 2개로 분할한다.(한쪽은 3D 모델,

한쪽은 도면) 명령어를 클릭한 뒤, 3D 모델 창에서 Front View로 사용하고 싶은 면을 선택한다.

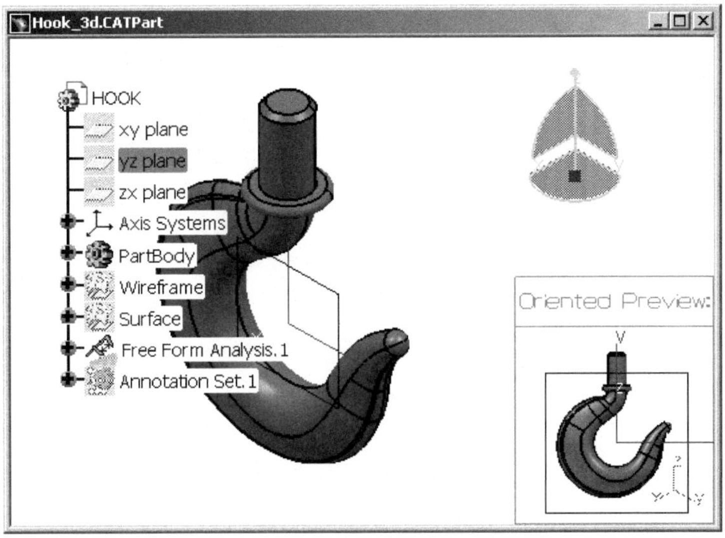

그런데 Front View를 중심으로 좌, 우 측면도가 영향을 받게 되므로, Front View 생성을 위한 Plane을 3D 모델에서 선택하는 경우에는 Draft (빼내기 구배각)이 적용된 면은 피해서 선택한다.

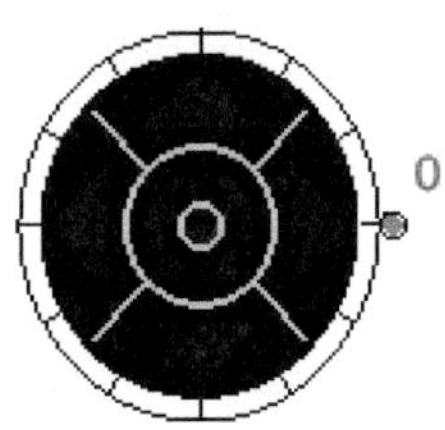

Tree에 있는 xy plane과 같은 좌표 평면을 선택하고 우측 상단의 도구(Blue Knob)를 이용하면 원하는 Front View를 지정하면 된다.

1 - 2 Unfolded View

Sheet Metal Workbench에서 생성한 3D 모델의 전개도를 생성한다.

1 - 3 View From 3D

Part Design에서 3D 공간상에 부여한 Annotation( )을 도면에 그대로 내려준다. 단, 도면의 Standard와 3D 공간상에 부여한 Annotation의 Standard가 동일(예 둘 다 모두 JIS)할 때만 도면에 삽입이 가능하다.

3D Annotation의 Standard 설정은 다음과 같이 한다.

Tools 〉 Options 〉 Mechanical Design 〉 Functional Tolerancing 〉 Tolerancing 〉 Tolerancing Standard

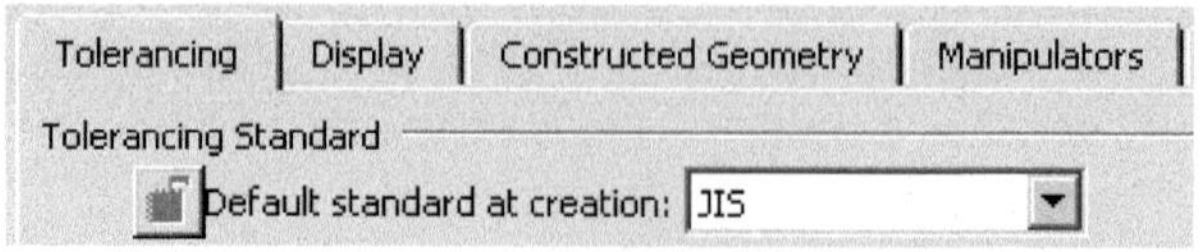

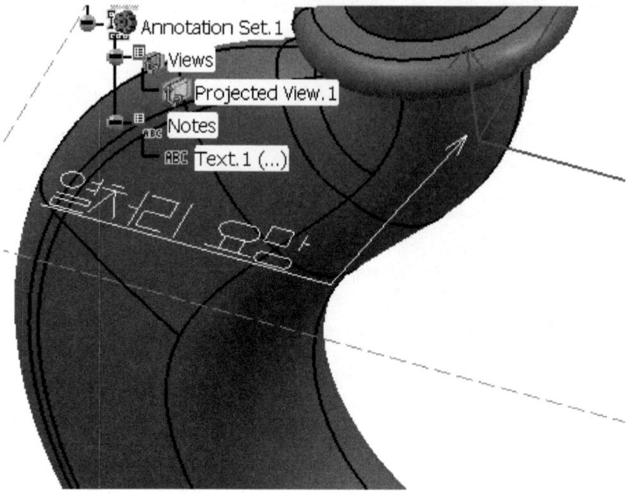

명령을 클릭한 뒤 3D 모델의 Tree에 있는 Annotation Set 부분 중 도면에 삽입하고자 하는 View를 선택하면 Active View에 삽입된다.

1 – 4 Projection View

Active View를 중심으로 상/하/좌/우에 마우스를 위치시키면 그에 따라, Top/Bottom/Left/Right View를 생성해 주는 명령어이다. 만약 Right View를 생성하고자 한다면 우선 Front View를 Active View로 만들고 명령어를 클릭한 다음 Front View의 오른편으로 마우스를 옮기면 다음의 그림처럼 Right View가 생성된다.

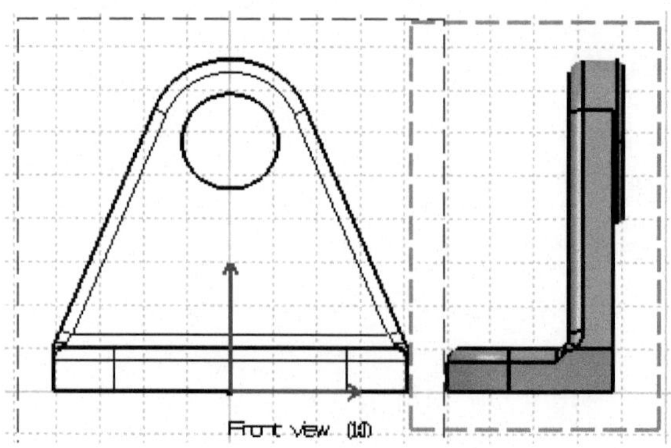

1 – 5 Auxiliary View

다음의 두 그림을 보자. 왼쪽 그림의 화살표가 가리키는 방향의 면에 Normal(수직)한 방향에서 모델을 본다면 오른쪽 그림처럼 보일 것이다.

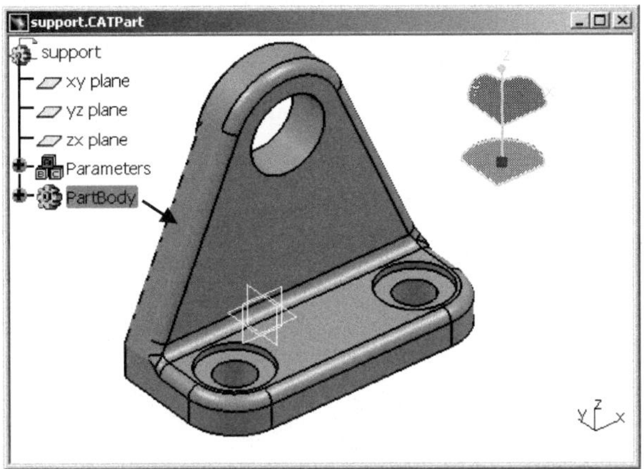

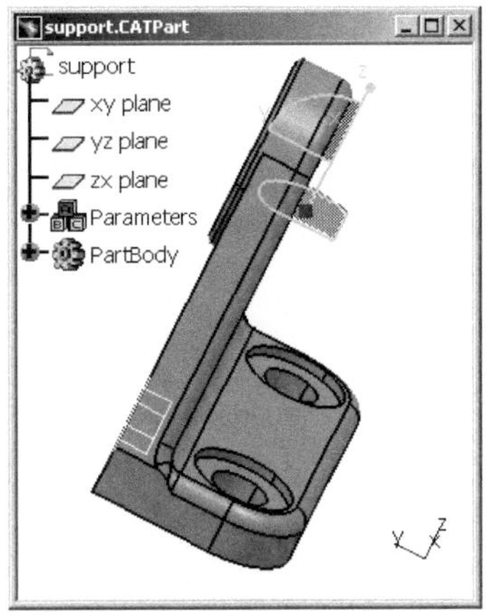

위의 왼쪽 그림의 화살표가 선택하고 있는 면과 나란한 방향을 고려해서 오른쪽 그림처럼 명령어를 클릭한 후 두 점을 찍어서 Line 형태를 만들고 난 후에 마우스를 그 Line에 수직한 방향으로 움직이면 다음 그림처럼 Auxiliary View가 생성된다.

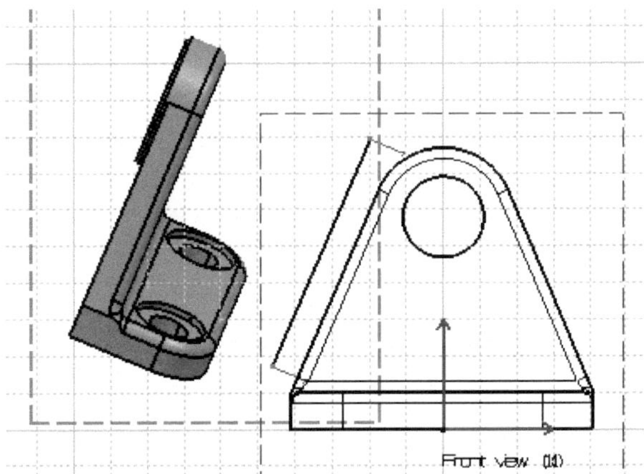

1 – 6 Isometric View

등각투상도를 생성한다. 앞서 설명한 Front View처럼 Blue Knob가 나타나지만, Isometric View에서는 사용자가 원하는 형태로 회전이 되지 않기 때문에 도면에 삽입하고자 하는 등각투상도의 방향으로 3D 모델을 미리 돌려놓고 난 뒤 명령어를 클릭하고,

3D 모델 창에서 모델의 아무 면이나 선택하면 된다. 3D 모델 창에서 등각투상도의 각도와 일정한 형태로 방향을 잡고 싶으면, 화면 하단의 View Toolbar의 Isometric View( ) 명령어로 우선 모델을 등각투상도 방향으로 잡고 아래 그림 우측 상단의 Compass의 하단 Arc 부분을 드래그하여 일정한 방향으로 회전시킨다. 도면에 넣을 방향 설정이 끝났으면 도면 창으로 돌아와서, 명령어를 클릭하고 모델 창의 모델의 아무 면이나 클릭하면 된다. 명령어는 단품이나 조립품의 등각투상도 뿐만 아니라 조립품에서 생성한 Scene을 도면에 삽입시킬 수 있게 도와준다.

먼저 Assembly Workbench에서 Scene 명령어를 이용하여 분해도로 사용하게끔 조립품을 분해해 둔다. Scene 작업이 끝났으면 Tree에서 Scene이 보이도록 Tree를 (+) 기호를 눌러서 적당히 펼쳐 놓는다. 조립품 파일을 저장한 후 도면 창으로 돌아와서 명령어를 클릭한다. 조립품 창의 Tree에서 Scene의 이름을 선택한 후, 조립품 모델의 아무 면이나 선택한다.

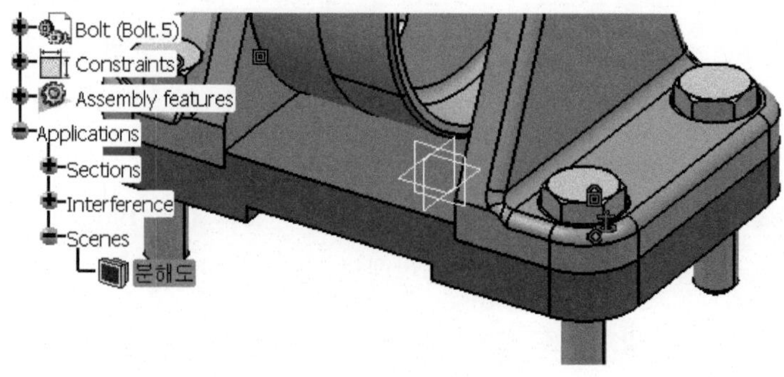

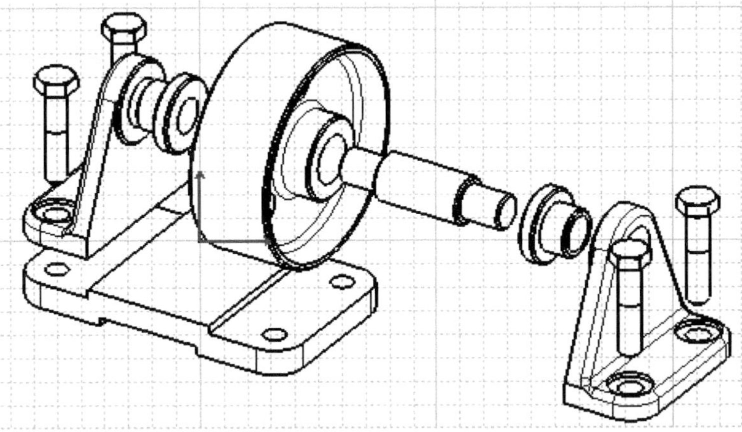

1-7 Advanced Front View

Font View와 동일하나, 생성되는 View의 이름과 Scale을 먼저 지정하고 Front View를 생성한다.

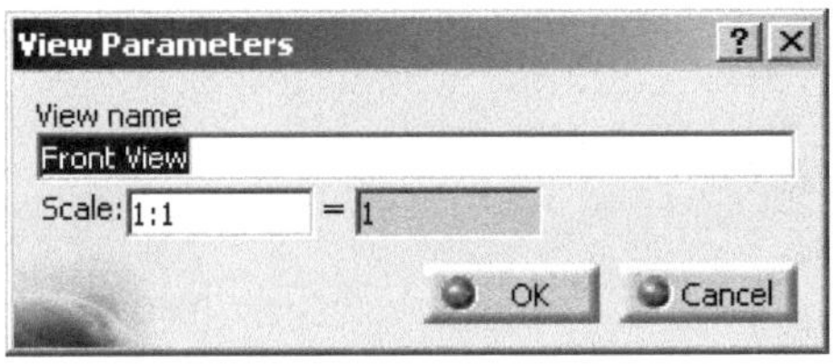

2 Sections

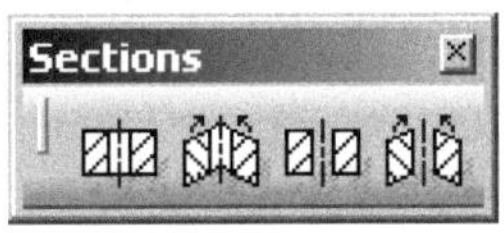

Section View와 Section Cut은 명령어의 사용은 동일하나 결과가 조금 차이가 있다. View의 경우는 3D 모델을 특정면으로 자르고 그 면과 Normal(수직)한 방향에서 잘라진 3D 모델을 보았을 때의 형상을 보여주는 것이고, Section Cut은 잘라진 3D 모델의 단면을 스탬프로 종이에 찍었을 때 나타나는 형상을 결과로 보여준다.

참고

Section View와 같은 View 명령어를 Secondary View라고 한다. Front View처럼 바로 생성되는 것이 아니라, 기존의 다른 View에서 파생되는 View이기 때문이다. 따라서 참고했던 View의 정의에 따라서 영향을 받게 된다. Section View를 정의했던 View가 사라지게 되면 마찬가지로 사라진다. 따라서 만약 이런 Secondary View를 파생시킨 View가 필요 없게 된다면 Delete하지 말고 도면 외각으로 View의 위치를 옮겨두면 된다.

2 – 1 Offset Section View

명령을 클릭하고 Active View에서 단면을 보고 싶은 위치를 ① Section 위치 지정 그림처럼 클릭해서 Line 형태를 정의하면, ②번 그림의 위치에 ③번 형상과 같은 Section View가 추출된다.(Section Line의 마지막 Point에서는 마우스를 더블클릭한다.)

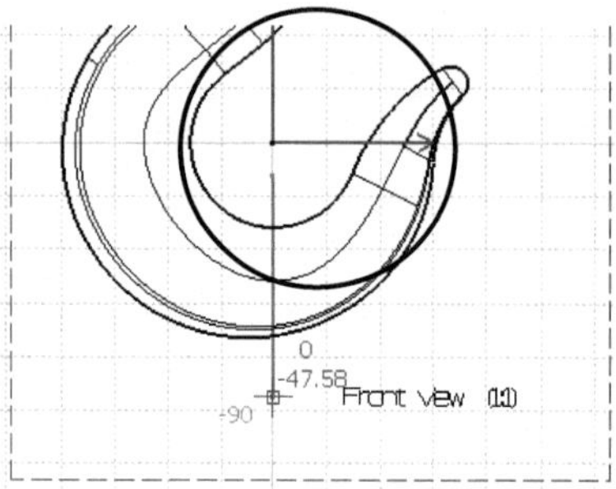

① Section 위치 지정

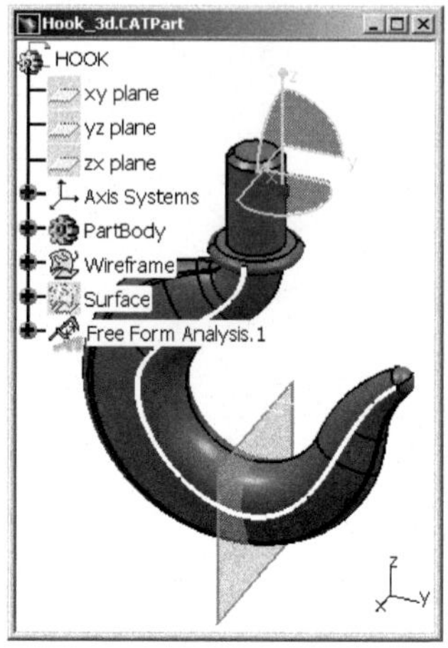

② Section 위치 확인

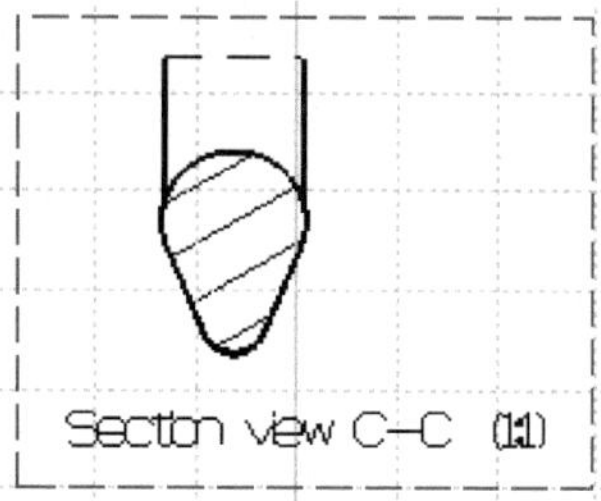

③ Section 추출

Section을 정의하는 Line을 그릴 때는 Constraint 기호를 잘 활용하면 정확한 Section의 위치를 잡을 수 있다. 만약 기존의 형상과 Constraint만으로 Section Line을 정의하기가 어렵고, 단면을 정의하는 Line의 정확한 위치를 잡아야 하는 경우는 Geometry Creation 도구의 Point 생성 명령어 를 이용해서 정확한 위치를 미리 잡아 둔다. Active View에 있는 파란색의 좌표축을 기준으로 좌표값에 의한 Point 생성을 하고 난 뒤, Section Line을 정의하면 된다.

2 – 2 Offset Section Cut

Section View와 명령어 사용법은 동일하다. 결과는 다음 그림과 같다.

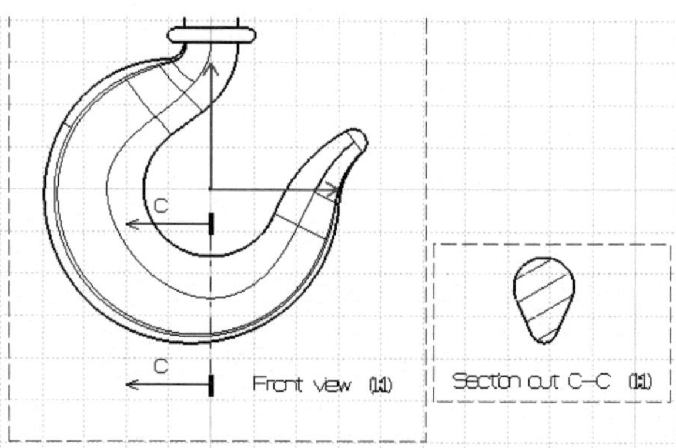

정의된 Section의 속성은 Tree에서 해당 Section View/Cut을 선택해서 마우스 오른쪽 버튼의 Properties로 설정한다. Section View/Cut 뒤에 붙는 첨자는 Properties 〉 View Name 〉 ID의 값으로 바꾼다.

2 – 3 Aligned Section View

"Aligned"은 Offset과 달리 꺾인 선의 각도가 90도 아닌 경우에 사용한다. 회전체의 형상에서 동일 형상이 반복적으로 나타나는 경우 주로 사용한다.

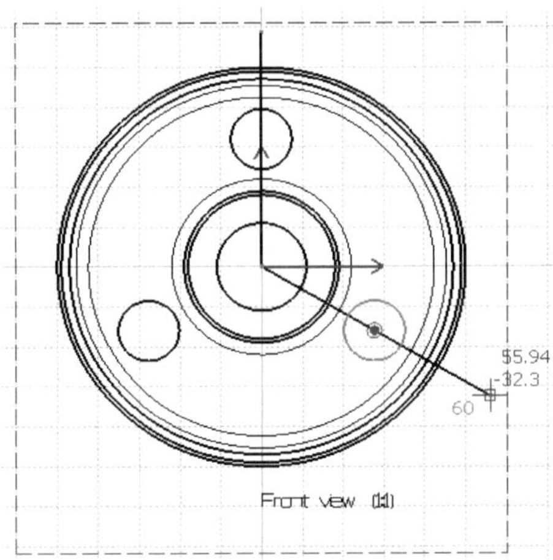

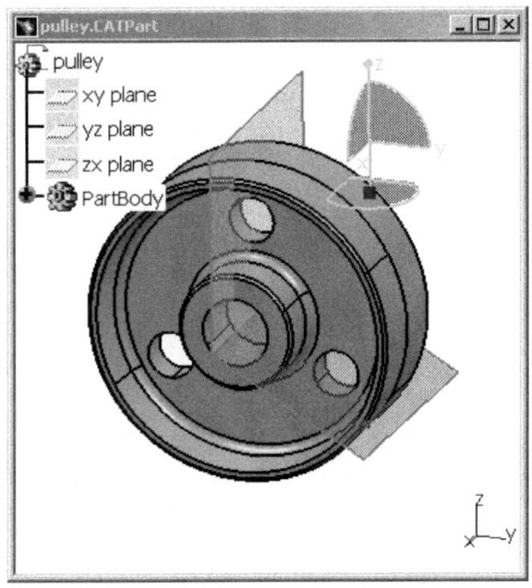

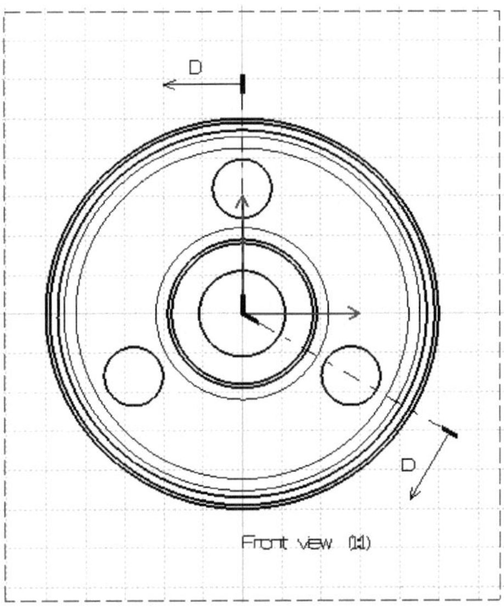

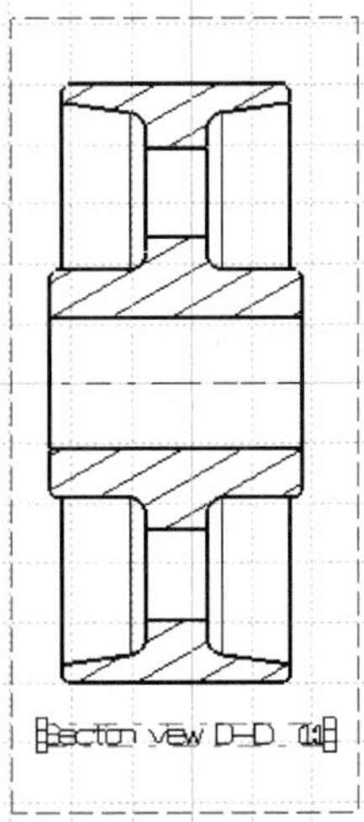

2-3 결과

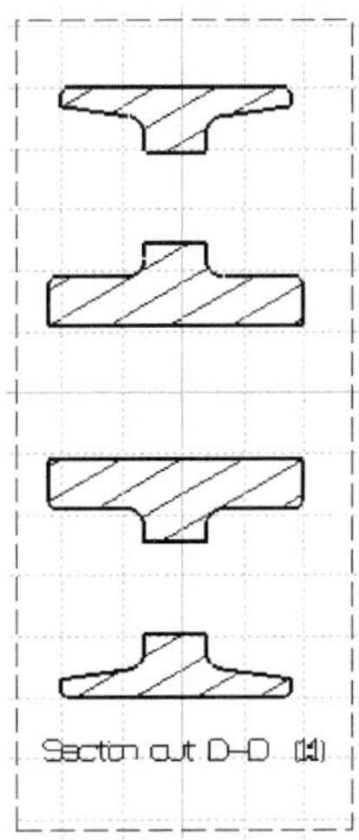

2-4 결과

❷ – 4 Aligned Section Cut 

앞의 그림과 같은 결과를 얻는다.

❸ Detail

❸ – 1 Detail View 

상세 View를 생성한다. 명령을 클릭하고 첫 점(중심)과 두 번째 점(반지름 거리)으로 원의 형태를 정의하면 그 부분의 상세 View를 생성한다. 아래 그림처럼 점선의 형태가 나타나면 적당한 위치에 클릭하면 상세 View를 생성한다.

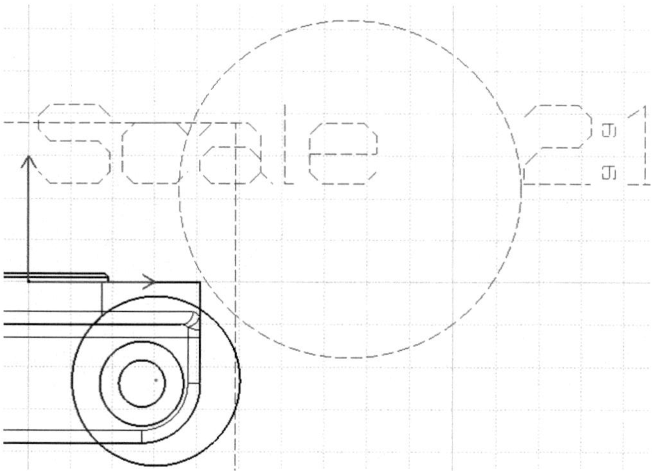

기본 Scale 값은 2 : 1이지만, 더 크게 확대시키고자 한다면 Tree에서 생성된 Detail View 선택하고 Properties의 Scale 값을 조정하면 된다.

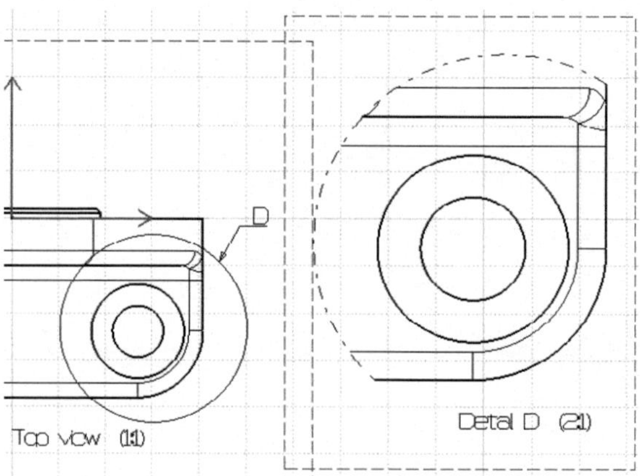

3-2 Detail View Profile 

Detail View와 사용법은 동일하고 원의 형태가 아닌 Sketcher Workbench의 Profile 명령어처럼 닫혀있는 다각형을 그려서 상세 View 구역을 정의하면 된다.

4 Clipping

4-1 Clipping View 

기존의 View에서 불필요한 부분은 생략하고 관심 부위만 남겨두고 싶을 때, View의 일부분을 잘라내는 명령어이다. 명령어 사용법은 Detail View와 동일하다. 하지만 Detail View와는 달리 생성된 결과물이 새로운 View로 Tree에 추가되지 않는다. 따라서 Clipping View를 지우고 싶을 때는 Detail View처럼 Tree에서 선택해서 Delete할 수 없다. 이때는 생성된 Clipping View의 Properties에서 Object 〉 Unclip를 하면 원상태로 돌아간다.

4-2 Clipping View Profile 

사용법은 Clipping View와 동일하다. 남겨지는 부분을 원의 형태가 아닌 닫힌 다각형 형태로 정의한다.

5 Break view

5-1 Broken View 

동일한 형태의 반복 부분을 생략할 때 사용한다. Active View에서 생략하고 싶은 부분의 Line(화살표 부분)을 선택한다. 녹색선이 나타나면 마우스를 이동시켜 그림처럼 가로 방향으로 만든 후 임의 점을 클릭해서 가로 방향의 녹색선 형태를 만든다.

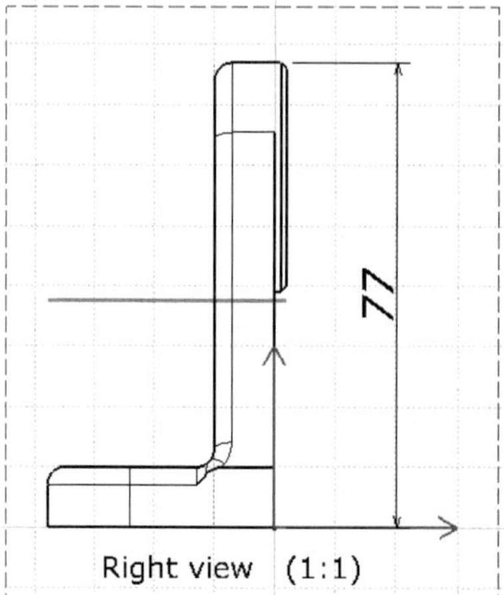

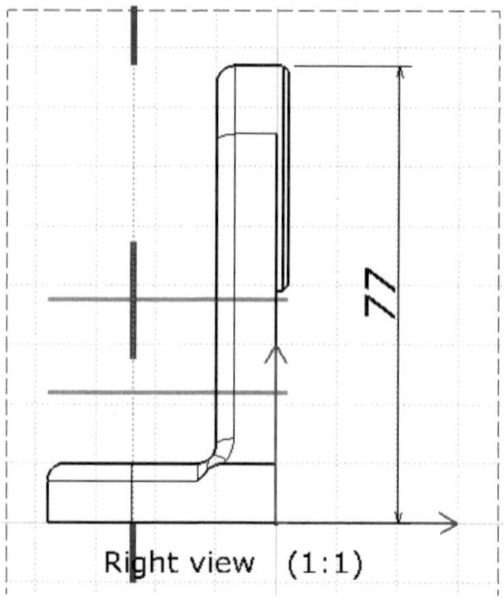

위의 오른쪽 그림처럼 또 하나의 녹색선이 나타나면 마우스를 이동하여 또 하나의 녹색선의 위치를 마우스로 클릭하여 완성하고, 마지막으로 두 녹색선 사이를 클릭하면 아래의 그림처럼 완성된다.

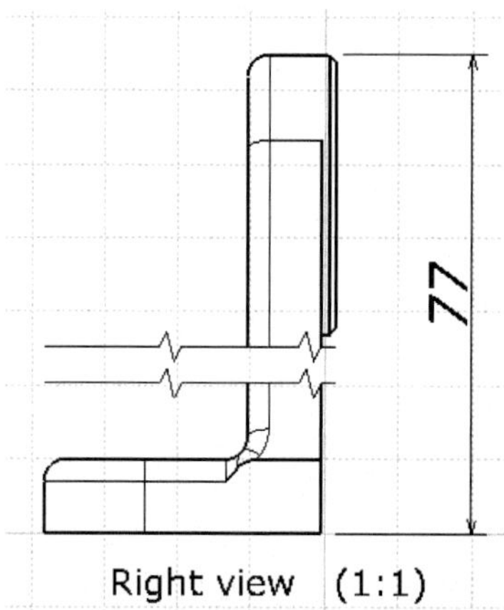

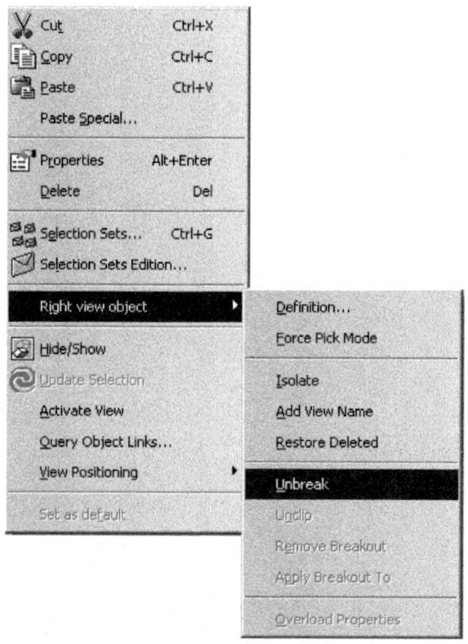

Clipping View와 마찬가지로 Broken View 역시 Tree에 새로운 View가 생성되지는 않는다. 원래 상태로 되돌리고 싶으면, 위의 오른쪽 그림처럼 Properties 〉 Object 〉 Unbreak하면 된다.

5 – 2 Breakout View 

Active View의 지정한 부위를 깊이 방향으로 파낸 결과를 보여준다. 명령을 클릭하고 파낼 부위의 Profile을 생성한다. ⇨ 필요에 따라 다른 View의 형상을 클릭하여 Reference Element를 설정하면 그것을 참고로 파낼 깊이의 기준이 설정된다. ⇨ Depth 값으로 파낼 깊이를 조정한다.

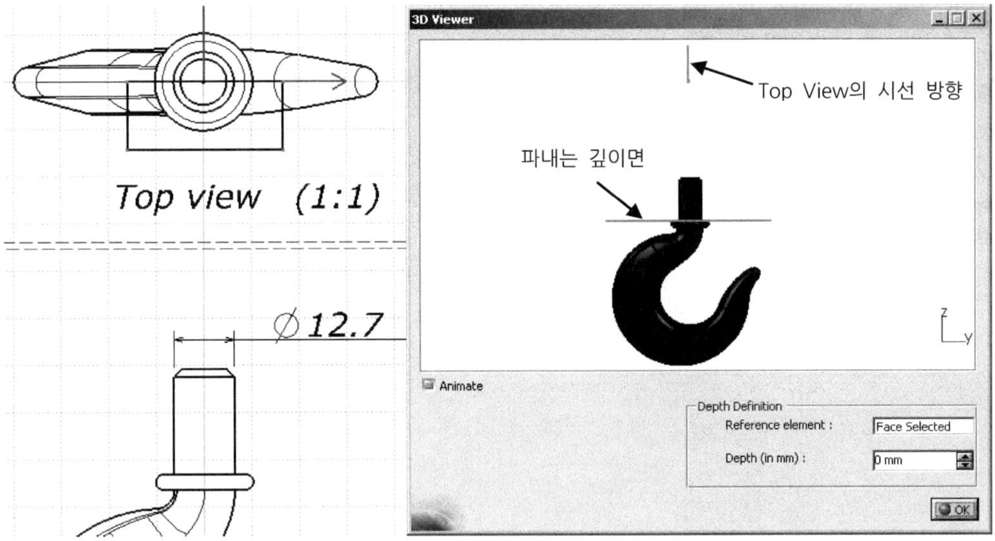

Breakout View를 제거하고 원래 상태로 되돌리고 싶으면, 위의 오른쪽 그림처럼 Properties 〉 Object 〉 Remove Breakout view하면 된다.

Object 〉 Apply Breakout View 메뉴를 이용하여 특정 View를 클릭하면, Breakout View를 다른 View에 적용시킬 수 있다.

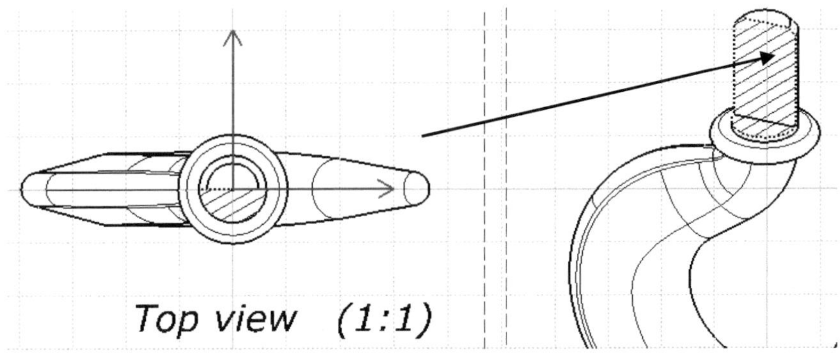

6 Wizard

6 – 1 View Creation Wizard

sheet에 다음 그림과 같은 View 배치를 정의하고 노란색의 View를 사용자가 정의하면 파란색의 View가 자동으로 생성된다.

원하는 배치 선택 〉 추가하고 싶은 View 배치 〉 Front View 정의

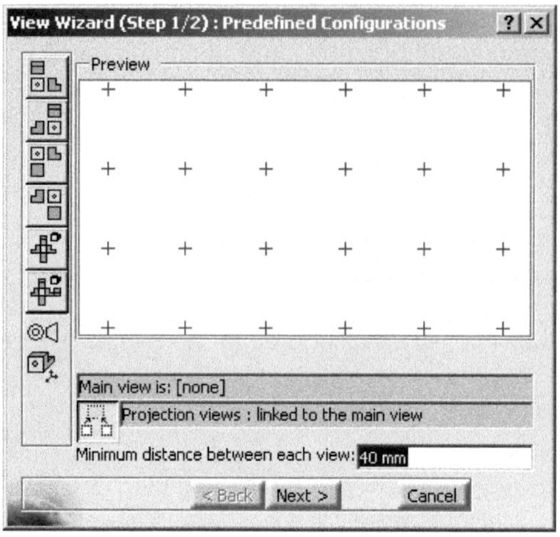

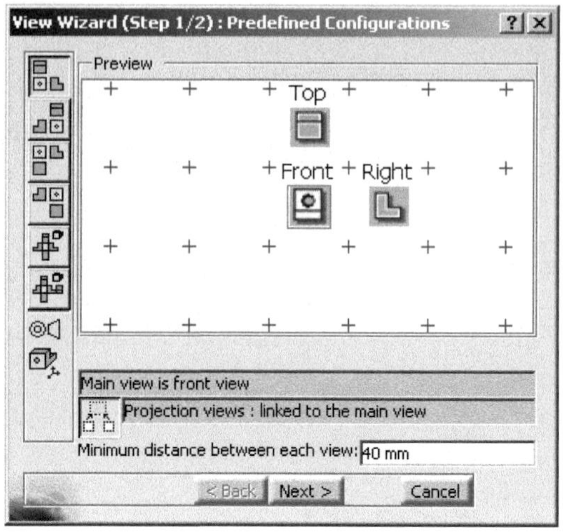

6 – 2 Wizard 

아이콘에서 보이는 View(노란색+파란색) 중에서 노란색에 해당하는 View를 사용자가 정의해 주면 나머지 파란색의 View는 자동으로 생성된다. 노란색 View(Front, Isometric)의 정의는 앞서 설명한 개별 명령어와 동일하다.

:: 주의 :: ▶ **View를 생성하는 작업을 할 때는**

① Active View를 확인한다.
② View 생성 아이콘이 활성화되지 않을 때는, 관련 3D 모델 데이터 창이 띄워져 있는지(Link 확인) 확인한다.

✣ Generative View Style

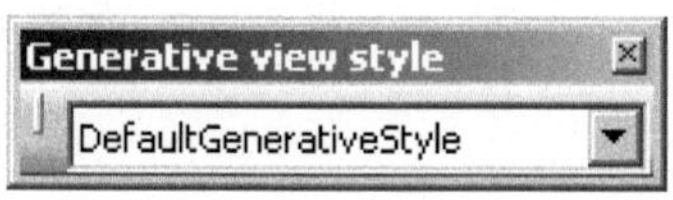

Tools 〉 Standard에서 정의한 Standard를 작업 중인 도면에 적용하는 메뉴이다.(Standard 설정법은 뒤에서 따로 설명한다.)

✣ Dimension Generation

1 2 3

1 Dimension Generation

CATIA에서 모델링을 한 3D 모델의 구속 조건 Constraint(Sketch)를 참고로 도면에 치수를 자동으로 생성한다.

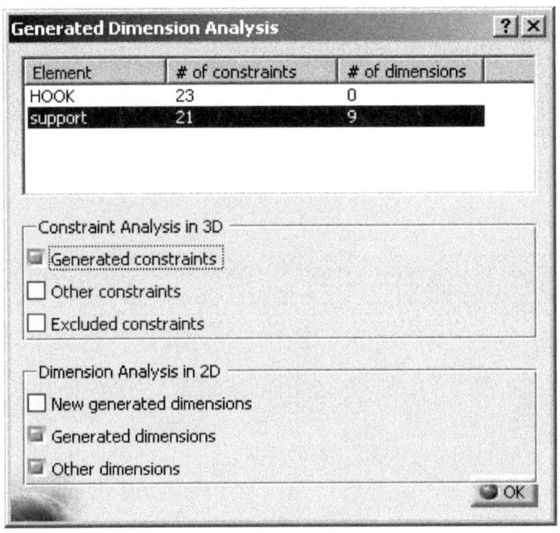

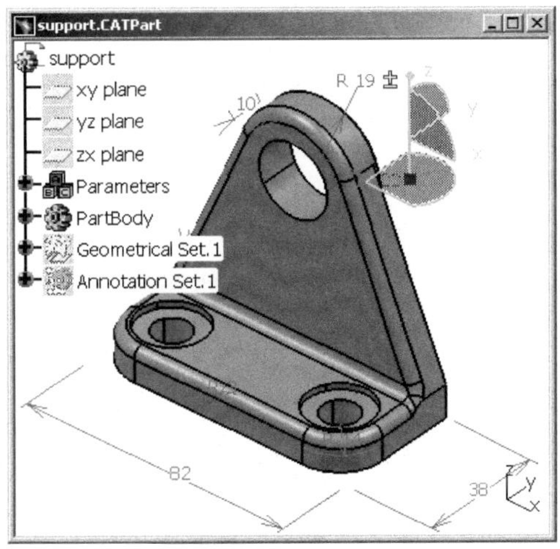

2 Dimension Generation Step by Step

과 비슷하나 치수 기입을 사용자가 하나씩 확인하면서 기입하게 된다.

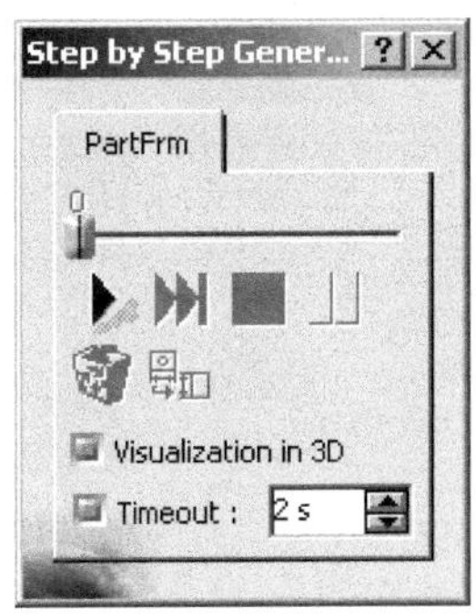

3 Generating Balloons

Assembly Workbench에서 Generate Numbering( )을 적용한 후 Product의 한 Component의 Properties를 살펴보면, Instance에 Number가 부여된다. 이 숫자를 참고로 도면에서 조립품에 번호를 부여한다.

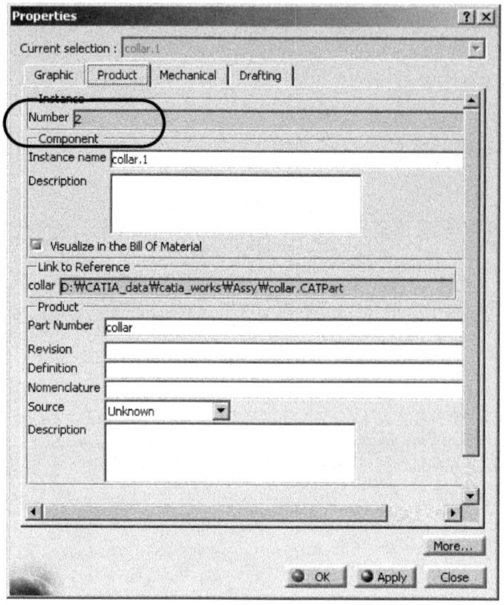

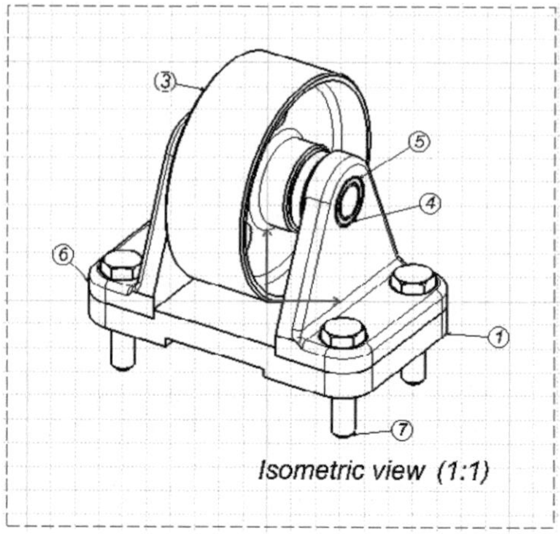

CATIA의 기본 환경에서  명령어로 번호를 생성하게 되면, Part Number만 다른 것들만 번호를 생성한다. 즉, Instant가 여러 개 있는 경우에는 하나만 번호가 부여되는데 만약, 모든 Instant에 번호를 부여하고 싶은 경우에는 다음과 같은 옵션을 체크한다.

Tools 〉 Option 〉 Mechanical Design 〉 Drafting 〉 Generation

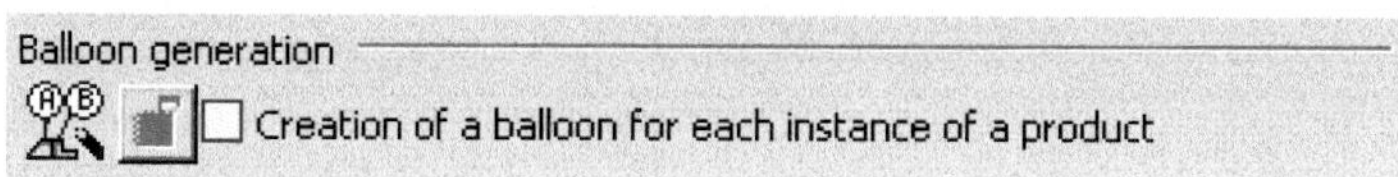

:: 주의 ::

- 치수 기입(Dimensioning)은 Active View가 아닌 View에서도 작업이 가능하지만, 되도록 Active View에서 작업을 하는 습관을 들이자.
- 치수 기입(Dimensioning)의 아이콘들을 클릭하게 되면, Tool Palette와 같은 보조 Tool bar가 화면에 나타나게 되는데 이것이 없으면 치수 기입 작업에 불편함이 많으므로 치수 기입 작업 전에 이런 Toolbar가 화면에 나타나는지 미리 확인한다.

✣ Dimensioning

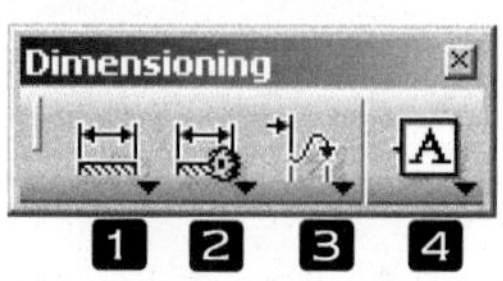

1 Dimensions

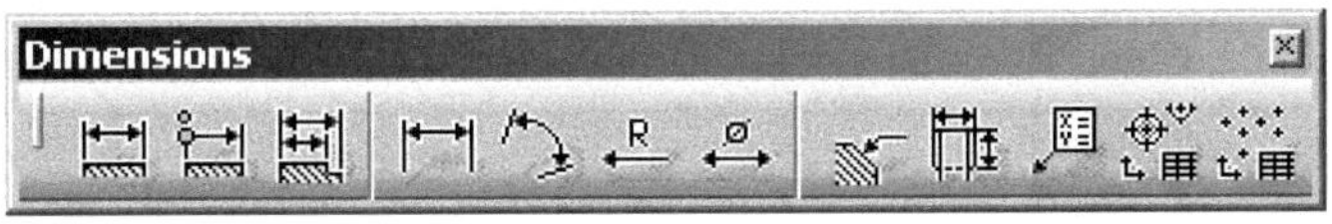

1 – 1 Dimensions

Smart한 기능의 치수 기입 도구이다. 명령어를 클릭하면 Tools Palette가 나타난다. 이 Toolbar의 기능은 예를 들어서 (Foce Vertical Dimension In View)를 누르고 View의 형상을 클릭하게 되면 강제로 높이 방향의 치수를 넣게 된다. 오른쪽 그림처럼 높이 치수를 넣고 싶은 두 부분을 클릭하면 그림과 같이 치수가 들어간다.

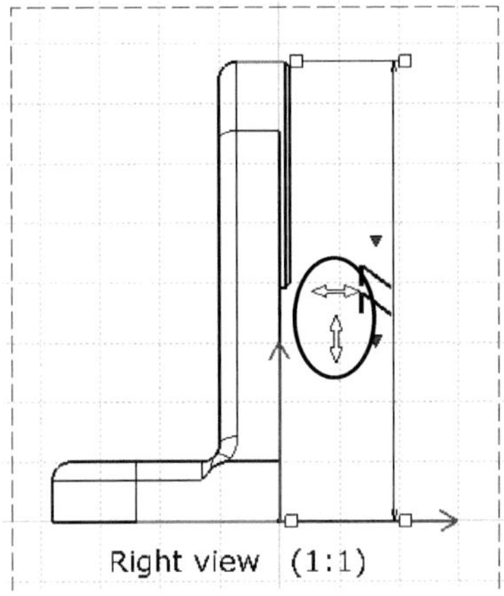

오른쪽 그림처럼 생성된 치수의 위치 조절을 편리하게 도와주는 화살표 형상을 Manipulator라고 하는데, 이를 사용하기 위해서 다음과 같이 옵션을 설정해 둔다.

Tools 〉 Options 〉 Mechanical Design 〉 Drafting 〉 Manipulators

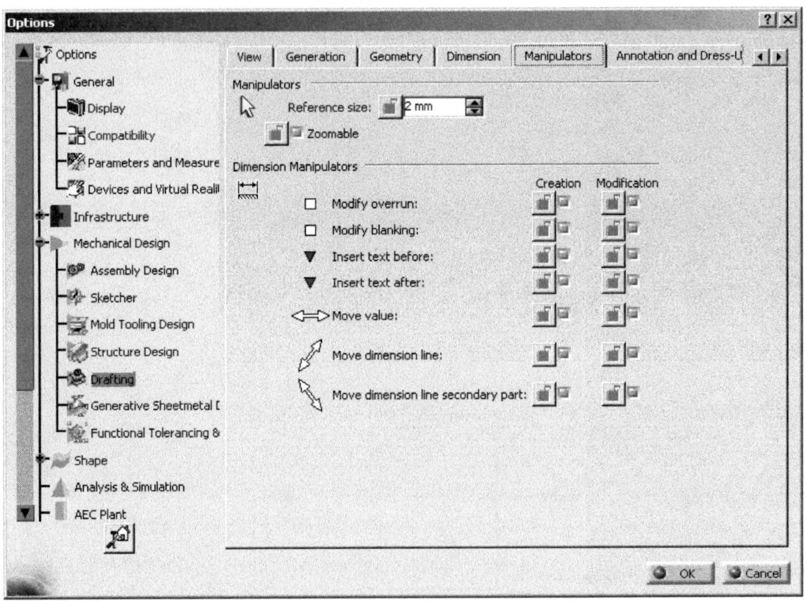

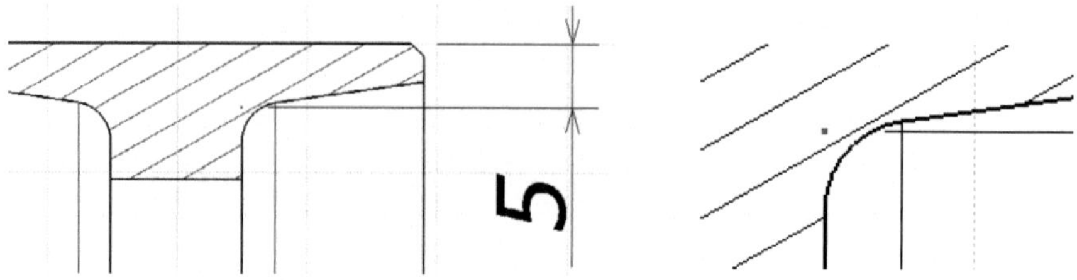

① Intersection Point Detection : 위의 그림처럼 Fillet 부위의 원래 각진 형상의 치수를 참고할 때 사용한다. 그러나 만약 을 이용해도 그림처럼 가상의 Point를 인식하지 못하는 경우에는 Geometry Creation의 Intersection Point( ) 기능으로 Point를 생성한 후 이를 이용해서 치수 기입에 사용한다. 생성된 Point는 Show/Hide 기능으로 숨긴다.

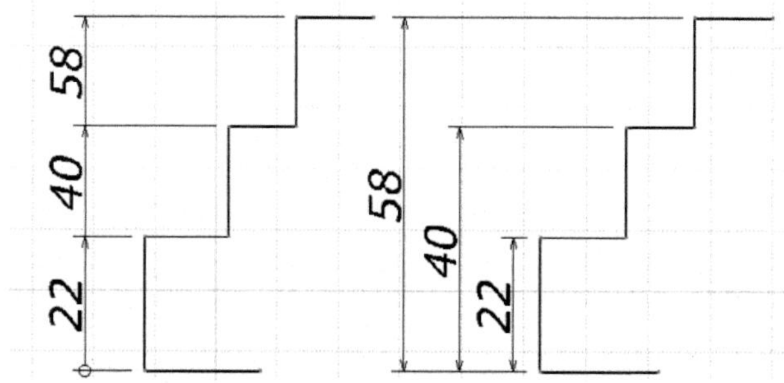

▲ Cumulated Dimensions/Stacked Dimensions

1 - 2 Cumulated Dimensions

위의 왼쪽 그림과 같이 치수를 기입한다. 명령을 클릭하고 Tool Palette의 를 클릭하고 아래의 그림처럼 커서의 모양을 잘 확인하면서 순서대로 치수의 맨 마지막 선까지 선택하면 그림처럼 치수가 입력된다.

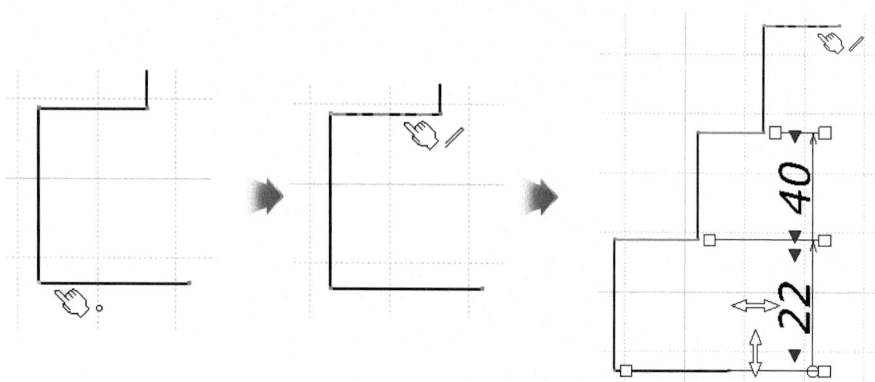

1 – 3 Stacked Dimensions 

방법은 와 동일하나 결과를 보면 치수 화살표의 형태가 다르다.

1 – 4 Length/Distance Dimensions 

 명령과 비슷하게 길이 치수를 입력한다. 길이뿐만 아니라 곡선의 길이도 치수 기입이 가능한데 명령을 클릭하고 곡선을 선택한 후 마우스 오른쪽 버튼을 눌러서 Curvilinear Length를 선택하면 곡선의 길이가 치수로 계산된다.

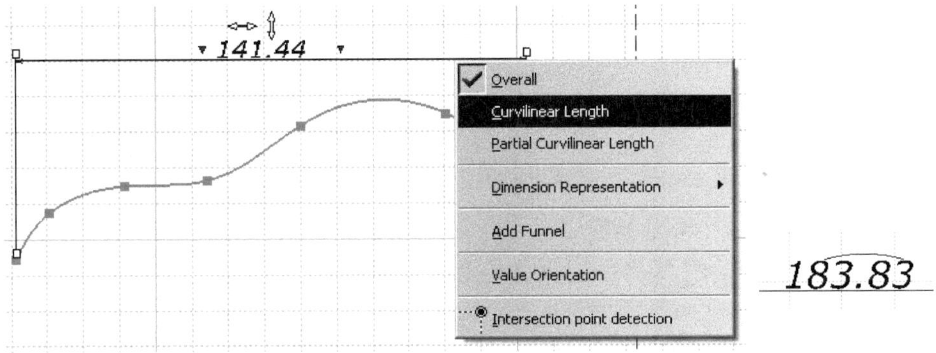

1 – 5 Angle Dimensions 

두 선 사이의 각도를 치수로 입력하는 명령이다. 각도 값이 나타났을 때, 마우스 오른쪽 버튼의 메뉴 중에 Angle Sector를 이용하면 선택된 두 선 사이의 각도 범위를 고를 수 있다.

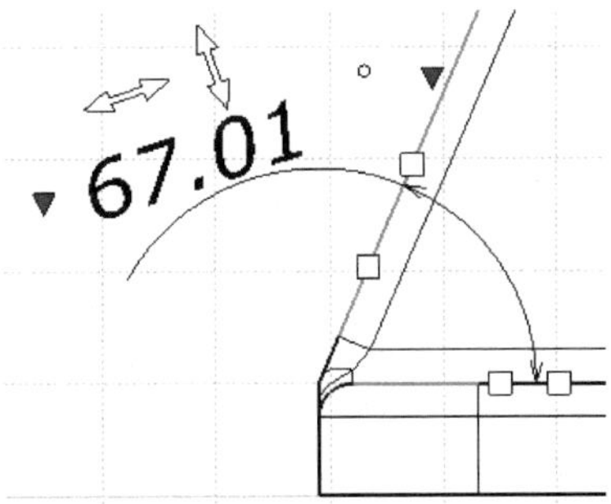

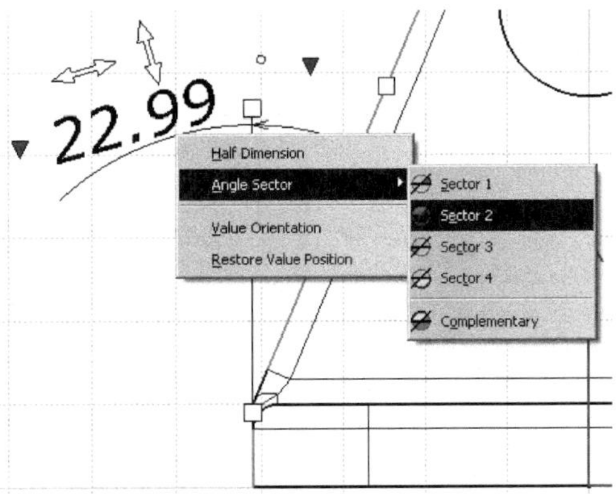

1 – 6 Radius Dimensions

원과 호의 반지름의 치수를 기입하는 명령이다. 명령을 클릭하고 원호를 선택하면 된다.

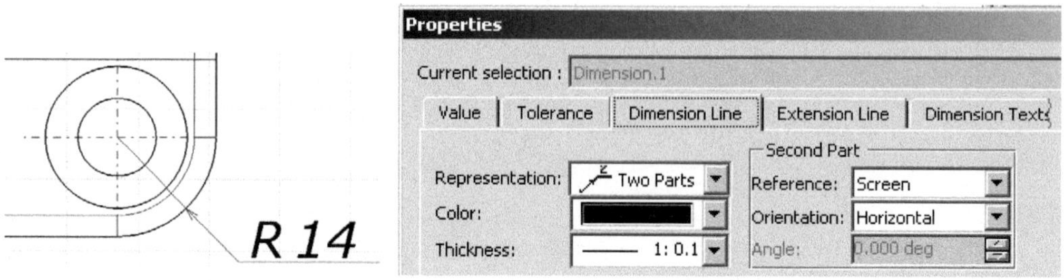

위의 그림처럼 치수 보조선이 꺾이게 하고 싶으면, 치수 기입 후 입력된 치수에서 마우스 오른쪽 버튼의 Properties 〉 Dimension Line 〉 Representation 〉 Two Part를 선택한다.

입력된 치수의 마우스 오른쪽 버튼을 클릭하여 〉 Object 〉 Extend to Center 설정은 반지름의 중심부터 보조선의 추출 여부를 선택할 수 있다. 또 화살표를 클릭하면 화살표의 방향이 반대로 바뀌게 된다.

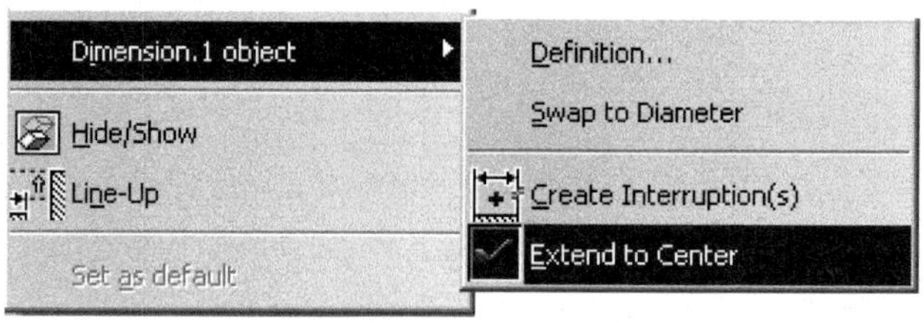

1 – 7 Diameter Dimensions

지름의 치수를 입력하는 명령이다.

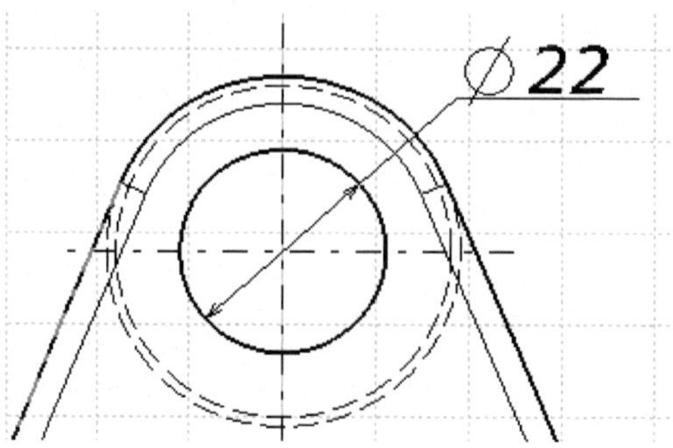

1 - 8 Chamfer Dimensions

Chamfer 치수를 입력하는 명령이다. Chamfer 치수를 입력할 부분을 중심으로 아래의 왼쪽 그림처럼 숫자대로 선택한다. Tool Palette 중에서 원하는 형태를 선택한다.

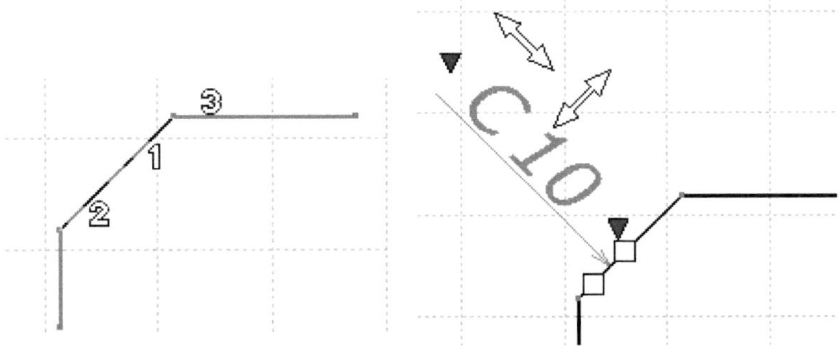

"C10"처럼 Chamfer를 의미하는 기호를 입력하고 싶은 경우는 Chamfer 치수 마우스 오른쪽 버튼 〉 Properties 〉 Dimension Text 〉 Prefix에 "C"를 입력한다.

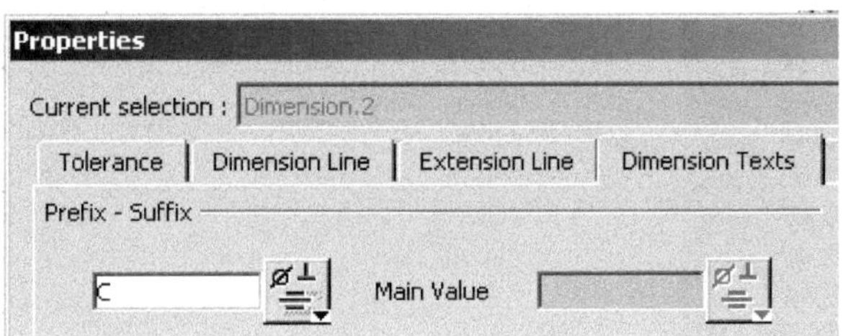

1 - 9 Thread Dimension

Thread가 적용(Part Design의 Hole 혹은 Thread를 이용해서 나사선을 적용한 부분을 도면에 표시한다. Thread를 View에 나타내기 위해서는 View 〉 Properties 〉 Dress-UP 〉 Thread 체크)된 부분의 치수 기입을 하는 명령이다. 명령을 클릭하고 Thread 형상을 클릭하면 그림처럼 치수가 입력된다.

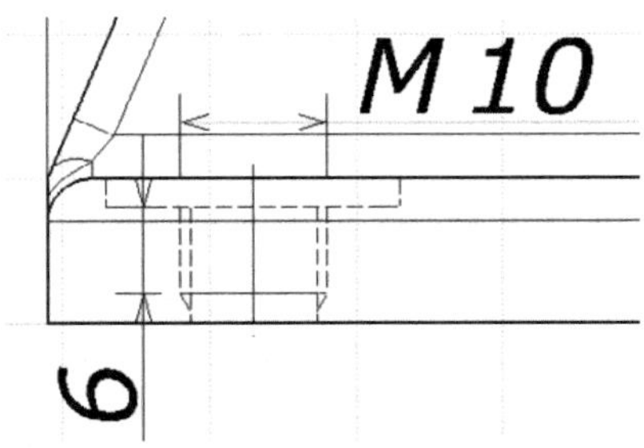

1-10 Coordinate Dimension

Point의 좌표값(2D, 3D)을 도면에 표시하는 명령이다. 좌표값의 2D, 3D 표시는 Tool Palette를 선택한다.

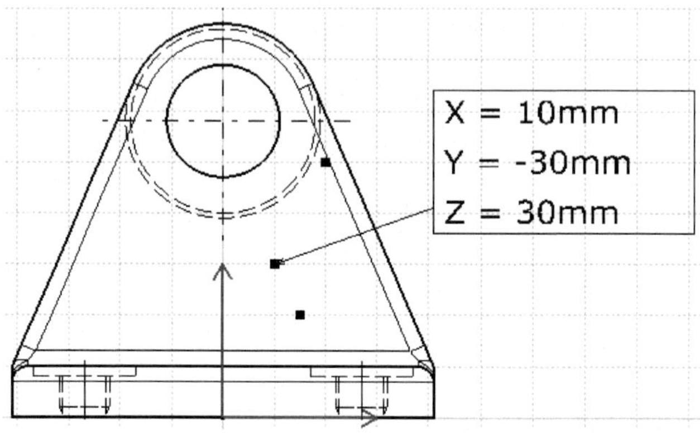

1-11 Hole Dimension Table

View에 있는 Hole의 중심 위치와 지름 값을 Table로 표시한다. Hole이 여러 개인 경우에는 명령어를 먼저 클릭하지 말고, Ctrl키를 누른 상태에서 Hole을 선택하고 명령어를 클릭하면 아래 그림처럼 여러 개의 Hole에 대해서도 치수를 표시한다.

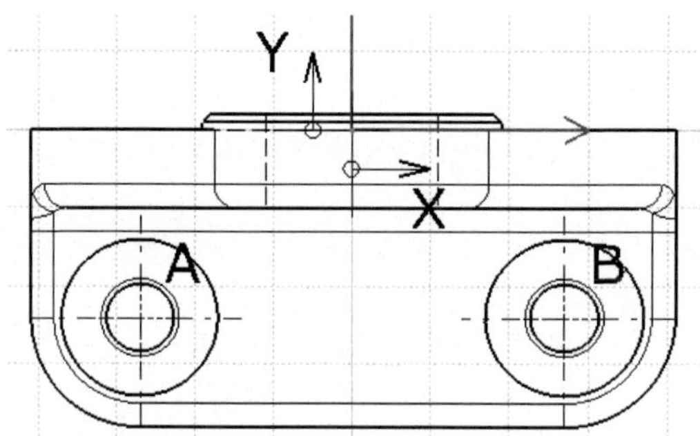

REF.	X	Y	Diameter
A	-27	-24	8.65
B	27	-24	8.65

1-12 Coordinate Dimension Table

Point의 좌표값을 도면에 표시하는 명령이다. Point가 여러 개인 경우에는 Ctrl키로 먼저 복수 선택한 뒤에 를 누르면 된다.

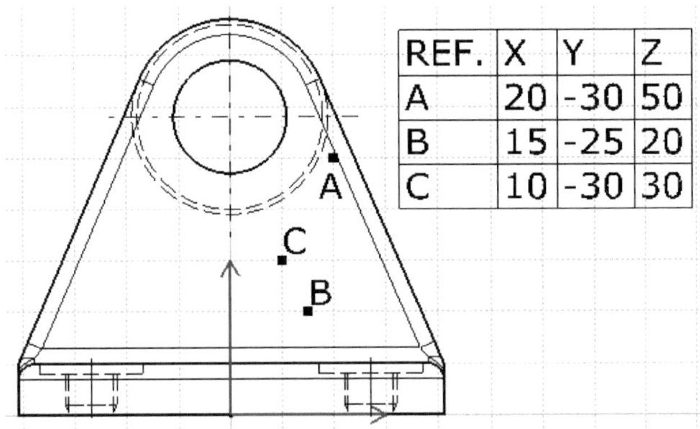

※ A, B, C 인덱스는 선택 순서이다.

2 Technological Features Dimensions

Technological Features(예를 들어 electrical harness 혹은 structural stiffeners)에 대한 치수 기입에 사용하는 치수 기입 명령어이다.

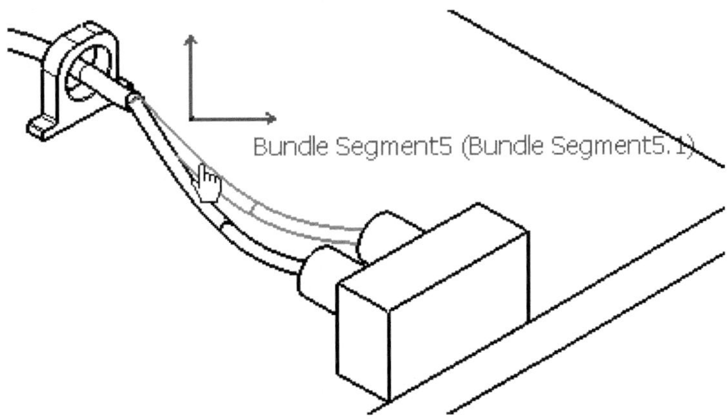

그림 출처 CATIA V5 Online Documents Dassault Syst mes.

3 Dimensions

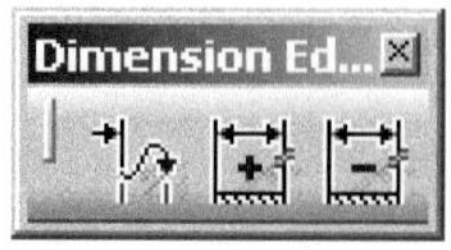

3 - 1 Rerouting Dimensions 

기존 치수의 정의를 변경한다. 치수 입력을 위해서 선택했던 대상을 순서대로 선택해서 바꾼다. 먼저 변경하고자 하는 치수를 선택 〉 치수를 정의하는 대상을 순서대로 선택한다.

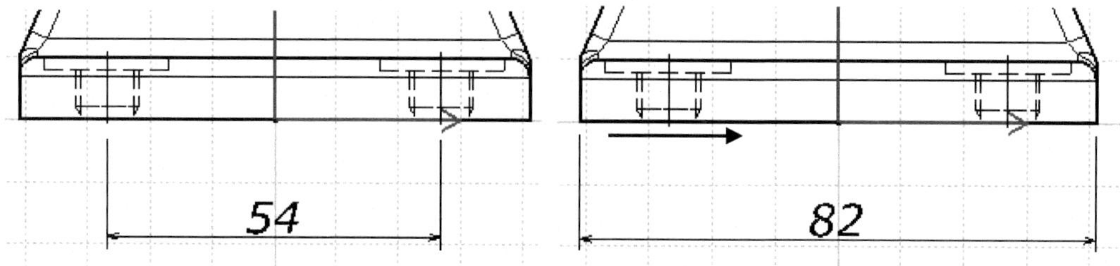

3 - 2 Create Interruptions 

치수선이 겹쳐 있을 때, 혼동이 생기지 않도록 치수선을 정리하는 명령이다. 먼저 잘라질 치수선을 선택한다.(아래 그림에서는 54치수) 아래 오른쪽 그림처럼 잘릴 부위를 순서대로 클릭한다.

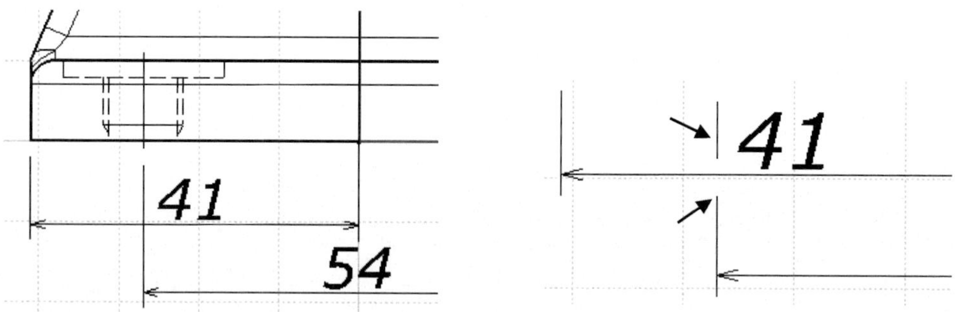

3 - 3 Remove Interruptions 

 명령에 의해서 잘려진 치수선을 원상태로 복구한다. 먼저 잘린 치수선을 선택 〉 잘린 부위를 클릭한다.

4 Tolerancing

4-1 Datum Feature 

공차와 치수 입력의 기준을 표시하는 명령이다.

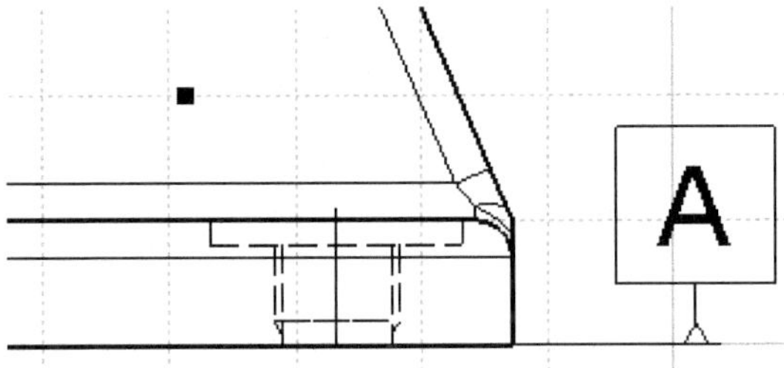

4-2 Geometrical Tolerance 

기하공차를 입력하는 명령이다.  명령에서 정의한 Datum을 Reference로 사용해서 여러 가지 기하공차를 표시한다.

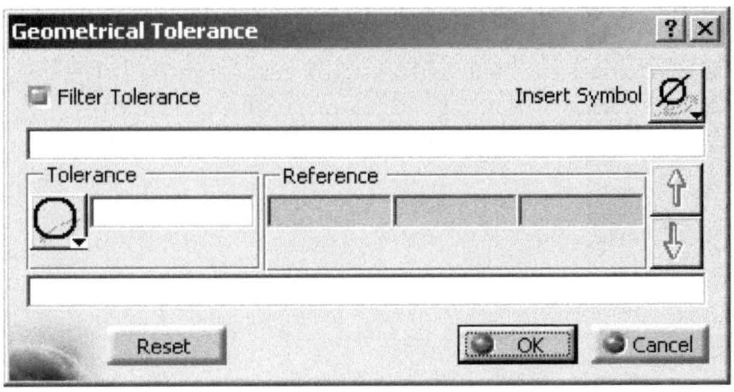

Annotations

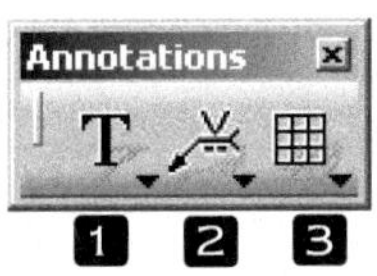

1 Text

1 – 1 Text( )

주기란(Note) 등문자나 설명을 입력하는 명령이다. 명령을 클릭하고 입력하고자 하는 위치를 클릭한다. 메모장과 같은 Text Editor 창이 뜨면 이를 이용해서 내용을 입력한다. 지름과 같은 특수 기호를 입력하려는 경우는 Text Properties의 기능을 이용하여 특수 기호를 선택하여 입력한다.

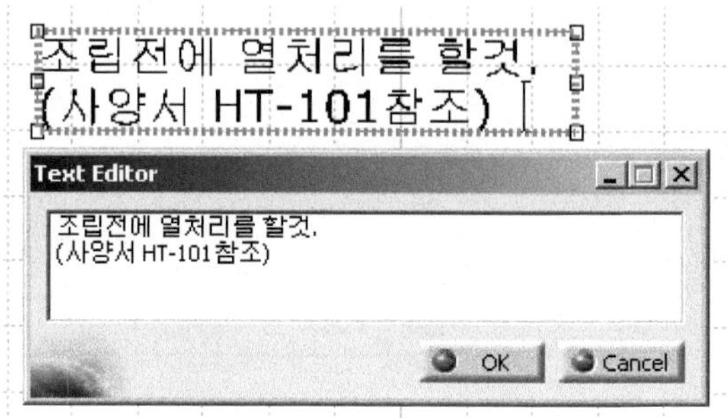

1 – 2 Text With Leader

지시선을 입력하는 명령이다. 화살표(지시선)의 위치를 지정하고 문자를 입력하면 된다.

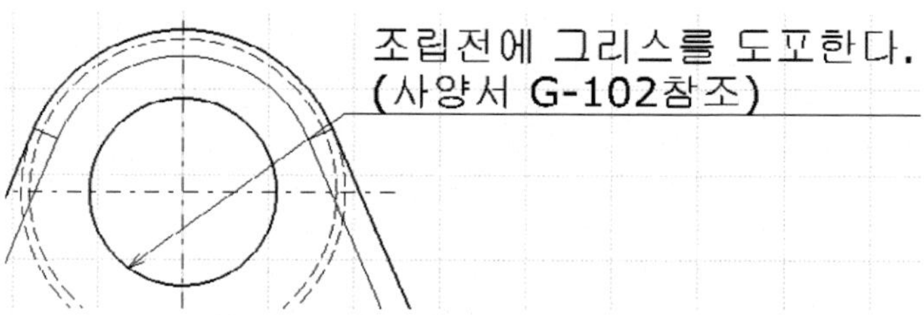

1 – 3 Replicating Text

같은 명령어(예 Hole)로 생성된 3D 형상에 대한 문자 표현 방식을 다른 형상에도 적용하는 명령어이다.

1 – 4 Balloon

원 안에 들어간 지시선을 표시하는 명령이다.

1 – 5 Datum Target

Datum을 표시하는 명령이다.

1-6 Text Template Placement

3D 형상의 정보를 Catalog 등의 정보로부터 참조 받아 도면에 입력한다.

2 Symbol

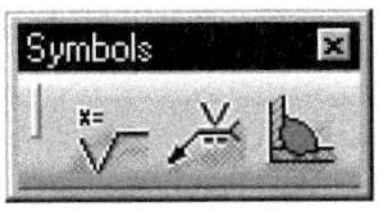

2-1 Roughness Symbol

거칠기 기호를 입력한다. 위치는 View의 형상이나 치수 보조선 등을 선택해서 위치를 잡는다.

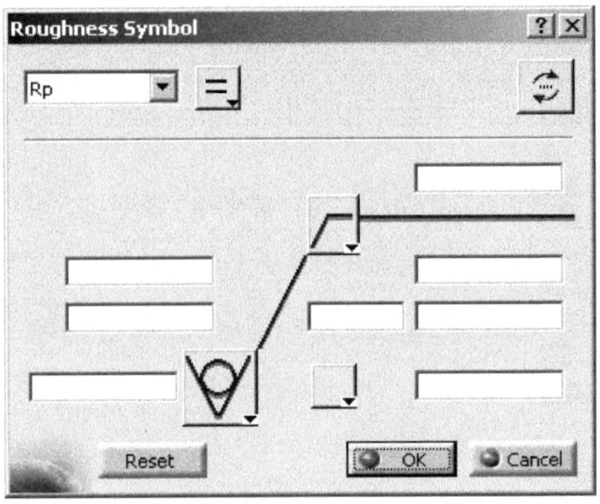

2-2 Weld Symbol

용접 기호를 입력한다. 기호가 삽입될 위치를 마우스로 클릭하고, 참고 형상과 기호를 입력한다.

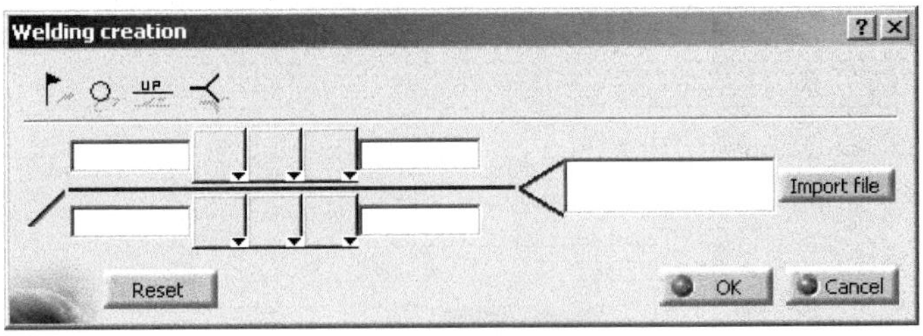

2-3 Weld

용접 부위의 형상을 표시한다. 용접 기호를 삽입할 부위의 Corner부의 Line을 선택한다. 용접 부위의 형상과 크기를 지정한다.

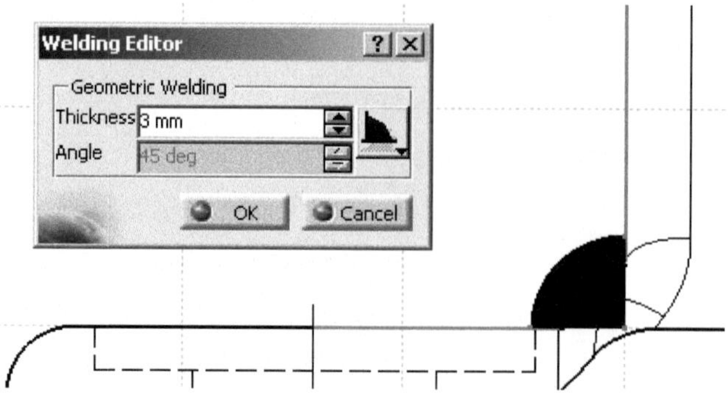

3 Table

3-1 Table

표를 생성한다. 표의 행과 열의 값을 입력하고 삽입될 위치를 클릭하면 된다. 표의 각 셀에 값을 입력할 때는 표를 더블클릭한 후, 입력하고자 하는 셀을 다시 더블클릭하면 Text Editor 창이 뜬다. 표 및 셀의 크기는 표를 더블클릭했을 때 표 주위에 나타나는 회색 Anchor를 드래그하면 된다.

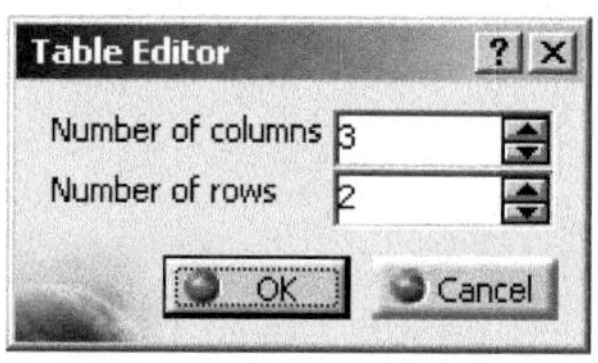

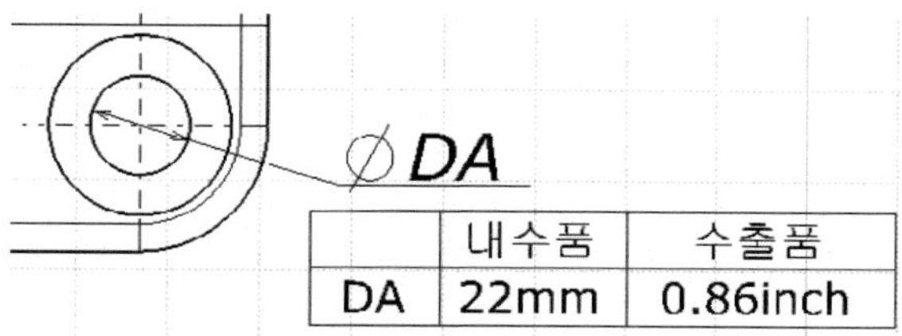

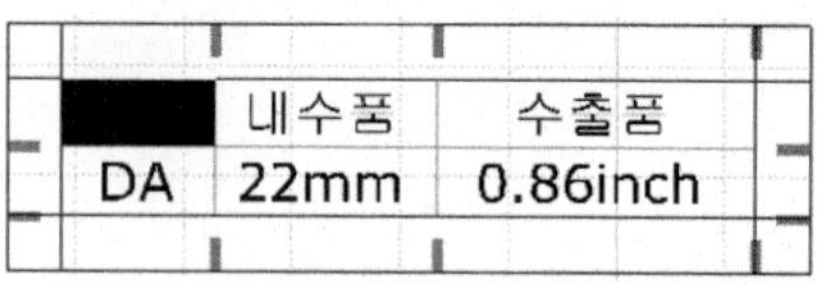

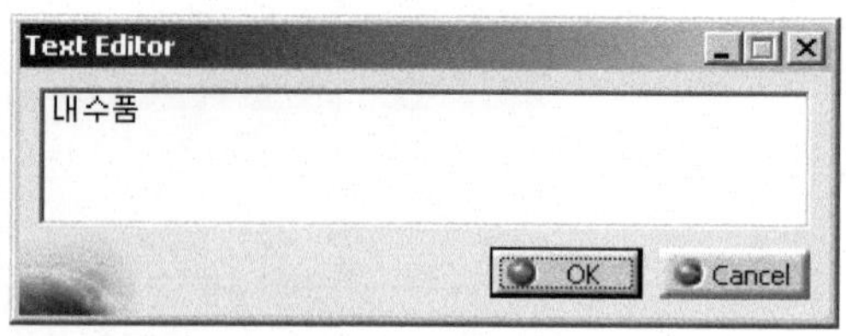

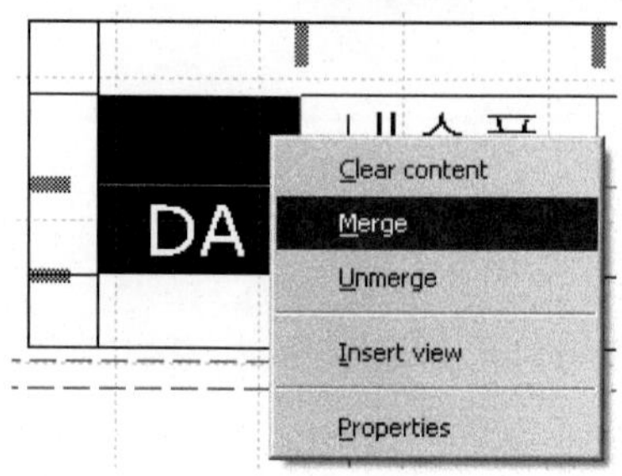

셀을 합치고자 할 때는 표를 더블클릭한 후, 합치고자 하는 셀을 마우스로 드래그 하여 검정색으로 반전시킨 후 마우스 오른쪽 버튼을 클릭 〉 Merge 명령을 이용한다.

또한, "Insert View 〉 Tree에서 특정 View 선택"을 이용하여 표의 셀에 View를 삽입할 수도 있다.

3-2 Table From CSV 

외부 파일(*.CSV)로부터 표를 생성하여 도면에 삽입한다. 먼저 삽입하고자 하는 표를 Excel(Microsoft Office Excel)에서 파일 〉 다른 이름으로 저장 〉 파일 형식 〉 CSV(쉼표로 분리) 명령을 이용하여 "*.CSV" 파일로 저장한다. 이렇게 저장된 파일을 Table Form CSV () 명령어로 선택하여 도면에 추가한다.

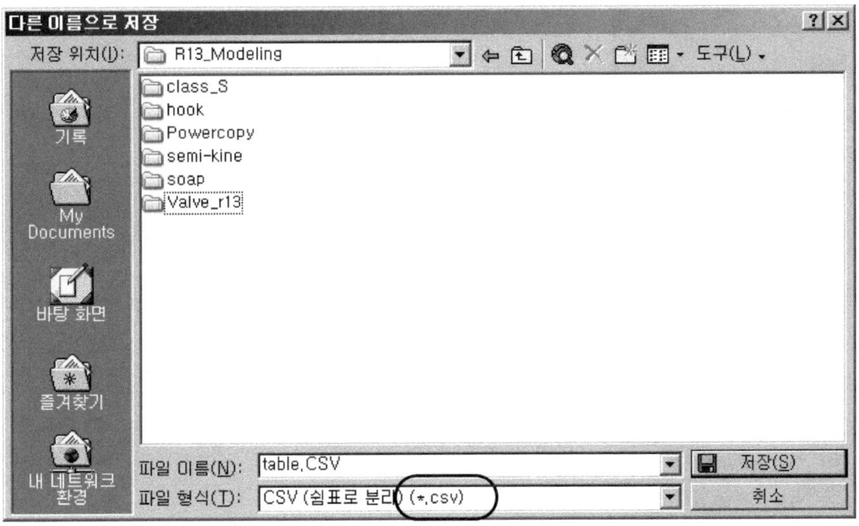

✣ Dress-up

1 Axis and Threads

1 – 1 Center Line

중심선 표시를 입력하는 명령이다. 명령을 클릭한 후 중심선을 넣고자 하는 대상(원)을 선택한다.

1 – 2 Center Line With Reference

특정 방향으로 기울어진 중심선 표시를 입력하는 명령이다. 명령을 클릭한 후 중심선을 넣고자 하는 대상(원)을 선택 〉 기울어진 방향과 동일한 방향의 Line을 선택한다.

1 – 3 Thread

나사선과 중심선 표시를 입력하는 명령이다. 명령을 클릭한 후 나사선을 넣고자 하는 대상(원)을 선택한다.

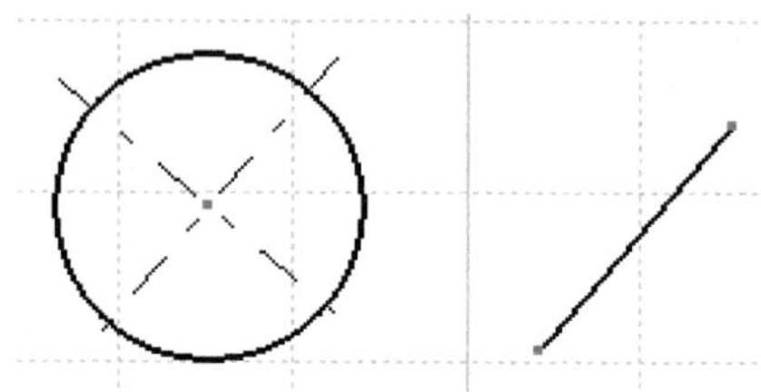

1 – 4 Thread With Reference

특정 방향으로 기울어진 나사선과 중심선 표시를 입력하는 명령이다. 명령을 클릭한 후 중심선을 넣고자 하는 대상(원)을 선택 〉 기울어진 방향과 동일한 방향의 Line을 선택한다.

1 – 5 Axis Line

두 개의 Line을 선택하면 두 라인의 대칭 조건이 되는 축을 생성하는 명령이다.

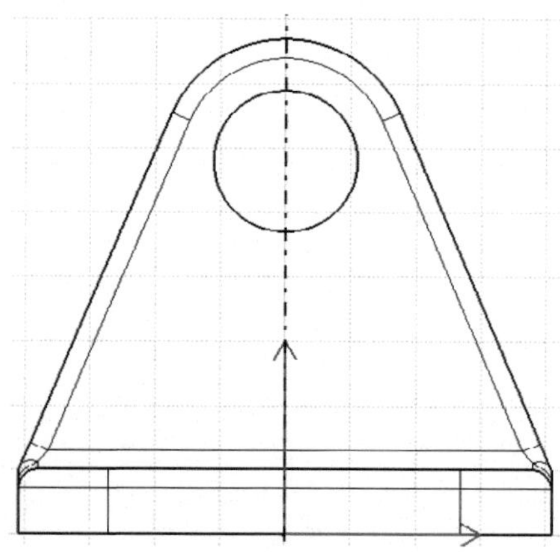

1 – 6 Axis Line and Center Line

두 원의 축과 중심선을 생성한다.

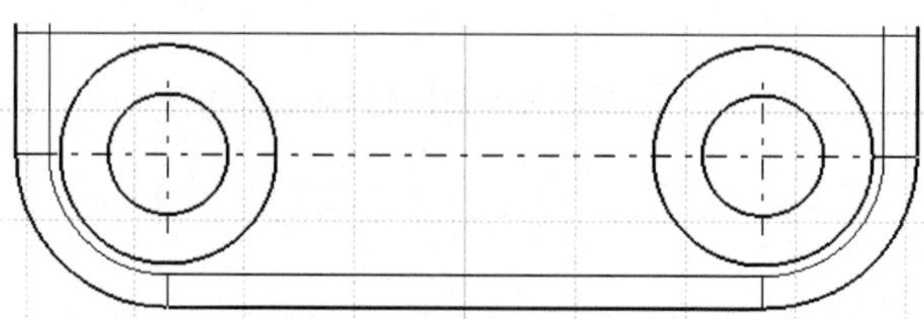

2 Area Fill 

닫혀 있는 내부 혹은 경계선들을 선택하여 Hatching을 부여한다. 생성된 Hatching Line을 더블클릭하면 그림과 같은 속성 창이 뜬다. Type에서 원하는 형태를 선택하거나 버튼을 클릭한다.

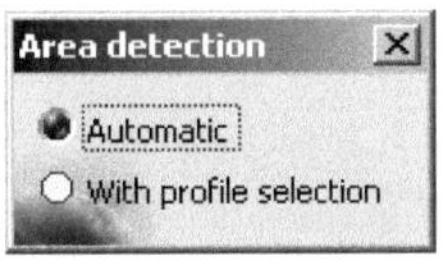

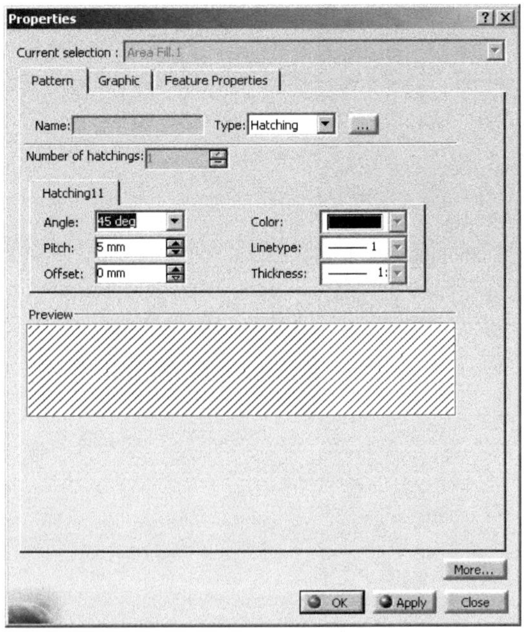

만약 XXX 같은 형태의 교차하는 Hatching Pattern을 원하는 경우는 Area Fill() 명령어를 동일 위치에 두 번 적용하여 하나의 Hatching의 각도를 조절한다.

3 Arrow 

화살표를 생성하는 명령이다.

✣ Tools

1 Sketcher Grid 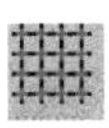

도면 배경에 Grid가 보이게 해준다.(화면으로만, 출력되지는 않는다.) Grid의 사이즈 설정 : Tools 〉 Options 〉 Mechanical Design 〉 Drafting 〉 General 〉 Grid

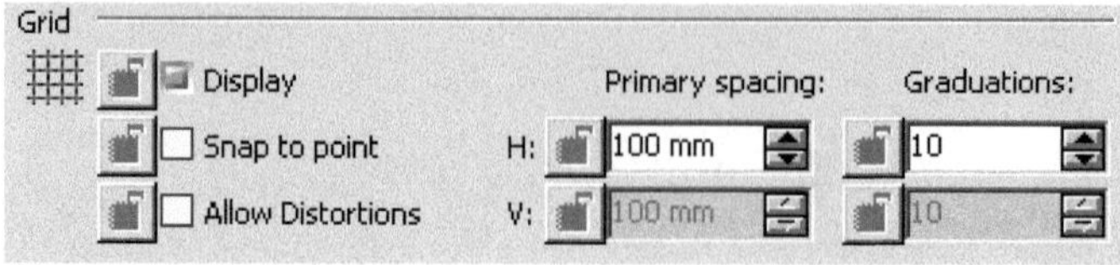

❷ Snap To Point

Grid에 Snap이 걸리게끔 한다.

❸ Analysis Display Mode

기입된 치수에 대한 속성을 분석하여 색깔별로 의미를 구별하여 표시한다. 각각의 색깔의 의미는 다음과 같이 옵션을 설정한다.

Tools 〉 Options 〉 Mechanical Design 〉 Drafting 〉 Dimension

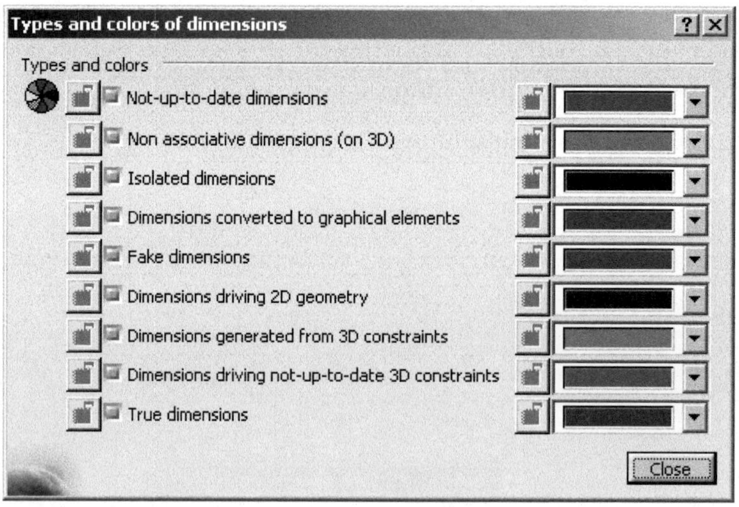

❹ Show Constraint

명령 그대로 Geometry Creation이나 View를 생성할 때 발생하는 Constraint를 표시한다. 기호의 의미는 Sketcher Workbench의 것과 동일하다.

❺ Create Detected Constraint

명령이 눌러진 상태에서 Geometry Creation 명령어로 형상을 사용자가 그리게 되면 각 상태에 따른 2D Constraints가 추가된다.

❻ Filter Generated Elements

3D 형상을 근거로 해서 생성된 형상과 그렇지 않고, 사용자가 Geometry Creation 도구로 직접 그린 형상을 구별하여(색상 차이) 나타낸다.

✣ Tools Palette

독자적으로 사용되는 것이 아니라 다른 명령어가 활성화되어 있는 동안에 조합(보조적으로)해서 사용한다.

❶ Projected Dimension

마우스의 움직임에 따라 치수 값의 표현하는 Type이 바뀌게 된다.

❷ Force Dimension on Element

선택한 대상의 길이 값을 치수로 표시한다.

❸ Force Horizontal Dimension in View

선택한 대상의 가로 치수를 표시한다.

❹ Force Vertical Dimension in View

선택한 대상의 높이 치수를 표시한다.

❺ True Length Dimensions

Isometric View처럼 View의 2D 상의 치수가 아닌 3D 형상의 실제 치수를 표시한다.

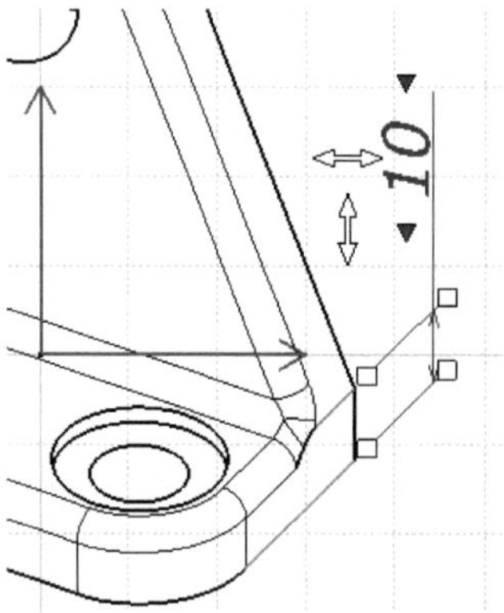

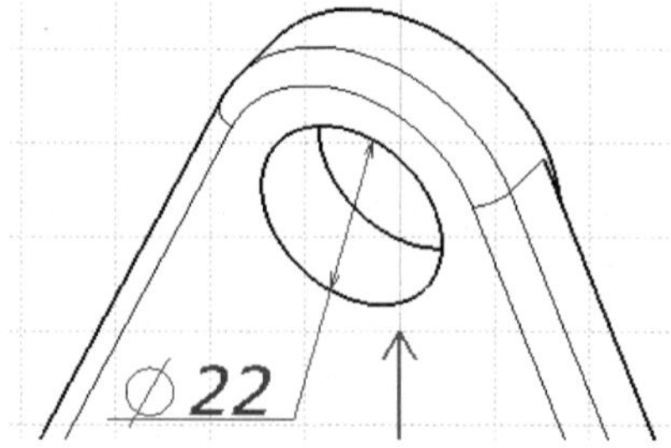

① Create Interruptions  : 명령어 사용 시 나타나는 Tool이다. 중첩된 치수 보조선을 자르는 방식이다.

- Add Interruption On One Side : 겹치는 치수 보조선의 한쪽을 자른다.
- Add Interruption On Both Side : 겹치는 치수 보조선의 양쪽을 자른다.

길이와 각도 값을 입력하여 형상의 위치를 결정하는 도구이다.

✣ Text Properties

아이콘	설 명	아이콘	설 명
	글씨의 Font와 글씨의 크기		글씨를 굵게 표시
	기울어지게 표시	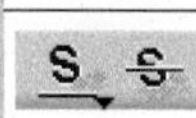	밑줄 표시
	첨자 표시		정렬(왼쪽, 중앙, 오른쪽) 표시
	표의 셀 안에서 상하좌우 정렬		글씨 둘레의 Frame 선택
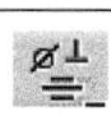	특수 기호 입력		

✣ Graphic Properties

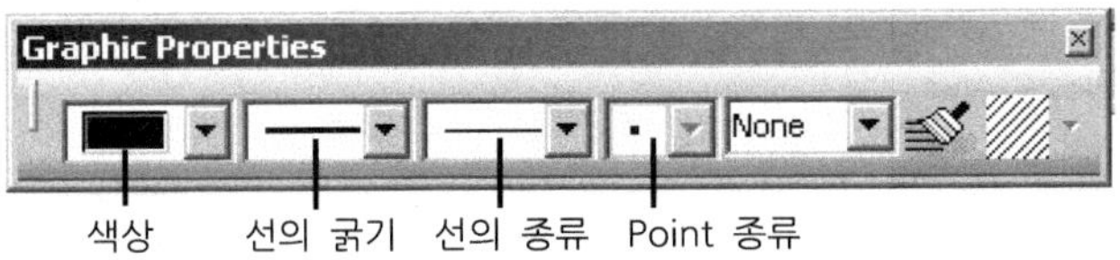

Copy Object Format() 워드의 서식 복사와 유사한 기능이다.  명령을 클릭 〉 치수(38) 클릭 〉 치수(77) 클릭. Text의 Format 뿐만 아니라 Line Type 등도 복사가 가능하다.

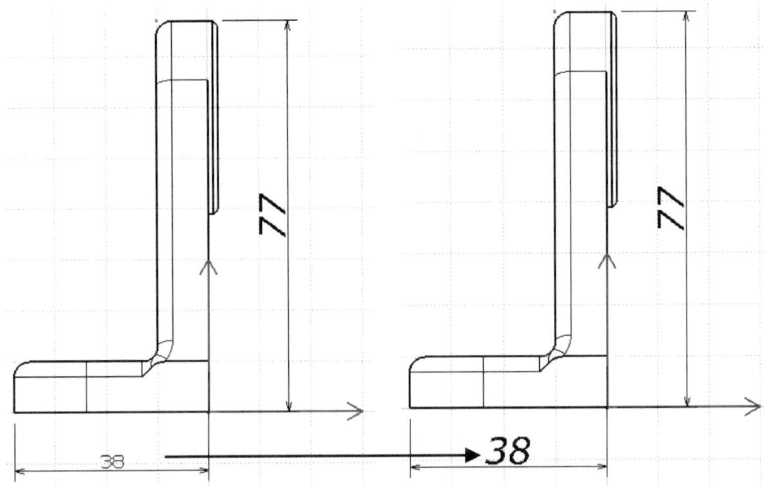

✣ Dimension Properties

Dimension Line 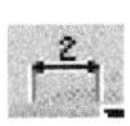 치수선의 표현 방식을 결정한다.

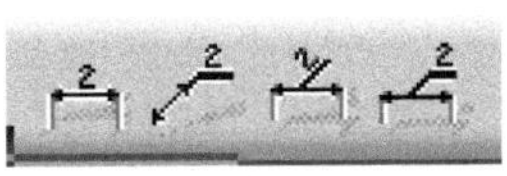 표시 형식은 아이콘의 그림과 같다. 원하는 형식을 먼저 선택하고 치수 기입을 하면 선택된 형태가 반영된다.

✣ Style

- Standard에서 미리 정의해 둔 Style을 치수 기입의 명령에 따라 반영한다.
- Standard의 설정에 대한 설명을 참고하고, 자신의 회사에 맞는 Standard를 만든 후에 도면에 적용해 보자.

File 메뉴 소개

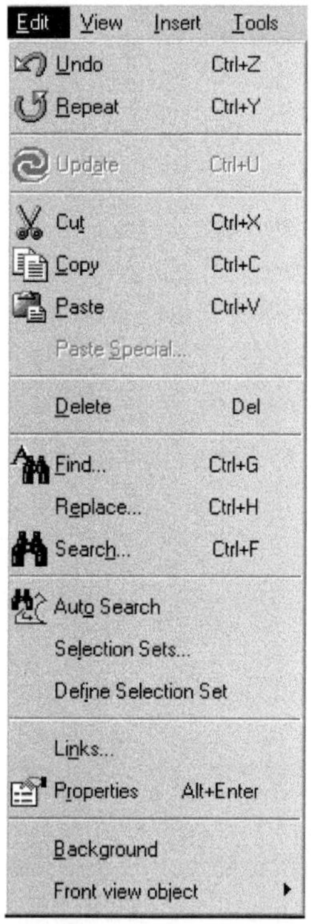

File 메뉴 중에서 자주 사용하는 유용한 기능을 살펴본다.

1 Edit 〉 Search

도면 작업 중에 기존에 기입된 치수의 문자 크기를 일괄적으로 변경해야 하는 경우, 도면 안에 있는 모든 Dimension을 일괄적으로 찾아서 선택해야 한다. 이렇게 특정 Element를 찾아서 선택하는 기능이 Search이다.

- **Name** : 이름으로 검색
- **Type Workbench** : 찾고자 하는 Element가 생성되는데 관련된 Element를 선택

• **Type Element의 종류를 선택(예** 도면의 치수를 일괄적으로 찾아서 선택하고 싶은 경우는 Workbench : Drafting, Type : Dimension을 선택한다.)

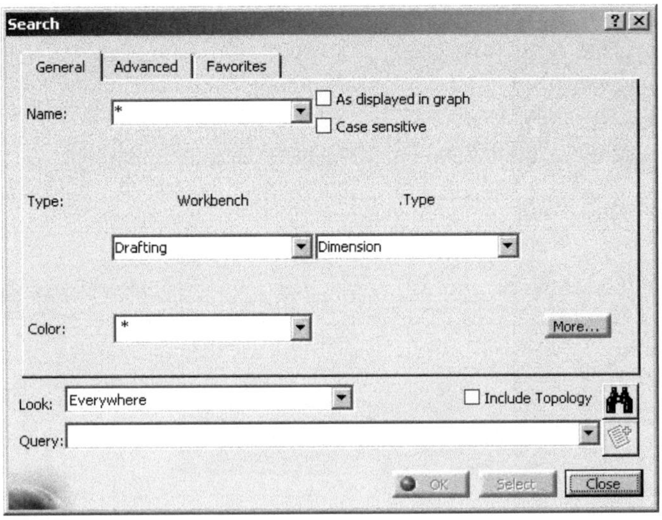

쌍안경처럼 생긴 버튼을 클릭하면 조건에 해당하는 대상을 찾고, Select 명령을 이용하면 조건으로 검색된 대상을 일괄적으로 선택할 수 있다.

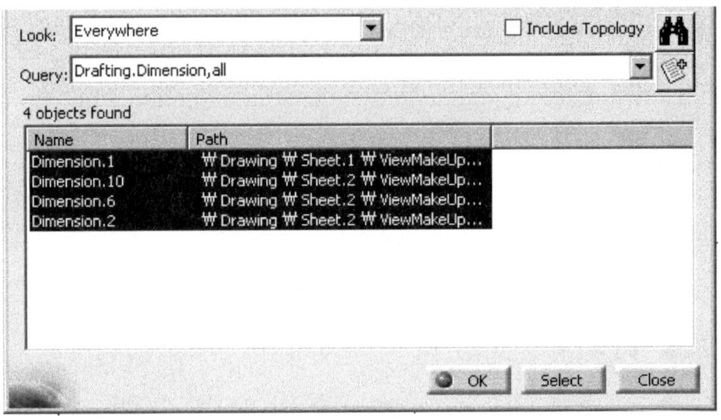

이후에도 동일 조건으로 또 찾을 경우가 있다면,  명령어를 이용하여 Favorite에 추가한다.

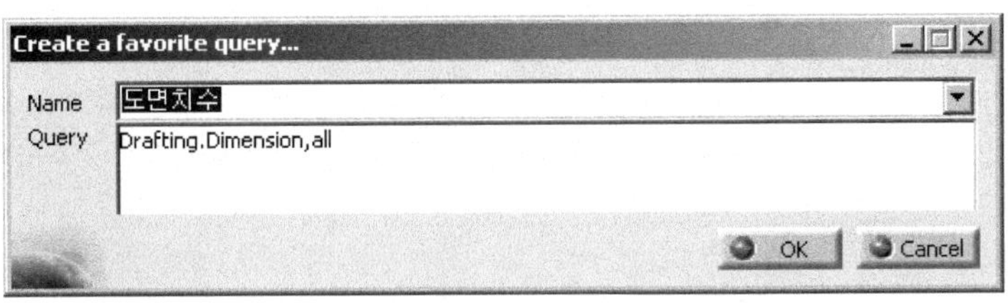

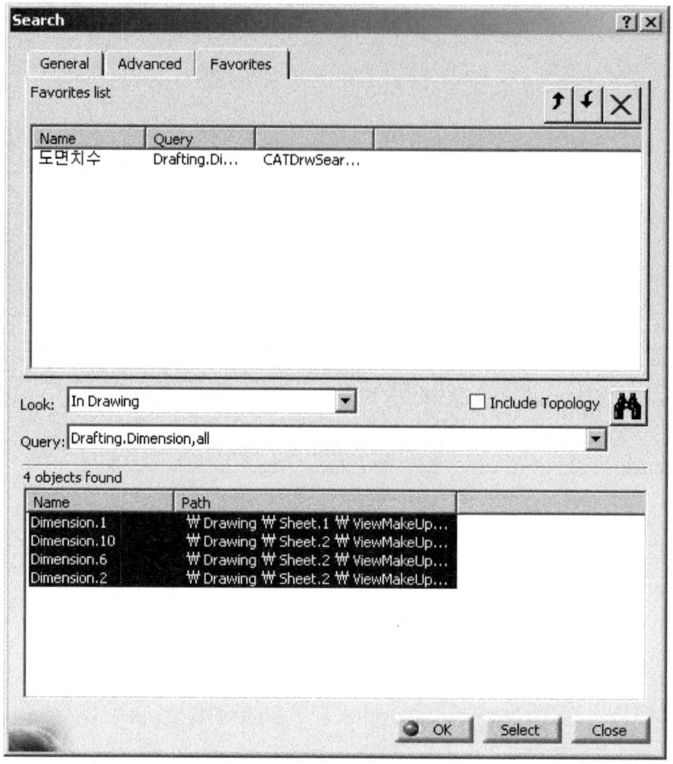

2 Edit 〉Link

Generative Drafting의 경우는 3D 모델로부터 View와 Dimension을 참고해 오기 때문에 3D 모델이 변하게 되면 도면도 역시 Update하게 된다.(Associative Link라고 부름)

그런데 도면과 3D 모델 데이터 사이의 관계가 끊어지게 된다면 도면을 보기만 하고 더 이상 수정하지 않는다면 3D 모델과의 관계가 끊어져도(파일의 경로와 이름 불일치) 도면을 사용하는 데는 아무런 문제가 없다. 하지만 도면의 수정을 요하는 경우라면 Associative Link를 다시 확인해야 한다.

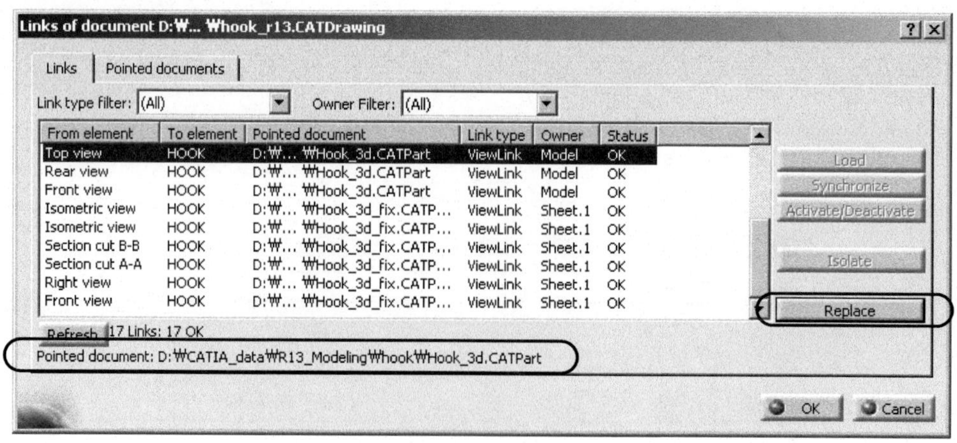

명령을 실행하면 앞의 그림처럼 Sheet의 View마다 그 View의 3D 모델 데이터의 경로(화살표)를 보여준다. 만약 Link가 깨진 경우에는 Replace 명령어로 3D 모델의 경로를 재지정해 준다.

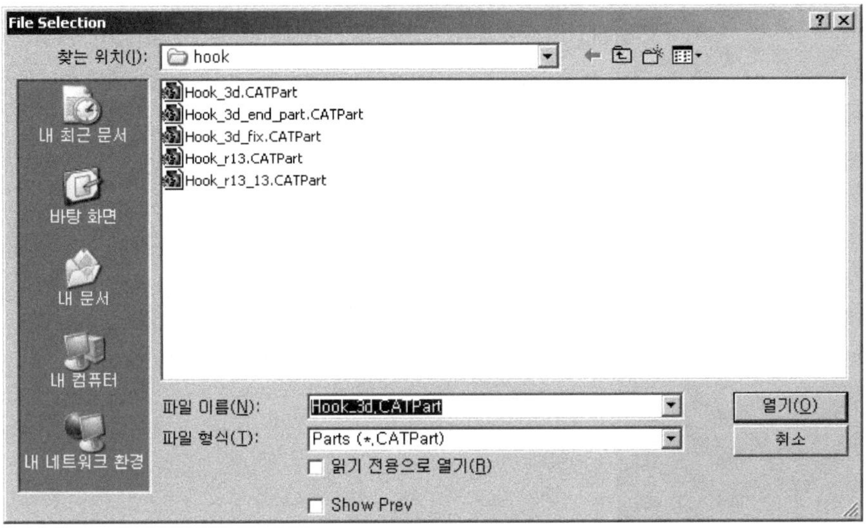

:: 주의 ::

도면 파일(CATDrawing)의 Edit > Link 명령어를 이용하면 현재 도면이 어떤 3D 모델과 관련되어 있는지 알 수 있다. 하지만, 3D 모델에서 Edit > Link를 확인해 보면 그 3D 모델로부터 만들어진 도면에 대한 정보는 볼 수 없다.

따라서, 만약 도면을 생성한 뒤에 3D 모델이 설계 변경되었다고 하면, 그 모델로부터 파생된 도면 파일이 어떤 것인지 모른다면, 모델 데이터만 설계 변경이 되고 도면 파일은 설계 변경이 반영되지 않는 심각한 문제가 생길 수 있다. 반드시 주의하자!!

❸ Edit Background/Views

View 모드와 Background 모드의 상호 변환

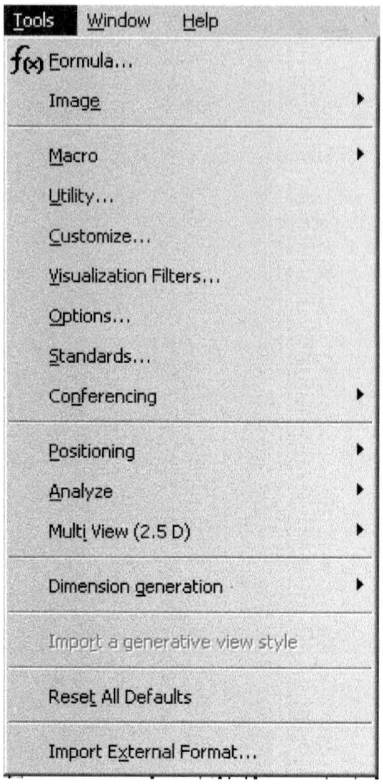

❹ Tools 〉Import External Format

*.dwg, *.dxf 등 타 2D CAD 파일로 생성해 둔 도면 포맷(프레임, 표제란 등)을 불러와서 작업 중인 도면에 적용시킨다. 앞에서 설명한 File 〉 Page Setup 〉 Insert Background View와 유사 목적의 명령이다.

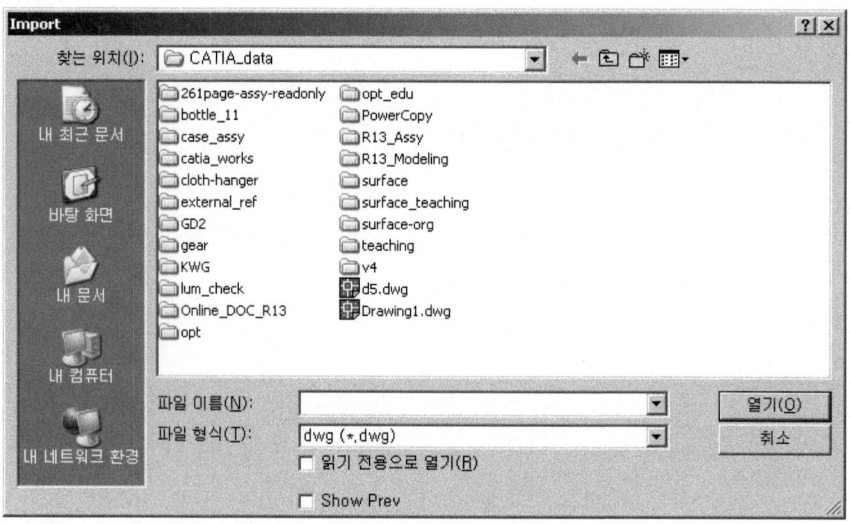

명령을 실행하면 앞의 그림과 같은 창이 뜨는데 회사 Format이 들어있는 *.dwg, *.dxf 파일을 선택하면 된다. 이렇게 불러들인 외부 데이터는 Tree 상의 하나의 View로 추가가 되는데, Background 모드가 아니기 때문에 중첩되었을 때 선택이 되어서 다른 View 작업 시 불편할 수 있다. 이런 때는 Tree에서 추가된 Format의 View를 선택해서 아래의 그림처럼 Properties 〉Graphic 〉Pickable의 체크를 풀어 둔다.

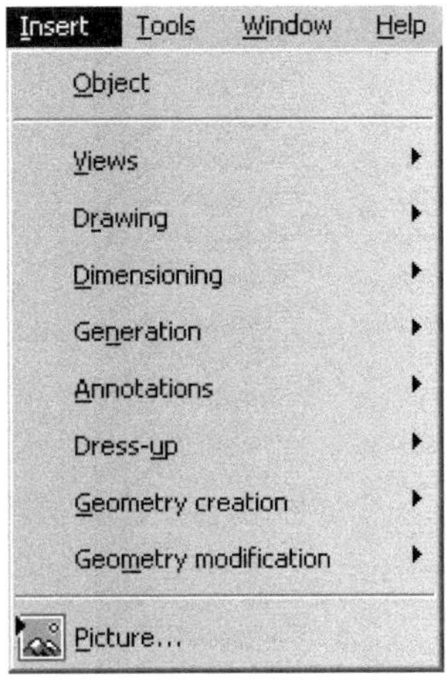

5 Insert 〉Picture

도면에 회사 로고와 같은 그림 파일을 삽입한다. 만약 도면에 Rendering 처리가 된 View를 넣고자 하는 경우도 Tools 〉Image 〉Capture 명령어로 Rendering 이미지를 그림파일로 저장한 후 이를 도면에 삽입하면 된다.

참고 ▷ 우리회사 도면 Standard 설정하기

✪ CATIA V5의 Drafting Style 작성방법 안내

▶ 목표

CATIA V5R12부터 달라진 Drafting Style의 변경에 대한 방법을 익혀서, 자기 회사 도면의 Format을 만들어 놓고, 도면을 작성할 때마다 그 규정을 따르게끔 하여 생성된 도면 치수 기입과 양식의 통일성을 부여하는 방법을 알아보자.

▶ 순서

① 자기 회사 도면의 Standard로 쓸 파일(XML)을 생성한다.
② CATIA V5 Environment Editor를 실행하여 설정치를 조절한다.
③ Setting 수정의 권한을 가진 Administrator로 CATIA를 구동한다.
④ Tools 메뉴의 Standard 기능을 실행하여 자기 회사의 설정치를 구성한다.
⑤ CATDrawing 파일 생성 시 앞서 만든 Format을 지정한다.(실습)

✪ V5R12부터 Drafting Workbench에서 달라진 점

R12에 들어오면서 Style 적용에 있어 크게 달라진 점이 있다. 기존의 버전에는 자기 회사의 도면에 대한 Standard가 따로 없이 CATIA에서 기본적으로 제공하는 ISO, JIS같은 Default 값들로 도면을 작성하는 경우에서, 치수 기입에 대한 자신이 원하는 Style을 적용하기 위해서 아래 그림처럼 Set as default라는 메뉴를 많이 써왔다. 그러나 R12부터는 이 메뉴가 지원되지 않는다.

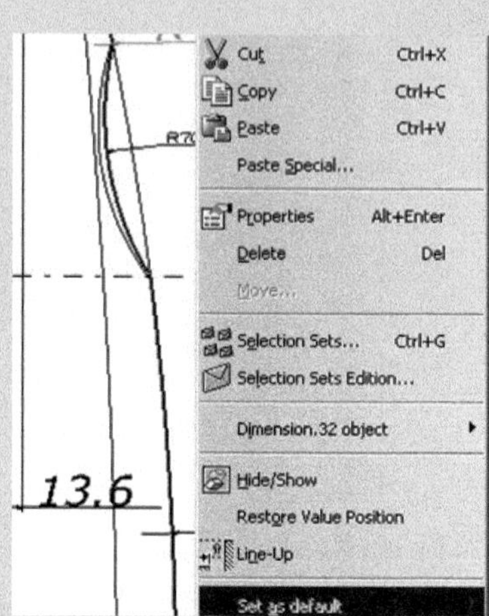

다만, R12 이전의 버전에서 작성된 도면에는 변경이 가능하도록 하기 위해서 메뉴는 살아 있다.

그럼 R12부터는 Style 변경을 위해선 어떻게 해야 하는지 함께 알아보자.

✪ 자기 회사 도면의 Standard란?

Drafting Workbench를 실행하면 아래와 같은 창이 뜨는 데 여기 Standard라는 항목을 보면 JIS를 비롯한 여러 개의 Format이 나온다.

만약에 자기 회사의 Format을 적용하려면 우선 자기 회사만의 Format을 만든 후에 Standard 메뉴의 리스트에 그 Format이 추가되도록 해야 한다.

자기 회사의 Format을 생성하기 위한 권한은 User에서는 설정이 불가능하며 Administrator로만 가능하다.

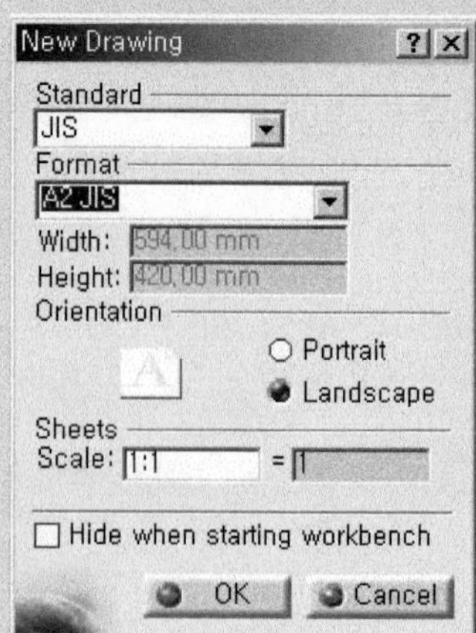

▶ **CATIA V5 Environment Editor를 실행하여 Admin 권한을 조절한다.**

① 시작 > 프로그램 > CATIA > Tool > Environment Editor 실행

② CATIA_P3.V5R12.B12 이라는 Default 설정치에는

CATReferenceSettingPath=

CATUserSettingPath=

CATCollectionStandard=

값이 비어 있다. 이 값을 마우스 3번 버튼( )의 Edit Variable 메뉴를 이용하여 다음처럼 값을 추가한다.

CATReferenceSettingPath=CSIDL_APPDATA₩DassaultSystemes₩CATSettings

CATUserSettingPath= CSIDL_APPDATA₩DassaultSystemes₩CATSettings

CATCollectionStandard=CSIDL_APPDATA₩DassaultSystemes₩CATSettings

③ 다음의 경로의 파일을 대상 폴더에 Copy하여 붙여 넣기 한다.

원본파일

C:₩Program Files₩Dassault Systemes₩B12₩intel_a₩startup₩templates₩CATStdMechanicalDesign.XML

대상폴더

C:₩Program Files₩Dassault Systemes₩B12₩resources₩standard₩

▶ **Setting 수정의 권한을 가진 Administrator로 CATIA를 구동한다.**

① 시작 > 실행 창을 띄워 아래와 같이 입력하여 Admin 권한으로 CATIA를 실행한다.

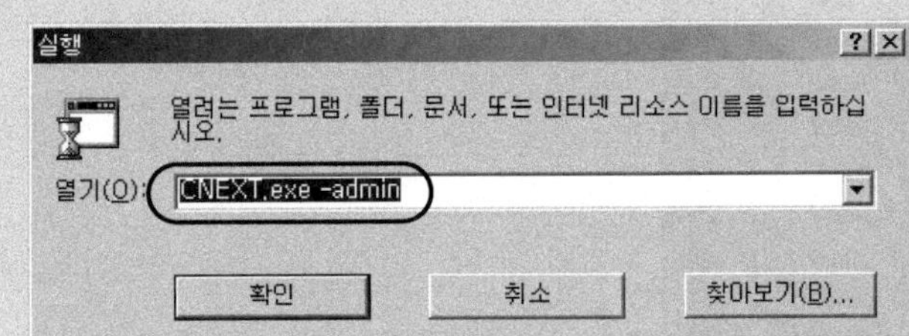

② 다음과 같이 Admin 권한으로 실행되었다는 메시지가 뜬다.

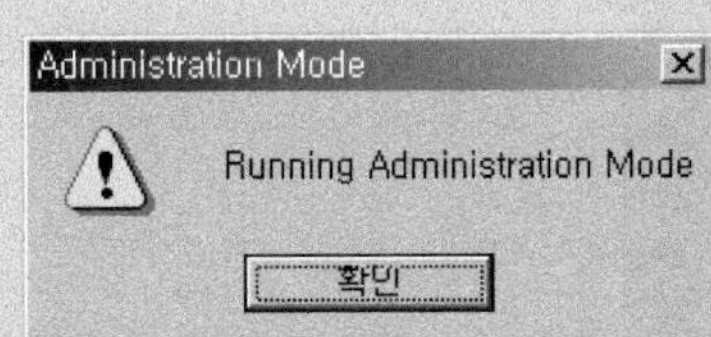

▶ Tools 메뉴의 Standard 기능을 실행하여 자기 회사의 설정치를 구성한다.

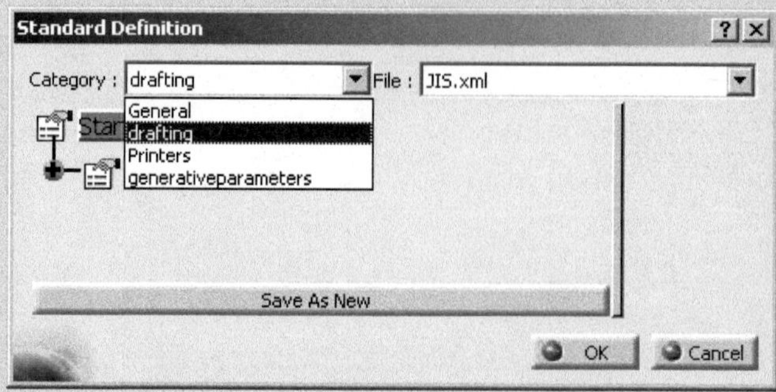

① Tools 메뉴의 Standard를 실행하면 위와 같은 창이 뜬다. Category라는 메뉴에서 Drafting을 선택한다.
② File 메뉴에서는 JIS.XML 파일을 선택한다.

▶ CATDrawing 파일 생성 시 앞서 만든 Format을 지정한다.

① 자기 회사 Format 생성은 다음 그림의 왼쪽 Tree의 각 항목을 보고 오른쪽에서 원하는 값으로 설정하면 된다. 연습으로 아래와 같이 선택하고 Save As New에서 새로운 이름(MY.XML)을 지정하여 저장한다.

저장 경로

C:₩Program Files₩Dassault Systemes₩B11₩intel_a₩resources₩standard₩drafting₩MY.XML

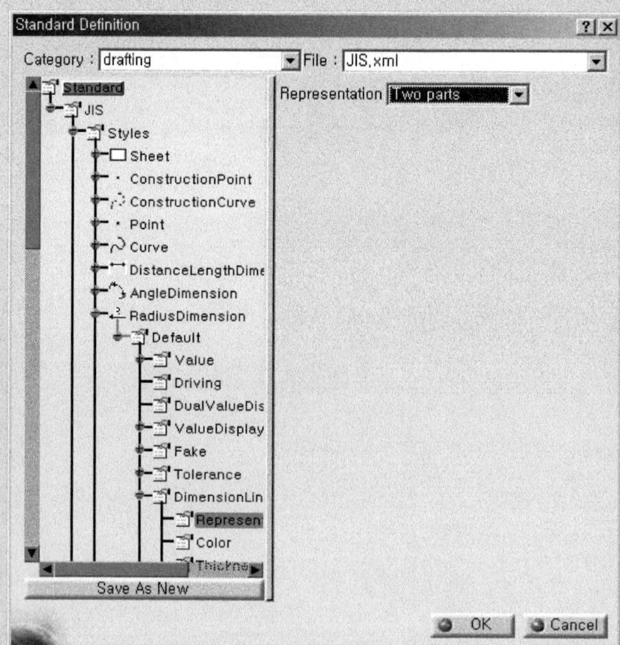

② OK 버튼을 눌러 설정을 마친다.
③ CATDrawing 파일을 생성하기 위해 Drafting Workbench를 실행한다.

④ New Drawing의 Standard 메뉴를 살펴보면, 앞에서 설정해 저장한 MY라는 양식이 보인다. 이것을 적용하여 새로운 CATDrawing 파일을 만든다.

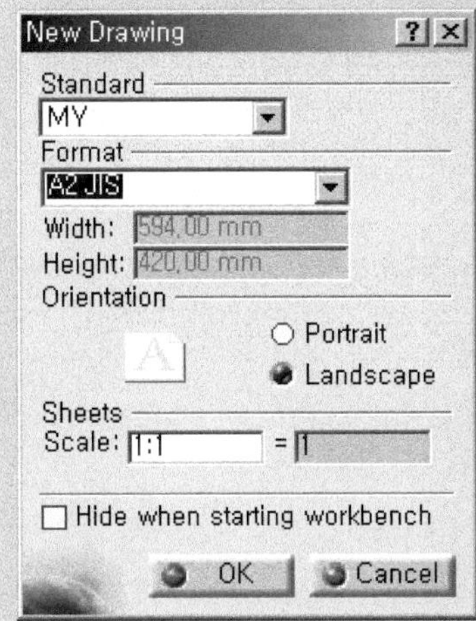

⑤ 도면을 생성하여 Dimension 메뉴의 Radius 치수 기입을 해보면 다음과 같이 값이 되는 것을 볼 수 있다.

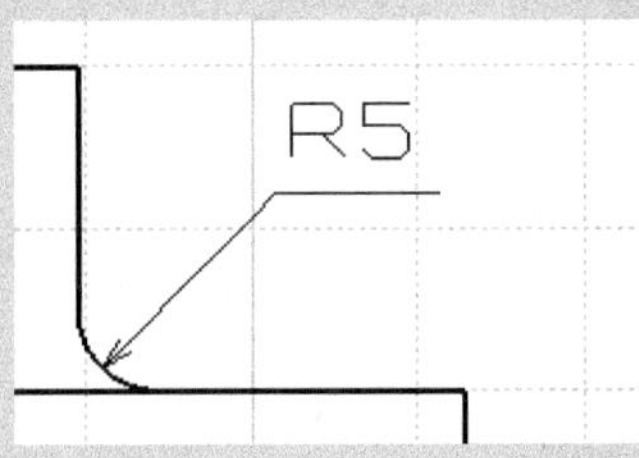

✪ 자신만의 Style 생성하기

지금까지 설명한 것은 Standard 파일(XML)을 새로 생성하는 방법이었다. 그러나 R12 이전 버전들에서 사용했던 Set as default 기능을 대신할 수 있는 방법을 하나 더 소개한다. Style을 이용하는 방법이다.

① Drafting 워크벤치 Toolbar 중에 Style이라는 것이 있다.

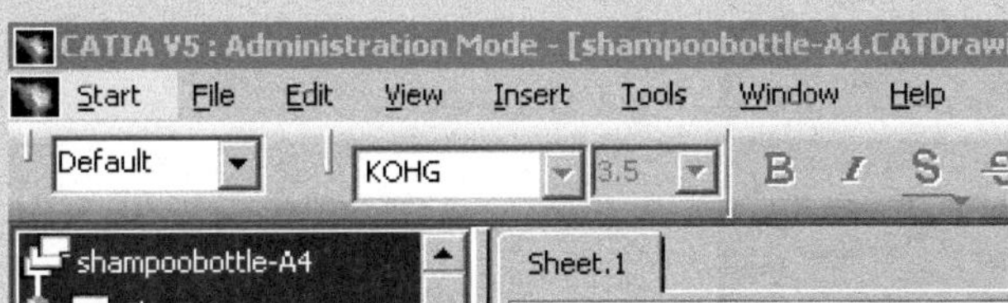

이 기능은 MS-Word 같은 워드프로세서에서의 스타일과 같은 개념이다.

현재 사용자가 만약 위에서 설명한 자신만의 Standard를 따로 지정하지 않고 JIS와 같은 기본적으로 제공되는 Standard만 사용하게 되면 Style은 위의 그림처럼 Default 밖에 없다.

여기에 사용자가 원하는 스타일을 생성하여 추가해 보자. 한 가지의 경우에 대한 Style 적용법의 설명을 통해 방법을 익히기 바란다.

② Drafting 워크벤치에서 Front View를 생성하면 보통 아래의 그림과 같이 된다.

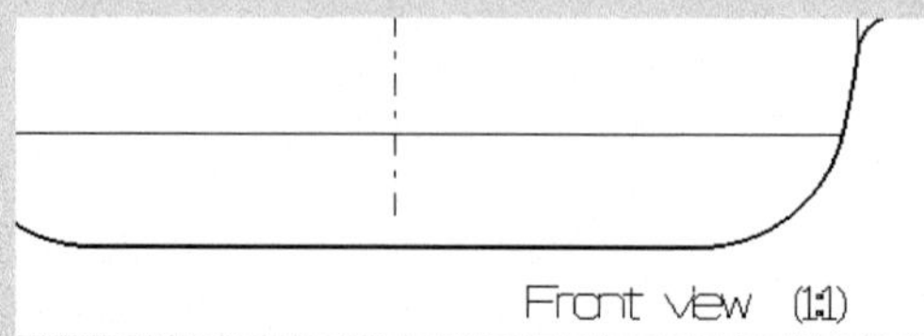

③ 위의 그림에서 Front View라는 글씨의 font와 size는 사용자가 선택한 Standard(여기서는 JIS라고 가정하자.) 내에 정의된 Default Style을 그냥 가지고 온 것이다.

④ Default Style 말고 임의의 스타일을 정의해 보자.

⑤ 앞에서 설명한 것처럼 Admin 권한으로 CATIA V5를 구동한 후 File 메뉴의 Tools > Options > Standard를 실행한다.

⑥ 아래의 그림처럼 선택한다.

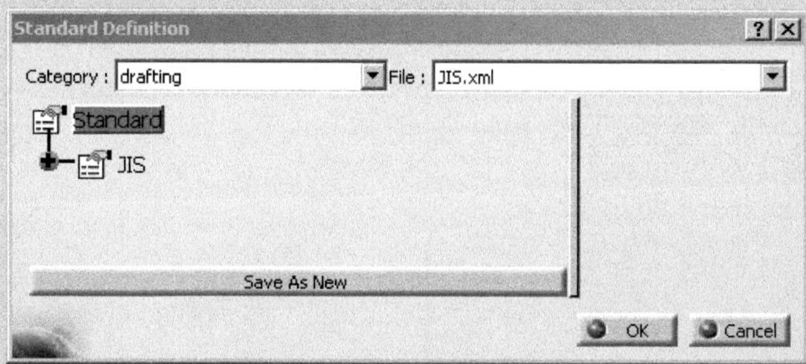

⑦ 먼저 앞의 ②의 그림처럼 Front View의 Font와 Size를 정의하고 있는 부분을 찾아보자. Tree를 펼쳐서 보면, Standard > JIS > Styles > Text이다.

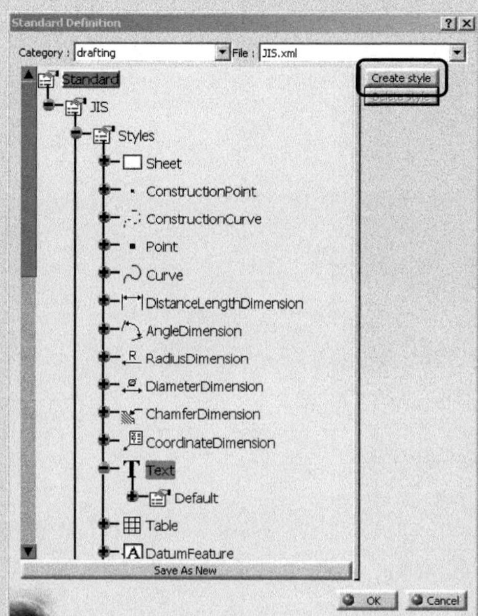

⑧ 현재는 Standard > JIS > Styles > Text라는 속성의 Style은 Default 하나뿐이다. 여기에 새로운 Style을 추가해 보자. 앞의 그림처럼 Text라는 메뉴를 Tree에서 고르게 되면 그림 ⑦의 그림 오른편 상단에 Create style라는 메뉴가 있다. 여기를 클릭해서 아래와 같은 그림이 뜨면 임의의 이름(whiles)의 스타일을 정의한다.

⑨ Tree를 펼쳐서 Name에는 자신이 원하는 Style을 만든다. Font의 종류(글꼴 : 여기서는 Verdana), Size(5), Italic(Yes)를 정의한다.

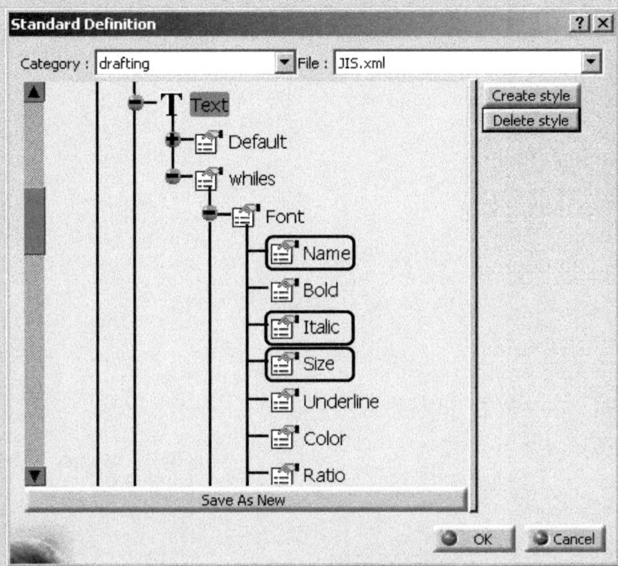

⑩ 설정이 끝났으면 OK를 누르고 빠져 나온다.

위와 같은 메시지가 나타난다.

⑪ 이제 Drafting 워크벤치로 돌아가서 ②번처럼 Front-View를 생성한 후에 Front View(1:1)라는 글씨를 클릭하고 Style Toolbar를 클릭해 보면 위에서 앞서 정의한 Style이라는 이름의 새로운 Style이 보일 것이고, 이를 선택하게 되면 글꼴과 사이즈가 변경되는 것을 알 수 있다.

CHAPTER 03

Background Mode에서 도면 생성하기

:: 주의 ::

> View Mode에서만 사용 가능한 명령어(예 View Toolbar)와 Background Mode에서만 사용 가능한 명령어(예 Drawing Toolbar)의 차이가 있다.

주기란(Note)과 Title Block(표제란)과 같은 대상은 특정 View가 아닌 모든 View에 관련된 것들이므로 이러한 것들은 특정 View에 포함시켜서 작업하지 않는다.(View의 상대적 위치에 따라 영향을 받게 되므로 …)

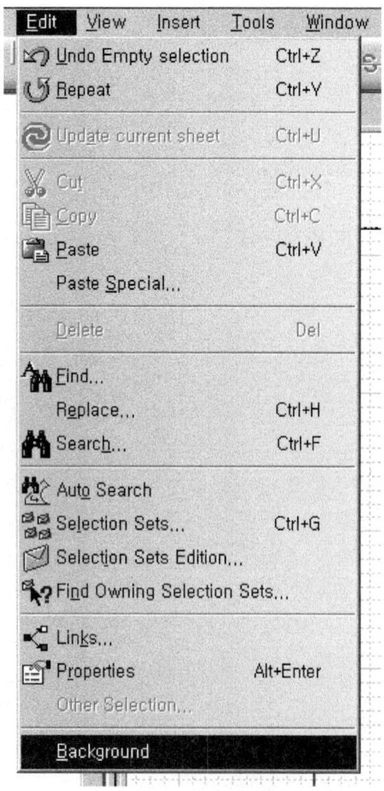

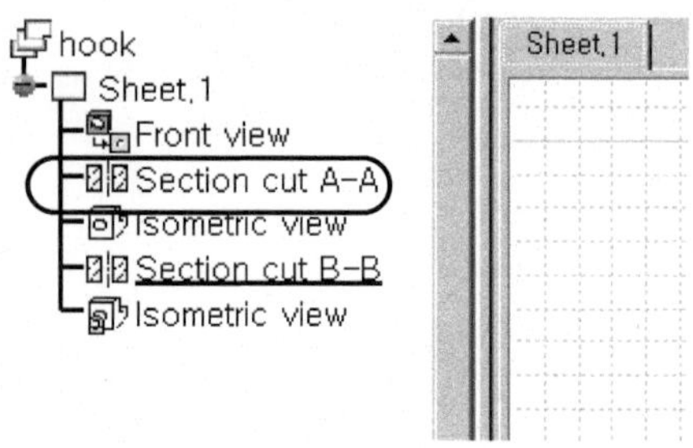

File 메뉴의 Edit를 보면 맨 아래 Background라는 명령어가 있다. 이 명령어가 보인다는 의미는 현재 Mode가 View Mode(Tree의 현재 작업 중인 Sheet를 보면 밑줄 그어진 Active View가 반드시 하나 있다. Background Mode인 경우는 밑줄이 사라진다.)라는 뜻이다.

✣ Title block 적용하기

표제란과 같은 도면 정보와 도면의 테두리 생성을 위한 명령어이다.

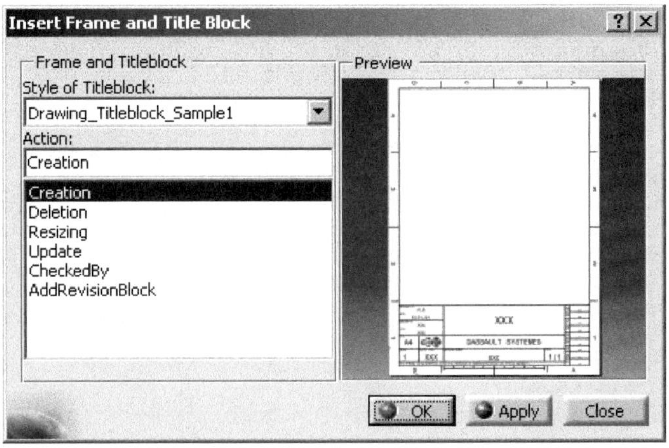

① Style of Title block을 설정하기 위해 위의 그림 오른쪽 Preview 창을 참고하면서 원하는 형태의 포맷을 선택한다.

> Action
> - Creation : Frame을 생성한다.
> - Deletion : 적용된 Frame을 제거한다.
> - Resizing : Page Setup 명령어로 도면의 종이 사이즈가 변경된 경우에 이미 적용된 Frame 종이 사이즈에 맞게 변경한다.
> - Update : Frame 적용 후에 새로운 Sheet를 추가하는 경우 현재 Sheet의 정보 등이 변경된다.

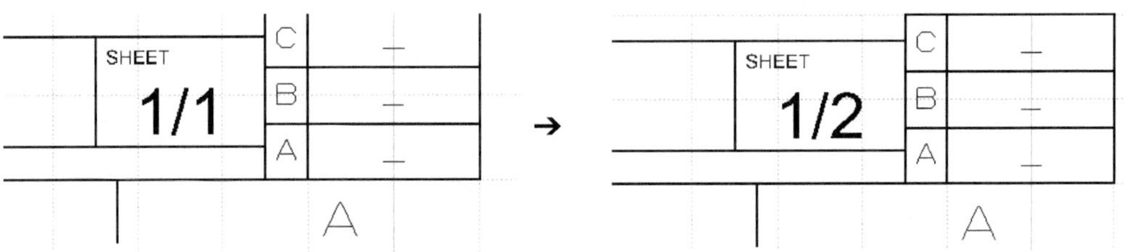

- Checkedby : 표제란의 Checkedby에 확인자의 이름을 넣는다.
- AddRevisionBlock : 설계 변경에 따른 Revision Block을 추가한다.

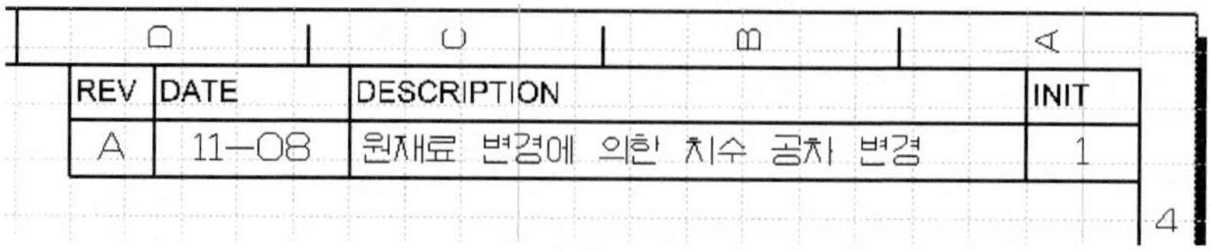

※ Apply는 클릭하지 말 것! 중복 생성됨

❖ 자기 회사 Title block을 생성하고 도면에 적용하기

앞에서 소개한 명령어에는 자기의 회사에서 원하는 형태의 Frame은 어차피 없기 때문에 자기의 회사 환경에 맞는 Frame을 미리 생성해 둔 뒤에 새로운 Drawing에 적용한다.

① File 〉 New 〉 Drawing 메뉴를 이용하여 빈 도면을 하나 생성한다.

② 자기의 회사에 맞게끔 Format(예 A2, A3…)을 설정한다.

③ Edit 〉 Background, Frame Creation 〉 Action 〉 Creation

④ 자기의 회사에 맞게끔 표제란을 수정한다. 필요에 따라 Insert 〉 Picture 메뉴로 회사 로고(그림)도 삽입한다.

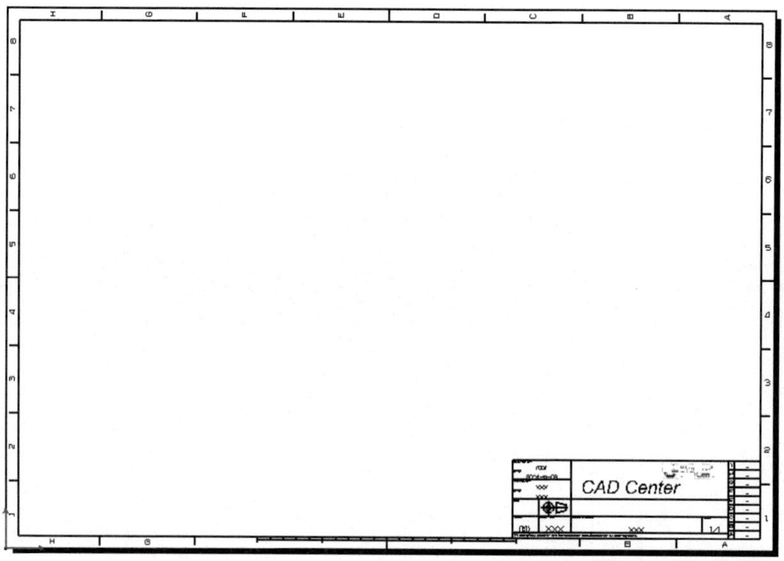

⑤ 도면을 저장한다.

⑥ 도면 생성 중인 작업 파일에 위에서 생성한 회사 도면 포맷을 적용한다.

File 〉 Page Setup 〉 Insert Background View …

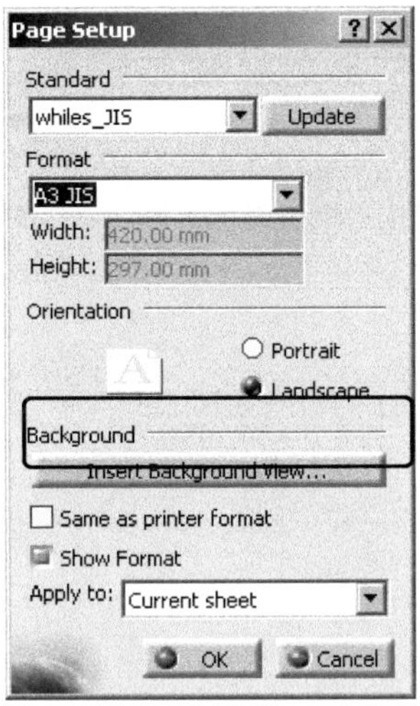

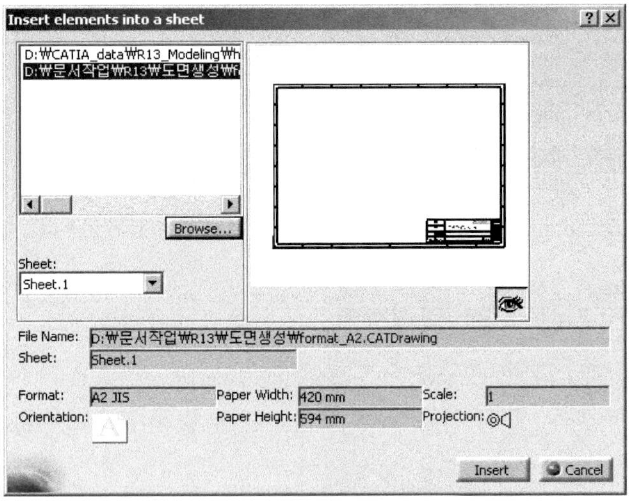

⑦ 위의 그림처럼 오른쪽 창이 뜨면 적용시키고자 하는 회사 도면 포맷 파일을 선택한다.

⑧ Insert 버튼을 클릭하면, 원래 작업 중이던 도면에 적용된다.

CHAPTER 04 도면 생성 따라하기

✣ 기본 도면 생성하기

① 도면 생성을 하고자 하는 모델링 파일(hook.CATPart)을 Open한다.

② 도면 생성을 위한 Workbench로 이동한다. Start 〉 Mechanical Design 〉 Drafting

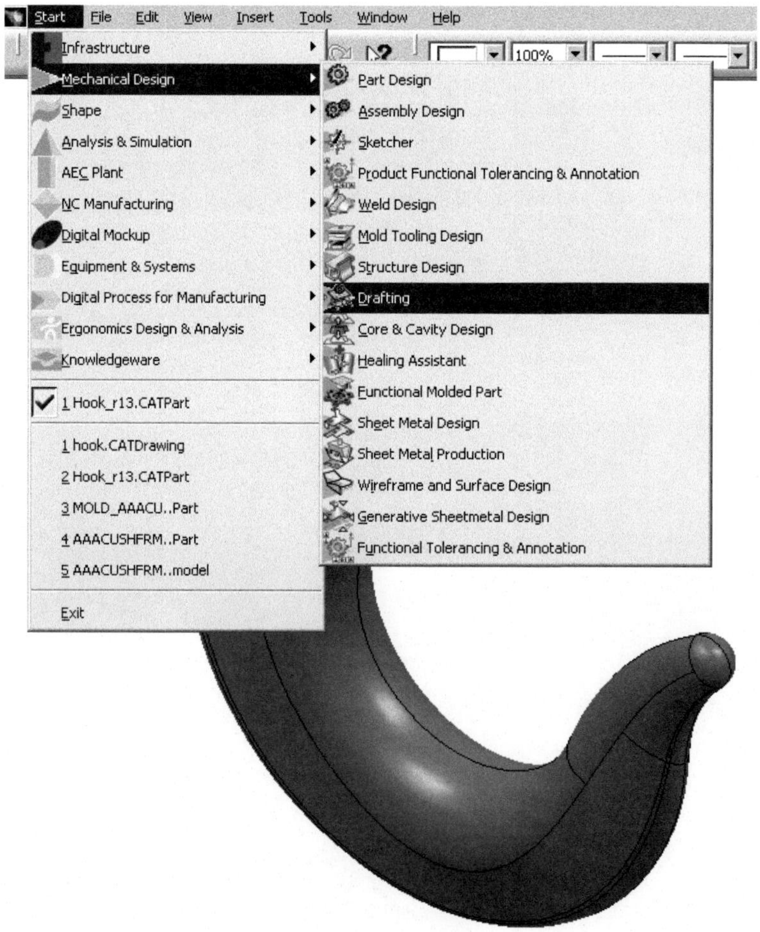

③ 도면의 Standard를 정의하기 위해 New Drawing Creation 창에서 Modify 버튼을 클릭하여, 아래 오른쪽 그림처럼 Standard, Format 등을 정의한다.

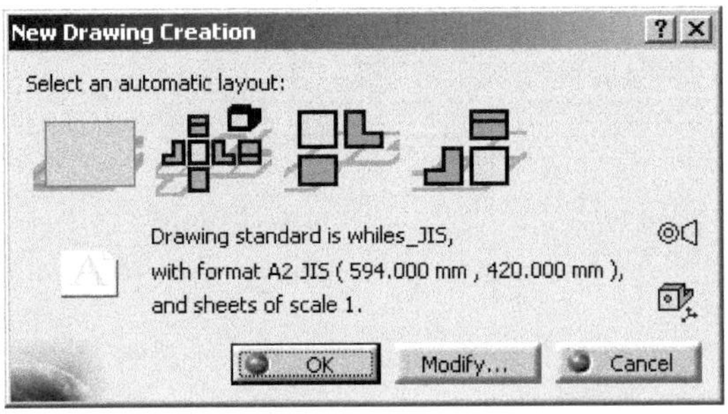

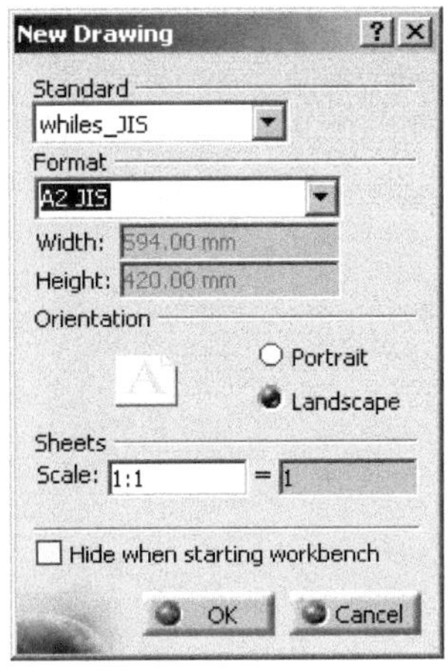

④ 다음 그림처럼 Drafting Workbench로 변경되었다.

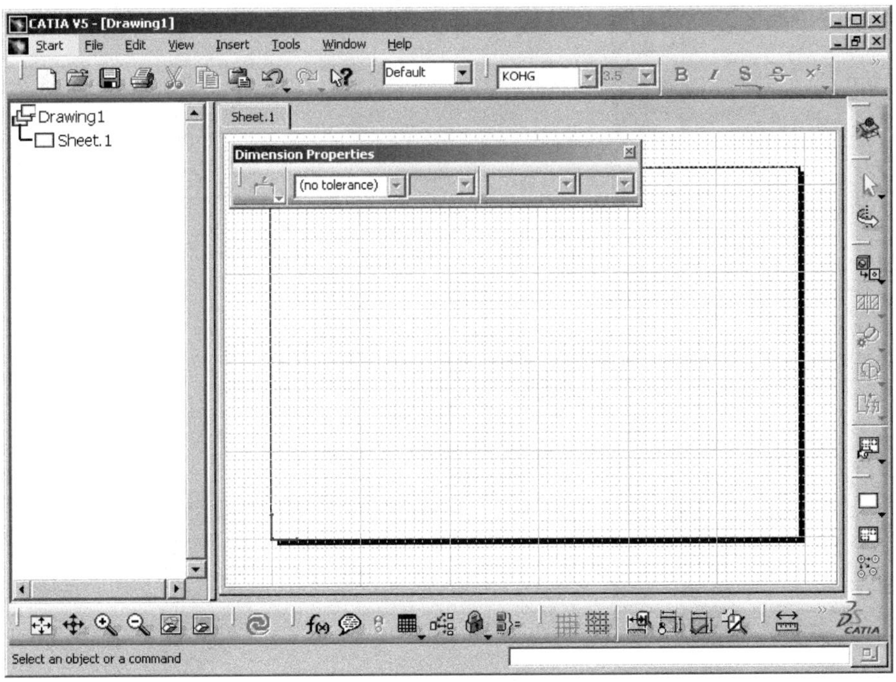

⑤ Front View를 생성하기 위해 Front View(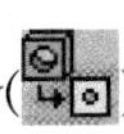) 명령어를 클릭한다.

⑥ 모델 파일로 이동하기 위해서 Window 〉 Hook.CATPart를 선택한다.

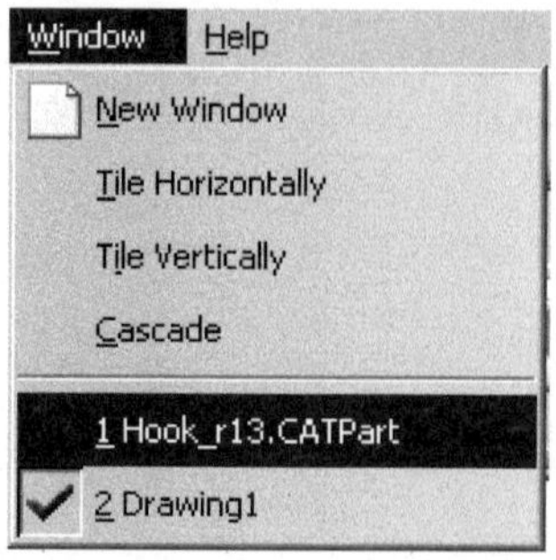

⑦ Tree에서 xy Plane을 선택한다.

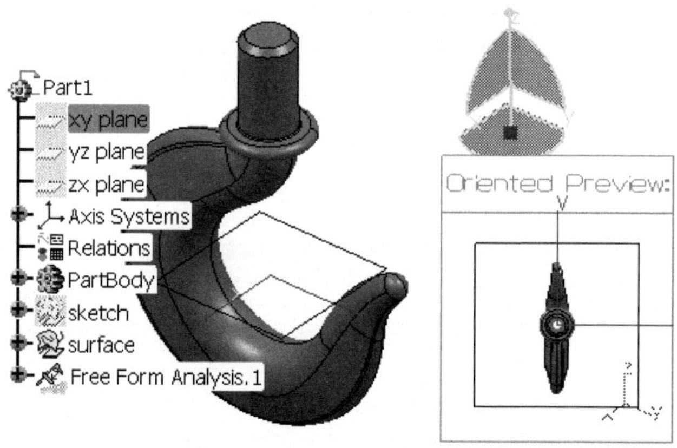

⑧ Front View로 잡고 싶은 방향으로 회전시킨다.

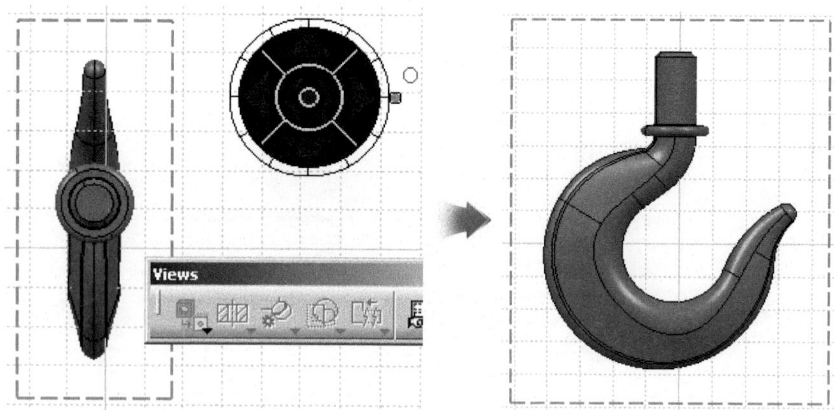

☀ Right View 생성

① Projection View 명령어를 클릭한다.

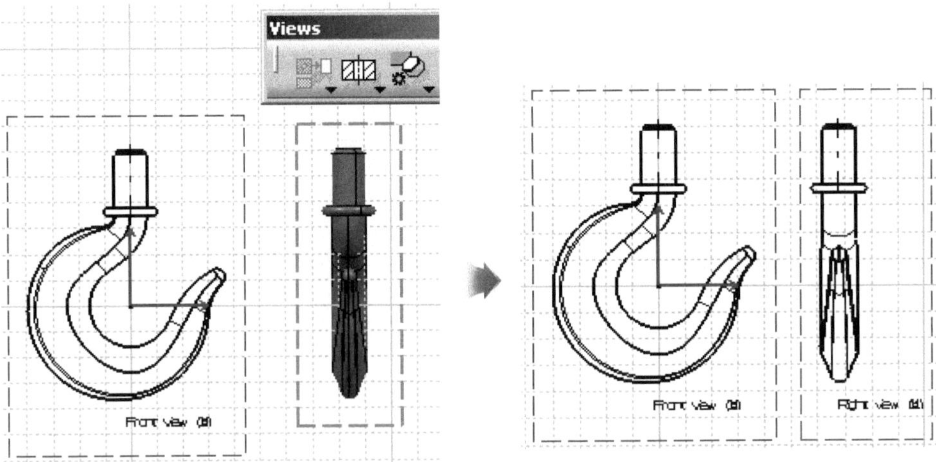

② Front View의 오른쪽으로 마우스를 옮긴다.

③ 원하는 위치에서 마우스를 클릭한다.

☀ Isometric View 생성

① Model이 있는 Window 창에서 도면에 넣고자 하는 View 방향을 미리 모델에 적용시킨다.

② 다시 도면으로 돌아와서, View Toolbar의  명령을 클릭하고 Window 명령어를 이용하여 모델의 아무 면이나 선택한다.

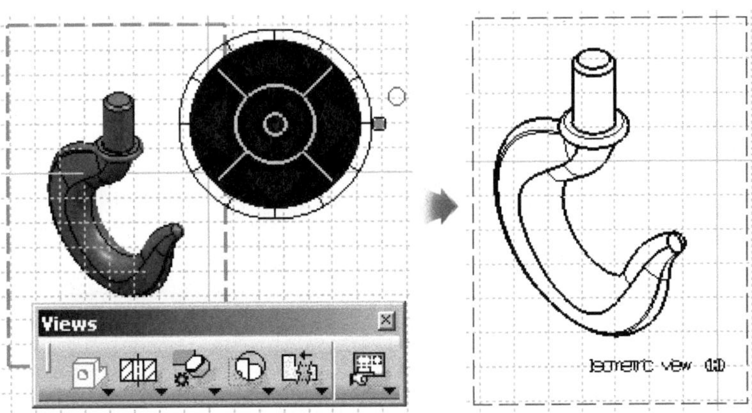

③ Section Cut을 생성하기 위해 Front View가 Active View로 되어 있는지 확인한다. 만약 그렇지 않으면 마우스로 Tree의 Front View를 더블클릭하여 Active View로 만든다.

④ Section Cut( ) 명령어를 클릭한다. Front View에서 단면을 추출하고 싶은 부분의 시작점을 클릭하고 마지막 점에서 더블클릭한다.

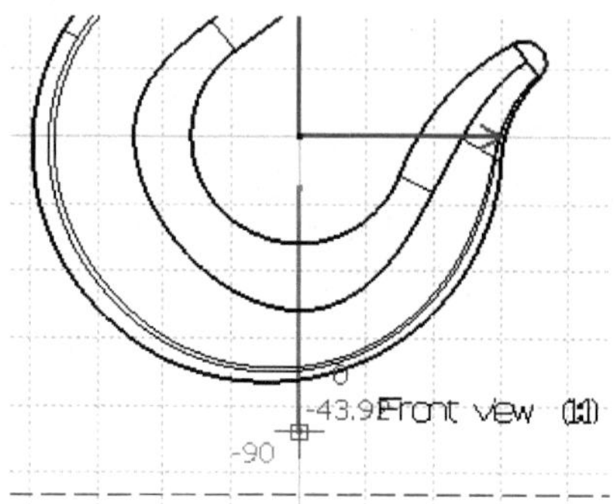

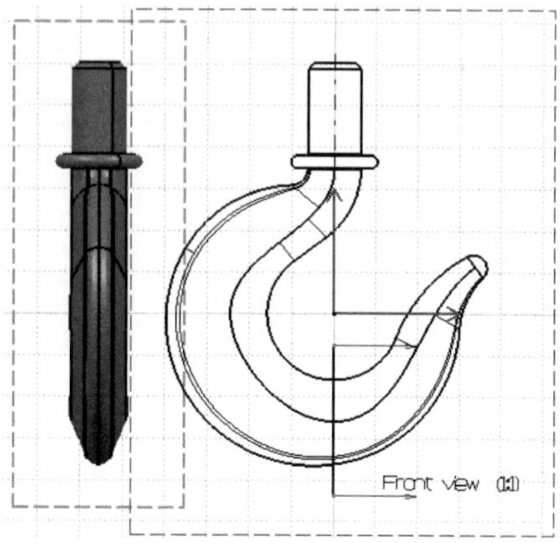

⑤ Section Cut이 위치시키고자 하는 방향으로 마우스를 옮기면 Section Cut이 나타나며, 원하는 위치에 마우스를 클릭한다.

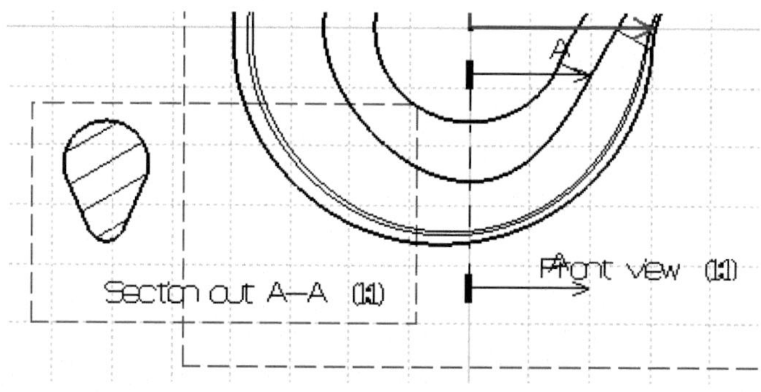

⑥ Section Cut 생성 후 View 위치를 기존의 Front View와 정렬하지 않고 임의의 위치로 이동시키고자 하면 다음과 같이 한다.

- Section Cut의 View의 점선 부분을 마우스 오른쪽 버튼으로 클릭 〉 View Positioning 〉 Position Independently of Reference View를 선택한다.

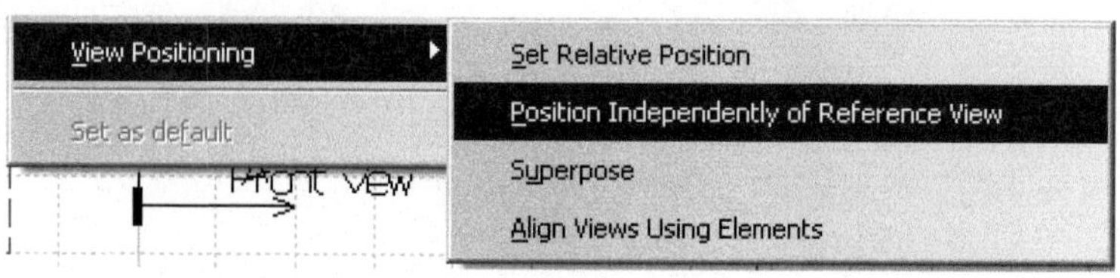

⑦ Section Cut의 정의 Line(Call out)을 선택하여 마우스 오른쪽 버튼의 Properties 명령어를 이용하여 속성을 변경한다.

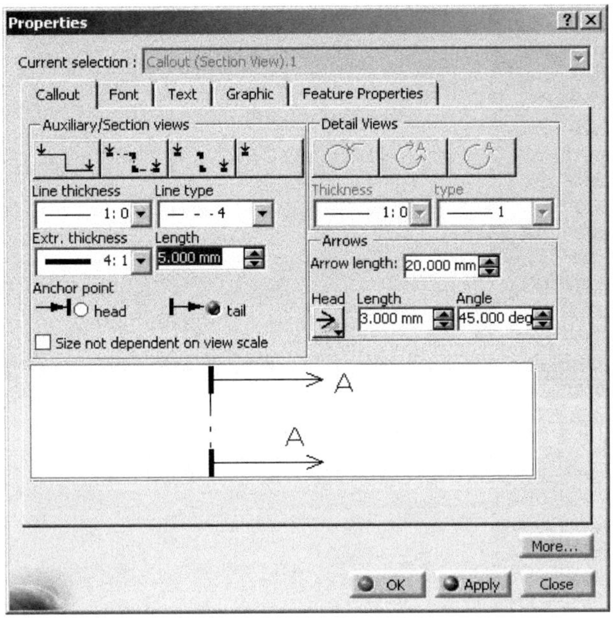

⑧ 생성된 단면의 Hatching을 변경하고 싶으면 Hatching 부분을 마우스로 더블클릭하면 다음과 같은 창이 뜬다. Angle, Pitch 등의 값을 조정한다.

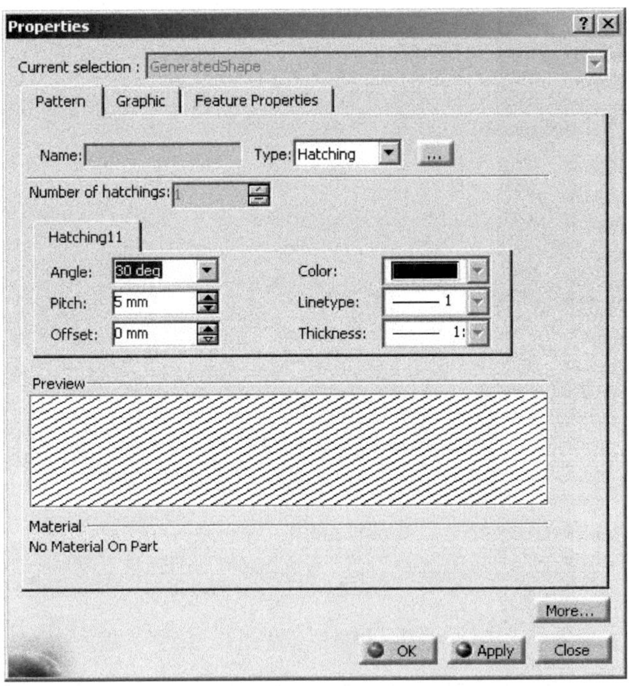

⑨ 화면 왼쪽의 Tree에 새로운 View, Section Cut이 추가되었다. 이 View에 대한 설정 변경을 하려면 Tree에서 View를 선택하고 마우스 오른쪽 버튼의 Properties를 이용한다.(예 View의 이름변경 View Name ➛ ID)

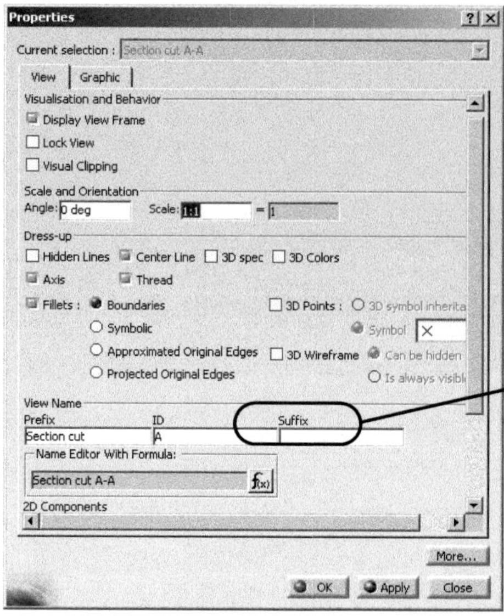

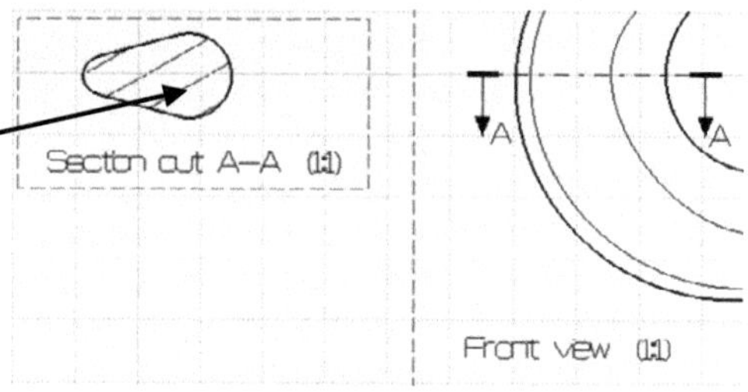

☀ 참고용으로 사용하기 위한 Wireframe 형태의 Isometric View 생성

① Hook.CATPart 모델의 Wireframe 이름의 Open Body를 Show시킨다. 나머지 Body들은 Hide시킨다.

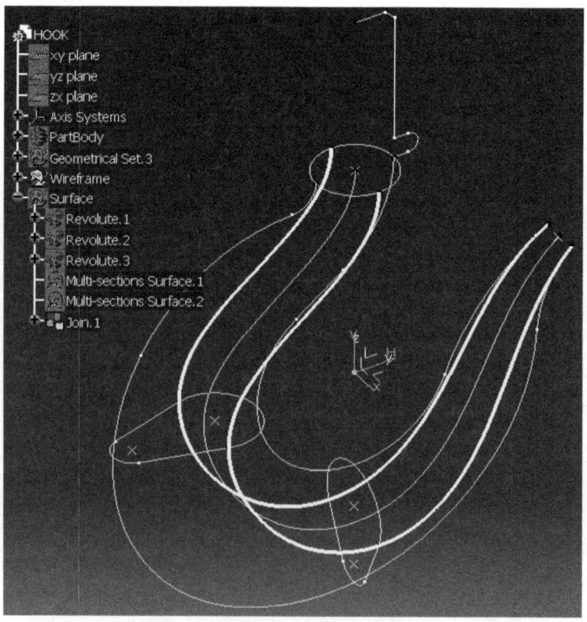

② 다음과 같이 Option을 변경한다.

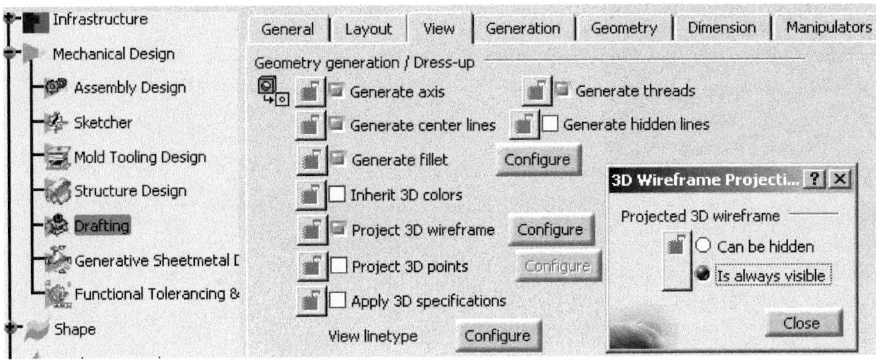

③ Tools 〉 Options 〉 Mechanical Design 〉 Drafting 〉 View의 "Project 3D Wireframe을 Check한다.

④ Isometric View에서 설명한 방식으로  Isometric View를 생성한다.

⑤ 생성된 View의 Properties 항목에서 3D Wireframe과 3D Point의 Check 옵션을 켠다.

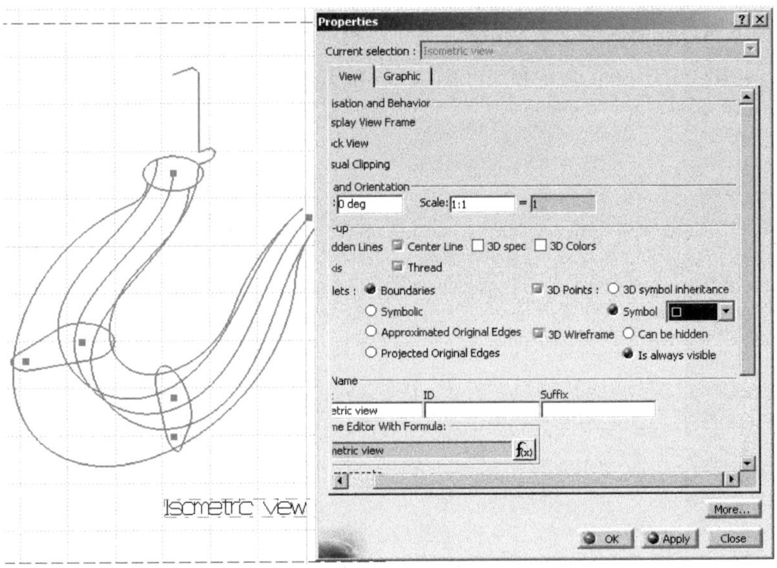

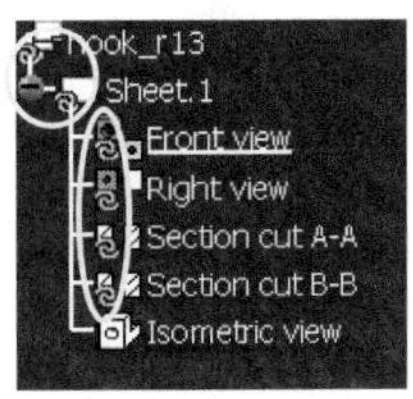

그런데 이렇게 새로운 Wireframe 형태의 Isometric View가 추가되고 나면, 오른쪽 그림처럼 Tree에 Update() 아이콘이 활성화된다. 이것은 기존에 생성된 View와 연결된 3D 모델 데이터에 변경사항(Solid 부분 PartBody의 Hide 작업 관련)이 발생하였기 때문이다.

만약 이 상태에서 도면의 모든 View를 Update하게 되면 Front View와 같은 기존의

View에 영향을 미치게 되므로, 방금 생성한 Wire frame 형태의 Isometric View의 Properties의 Visualization 〉 Lock View를 Check한다.

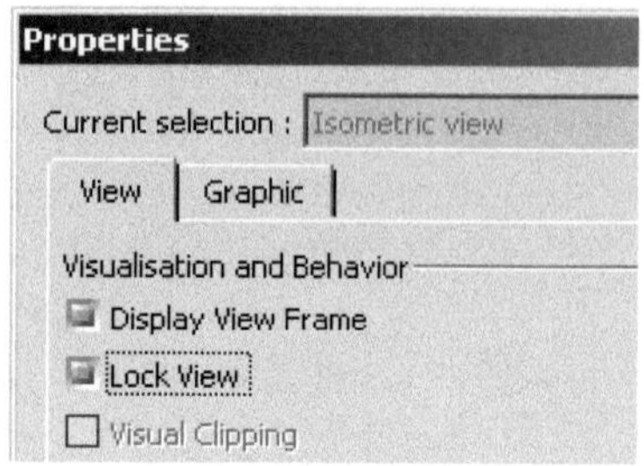

⑥ Hook.CATPArt 파일로 돌아가서 최초의 상태처럼 Partbody(Solid)만 Show시키고 나머지 Wireframe 등은 Hide시킨 후 파일을 Save한다.

⑦ 도면을 Update시키면 다음과 같은 결과를 얻게 된다.

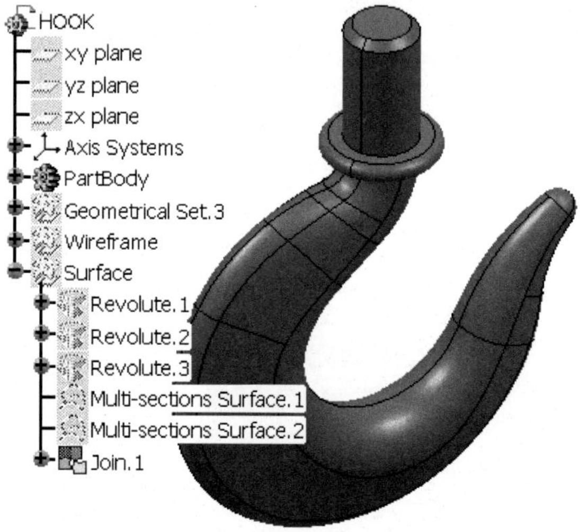

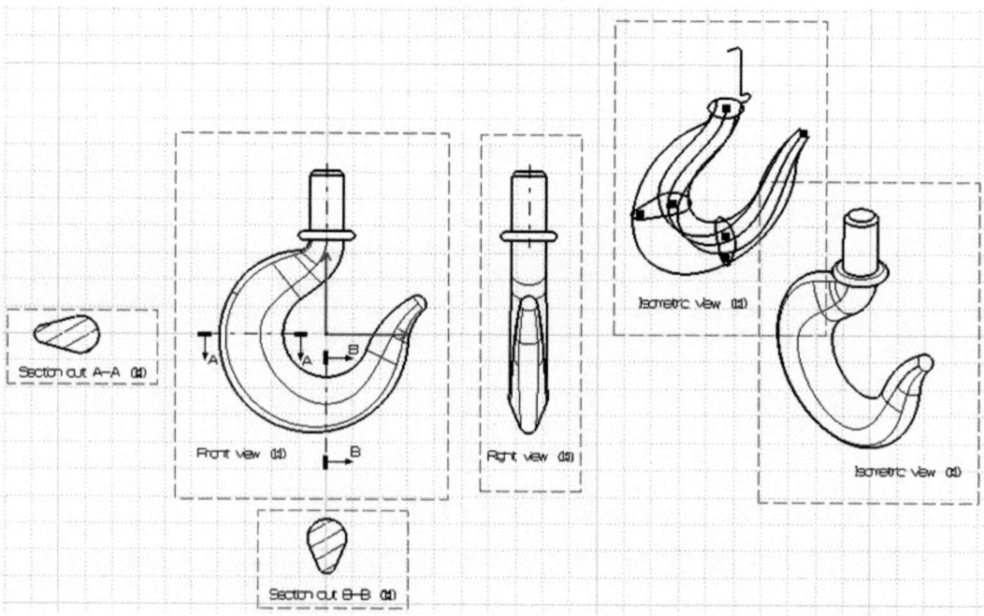

⑧ 생성된 View들을 적당하게 배치한다.

☀ View의 Scale과 종이 크기의 변경

View에 비해서 종이 사이즈가 너무 작거나 크면, View Scale을 바꾸거나 종이 사이즈를 변경한다.

① View의 Scale 변경하기 위해 Tree에서 View를 선택 〉마우스 오른쪽 버튼 〉Properties 〉 Scale을 선택한다.

② 종이 사이즈를 변경하기 위해 File 〉 Page Setup 〉 Format을 변경한다.

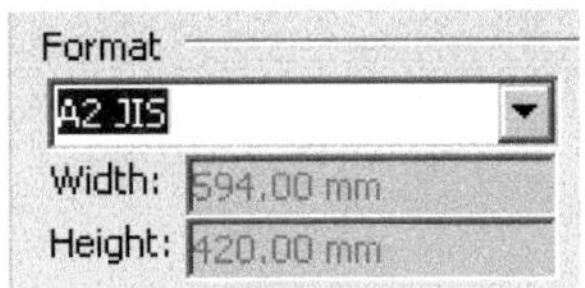

☀ Front View에 Point 추가하기

View에 Point를 추가하는 방법에는 두 가지가 있다. 하나는 p.499의 참고용으로 사용하기 위한 Wireframe 형태의 Isometric View 생성에서 설명한 것처럼 모델에서 생성한 Point를 View에 나타나게 하는 방법과, 사용자가 직접 View에 Point를 생성시키는 방법이 있다. 여기서는 두 번째 방법으로 Point를 추가해 보자.

① Front View의 아래쪽 큰 호의 중심점을 front View에 추가해 한다. 먼저 Front View를 Active View로 활성화시킨다.

② Geometry Creation Toolbar의 Point By Using Coordinates 명령으로 좌표값에 근거한 Point를 생성한다.

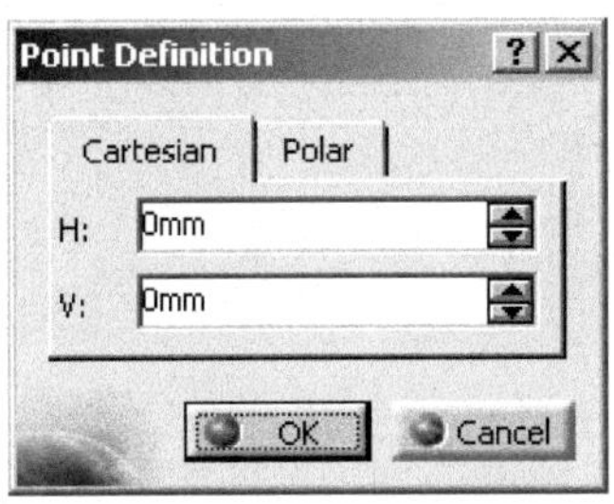

③ 생성된 Point에 좌표값을 치수 기입(, )한다.

④ 다음 도면을 참고하여, 생성된 View에 치수 기입을 완성한다.

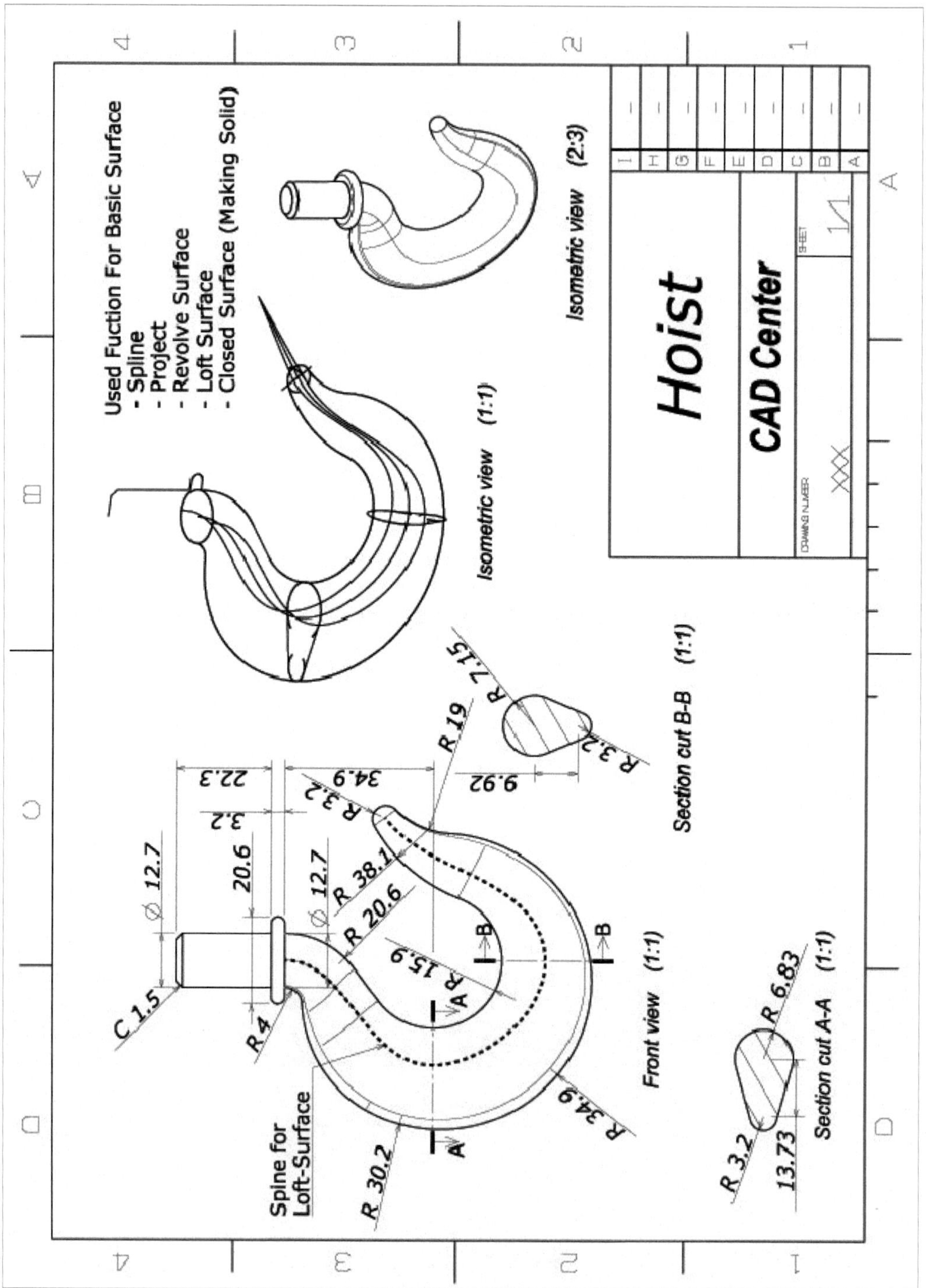

CHAPTER 05

2D 도면 활용하여 3D 모델 만들기

기존의 회사 2D 도면 파일(AutoCAD DWG 파일)을 이용하여 좀 더 빠르게 3D 모델 파일을 생성하는 방법을 익혀보자.

*.dwg 파일 열기

① AutoCAD 파일을 CATIA에서 File 〉 Open한다.

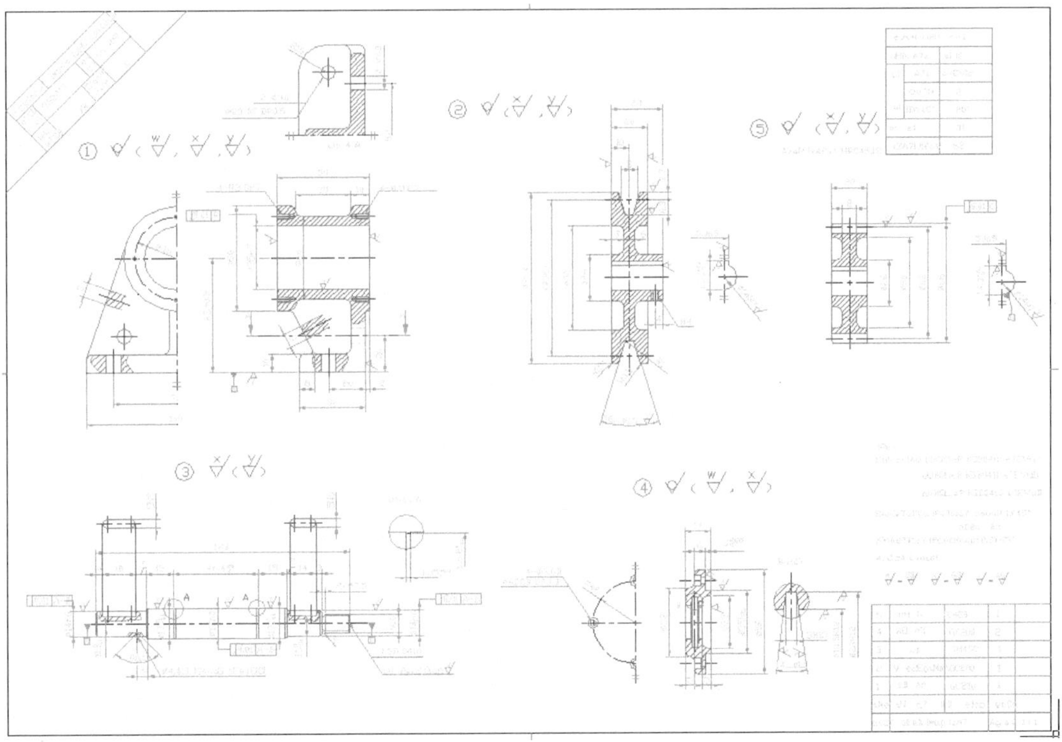

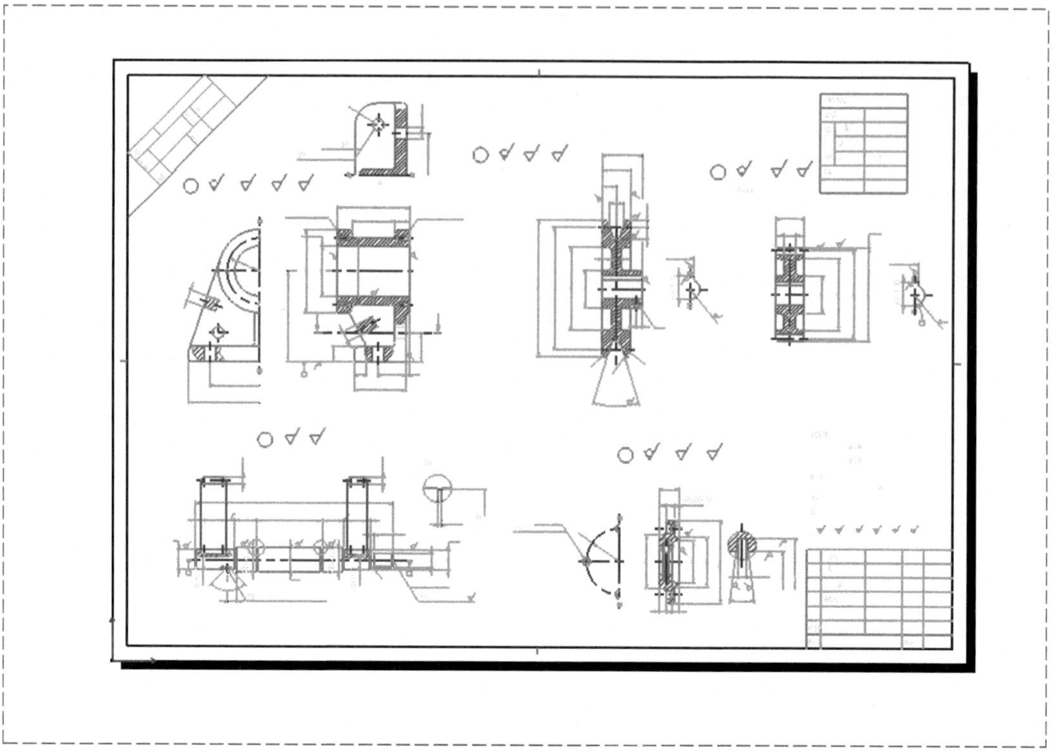

② Drafting 작업 Sheet의 배경 색상을 변경하려면 Option을 변경한다.

Tools 〉Options 〉Mechanical Design 〉Drafting 〉General 〉Color

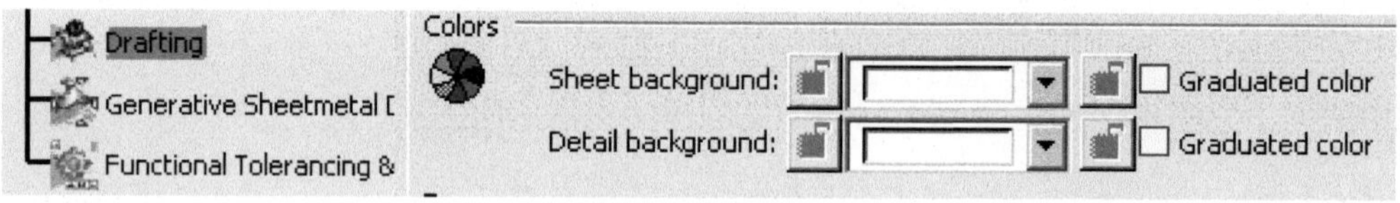

③ 원하는 부분만 Copy하기(Search의 Color 옵션 이용) 위해 3D 모델로 만들고 싶은 부분을 마우스로 Drag하여 선택한다.

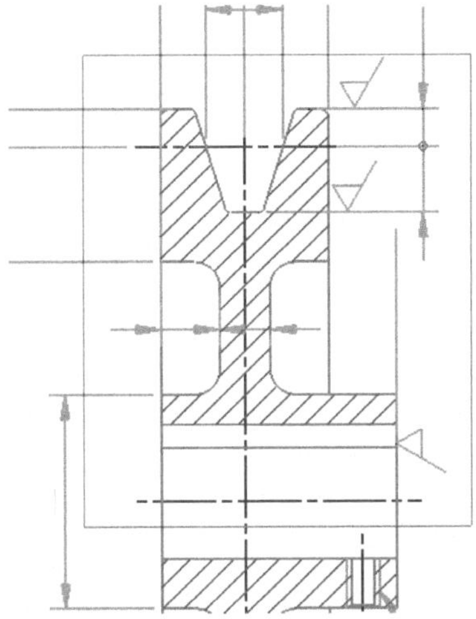

④ Edit 〉 Search 명령어를 실행한다. 외곽선에 해당하는 부분의 색상의 Element를 선택한다. Search된 대상을 Select한다.(마우스로 Drag하여 선택된 영역 내에서 초록색의 외각선 부분만 선택된다.)

> **Color** From Element
> **Look** From Current Selection

⑤ Edit 〉 Copy한다.

✳ PartDesign Workbench의 스케치에 붙여넣기

① 새로운 CATPart 파일을 생성한다. File 〉 New 〉 Part

② 앞에서 Copy한 대상을 붙여넣기 위해 YZ Plane에 Sketch를 생성한다.

③ Edit 〉 Paste 명령으로 붙여넣기를 한다.

④ Fit all in() 명령을 이용하여, 붙여넣기된 결과물을 확인한다.

⑤ 마우스로 Drag하여 선택한 후 원점 근처로 이동시킨다.

⑥ Constraint 부여 관계를 확인하기 위해 Profile의 색상을 Automatic으로 바꾼다.

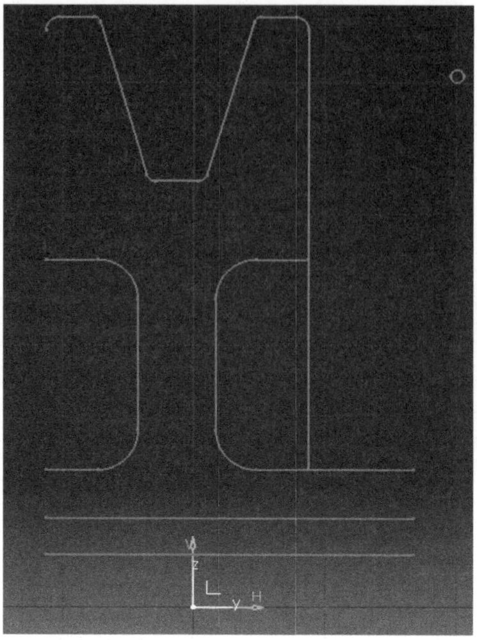

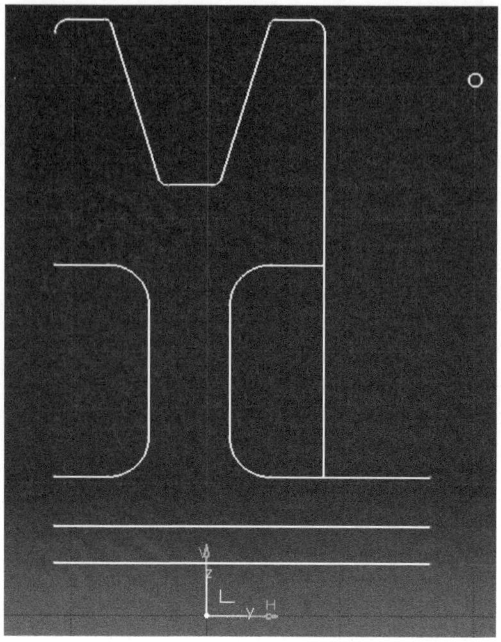

⑦ 부족한 부분은 Profile Toolbar와 Operation Toolbar를 이용하여 완성시킨다.

⑧ Tools 〉 Sketch Analysis 명령으로 Profile의 이상 유무를 확인한다.

✣ 3D 모델링

① Shaft 명령을 실행한다.

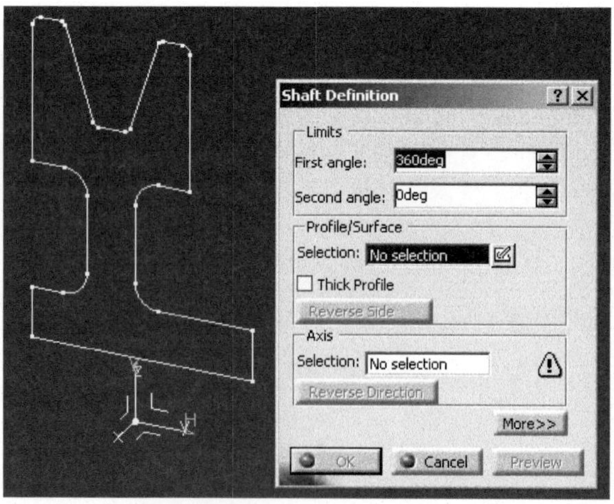

② 다시 Sketch로 돌아가서 Sketch의 Constraint 명령을 이용하여 Profile의 정확한 치수를 확인 입력하여 모델을 완성한다.

③ Auto Constraint 혹은 Constraint 명령으로 Sketch Profile를 구속시킨다. Dwg 파일에서 불러온 Profile이 왜곡되지 않고 맞게 들어왔는지도 함께 확인한다.

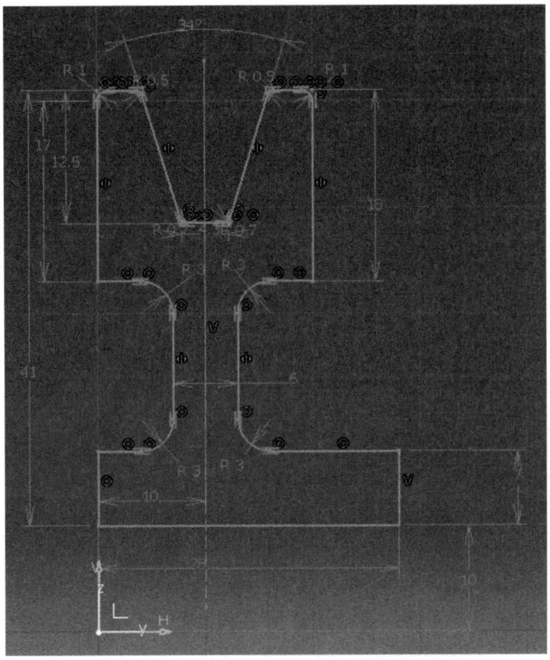

④ Key 홈을 생성한다.(Pocket 명령 이용)

Tools 〉 Options 〉 Mechanical Design 〉 Drafting

참고

Dwg 파일을 이용하여 이와 같은 3D 모델링 작업할 때는 미리 AutoCAD 프로그램에서 3D 형상과 관련이 없는 부분(예 치수선)들은 레이어를 삭제하면 편리하다.

CHAPTER 06

Drafting Workbench 관련 Option 설정하기

❖ General

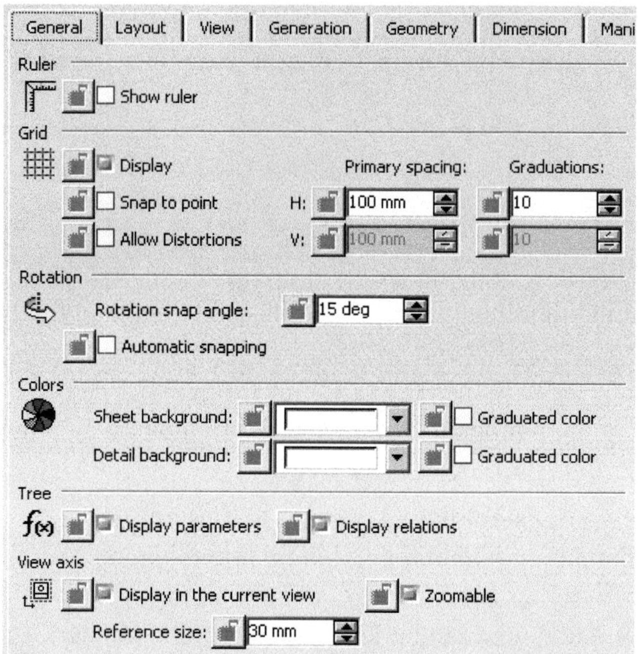

① Ruler : 도면 작업 화면의 테두리에 길이를 표시한다.

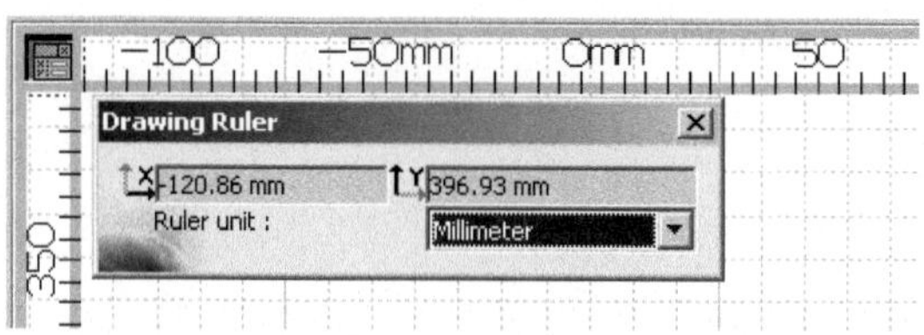

② Grid : 도면 작업 화면의 배경에 Grid(격자)를 표시한다.

③ Rotation : Text의 Properties 〉 Text 〉 Orientation 〉 Angle의 변화 각을 설정한다.

④ Color : 도면 작업의 배경 색상을 변경(Graduated Color－색상의 짙기에 변화를 주는 효과 사용)한다.

⑤ View axis : Active View의 파란색 좌표축에 대한 설정이다.

✣ Layout

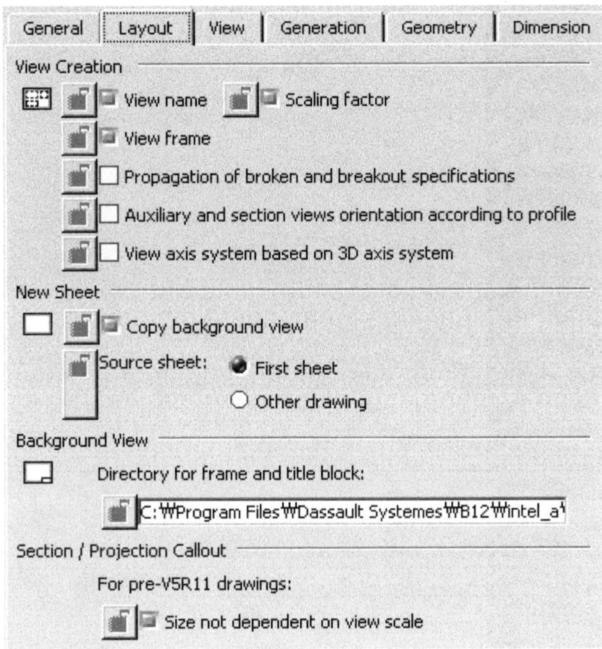

① View Creation : View name, Scaling factor, View frame

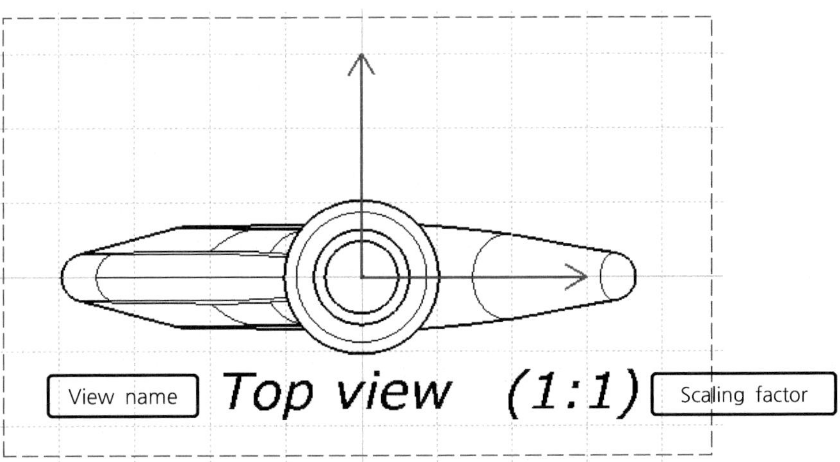

② View axis system based on 3D axis system : CATPart의 Axis System에서 생성한 Axis를 기준으로 View의 방향이 설정된다.

③ New Sheet : 새로운 Sheet를 추가할 때 Title Frame과 같은 Background View를 복사해서 넣는 것에 관한 설정으로 First View는 첫 번째 Sheet의 Background View를 복사하는 것이고, Other drawing은 다른 View의 Background View를 선택하여 Title Frame 등을 복사해 온다.

✣ View

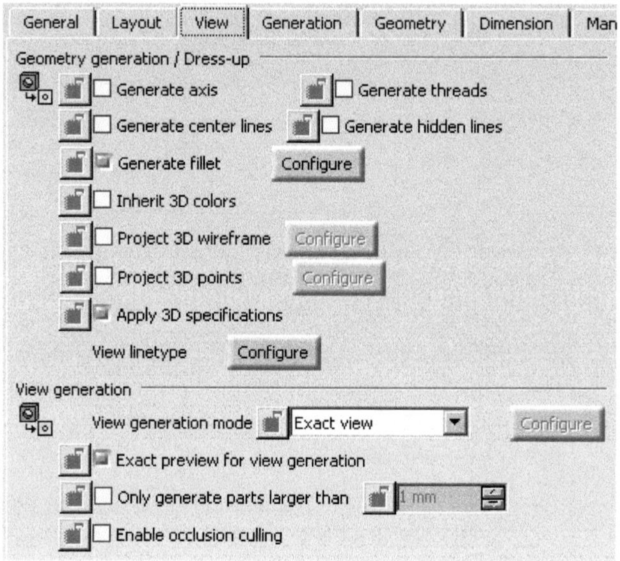

① Geometry generation : View를 생성할 때 Hidden Line 등 생성 여부를 설정하는 부분이다.(View 〉 Properties 〉 Dress-up)

② View Linetype Detail : View 같은 Secondary View들의 Line Type을 결정한다.

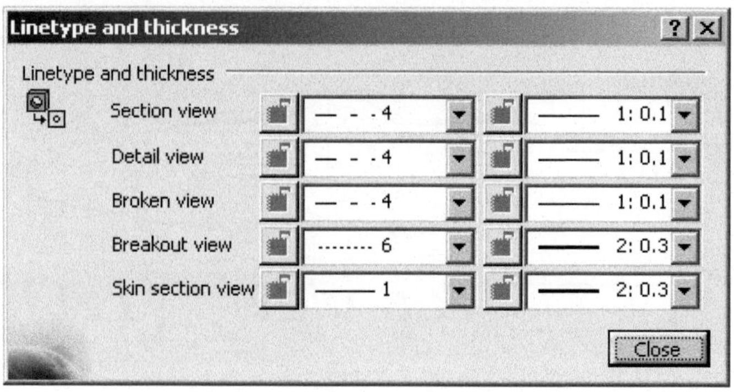

✣ View Generation

1 View Generation Mode

① Exact View : Default 설정 값

② CGR : CGR(CATIA Graphical Representation－Product 환경에서 Visualization Mode)파일도 View 생성이 가능하도록 한다.

③ Approximate : Exact view만큼의 정확도를 나타내지는 않지만, 설정 값에 따라서 CGR을 이용한 것보다는 장비의 Performance에 적은 부하를 주면서 작업할 수 있다. CGR 파일이 아닌 대용량의 Product의 View 생성 시 효율적인 작업을 지원한다.

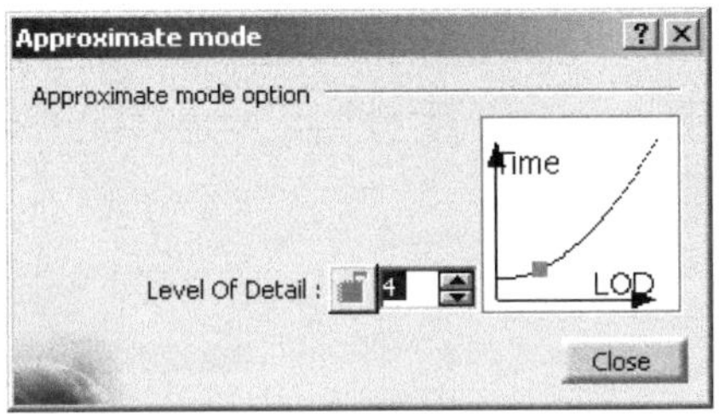

④ Raster : View 생성 시 Wireframe 형태가 아닌 Rendering 형태로 View를 생성할 수 있게 해준다.

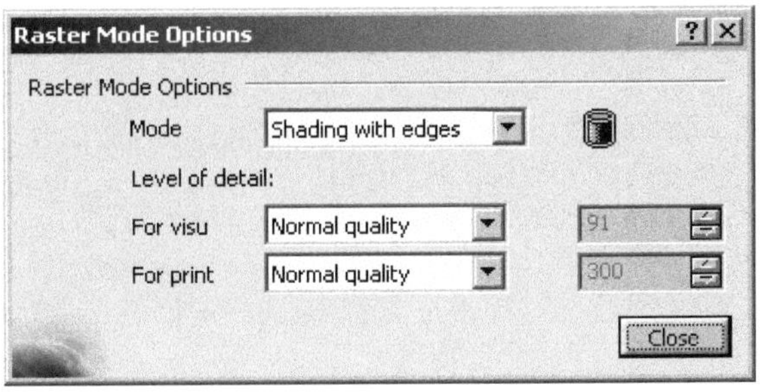

✣ Generation

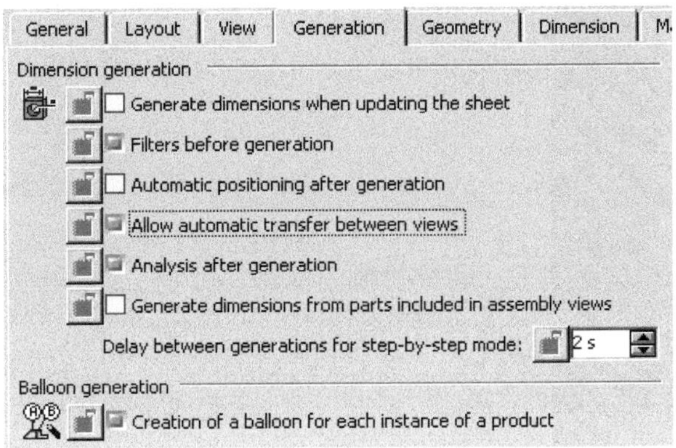

① Balloon generation : PartNumber/Instance Name 중 어떤 것을 기준으로 서로 다른 부품으로 인식해 조립품의 번호 부여를 할 것인지를 결정한다.

✣ Geometry

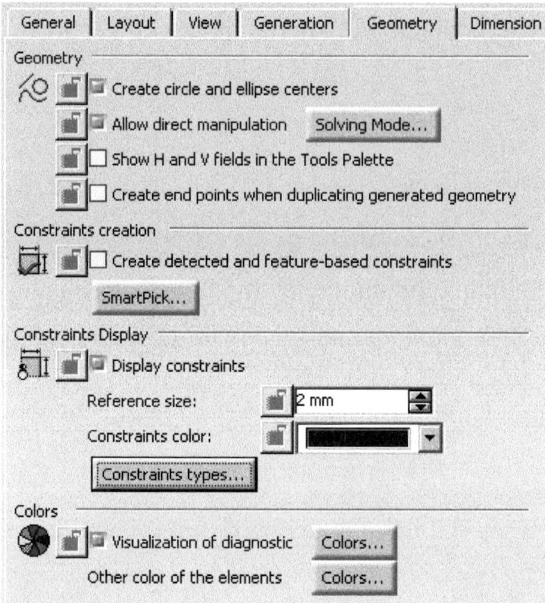

✣ Dimension

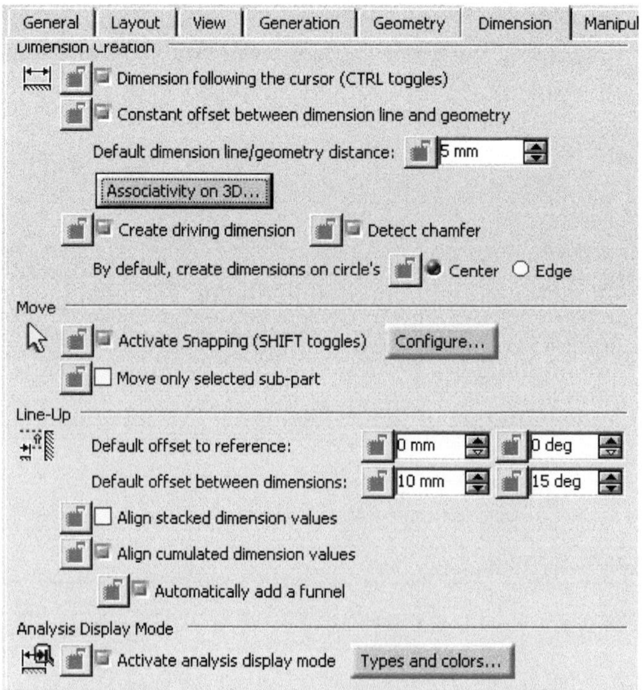

✣ Manipulators

Dimension 기입 시 치수선의 위치와 형태 조절이 용이하도록 하는 Manipulator 사용에 관한 옵션이다.

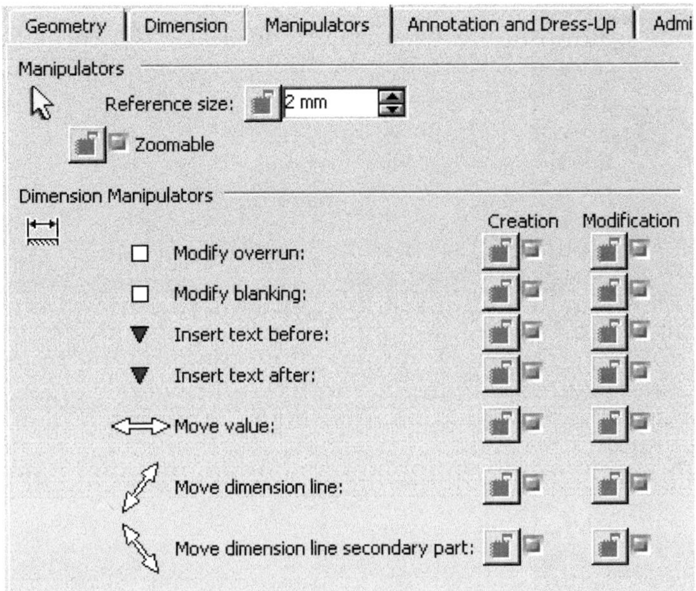

✣ Annotation and Dress-Up

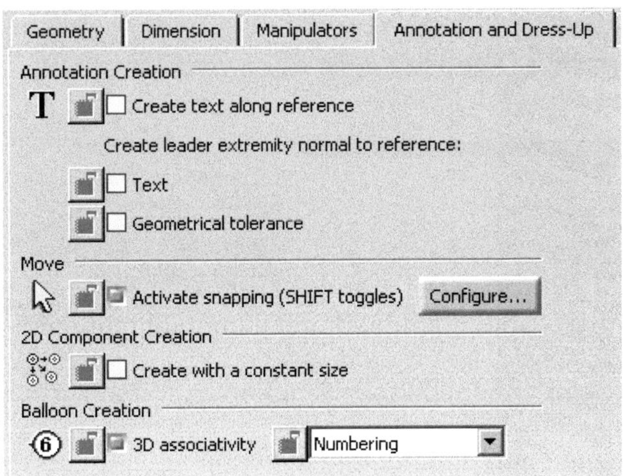

✣ Administration

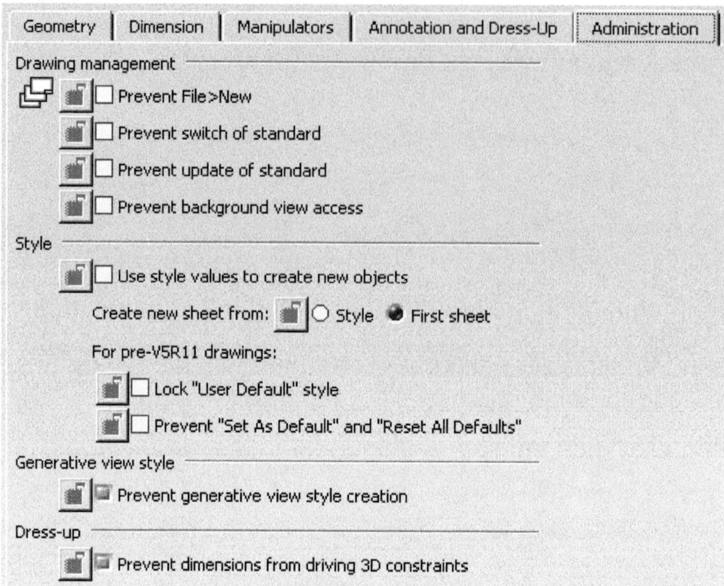

참고 ▶ 작업 중 Toolbar가 보이지 않을 때

Toolbar가 보이지 않을 때는 다음과 같은 방법으로 Toolbar를 보이게 한다.

1. 원칙적 방법

Tools > Customize > Toolbars > Restore position를 실행하면 Toolbar가 CATIA 초기 설치되었을 때의 환경으로 바뀐다.

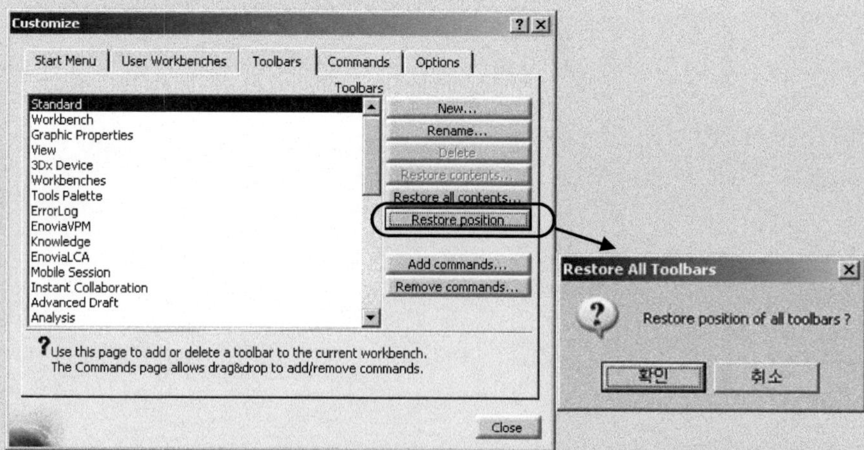

찾아보기

A

Add ··· 191, 276
ADMIN 권한 설정 ··· 40
Advanced Front View ··· 468
Affinity ··· 186, 406
Aligned Section Cut ··· 471
Aligned Section View ··· 470
Along a direction ··· 335
Along Directions ··· 336
Analysis ··· 419
Analysis Display Mode ··· 493
Angle Constraint ··· 267
Angle Dimensions ··· 480
Animate Constraint ··· 100
Annotations ··· 486
Arc ··· 64
Arrow ··· 492
Assemble ··· 188
Auto Constraint ··· 99
Auxiliary View ··· 466
Axis ··· 75, 331
Axis and Threads ··· 490
Axis Line ··· 491
Axis Line and Center Line ··· 491
Axis System ··· 317
Axis To Axis ··· 176, 406

B

Balloon ··· 487
Behavior ··· 289
Bi-Tangent Line ··· 74
Bisecting Line ··· 74
Blend ··· 386
Blend corner ··· 163
Body ··· 187
Boolean Operations ··· 188
Bottom Up ··· 243
Boundary ··· 400
Break ··· 83
Break view ··· 472
Breakout View ··· 473
Broken View ··· 472

C

CATIA V ··· 457
Center Line ··· 491
Center Line With Reference ··· 491
Centered Parallelogram ··· 61
Centered Rectangle ··· 61
Chamfer ··· 80, 166
Chamfer Dimensions ··· 482
Change Constraint ··· 271
Change Sketch Support ··· 112
Chordal Fillet ··· 165, 417
Circle ··· 62, 341, 357
Circle Using Coordinates ··· 63
Circular Pattern ··· 182
Clash ··· 281
Clearance ··· 281
Close ··· 84
Close Surface ··· 195
Closing Point ··· 157
Coincidence Constraint ··· 263
Combine ··· 336
Commands ··· 35
Compass ··· 17
Component ··· 244
Conic ··· 69, 70, 73, 358

Conic Curve ···· 347
Connect ···· 67
Connect Checker ···· 419
Connect Curve ···· 347
Connect With a Spline ···· 67
Connect With an Arc ···· 67
Constraint ···· 47, 51, 94
Constraints ···· 243, 262
Constraints Defined in Dialog Box ···· 94
Construction ···· 54
Contact ···· 271
Contact Constraint ···· 99, 265
Contextual Menu ···· 92, 98, 183
Continuity ···· 387
Continuity in Curvature ···· 68
Continuity in point ···· 67
Continuity in Tangency ···· 68
Coordinate Dimension ···· 483
Coordinate Dimension Table ···· 484
Corner ···· 77, 345
Counterbored ···· 150
Counterdrilled ···· 150
Countersunk ···· 150
Coupling ···· 158, 383
Create Datum ···· 102
Create Detected Constraint ···· 494
Create Interruptions ···· 485
Cubic ···· 164
Cumulated Dimensions ···· 479
Curvature ···· 158, 338
Curvature Analysis ···· 420
Curve Smooth ···· 396
Cut Part by Sketch Plane ···· 106
Cylinder ···· 353
Cylindrical Elongated Hole ···· 60

D

Datum Feature ···· 486
Datum Target ···· 487
Define Multi Instantiation ···· 255
Detail ···· 471
Detail Sheet ···· 460
Diagnostics ···· 108
Diameter Dimensions ···· 479
Dimension ···· 135
Dimension Generation ···· 476
Dimension Generation Step by Step ···· 476
Dimension Properties ···· 496
Dimensional Constraint ···· 56, 108
Dimensions ···· 478, 485
Disassemble ···· 396
Distance and Band Analysis ···· 289
Draft Angle ···· 167
Draft Reflect Line ···· 169
Drafted Filleted Pad ···· 141
Drafted Filleted Pocket ···· 142
Drafts ···· 167
Dress up Feature ···· 133
Dress Up Features ···· 159
Duplicate Mode ···· 87

E

Edge Fillet ···· 160, 410
Edge to Keep ···· 162, 413
Edit Multi-Constraint ···· 101
Edit Position and Dimension ···· 287
Ellipse ···· 69
Elongated Hole ···· 60
Enhanced Scene ···· 290
Equation ···· 335
Equidistant Points ···· 76
Euclidean ···· 313, 338
Existing Component ···· 247
Existing Component With Positioning ···· 248
Explicit ···· 356
Explode ···· 261

Extension ········ 147
External ········ 265
Extracts ········ 400, 402
Extrapolate ········ 407
Extrude ········ 350

F

Face-Face Fillet ········ 165, 417
Feature ········ 133
Fill ········ 379
Fillets ········ 159, 408
Filter Generated Elements ········ 494
Fix Constraint ········ 268
Fix Together ········ 99, 238
Flexible Rigid Sub-Assembly ········ 269
Force Dimension on Element ········ 494
Force Horizontal Dimension in View ········ 494
Force Vertical Dimension in View ········ 494
Formula ········ 108
Front View ········ 463

G

Generate Numbering ········ 250
Generating Balloons ········ 476
Generative Shape Design ········ 317
Generative View Style ········ 475
Geodesic ········ 323, 338
Geometrical Constraint ········ 55, 108
Geometrical Set ········ 187
Geometrical Target ········ 287
Geometrical Tolerance ········ 486
Go to profile definition ········ 145
Graphic Properties ········ 26, 496
Graphics Tree Reordering ········ 250
Grid ········ 52, 127
Groove ········ 147
Guides ········ 158

H

Healing ········ 392
Helix ········ 350
Hexagon ········ 61
Hide/Show ········ 25
Hole ········ 147, 274
Hole Dimension Table ········ 483
Hyperbola by Focus ········ 70

I

Implicit ········ 363
Infinite Line ········ 74
Insert in new body ········ 187
Instance Name ········ 243
Instance(s) ········ 91
Interference Type ········ 281
Internal ········ 265
Intersect ········ 192
Intersect 3D Elements ········ 93
Intersection ········ 337
Intersection Point ········ 76
Intersection Point Detection ········ 479
Isolate ········ 103
Isometric View ········ 466

J

Join ········ 388

K

Keep angle ········ 152
Keyhole Profile ········ 60

L

Law ········ 339
Length/Distance Dimensions ········ 480
Line ········ 73, 356
Line Normal To Curve ········ 75

Linear ························ 164
Lines ························ 327
Lock current view point ························ 108
Low Intensity ························ 31
Low intensity background ························ 108
Low Light ························ 107

M

Manage Representations ························ 253
Manipulation ························ 256
Measure ························ 197
Merge Ends ························ 139
Minimal ························ 161
Mirror ························ 85, 177
Mirrored extent ························ 138
Move ························ 243, 256
Multi-Instantiation ························ 254
Multi-Pad ························ 141
Multi-Pocket ························ 143
Multi-sections Solid ························ 155
Multi-Sections Surface ························ 380

N

No 3D Background ························ 107
No Propagation ························ 90, 400
Normal ························ 140, 335, 336

O

Offset ························ 90, 354
Offset Constraint ························ 266
Offset Section Cut ························ 469
Offset Section View ························ 469
Only Current Body ························ 102
Oriented Rectangles ························ 59
Output Feature ························ 104

P

Pad ························ 134
Parabola by Focus ························ 69
Parallel ························ 338
Parallelism ························ 267
Parallelogram ························ 59
Parameter ························ 128
Part ························ 245
Part Number ························ 243
Patterns ························ 177
Perpendicularity ························ 267
Pickable visible background ························ 107
Plane ························ 155
Planes ························ 332
Pocket ························ 142, 275
Point ························ 76
Point by Clicking ························ 76
Point by Using Coordinates ························ 76
Point continuity ························ 401
Point Propagation ························ 91
Points ························ 322
Polyline ························ 332
Positioned Sketch ························ 48, 112
Power Input Zone ························ 18
Product ························ 245
Product Structure Tools ························ 243, 244
Profile ························ 47, 51, 56
profile feature ························ 104
Project 3D Elements ························ 93
Project 3D Silhouette Edges ························ 94
Projected Dimension ························ 494
Projection ························ 335
Projection Point ························ 77
Projection View ························ 465
Projections ························ 463
Prompt Zone ························ 18
Propagation ························ 160, 400
Pulling direction ························ 152

Q

Quick Constraint ········ 269
Quick Trim ········ 83

R

Radius Dimensions ········ 481
Ratio ········ 158
Recognition ········ 199
Rectangle ········ 58
Rectangular Pattern ········ 177
Reference surface ········ 153
Reflect Line ········ 337
Relation ········ 128
Relimitation ········ 81, 158
Remove ········ 192, 276
Remove Face ········ 173
Remove Interruptions ········ 485
Remove Lump ········ 193
Removed Multi-Sections Solid ········ 159
Replace Component ········ 249
Replace Face ········ 174
Replicating Text ········ 487
Rerouting Dimensions ········ 485
Reuse Pattern ········ 271
Reverse Side ········ 140
Revolve ········ 353
Rib ········ 152
Rotate ········ 88, 404
Rotation ········ 175
Roughness Symbol ········ 488

S

Scale ········ 89, 186
Scaling ········ 405
Scene Browser ········ 290
Scenes ········ 289
Sectioning ········ 285
Sections ········ 468
Selective Load ········ 252
Sew Surface ········ 196
Shaft ········ 146
Shape Fillet ········ 408
Sheets ········ 462
Shell ········ 170
Show Constraint ········ 493
Simple ········ 150
Sketch ········ 47
Sketch Based Feature ········ 133
Sketch Solving Status ········ 105
Sketch Tools ········ 47, 51
Sketcher Grid ········ 492
Sketcher Workbench ········ 46, 51
Slot ········ 153
Smart Move ········ 261
Snap to Point ········ 53, 493
Solid Combine ········ 154
Space Analysis ········ 243, 281
Specification Tree ········ 128
Sphere ········ 353
Spine ········ 158, 351
Spline ········ 65, 348
Split ········ 194, 273, 398
Stacked Dimensions ········ 490
Stiffener ········ 153
Stop Manipulate On Clash ········ 260
Style ········ 497
Surface Based Feature ········ 133, 194
Swap Visible Space ········ 25
Sweep ········ 355
Symbol ········ 488
Symmetry ········ 86, 176, 276, 405

T

Table ········ 489
Table From CSV ········ 490

Tangency ······ 66, 158, 338
Tangent Arc ······ 57
Tangent continuity ······ 401
Tangent Propagation ······ 90
Tapered ······ 150
Technological Features Dimensions ······ 484
Text ······ 486
Text Properties ······ 495
Text Template Placement ······ 488
Text With Leader ······ 487
Thick ······ 139
Thick Surface ······ 195
Thickness ······ 171
Thread ······ 150, 491
Thread With Reference ······ 491
Thread/Tap ······ 172
Three Point Arc ······ 63
Three Point Arc Starting With Limits ······ 64
Three Point Circle ······ 62
Tolerancing ······ 486
Toolbar ······ 18, 34
Top Down ······ 243
Transformation ······ 85, 174, 404
Transformation Features ······ 133
Translate ······ 87, 404
Translation ······ 174
Transparency ······ 26
Tri-Tangent Circle ······ 63
Trim ······ 81, 399
Tritangent Fillet ······ 166, 418
True Length Dimensions ······ 494

U

Unfolded View ······ 464
Union Trim ······ 193
Unpickable background ······ 107
Unpickable low intensity background ······ 108
Untrim Surface or Curve ······ 396
Up to last ······ 136
Up to next ······ 136
Up to plane ······ 137
Up to surface ······ 137
User Pattern ······ 185
Usual ······ 107

V

Variable Angle Draft ······ 169
Variable Radius Fillet ······ 164, 411
Vertic ······ 383
Vertices ······ 159
View ······ 21
View Creation Wizard ······ 474
View From 3D ······ 474
Visu3D ······ 107
Visualization ······ 106

W

Weld ······ 488
Weld Symbol ······ 488
Wireframe ······ 322
Wireframe and Surface Design ······ 317
Wizard ······ 474
Workbench ······ 16

ㅁ

마우스 작동법 ······ 20

기타

2D Analysis ······ 105
2D Visualization Mode ······ 107
3D Curve Offset ······ 341
3D Geometry ······ 47

▶ 저자 약력

박혁렬 감수

중소기업진흥공단 CAD 총괄

前 현대자동차연구소 CATIA administrator

손혁준 저

중소기업 연수원 3D CAD 분야 담당

New Power Up!

CATIA V5(R20) 개정판

인 쇄 : 2025년 2월 21일 / 발 행 : 2025년 2월 27일

글쓴이 : 손 혁 준

펴낸이 : 정 병 국

펴낸데 : **웅보출판사**

서울특별시 강서구 양천로 551-17 한화비즈메트로 1차 413호(가양동)

TEL (02) 326-1497

FAX (02) 326-1843

값 26,000원

ISBN 978-89-8462-431-3 93560